Restorative Justice –

Heilung, Transformation, Gerechtigkeit und sozialer Frieden

AF544563

Otmar Hagemann

Restorative Justice

Heilung, Transformation, Gerechtigkeit und sozialer Frieden

Restorative Justice

Täter-Opfer-Ausgleich & Konfliktregelung

Nr. 1

Bibliografische Information der Deutschen Nationalbibliothek: Die Deutsche Nationalbibliothek verzeichnet diese Publikation in der Deutschen Nationalbibliografie; detaillierte bibliografische Daten sind im Internet über http://dnb.dnb.de abrufbar.

Impressum

Autor:
Prof. Dr. Otmar Hagemann

Herausgeber:
Servicebüro für Täter-Opfer-Ausgleich und Konfliktschlichtung des DBH e. V.

Verlag:
DBH – Fachverband für Soziale Arbeit, Strafrecht und Kriminalpolitik e. V.
Anschrift: Josef-Lammerting-Allee 16, 50933 Köln
Telefon: 02 21 / 94 86 51 22
E-Mail: info@toa-servicebuero.de
Internet: www.toa-servicebuero.de

Korrektorat & Satz: Christoph Willms, Marianne Ruhnau, Elaine Holzinger
Layout Cover: Alexander Lohner, Lohner Grafikdesign
Herstellung: BoD – Books on Demand, Norderstedt

© DBH e. V. – Fachverband für Soziale Arbeit, Strafrecht und Kriminalpolitik, Köln 2023

Alle Rechte vorbehalten.
Printed in Germany

ISSN: 2941-0231
ISBN: 978-3-924570-79-8

Gefördert durch:

aufgrund eines Beschlusses des Deutschen Bundestages

Inhaltsverzeichnis

Abbildungsverzeichnis

Abkürzungen

ADB	Anti-Diskriminierungsbüro Berlin e.V.
APA	American Psychiatric Association
APAC	Associação de Proteção e Assistência aos Condenados (Vereinigung zum Schutz und zur Unterstützung von Strafgefangenen)
(A)TA	(Außergerichtlicher) Tatausgleich
BEES	Balanced Emotional Empathy Scale
BMI	Bundesministerium des Innern
BMJ / BMJV	Bundesministerium der Justiz / ... Verbraucherschutz
bspw.	beispielsweise
bzw.	beziehungsweise
CAVEAT	Canadians Against Violence Everywhere Advocating for its Termination (1991-2001)
CCTV	Closed Circuit Television
CDU	Christlich Demokratische Union
CEP	Confederation of European Probation
CoE	Council of Europe, Europarat
d. h.	das heißt
DSM	Diagnostic and Statistical Manual of Mental Disorders (der APA)
ebd.	ebendort
et al.	et alii, und andere
EU	Europäische Union
f.	folgende
ff.	fortfolgende
FGC	Family Group Conference
FR	Familienrat
FUEN	Federal Union of European Nationalities (Föderalistische Union Europäischer Nationalitäten)
GMK	Gemeinschaftskonferenz
GUS	Gemeinschaft unabhängiger Staaten (Nachfolgeorganisation des „Warschauer Paktes“)
ICD	International Statistical Classification of Diseases and Related Health Problems (der WHO)
ICPS	International Centre for Prison Studies (am King's College, London)
IDoC	Illinois Department of Corrections
i.d.R.	in der Regel
inkl.	inklusive
IRI	Interpersonal Reactivity Index
JGG	Jugendgerichtsgesetz
KFN	Kriminologisches Forschungsinstitut Niedersachsen
m. E.	meines Erachtens
MEREPS	Mediation and Restorative Justice in Prison Settings (Forschungsprojekt)
Mio.	Millionen
OET	Opfer-Empathie-Training

o. J.	ohne Jahresangabe
PACE	Parliamentary Assembly of the Council of Europe (parlamentarische Versammlung des Europarats)
PKS	Polizeiliche Kriminalstatistik
PTSD	Post-traumatic stress disorder (posttraumatische Belastungsstörung)
PTSS	Post-traumatic stress symptoms (posttraumatische Belastungssymptome)
PUA	Parlamentarischer Untersuchungsausschuss
ResOG	Gesetz zur ambulanten Resozialisierung und zum Opferschutz
RJ	Restorative Justice
RJC	Restorative Justice Continuum (im Vereinigten Königreich)
S.	Seite
SGB	Sozialgesetzbuch
SH	Schleswig-Holstein
sog.	sogenannt
SoNeKo	Sozialnetzkonferenz
SORI	Supporting Offenders through Restoration Inside
SOTP	Sex-Offender-Treatment Program
SPD	Sozialdemokratische Partei Deutschlands
StA	Staatsanwaltschaft
STEG	Stadtteilentwicklungsgesellschaft (Hamburg)
StGB	Strafgesetzbuch
STP	Sycamore Tree Programme
StPO	Strafprozessordnung
TCC	Transformative Community Conferencing
TOA	Täter-Opfer-Ausgleich
TVBZ	Tatverdächtigenbelastungsziffer = Tatverdächtige pro 100.000 Bewohner:innen
TVRJS	Thames Valley Restorative Justice Service
TWP	Together Women Programme
u. a.	unter anderem
UK	United Kingdom, Vereinigtes Königreich (von Großbritannien und Nordirland)
UNO	United Nations Organization, Vereinte Nationen
u. U.	unter Umständen
VAT	Victim Awareness Training
VET	Victim Empathy Training
vgl.	vergleiche
VIS	Victim Impact Statement
VOD	Victim Offender Dialog
VOM	Victim Offender Mediation
VORP	Victim Offender Reconciliation Program
WHO	World Health Organization
WODC	Wetenschapelijk Onderzoeks- en Dokumentatiecentrum (in Den Haag)
YOT	Youth Offending Team
z. B.	zum Beispiel
z. T.	zum Teil

Vorwort

Zum Jubiläum des TOA-Servicebüros

Als bundesweit agierende Zentralstelle steht das TOA-Servicebüro des DBH e. V. nun seit über 30 Jahren für die vermehrte, fachgerechte und deutschlandweite Anwendung der Mediation und anderer Konfliktvermittlungspraktiken im Sinne einer Restorative Justice im Rahmen des Täter-Opfer-Ausgleichs.[1] Das TOA-Servicebüro leistet damit einen wertvollen Beitrag zur Förderung des sozialen Friedens.

Das 30-jährige Jubiläum diente nicht nur als Anlass für einen gemeinsamen Fachtag mit den nordrhein-westfälischen TOA-Projekten in freier Trägerschaft am 21. September 2022 in Bonn[2], um in feierlicher Atmosphäre zurückzuschauen, innezuhalten, nach vorne zu blicken und konkretere Ideen für eine stärkere Entwicklung der Konfliktvermittlung in Strafsachen zu entwerfen. Es gab auch Anlass für den Start einer eigenen Publikationsreihe.

Zur Publikationsreihe „RJ: TOA & Konfliktregelung"

Der internationale fachliche Diskurs über Konfliktvermittlung in Strafsachen darf als vielfältig, innovativ und lebendig bewertet werden. Das zweimal im Jahr erscheinende TOA-Magazin lädt themenbezogen zum Eintauchen in bedeutsame Teile dieses Diskurses ein, doch die Anzahl an neueren deutschsprachigen Publikationen, die einen Beitrag zur theoretischen und praktischen Weiterentwicklung des Felds leisten, ist darüber hinaus allerdings überschaubar.

Unter dem Label *„**Restorative Justice:** Täter-Opfer-Ausgleich & Konfliktregelung"* veröffentlichen wir mit diesem Buch anlassbezogen diskursrelevante Materialien[3], Tagungsdokumentationen sowie Einzel- und Sammelbände.

Restorative Justice (RJ) wird hier im Sinne der Europaratsempfehlung „CM/Rec(2018)8 über Restorative Justice in Strafsachen" verstanden: RJ "*refers to any process which enables those harmed by crime, and those responsible for*

---

[1] Dabei bedeutet *vermehrt* eine bundesweit flächendeckende Anwendung in allen Fällen, die von den Beteiligten gewünscht sind. *Fachgerecht* bedeutet Mindeststandards für die Vermittlungsarbeit festzulegen, Mitarbeiter:innen der Einrichtungen entsprechend auszubilden, die Vermittlungspraxis zu überprüfen und weiterzuentwickeln sowie die Verbindung zur außerhalb des Strafrechts stattfindenden Konfliktvermittlung zu vertiefen.

[2] „Doppeljubiläum: 30 Jahre TOA-Servicebüro & 25+ Jahre TOA-Projekte in NRW: Täter-Opfer-Ausgleich – ein Instrument des Friedens im Wandel der Zeit" im Brückenforum in Bonn.

[3] Z. B. Leitfäden, Standards, Fallgeschichten, Neuauflagen von bereits veröffentlichten Materialienbänden.

that harm, if they freely consent, to participate actively in the resolution of matters arising from the offence, through the help of a trained and impartial third party […]."

Es geht also um die freiwillige partizipative und lösungsorientierte Konfliktvermittlung zwischen tatbetroffenen und tatverantwortlichen Personen mithilfe eines:einer ausgebildeten, unparteiischen (besser: allparteilichen) Dritten.

In Deutschland ist diese Praxis eng mit der Begrifflichkeit des „Täter-Opfer-Ausgleichs" (TOA) verwoben, gewachsen und unter dieser strafrechtlich verankert. Unbeachtet der grundsätzlichen Problematik, die dem Begriff innewohnt:[4] Mit der gesetzlichen Definition des Täter-Opfer-Ausgleichs im § 46a StGB geht dessen Bedeutung weit über das originäre Verständnis als Konfliktvermittlung in Strafsachen hinaus. Schließlich umfasst das Gesetz unter dem TOA-Begriff sämtliche Bemühungen der tatverantwortlichen Person, einen Ausgleich mit der von der Tat geschädigten Person zu erreichen, die Tat ganz oder zum überwiegenden Teil wiedergutzumachen oder deren Wiedergutmachung zumindest ernsthaft anzustreben. Hierfür braucht es nicht zwingend eine:n Vermittler:in und auch keine fachlichen Standards.

Die Publikationsreihe orientiert sich am weiten TOA-Verständnis des Gesetzgebers und legt den thematischen Fokus auf Konfliktregelung als Prozess und Ergebnis im Sinne eines Täter-Opfer-Ausgleichs. Gemeint ist damit hauptsächlich die Konfliktvermittlung in Strafsachen durch ausgebildete Dritte bzw. TOA-Fachstellen (geregelter TOA). Ebenso sollen aber auch Möglichkeiten, Grenzen und strafrechtliche Implikationen selbstbestimmter Konfliktregelungen von Betroffenen berücksichtigt werden. Diese werden vom Gesetzgeber anerkannt und verlangen – angesichts der zahlreichen BGH-Rechtsprechungen seit Inkrafttreten des § 46a StGB – aufseiten der Richter:innen ein gewisses Know-How zur Vermeidung von Verfahrensfehlern.

Es geht somit insbesondere um Denkanstöße und Arbeitshilfen für (a.) Mediator:innen (in Strafsachen), (b.) Justizpraktiker:innen und Polizei, (c.) Akteur:innen aus Sozialer Arbeit, Strafrecht & Kriminalpolitik, (d.) Studierende und Forschende, aber natürlich auch für (e.) alle interessierten Menschen, die sich für eine Welt der Vielfalt, der Menschlichkeit, Gerechtigkeit und des sozialen Friedens interessieren und ggf. engagieren möchten.

Denn eines ist sicher: Um maßgebliche gesellschaftliche Veränderungen im Umgang mit strafrechtlich relevanten Konflikten bewirken zu können, benötigt es eine zunehmend größer werdende, heterogene Gruppe von Verbündeten, die sich für eine konstruktive, gewaltfreie und vielfältige gesamtgesellschaftliche Dialog-

[4] Z. B. lebens(welt)ferne, stigmatisierende, komplexe Sachverhalte reduzierende Zuschreibungen (Täter/Opfer) oder die absolute Annahme, dass sich das Geschehene stets ausgleichen ließe oder ausgleichen lassen müsse (was z. B. besonders bei ‚schweren' Delikten in vielen Fällen nicht möglich sein wird, aber auch nicht zwingend notwendig sein muss, um empowernde Prozesse anzustoßen).

und Konfliktkultur einsetzt.[5] Hier sind viel Phantasie, Leidenschaft und Engagement gefragt – auf allen Ebenen: international und europäisch, bundes- und landesweit, regional, gemeinde- und bürger:innennah, institutionell, individuell. Inspirierende, leicht zugängliche und erschwingliche Fachliteratur ist dabei ein wichtiger Nährboden.

Zu diesem Buch als richtungsweisender Beitrag zur Theorieentwicklung im Feld

Es ist uns eine wirklich große Freude und Ehre, dass wir den ersten Band dieser Reihe in Zusammenarbeit mit Professor Dr. Otmar Hagemann veröffentlichen dürfen. In Deutschland gibt es vermutlich kaum einen zweiten Soziologen, der sich in den letzten 40 Jahren so intensiv und derart vielseitig mit Restorative Justice auseinandergesetzt hat. Mit diesem Buch leistet er einen richtungsweisenden Beitrag zur weiteren Theorieentwicklung im Feld. Die Leser:innen, die bereits mit der existierenden Literatur vertraut sind, wissen nur zu gut, dass es *die* Theorie der RJ nicht gibt. Die vorhandenen theoretischen Bezüge sind meist im Nachgang zur Praxis hergestellt oder teilweise erst dann entwickelt worden. Praktiken einer RJ fanden vielmehr zunehmende Anwendung, weil sie ‚funktioniert' haben. Ein bisschen mag der Entstehungsprozess des vorliegenden Buches ebenfalls diese Entwicklung widerspiegeln. Denn Teil 1 („Einführung: Was ist Restorative Justice"), der das theoretische Gerüst darstellt, ist von allen hier veröffentlichten Texten als letztes entstanden.

Dies hängt einerseits mit der gegebenen Situation zusammen, dass alle weiteren drei Teile des Buches Texte beinhalten, die von Otmar Hagemann bereits anderorts, teilweise in Co-Autorenschaft, publiziert wurden und mit freundlicher Genehmigung der genannten Verlage erstmals in dieser Zusammenstellung neu veröffentlicht werden. Manche von den Texten waren bisher nur in anderer Sprache und/oder sind (inzwischen) nicht ohne größeren Aufwand zugänglich gewesen.

Andererseits darf Teil 1 als Rahmung verstanden werden, die die einzelnen von ihm gezeichneten Bilder zu einem in sich schlüssigen Gesamtwerk zusammenbringt, das aus nächster Nähe als auch aus weiterer Distanz – also im Kleinen wie im Großen – Handlungsansätze auf unserem Weg in eine „Restorative Society" anbietet.

Besonders hervorzuheben ist hierbei Otmar Hagemanns Bestrebung, RJ nicht nur im strafrechtlichen Kontext theoretisch einzuordnen, sondern diese in einen

[5] Siehe hierzu das 18. TOA-Forum vom 20.-23.09.23 an der Universität Mannheim: „Miteinander in Verbindung treten: Gemeinsam für Menschlichkeit, Gerechtigkeit und sozialen Frieden".

allumfassenden Zusammenhang als wertebasierte Gerechtigkeitstheorie zur Herstellung des sozialen Friedens zu stellen.

Otmar Hagemanns hier veröffentlichten Arbeiten nehmen die Leser:innen mit auf seine langjährige berufliche Reise und deren Meilensteine zu einigen seiner Schwerpunktsetzungen in Theorie und Aktionsforschung. Allesamt machen seinen Blick über den Tellerrand und seine interdisziplinären Verquickungen erfahrbar. Zur Erfassung der möglichen thematischen Tiefe von RJ und deren Potenzial, zieht er Wissen aus Disziplinen heran, wie aus der Viktimologie (Betroffenenperspektive und Bedürfnisse), Kriminologie und Abolitionismus (Herrschaft, abweichendes Verhalten, Strafe und Alternativen), Soziologie (Zusammenleben, Demokratie / Republikanismus, System vs. Lebenswelt, Hegemonie vs. Gegenhegemonie), Psychologie (Dynamik in Gruppen, Coping, Gefühle), Rechtswissenschaft und Rechtsphilosophie (Straftheorien, Konzept des Rechtsstaats, Kritik von Plack) sowie der Sozialen Arbeit („Menschenrechtsprofession" nach Staub-Bernasconi, „Lebensweltorientierung" nach Thiersch, „Sozialraumorientierung" nach Hinte bzw. Früchtel, „Restorative Social Work" nach van Wormer bzw. Früchtel, „Empowerment" nach Bolívar bzw. Herriger).

Otmar Hagemanns Interesse an damit verbundenen Fragestellungen ist bereits in den 1980er Jahren von seinem humanistisch geprägten Streben nach einem ‚menschenfreundlicheren', zukunftsgerichteten Umgang mit (1.) Verantwortlichen und (2.) Betroffenen von Straftaten genährt worden. Eine Zeit, in der RJ in Deutschland noch ein Fremdwort war und der Diskurs zum Täter-Opfer-Ausgleich erst langsam zum Leben erwachte; auch das Interesse der deutschen Kriminologie für Opferfragen begann erst langsam zu keimen.

Nicht zuletzt haben wir es heute Otmar Hagemanns Engagement zu verdanken, dass die Mediation in Strafsachen in Deutschland um Conferencingmodelle (Gemeinschaftskonferenzen, erweiterter TOA) bereichert wurde und restorative Maßnahmen wie das Opfer-Empathie-Training in Gefängnissen zunehmend mehr Einzug erlangen. Das Vorwort ist gewiss nicht der Ort, um Hagemanns Werk und seiner Person ansatzweise gerecht werden zu können. Nur zum Preis der Unvollständigkeit und Selektivität können interessierten Leser:innen hier einzelne Meilensteine seines Forschungsinteresses und Wirkens vorgestellt werden, die aus subjektiver Sicht des Verfassers dieser Zeilen von Relevanz für die Textauswahl gewesen sind:

- Mitte der 1980er Jahre unterstützte er Klaus Sessars einschlägige Forschung zur Schadenswiedergutmachung. In diesem Jahrzehnt wuchs sein Interesse an der US-amerikanischen Bürgerrechtsbewegung.
- In den 1990er Jahren gerieten Gefangene als ‚Opfer' in seinen Fokus (Schlagwort: „Ent-Lohnung im Strafvollzug"). Mit seinen Übersetzungen von kriminologischen und abolitionistischen Werken, wie z. B. von Nils

Christie „Kriminalitätskontrolle als Industrie“ und Thomas Mathiesen „Gefängnislogik“[6], ermöglichte er einer breiteren Leser:innenschaft den Zugang zu diesen internationalen Standardwerken. Für die JVA Altengamme konzeptionierte er das erste „Opfer-Empathie-Training“ in Deutschland und öffnete damit den Weg sowohl für eine Sensibilisierung der Inhaftierten für ihre eigene Opfergeschichte als auch die Folgen ihrer Taten für andere.

- Otmar Hagemanns persönliches Blickfeld erweiterte sich mit seinem steigenden Interesse am Wesen und der Kraft von ‚Gemeinschaften‘ und damit auch dem Potenzial von Sozialer Gruppenarbeit und der von indigenen Kulturen inspirierten Praktik des Conferencing – konkret dann um die Jahrtausendwende: der Gemeinschaftskonferenzen. In den Folgejahren widmete er sich Ansätzen einer lebensweltorientierten „indigenized social work“. Im Jahr 2006 gründete er mit anderen Conferencing-Praktiker:innen den Verein Netzwerkkonferenzen e. V., der seitdem das Ziel verfolgt, mit kreiserweiternden Verfahren „Menschen zusammen[zu]bringen und Verantwortungsgemeinschaften [zu] fördern“[7].
- Im zweiten Jahrzehnt des 21. Jahrhunderts führte er im Zusammenhang mit der Umsetzung der Europaratsempfehlung R (99) 19 zur Mediation in Strafsachen und der Diskussion der EU-Opferschutzrichtlinie in Kooperation mit dem Justizministerium Schleswig-Holstein sowie internationalen Partnern zwei EU-Projekte zu „Improving Knowledge and Practice of Restorative Justice“ und „Restorative Justice at post-sentencing level; supporting and protecting victims“ durch. Im Fokus standen nun Möglichkeiten von RJ nach der Verurteilung von Tatverantwortlichen sowie Gruppenarbeiten sowohl mit Tatverantwortlichen als auch Tatbetroffenen aus unterschiedlichen Straftatszusammenhängen, an deren Ende restorative Dialoge zwischen den jeweiligen Gruppen angeboten wurden. Das Aufkommen von internationalen Modellprojekten zu „Restorative Cities“ entspricht seiner Vision einer restorativen Gesellschaft.
- In den vergangenen zwei bis drei Jahren stellte er theoretische Verbindungen zwischen RJ, Bewährungshilfe und Resozialisierung her und stieß ein zweites Mal auf für ihn logische Zusammenhänge zwischen RJ und dem Abolitionismus.

Otmar Hagemann ist seit 2004 Professor für Soziologie und Sozialpädagogik an der Fachhochschule Kiel und wird die Hochschule pensionsbedingt zum Herbst verlassen. Er arbeitete vorher u. a. an der Universität Greifswald und war ebenso

[6] Hier in der Rolle als Unterstützer des Hauptübersetzers Knut Papendorf.

[7] www.netzwerkkonferenzen.org.

im früheren Diplomstudiengang und dem heutigen berufsbegleitenden Master in Kriminologie an der Universität Hamburg involviert.

Zu guter Letzt möchte ich das Vorwort nutzen, um Otmar Hagemann meinen großen Dank für seine Arbeit an diesem Buch, seine Geduld und die äußerst angenehme wie konstruktive Zusammenarbeit auszusprechen. Der regelmäßige Austausch war für mich immer eine Inspiration und bereitete mir viel Freude.

Es ist ein wichtiges Buch in herausfordernden Zeiten.

Möge das Werk von Otmar Hagemann möglichst viele Menschen so inspirieren, wie es mich inspiriert hat.

Ich wünsche Ihnen viel Spaß beim Lesen

Ihr

Christoph Willms

Köln im April 2023

Thematisch einleitendes Vorwort

Mit diesem Buch ist Otmar Hagemann das anspruchsvolle Unternehmen gelungen, eine besondere Art von „Summa" zu einem Teil, vielleicht sogar zu dem aus meiner Sicht wichtigsten Teil, seines Wirkens zu verfassen.

Dieses Wirken war insgesamt vielfältig sowie auf die Felder von etlichen Bereichen und Institutionen ausgerichtet. Hervorhebenswert im *vorliegenden* Zusammenhang wollen mir davon erscheinen:

- Die Lehre an der Hochschule für angewandte Wissenschaften in Kiel als Professor für Sozialarbeit und Soziologie mit dem Ziel, den Studierenden grundlegendes, zugleich praxiswirksames und möglichst nachhaltiges Wissen mit den Schwerpunkten der Konfliktaustragung, des Zusammenlebens von Menschen, des Strafvollzugs und der Opferhilfe zu vermitteln, mit methodischem Mittelpunkt von Mediation, Introspektion und sozialer Gruppenarbeit.
- Die Forschung (auch Lehrforschung) von der lokalen über die regionale bis hin zur europäischen Ebene, namentlich zu Gemeinschaftskonferenzen, zum Zusammenleben sozialer Gruppen, und spezifisch zu Restorative Justice. Der Forschungsertrag hat sich beispielsweise niedergeschlagen in den Berichten über „Gemeinschaftskonferenz – ein Elmshorner Modellprojekt", erweitert über „Restorative Justice – A European and Schleswig-Holsteinian Perspective" sowie vertiefend über „Restorative Justice at Postsentencing Level in Europe".
- Die durch Forschungserträge vertiefte Lehre im internationalen Austausch, namentlich an dem von vielen, darunter auch von einigen deutschen, Hochschulen geförderten „Inter-University-Centre" nahe der historisch-malerischen Altstadt-Kulisse von Dubrovnik (Kroatien). Eine besondere Rolle spielten dabei die jährlichen, über Kontinente hinweg vernetzten, „Postgraduate Courses on Victimology, Victim Assistance and the Criminal Justice System". Diese waren auch für deutsche Studierende sowie für deutsche Lehrende (wie bspw. Elmar Weitekamp und mich selbst) eine anregende bis gelegentlich aufregende Quelle zum „Über-Denken" der eigenen Erfahrungen und Einstellungen im Feld der Perspektiven der alternativen Konfliktregelung jenseits des Strafrechts.
- Die Veranstaltungen sowie auch Treffen in der Stadt und Exkursionen in die umgebenden Regionen waren schließlich für mich und, so habe ich das

erlebt, auch für Otmar Hagemann mit die entspannteste Möglichkeit, einander über das Fachliche hinaus auch persönlich kennen und (auch wissenschaftlich) wertschätzen zu lernen.
- Die über Jahre hinweg sehr aktive Mitgliedschaft in der „World Society of Victimology" (WSV), im Herausgeberkreis der Zeitschrift „Victimologist" sowie der Zeitschrift „Acta Criminologica".

Diese knapp skizzierten Facetten aus dem Leben des Autors, wie ich Otmar Hagemann im Weiteren bezeichnen werde, wollen mir auch geeignet erscheinen, den im Einstieg meines Vorworts verwendeten Begriff der „Summa" zu konkretisieren. Mit diesem lateinischen Begriff war in vergangenen Zeiten der Anspruch von (auch wissenschaftlichen) Denkern und Schriftstellern verbunden, den Kern bzw. die Quintessenz ihrer Erkenntnisse für vor allem die Nachwelt interpretationssicher (um nicht zu sagen: fälschungssicher) festzulegen/festzuschreiben. Die in jüngeren und jüngsten Zeiten quantitativ bevorzugte und zugleich im Kern einfachste alternative Variante besteht darin, eine Sammlung von eigenen Schriften zu erstellen und zu veröffentlichen, mit einer kurzen Einführung sowie ggf. nach Sachgruppen geordnet.

Der Autor dieses Werkes geht einen produktiven und anregenden „Zwischenweg", indem er frühere (zwischen 2004 und 2016 veröffentlichte) Schriften unter dem Obertitel „Restorative Justice" für eine integrativ angelegte Disputation über drei der zentralen Bereiche und zugleich Ziel-Konzeptionen zusammenführt, die im Untertitel des Werkes mit den Begriffen „Heilung", „Transformation", „Gerechtigkeit" und „Sozialer Frieden" hervorgehoben sind. Dabei geht es dem Autor, wenn ich dies hoffentlich zutreffend verstanden habe, nicht einfach darum, diese Schriften vollständig „Eins zu eins" in einem neuen Rahmen zu publizieren, und ergänzend um die für manche Leser:innen hilfreiche Leistung, ursprünglich englischsprachige Texte in stimmiges Deutsch zu übertragen.

Vielmehr editiert er die Schriften aktiv, d. h. mit sprachlicher und sachlicher Modifikation vor dem Hintergrund seiner vergleichenden und bis in die jüngste Zeit reichenden Erfahrungen und sonstigen Eindrücke. Dazu gehören, hier exemplarisch hervorgehoben, im Rahmen der Erörterungen zu „RJ auf der Makroebene" Analysen und Stellungnahmen des Autors zum Krieg in der Ukraine und zu „einer ganzen Reihe vergleichbarer Konflikte" (S. 40 u. 44 ff.).

Zugleich stellt er diese Schriften in einen strukturierten Kontext von vier thematisch eigenständigen, im theoretisch-kritischen Anliegen aber vielfach miteinander verschränkten Teilen. Die Aufgliederung in (I) Grundverständnisse von Restorative Justice, (II) ihre disziplinäre Ordnung, (III) ihre verschiedenen Praxisbereiche sowie

(IV) ihren Bezug auf das Strafrecht halte ich für sehr zielführend und im Inhalt klar nachvollziehbar.

Jede:n Leser:in des Werkes wird diesbezüglich aufgrund ihrer:seiner je eigenen (Vor-) Erfahrungen unterschiedliche Abschnitte/Elemente für je nachdem besonders anregend oder umgekehrt für herausfordernd erleben. Ich bin jedoch überzeugt, dass sich aus jeglicher Position und jeglichem Erfahrungsfeld heraus weiterführende Impulse gewinnen lassen.

Ich kann dem Autor im Übrigen uneingeschränkt der an mehreren Stellen (z. B. auf S. 50 mit anschaulichen Beispielen) angesprochenen bzw. im Weiteren entfalteten Ansicht zustimmen, dass Restorative Justice zum einen, was das Recht betrifft, nicht auf den Bereich des Strafrechts reduziert werden kann, und dass es dabei zum anderen um mehr sowie weiter reichendes als die – vereinfacht formuliert – eher rückwärtsgewandte „Wieder-Gutmachung" gehen sollte. In den Worten des Autors an etwas vorheriger Stelle (S. 40) ausgedrückt, ist Restorative Justice „auf zukünftiges Miteinander orientiert; die Vergangenheit lässt sich nicht ändern, bestenfalls neu interpretieren. (…) „Der Fokus liegt darauf, wie das Leben in Zukunft aussehen soll".

Dazu passt, vergleichend betrachtet, dass im österreichischen (Jugend-)Strafrecht materiell wiederholt von „Gutmachung" die Rede ist. Zudem wurde der ursprünglich verwendete Verfahrens-Terminus des „außergerichtlichen Tatausgleichs" gestrichen. Er wurde als eines von mehreren Elementen im reformierten „Diversionsverfahren" gemäß der österreichischen StPO vor bzw. anstelle der Anklage und dann noch einmal im gerichtlichen Verfahren anstelle einer Verurteilung/Bestrafung durch andere Begriffe ersetzt, d. h. gesetzlich als „Tatausgleich" und in der Praxis zudem als „Tatfolgenausgleich"; dies war und ist bis heute verbunden mit gesetzlich klar gestalteten Regelungen für Rechte und Pflichten von Opfern und Beschuldigten bzw. Angeklagten.

Auf der Basis der vergleichenden Analysen, Bewertungen und Schlussfolgerungen des Autors könnte man sich für Deutschland künftig fachübergreifend-weiterführende Initiativen, Forschungen, Projekte, Programme und schließlich rechtliche Neuregelungen vorstellen. Rechtliche Grundlagen bzw. auch Anknüpfungsregeln dazu gibt es mehrere:

- Im „Fünften Buch" der Strafprozessordnung, in dem es um die „Beteiligung des Verletzten am Verfahren" geht, war nun bereits vor Jahren in dieser Hinsicht schon hilfreich, dass der schon vorher im Gesetz an verschiedenen Stellen abstrakt verwendete „Begriff des Verletzten" mit § 373b StPO verbindlich allgemein festgelegt wurde, und damit schon im

„Ermittlungsverfahren" im Fall von Verfahrenseinstellungen (§§ 171, 172 StPO), bei „Privatklagen" (§§ 374 ff. StPO), bei Nebenklagen (§§ 395 ff. StPO) und im Rahmen der „Sonstigen Befugnisse des Verletzten" (§§ 406d-406l StPO).

- Eine beachtliche Reihe von materiellrechtlichen und verfahrensrechtlichen Regelungen zum „Täter-Opfer-Ausgleich" sowie zur „Wiedergutmachung des Schadens" finden sich im Strafgesetzbuch (§ 46 Abs. 2 und § 46a, 56b, 57, 57a, 59a StGB), im Jugendgerichtsgesetz (§§ 10, 15, 23, 29, 45, 47,57,58,61b,65,76, 105,112a JGG) und in der Strafprozeßordnung (§§ 153a, 155a, 155b StPO). Hier würde es zudem mehr als nur symbolisch bedeutsam sein, wenn sich der deutsche Gesetzgeber der (nach meinem subjektiv festen, aber objektiv etwas unsicheren Wissensstand) international gebräuchlichen „umgekehrten" Wortfolge anschließen, mithin also den Begriff des „Opfer-Täter-Ausgleichs" einführen würde.
- Schließlich könnten die Befunde und Ausführungen des Autors auch mit eingesetzt werden, um erneut Initiativen zu ergreifen sowie Praxisprojekte zu initiieren mit dem Ziel, schon lange bestehende Regelungen zum Schadensersatz im deutschen Zivilrecht mit ihren Bezügen zum Strafverfahren neu oder in veränderter Form zu beleben. Es geht um die im „Bürgerlichen Gesetzbuch" geregelten „unerlaubten Handlungen" (§§ 823-853 BGB). Hier sei nur die Formulierung/Regelung des § 823 Abs. 1 BGB zitiert: „Wer vorsätzlich oder fahrlässig das Leben, den Körper, die Gesundheit, die Freiheit, das Eigentum oder ein sonstiges Recht eines anderen widerrechtlich verletzt, ist dem anderen zum Ersatz des daraus entstehenden Schadens verpflichtet".
- Die erhebliche Bedeutung dieser Norm erschließt sich erst aus den auch für Schadensersatzfälle geltenden Regelungen in dem Abschnitt über die „Verpflichtung zur Leistung" bei Schuldverhältnissen (§§ 241 ff. BGB). Hier seien nur erwähnt, dass das Gesetz nicht auf die „Wiederherstellung" eines früheren Zustandes abstellt, sondern auf die Situation des Geschädigten bzw. Verletzten in der je aktuellen Gegenwart. § 249 Abs. 1 BGB legt fest: „Wer zum Schadensersatz verpflichtet ist, <u>hat den Zustand **herzustellen**</u>, der <u>bestehen würde</u>, wenn <u>der zum Ersatz verpflichtende Umstand nicht eingetreten wäre</u>" [Hervorhebung durch mich]. Auch für „Verletzung einer Person" bedeutet dies nach Absatz 2 dieses Paragraphen, dass der Verletzte in seiner Eigenschaft als „Gläubiger" statt der Herstellung „den dazu erforderlichen Geldbetrag verlangen" kann. Zudem kann der Verletzte einen Ersatz des „immateriellen Schadens" als „billige Entschädigung in

Geld" verlangen, wenn um einen Fall der „Verletzung des Körpers, der Gesundheit, der Freiheit oder der sexuellen Selbstbestimmung" geht (§ 253 Abs. 2 BGB).

- Der deutsche Strafprozessgesetzgeber hat seit 1943 mehrfach versucht, zuletzt im Jahr 2004, für solche Straftaten, die neben dem (potentiellen) *staatlichen* Strafanspruch nach dem StGB oder nach den vielfältigen sog. strafrechtlichen Nebengesetzen auch zu einem (potentiellen) *zivilrechtlichen Schadensersatz*anspruch führen, einen Prozessdoppelung zu vermeiden. Dies dergestalt, dass in Fällen, die vor einem Strafgericht verhandelt werden, die zivilrechtlichen Ansprüche vom Verletzen oder seinem Erben sowie „anderen" im Rahmen eines so genannten „Adhäsionsverfahrens" geltend gemacht werden können, und welche dann vom zuständigen Einzelrichter oder Kollegialgericht unter hier nicht näher darzustellenden Voraussetzungen mit behandelt und entweder mit einem „Vergleich" enden oder, wenn ein solcher nicht gelingt, „streitig" durch Urteil entschieden werden (§§ 403-406c StPO). Anhand der vom Statistischen Bundesamt erstellten Jahresbände der Strafgerichte-Statistik lässt sich ein bis in die jüngste Zeit recht stabiler Befund feststellen dergestalt, dass die Zahlen und Anteile von Adhäsionsverfahren bei den Richter:innen/Gerichten an allen Entscheidungen sehr gering sind.
- Umfänglicher sind nach der Strafgerichte-Statistik die in der StPO geregelten Fälle, in denen rechtlich „Verletzte" eine Straftat oder mehrere Straftaten von vorneherein „ohne vorgängige Anrufung der Staatsanwaltschaft" (§ 374 Abs. 1 StPO) im Weg der Privatklage verfolgen (können) oder in denen die Staatsanwaltschaft kein Offizialverfahren einleiten will und daher die Verletzten, wie die amtliche Redewendung zu § 376 StPO geht, „auf den Privatklageweg verweist". Auch hierzu kann nicht auf Einzelheiten eingegangen werden. Wichtig ist dabei vor allem, dass das Gesetz ein vorgeschaltetes „Sühneverfahren" verpflichtend voraussetzt, das in der Praxis meist von sog. Schiedspersonen/Schiedsstellen durchgeführt wird und, soweit ich die zugänglichen Daten richtig beurteile, mit einem ordentlichen Anteil von Erfolgen endet, und damit das weitere Verfahren entbehrlich werden lässt.
- Mit Blick auf mein eigenes Hauptfach in (ehemals) der Lehre und (auch jetzt noch, wenngleich moderat) in der Forschung, nämlich die Kriminologie, auf die der Autor an mehreren Stellen des Buches unter verschieden Teil-Perspektiven eingeht, haben mich die Ausführungen besonders angeregt, die im Teil II (S. 54 ff.) zu „Opferwerdungen und Machtmissbrauch –

Disziplinäre Verortung“ als „Abschnitt 4“ mit dem Untertitel „Kriminologie, die nicht enttäuscht“ zu lesen sind (S. 70 ff.). Andere wissenschaftliche Fachrichtungen sowie Institutionen der Praxis werden an anderen Stellen dieses Teiles ebenfalls kritisch anregend behandelt; etwa auf den Seiten 80 ff. unter dem Titel „Empathie für ‚Opfer‘ erkunden und verstehen“.

- Auf den Teil III zu „Conferencingverfahren in der Praxis verschiedener Anwendungsbereiche“ (S. 149 ff.) sowie den vergleichsweise umfangreichen Teil IV zu „Restorative Justice mit Bezug auf das Strafrecht“ (s. 206-312) verweise ich pauschal, einfach um meinen Text nicht allzu umfänglich werden zu lassen, jedoch in der Sache mit dem Bemerken, dass hier Leser: innen aus der Praxis nach meinem Eindruck besonders angesprochen, vielleicht sogar deutlich „angeregt“ fühlen könnten.

Alles in allem gesagt: Ich wünsche dem Buch eine große Leser:innenschaft und wenn schon nicht sofort, dann doch auf mittlere Frist einen merklichen Einfluss auf neue Versuche sowie Entwicklungen im Bereich des Bundes, der Länder und der Kommunen sowie im je darin eingebetteten Feld privater Aktivitäten / Vereinigungen.

Hans-Jürgen Kerner

Dr. iur. H.-J. Kerner. Professor Emeritus für Kriminologie, Jugendstrafrecht, Strafvollzug und Strafprozessrecht an der Universität Tübingen, Institut für Kriminologie

Tübingen, im April 2023

Einleitung

Ich nahm mir vor, das perfekte deutschsprachige Buch über Restorative Justice (RJ) zu schreiben. Aber hinterher ist man immer schlauer: Perfektion gibt es wohl selten oder nie und nach dem Werk ist vor dem nächsten Werk, um einmal eine Fußballer:innen-Weisheit abzuwandeln. Der vorliegende Band bringt Ergebnisse meiner etwa 35 Jahre währenden intensiven wissenschaftlichen Auseinandersetzung mit dem Thema Gerechtigkeit und sozialer Frieden ans Licht. Dabei ging es anfangs um strafrechtlich verstandene „Täter:innen“ und „Opfer“. Diese Kategorien erwiesen sich aber im weiteren Verlauf schnell als unzureichend. Die Kritik am Strafrecht und insbesondere an seiner Kerninstitution des Gefängnisses bildet vielleicht einen guten Ausgangspunkt, stellt aber nur eine von vielen Perspektiven dar.

Kolonialisierung, die ungleiche Verteilung des gesellschaftlichen Reichtums, Rassismus, Sexismus und diverse weitere Phänomene stiften Unfrieden, erzeugen Schäden, Verletzungen und Ungerechtigkeit, stellen Quellen von Opferwerdungen dar. Sie manifestieren sich relational durch individuelle Akteur:innen in konkreten Situationen und werden durch diese – aber auch durch strukturelle Gegebenheiten unserer Gesellschaft – verantwortet.

Mit diesem Buch, das Christoph Willms anregte, wurde mir die Chance gegeben, ausführlich über Restorative Justice zu schreiben und zwar für deutschsprachige Leser:innen, die beruflich und privat praktisch mit Konfliktsituationen zu tun haben oder sich wissenschaftlich im Recht, in der Sozialen Arbeit oder in Psychologie, Medizin und den Sozialwissenschaften damit auseinandersetzen. Hier gibt es noch wenige Bücher (Matt 2002; Lutz 2002; Lummer et al. 2011; 2012; 2015; Früchtel & Halibrand 2016; Malzahn 2022), die sich zudem auf ein relativ enges Verständnis von RJ auf der Mikroebene von Konflikten zwischen Individuen beziehen. Im englischen Sprachraum gibt es m. E. genügend gute Werke zu diesem Thema.[8]

Der Begriff RJ stößt in Deutschland auf Vorbehalte und Widerstand – manche halten ihn für einen „Zungenbrecher“, andere meinen, dass wir ihn nicht benötigen, u. a. weil wir den Täter-Opfer-Ausgleich haben. Neuerdings wird „Wiedergut-

[8] Gerne verweise ich auf Braithwaite (1989); Zehr (1990); Maxwell & Morris (1993); Johnstone & Van Ness (2007); Walgrave (2008); Wozniak et al. (2008); Sullivan & Tifft (2008), Woolford & Nelund (2020) sowie Lewis & Stauffer (2021). Zu meinen Lieblingswerken gehören aber auch diverse „Little Books“ wie Zehr (2002); MacRae & Zehr (2004); Pranis (2005); Toews (2006); Stutzman Amstutz (2009); Karp (2013); Hooker (2016); Evans & Vaandering (2016) oder Pointer et al. (2020).

machung“ als deutsche Übersetzung propagiert (vgl. Gesetz zur ambulanten Resozialisierung und zum Opferschutz in Schleswig-Holstein ResOG SH).

Nicht nur aufgrund von Übersetzungsproblemen ist dem Phänomen der Übertragung von einer Sprache in eine andere bzw. der Sprache generell ein eigener Abschnitt gewidmet. Ein „Übersetzungsproblem“ auf ganz anderer Ebene betrifft den sprachlichen Stil. Im Bemühen, nah am Originaltext bleiben zu wollen, sind manche Sätze meiner Übersetzungen der englischen Texte ins Deutsche vielleicht weniger elegant geraten. Das liegt teilweise am deutlich geringeren englischen Wortschatz und an kürzeren Sätzen, während der deutsche Satzaufbau normalerweise verschachtelter ist. Ich bitte die Leser:innen dafür um Nachsicht.

Nach einer programmatischen Einführung im ersten Teil folgen diverse spezifische Beiträge, die an anderer Stelle bereits veröffentlicht worden sind, allerdings teilweise schwer zugänglich oder in englischer Sprache. Die vier Teile dieses Buches werden jeweils mit einer kurzen Einleitung beschrieben. ***Teil 1*** dient dazu, eine Grundlage dafür zu schaffen, wie hier RJ verstanden wird. RJ wird als Gerechtigkeitstheorie zur Transformation sowohl individueller Akteur:innen als auch gesellschaftlicher Strukturen mit dem Ziel der Herstellung des sozialen Friedens verstanden. Ganz ähnlich argumentiert Davis (2021). Das geschieht sowohl auf individueller Ebene als auch gesamtgesellschaftlich. Zwischen beiden Extremperspektiven liegen diverse Zwischenebenen von Gemeinschaften, Körperschaften, Unternehmen und sozialen Gruppen. RJ wird zwar in der Literatur überwiegend in Verbindung mit dem Strafrecht erörtert, kann – und soll – aber in vielen Anwendungsbereichen zum Tragen kommen.

Teil 2 umfasst Texte, die nicht ausschließlich oder hauptsächlich RJ thematisieren, aber gewissermaßen aus der Nachbarschaft doch darauf weisen. Aus hundertjähriger Distanz blickt die (rechtswissenschaftlich normativ ausgerichtete) Kriminologie auf Schädigungen und soziale Ungerechtigkeit und hinterlässt Laien, die nicht im System mitmischen, doch eher ratlos. Empathie erweist sich dagegen als hilfreicher Klebstoff des Sozialen, wenn sie sich denn Bahn brechen kann und nicht durch Stressfaktoren oder narzisstische Tendenzen neutralisiert wird. Hier spielen Psychologie und Neurowissenschaften inkl. Medizin als Bezugsdisziplinen eine Rolle (historisch auch die Ästhetik, vgl. Lipps 1903). Psychologie und Viktimologie sind angesprochen, wenn es um Bedürfnisse von „Opfern“ geht, auch wenn jene hier als „Täterinnen“ in Erscheinung treten. Im Beitrag über die Reintegration inhaftierter Frauen wird deutlich, dass solche disziplinären Grenzen den Blick aufs Ganze eher verstellen. Den vierten Beitrag möchte ich in erster Linie der Soziologie zuschreiben, die sich mit den Strukturen und Machtfragen unserer Gesellschaft befasst, in der Sündenböcke kreiert und marginalisiert werden. Die Gemeinsamkeit der Beiträge im Teil 2 bilden also gerade die unterschiedlichen wissenschaftlichen Disziplinen, aus denen sich der *interdisziplinäre* Rahmen der RJ ergibt.

Teil 3 rückt einerseits methodische Fragen in den Mittelpunkt. Wie setzt man die RJ-Theorie um? Ausgewählt wurden Texte, in denen es um Verfahrensweisen geht, die sich mediativer Methoden bedienen, wie Conferencing und den Täter-Opfer-Ausgleich. Im Grunde gehörte die Thematisierung sozialer Gruppenarbeit auch unter die Rubrik „Methodik“. Anhand einer Gemeinsamkeit – entweder des „Täter“- oder des „Opferstatus“ arbeiten Betroffene dabei unter Anleitung problematische Situationen auf bzw. bekommen ein Bewusstsein für schädliche Auswirkungen ihres Handelns aufgezeigt und erarbeiten Alternativen. Da die ursprünglich geplanten Teile 3 und 4 jedoch deutlich weniger umfangreich ausgefallen wären als die anderen, haben wir die soziale Gruppenarbeit weniger unter dem methodischen als unter dem inhaltlichen Aspekt in Teil 4 untergebracht. Dafür finden Leser:innen im Teil 3 noch Anwendungen von RJ in Lebensbereichen, die mit dem Strafrecht erst einmal nichts zu tun haben: das Bildungssystem vertreten durch eine Hochschule (Dialogforen), Hilfen für Familien mittels Familienräten sowie das Zusammenleben in Nachbarschaften usw.

Im ***Teil 4*** geht es um das Strafrechtssystem als Anwendungsgebiet. Braucht unsere Gesellschaft Strafe? (Temme 2010) Wieviel? (Christie 2005) Welche Alternative gibt es zu entsprechenden systemischen Lösungen? Wer soll eigentlich RJ initiieren bzw. welche Konsequenzen hat es, wenn die Initiative von Opfer- oder von Täterseite ausgeht? Und wann soll RJ zum Tragen kommen – bevor das Strafrechtssystem seine Arbeit getan hat oder danach oder an dessen Stelle? Im herkömmlichen Strafrechtssystem geht es hauptsächlich um Täter:innen – deren Bewusstsein für die Folgen ihres Handelns auf Opferseite muss gestärkt werden, wenn künftige Tatbegehungen erschwert werden sollen. Häufig geht man unrealistischerweise davon aus, dass es sich bei Opfern und Täter:innen um völlig unterschiedliche Kategorien von Menschen handelt und erstere vor letzteren geschützt werden müssen. Dann geht es um Freiheitsstrafen und Gefängnisaufenthalte, wobei der Entzug der Freiheit die Strafe darstellt. Können also Gefängnisse so gestaltet werden, dass heilende Wirkungen ausgehen, also „restorativ“ oder „healthy“? Vgl. die brasilianischen APAC-Gefängnisse, den einst in Saxerriet praktizierten Vertrauensvollzug (Kohrt 1976), die norwegische Gefängnisinsel Bastøy, kleine dezentrale Einheiten in Belgien und den Niederlanden, Vollzug in freien Formen in Baden-Württemberg und Sachsen. Norrie (2022) verdeutlicht am Beispiel einer konkreten Person, die in einem engagierten, leider nur kurzzeitig existierenden schottischen Gefängnis vom Status eines unverbesserlichen gefährlichen Straftäters zu einem anerkannten Künstler ohne Straftatbegehungen wurde.

Da es sich bei den in den Teilen 2 bis 4 abgedruckten Texten um bereits veröffentlichte (z. T. allerdings in englischer Sprache) handelt, wurden diese weitgehend im Originalzustand belassen, insbesondere, was den Stand der Literatur angeht. Dabei sind Redundanzen entstanden, die entgegen des ursprünglichen Plans auch nicht eliminiert werden konnten – das hätte eine völlige Überarbeitung vorausgesetzt. Vorteilhaft für Leser:innen ist, dass sie deshalb nach wie vor weitgehend ohne Bezug zu Teil 1 gelesen und verstanden werden können, ein Einstieg in dieses Buch also ab Teil 2 an jeder Stelle möglich sein sollte.

Möglicherweise vermissen insbesondere juristisch versierte Leser:innen einen Einblick in rechtliche Regelungen von RJ, z. B. im Systemvergleich angelsächsischer mit kontinentaleuropäischen (Straf)Rechtssystemen, im Hinblick auf soziale Gruppen wie Jugendlichen vs. Erwachsenen, Delikte von Männern gegen Frauen (partnerschaftliche Gewalt ist in manchen Ländern von restorativen Lösungen ausgenommen) oder Regelungen bezogen auf konkrete Länder. Diese Erwartung muss ich aus mehreren Gründen enttäuschen.[9] Zum einen stehe ich als Nicht-Jurist in der Gefahr, normative Regeln nicht angemessen zu interpretieren, zum anderen ist die Vielfalt schlicht erdrückend und die Dynamik von Änderungen für eine Einzelperson kaum zu überblicken. Allein in Deutschland wären für den post-sentencing Bereich unterschiedliche Ländergesetze auszuwerten (vgl. Arloth & Krä 2017). Ein solches Vorhaben ginge aber auch am hier verfolgten Ziel vorbei, RJ unabhängig vom Rechtssystem als gesellschaftlichen Umgang mit Konflikten, Ungerechtigkeiten und Unfrieden zu betrachten.

Wie jedes derartige Werk konnte es nur durch Unterstützung anderer entstehen. Bei manchen Beiträgen handelt es sich um solche in Co-Autor:innenschaft mit Dawn Beichner-Thomas, Geoff Emerson, Ricarda Lummer und Mario Nahrwold. Da bedanke ich mich für die Möglichkeit, diese gemeinsamen Arbeiten hier unter meinem Namen zu veröffentlichen und selbstverständlich für die ursprüngliche gemeinsame Arbeit. Mein besonderer Dank gilt Christoph Willms, der erst im Laufe vieler Zoom-Konferenzen so richtig realisierte, was sein Vorschlag auch für ihn an Arbeit mit sich brachte. Es war eine anregende und bereichernde Diskussion, in die teilweise auch Marianne Ruhnau und Elaine Holzinger (Letztere eher mit dem Layout betraut) einbezogen waren, denen deshalb ebenfalls mein Dank gilt. Zu danken habe ich Prof. Dr. em. Hans-Jürgen Kerner, mit dem ich über einen ganz langen Zeitraum aus der Distanz in Verbindung stand, so dass immer wieder

[9] Hinweisen möchte ich stattdessen für Deutschland, Österreich, die Vereinigten Staaten von Amerika, Australien und Belgien auf die Dissertation von Horrer (2014) und den europäischen Vergleich von Dünkel et al. (2015) sowie Meiers (2014) Überlegungen über Wiedergutmachung als „Nebenstrafe".

anregende kleine Austausche entstanden. Ich freue mich sehr, dass er ein Vorwort zu diesem Werk beisteuert.

Mein Dank gilt den Verlagen, die teilweise kostenlos einen Wiederabdruck oder eine Übersetzung der bereits erschienenen Beiträge gestatteten. Danken möchte ich auch meinem Fachbereich, der mir für ein Semester eine Semesterwochenstunde Lehre erließ, um mich diesem Werk zu widmen. Einige Kolleg:innen und Studierende, aber auch Menschen aus meinem außerberuflichen privaten Umfeld haben mich ebenfalls sehr unterstützt und hilfreiche Kommentare beigesteuert. Die Gefahr, jemanden bei einer Aufzählung zu vergessen, wäre sehr groß; außerdem mag eine lange Aufzählung Leser:innen langweilen oder gar als Verschwendung von Druckpapier gelten. Deshalb bitte ich um Verständnis für diese pauschale Danksagung!

Prof. Dr. Otmar Hagemann

Norderstedt, im Januar 2023

TEIL I:

EINFÜHRUNG:

WAS IST RESTORATIVE JUSTICE?

Mit der Idee, bereits publizierte Texte in einem Buch zusammenzustellen, entstand die Sorge vor Redundanzen in größerem Ausmaß, da in jedem der alleinstehenden Texte zumindest kurz auf das Verständnis von RJ eingegangen werden musste. Gleichzeitig erblickte ich die Chance, meine Vorstellung von RJ als Theorie einmal ohne vorgegebenen Zeichenumfang und bezogen auf ein spezifisches Thema darzustellen.

Der erste Teil ist also für dieses Buch seit 2021 vollkommen neu erarbeitet worden und bezieht auch aktuelle Literatur ein. Deutlich wird eine gewisse Entwicklung: Mir war z. B. die in die 1950er Jahre zurückreichende Begriffsgeschichte der Restorative Justice mit den theologischen Wurzeln vor 20 Jahren nicht bewusst. Diesen Hinweis verdanke ich Ann Skelton. Auch die zunehmend geführte Diskussion, ob man nicht besser von Transformative Justice sprechen solle, taucht selbst bei Zehr erst 2011 in seinem Blog auf.

Neue Theorien oder Paradigmen des Denkens und soziale Bewegungen sind immer in raumzeitliche Rahmenbedingungen eingebunden. Insofern scheint es notwendig, mit einigen skizzenhaften Angaben über „unsere[10] Zeit und unsere Gesellschaften" zu beginnen und einen Ausgangspunkt festzulegen, ob wir die Gegenwart nun als globalisiert oder postmodern empfinden wollen oder andere Merkmale für entscheidend halten. Der erste Beitrag **Restorative Justice als Antwort auf einen problematischen Zustand unserer Gesellschaft** stützt sich deshalb auf die soziologischen Zeitdiagnostiker, vor allem Zygmunt Bauman, Ulrich Beck und Jürgen Habermas. Bauman wies bzgl. der Ausgrenzung großer Teile der Bevölkerung früh auf von vielen übersehene Probleme und Ungerechtigkeiten hin. Beck hat die Verdrängung sich abzeichnender Problemlagen sowohl im Sozialen als auch in Bezug auf die Umweltzerstörung beschrieben. Sprache verschleiert vieles; Habermas zeigt einen Weg des konstruktiven Dialogs auf.

Der zweite Beitrag **Über Sprache(n): Restorative Justice – Bezeichnung für ein neues Denken und Handeln** knüpft daran an und ist ebenfalls soziologisch durchdrungen, stützt sich aber vor allem auf den abolitionistischen Juristen Louk Hulsman. Ihm verdanke ich die Schärfung meines Bewusstseins dafür, dass Begriffe nicht einfach Bezeichnungen sind, sondern häufig das Denken gezielt lenken oder im Sinne einer Etikettierung Macht über Menschen, die z. B. als „Täter" oder „Opfer" bezeichnet werden, ausüben, indem gesellschaftliche Erwartungen an ein konformes oder abweichendes Rollenspiel herangetragen werden. In diesem

[10] Bei einem deutschsprachigen Buch bezieht sich „unser" in erster Linie auf drei „reiche" mitteleuropäische Länder, die in einen „westlichen" Kulturraum mit engen Bezügen zu Nordamerika eingebunden, mithin Teil des „globalen Nordens" sind. Als 1957 geborener „Baby-Boomer" genieße ich das Privileg einer trotz der 68er Umbrüche hierzulande relativ friedlichen und optimistischen Epoche, obwohl sich seit den Veröffentlichungen des Club of Rome (Meadows et al. 1972) zumindest die Problematik der Umweltzerstörung als verbindendes Glied mit den aktuellen jungen Generationen Z oder Alpha schon früh abzeichnete.

Sinne ist auch das Übersetzen von einer Sprache in eine andere keine neutrale Handlung wie am Begriff Wiedergutmachung gezeigt wird, der keineswegs einer „Restoration“ oder „Heilung“ gleichzusetzen ist und schon gar nicht einer „Restauration“, die „nur“ Vorheriges wiederherstellt.

Im dritten Beitrag über **Restorative Justice als Gerechtigkeitstheorie zur Herstellung des sozialen Friedens** kommen wir zum Kern des ersten Teils. Aufgrund der vielfältigen Wurzeln und der Entstehungsgeschichte, die sowohl indigene Praktiken als auch den kreativen Umgang mit „westlichen“ strafrechtlichen Regeln einschließt sowie Forderungen sozialer Bewegungen aufgreift, wird der Status als wissenschaftliche Theorie der RJ nicht ohne Weiteres zuerkannt und selbst von vielen Vertreter:innen nicht beansprucht. Auch ich habe zuweilen den Begriff einer Philosophie benutzt, an anderer Stelle dann sogar ein neues – theorienübergreifendes – Paradigma reklamiert. Es geht darum, ein Profil zu schärfen; letztlich muss der wissenschaftliche Diskurs die hier angeführten Argumente berücksichtigen und die Frage entscheiden. Anders als bei vielen wissenschaftlichen Theorien wird RJ durch die Praxis entscheidend mitgeformt, ist dadurch jedoch aufgrund der kulturellen Diversität und dynamischen Entwicklung schwerer zu fixieren.

Beim vierten Beitrag **Ebenen, Anwendungsbereiche und Ausweitung von RJ** steht komplementär zum vorherigen die Praxisperspektive im Vordergrund. Inwiefern greift RJ – beziehen sich die damit verbundenen Umsetzungsformen – sowohl auf der Mikro- als auch Makroebene? In welchen Bereichen werden sie angewendet? In der wissenschaftlichen Entwicklungsgeschichte ist zunächst der Transfer vom theologischen zum strafrechtlichen Bereich zu beobachten, später dann Anwendungen auf der Mikroebene zwischenmenschlicher Konflikte in Familie, Schule, Arbeitsplatz und Gemeinde bis hin zum alltäglichen Leben insgesamt (Restorative Cities). Damit kommen hochkomplexe, moderne „westliche“ Gesellschaften an einem Punkt an, an dem indigene Kulturen schon seit Jahrhunderten ungebrochen bzw. durch Kolonialisierungsprozesse überlagert derartige Verfahrensweisen praktizieren, was Nagel (2018) auf den Punkt bringt, dass wir dort die wirklich fortschrittlichen Gesellschaften vorfinden.

Besonders Braithwaite (2022) hat RJ mit Friedensbildungsprozessen auf Makroebene studiert. Die südafrikanische Wahrheits- und Versöhnungskommission 1995-1998 gilt als eines der bisher gelungendsten Verfahren in dieser Hinsicht. Eine Restorative Society muss auch Gerechtigkeitsfragen zwischen sozialen Gruppen, Regionen, Staaten oder der Menschheit mit ihrer Umwelt bearbeiten und konstruktive Lösungen für die bereits angerichteten Schäden (Klimawandel, Aussterben von Pflanzen und Tierarten) erwirken.

Restorative Justice als Antwort auf einen problematischen Zustand unserer Gesellschaft

Wir Menschen leben in Gesellschaft anderer Menschen. Von „Gisellio“, dem Saalgenossen (und der Saalgenossin) aus Zeiten weniger ausgeprägter Privatheit leitet sich der soziologische Begriff „Gesellschaft“ als Bezeichnung für das Konstrukt des Sozialen auf Makroebene ab. Wenn man selbst mitten drinsteckt, fällt es schwer, die Strukturen – sowohl Vorzüge als auch Nachteile – unserer Gesellschaft wahrzunehmen. Zwar ist es einfach, sich über Normen und Institutionen zu informieren, aber allzu leicht hält man viele davon für naturgegeben und hinterfragt sie nicht bzw. erst in Krisensituationen (vgl. Garfinkel 1973). Brauchen wir Autos, um uns fortzubewegen oder Strafen, um Konflikte zu regeln? Die Soziologie geht derartigen Fragen nach und erklärt, wie Gesellschaft aufgebaut ist.

Baumans (2000) „flüssige Moderne“[11] und Becks (1986) „Risikogesellschaft“ benennen den Wandel von einer relativ stabilen Struktur der fixen Ordnung zu einer Struktur der Möglichkeiten, die sich jederzeit ändern können. Noch in den 1950er Jahren und später wiesen bspw. die „westlichen“ Gesellschaften stabile Strukturen auf: z. B. ethnische Homogenität inkl. Sprache, Zugehörigkeit zu christlichen Kirchen und kleinbürgerliches Familienmodell, Unterordnung von Frauen unter Männer, geringe vertikale und räumliche Mobilität einschließlich großer Bildungsdifferenzierung. Seit Ende der 1960er Jahre trat eine beträchtliche Umwälzung ein: u. a. ethnische und religiöse Diversifizierung durch Zuwanderung und Säkularisierung. Die zweite Frauenbewegung und modifizierte Familienmodelle (Patchwork, Alleinerziehende), sozialer Aufstieg mittels Bildung (insbesondere für Frauen) und durch hohe Flexibilität sowie ein grundlegender Wandel des Arbeitsmarktes und der Wirtschaftsstruktur hin zum tertiären Sektor beschreiben weitere Änderungen.

Kanzler Brandt wollte 1969 „mehr Demokratie wagen“ (Erste Regierungserklärung am 28.10.1969). Freiheitsräume weiteten sich aus (Partner:in- und Berufswahl, räumliche Mobilität). Selbstverantwortung nahm extrem zu (Bauman 2000). Beck (1986) beschreibt nicht nur technologische Risiken wie Großindustrie, Gentechnik und Atomkraft, sondern auch soziale Risiken von Bindungsverlusten (an Familie, Freund:innen und Gemeinschaften, die teilweise zu Vereinsamung führen) und den Wegfall von Bindungen zwischen Arbeitnehmer:innen und Arbeitgeber:innen (extrem in der japanischen Gesellschaft) bis hin zu Qualifikationsverlusten durch schnellen technologischen Fortschritt oder Verlagerung von Arbeitsplätzen

[11] In der deutschen Übersetzung von Reinhard Kreissl 2003 als „flüchtige Moderne“ erschienen; im englischen Original „liquid modernity“. Eine weitere Alternative wäre „fließende Moderne“, da Bauman (2000) die Unbeständigkeit hervorheben will.

im globalen Maßstab. Soziale Gruppen driften auseinander (Bauman 1999), der Klebstoff „Empathie" (Pepinsky 2008) verliert an Wirkung. Gegenseitige Fremdheit ist zum Strukturmerkmal geworden (Scherr 1999).

Heute sehen wir den Folgen des menschengemachten Klimawandels ins Auge, haben gegen eine Pandemie gekämpft, die vielleicht durch die globale Vernetzung begünstigt wurde, wehren uns gegen Sinnverlust und psychische Erkrankungen (Ehrenberg 2008; Han 2011; Maaz 2014). Bauman (2000) befasste sich zentral mit den Überflüssigen der „flüssigen Gesellschaft", den Dauerarbeitslosen, Alten, Kranken, Menschen mit Behinderung oder ohne verwertbare Qualifikation für „das System" (dazu gehören auch viele Geflüchtete und Unangepasste). Es entstehen Konflikte, die allerdings nicht mehr wie einst[12] – vor allem auf dem Lande – durch direkte Kommunikation bearbeitet werden, sondern durch Delegation an Expert:innen. Nicht mehr das ganze Dorf – oder zumindest die Nachbarschaft – kümmert sich um die Erziehung der Kinder, sondern nur noch deren Erziehungsberechtigte und Expert:innen (vgl. Pranis 2000). Soziale Bewegungen weisen in eine optimistischere Richtung und vor einigen Jahren haben Bürger:innen in den Niederlanden sogar selbst eine Gesetzesinitiative für eine bessere Verankerung von RJ – und damit eine Art „Selbstermächtigung" – auf den Weg gebracht (vgl. Claessen et al. 2018).

Obwohl Konkurrenz und Aggression auch vor den 1970er Jahren zum Sozialen gehörten, entsteht das Bild, dass Freiheit durch den Verlust von festen Orientierungspunkten und Wohlstand durch Risiko erlangt wurde. Außerdem wird das, was wir für typisch menschlich hielten – Solidarität, gegenseitige Hilfe und Unterstützung, Trost in Krisenlagen – heute großenteils nur durch geschulte Expert:innen angeboten. Gleichzeitig geht dabei vieles verloren, was diese Dienste eigentlich ausmacht. Wahrscheinlich wird die professionelle Kraft die Pflege nach einem besseren Standard umsetzen als einst die Familienangehörige. Hier ist die weibliche Form nicht zufällig gewählt, weil es für die Familienangehörige einen großen Emanzipationsschritt in Richtung Selbstbestimmung und Chancengleichheit bedeuten kann, eine häufig anstrengende und wenig anerkannte Tätigkeit nicht mehr ausüben zu müssen. Aus Sicht der gepflegten Person wird eine – häufig nicht unproblematische – soziale Beziehung durch eine am Markt erhältliche Ware (die Dienstleistung „Pflege") ersetzt und der Konsum somit ausgeweitet. Lediglich in der Frage der sexuellen Dienstleistungen lässt sich in jüngerer Zeit eine nennenswerte

[12] „Früher" und auf dem Lande war nicht alles besser. Vielleicht fehlten schlicht die Expert:innen? (vgl. Goltermann 2011). Und dennoch existierten viele der heutigen Probleme in diesem Bereich nicht.

Gegenbewegung – zumindest auf politischer Ebene[13] – beobachten. Ansonsten weiten sich die Systeme beständig aus, wie Habermas in seiner Kolonialisierungsthese schon 1981 ausgeführt hat.

Gab es jemals in unseren sog. entwickelten Gesellschaften so viele Jurist:innen wie heute? Gab es überhaupt derart starke Professionalisierungstendenzen in allen Bereichen des Lebens? Habermas (1981) hat gezeigt, dass in den durch Expert:innen dominierten Systemen andere Logiken herrschen als in der Lebenswelt, die durch sie immer stärker kolonialisiert wird (z. B. verrechtlicht und nach ökonomischen Gesichtspunkten ausgerichtet). Christie (1977) vertritt die These, dass für Professionelle mitnichten die Hilfe im Mittelpunkt stehen muss. Sie erledigen ihren Job nach professionellen Standards und aus unterschiedlichen Motiven. Jurist:innen behaupten gar nicht, dass durch die Wandlung eines Alltagskonflikts in einen Rechtskonflikt (vgl. Kerner 2013a) und seine anschließende Lösung mit der Herstellung des Rechtsfriedens auch der soziale Konflikt bearbeitet würde. Diese Hoffnung hegen allerdings viele Lebensweltakteur:innen. Sozialer Frieden (vgl. Kerner 2013b: 433) wird durch die Tätigkeit der Rechtsexpert:innen nur in Glücksfällen hergestellt. Häufig bleiben unzufriedene Lebensweltakteur:innen zurück, die vieles nicht verstanden haben, sondern nur wissen, dass ihr Problem weiterbesteht. Shapland et al. (1985) haben gezeigt, wie sich deshalb Lebensweltakteur:innen bspw. vom Strafrechtssystem abwenden. Kaum irgendwo ist die Anzeigequote so niedrig wie bei Sexualdelikten (vgl. Landeskriminalamt Nordrhein-Westfalen 2006; Haverkamp 2015: 50 nennt 4 %), obwohl solche Opferwerdungen zu denen gehören, die die schlimmsten Folgen für die Verletzten nach sich ziehen (vgl. Hagemann 1993).

In Anlehnung an Gramsci möchte ich das bestehende vorherrschende System als *hegemonial* bezeichnen und im Folgenden eine *gegen-hegemoniale Alternative* entwickeln. Während ich dem Vorherrschenden keinen eigenen Namen gebe – Bauman, Beck, Habermas und Christie haben sich jeweils nur mit Teilaspekten beschäftigt und teilweise sogar unterschiedliche Namen wie – die oben angesprochene – „flüssige Moderne“ (Bauman 2000), „zweite oder reflexive Moderne“ (Beck et al. 1996) oder „Postmoderne“ (Bauman 1999) ins Spiel gebracht; neoliberaler

---

[13] „Das Bundesfamilienministerium teilte auf Anfrage der ‚Bild-Zeitung‘ mit, es halte ein Prostitutionsverbot für ‚nicht zielführend‘. Hierdurch würden ‚Prostituierte mehr in die Illegalität getrieben‘, warnte Dirk Peglow, stellvertretender Vorsitzender des Bundes der Kriminalbeamten. Angesichts der coronabedingten Schließung von Prostitutionsstätten hatte eine Gruppe von Bundestagsabgeordneten von Union und SPD ein Sexkaufverbot und Ausstiegsprogramme für Prostituierte gefordert. Es gibt in Deutschland 33.000 behördlich registrierte Prostituierte und nach Zahlen der Abgeordneten bis zu 400.000 insgesamt“. Von Dirk Lauer, 19. Mai 2020 – https://pressecop24.com/kritik-an-initiative-gegen-prostitution/

oder „hochentwickelter Kapitalismus“ (Kronauer 2010) wird auch häufiger genannt –, soll der Gegenentwurf hier unter dem Namen „Restorative Justice“ ausgearbeitet werden. Allerdings haben u. a. die Kolleg:innen Zehr (2011) und Llewellyn (2020) bereits deutlich gemacht, dass es dabei ***immer um eine Transformation des Bestehenden*** geht und ***nicht um ein Zurück zum Alten*** wie es manche Vertreter:innen einer Transformative Justice kritisch formulieren (z. B. Nagel 2018). So sieht Harris (2008) in der Abkehr vom bloß punktuellen Blick auf ein Ereignis mit individuellen Beteiligten und dem Bewusstsein für strukturelle Ursachen und der Sicherstellung ihrer Berücksichtigung in der Transformative Justice eine Weiterentwicklung der Restorative Justice (vgl. auch Temme 2017). Diese kritisierte Position haben RJ-Vertreter:innen wie Llewellyn und Howse (2001) aber nie eingenommen. Entsprechend ist „Transformative Justice“ hier synonym verwendet und keine konkurrierende Theorie (vgl. Malzahn 2022, Davis 2021). Ferner wird „Peacemaking“ oder „Peacebuilding“ (vgl. Pepinsky 2018; Quinney 1991) sowie „Transcend“ (Galtung 2010) von mir unter „Restorative Justice“ subsumiert. Das beinhaltet die Gefahr, übergriffig gegen die anderen Benennungen zu werden. Gelegentlich tauchen weitere Begriffe auf wie „social justice“ (Young 2011), „reparative justice“ (Wemmers 2017: 191 ff.) oder „therapeutical justice“ (Wemmers & Cyr 2005; 2016; Wexler & Pérez Muñiz 2017; UNODC 2006: 6). Es ist eine recht willkürliche und persönliche Entscheidung. „Restorative Justice“ und „Transformative Justice“ erreichen bei einer Internetrecherche in etwa gleich viele Treffer. Im wissenschaftlichen Diskurs überwiegt nach meinem Eindruck der Begriff RJ und ich setze mich damit schon deutlich länger auseinander. Worauf es mir ankommt, ist, dass ***eine*** *gegenhegemoniale Vision* entwickelt wird und Friedensaktivist:innen sich nicht wie einst die vielen K-Gruppen der 1980er Jahre in internen Abgrenzungen verirren, sondern gemeinsam an diesem Projekt der Restorative Justice arbeiten. Diese Sorge teilt offenbar auch Fania Davis (2021: IX).

An dieser Stelle besteht die Gefahr, Zustimmung von falscher Seite zu bekommen, bspw. sog. „Reichsbürger:innen“ und anderen rechtsextremen, anti-staatlichen populistischen Bewegungen. Restorative Justice ist zwar gegen staatliche und systemische Bevormundung, gründet sich aber auf der Menschenwürde aller Menschen, unabhängig von Hautfarbe, Geschlecht, religiöser und sexueller Orientierung oder gar Staatsangehörigkeit. Dialektisch formuliert könnte man von der „Aufhebung“ staatlich-systemischer und anti-staatlich systemfeindlicher Positionen zu einer Synthese von Gemeinschaften einer Weltgesellschaft sprechen, denn Phänomene wie Klimawandel, Artensterben oder Rassismus lassen sich nicht in kleinen Dorfgemeinschaften überwinden, sondern setzen eine Weltgesellschaft voraus, für die die Erklärung der allgemeinen Menschenrechte 1948 eine Grundlage bietet.

Ich unterscheide zwischen indigenen und „westlichen" Wurzeln der RJ. Im erstgenannten Fall kommt der Begriff gar nicht vor. Aber die überlieferte, vielleicht sehr lange zurückgehende Tradition bedient sich desselben Denkens und ähnlicher Methoden, so dass sie unter RJ subsumiert werden kann bzw. eine der Grundlagen darstellt (vgl. für die Navajo: Coker 2006; Terpstra 2013). „Westlich" bezieht sich auf moderne Gesellschaften des globalen Nordens. Der „Elmira-Case" 1974 gilt als erster Fall einer „victim-offender reconciliation". Eglash hat schon 1958 erstmals seine Überlegungen zur „creative restitution" publiziert, die die Praxis der Bewährungshilfe betrafen. Er zitiert dabei Schrey et al. (1955) – vielleicht hat er Yantzi zum Elmira-Experiment angeregt? Auch Yantzi (1985) kam über die Tätigkeit als Bewährungshelfer zur praktischen Erprobung. Zehrs Blog (2011) und das Gutachten für die kanadische Rechtskommission durch Llewellyn & Howse (2001) betonen die Wichtigkeit von Transformationen für RJ. Ohne diese Dimension macht RJ keinen Sinn, weil es nicht erstrebenswert ist, zu früheren ungerechten Verhältnissen zurückzukehren.

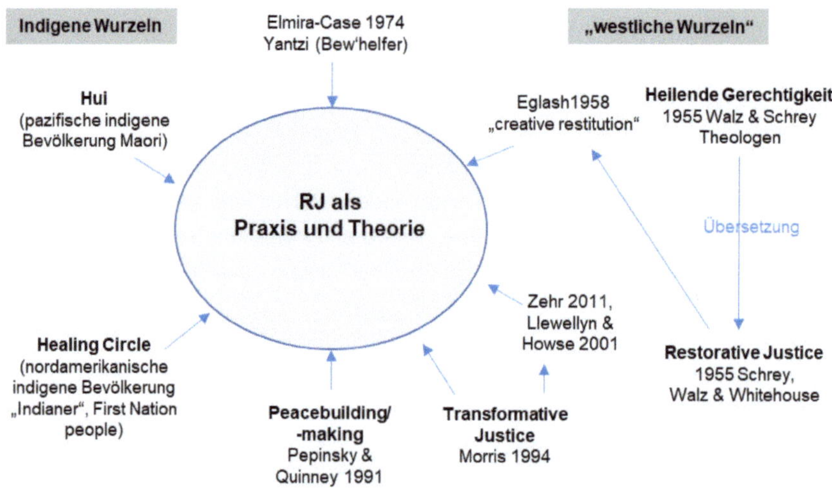

Abb. 1: Wurzeln der Restorative Justice als Praxis und Theorie

Im kriminologischen Diskurs haben Pepinsky & Quinney erstmals 1991 gemeinsam über „Peacemaking" publiziert – der Begriff wurde im allgemeineren Kontext aber bereits früher genutzt. In (recht willkürlicher) Abgrenzung dazu wird Peacebuilding häufig eher auf der Makroebene verwendet für kriegerische Konflikte bzw. deren Beendigung. Als Schöpferin des Begriffs „Transformative Justice" gilt Ruth Morris (1994). Später haben Wozniak et al. (2008) in einer Würdigung von Quinneys Wirken den Begriff „Transformative Justice" als Buchtitel verwendet.

Zwischen dem traditionellen Hui-Verfahren der Maori und RJ steht das neuseeländische Gesetz „Children, Young Persons and Their Families Act" von 1989. Hui und Healing Circles lassen sich ähnlich wie die Schaffung des Friedens nicht datieren. In seiner Enzyklika „Fratelli tutti" vom 3. Oktober 2020 verweist Papst Franziskus auf jahrhundertelange christliche Traditionen in diesem Sinne (vgl. auch van Dijk 2020), gesteht aber selbstkritisch ein, dass Christen nicht durchgehend entsprechend agierten. Vor allem Mennonit:innen und Quäker:innen engagieren sich für RJ. Jesus steht für die Verbindung zum Judentum. Quinney (1991) betont die lange zurückreichende friedensstiftende Funktion des Buddhismus. Im Hinduismus – Gandhi gilt als erfolgreicher Friedensstifter – und auch im Islam stehen weitere Religionen grundsätzlich für friedliche Konfliktaustragung (vgl. Enns & Weiße 2016).

Das Projekt RJ ist gleichzeitig ein wissenschaftlich-theoretisches sowie ein praktisches: Mir geht es um die Entwicklung einer RJ-Theorie, aber genauso um die Implementierung des entsprechenden Gedankenguts (Werte und Prinzipien) bzw. einer restorativen Haltung (vgl. von Spiegel 2018) im Alltag. Praktisch könnte man die „Restorative Society", eine restorative Gesellschaft, als Ziel ausgeben. Restorative Justice als Gerechtigkeitstheorie erklärt dann, welche Grundlagen und Verbindungen dieser Ansatz mit anderen Theorien hat bzw. wo deutliche Unterschiede eine Abgrenzung einfordern (vgl. Hagemann & Magiera 2023).

Die nächste Hürde, die zu überwinden ist, verdanken wir dem ehemaligen Bundeskanzler Helmut Schmidt, der mit der Abwertung von „Visionen" seine Nähe zur Lebenswelt einfacher Bürger:innen und seine Hochschätzung des Pragmatismus ausdrücken wollte. Die „Restorative Society" ist – und bleibt vielleicht auch – zunächst eine Vision. Wie Jonathan Boston (2007), dem ich diesen Begriff verdanke, ausgeführt hat, ist sie allerdings keine Utopie, sondern ein Orientierungspunkt, von dem schon recht viele konkrete Eigenschaften benannt werden können und teilweise praktiziert werden. Darin unterscheidet sie sich z. B. von der kommunistischen Gesellschaft, die Marx (1848 im kommunistischen Manifest) vorschwebte und im Umsetzungsprozess an der Unzulänglichkeit der Menschen scheiterte. Im Gegensatz zu Helmut Schmidt halte ich eine Vision, auf die konkret hingesteuert werden sollte, gerade in diesen von Bauman (2000) so gut beschriebenen Zeiten der Unsicherheit und Orientierungslosigkeit für notwendig. Entsprechend geht die „Restorative Society“ explizit davon aus, dass Menschen viele Fehler machen. In der Zukunft werden noch viele neue Fehler auftreten, aber vielleicht können wir die bereits bekannten etwas seltener wiederholen. Manchmal ist es auch gar nicht so klar, ob etwas ein Fehler ist, denn aus unterschiedlichen Perspektiven kann sich das anders darstellen.

Ausgangspunkt und Ziel dieses Beitrags sind nunmehr umrissen. Im Folgenden möchte ich also den Begriff „Restorative Justice“ in diesem weiten Verständnis genauer umreißen, von Nachbarbegriffen und engeren Konzeptionen abgrenzen und auch darlegen, warum ich diesen Anglizismus einzudeutschen vorschlage (was auch für das Adjektiv „restorativ(e)“ gilt). D. h. zunächst sind einige Ausführungen über Sprache in diesem Zusammenhang nötig. Anschließend geht es um die Frage der RJ-Theorie bzw. RJ als Theorie.

Über Sprache(n): Restorative Justice – Bezeichnung für ein neues Denken und Handeln

In diesem Abschnitt steht die Sprache im Fokus bzw. unterschiedliche Sprachen und Begrifflichkeiten. Es geht um Verständigung im Alltag und zwischen Autor und Leser:innen, auch um Wissenschaftlichkeit, notwendige Klärungen, bevor eine Theorie der Restorative Justice ins Auge gefasst werden kann. In diesem Fall sollen einerseits generelle Überlegungen über die Rolle von Sprache angestellt werden. Andererseits sollen spezifische Probleme erörtert werden, die daraus resultieren, dass unterschiedliche Sprachen existieren. Das gilt für Fachdisziplinen wie das Recht und die Sozialwissenschaften, für das Verhältnis zwischen Wissenschaft und Alltag, aber auch in Praxisfeldern und unterschiedlichen Kulturen. Da wissenschaftliche Diskurse großenteils in englischer Sprache erfolgen und viele transnationale Übereinkommen in englischer Sprache vermittelt werden, darf die Übersetzungsproblematik nicht unerörtert bleiben.

Sprache gehört zu den bedeutsamsten menschlichen Erfindungen, wenn es nicht sogar die allerwichtigste ist. Begriffe ordnen unsere zunächst mittels Sinneseindrücken gemachten Erfahrungen von Welt, ermöglichen das Denken und damit neue Vorstellungen und Kreationen, bevor diese in die Wirklichkeit transferiert und umgesetzt werden können. Künstlerische Ausdrucksformen wie Malerei, Musik, Tanz oder Installationen mögen ohne Sprache auskommen, sind aber raumzeitlich viel beschränkter. Zwar kann dadurch gewissermaßen pantomimisch Kommunikation geleistet werden, nicht aber Theoriebildung.

Niemand spricht vom „Eisenmann", wenn Sportler schwimmen, laufen und Rad fahren. Am Begriff „adversarial", mit dem das angelsächsische Strafrechtsverfahren bezeichnet wird, lässt sich verdeutlichen, dass hinter dem Wort ein ganz anderes – nämlich gegnerschaftliches – Denken steht, als in „unserem" Strafverfahren, bei dem die Staatsanwaltschaft noch mildernde Umstände auf Täter:innenseite ermitteln und vertreten muss (vgl. § 160 (2) StPO) und der:die Richter:in nicht bloß Schiedsrichter:in ist, sondern selbständig ermitteln soll.

Drogerien verkaufen zwar inzwischen „Restorative Shampoo" und wenn Zahnärzt:innen den Erhalt bestehender Zähne gegenüber Implantaten oder Brücken priorisieren, betreiben sie „Restorative Dentistry" – aber was soll Restorative Justice sein? Schon bei „Justice" müssen wir zwischen Gerechtigkeit und Recht auswählen, was bekanntlich nicht dasselbe ist. Die Übersetzung von Justice weist uns auf das Konzept der Gerechtigkeit (*mehr dazu unten im nächsten Kapitel*). Zwar kann der englische Begriff „justice" im Deutschen auch mit „Recht" übersetzt werden – vgl. von Trotha: „aufarbeitendes Recht" (1997: 263); das Übersetzungsprogramm

DeepL schlägt in ähnlicher Weise „opferorientierte Justiz" vor. In diesem Fall würde aber RJ erstens auf Fragen des (Straf-)Rechtssystems verkürzt werden und zweitens bestünde mit Habermas (1981) die Gefahr der Kolonialisierung bzw. mit Hulsman (1986) die Gefahr des Denkens in vorgefassten Bahnen. Das Rechtssystem würde uns Inhalte und Verfahrensweisen vorgeben. Joas & Knöbl (2011: 377) konstatieren, dass es im Rechtssystem nicht um Gerechtigkeit gehe. Gerechtigkeit steht über dem Strafrecht, ohne allerdings das Recht zu verletzen (vgl. Llewellyn & Howse 2001; Morris & Maxwell 2001)!

Angegriffene Zähne und strapaziertes Haar sollen wiederhergestellt werden, aber noch günstiger wäre es, sie in einen Idealzustand zu versetzen, besser als zuvor. So ist es hier als wiederherstellende, transformierende oder heilende Gerechtigkeit ebenfalls gemeint (vgl. Zehr 2011). Letzteres scheint der ursprüngliche Begriff zu sein. Denn der deutsche Ausdruck „heilende Gerechtigkeit" von Theologen wurde 1955 als Restorative Justice ins Amerikanische übersetzt (vgl. Walz & Schrey 1955; Schrey, Walz & Whitehouse 1955). Albert Eglash (1958; 1977), einem Psychologen und Bewährungshelfer, gebührt das Verdienst, dieses Konstrukt für die Sozial- und Rechtswissenschaften bzw. praktische Anwendungen nutzbar gemacht zu haben (vgl. van Ness & Heetderks Strong 2006).

Aber damit haben wir lediglich die etymologische Herkunft geklärt und noch keinen festen Boden unter unseren Füßen, was die Inhalte angeht. Dafür bitte ich die Leser:innen noch um etwas Geduld, denn einem Rat meines Lehrers und Freundes Louk Hulsman folgend, sollen zunächst etwas grundsätzlichere Betrachtungen über Sprache angestellt werden. Hulsman (1986) vertrat die These, dass man mit der Wahl eines Begriffs bestimmte Vorentscheidungen träfe. Benutze ich den Begriff „Straftat", so begebe ich mich auf das Feld des Strafrechts, nehme gleichzeitig dessen moralische Perspektive ein und rücke die verantwortliche/n Person/en ins Zentrum. Wenn ich einen Begriff suche, um das Zufügen körperlicher Schmerzen – sichtbar vielleicht durch Hämatome – durch Einwirkung von Schlägen und Tritten zu beschreiben, dann könnte das Phänomen auch als „Opferwerdung" aus der Perspektive einer geschädigten Person beschrieben werden. Nunmehr stünde eine Person im Zentrum, die unserer Unterstützung und Solidarität bedarf. Als Zeug:innen / Dritte rufen wir vielleicht einen Krankenwagen und halten das Gesundheitssystem für zuständig, während wir im ersten Fall eher an eine polizeiliche Anzeige dachten und die Strafjustiz für zuständig hielten.[14] Hulsman (1986) schlägt

---

[14] Vielleicht fühlen wir uns als unbeteiligte „Bystander", schauen einfach weg und ignorieren es (vgl. Bauman 2003).

den Begriff der „problematischen Situation“[15] vor – jener passt immer und trifft noch keine Festlegungen für oder gegen bestimmte systemische Zuständigkeiten.

„Die Grenzen meiner Sprache bedeuten die Grenzen meiner Welt“ schrieb Ludwig Wittgenstein (1922: 86, 5.6). Nach meinem Verständnis bedeutet dies, dass neue Begriffe unser Denken und damit mittelbar auch unser Handeln verändern und erweitern können. Manchmal fungieren sie wie eine neue Linse (Zehr 1990) und lassen („bloß“) bekannte Phänomene in einem neuen Licht erscheinen. Im Zusammenhang mit Restorative Justice (RJ) wird regelmäßig die Bitte oder Forderung an mich – und andere – herangetragen, sich doch besser verständlich auszudrücken (z. B. in Alltagsgesprächen, in der Lehre von Studierenden, aber auch im interministeriellen Kontakt zwischen Vertreter:innen von Justiz- und Sozialministerium zum 3. Opferschutzbericht Schleswig-Holsteins war es anscheinend ein Thema). Der Begriff klingt englisch wie Computer, Bachelor, Booster oder Outlet-Center, stößt aber im Gegensatz zu jenen auf mehr Widerstand. Das kann an der Aussprache liegen, die für manch eine:n zum Zungenbrecher wird; wahrscheinlicher ist aber der Inhalt der Grund (vgl. Rosenberg 2001, der Vertrautheit mit wettbewerbsorientierter, durchsetzungsstarker „Wolfssprache“ postuliert und bedürfnisorientierte, friedliche „Giraffensprache“ zutreffend als uns fremd unterstellt).

Schon oben bei der Übersetzung von „justice“ mit „Gerechtigkeit“ (oder umgekehrt) befanden wir uns insofern in einer heiklen Situation, als dass dabei Machtverhältnisse nicht ausgeblendet bleiben dürfen. Gemäß Habermas‘ (1981) These von der Kolonialisierung der Lebenswelt durch *das* System – oder verschiedene gesellschaftliche Funktionssysteme –, würden wir uns bei der Subsumtion unter das Rechtssystem in die Hände der Expert:innen jenes Systems begeben. Als Laien hätten wir kaum eine Chance, innerhalb jenes Systems unsere Alltagsbedeutung durchzusetzen. Im obigen Beispiel einer „einfachen Körperverletzung“ könnten wir ggf. eine Anzeige noch zurückziehen, aber wenn die „Straftat“ als ein „Offizialdelikt“ gewertet würde, eine „gefährliche Körperverletzung“ etwa oder eine „Vergewaltigung“, dann würden die Akteure des Systems unabhängig von unserem Willen (als Beispiel vgl. Ardin 2021) gemäß „Legalitätsprinzip“ (§ 152, Abs. 2 StPO) tun, was sie für richtig hielten.

[15] Hulsman (1986) verwendet „problematische Situation“ als neutralen Begriff alternativ zum Begriff „Konflikt“, der von vielen Menschen nur für zweiseitige Angelegenheiten akzeptiert wird, also nicht für Zwangsemigration, Kindesmisshandlung oder Wohnungseinbruch. Damit erfolgt eine bewusste Abgrenzung zu „Fehlverhalten“, „Kriminalität“ oder gar “Straftat”, die nach seiner Ansicht eine unangemessene Vorab-Wertung bedeuten.

In meinen Interviews mit „Opfern"[16] – ein weiterer höchst problematischer, weil etikettierender und häufig von Betroffenen als abwertend empfundener Begriff – sprachen einige von „Vergewaltigung", ohne dabei die juristische Definition zu meinen (vgl. Hagemann 1993). Ihnen war ungerechtfertigterweise in einem Ausmaß „Gewalt" angetan worden, dass sie diesen Begriff für angemessen hielten, teilweise auch ohne sexualisierte Bezüge. Im Vergleich von Rechtssystemen stellt man fest, dass bspw. Vergewaltigung sehr unterschiedliche Phänomene bezeichnen kann (u. U. sogar sexuellen Kontakt ohne oder mit einvernehmlichen Geschlechtsverkehr, wenn ein:e Partner: in eine bestimmte Altersgrenze unterschreitet[17] oder etwas anders gelagert die Assange-Anklage aus Schweden[18]). Gesetze werden geändert, und so kann derselbe Begriff plötzlich andere Phänomene einschließen oder bisher nicht kriminalisierte Verhaltensweisen (vgl. das Kriminalisierungsbestreben bzgl. „Catcalling").[19]

Wittgenstein (Schriften 1, S. 311, 5 43) hat diesen Sachverhalt zwar gut auf den Punkt gebracht: die Bedeutung eines Wortes ergibt sich aus seinem Gebrauch in Sprachspielen. Aber das hilft nur bedingt weiter. Wir müssen in einem kommunikativen Prozess mühsam aufklären, wie der Gebrauch gemeint ist. Habermas (1981) hat dabei einen herrschaftsfreien Dialog im Blick. Wir können uns diesem unter mancher Voraussetzung annähern, sind aber gut beraten, die Herrschaftsverhältnisse immer im Auge zu behalten.[20] Sprache kann verschleiern und schönfärben, PR-Abteilungen wachen jederzeit darüber, möglichst vorteilhaft dazustehen und heikle Inhalte möglichst zu verschleiern. Es ist nicht auszuschließen, dass das manchmal sogar unabsichtlich geschieht.

---

[16] Derrida (1967/1997) griff Heideggers Technik des „Sous Rature" auf, d. h. ein mehrdeutiges, eigentlich ungeeignetes Wort wird im Text verwendet, aber durchgestrichen, weil kein anderer Begriff besser geeignet wäre. Die Durchstreichung vermittelt der:dem Leser:in, dass es unmöglich ist, das Phänomen in seiner Vielschichtigkeit abzubilden. Nach Rückmeldungen von Probeleser:innen habe ich von dieser Technik z.B. für den Begiff „Opfer" abgesehen, weil sie eher verwirrte als klarstellte.

[17] Beispiel des 17-jährigen Uelzener Jugendlichen Marco W., der 2007 ca. 5 Monate in türkischer U-Haft verbringen musste, weil ihm im Türkeiurlaub in Side bei Antalya sexueller Missbrauch der 13-jährigen Engländerin Charlotte vorgeworfen wurde. Im „Panorama"-Interview bestätigt der untersuchende Arzt des Mädchens, das jene von einvernehmlichen sexuellen Kontakten mit ihrem Freund gesprochen habe; zu Geschlechtsverkehr sei es nachweislich nicht gekommen.

[18] Die betroffene Geschädigte Anna Ardin (2021) räumt ein, dass es zu einvernehmlichem Geschlechtsverkehr gekommen sei; allerdings habe Assange das dabei benutzte Kondom absichtlich beschädigt (sog. „stealthing"), wodurch kein Einverständnis mehr vorlag. Ein derartiges Verhalten ist erst seit 2016 in Deutschland strafbar.

[19] Weil insbesondere Frauen systematisch Opfer diverser Formen männlicher Gewalt werden, ist die gegen RJ gerichtete Bewegung eines „carceral feminism" entstanden (vgl. Terwiel 2020). Entsprechende Bemühungen sind jedoch weniger als RJ geeignet, die Situationen der Frauen zu verbessern (vgl. Drost et al. 2015), führen manchmal gar zum gegenteiligen Effekt (vgl. Rodda & Beichner 2017; Belknap 2015; Hirschel et al. 2008).

[20] Anläßlich eines Porträts zu seinem 80. Geburtstag in der Frankfurter Rundschau wies der bekannte kritische Journalist Günter Wallraff darauf hin, sich Jahre vor der Kaperung des Begriffs selbst gern als „Querdenker" bezeichnet zu haben.

Einige Organisationen wie das Projekt „Floskelwolke“ beobachten öffentlich die Sprachverwendung. So prämierten sie den Begriff „Eigenverantwortung“ mit der Begründung „ein legitimer Begriff von hoher gesellschaftlicher Bedeutung wird ausgehöhlt und endet als Schlagwort von politisch Verantwortlichen, die der Pandemie inkonsequent entgegenwirken. Fehlgedeutet als Synonym für soziale Verantwortung und gekapert von Impfgegnerinnen und Impfgegnern als Rechtfertigung für Egoismus“ (Frankfurter Rundschau, 3.1.2022).

Von Verantwortung ist auch im RJ-Kontext regelmäßig die Rede, z. B. werden „Täter:innen“ weniger etikettierend als „Verantwortliche“ bezeichnet. Ich lege allerdings Wert auf die Feststellung, dass Verantwortlichkeit manchmal unangemessen individualisiert wird und dahinterstehende Zwänge ausgeklammert bleiben, z. B. die Verantwortung von Eltern für das Wohlergehen ihrer Kinder, die insbesondere Alleinerziehende in Konflikte bringen kann. In diesem letzteren Sinne weist der Begriff eine Nähe zur „Schuld“ auf, ein Begriff, den ich wegen seiner Verwendung im Strafrecht ersetzen möchte (vgl. Hulsman 1986). In einigen Kontexten wird schnell ersichtlich, warum es nicht dasselbe ist, denn Personalverantwortliche, politisch Verantwortliche, Systemverantwortliche, Handlungsverantwortliche in Unternehmen oder Behörden und Erziehungsverantwortliche sollen zwar zur Rechenschaft gezogen werden, sind aber nicht schuldig im strafrechtlichen Sinne (z.B. bei Fehlbesetzungen von Stellen, fehlerhaften Handlungen Untergebener, Steuerungsproblemen, unvorhergesehenen Marktentwicklungen, ungerechten Entscheidungen oder Handlungen ihrer Kinder). Verantwortlich für das Guantanamo-Gefängnis ist heute qua Amt wohl Joe Biden. Aber er hat diese Verantwortung geerbt und hätte die Einrichtung womöglich selbst nicht geschaffen. Obama musste anscheinend erkennen, dass seine Macht zur Schließung nicht ausreicht. Bestimmte Gesetze sind verantwortlich für bestimmte Gerichtsurteile – Richter:innen führen die Gesetze nur aus. Allerdings zeigt Ortner (2009) am Fall Freisler, dass sie damit nicht frei von Verantwortung sind, durchaus schuldig werden können. Das wäre die Analogie zu den russischen Soldaten, die in der Ukraine gegnerische Kombatanten töten. Bei denjenigen, die darüber hinaus wahllos auch zivile Tote in Kauf nehmen, liegt der Fall noch einmal anders (= Kriegsverbrechen, ist also individuelle Verantwortlichkeit gegeben wie bei Freisler).

Nun schreibt es sich so schön, die Gesetzesreform hinsichtlich der Hochstufung der Verbreitung von Kinderpornographie als Verbrechen sei verantwortlich für eine große Zahl jugendlicher Sexualstraftäter:innen (> 50% aller aktuell ermittelten). Verantwortlich ist hier neutral im Sinne eines Kausalzusammenhangs verwendet worden. Verantwortlich im Sinne des zugrundeliegenden Handelns sind allerdings die betroffenen Kinder und Jugendlichen (neben den knapp 50% der ermittelten Erwachsenen). Bei Kindern sagt eine andere gesetzliche Regelung bzgl. der Strafmündigkeit, dass ihnen keine Verantwortung im strafrechtlichen Sinne zugeschrieben wird (was ist mit den Erziehungsverantwortlichen?). Aber diejenigen, die bereits ihren 14. Geburtstag gefeiert haben und noch unter 18 Jahren alt sind (ggf. unter 21) gelten bei einer Verurteilung als Sexualstraftäter:innen (obwohl ihre Taten in den meisten Fällen wahrscheinlich gar nicht in diesem Sinne gemeint waren!). Aufgrund des Legalitätsprinzips gibt es bei Verbrechen für die Justiz auch keine Möglichkeit ein Auge zuzudrücken. War das im Sinne des Gesetzgebers? Während der Verbrechensverfolgung geht es nur um IP-Adressen. Den Verfolger:innen ist gar nicht bekannt, ob eine junge oder ältere Person dahinter steht (Systemverantwortung).

Manchmal gelten auch Strukturen, nicht Menschen, als verantwortlich für ein bestimmtes Ergebnis, z.B. der Kapitalismus für die Chancenungleichheit in unserer Gesellschaft oder das Gefängnis für Prisonisierungseffekte. Kann aber einer Struktur, also einem abstrakten Phänomen, Verantwortung zugeschrieben werden? Spricht man von der „kollektiven Verantwortung Deutschlands" für den Völkermord an den Herero und Nama oder die Verbrechen in der Nazizeit, dann kann ein repräsentierendes Gremium wie der Bundestag, die Regierung oder der Bundespräsident Verantwortung übernehmen und ist ermächtigt, restorative Maßnahmen zu ergreifen. Das gilt im Falle des Gefängnisses oder des Kapitalismus aber nicht. Aus diesem hier ausgeführten Beispiel mögen die Leser:innen den kritischen Umgang mit Sprache, aber auch die Offenheit für zugeschriebene Bedeutungen von Begriffen als Schlussfolgerung für das Lesen des weiteren Werks, aber auch aller anderen Texte, ziehen – wie es sich im Folgenden fortsetzt.

„Wiedergutmachung" oder „Wiedergutmachungsverfahren" wird manchmal inzwischen *als* deutsche Übersetzung von RJ gebraucht, z. B. für internationale Abkommen und Empfehlungen.[21] Ferner ist von „Wiedergutmachungsdiensten" die Rede, z. B. in Nr. 9, 21, 46, 61, 64 und den Art. 1, 4, 12 und 25 der genannten Richtlinie. Ebenfalls in einer *Studie* des Max-Planck-Instituts für Strafrecht (MPI) im Auftrag des BMJV: *Bericht zur Umsetzung der Richtlinie 2012/29/EU v. 15.9.2016* oder im schleswig-holsteinischen Resozialisierungsgesetz[22]. Vollkommen falsch ist es nicht, denn in der Tat bildet die Wiedergutmachung – oder ihr Versuch – einen zentralen Inhalt der RJ. Womöglich hätte ich in den Anfangsjahren der RJ in

[21] Vgl. deutsche Fassung des Amtsblatts der Europäischen Union vom 14.11.2012 über RICHTLINIE 2012/29/EU DES EUROPÄISCHEN PARLAMENTS UND DES RATES vom 25. Oktober 2012 über Mindeststandards für die Rechte, die Unterstützung und den Schutz von Opfern von Straftaten sowie zur Ersetzung des Rahmenbeschlusses 2001/220/JI → dort Nr. 46 und Art. 12

[22] Gesetz zur ambulanten Resozialisierung und zum Opferschutz in Schleswig-Holstein (ResOG SH), Unterabschnitt 4.

Deutschland[23] das Missweisende an dieser Übersetzung gar nicht erkannt. Aber einige problematische Situationen, wie z. B. die Tötung eines Menschen, lassen sich gar nicht wiedergutmachen. Auch bei Opferwerdungen, die schwere Traumatisierungen nach sich ziehen, scheint das gar nicht oder in einer sehr langen zeitlichen Perspektive mit diversen begleitenden Maßnahmen – also nicht allein durch die verantwortliche und einige unterstützende Personen – möglich (vgl. Hagemann & Magiera 2023, Kilchling 2023 und Kerner 2013b). Wie sollen der Völkermord an den Herero und Nama, der Genozid in Ruanda oder die diversen Nachteile und Gewalthandlungen durch das Apartheid-System in Südafrika wiedergutgemacht werden? Wie die extrem lang andauernde Benachteiligung bzw. Unterdrückung von Frauen in patriarchalen Gesellschaften (vgl. Hitzel-Cassagnes & Martinsen 2014)? Ähnliches gilt für die Nachfahren von Sklaven und für kolonialisierte Völker (vgl. Davis 2021). Ansätze der Restorative Justice gibt es hierzu und sie scheinen durchaus zum sozialen Frieden und zur Heilung der individuellen und gemeinschaftlichen Wunden beizutragen. Tatsächlich wird im deutschen Recht der Begriff „Wiedergutmachung“ auch für Sachverhalte genutzt, die eigentlich nicht wiedergutzumachen sind.[24] Meistens geht es um monetäre Leistungen, die allerdings nicht den ursprünglich Betroffenen, sondern deren Nachkommen oder Gemeinschaften zugutekommen (vgl. Hockerts et al. 2006 und Hockerts 2013 zur deutschen Wiedergutmachungspraxis in den 1950er Jahren). Rein vom Alltagsverständnis her irritiert diese Sprachverwendung, denn Tote werden nicht wieder lebendig, Dinge und Beziehungen werden nicht wieder gut, sondern bleiben zerstört. Weil nicht jedes Leid wiedergutgemacht werden kann, würde mit der oben angeführten Übersetzung ein Großteil der Anwendungsmöglichkeiten von RJ sofort entfallen!

Deshalb könnte es eine Schlussfolgerung sein, „Wiedergutmachungsverfahren“ auf minder gravierende problematische Situationen zu beschränken. Wird mein Auto zerstört oder entwendet und ich erhalte ein gleichwertiges neues, dann ist dieser Teil des Schadens wiedergutgemacht. Es ist auch vorstellbar, dass die Zahlung eines Schmerzensgeldes in Verbindung mit der Heilung physischer und

---

[23] Die ersten Projekte im Bereich des Jugendrechts entstanden 1982 bei der Jugendgerichtshilfe in Braunschweig, 1984/85 beim Verein „Handschlag“ in Reutlingen und Tübingen sowie 1986 bei der „Waage“ in Köln und der „Bremer Hilfe“; im Erwachsenenbereich begann es in Tübingen (s. o.), 1987 folgten die Gerichtshilfen in Düsseldorf und Hamburg (vgl. Bannenberg 1993; Marks et al. 1993).

[24] „Der Begriff Wiedergutmachung wird kritisch diskutiert, da die Verluste und Traumatisierungen der Opfer des Nationalsozialismus mit geldwerten Entschädigungen nicht ‚wieder gut zu machen‘ sind. Als allgemein etablierter Begriff soll er hier dennoch Verwendung finden. Vgl. dazu unter anderem Hans Günter Hockerts, Wiedergutmachung in Deutschland 1945-1990. Ein Überblick, in: Bundeszentrale für politische Bildung (Hrsg.), Wiedergutmachung und Gerechtigkeit, Aus Politik und Zeitgeschichte, 63. Jg., 25-26/2013, S. 15-22, hier: S. 15-17“ (Krokowski & Leifeld 2020: 1). Schneider (2016) schreibt, dass in diesem Zusammenhang der Begriff „Vergangenheitsbewältigung“ heute aus der wissenschaftlichen Historiker:innen-Sprache verbannt sei.

psychischer Schäden von Betroffenen als Wiedergutmachung empfunden wird. Es mag sogar durch die Bitte um eine Entschuldigung der verantwortlichen Person beim „Opfer" so eintreten. In der Tat scheint dies eine alltägliche Übung, denkt man einmal an die viele kleinen Malheure, die das Alltagsleben kennzeichnen. Deutlich wird jedoch, dass Wiedergutmachung nur einen Teil dessen erfasst, mit dem sich RJ beschäftigt. Es ist vielleicht quantitativ[25] der größere Teil, aber im Hinblick auf den Sinn von RJ – Heilung, Transformation ungerechter Verhältnisse und (Wieder)Herstellung des sozialen Friedens – handelt es sich um den weniger bedeutenden Teil. Für Verletzte / Geschädigte schwerer Opferwerdungen steht mehr auf dem Spiel, ist es dringender, diesen Weg der Aufarbeitung zu gehen.

Seit den1980er Jahren hat ein breiter Diskurs stattgefunden, vor allem inspiriert durch Vertreterinnen der Frauenbewegung, so dass mit dem Begriff nur noch ein kleiner Teil von RJ erfasst wird. Es geht gar nicht um die Herstellung des vorherigen Zustands, wenn dieser ungerecht war; vielmehr ist Transformation erforderlich – Transformation aller oder einzelner beteiligter Akteure und / oder Transformation der Strukturen, die die Opferwerdung ermöglicht haben (vgl. Zehr 2011). Manche verwenden deshalb lieber den Begriff Transformative Justice (Morris 1994; Malzahn 2022; Hagemann 2020a; Nagel 2018). Magiera (2021: 13) sieht in jedem RJ-Verfahren einen individuellen Beitrag zur längerfristigen Veränderung von Strukturen, warnt aber zugleich vor einer Überfrachtung einzelner Täter-Opfer-Ausgleiche.

„Restoration" – das Substantiv zum Verb restore, das mit heilen oder (wieder)herstellen übersetzt wurde, bezieht sich auf alle Beeinträchtigungen, keinesfalls nur auf die materielle Dimension gegenüber der direkt geschädigten Person, sondern auch auf deren psychische Beeinträchtigung (vgl. Symonds 2010: „invisible wound") und auf die Beeinträchtigung des sozialen Feldes, das ich mit dem Begriff „Gemeinschaft" bezeichne (bezogen auf „Opfer" vgl. Bolivar 2010). Bei Wiedergutmachung wird aber i.d.R. weder an indirekt Betroffene noch an Vertrauensverluste, Ängste o.ä. gedacht. Ein „jugendlicher Schläger" fügt auch dem Ansehen seiner Familie Schaden zu,[26] unterminiert das Vertrauen in die Erziehungsfähigkeiten seiner Eltern und beeinträchtigt womöglich die sozialen Kontakte der (jüngeren) Geschwister. So etwas wird im Rahmen von RJ-Verfahren durchaus thematisiert, ist aber wohl kaum mit Begriffen wie Wiedergutmachungsverfahren oder Täter-Opfer-Ausgleich zu fassen.

---

[25] Die quantitativ meisten RJ-Verfahren finden aktuell in der VR China statt, allerdings selten im Geiste von RJ, wie es hier verstanden wird (vgl. Braithwaite 2022: 39).

[26] Obwohl wir dergleichen äußerst selten als Ehrverletzung begreifen, im Gegensatz zu Verhaltensweisen junger Frauen, die in manchen Milieus so gerahmt werden, dabei eine Bestrafung der Handelnden fordern.

1. Eine neue Sprache für ein neues (altes) Denken

Da Sprache lebt und zu allen Zeiten neue Begriffe übernommen oder geschaffen wurden, plädiere ich dafür, den Begriff RJ auch im Deutschen zu verwenden. Darüber hinaus benutze ich das Adjektiv „restorativ" und das Substantiv „Restoration" in der „Denglish"-Schreibweise, um mich von der Restauration bzw. dem restaurativen Trend, wie er historisch durch den Wiener Kongress populär wurde, abzugrenzen. Die darin erkennbare Brechtsche Verfremdung ist gewollt und durchaus zielführend. Die herausgearbeiteten Begriffe „Transformation" und „Gemeinschaft" gehören zum Kern der RJ, was durch diese Irritation hoffentlich leichter erkennbar wird (vgl. Pelikan 2019).

Aber mit diesen Überlegungen haben wir gerade einmal die Spitze des Eisbergs berührt. Um sich zu verständigen, muss die Verbindung mit den existierenden Begriffen sowohl in der Lebenswelt als auch in den Funktionssystemen erhalten bleiben – wir sind also einerseits permanent zu Kompromissen genötigt, sollten andererseits immer darauf bedacht sein, uns Begriffe nicht von bestimmten Systemen vorgeben zu lassen.

Da man gleichzeitig in Systemen integriert und in einer Lebenswelt zu Hause ist, hilft es, in Kommunikations- und Übersetzungsprozessen die Theorie zu schärfen und neue Einsichten zu gewinnen. Gerade das Übersetzen ruft neue Herausforderungen hervor. Wenn ich die i.d.R. beruflich ausgebildete allparteiliche Person, die verschiedene Konfliktparteien zusammenbringt und ein Gespräch moderiert als Vermittler:in oder Mediator:in bezeichne, mögen viele Leser:innen hinreichend orientiert sein. Aber dann blicke ich in die englischsprachige Welt und finde dort, dass Mediation häufig als Verfahren mit sehr kleinen Gruppen von nur ca. drei bis fünf Personen gilt, während bei größeren Gruppen von ca. sechs bis 20 oder mehr Personen ein anderer Begriff gewählt wird. Man spricht in der Tradition des pazifischen Raumes eher von Conferences, in der nordamerikanischen eher von Circles (*dazu mehr im Teil III*). Ich bevorzuge die Benutzung des Mediationsbegriffs für eine *Methode* und habe deshalb auch beim Conferencing von Mediation gesprochen (vgl. Hagemann 2009: 233 f.). Ich halte meine Argumente nach wie vor für stichhaltig, aber 2018 hat der Europarat seinerseits mit guten Argumenten versucht, in diese unterschiedliche Nutzung dadurch mehr Klarheit zu bringen, als nunmehr der Begriff „facilitator" für die vermittelnde Person genutzt werden soll. „Facilitator" könnte also der neue Oberbegriff sein.[27] In Neuseeland und Australien

[27] Die Bezeichnung „Fazilitator" kommt auch mir fremd vor. Im politischen Kontext findet sich „Fazilität" als deutschsprachiger Begriff tatsächlich schon im Mediengebrauch (Podcast ndr.de/streitkraefte vom 31.7.2021): Im Kontext einer sog. Friedensfazilität (ursprünglich nur für afrikanische Länder), eines

bezeichneten sich die entsprechenden Mitarbeiter:innen häufig als „convenor“; im deutschen Familienrat findet sich der Begriff „Koordinator:in“; in Nordamerika ist zuweilen von „Circle Keeper“ die Rede. Immer handelt es sich um eine (oder auch mehrere) Person(en), die unabhängig von den Konfliktbeteiligten ist(sind), für ihre Leistung i.d.R. bezahlt wird(werden), über spezifische kommunikative und Moderationsfähigkeiten verfügt(verfügen), sich allein auf den Prozess fokussiert(fokussieren) und im Gegensatz zu (Schieds-)Richter:innen keine Entscheidungen in der Sache trifft(treffen). Diese Person bereitet das sog. Ausgleichsgespräch / die Conference / den Zirkel i.d.R. im Rahmen ausführlicher Vorarbeiten in Zusammenarbeit mit den Hauptbeteiligten vor (inkl. Zeitpunkt und Ort des Treffens, Ausgestaltung) und lädt in Absprache mit diesen die Teilnehmenden ein.

Manchmal liegt die Tücke der Übersetzung in den unterschiedlichen Strukturen verschiedener Gesellschaften: in Wörterbüchern findet sich die Gleichsetzung von „probation“ mit „Bewährungshilfe“. In der Wirklichkeit umfasst probation auch die sog. freie Straffälligenhilfe und teilweise die „Opferhilfe", während die deutsche Bewährungshilfe traditionell parteilich mit Täter:innen arbeitet. Aber wie lange noch? Zu beobachten ist, dass die meisten Bundesländer ihre staatliche Bewährungshilfe zwischenzeitlich mit der Gerichtshilfe zu einem „Sozialdienst der Justiz“ zusammengelegt haben. Da die Gerichtshilfe – nicht zu verwechseln mit der kommunale Jugendgerichtshilfe! (besser: Jugendhilfe in Strafverfahren) – schon seit langem neben „Täter:innenberichten“ und „Gnadensachen“ auch „Opferberichte“ erstellt und „Täter-Opfer-Ausgleiche“[28] durchführt, nähert sich die deutsche Landschaft vielleicht ein wenig an, rückt auf jeden Fall von der einstigen parteilichen Arbeit ab. Bei näherer Betrachtung wird aber schnell deutlich, dass die auf europäischer Ebene (vgl. CEP-Homepage) geforderte Orientierung an RJ in Deutschland noch nicht umgesetzt wird (vgl. Hagemann 2020a).

2. Ownership als Prinzip und zentraler Wert der RJ

„*Ownership*“, das Eigentum am eigenen Konflikt und ggf. seiner Bearbeitung (vgl. Christie 1977), ist ein zentrales Prinzip der RJ. Die Teilnehmenden bestimmen

---

Etats, den die EU-Außenbeauftragte Mogherini und die Europäischen Kommission 2017 vorschlugen, äußerte das Mitglied des EU-Parlaments und früherer CDU-Ministerpräsident Niedersachsens McAllister: „Diese Fazilität dient dazu, Konflikte zu verhindern, Frieden zu erhalten und die internationale Sicherheit zu stärken“ [durch Waffenlieferungen an nicht EU-Staaten].

[28] Dieser in deutschen Gesetzen seit 1990 zu findende Begriff für ein in der Regel individualisiertes Mediationsverfahren mit sehr wenigen Beteiligten wird als „täterlastig“ kritisiert (vgl. Gregor 1998), denn im Englischen steht das „Opfer“ an erster Stelle. Besser wirkt die österreichische Lösung „Tatausgleich“. Im Englischen setzte sich „victim-offender mediation“ gegen die anfänglich „victim-offender reconciliation program“ genannte Benennung durch, da zwar ein Dialog (heute ist auch VOD gebräuchlich, vgl. Umbreit & Armour 2010), nicht aber „Versöhnung“, gewährleistet werden kann.

darüber, wie und wo ein solcher Prozess stattfindet und wer dabei einbezogen wird. Dabei kommt den Hauptbeteiligten – im klassischen Fall eines Problems zwischen zwei Einzelpersonen oder einzelner Personen und einer Gruppe oder Organisation – in Zusammenarbeit mit der vermittelnden Person die Rolle zu, über weitere Einzuladende (darunter Unterstützer:innen, aber auch Expert:innen, die für die Bearbeitung hilfreich zu sein versprechen) zu entscheiden. Ich bezeichne diejenigen, die keinen Expert:innenstatus einnehmen, als *Lebensweltakteur:innen.* Der Begriff „Lebensweltakteure" leitet sich aus Husserls (1977) Konzept der *Lebenswelt* ab, das von Schütz & Luckmann (1979) weiterentwickelt wurde. Mit dem Konzept „Lebenswelt" haben die Menschen auf der Grundlage ihres Alltagsverständnisses, das Gewohnheiten, subjektiven Überzeugungen oder traditionellen Überlieferungen folgt, eine gewisse Handlungsautonomie, wohingegen das Konzept *„System"* durch eine andere, rationale Logik organisiert ist (vgl. Habermas 1981). „Lebensweltakteur:in" bezeichnet somit eine gewöhnliche Person, die nicht als Professionelle oder Expert:in des Strafrechtssystems oder vergleichbarer gesellschaftlicher Systeme auftritt. (Inhaltlich mehr hierzu unter S. 124, 165f)

3. Konflikt als strittiger Begriff

Der Begriff Konflikt, der zwar einerseits unmittelbar verständlich wirkt und zumindest in der Soziologie und Rechtswissenschaft (vgl. z. B. Christie 1977) auch häufig verwendet wird (manchmal unter dem Namen „Streit", vgl. Simmel 1908a), stößt bei den betroffenen „Lebensweltakteur:innen", insbesondere „Opfern", zuweilen auf Ablehnung. Argumentiert wird, dass ein Konflikt eine zweiseitige Angelegenheit sei übereinstimmend mit der lateinischen Wurzel, die auf einen Zusammenstoß, Zwiespalt oder Widerstreit anspielt und sehr einseitige Handlungen wie einen zunächst unbemerkten Diebstahl, Betrug oder das Klima schädigenden Urlaubsflug ausschließe (vgl. Hagemann 1993; Klukkert 2001). Ein Soziologie-Wörterbuch sieht Konflikt als die „allgemeine Bezeichnung für Gegensätzlichkeiten, Spannungen, Gegnerschaften, Auseinandersetzungen, Streitereien und Kämpfe unterschiedlicher Intensität zwischen verschiedenen sozialen Einheiten". Auslöser sowohl individueller als auch überindividueller Konflikte zwischen sozialen Gruppen, Organisationen, Gesellschaften etc. können „unterschiedliche Weltanschauungen, Ideologien, Religionen, Werte, Lebensziele, Interessen, Statuslagen, Machtpositionen, Einkommen- und Besitzverhältnisse sowie knappe Güter" sein. (Hillmann 1994: 432) Konflikte können latent im Hintergrund schwelen oder offen zu Tage treten, und aus latenten können manifeste Konflikte werden. Glasl (2004) schreibt über Konfliktmanagement und Eskalationen, die von Beteiligten ab einer bestimmten Schwelle nicht mehr selbst friedlich aufgelöst werden können.

Wie oben bereits ausgeführt, schlägt Hulsman (1986) den weiten Begriff „problematische Situation“ vor. Dieser erfasst dann auch die Lage von Menschen, die vor Krieg, Klimakatastrophen oder aus anderen Gründen fliehen müssen oder unter Langzeitarbeitslosigkeit, Diskriminierung und sexistischen oder rassistischen Einstellungen leiden. Hanak et al. (1989: 22) haben eine Verbindung hergestellt: „Ein ‚Problem' wird zum ‚Konflikt', wenn zwei Voraussetzungen gegeben sind: Zum einen muss es gelingen, einen Konfliktpartner zu finden, dem man das Problem in halbwegs plausibler Weise anlasten kann; zum anderen muss dieser Vorwurf dem Konfliktpartner gegenüber in irgendeiner Form artikuliert werden. (Entfällt eine dieser Voraussetzungen, bleibt der Konflikt latent.)“ Die Erörterung wird weiter unten fortgesetzt, wenn der Begriff als Theorieelement behandelt wird, hier ging es zunächst lediglich um das sprachliche Verständnis.

Neben den hier angeführten zentralen Begriffen der „Restorative Justice“, geht es auch um Bezeichnungen für Verfahrensweisen der Umsetzung (z. B. „Kreisverfahren“, „Opfer-Empathie-Training“, „Straf-Tat-Dialoggruppe“), für Teilnehmende (z. B. „facilitator“, „Täter“, „Opfer“) dabei oder für Ziele, Werte und Prinzipien („Wiedergutmachung“, „Versöhnung“, „Transformation“, „Ownership“); dafür findet sich am Ende dieses Buches ein Glossar. Im folgenden Abschnitt geht es um RJ als Gerechtigkeitstheorie, die den „sozialen Frieden“ zwischen Individuen und Gruppen, aber auch in Gemeinschaften, Organisationen und der Gesellschaft insgesamt herstellen oder bewahren will.

Restorative Justice als Gerechtigkeitstheorie zur Herstellung des sozialen Friedens

Am Beginn dieses Kapitels steht die grundsätzliche Überlegung, ob RJ überhaupt eine Theorie ist bzw. als Theorie angesehen werden kann. Wenn der Autor wie so viele andere (vgl. z. B. Gavrielides 2007; Mackay et al. 2007; McCold & Wachtel 2002 + 2003; Netzig & Trenczek 1996; O'Mahony & Doak 2013; Rossner 2008; Skelton 2005 sowie Chapman 2019) diese Frage erneut bejaht, dann muss das begründet werden. Es sind Ausführungen über anderweitig verwendete Begriffe wie Paradigma, Philosophie oder Ansatz angebracht. Braithwaite (2022) hat kürzlich formuliert: „Restorative justice is a social movement and a social science that has something to offer peacemaking". Den Aspekt der sozialen Bewegung greifen Davis (2021) bzw. Stauffer (2021) auf. Auch Pavlich (2022) empfiehlt eine engere Bindung an soziale Bewegungen, konkret *Black Lives Matter*, um die aktuell von ihm beobachtete Kooptation durch das Strafrechtssystem rückgängig zu machen und wieder enger an der ursprünglichen Konzeption einer das staatliche Strafen (vgl. Fassin 2018; Lagasnerie 2017) ablehnenden Alternative dazu anzuknüpfen.[29] Weiterhin ist es nötig, auf den Inhalt, zentrale Begriffe und den interdisziplinären Charakter dieser Theorie einzugehen. Schließlich muss bei einer Theorie, die sehr stark durch Praxis inspiriert und beeinflusst ist, auch das Theorie-Praxis-Verhältnis genauer betrachtet werden.

1. Restorative Justice als Theorie

Kann RJ den Charakter einer Theorie beanspruchen? Nach Hügli & Lübcke (2000: 621) erfüllt „eine zusammenhängende Reihe von singulären und universellen Aussagen, die es – über ein reines Beschreiben hinaus – ermöglichen, den Gegenstand der Theorie zu begründen, zu erklären oder zu verstehen" das Kriterium für eine Theorie. Mit Merton (1957) macht es Sinn, nicht nur „grand theories" (wie etwa Parsons raum- und zeitunabhängig konzipierte strukturfunktionalistische Theorie), sondern „Theorien mittlerer Reichweite" zu entwerfen, mit deren Hilfe spezifische Gegenstände als Struktur untereinander verbundener theoretischer Aussagen begrifflich verknüpft und erklärt werden können. Ähnlich wie Gegenstände können auch soziale Felder, wie das Zusammenleben von Menschen im Mittelpunkt solcher Theorien stehen. Gegenstands- oder feldbezogen sind Viktimisierungs- und

[29] Das Konzept des Abolitionismus wird an anderer Stelle aufgegriffen (vgl. Beitrag „Das Gefängnis: Restorative Justice und Abolitionismus").

Kriminalitätstheorien zu bewerten, z. B. Cohen & Felsons (1979) „Ansatz der Routineaktivitäten“, Braithwaites (1989) Theorie über „Crime, Shame and Reintegration“ oder Gottfredson & Hirschis (1990) „General Theory of Crime“.

Eine Theorie bzw. aus ihr abgeleitete Aussagen sollen überprüfbar sein; die Prognose bildet ein Werkzeug, dieses konkret umzusetzen (vgl. Kleining 1995). Mills (2016: 47) betont, dass Theorie kein Selbstzweck ist, sondern „die Wahrnehmungsfähigkeit erweitert und die Urteilskraft stärkt“. Genau dies wäre im Sinne der RJ-Theorie, nämlich dass Bürger:innen sensibel für das Versagen der gegenwärtig vorherrschenden „Bekämpfung“ von Problemen statt für deren Bearbeitung werden und kreativere Herangehensweisen als den „war on crime“ oder „war on drugs“ finden. Darüber hinaus wird aktuell häufig übersehen, zu wessen Lasten Problembekämpfungen erfolgen, sei es zu Lasten künftiger Generationen, zu Lasten der Länder des globalen Südens oder zu Lasten von „Opfern“ oder weniger privilegierten Menschen, deren Stimmen kaum einbezogen werden. Theorie soll laut Glaser & Strauss (1979) „grounded“, also in der Lebenswelt verankert sein – damit gibt es keinen Gegensatz zwischen einer derartigen Theorie und Praxis. Hier passt ein Marx-Zitat: „Es genügt nicht, dass der Gedanke zur Verwirklichung drängt, die Wirklichkeit muss sich selbst zum Gedanken drängen“ (nach Misik 2015: 24).

RJ ist interdisziplinär bestimmt. Van Ness & Heetderks Strong (2002: 50) sprechen von einer anderen Art zu denken. Als Gerechtigkeitstheorie konzipiert braucht man philosophische Grundlagen (z. B. Werte), die erlauben das Phänomen „Gerechtigkeit“ in den Fokus zu nehmen. Häufig geht es um gerechte Verteilung von Gütern oder Chancengleichheit; ein anderer Aspekt ist Fairness beim Zugang zu materiellen und immateriellen Gütern, aber auch im „Behandelt-werden“. Konkret darf es keine Rolle spielen, zu welcher sozialen Kategorie (z. B. Geschlecht, Status, Ethnie, Hautfarbe, Alter) jemand gehört.

2. RJ ist eine Gerechtigkeitstheorie

RJ wird in diesem Buch als relationale Gerechtigkeitstheorie verstanden, d. h. Gegenstand der RJ-Theorie sind die soziale Gerechtigkeit und der soziale Friede(n), die durch Konflikte und Probleme gefährdet sind. Llewellyn und Howse (2001) betonen, dass die Etablierung sozialer Gerechtigkeit in Beziehungen ein zentrales Anliegen der RJ darstellt. Magiera (2021) fragt sich aus der Praktiker:innenperspektive, ob dies nicht eine Überfrachtung darstellt? In der Gestaltung von Beziehungen bedeutet Gerechtigkeit darauf zu achten, was für eine gedeihliche Zukunft wichtig ist (vgl. Llewellyn 2020). Ihre Kollegin Toews (2006: 6) konstatiert: „RJ ist ein Weg Gerechtigkeit herzustellen, der Betroffene von Kriminalität – Opfer,

Täter:innen, ihre Familien und Gemeinschaften – aktiv einschließt. Ziel ist es, jede beteiligte Person als Individuum zu respektieren und zu heilen, zerstörte Beziehungen zu reparieren und zum gemeinsamen Wohl beizutragen" (Toews 2006: 20 f.). RJ heilt zerbrochene Beziehungen und Missbräuche durch Menschen und für Menschen. In ihrer praktischen Umsetzung *baut* die Theorie *auf* anstatt Vorwürfe zu machen und Schuld zuzuweisen. Sie stellt sich einer Situation und hilft denen, die darin verwickelt sind, einen Ort des Verstehens, Heilung und gegenseitige Akzeptanz zu finden. Sie macht das Leben besser für andere und für einen selbst.

Gerechtigkeit ist seit der Antike ein viel diskutiertes Thema. Bereits bei Aristoteles bezieht sich Gerechtigkeit auf das Verhältnis von Menschen zueinander und auf gesellschaftliche Strukturen. Es handelt sich also um ein soziales Phänomen; sie gilt als Tugend. Auch für Rawls (1998) ist Gerechtigkeit eine Tugend, die sich auf soziale Institutionen bezieht. Sie sei gegeben, wenn z. B. das Bildungssystem oder der Arbeitsmarkt allen Menschen gleiche Möglichkeiten einräumten (was bekanntlich nicht der Fall ist). Ein gerechter Zugang zu Positionen und Ressourcen einer Gesellschaft kann mit Rawls (1998) aus dem Zustand abgeleitet werden, in dem kein:e Akteur:in vorab seine:ihre Position im künftigen sozialen Gebilde kennt. Es geht bei ihm also primär abstrakt um Verfahrensfragen und außerdem um den Ausgleich von Nachteilen. Ungleichheit im Ergebnis muss noch nicht Ungerechtigkeit bedeuten, da sich manche im Wettbewerb stärker engagieren.

Ich habe Gerechtigkeit an anderer Stelle (vgl. Hagemann 2019 zum Tag der Sozialen Gerechtigkeit der UNO[30]) als ein menschliches Bedürfnis beschrieben. Während dieses heutzutage auf alle Menschen bezogen werden muss – Joas (2015) spricht von der Sakralität des Individuums –, waren zur Zeit von Aristoteles Sklav:innen und Frauen, aber auch Fremde, nicht zum Gemeinwesen gehörende Personen, von derartigen Ansprüchen ausgeschlossen. Soziale Gerechtigkeit ist also relativ zu den räumlich-zeitlichen Bedingungen des Lebens zu bestimmen und damit veränderbar.

Mit seinem Begriff der „strukturellen Gewalt" bringt der Friedensforscher Johan Galtung (1975) den Spielraum zum Ausdruck, das Phänomen Gerechtigkeit zeit- und situationsbedingt herzustellen. Strukturelle Gewalt beschreibt eine Gewaltform, die nicht direkt physische oder psychische Verletzungen hervorruft, sondern Menschen daran hindert, ihr Potential zu entwickeln, also ungerechte Verhältnisse.

---

[30] Die UNO als supranationale Organisation, die sich um Gerechtigkeit (und Frieden) kümmert, hat deshalb z.B. 1985 Opferrechte, später die Kinderschutzkonvention und die Behindertenkonvention verabschiedet. Für mich sind Aktivitäten des Europarats wie die Istanbul Declaration auf politischer Ebene und die eher wissenschaftlich fundierte Förderung von RJ damit vergleichbar. Abgesehen von der Erklärung der Menschenrechte (UN 1948) gibt es allerdings keine oberste Instanz, die Gerechtigkeit an Menschenwürde angelehnt inhaltlich definiert.

Die Ergebnisse der Pisa-Studien, nach denen Bildungserfolge junger Menschen in Deutschland vor allem durch den sozialen Status der Eltern erklärt werden, sind Ausdruck struktureller Gewalt und stellen somit soziale Ungerechtigkeit dar.

Bei Nussbaum (1999/2012), die an Aristoteles Tugendethik[31] des guten Lebens anknüpft, geht es im Kontext von Gerechtigkeit entsprechend um Armutsbekämpfung, Chancengleichheit und die Förderung von Potentialen und Fähigkeiten. Gerechtigkeit ist ein Wert, unparteiliche Gerechtigkeit eine wichtige Tugend und „politische Gerechtigkeit schafft eine durchgreifende Veränderung der moralischen Empfindungen im persönlichen wie im öffentlichen Bereich“ (Nussbaum 2017: 16).

Es ist die Pflicht des (Sozial)Staates, strukturelle Gewalt aufzudecken und mit Reformen bei ungerechten Sozialstrukturen anzusetzen (vgl. ECOSOC-Resolution 2002/12 der UNO). Die Gefahr dabei ist eine weitere Machtverschiebung zugunsten der Systemebene, weil jede staatliche Bedarfsunterstützung in der Regel mit Bedürftigkeitsprüfungen einhergeht. Braithwaite & Strang (2004) schlagen vor, mehr soziale Gerechtigkeit über RJ in Verbindung mit Demokratie und republikanischem Denken mittels RJ-Verfahren herstellen.

Im Alltag und in der Politik wird Gerechtigkeit meistens in Verbindung mit der Verteilung von Gütern in einer Gesellschaft oder auch im globalen Maßstab zwischen Staaten gesehen. Nach Rawls (1998) sind vor allem die gleichen Chancen auf ein gutes Leben wichtig. Wenn jede Einzelperson oder jedes Land im Vergleich zu anderen dieselben Chancen habe, Wohlstand zu generieren – in diesem Fall Güter fair zu verteilen – dann sei Gerechtigkeit gegeben. Dadurch rücken Verfahrensfragen in den Fokus eines Wettbewerbs (wie stellt man diese Chancengleichheit her?). Leistungsgerechtigkeit beschreibt dann ein Prinzip, in dem jene, die größere Anstrengungen unternehmen, bessere Ergebnisse erzielen (es geht also nicht um Gleichheit im Ergebnis).

Young (2011) will Gerechtigkeit weder statisch betrachten noch auf Verteilungsfragen reduzieren. Sie kritisiert Rawls, der als privilegierter gebildeter weißer Mann abstrakt statische, normative Gerechtigkeitskriterien formuliert, die der empirischen Wirklichkeit bestehender (Klassen)Gesellschaften nicht gerecht (hier i. S. von Angemessenheit) werden: „Ich habe Gerechtigkeit als die institutionalisierten Bedingungen definiert, die es allen Menschen ermöglichen, in einem gesellschaftlich anerkannten Umfeld befriedigende Fähigkeiten zu erlernen und anzuwenden, an Entscheidungsprozessen teilzuhaben und ihre Gefühle, Erfahrungen und Sichtweisen auf das gesellschaftliche Leben in einem Kontext auszudrücken, in dem

[31] Die beste Geige bzw. das damals genutzte Instrument bekommt der beste Geiger – Geigerinnen zählten noch nicht zum Kreis der Anspruchsberechtigten!

andere zuhören können" (Young 2011: 91). Sie arbeitet fünf Formen von Unterdrückung in modernen, demokratischen Gesellschaften heraus: Ausbeutung, Marginalisierung, Ohnmacht / Machtlosigkeit, kulturelle Dominanz, Gewalt. Diese werden von den meisten privilegierten Mitgliedern nicht wahrgenommen, wirken wie eine unsichtbare „gläserne Decke", konstituieren aber Ungerechtigkeit.

Konkret empfiehlt Young (2011) eine dynamische, situationsbezogene Betrachtung mit Bezug auf die Lebenswelt / Alltagserfahrungen. In einer gerechten Gesellschaft haben alle Menschen Zugang zu „primären Gütern", wozu nicht nur Nahrung, Kleidung und Wohnung gehören, sondern auch Selbstachtung und Teilhabe an gesellschaftlichen Prozessen. Gerechtigkeit ist relational in Bezug auf soziale Gruppen wie bspw. Menschen mit Behinderung oder Migrationshintergrund oder Angehörige diverser Minderheiten. Sie spricht von Ungerechtigkeit, wenn andere Personen oder Gruppen die institutionellen Lebensbedingungen maßgeblich ohne Einverständnis der Betroffenen bestimmen können, z. B. wenn gleichgeschlechtliche Paare im Hinblick auf ihre Kinder anders behandelt werden als Eltern in heterosexuellen Partnerschaften oder wenn „Ausländer:innen" von bestimmten Rechten ausgenommen sind. Besonders problematisch wird das Phänomen des „double consciousness", d. h. dass man sich als Angehörige:r einer unterdrückten Gruppe selbst aus der Perspektive der herrschenden Gruppen betrachtet: "While the subject desires recognition as human, capable of activity, full of hope and possibility, she receives from the dominant culture only the judgment that she is different, marked, or inferior. ...the status of Otherness creates specific experiences not shared by the dominant group" (Young 2011: 60 in Anlehnung an DuBois). Nur Menschen dunkler Hautfarbe werden in Mitteleuropa gefragt, woher sie „wirklich" stammen. Derartige Erfahrungen verunsichern im Alltag, stellen Zugehörigkeit in Frage und lassen verbale, aber auch physische Angriffe jederzeit möglich erscheinen.

Wie Young verbindet auch Honneth (1998) ein eher psychologisch begründetes individuelles subjektives Gerechtigkeitsempfinden mit der konkreten historischen gesellschaftlichen Lage und entwickelt eine dreistufige Theorie der Anerkennung (Liebe / Selbstvertrauen – Recht / Selbstachtung – Solidaritätschätzung / Selbst). Er stellt Gerechtigkeit in einen zeitlichen (und implizit räumlichen) Kontext. Was vor 1000 Jahren als gerecht galt – z. B. Sklaven und Frauen keinerlei Selbstbestimmung zuzugestehen – ist im Jahre 2022 dank eines langen *Kampfes um Anerkennung* zumindest als Norm in fast allen Ländern undenkbar. Soziale Gerechtigkeit verweist auf die Teilhabe aller Menschen am gesellschaftlichen Leben. Ganz anders sieht häufig die tatsächliche alltägliche Praxis aus. Honneth ist damit Vermittler zwischen der objektiven (die faktische Lebenslage) und subjektiven (das bereits bei Young dargestellte Bedürfnis anerkannt zu werden) Perspektive auf Gerechtigkeit.

Zu erklären ist, wie Gerechtigkeit hergestellt werden kann, die zu sozialem Frieden führt bzw. was Initiativen in dieser Richtung fördert. RJ ist damit eine gegenhegemoniale Strömung, die sich gewissermaßen subversiv entwickelt, vielleicht reifen muss, weil die hegemonialen Kräfte aktuell eindeutig durch Strafen, Beherrschen, Bekämpfen, Sich-durchsetzen in einem Wettbewerb gekennzeichnet werden müssen. Die Begriffe „Hegemonie" und „Gegen-Hegemonie" (manchmal auch Kontrahegemonie, vgl. Keim 2008) gehen auf die Gesellschaftstheorie von Antonio Gramsci zurück, der zwischen Führenden, also den Ton Angebenden und Normen Bestimmenden, und Geführten, also eher passiv-machtlosen Bürger:innen einer Gesellschaft unterscheidet. RJ kann – wie auch der *Abolitionismus* – als Projekt der Gegen-Hegemonie aufgefasst werden. Aufarbeitungen und Entscheidungen werden vom System Strafrecht in die Lebenswelt zurückverlagert; konkrete Macht liegt in den dezentralen Händen der Lebensweltakteur:innen und ihrer Gemeinschaften. Das Ganze wartet nicht auf eine revolutionäre Umwälzung, sondern geschieht im Rahmen vieler möglichst herrschaftsfreier Diskurse (Habermas 1981), in denen die Kolonialisierung durch die Systeme Strafrecht oder auch Wirtschaft und Bildung zurückgedrängt wird. Es zielt gegen das „Expertentum", dem Christie (1977), Illich (1984) und andere die lebensweltliche Laienorientierung entgegensetzen – Wirtschaft steht für den Primat des Ökonomischen und die manageriale Orientierung, die Kritik am Effizienzprinzip und daran, alles in Geldwährung umzurechnen. Freire (1973) betont in einer Art Bildungstheorie die Bewusstwerdung („Conscientizaçion") von Subjekten. Soweit sind wir leider noch nicht: vielen Akteur:innen fehlt die Einsicht in die Chancen der RJ (und die Kritik an hegemonialen Regelungssystemen). Sie wurden – vermutlich durch Wirtschafts- und Bildungssystem – zu unmündigen Objekten[32], die im Konsum ihr Heil suchen und abhängig von Expert:innen sind. Sie geben ihre Konflikte ohne Bedenken ab, ärgern sich vielleicht darüber, was daraus gemacht wird, schimpfen vielleicht auf „die da oben", lassen sich aber schnell ruhigstellen bzw. ablenken. Sie vertrödeln dann ihre Zeit mit modischem Schnickschnack, anstatt sich um ihre wahren Bedürfnisse (Marcuse 1967) zu kümmern. Bei den wahren Bedürfnissen geht es um Frieden (in einem umfassenden Sinne) und Selbstverwirklichung, keineswegs um Konsum,

[32] So Freire (1973) bzgl. armer „Analphabet:innen" in kolonialisierten Ländern. Etwas anders gelagert könnte auch Kohlberg (1974) ins Spiel gebracht werden, der viele Menschen bzgl. der Moralentwicklung auf Stufe 4 (von 6) „präkonventionell" und „soziozentrisch" stehenbleiben sieht. Eine „postkonventionelle" reflexive Orientierung an *universellen* ethischen Grundsätzen (z.B. kategorischer Imperativ) erfolgt damit nicht.

Konkurrenz und Umweltzerstörung (die bei Marcuse als falsche Bedürfnisse gelten).[33]

Beim Center for Justice and Reconciliation at Prison Fellowship International (2005)[34] hieß es: „Restorative Justice ist eine Gerechtigkeitstheorie, in deren Mittelpunkt die Heilung von Schäden steht, welche durch kriminelles Verhalten hervorgerufen wurden. Dies wird am besten erreicht, wenn sich die Beteiligten selbst treffen und kooperativ darüber entscheiden, wie dies bewerkstelligt werden kann. Das kann zu einer Veränderung der Menschen, ihrer Beziehungen und der Gemeinschaften führen". Erklärbar durch den Gefängnis-Hintergrund der zitierten amerikanischen Organisation wird RJ hier auf das auf den Seiten 47 ff. dargestellte enge Verhältnis zum Strafrecht reduziert verstanden, positiv ist die Lebensweltorientierung und das Transformationspotential hervorzuheben. Aber wie erlangen Kurnaz (2007), Betancourt (2010) oder andere politische Geiseln oder künftige Generationen als Opfer des Klimawandels Gerechtigkeit? Das Strafrecht ist in diesen Fällen kaum zuständig bzw. bei „Guantanamo"[35] machtlos.

Umweltzerstörung, Klimawandel und Rassismus, die Aufarbeitung der Gewalt gegen „Heimkinder", nationale deutsche Verantwortung für den Völkermord an den Herero und Nama[36], „hate speech" in sozialen Netzwerken oder die sehr unterschiedliche Behandlung derer, die unter den Folgen der Corona-Pandemie leiden, bilden ein sehr breites Themenspektrum, wenn wir über Gerechtigkeit nachdenken. Und die Beispiele sind keinesfalls erschöpfend. Sexismus und Gewalt gegen Frauen führte zur Gründung der „Me too"-Bewegung, die Diskriminierung Fremder wird soziologisch als „Othering" gefasst, strukturelle Gewalt in Form von Armut und erschwerten Bildungszugängen etc. sind weitere Gerechtigkeitsthemen, die vom Strafrecht kaum berücksichtigt werden. In diesen Kontext passt Sacks (1968) Unterscheidung von positiven (Gesundheit, ein den Bedürfnissen entsprechendes Einkommen, Bildung, Teilhabe) und negativen (Armut, Arbeits- oder Wohnungslosigkeit, Krankheit, soziale Ausschließung, Diskriminierung usw.) Gütern als Ungerechtigkeit. Sowohl nach meiner Ansicht als auch der Vertreter, die eine „Restora-

[33] Falsche Bedürfnisse werden uns durch Werbung und das kapitalistische System eingeredet; wir werden manipuliert. So eine Manipulation ist auch die Ideologie, wonach das Strafrecht problematische Situationen auflöst / befriedet / konstruktiv bearbeitet.

[34] Aktuelle Formulierung: "Restorative Justice is a theory of justice that emphasizes repairing the harm caused by criminal behavior. It is best accomplished through cooperative processes that include all stakeholders. This can lead to transformation of people, relationships and communities" https://pfi.org/engage/ → Stichwort Restorative Justice

[35] Guantanamo steht seit 2002 als Bezeichnung für ein exterritoriales Gefangenenlager der USA in einem Marinestützpunkt auf Kuba. Dort sind des Terrorismus verdächtige Menschen – aber nicht im Status von Kriegsgefangenen – ohne gerichtliche Verfügung und Anklage untergebracht. Dazu gehörte fünf Jahre lang der deutsche Staatsbürger Murat Kurnaz (2007), der seine Erlebnisse publiziert hat.

[36] Im Juni 2020 hat die erste Kammer des belgischen Bundesparlaments einen Ausschuss gegründet, um mittels einer Wahrheitskommission die Kolonialgeschichte mit ihren Gräueltaten aufzuarbeiten.

tive Society“ anstreben (vgl. Boston 2007; Wright 2010), sind dies Themen der RJ. Es sind allerdings eher schwer zu individualisierende Themen: zwar würde Greta Thunberg (2019) als wichtige Vertreterin der künftig vorherrschenden Generation anerkannt; man kann einer Jugendlichen aber nicht die Verantwortung für die Verhinderung der Umweltzerstörung aufbürden. Es geht aus der Perspektive der „Restorative Society" um eine Heilung aller von Umweltzerstörung betroffenen Menschen bzw. der klimageplagten Welt,[37] aller von Rassismus Betroffenen etc. Individualisierte Verfahren greifen in diesen Fällen nicht ausreichend.

Die autonome Frauenbewegung hat bereits in den 1970er Jahren eine vergleichbare Situation aufgegriffen. Nicht nur die einzelne vor der Gewalt ihres Partners ins Frauenhaus geflüchtete Verletzte wurde als „Opfer“ betrachtet und ihr Partner als „Täter“; vielmehr wurde die strukturelle Gewalt des Patriarchats, die solche Verhältnisse begünstigt, ins Bewusstsein gerückt (vgl. Brückner 1998; Joël 2020). Damit ist eine eher „objektiv“ zu nennende Ebene von Gerechtigkeit angesprochen, die in der konkreten Praxis durch subjektive Empfindungen der Beteiligten ergänzt wird[38] (vgl. Fellegi 2009; Walgrave 2008).

Wohl jede Leserin und jeder Leser traut sich intuitiv eine Beurteilung zu, ob eine gegebene Lage gerecht ist. Ist es gerecht, dass Frauen häufig für die gleiche Arbeit geringer entlohnt werden als Männer? Viele Arbeitgeber bzw. Personalverantwortliche scheinen das zu bejahen. Ist es gerecht, wenn Menschen gezwungen sind, aufgrund von Krieg oder anderer Not ihre Heimat zu verlassen und obendrein im weiteren Verlauf Objekt feindseliger Handlungen werden? Ist eine Weltordnung gerecht, in der der reiche globale Norden den größten Teil der Ressourcen verbraucht und der arme Süden viel stärker beispielsweise von den Folgen der Umwelt- und Klimazerstörung betroffen ist? Es ist ungerecht und trägt nicht zum sozialen Frieden bei, wenn wir künftigen Generationen die Folgen von ungelösten Atommülllagerfragen und Umweltzerstörung überlassen, wenn kolonialistische Strukturen so viele Länder des globalen Südens in Situationen gebracht haben, aus denen einzelnen Bewohner:innen Flucht der einzige Ausweg scheint, wenn Frauen immer noch um gleiche Chancen kämpfen müssen oder wenn diskriminierende Herrschaftsstrukturen ganze Bevölkerungsgruppen ausgrenzen (z. B. sog. „Ausländer:innen“ oder Transgender-Personen).

---

[37] Biffi und Pali (2019) sprechen von „Environmental Justice“; Pali benutzt später in einem Papier des European Forum for Restorative Justice den Terminus „Restorative Environmental Justice“ (vgl. https://www.euforumrj.org/sites/default/files/2020-05/EFRJ_Thematic_Brief_Restorative_Environmental_Justice.pdf) – ich erlaube mir, es noch kürzer unter RJ zu fassen.

[38] Das sich hier abzeichnende Spannungsverhältnis zwischen „objektiv“ gegebenen Problemlagen und „subjektiv“ angemeldeten Betroffenheiten bedarf weiterer Klärungen. Campbell & Manning (2018) thematisieren zurecht selbstdeklarierte „Opfer“ von Mikroaggressionen und einen Wettbewerb zwischen „Opfern“ um öffentliche Anerkennung in ihrer Hypothese einer „victimhood culture“.

Auch zwischen Mikro- und Makroebene finden wir ein breites Feld von Ungerechtigkeiten. Warum übersteigen in so vielen deutschen Städten die Kosten für ein „Sozialticket" des öffentlichen Nahverkehrs das im Warenkorb der Sozialhilfe dafür vorgesehene Budget? Warum darf mit Grundbedürfnissen wie dem Wohnraum privatwirtschaftlich spekuliert werden? Mancherorts betrifft es sogar die Versorgung mit Trinkwasser! Im Reader von Pepinsky & Quinney (1991) finden sich weitere Beispiele. Davis (2019) prangert historische Ungerechtigkeiten, wie Sklavenhandel und „Rassen"trennung an; die Erfahrung der Ungerechtigkeit erzeugt Angst und Machtlosigkeit, aber es gibt auch ein Aufbegehren gegen Ungerechtigkeit, aus dem soziale Bewegungen hervorgehen (vgl. Stauffer 2021).

Trotz aller subjektiven Wertungen sollten diese Fragen Empathie, Solidarität und Unterstützungsbereitschaft fördern – Konzepte, die die Soziale Arbeit als Menschenrechtsprofession ins Zentrum ihres Handelns rückt. Die Soziale Arbeit als Menschenrechtsprofession befasst sich mit dem Aufzeigen und Ausgleichen von Ungerechtigkeiten, soll implizit laut Ethikkodex (vgl. IFSW 2000) eine „restorative Gesellschaft" fördern. Staub-Bernasconi (2018: 216) schreibt: „Aus der Sicht der Individuen und ganzer Gruppen verletzen Unrechtsordnungen und ihre sozialen Regeln nicht nur das *Bedürfnis nach Gerechtigkeit*, sei dies Chancen-, Verteilungs-, Partizipations- oder Verfahrensgerechtigkeit, sondern auch das *Bedürfnis nach Freiheit als relative Autonomie und Kontrolle über die eigenen Lebensumstände*. Sie behindern oder vereiteln zusätzlich deren Chancen Gerechtigkeit und Freiheit einzufordern. Um Ungerechtigkeits- und Unfreiheitserfahrungen zu thematisieren, muss das Individuum seine Sozialen Probleme nicht primär sich selbst, sondern der Gesellschaft, genauer bestimmten Machtstrukturen und deren MachtakteurInnen zuschreiben" (Hervorhebungen im Original).

Häufig haben wir selbst Ungerechtigkeit erfahren, sei es über die Entlohnung oder die Behandlung in einer konkreten Interaktion. Aber es gibt unterschiedliche Arten von Gerechtigkeit. Soziale Gerechtigkeit („social justice") bezieht sich auf das Verhältnis von Menschen zueinander. Sie verbindet ein individuelles subjektives Gerechtigkeitsempfinden mit der konkreten gesellschaftlichen Lage. Es gibt keinen sozialen Frieden ohne soziale Gerechtigkeit oder wenigstens die Aussicht auf eine Annäherung an diese (vgl. Enns 2014). Restorative Justice ist ohne Streben nach gerechten gesellschaftlichen Verhältnissen nicht denkbar, inhaltlich eng mit theoretischen Konzepten wie Empowerment, Demokratisierung oder Lebensweltorientierung verbunden, die in der Sozialen Arbeit (Restorative Social Work, vgl. Früchtel & Halibrand 2016) bedeutsam sind.

Soziale Gerechtigkeit verweist auf die Teilhabe am gesellschaftlichen Leben. Der Begriff trat historisch im Zusammenhang mit der „Sozialen Frage" Mitte des

19. Jahrhunderts auf. Damals verelendeten große Teile der Bevölkerung bei inhumanen Arbeitsbedingungen und ohne soziale Absicherung z. B. für Arbeitslose, Alte, Kranke oder Menschen, für die aus anderen Gründen dauerhaft oder zeitweise kein Einkommen durch Arbeit zu erzielen war.

Gerechtigkeit ist ein menschliches Bedürfnis und bezieht sich auf die Würde, die jedem einzelnen Individuum, also beispielsweise Frauen, Männern, Transgendern, Kindern, Alten, Menschen mit Behinderung oder Migrationshintergrund, Straffälligen und Verletzten gleichermaßen zugestanden wird. Es geht also zentral um Menschenrechte, Respekt anderer vor der Integrität jeder Person. Joas (2015) Begriff der „Sakralität" bezieht sich explizit auf jedes Individuum, nicht auf Gottheiten oder Nationen. Andere Wissenschaftler:innen sehen nicht nur den aktuell lebenden Menschen, sondern beziehen frühere und zukünftige Generationen, ihre Kulturen sowie die natürliche Umwelt inklusive der Tiere, Pflanzen und des Klimas ein (vgl. Davies et al. 2021; Graham & White 2014). Die Vision der „Restorative Society" beschreibt eine nicht nur in sozialer Hinsicht gerechte Welt. Dieser Leitidee folgt die Theorie der „Restorative Justice" bzw. im Bereich der Sozialen Arbeit „Restorative Social Work". Sowohl die UNO als auch die EU und der Europarat haben diverse Empfehlungen erarbeitet, wie Restorative Justice im alltäglichen Leben umgesetzt werden kann. Ziel ist die Herstellung des sozialen Friedens zwischen einzelnen Menschen, Generationen, Körperschaften – im Strafrecht z. B. zwischen „Opfern" und „Täter:innen" – sozialen Gruppen und Gemeinschaften – z. B. Zugehörigen unterschiedlicher Religionen, aber auch Alteingesessenen und neu Hinzukommenden – auch zwischen „dem Staat" und seinen Bürger:innen oder Organisationen sowie zwischen Gesellschaften wie der deutschen und der französischen nach dem Zweiten Weltkrieg, aber auch staatenlosen Gruppen wie Kurd:innen oder Palästinenser:innen und den jeweiligen staatlichen Entitäten. Diese „heilende" oder herstellende Gerechtigkeit zielt auf die Transformation sowohl unvollkommener Individuen als auch reformbedürftiger sozialer Strukturen. In gewisser Weise setzen wir also immer noch bei der Sozialen Frage an. Die soziale Gerechtigkeit im Sinne einer Restorative Justice folgt in der kantischen Tradition (vgl. kategorischer Imperativ) und einer „republikanischen" Freiheitsidee der Nichtbeherrschung (vgl. Pettit 2015), nach der die Verwirklichung eigener Freiheit nur so lange gerecht sein kann, wie jemand nicht in die Freiheit einer anderen Person eindringt. Sie setzt sich damit von tendenziell unbegrenzten liberalen Freiheitskonzeptionen ab, selbst wenn diese – wie etwa im Modell von Rawls – durch „Farbenblindheit", Chancengleichheit und gewisse Fairness-Regeln gezähmt sind. (Hagemann 2019)

Sozialer Friede(n)

Frieden ist die Antwort auf das Warum der RJ in sozialer Hinsicht, gemeint ist der Friede als Zustand zwischen Menschen bzw. menschlichen Organisationen inkl. sozialer Gruppen und Staaten. Der Friede ermöglicht ein sicheres Leben (Sicherheit), Ackerbau, Bedürfnisbefriedigung, Selbstverwirklichung und Kreativität, ist Grundlage für Zufriedenheit. Soll Sicherheit maximiert werden, ist ein positiver Frieden gefragt, nicht bloß die Abwesenheit von Aggression, Krieg und Zerstörung. Galtung (1975) wies mit dem Konzept der „strukturellen Gewalt" auf unsichtbare Zwänge, Unterdrückung hin. D. h. Individuen sind weder physischer noch psychischer Gewalt durch ihre Mitmenschen ausgesetzt, aber sie erhalten trotzdem nicht die Chancen, ihr Potential zu entfalten, sei es aufgrund rassistischer, sexistischer oder anderweitiger Strukturen, die wie eine „gläserne Decke" einschränken. In einer solchen Gesellschaft wäre der soziale Frieden durch Ungerechtigkeit bedroht, in einem positiven Verständnis gar nicht gegeben. Young verfolgt unter dem Begriff „social justice" ein ganz ähnliches Ziel: „...social justice means the elimination of institutionalized domination and oppression." (Young 2011: 15) Sie hat dabei explizit unterdrückte Gruppen im Blick. Gewalt und Ungerechtigkeit widersprechen dem Frieden.

Die Beschränkung auf den *sozialen* Frieden berücksichtigt, dass RJ relativ wenig Einfluss darauf hat, ob jemand im Frieden mit sich selbst lebt und das auch gar nicht immer erkennbar ist. Religionen mögen hier weiter gehen (vgl. Quinney 1991), womöglich den irdischen Frieden transzendieren (Schrey et al. 1955), vielleicht auch Therapeut:innen, Psycholog:innen und Psychiater:innen oder andere Lebensberater:innen. Aus der Sicht eines Soziologen ist das nicht mehr Gegenstand von RJ. Genauso werden Naturphänomene wie Vulkanausbrüche und Erdbeben u. ä. zunächst ausgeklammert, weil die Natur keine Konfliktpartei ist. Anders sieht es schon wieder bei der Bewältigung der Folgen aus (vgl. Dussich & Schellenberg 2010) oder bei der Frage menschengemachter „Naturkatastrophen" wie sie durch den Klimawandel hervorgerufen werden, durch Manipulation von Flusssystemen, die zu Überschwemmungen führen, durch Einleitung von Giftstoffen und Plastik ins Wasser, durch die Kernschmelze in Fukushima 2011 oder den Dammbruch von Brumadinho 2019. Die kurzen Hinweise mögen reichen, um sich auf das Soziale zu beschränken, das mit Max Weber dort ist bzw. entsteht, wo Menschen zusammenkommen und aufeinander bezogen handeln.

Der Begriff „sozialer Friede" wird im öffentlichen Diskurs meistens als Störung alltäglicher Routinen auf eher wirtschaftliche Aspekte bezogen, nämlich als Problem der Verteilungsgerechtigkeit von Gütern bzw. als Abwesenheit von Streiks und Tarifauseinandersetzungen zwischen Arbeitnehmer:innen und Arbeitgeber:innen bzw. offener verbreiteter Armut. Wenn wie derzeit das frei verfügbare Einkommen großer Teile der Bevölkerung schrumpft, sei es durch steigende Energie- und Lebensmittelpreise oder Mieten oder in Zeiten verbreiteter Arbeitslosigkeit, Wohnraumknappheit, wird die Sorge um den sozialen Frieden bemüht. Systemtheoretisch gesprochen sind das Wirtschaftssystem und das System der sozialen Sicherung im Fokus. Ungerechtigkeit gefährdet den sozialen Frieden. Im Rechtssystem geht es entsprechend um den Rechtsfrieden, der bspw. durch Fehlverhalten Einzelner oder systematisches abweichendes Verhalten gestört werden kann (Cum-Ex-Aktiengeschäfte, Haus- oder Baumbesetzungen, Containern, Unterschreitung des Mindestlohns oder sittenwidrige Arbeitsverhältnisse). Ob auch in unserem Land der Staat in großem Ausmaß Verbrechen begeht (vgl. Rothe 2009), muss an dieser Stelle nicht diskutiert werden, da es derartige Staaten gibt, so dass sich etliche Konflikte ergeben, in denen der Frieden gestört ist und das – hoffentlich unabhängige – Rechtssystem als zuständig für seine (Wieder-) Herstellung gilt. Das dauert zwar zuweilen lange Zeit (vgl. Künast-Fall[39]), scheitert auch manchmal, gelingt aber doch häufig zuverlässig. Schaut man genauer hin, dann wird dabei allerdings nicht der ursprüngliche Konflikt bearbeitet. Dieser wird vielmehr zunächst in einen Rechtskonflikt transformiert, welcher dann mit den spezifischen Mitteln durch die Expert:innen bearbeitet wird. Das Problem bei diesem Transfer von der Lebenswelt ins Rechtssystem ist eine Entfremdung und meistens auch eine erhebliche Verzerrung, so dass die ursprünglichen Konflikteigner:innen „ihren" Konflikt in der Lösung nicht wiederfinden. D. h. der Rechtskonflikt mag höchstinstanzlich geklärt worden sein, aber der zugrundeliegende soziale Konflikt besteht fort. Dieser Sachverhalt beschreibt den Grund, weshalb ich vom sozialen Konflikt und sozialem Frieden spreche, nämlich, in Abgrenzung zum Rechtskonflikt und Rechtsfrieden.

Weitere Prinzipien und Werte

Da es sich bei RJ allerdings um eine ganz andere Art zu denken handelt (vgl. van Ness & Heetderks Strong 2002: 50), müssen einige grundlegende Werte und Prinzipien vorgestellt werden. Dabei dürfte das Prinzip der Freiwilligkeit der Teilnahme an entsprechenden Verfahren die größte Hürde darstellen. Einerseits stellt sich die Frage, wie freiwillig eine Teilnahme ist, wenn eine ganze Gemeinschaft darauf drängt und bei Nichtteilnahme gravierende negative Konsequenzen drohen?

---

[39] Mit Beschluss vom 19. Dezember 2021 (Az. 1 BvR 1073/20) hob das Bundesverfassungsgericht Entscheidungen Berliner Zivilgerichte auf, nach denen die ehemalige Ministerin Renate Künast schwere Beleidigungen dulden müsse, die sich Jahre vorher ereignet hatten.

Andererseits gibt es zweifellos Menschen, denen das Schicksal ihrer Mitmenschen – insbesondere der Geschädigten / Verletzten – ziemlich gleichgültig ist oder erfolgreich neutralisiert werden konnte. Die Navajo beschreiben diese mit der Feststellung, sie hätten keine Verwandten (vgl. Terpstra 2013) – eine erstaunliche Parallele zu einer plattdeutschen Formulierung, nach der ebenfalls jemand handelt, als habe er:sie keine Verwandten. Nach dem Navajo-Prinzip der Ganzheit muss dabei berücksichtigt werden, dass letztlich alle Menschen, sogar alle Wesen und die Natur „verwandt" sind.

RJ ist auf zukünftiges Miteinander orientiert; die Vergangenheit lässt sich nicht ändern, bestenfalls neu interpretieren. Der Fokus liegt darauf, wie das Leben in Zukunft aussehen soll, d. h. es geht um Transformationen von Akteur:innen und / oder sozialen Verhältnissen. Im Englischen wird häufig formuliert „to make things right", was im deutschsprachigen Diskurs als Wiedergutmachung verstanden wird. Es geht also um Verantwortlichkeiten für eingetretene Problemlagen bzw. persönliches Leid. Dieser Aspekt trägt der Tatsache Rechnung, dass einzelne Menschen – aber auch soziale Strukturen – Freiheitsräume aufweisen, anders sein können als sie sich faktisch gerade darstellen. Es geht um Selbstbestimmung bzw. Nicht-Beherrschung (Non-Domination, vgl. Braithwaite & Pettit 1990).

Unter Verweis auf Christie (1977) wurde oben bereits implizit das Konzept der Ownership eingeführt, das eng verbunden ist mit der Orientierung auf die Lebenswelt betroffener Akteur:innen und diese „empowern" soll, sie also mit Macht über die Gestaltung ihres eigenen Lebens auszustatten (inkl. ihrer sozialen Beziehungen) im Rahmen der Menschenrechte und der Achtung anderer Menschen zu entscheiden. Für die Respektierung der Mitmenschen und ihrer Bedürfnisse stellt Rosenbergs (2001) Gewaltfreie Kommunikation eine gute theoretische Grundlage dar. Kohlbergs (1974) sechs Stufen der Moralentwicklung enthalten weitere wertvolle theoretische Hinweise, um RJ als Theorie auszuarbeiten. Es geht um Humanität, Respekt und Empathie bzgl. der Mitmenschen und um verantwortliches Handeln. Es muss kein bestimmtes Menschenbild zugrunde gelegt werden, etwa ein humanistisches, christliches oder anderweitig religiös oder weltlich begründetes Menschenbild.

Der russische Angriffskrieg in der Ukraine und die in dem Zusammenhang verübten Gräueltaten durch gewöhnliche Soldat:innen inkl. der Ermordung von Kindern, schwangeren Frauen und Gefangenen weisen darauf hin, dass wir eine alte Erkenntnis allzu leicht verdrängen: auch diese Täter:innen waren vor dem Krieg – und sind es wahrscheinlich nach dessen Ende – mehr oder weniger liebenswerte Menschen, keine Monster (vgl. Bregman 2022; Mitscherlich 1999 sowie Neitzel & Welzer 2011 über Wehrmachtsoldaten). Menschen können manipuliert werden oder sich in bestimmten Situationen in einer Weise verhalten, wie sie es selbst nicht für möglich gehalten hätten. Es gibt viele Beispiele auf individueller (vgl. Miller 2011; de Cock 2015) oder auf gesamtgesellschaftlicher Ebene sozialer Gruppen, in denen frühere Kontrahent:innen bzw. Täter:innen und Opfer in heilende Dialoge eintreten und schließlich Frieden oder zumindest ein Arrangement des Zusammenlebens / der Koexistenz finden – manchmal, nachdem lange Zeit verstrichen ist.

Gerade in den Anfangsjahren der RJ wurde „Versöhnung" zwischen Konfliktparteien propagiert (z. B. im Begriff Victim-Offender-Reconciliation-Program). Einen solchen Wert sollte man nicht zum Prinzip erheben. Es ist durchaus erwünscht, wenn Versöhnung eintritt, stellt aber eine Überforderung an die Verfahren und an die Beteiligten dar, wenn sie als Ziel ausgegeben wird. Das Führen eines konstruktiven Dialogs und die Inklusion der Beteiligten sowohl in RJ-Verfahren als auch in Gemeinschaften stellen dagegen sinnvolle Prinzipien dar und schließen Anerkennung der Würde jedes Menschen ein. Kay Pranis (2007) hat die meisten hier erwähnten Werte und Prinzipien aufgegriffen, sah sich aber nicht in der Lage, eine Systematik zu entwerfen, die all diese Aspekte in ein überprüfbares Raster fügt, um zwischen RJ und Nicht-RJ zu unterscheiden. Auch das European Forum for Restorative Justice hat entsprechende Prinzipien und Werte zusammengestellt.[40]

3. Zum Theorie-Praxis-Verhältnis

Von Kurt Lewin ist die Aussage überliefert, nichts sei praktischer als eine Theorie (1951: 169). Dem stimme ich als Professor aus vollem Herzen zu, nicht jedoch immer meine Studierenden. Häufig entsteht im ersten Moment ein Spannungsverhältnis. Die Theorie muss notgedrungen abstrakt formuliert werden; die Praxis arbeitet sich aber an konkreten Fällen ab. Bei meiner Berufung auf eine Fachhochschulprofessor sah ich zunächst ideale Verbindungsmöglichkeiten, bin aber mittlerweile etwas ernüchtert. Praxis besteht aus Routine und bei der Routine kommt die Reflexion zuweilen zu kurz. Es fehlt die Zeit, zusätzliche Impulse aufzugreifen. Manche eigentlich zentral wichtigen Aspekte geraten aus dem Blickfeld, wenn es nur irgendwie klappt. Eine Analogie zur qualitativen Sozialforschung mag den Gedanken illustrieren. Christel Hopf (1978) beklagte sich einst über die Abwicklung einer Leitfaden-Bürokratie. Dabei war der Leitfaden eine Weiterentwicklung starrer Fragebögen, um mehr Offenheit für unerwartete Antworten zu erzeugen, was jedoch nur erreicht wird, wenn man seine Besonderheit versteht und umsetzen kann,

40 https://www.euforumrj.org/sites/default/files/2021-11/EFRJ_Manual_on_Restorative_Justice_Values_and_Standards_for_Practice.pdf; Chapman & Törzs (2018)

nicht, wenn eine Frage an die andere gereiht wird. Ähnliches scheint tendenziell mit der Umsetzung von RJ-Verfahren zu geschehen: man arbeitet ein Skript ab und übersieht z. B. manipulatives Verhalten einzelner Beteiligter oder traumabedingtes Schweigen bzw. den Teilnahmeverzicht aus Angst. Es werden schriftliche Einladungen verschickt und der persönliche Kontakt unterbleibt. Oder man gibt sich im Vorgespräch damit zufrieden, dass jemand behauptet, keine Vertrauenspersonen als Unterstützer:innen zu kennen, ohne bspw. mittels Netzwerkkarten solche zu finden. Dadurch bleibt RJ hinter seinem Potential zurück.

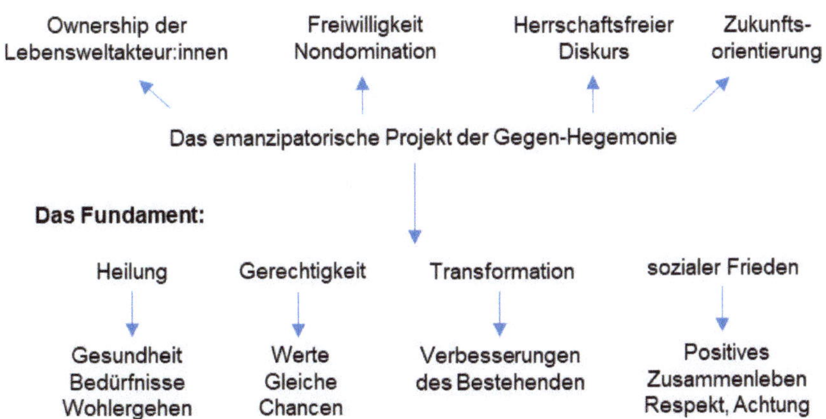

Abb. 2: Bausteine einer Restorative Justice-Theorie

4. Paradigma, Philosophie oder Ansatz

Den Skeptiker:innen, die beim Begriff Theorie von einer „Grand Theory" im Sinne Parsons (1996) ausgehen und bemängeln, dass das Gros bisheriger Erkenntnisse zu unserem Gegenstand nur im Bereich des Strafrechts und seiner Alternativen gesammelt wurde, könnten wir als Kompromiss den Begriff des Ansatzes („Restorative Justice Approach") anbieten.[41] Damit soll zum Ausdruck gebracht werden, dass wir uns noch im Prozess der Theoriebildung befinden. In einem solchen

[41] Analog zum „Labeling Approach", der in den 1960er Jahren als „Ansatz" in der Kriminologie bzw. Soziologie des abweichenden Verhaltens auftauchte und heute in den meisten Lehrbüchern als Labelingtheorie bezeichnet wird, werden wir vielleicht in 50 Jahren ganz selbstverständlich von RJ-Theorie sprechen.

Prozess kommt es erarbeitet durch unterschiedliche Forschende zur Sedimentierung von Theorieelementen, die aus unterschiedlichen Untersuchungsperspektiven zu Tage treten und damit als Gemeinsamkeit des Gegenstands sichtbar werden. Wie im Theorie-Kapitel gezeigt werden konnte, sind etliche Grundpfeiler und weitere Elemente aber bereits fest verankert: die Heilung im Sinne einer Salutogenese basierend auf Bedürfnissen, die Transformation ungerechter, strukturelle Gewalt bewirkender Gesellschaftszustände und Strukturelemente, der soziale Frieden mit einer zukunftsgerichtete Konsensorientierung und die „Demokratisierung" im Zuge der „Ownership", das in Werten gründende und sich gegen Herrschaft emanzipierende Dialogische zwischen allen Konfliktparteien und Gemeinschaften, nicht nur begrenzt auf „Täter" und „Opfer" (vgl. Abb. 2 Bausteine einer RJ-Theorie).

„Paradigma" kann als eine bestimmte Form des Denkens und Handelns definiert werden. Es ist vorbildlich oder beispielhaft für eine Zeit oder Weltsicht. Der Begriff ist durch Kuhns (1967) Beschreibungen wissenschaftlicher „Revolutionen" populär geworden, wird aber häufig für größere Wenden benutzt: bspw. sprechen wir bei der Abkehr von einem defizitorientierten Blick und Hinwendung auf die Fähigkeiten einer Person von einem Paradigmenwechsel in der Pädagogik oder beim Wechsel der Priorisierung stationärer Unterbringung zur weitgehenden Ersetzung durch ambulante Formen vom Paradigmenwechsel im Gesundheitssystem (auch Psychiatrie und Strafsanktion). Zehr benutzte den Begriff bereits vor seinem ersten groß beachteten Werk über Restorative Justice „Changing Lenses" (1985; 1990) und viele andere nach ihm (vgl. v. Hirsch et al. 2003; van Garsse 2015). McCold & Wachtel (2003) haben sogar Paradigma und Theorie in einem Titel untergebracht: In Pursuit of Paradigm: A Theory of Restorative Justice. Hier stellt die Theorie die Antwort auf die Suche nach einem besseren Paradigma beim Umgang mit sozialen Konflikten und Problemlagen dar.

„Im Begriff ‚Theorie' schwingt auch eine gewisse Vorläufigkeit, Unabgeschlossenheit und, ja, auch Verspieltheit mit. Theorien sind mehr Versuchsanordnungen als streng und systematisch entworfene philosophische Gebäude. Natürlich, so richtig trennscharf sind die Begriffe ‚Philosophie' und ‚Theorie' nicht auseinanderzuhalten, aber das sind so in etwa die Gründe, warum viele Linke, aber auch postmoderne Denker und Denkerinnen den Begriff ‚Theorie' dem Begriff der ‚Philosophie' vorziehen" (Misik 2015: 18 f.).

Eine Theorie sollte in möglichst vielen Bereichen praktisch anwendbar und auf unterschiedichen Ebenen umsetzbar bzw. erklärungskräftig sein. Damit befasst sich das folgende Kapitel.

Ebenen, Anwendungsbereiche und Ausdehnung von RJ

Um Restorative Justice besser zu verstehen, bieten sich drei Klassifizierungsdimensionen an: zum ersten ein Blick auf die Makroebene ganzer Gesellschaften im inneren oder im zwischenstaatlichen, womöglich kriegerischen Konflikt bis zur Mikroebene des Handelns einzelner Akteur:innen; zum zweiten ein weiteres und engeres Verständnis von Anwendungsgebieten und zum dritten eine maximalistische oder eine puristische Konzeption. Mit diesen Klassifizierungen befasst sich dieser Abschnitt.

Abb. 3: Restorative Justice auf Makro,- Meso- oder Mikroebene

1. RJ auf der Makroebene

Als Europäer:in denkt man im Jahr 2023 vielleicht als Erstes an den Angriffskrieg Russlands auf die Ukraine, der von russischer Seite als Konflikt zwischen unterschiedlichen Bevölkerungsgruppen, von denen einige nach Unabhängigkeit streben, dargestellt wurde und von westlicher Seite als russische Verletzung der territorialen Integrität und des Selbstbestimmungsrechts seines Nachbarlandes angesehen wird. Während ich diese Zeilen schreibe, gibt es wenig Hoffnung, dass RJ in diesem Zusammenhang aktuell eine Rolle spielen wird und Ähnliches gilt für eine ganze Reihe vergleichbarer Konflikte (z. B. im östlichen Afrika: im Sudan, in Äthiopien, in Eritrea). Etwas anders gelagert, aber auch gesamtgesellschaftlich, sind aktuell Konflikte in Afghanistan, Mali, Syrien und Irak, weil Bedrohungen nicht von „außen" durch andere Staaten, sondern aus der Gesellschaft selbst oder durch nicht-staatlich organisierte Gruppen wie Al Qaida oder IS/Dash stammen. Einen Sonderfall scheint Kolumbien zu bilden, weil nach jahrzehntelangem Bürgerkrieg ein zunächst erfolgreich scheinender restorativer Friedensprozess zustande kam, der dann allerdings von einer neu gewählten Regierung aufgekündigt wurde, aber nunmehr nach aktuellen Wahlergebnissen wieder aufgegriffen werden könnte.

Trotz einiger Misserfolge wird von politischer Seite einzelner vermittlungsbereiter, benachbarter oder involvierter Staaten und seitens transnationaler Organisationen wie der UNO Peacebuilding betrieben oder jedenfalls argumentativ vertreten. Beispielhaft soll auf einige Länder des pazifischen Raumes (z. B. Timor-Leste, Salomonen, vgl. Braithwaite et al. 2010; 2012; Braithwaite 2022), aber auch auf Nordirland und das Baskenland hingewiesen werden. Teilweise existieren auch konkrete parteienübergreifende Initiativen z. B. zwischen Israelis und Palästinensern (vgl. in Aertsen et al. 2008)

Mehr Mut macht das Beispiel Südafrika (vgl. Parmentier 2001; Gobodo-Madikizela 2006; Llewellyn 2009; kritisch Batley & Skelton 2018), wo nach dem Zusammenbruch des Apartheid-Regimes der Weißen eine Wahrheits- und Versöhnungskommission als Verfahrensweise der RJ eingerichtet wurde und ein offener Bürgerkrieg verhindert werden konnte (vgl. Tutu 2001). Faktisch sollte man wohl von bürgerkriegsähnlichen Zuständen *vor* dem Zusammenbruch des Regimes ausgehen.[42]

Inwieweit für den Neuaufbau in Ruanda auf restorative Maßnahmen zurückgegriffen wurde – insbesondere die Frage, ob die Gacaca-Gerichte in einem maximalistischen Verständnis (s. u.) nach restorativen Prinzipien operierten – kann / soll hier nicht abschließend geklärt werden. Nach diversen gesamtgesellschaftlichen Konflikten sind allerdings restorative Lösungen versucht und teilweise erfolgreich umgesetzt worden, vgl. Aertsen et al. 2008, die sich mit dem Kosovo, der DR Kongo sowie Israel & Palästina auseinandersetzen. Nikolic-Ristanovic et al. (2018) schreiben in diesem Zusammenhang über restorative Initiativen im ehemaligen Jugoslawien mit noch geringer Resonanz. Im Deutschlandfunk am 21.1.2022 berichtete der Autor Benedikt Schulz[43] 44 Minuten lang über Kunstschaffende, die im Kosovo und in Serbien an einer geeinten Gesellschaft einerseits konfrontierend, andererseits mittels friedensstiftender Dialoge arbeiten.

Ermutigender ist die Lage in Nordirland (vgl. Wilson & Campbell 2018). Nordirland gilt nach den als „Troubles“ verharmlosten bürgerkriegsähnlichen Auseinandersetzungen (vgl. McEvoy & Eriksson 2007) zwischen Befürworter:innen einer Vereinigung mit der Republik Irland und denen, die einen Verbleib im Vereinigten

---

[42] Phänomenal ähnlich gelagert, wenn auch mit anderen Ursachen, scheint der Fall in Kolumbien, in dem es ebenfalls Tendenzen zu einer restorativen Konfliktbearbeitung gab, die sich möglicherweise aber aufgrund verschobener politischer Machtverhältnisse als nicht nachhaltig erweisen könnten.

[43] https://www.hoerspielundfeature.de/kunstschaffende-arbeiten-im-kosovo-an-einer-geeinten-gesellschaft-100.html 13.12.2022

Königreich vorziehen, seit dem sog. Karfreitagsabkommen von 1998 als Postkonfliktgesellschaft. Bereits 2002 wurden Conferencing-Verfahren für Straftaten und andere Problemlagen von Jugendlichen als RJ-Verfahren gesetzlich verankert. Chapman (2017) berichtet über die erfolgreiche Ausbildung von 75 ehemaligen inhaftierten IRA-Kämpfer:innen zu „RJ-facilitators", also Menschen, die inzwischen professionell mediierend in ihren Kommunen tätig sind.

McEvoy & Eriksson (2007) sprechen auch in Bezug auf das Baskenland von bürgerkriegsähnlichen Zuständen. Während der Franco-Diktatur, aber auch später, sind fast 1000 Menschen, überwiegend durch die ETA, aber auch durch offizielle Polizei und staatliche Todesschwadronen ermordet worden. Seit 2011 ist dieses Morden beendet und es haben sich baskische Initiativen gebildet, die sowohl zivilgesellschaftlich Dialoge für den Frieden führen als auch wissenschaftlich Friedensforschung betreiben (vgl. Varona 2014; Varona et al. 2016). Zypern könnte vielleicht das nächste Positivbeispiel werden, scheint aktuell aber noch skeptisch, was RJ angeht. Trimikliniotis & Demetriou (2012) spüren zwar dem Frieden nach, aber eher in der Begrifflichkeit der Transitional Justice.

Während sich die genannten politischen Konflikte in der Regel durch extreme Gewalt – z. B. systematische Vergewaltigungen als Kriegsstrategie im Kongo und in Ex-Jugoslawien – oder auch Genozid (Ruanda, Jesiden im Irak) äußerten, was die Möglichkeiten für restorative Dialoge und eine gemeinsame Zukunftsvision erschwert, gibt es auch umfassende Viktimisierung und Benachteiligung weniger existentieller, aber dennoch häufig langfristig traumatisierender Natur, die nahezu gesamte Gesellschaften betreffen. Es geht um die Aufarbeitung der Missbrauchsfälle in kirchlichen, staatlichen und privaten Heimen einerseits in Deutschland und anderen westlichen Ländern, andererseits an der indigenen Bevölkerung in ehemals kolonialisierten Ländern. Angesichts der Vielzahl der Verletzten, der langen Zeitdauer und hinter den männlichen Tätern stehenden mächtigen gesamtgesellschaftlichen Organisationen wie bspw. den christlichen Kirchen (vgl. Ortner 2019) böten auch hier Wahrheits- und Versöhnungskommissionen ein mögliches restoratives Instrumentarium. Bisher klagen zumindest die Geschädigten in Deutschland, dass solche Verfahren nicht eingesetzt wurden, und die herkömmlichen strafrechtlichen Maßnahmen wenig bewirkt haben (oder gar nicht angewendet wurden).

Mit dem Hinweis auf systematische Viktimisierungen Angehöriger der indigenen Bevölkerung wurde eine Verbindung zum Diskurs über Rassismus hergestellt. Fania Davis (2019; im Einklang mit ihrer vielleicht noch berühmteren Schwester Angela) setzt sich sowohl praktisch durch Gründung einer entsprechenden Organisation als auch theoretisch mit der Publikation ihres „Little Book of Race and Restorative Justice: Black Lives, Healing, and U.S. Social Transformation" für eine friedliche Be- und Aufarbeitung rassistischer Viktimisierungen und Strukturen ein. „Black Lives Matter“ ist inzwischen zu einer weltweit beachteten Bewegung geworden, die in großen Teilen restorative, keineswegs militante Zielsetzungen verfolgt, wie es noch die „Black Panther“ in den 1970er Jahren propagierten. In vergleichbarer Form sehe ich „Fridays for Future“ als restorative Bewegung, die einen Friedensprozess zwischen heute lebenden, insbesondere älteren Bürger:innen, die einen Großteil der Umweltzerstörung mitverantworten und der jungen Generation sowie den noch gar nicht Geborenen, die deren Folgen bewältigen müssen, anstrebt (vgl. Malzahn 2022 Kap. 5 über Umweltzerstörung; European Forum for Restorative Justice 2020; Biffi & Pali 2019).

Ein Diskurs über Sexismus mit dem Anspruch auf Wiedergutmachung für Frauen wird von Hitzel-Cassagnes & Martinsen (2014) im Kontext des Begriffs „Transitional Justice“[44] geführt. Können Gesellschaften jahrhundertelange Unterdrückungen von Frauen wiedergutmachen oder zumindest zu heilen versuchen?

Zwischen Makro- und Mikroebene können wir analytisch eine Mesoebene einziehen, die sich dann weniger mit gesamtgesellschaftlichen oder individuellen Problemlagen befasst, sondern einzelne teilweise begrenzte Mikro- oder Makro-Gemeinschaften (vgl. Magiera et al. 2020), Unternehmen, Körperschaften und Behörden betrifft. Hierzu haben Besemer & Sippel (2014) Mediationsverfahren sog. „politischer Mediation“ aus dem deutschsprachigen Raum zusammengestellt. Hooker (2016) beschreibt *Transformative Community Conferencing*, ein Dialogverfahren der Einbeziehung ganzer lokaler Gemeinschaften mit dem Ziel der Umgestaltung ihrer Siedlung bzw. der Überwindung von Gräben zwischen Bewohner:innengruppen. Während der erstgenannte Ansatz häufig zu früheren Verhältnissen zurückgelangen möchte oder sich ganz offen der Zukunftsplanung stellt, verschließt der letztgenannte nicht die Augen vor bestehender Ungleichheit und Benachteiligung.

2. RJ in einem weiteren oder engeren Verständnis

Auf die Frage, was Restorative Justice (RJ) sei, habe ich kürzlich die Definition von Shapland et al. (2011: 4) zitiert, nach der RJ „als Strategie oder Bündel von Strategien mit Anwendungen in zivilen, unternehmerischen, strafrechtlichen und politischen Bereichen verstanden werden [sollte], die sich auf die Lösung von Konflikten

[44] Unter „Transitional Justice” in Transformationsgesellschaften fassen Hitzel-Cassagnes & Martinsen (2014: 54) „verschiedene politische und rechtliche Varianten des Umgangs mit den Auswirkungen historischen Unrechts, das während politischer und gesellschaftlicher Konfliktsituationen oder während kriegerischer Auseinandersetzungen begangen wurde“. Nikolic-Ristanovic et al. (2018) grenzen den Begriff zurecht von RJ ab, da er sich eher formal auf Gesellschaften im Übergang bezieht, aber nicht inhaltlich ein bestimmtes Denken beschreibt.

und Streitigkeiten zwischen Parteien orientieren", weil sie weit gefasst ist (Hagemann 2020a: 152; ganz ähnlich argumentiert Pelikan 2019).[45] Damit sind diverse Anwendungen in vielfältigen Bereichen auf allen Ebenen der Gesellschaft gemeint, die jedoch allesamt einer bestimmten Philosophie folgen. Sie können durch die zugrundeliegende gemeinsame Haltung und Erfahrungen zu einer Theorie verbunden werden. McCold & Wachtel (2002) definieren RJ als einen Prozess, bei dem jene zusammenkommen, die von einem Fehlverhalten hauptsächlich betroffen sind, um ihre Gefühle miteinander zu teilen, zu beschreiben, wie es sie getroffen hat und einen Plan zu entwickeln, die Schäden zu reparieren / wiedergutzumachen oder eine Wiederholung zu vermeiden.[46] Häufig werden andere Definitionen von Zehr (1990: 181) und Marshall (1996: 37) zitiert. Hier wurde bewusst eine gewählt, die sich vom Strafrecht emanzipiert, denn Fehlverhalten im Sinne der RJ kann auch eine ungerechte Kündigung sein, vielleicht die Ausnutzung einer verletzlichen Person (vgl. UN Declaration of Basic Principles of Justice for Victims of Crime *and Abuse of Power 1985*). Allerdings erscheint die Shapland et al.-Definition neutraler, weil dort keine moralische Aufladung erfolgt.

Dieses weite Verständnis setzt an alltäglichen Problem- und Konfliktsituationen an, bspw. bei Streitigkeiten unter Nachbar:innen (vgl. Langner 2017), im Gesundheitswesen, am Arbeitsplatz oder in der Schule (Hopkins 2011; van Wormer & Walker 2013; Stutzman Amstutz & Mullet 2005) und kümmert sich neben der Konfliktbearbeitung auch um die Bildung oder Stärkung von Gemeinschaften (sog. Community Building, vgl. Vanfraechem 2007), indem über entsprechende Dialogverfahren soziale Fremdheit reduziert und Bindungen sowie Zusammengehörigkeitsgefühle gestärkt werden (vgl. Hagemann 2002; Winter 2003). Wir neigen dazu, Gerechtigkeit und ihre (Wieder-) Herstellung z. B. auch auf Wirtschaft[47], Gemeindeangelegenheiten (vgl. Besemer & Sippel 2014), Umwelt, Generationenkonflikte, politische Fragen, das Gesundheitssystem, das Schulsystem, Familien usw. anzu-

---

[45] "Restorative Justice promotes values and principles that use inclusive, collaborative approaches for being in community. These approaches validate the experiences and needs of everyone within the community, particularly those who have been marginalized, oppressed or harmed. These approaches allow us to act and respond in ways that are healing rather than alienating or coercive." (Stutzman Amstutz & Mullet 2015: 15)

[46] "... as a process where those primarily affected by an incident of wrong-doing come together to share their feelings, describe how they were affected and develop a plan to repair the harm done or prevent reoccurrence."

[47] "Fisse and Braithwaite (1993) and Parker (2004) described the early restorative justice innovations of the Australian Competition and Consumer Commission (ACCC). This was a strategy of sitting responsible managers down in a restorative circle—preferably one involving victims of the corporate crime—in which the responsible executives were given the opportunity to admit responsibility, apologise to victims, offer compensation and responsive corporate reform and leadership in industry-wide campaigns, even for global self-regulatory reforms." (Braithwaite 2022: 297)

wenden. In all diesen Lebensbereichen lassen sich problematische Situationen (Hulsman 1986) bzw. Konflikte (vgl. Christie 1977) identifizieren und man könnte diese wahrscheinlich sogar alle strafrechtlich rahmen, aber das ist nicht unser Ziel.

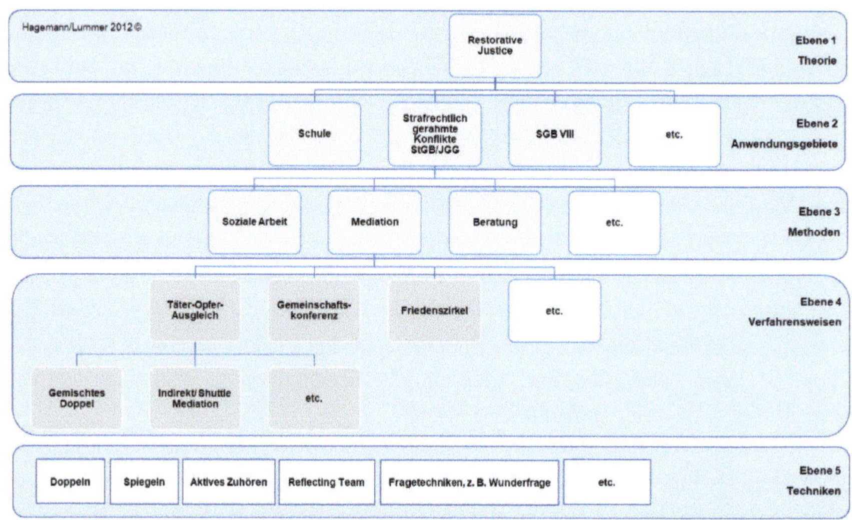

Abb. 4: Heuristik der fünf Analyseebenen

In Abbildung 4 ist eine Ebene der *Anwendungsgebiete* eingefügt, nicht zuletzt, um zu verdeutlichen, dass sich RJ nicht auf strafrechtliche Fälle bzw. das Strafrecht beschränken lässt. Ein weites Verständnis überträgt die RJ-Prinzipien auf diverse Lebensbereiche, z. B. Schule (Konflikte in der Schule, auf dem Schulweg), Umwelt und Wirtschaft (Nachhaltigkeit, Verbraucher- und Mitarbeiterschutz), Gemeinden (Stuttgart 21), Politik (Wahrheits- und Versöhnungskommissionen) (vgl. Maxwell & Liu 2007; Wright 2010; Dussich & Schellenberg 2010). Die RJ-Philosophie der Friedensstiftung trifft in all diesen Feldern zu. Daher reklamieren wir den Begriff Restorative *Justice* als Theorie für die Bearbeitung / Betrachtung aller Konflikte und problematischen Situationen.

Auf theoretischer Ebene drückt der Begriff der „Restorative Society“ (vgl. Boston 2007; Wright 2010) die Abkehr von der Mikroebene und die Ausweitung des Konzepts der RJ aus. 2005 fand am Institute for Policy Studies der Victoria University in Wellington eine Tagung unter dem Titel „Towards a Restorative Society“ statt, zu der Beiträge aus den unterschiedlichsten gesellschaftlichen Bereichen beigesteuert wurden. Während es im engeren Verständnis um eine Alternative *im* oder *zum* Strafrecht geht, strebt das weite Verständnis eine generelle Transformation des sozialen Umgangs (z. B. in Form der Nutzung Gewaltfreier Kommunikation im Alltag, am Arbeitsplatz usw.) bzw. sozialer Verhältnisse an. Hier kannte RJ als Haltung begriffen werden. Nach Boston (2007: 321) handelt es sich dabei um ein Organisationsprinzip, das Antworten auf Konflikte innerhalb der Gesellschaft findet. Es verbindet die getrennten, aber miteinander verbundenen Entwicklungen in der Restorative Justice mit restorativen Verfahren in einer wachsenden Zahl von Politikbereichen, um eine *gute Gesellschaft* zu formen, in der es über die vielfältigen Bereiche menschlicher Betätigungen ein echtes Streben zur Heilung oder (Wieder)Herstellung positiver Beziehungen und intakter/gesunder sozialer Strukturen gibt, wenn gerechte Beziehungen oder Strukturen in irgendeiner Weise beschädigt worden sind.

Den prägnantesten Ausdruck findet die überindividuelle Konzeption bisher praktisch in den „Restorative Cities" – das erkennt Strukturen als Mitverursacher von Problemen.

„Eine Restorative Stadt ist eine Stadt, in der sich alle öffentlichen Organisationen und Institutionen dazu verpflichten, Konflikte restorativ und nicht strafend anzugehen, unter Zuhilfenahme von Mediation und anderen restorativen Verfahren" (Liebmann 2018: 39). 1999 wurde das Fundament für die „Restorative City" Whanganui geschaffen (vgl. Saywood 2019). Allerdings empfanden viele Bewohner:innen den Begriff „Restorative Justice" als ungünstig und scheuten die Rede von „Konflikten" oder „Problemen", so dass man nunmehr „gesunde bzw. respektvolle Beziehungen" propagiert. Neben einem Umgang im Sinne der RJ im Kontext strafrechtlich gerahmter Sachverhalte geht es z. B. um das Zusammenleben in einer Senior:innenwohnanlage, Lärm- und Geruchsbelästigung in der Gemeinde, Probleme mit Hunden und um familiäre Schwierigkeiten (unterhalb der strafrechtlich relevanten Schwelle). Weitere restorative Städte sind laut European Forum for Restorative Justice: Hull, Leeds, Bristol und Brighton (Vereinigtes Königreich), Como, Mentana, Palermo und Tempio Pausania (Italien) sowie Leuven (Belgien) und Utrecht (Niederlande).

Im engen Verständnis bezieht sich RJ nur auf die vom Strafrecht vorgegebene Konfliktbearbeitung bzw. strafrechtlich gerahmte Konflikte auf der Mikroebene, wie es u. a. in der Definition des Europarats von 2018 zum Ausdruck kommt:

"'Restorative justice' refers to any process which enables those harmed by crime, and those responsible for that harm, if they freely consent, to participate actively in the resolution of matters arising from the offence, through the help of a trained and impartial third party (hereinafter the 'facilitator')."[48] (Europarat CM Rec (2018) 8, Art. 3)[49]

Hanak et al. (1989) haben gezeigt, dass die strafrechtliche Bearbeitung von Problemen faktisch sehr selten vorkommt, da die meisten „Opfer" von einer Anzeigeerstattung absehen. Das gilt sogar für schwere Straftaten wie sexuelle Gewalt – und Vergewaltigung im Besonderen –, die im Vergleich mit eher weniger invasiven Eigentumsdelikten deutlich seltener angezeigt werden (vgl. Landeskriminalamt Nordrhein-Westfalen 2006).

Der zweite Teil dieses Buches liefert hierzu ausführliche Beispiele. Dabei geht es um verschiedene Formen der Anwendung, verschiedene Delikte / Opferwerdungen, verschiedene Zeitpunkte, wer die Initiative ergreift und auch um die Frage, ob RJ soweit ins bestehende Strafrechtssystem integriert werden kann, dass sie mit Strafe einhergeht und etwa Gefängnisse nach restorativen Prinzipien gestaltet werden können.

3. RJ maximalistisch oder puristisch

Das maximalistische Verständnis nähert sich vom Ergebnis einer Intervention her der RJ-Zielsetzung an und kann bedeuten, sich pragmatisch bspw. mit Bestrafung zu arrangieren, solange eine transformierende und möglichst heilende, Schäden ausgleichende Wirkung erzielt wird (vgl. Walgrave 2008). Danach soll RJ zwar weiterhin das bestehende Strafrechtssystem soweit möglich ersetzen, kann aber übergangsweise integriert werden. Der maximalistischen Position steht eine puristische gegenüber, die alle Maßnahmen ablehnt, die nicht im Einklang mit zentralen Prinzipien der RJ steht wie Heilung statt Strafe, Freiwilligkeit statt Zwang, Ownership statt bloßer Beteiligung. „Gemäß einer puristischen Auffassung ist es die freiwillige, partizipatorische Bearbeitung von Konflikten und von Unrechtshandlungen. Nur dort, wo eine solche partizipatorische Lösung angestrebt wurde und zustande kam, sollte man ‚wirklich' von Restorative Justice sprechen" (Pelikan & Kremmel 2018: 14). McCold & Wachtel (2002) haben 17 Verfahrensweisen im Hinblick auf ihre Restorativität in einem eher puristischen Verständnis analysiert und nennen die meisten teilweise oder überwiegend restorativ, aber nur diejenigen vollständig restorativ, die alle drei Perspektiven von Geschädigten (Heilung), Tatverantwortlichen (Verant-

---

[48] Bisher liegt neben dem englischen Original und Übersetzungen in Französisch und Italienisch nur eine auszugsweise deutsche Übersetzung von Ines Staiger im TOA-Magazin 2/2019 vor.

[49] In ähnlicher Weise fordern die UNO, vgl. ECOSOC Resolution 2002/12 und die EU, vgl. EU-Directive 2012/29 sowie der Europarat, vgl. CM Rec(2018) 8 – bekräftigt in der Erklärung der Justizminister:nnen von Venedig 2021 – die (stärkere) Nutzung von Restorative Justice. Die UNO (UNODC 2020) hat ein Handbuch zur praktischen Umsetzung inzwischen in der 2. überarbeiteten Auflage publiziert.

wortungsübernahme) und Gemeinschaft (sozialer Frieden) beinhalten.[50] In seinem Blog greift Zehr (2011) einen Vorschlag für eine Art Raster von Kidde & Alfred (2011) auf („RJ Continuum Characteristics“, vgl. Abb. 5), in dem das Ausmaß der Restorativität konkret anhand der Dimensionen „engagement“ (Einsatz / Verbindlichkeit), „accountability“ (Verantwortlichkeit) und „restoration“ (Heilung / Wiederherstellung) messbar wird.

	Es kann restorativ (umgeformt) werden	**Teilweise restorative**	**vollständig restorativ**
Verbind-lichkeit, Engagement, Verpflichtung	Die Einbeziehung der direkt Betroffenen ist nicht primär wichtig. Entscheidungen werden durch eine nicht direkt involvierte mächtige Partei getroffen. Es gibt keine Dialogoption der direkt Betroffenen.	Schlüsselpersonen werden informiert oder in begrenztem Umfang einbezogen. Einige Schlüsselpersonen geben Input, aber abschließende Entscheidungen oder Gewährungen werden durch ein formales System getroffen. Es gibt begrenzte Gelegenheiten für Beiträge oder Dialoge der Schlüsselpersonen.	Allen Parteien – den Geschädigten, den Verantwortlichen und der Gemeinschaft – werden Gelegenheiten zur Teilnahme und Gestaltung des Prozesses und Entscheidung eingeräumt. Es gibt deutliche Dialoggelegenheiten. Entscheidungen werden im Konsens aller direkt Betroffenen gefällt. Alle Teilnehmenden werden respektiert.
Verantwort-ung(s-übernahme), Zurechen-barkeit	Der Fokus liegt auf der Verletzung des Rechts und seinen Konsequenzen (passive Verantwortung)	Den Schäden und Bedürfnissen wird Aufmerksamkeit entgegengebracht, aber das Hauptaugenmerk liegt auf der Gesetzesverletzung und ihren Konsequenzen.	Der Fokus zielt auf die Identifizierung, Anerkennung, Verstehen und Ansprechen von Schäden, Bedürfnissen und Ursachen, die im Raume stehen. Dies schafft Gelegenheiten für **aktive** Verantwortungsübernahme.
Heilung	Den erlebten Schäden und Verlusten wird minimale oder gar keine Aufmerksamkeit gewidmet. Passive Verantwortlichkeit und /oder Resozialisierung des Täters stehen typischerweise im Blickpunkt.	Einige Anstrengungen der (Wieder-) Herstellung überwiegend sehr konkreter Verluste werden unternommen. Häufig bestimmt jemand anderes als die direkt Betroffenen, welche Schäden ausgeglichen und Anstrengungen unternommen werden sollen.	Der Fokus liegt auf der größtmöglichen Anerkennung und Heilung/(Wieder-) Herstellung von physischen, emotionalen und sozialen Schäden und damit verbundenen Bedürfnissen aller Betroffenen. Der Einhaltung von Vereinbarungen (follow-through) und der Zufriedenheit mit dem Ergebnis wird Aufmerksamkeit entgegengebracht.

John Kidde 2011 ©

Abb.5: RJ Continuum Characteristics (Übersetzung: O. Hagemann)

[50] Leser:innen wissen, dass *angeordnete* Entschädigungen und *Strafen* nur sehr bedingt heilen können, auch Exklusion (von Täter:innen) kaum zur Arbeit an sich selbst und entsprechenden Transformationsprozessen beiträgt und die Ausklammerung der Gemeinschaft häufig den Blick auf strukturelle Ursachen – aber auch Unterstützungsmöglichkeiten – verstellt.

Mit dem hier neu kreierten Begriff für die Qualität einer theoretischen und praktischen Ausrichtung an Heilung, Transformation, Gerechtigkeit und sozialem Frieden, die eher auf einem Kontinuum als in Form diskreter Unterschiede messbar ist, endet vorläufig die Vorstellung von Restorative Justice. Wir stecken mitten in einem laufenden Projekt, das noch keinen Anspruch auf Vollständigkeit erheben kann.

In den folgenden Teilen dieses Buches geht es sogar einen Schritt zurück, weil dort bereits veröffentlichte Texte wiedergegeben sind. Von Vorteil könnte der geringere Abstraktionsgrad bzw. die konkrete Bezugnahme auf spezifische Fragen oder Gegenstandsbereiche sein. Dieser tastende, heuristische Such- und Findeprozess ist typisch für die Erschließung von Neuem, eröffnet aber gleichzeitig die Chance, schwere Fehler zu vermeiden.

TEIL II:

OPFERWERDUNGEN

UND MACHTMISSBRAUCH

–

DISZIPLINÄRE VERORTUNG

Wie in der Einleitung bereits angesprochen, stellen Fragen der Gerechtigkeit[51] – und damit Opferwerdungen und Machtmissbrauch – sowie bezüglich der Welt als Ganzer und „unseres Wohlstands“ auf Kosten der Ausbeutung der sogenannten Dritten Welt den Ausgangspunkt für die hier abgedruckten Texte dar. Die Soziologie nimmt sich des Themas sozialer Ungleichheiten an und verspricht Erklärungen für die erwähnten Ungerechtigkeiten zu liefern. Nicht akzeptabel schienen mir die disziplinären Grenzen, so dass immer wieder benachbarte Fächer wie die Psychologie, die Kriminologie und Viktimologie (hierzulande häufig Hilfsdisziplinen der Rechtswissenschaften) eine Rolle spielen.

Die vier hier wieder abgedruckten und z. T. übersetzten Beiträge wurden zwischen 2004 und 2016 veröffentlicht und nähern sich Gerechtigkeitsfragen aus unterschiedlichen disziplinären Blickwinkeln bzw. im ersten Fall aus dem Jahre 2004 sogar aus einer literarischen, historischen und „ausländischen“ Perspektive des russischen Schriftstellers Tolstoi. Im Zentrum steht die Ausübung von Macht und die Kritik an der bisherigen Kriminologie, die wenig zu gerechteren gesellschaftlichen Verhältnissen beiträgt. Die RJ liefert ein machtkritisches, demokratisches Paradigma, das stärker als frühere ätiologische und interaktionistische Theorien an den Bedürfnissen „normaler / durchschnittlicher“ (l'homme moyen, vgl. Quételet 1984) Gesellschaftsmitglieder:innen ausgerichtet ist und dem von Tolstoi kritisierten Zustand abhelfen könnte. Es werden einige Errungenschaften der Ende des 19. Jahrhunderts entstandenen Kriminologie skizziert. Bis der Etikettierungsansatz in den 1960er Jahren das Forschungsprogramm veränderte, befasste sich das kriminologische Projekt hauptsächlich mit „Täter:innen“. Seitdem hat sich die Kriminologie in mehrere Teilbereiche ausdifferenziert. Einerseits ist ein enormer Wissensvorrat entstanden. Andererseits ist es schwierig, Antworten auf einfache Fragen nach dem Sinn von Strafgerichten und ihrem Wirken zu erhalten, wie sie Tolstoi in seinem Roman „Auferstehung“ aufgeworfen hat.

Meine wissenschaftliche und praktische Arbeit mit „Opfern“ und Gefangenen rief nahezu schizophrene Gefühle hervor, weil man von einer „Welt“ in eine andere wechseln muss, obwohl man am selben Phänomen arbeitet. Bis ich mit der Restorative Justice, die die überkommenen Denkschablonen ignoriert, das Bindeglied entdeckte, war ich unzufrieden mit der fehlenden Verbindung der Welten der „Täter“ und der „Opfer“. Dieses neue Paradigma beinhaltet ein Potential für die Integration unterschiedlicher Perspektiven und vereint sowohl wissenschaftliche als

[51] Biographisch konkret ausgelöst durch die Aberkennung der Gold- und Silbermedaillen für die 400m-Läufer bei Olympia 1968 in Mexiko, Bobby Seales (1971) Buch über den Kampf der Black Panther sowie den vom CIA unterstützten Putsch gegen die demokratisch gewählte Allende-Regierung in Chile 1973.

auch Alltagsanforderungen. Wie der Labeling Approach in den 1960er Jahren hat Restorative Justice die Kraft, das Denken der Kriminologie zu verändern, neue Forschungsfragen zu generieren und angewandte und Grundlagenforschung miteinander zu versöhnen.

Der zweite 2014 in englischer Sprache veröffentlichte Beitrag behandelt dann eine Grundvoraussetzung einer gerechteren Gesellschaft, nämlich dass deren Mitglieder:innen empathisch füreinander sind. Heute verorten wir Empathie, den Klebstoff des Sozialen, eher in der Sozialpsychologie, aber im Beitrag finden sich Bezüge zur Neurowissenschaft und Medizin genauso wie zur Ästhetik und Psychologie. Empathie drückt sich auf der Mikroebene im Verhältnis zwischen einzelnen Menschen aus, kann aber u. a. durch strukturelle und situative Machtverhältnisse neutralisiert bzw. ausgeschaltet werden, z. B. wenn trotz offensichtlicher Gefahr Hilferufe ignoriert werden, keine Seenotrettung oder gar „Pushbacks" bzw. Abschiebungen in Gefahrenlagen erfolgen.

In diesem Abschnitt möchte ich die historische Entwicklung des Konzepts Empathie nachzeichnen und vom Mitgefühl unterscheiden. Es folgt ein Überblick über den Anwendungsbereich und über Theorien, die sich auf verschiedene Definitionen der spezifischen Perspektiven der Empathie beziehen. Ziel ist es, Dimensionen des Phänomens zu identifizieren und eine Grundlage für die stärker opferorientierte Diskussion in den folgenden Abschnitten zu schaffen.

Dass die Mikroebene individueller Schicksale sehr stark durch Machtverhältnisse auf der Makroebene bestimmt ist, arbeitet der dritte 2016 ebenfalls in englischer Sprache mit meiner amerikanischen Kollegin Dawn Beichner veröffentlichte Beitrag über Frauen als Täterin und Opfer gleichzeitig heraus. Er nimmt eine feministische, aber auch intersektionale viktimologische Perspektive ein. Die erste Ungerechtigkeit bilden sowohl konkrete physische und psychische, häufig sexualisierte, Opferwerdungen von Frauen und Mädchen, die direkt oder indirekt zu Tathandlungen führen, z. B. zu Versuchen, auf eine Traumatisierung durch Selbstmedikation mit illegalen Drogen zu reagieren. Andere, die Kieper (1980) einst als „verwahrloste" Mädchen oder „Trebegängerinnen" bezeichnete, entfliehen Gewaltverhältnissen und geraten in Abhängigkeiten von häufig männlichen vermeintlichen Unterstützern, die sie allerdings zur Prostitution oder zu Drogenstraftaten zwingen oder überreden. Letztlich entsteht diese Kriminalität durch die patriarchale Struktur der Gesellschaft, die für alle nicht-männlichen Mitglieder geringere Chancen bereithält, ihre Bedürfnisse zu befriedigen.

Der Beitrag behandelt inhaftierte Straftäterinnen in der gesamten Welt, ihre Lebenserfahrungen, spezifische Probleme und Bedürfnisse genauso wie Programme in Gefängnissen, die helfen sollen, ihre Reintegration in die Gesellschaft zu erreichen. Er bietet ein theoretisches Verständnis der generellen Marginalisierung von Frauen in fast allen modernen Gesellschaften und einen Überblick über Theorien, die erklären sollen, warum Frauen Straftaten begehen. Anschließend werden statistische Informationen über das Ausmaß von weiblichen Inhaftierten in unterschiedlichen Teilen der Welt gegeben und darüber, in welcher Weise Politikwechsel wie der „Krieg gegen Drogen" und vorgeschriebene (mandatory) Bestrafungen die Frauenhaftquote beeinflusst haben. Danach behandelt der Beitrag genderspezifische Unterschiede in den Wegen ins Gefängnis und ihre spezifischen Probleme und Bedürfnisse einschließlich der schädlichen Auswirkungen der Inhaftierung von Müttern für ihre Kinder. Abschließend werden vielversprechende Ansätze aus unterschiedlichen Ländern vorgestellt.

Während menschliche Bedürfnisse Gegenstand der Psychologie oder Anthropologie sind, geht es bei der Diskriminierung aufgrund eines bestimmten sozialen Status um ein klassisches soziologisches Thema, das im 19. Jh. als „soziale Frage" bestimmt durch Armut diskutiert wurde. Ein geringes Einkommen bzw. Armut spielt auch im vierten Beitrag eine wichtige Rolle, wird aber noch ergänzt durch einen Migrationsstatus. Anhand von Analysen der Rechtspflegestatistiken zeigt sich eine Überrepräsentativität von Menschen ohne deutsche Staatsangehörigkeit, je tiefer man in das Sanktionensystem vordringt, insbesondere in der Untersuchungshaft (über die nur spärliche statistische Informationen vorliegen). Monokausale Erklärungen, wie das marxistische Modell, wurden durch intersektionale (vgl. Crenshaw 1989) ersetzt. In fast allen Gesellschaften finden sich Menschen aus Minderheiten, mit Migrationsstatus oder Arme überrepräsentiert, wenn wir das negative Gut der Strafe betrachten. Intersektionalität heißt, dass die verschiedenen negativen Güter verschärfend wirken: also in einer von Weißen dominierten Gesellschaft sind es eher schwarze arme Zuwander:innen als weiße Zuwander:innen oder schwarze Wohlhabende oder weiße Arme. Dabei sind Ursachen struktureller Viktimisierungen ins „System" eingebaut, wenn etwa die Entscheidung über Untersuchungshaft am Kriterium gemessen wird, ob jemand Verbindungen ins Ausland hat. In vergleichbarer Weise seien Mordmerkmale eher auf Tötungsdelikte durch Frauen anwendbar (vgl. Oberlies 1997).

Mit der Frage, ob Migrant:innen im deutschen Strafrechtssystem diskriminiert werden, wird das Täter-Opfer-Thema variiert und strukturelle Opferwerdungen im Sinne einer Allgemeinen Viktimologie geraten in den Blick.

Ausgehend von der Bevölkerungszusammensetzung der deutschen Gesellschaft im ersten Jahrzehnt des 21. Jahrhunderts und fokussiert auf „Ausländer:innen" geht der Beitrag den Spuren von Diskriminierung im Strafrechtssystem nach. Neben der strukturfunktionalistischen Systemperspektive spielt der Labeling-

Ansatz eine bedeutende Rolle, weil ich davon ausgehe, dass Kriminalität und Kriminelle in einem vierstufigen sozialen Prozess konstruiert werden. Das am Beispiel der „Ausländer:innen" erzielte Ergebnis der strukturellen Diskriminierung durch „das System" wird schließlich in einen theoretischen Kontext gestellt und wirft sowohl moralische als auch pragmatische (sozialpädagogische) Fragen auf.

Kriminologie – für KriminologInnen, Herrschende oder (Kriminalitäts-) Betroffene[52]

1. Einleitung: Nechljudows Frage

Obwohl das Tagungsmotto „Kriminologie – wohin?“ einen Blick in die Zukunft fordert, möchte ich mit einem ausführlichen Zitat weit in der Vergangenheit beginnen. Die empathische Beschreibung der Schicksale von Gefangenen und „Opfern“ in seinem Roman „Auferstehung“ von 1899 führt Tolstoi (1979) zu meines Erachtens zentralen kriminologischen Fragen (kursive Hervorhebungen durch mich, O. H.).

Eine Aufgabe der Hauptfigur Nechljudow „bestand in der Klärung der Frage, *von wem, wozu und auf welcher Grundlage diese sonderbare Einrichtung, das sogenannte Kriminalgericht, gegründet worden war, aus dem der Weg nicht nur in das Gefängnis führte, dessen Insassen er zum Teil kennengelernt hatte, sondern auch in all die anderen Strafanstalten des Landes* ..., wo Hunderte und Tausende von Opfern dieser so absurd erscheinenden Strafgerichte schmachteten. ...
Die Häftlinge der ersten Gruppe waren völlig schuldlose Menschen, Opfer von Fehlurteilen ... War die Anzahl dieser Menschen auch verhältnismäßig klein ..., so verdienten sie doch besonderes Mitleid.
Zur nächsten Gruppe gehörten jene Sträflinge, von denen die ihnen zur Last gelegte Tat unter außergewöhnlichen Umständen – im Jähzorn, aus Eifersucht, in trunkenem Zustand und so weiter – begangen worden war und die unter gleichen Umständen mit großer Wahrscheinlichkeit auch diejenigen verübt hätten, von denen sie verurteilt und bestraft worden waren. ...

Die dritte Gruppe bestand aus Menschen, die nach ihren Begriffen ganz harmlose, ja sogar gute Handlungen ausgeführt hatten, die jedoch von den ihnen wesensfremden Menschen, die die Gesetze verfassten, für Verbrechen gehalten wurden. Zu dieser Art von Sträflingen gehörten solche, die heimlich mit Schnaps handelten, sich mit Schmuggel abgaben, Gras von fremden Wiesen abrissen und in den großen Wäldern der Gutsbesitzer oder in den Staatsforsten Brennholz sammelten. Ferner gehörten zu dieser Gruppe räuberische Gebirgsbewohner und ungläubige Menschen, die in Kirchen Diebstähle begingen.

Zur vierten Gruppe zählten die Menschen, die nur deshalb wie Verbrecher behandelt wurden, weil sie moralisch höher standen als der Durchschnitt der Bevölkerung. Hierzu gehörten Sektierer, Polen, Tscherkessen, die sich gegen ihre Unter-

52 Dieser Beitrag erschien 2004 in Kari-Maria Karliczek (Hrsg.), Kriminologische Erkundungen. Wissenschaftliches Symposium aus Anlass des 65.Geburtstages von Klaus Sessar (S. 143–169). Münster: Lit.

drückung empörten, sowie die sogenannten politischen Verbrecher – Sozialisten und Streikende, die wegen Widerstands gegen die Staatsgewalt verurteilt worden waren. ...

Bei der fünften Gruppe endlich handelte es sich um Menschen, denen gegenüber die Gesellschaft weit schuldiger war, als sie es der Gesellschaft gegenüber waren. Es waren obdachlose, durch dauernde Unterdrückung und Verführung geistig abgestumpfte Menschen, ... die Nechljudow sowohl im Gefängnis als auch in Freiheit gesehen hatte und die von den Lebensbedingungen fast zwangsläufig zu Handlungen getrieben worden waren, die als Verbrechen bezeichnet werden. Dies traf nach Nechljudows Beobachtungen auch auf viele Diebe und Mörder zu, mit denen er in letzter Zeit in Berührung gekommen war. Zu dieser Gruppe zählte er, nachdem er sie näher kennengelernt hatte, auch jene demoralisierten, auf die schiefe Bahn geratenen Elemente, die von der neuen Kriminalwissenschaft als typische Verbrecher bezeichnet werden und deren Existenz die Gesellschaft als Hauptbeweis für die Notwendigkeit des Kriminalgerichts und für die von ihm verhängten Strafen anführt. Nach Nechljudows Ansicht jedoch waren diese sogenannten demoralisierten, anomalen Verbrechertypen nichts anderes als jene Menschen, die gegenüber der Gesellschaft weniger schuldig waren als die Gesellschaft, wenn vielleicht auch nicht unmittelbar ihnen gegenüber, so doch gegenüber ihren Eltern und Vorfahren.

... *Warum alle diese so verschiedenartigen Menschen eingekerkert waren, während sich andere, ebensolche Menschen auf freiem Fuß befanden und über die ersteren sogar zu Gericht saßen, diese Frage zu klären war die ... Aufgabe, die Nechljudow zu jener Zeit beschäftigte.*

Anfangs hoffte er, eine Antwort auf diese Frage in Büchern zu finden, und beschaffte sich alles, was an einschlägiger Literatur zu haben war. Er kaufte die Werke von Lombroso und Garofalo, von Ferri und Liszt, von Maudsley und Tarde und las sie mit großer Aufmerksamkeit. Doch je länger er darin las, um so mehr wurde er enttäuscht. Es erging ihm, wie es allen ergeht, die sich mit der Wissenschaft nicht zu dem Zweck befassen, in ihr selbst eine Rolle zu spielen, selbst zu schreiben, Meinungsverschiedenheiten auszufechten oder zu lehren, sondern die sich an die Wissenschaft mit einer geraden, einfachen, praktischen Frage wenden. Die Wissenschaft antwortete Nechljudow auf tausenderlei höchstkomplizierte und gelehrte Fragen, die mit dem Strafrecht in Verbindung standen, blieb ihm indessen die Antwort auf seine Frage schuldig. Er stellte die sehr einfache Frage, *warum und mit welchem Recht die einen Menschen andere einkerkerten, quälten, nach Sibirien verbannten, sie peitschen und hinrichten ließen, obwohl sie selbst genau solche Menschen waren wie jene, die von ihnen gequält, gepeitscht und getötet wurden.* Geantwortet aber wurde ihm mit Erörterungen darüber, ob der Mensch Willensfreiheit besitze oder nicht; ob sich auf Grund seiner Schädelform eine verbrecherische Veranlagung feststellen lasse; inwieweit verbrecherische Neigungen vererblich seien; ob es angeborene Unmoral gebe; was man unter Moral verstehe; wie sich Wahnsinn äußere; welche Bedeutung dem Temperament zukomme; welche Wirkung Klima, Ernährung, Unbildung, schlechte Vorbilder, Hypnose und Leidenschaften auf verbrecherische Neigungen ausüben können; was die menschliche Gesellschaft sei; worin ihre Pflichten bestehen und dergleichen mehr" (Tolstoi 1979: 420 ff.).

Seit dem Erscheinen von Tolstois „Auferstehung" 1899, also vor mehr als 100 Jahren, haben Tausende von Wissenschaftler:innen am kriminologischen Projekt gearbeitet. Wir sind längst über die grobe Typenbildung hinausgelangt. Wir vermessen keine Schädel mehr. Wir wissen, dass Moral sich im kindlichen Sozialisationsprozess ausbildet und nicht angeboren ist (vgl. Kohlberg 1996). Der Labeling Approach hat sogar „Fehlurteile" aus der wissenschaftlichen Welt verbannt (vgl. H. S. Becker 1973). Aber sind wir heute wirklich so viel weitergekommen? Haben wir Nechljudows Frage inzwischen beantwortet? Zumindest die „traditionelle", strafrechtliche Kriminologie hat, wie im nächsten Abschnitt argumentiert wird, ganz im Sinne der Tolstoi'schen Erfahrungen zwar enormes Detailwissen angehäuft, die Frage jedoch nicht beantwortet.

Klaus Sessar hat immer wieder ähnlich ketzerische Fragen in den Raum gestellt. Manchmal habe ich seine Texte so gelesen, als ob er in der Tradition Nechljudows stünde, jemand, der als Lehrstuhlinhaber eigentlich zur „guten Gesellschaft" gehört, diese aber immer wieder als Konstruktion entlarvt und Fragen stellt, die die Grenzen zwischen dem „Reich des Bösen" und uns verwischen (z. B. Sessar 1997; 2001).

2. Erkenntnisfortschritte seit den Anfängen der Kriminologie

Kriminologische Erkenntnisfortschritte müssen durch einen Blick in die Geschichte der Disziplin deutlich werden. Selbstverständlich kann hier nicht Fritz Sacks Unternehmung (1978) zusammengefasst und fortgeschrieben werden; stattdessen werde ich drei zentrale Entwicklungen aufgreifen, die gleichwohl auf den Stand der derzeitigen Kriminologie führen sollen.

2.1 Die „Bösen" und die „Guten"

Die Hauptströmung der Kriminologie ist von einer Zweiteilung aller Gesellschaften in Kriminelle und gesetzestreue Bürger ausgegangen und hat versucht, die Erstgenannten zu beschreiben und zu erklären, warum sie kriminell wurden. Seit den Studien Lombrosos (1876) wurden vor allem methodische Fortschritte erzielt, z. B. Vergleichsgruppen gebildet bzw. ganze Kohorten untersucht (vgl. Wolfgang et al. 1972) und das Dunkelfeld berücksichtigt, z. B. durch Erhebung selbstberichteter Delinquenz (Villmow & Stephan 1983; Kreuzer 1994). Dabei konzentrierte man sich auf junge Täter und öffentlich sichtbare Delikte („Straßenkriminalität"). Erwachsene begehen andere, weniger sichtbare Delikte eher im privaten Bereich und am Arbeitsplatz (vgl. Popitz 1968; Sessar 1997). Sutherland (1979) fällt das Verdienst zu, die „Weiße-Kragen-Kriminalität" entdeckt zu haben und damit sowohl hinsichtlich des Alters als auch des sozialen Status den Blick auf neue Tätergruppen gerichtet zu haben. Einerseits konnten immer wieder Unterschiede zwischen Straffälligen und unbescholtenen Bürger:innen festgestellt werden (Göppinger 1983), andererseits fand auch die Ubiquitätsthese vielfache Bestätigung.

Während die kriminologische Forschung in der Tradition von Anomie-, Subkultur- und Lerntheorien lange auf die „Unterschichtskriminalität" begrenzt blieb (vgl. die ökologischen Ansätze der Chicagoer Schule) und nur gelegentlich eine öffentliche Skandalisierung der Straftaten von Oberschichtsangehörigen stattfand, hat Frehsee dazu aufgefordert, die Kriminalität der Angepaßten (1991) in den Fokus zu rücken, um diesen „weißen Fleck" der Kriminologie zu tilgen. Diese Anregung blieb jedoch genauso ohne größere Resonanz wie Forderungen, die Kriminalität der Mächtigen (Scheerer 1985) zu untersuchen (vgl. Jägers Konzept der Makrokriminalität 1989).

Ursächliche Faktoren, in denen eine Differenz zwischen kriminellen und normkonformen Menschen zum Ausdruck kommt, kamen bereits Tolstoi suspekt vor. Wir stellen fest, dass in allen sozialen Schichten Handlungen vorkommen, für die man angeklagt und bestraft werden könnte. Betrachtet man die einzelnen Menschen, dann gelingt es der Kriminologie nicht überzeugend, die „Guten" von den „Bösen" zu scheiden oder die „Gefährlichen" von den nicht Gefährlichen (vgl. Woynar 2000, Rehn et al. 2001).

Mit Popitz (1968) und Durkheim (1968), die Kriminalität als notwendig und funktional für eine Gesellschaft ansehen, drängt sich die Frage in den Mittelpunkt, inwiefern Kriminelle gemacht werden – und ggf. von wem? Diese Frage führt zum nächsten Abschnitt.

2.2 Prozesse der Zuschreibung von Kriminalität

Feest, der Polizeibeamte auf Einsatzfahrten begleitete und deren Überlegungen, die vor einem Tätigwerden stehen, beobachtete (Feest & Blankenburg 1972) und Cicourel (1968) haben Interaktionen zwischen Bürger:innen und Strafverfolgungsinstitutionen untersucht, bei denen aus einem Menschen ein Täter wird. Matza hat mit der polizeilichen „Strategie des Verdachts" bspw. dargelegt, wer verdächtigt wird (1973), also stärker unter Kontrolle steht. H.S. Becker (1973) und Matza (1973) haben die Perspektive des Abweichenden eingenommen und nachgezeichnet, wie die Interaktionen mit anderen Menschen und gesellschaftlichen Institutionen dazu führen, dass jemandem schließlich das Etikett „Kriminelle:r" angeheftet wird und die Person diese Zuschreibung sogar übernimmt. Garfinkel (1956) beschrieb Bedingungen und Methoden von Degradierungen, die vor Gericht zum Tragen kommen.[53]

Lautmann (1973) hat aus der Perspektive institutioneller Akteure und ihres Berufshandelns als Richter:innen gezeigt, dass hierbei die Reduktion auf juristisch Handhabbares im Vordergrund steht. In dieser Perspektive geht es weder um gute noch um schlechte Menschen, sondern um Fälle, die revisionssicher und möglichst effektiv abgeschlossen werden müssen. Auf dieser Ebene (nur noch etwas abstrakter, von konkreten Handelnden absehend) liegt die Nachzeichnung des Aussiebevorgangs der Instanzen (vgl. Sack 1985), denn nicht alle Taten werden aufgeklärt, nicht alle Tatverdächtigen werden angeklagt, nicht alle Angeklagten werden abgeurteilt und nicht alle Abgeurteilten werden bestraft.

Wir sollen nicht mehr nur auf die „Bösen" (d. h. auf das Ergebnis) schauen, sondern die Prozesse betrachten, in denen entsprechende Feststellungen getroffen werden. Dann lernen wir Techniken kennen, die zeigen, wie Etikettierung funktioniert, wie ggf. retrospektiv Lebensläufe umgedeutet werden können (Smith 1979). Wir merken, dass „das Böse" keine Konstante ist, die einer bestimmten Person lebenslang anhaftet, sondern dass dieses Etikett irgendwann vergeben werden kann, dann jedoch fest klebt. Wir sehen aber auch, dass nicht jede:r gleichermaßen Gefahr läuft, sondern dass der soziale Status für diese Weichenstellung ganz entscheidend ist.

[53] Diesen Gedanken haben Braithwaite & Mugford (1994) aufgegriffen, um den umgekehrten Prozess zu beschreiben, nämlich 14 Bedingungen erfolgreicher Reintegrationszeremonien im Rahmen von Restorative Justice.

2.3 Die Machtfrage

Wenn Kriminalität etwas Konstruiertes, Zuschriebenes ist, dann müssen wir uns ansehen, wer die entsprechenden Feststellungen trifft, wer also Richter:in wird (vgl. Peters 1973) oder welchen Einfluss Schöff:innen und andere Verfahrensbeteiligte (z. B. Anwält:innen, Jugendgerichtshelfer:innen etc.) ausüben, und wie Recht entsteht. In den USA spielt es eine wichtige Rolle, ob ein:e schwarze:r Beschuldigte:r vor einer weißen oder gemischten Jury antritt. Wir stellen fest, dass sich der soziale Status des professionellen Personals vom sozialen Status der Verurteilten in der Regel erheblich unterscheidet. Es gibt keine soziale Nähe dieser Akteure, obwohl gerade diese Nähe Verständnis herstellen kann (vgl. Mathiesen 1989; Christie 1972; Jäger 1989: 54). Nils Christie fordert die soziale Eingebundenheit der Richter:innen in Gemeinschaften, in denen über Konflikte verhandelt wird (1977).

Verlassen wir die Mikroebene einzelner Gerichtsverfahren und blicken auf die Normgenese, dann hat H.S. Becker (1973: 121-132) am Beispiel der Marihuana-Gesetzgebung in den USA gezeigt, wie handfeste Interessen und wie wenig Moral und Gerechtigkeit hierbei eine Rolle spielen. Wir stellen fest, dass es recht wenige einflussreiche Menschen (=Männer, vgl. Sessar 1989) von hohem sozialen Status sind, die diese Aufgabe leisten. Sie sprechen dieselbe Sprache wie Richter:innen, sie rekrutieren sich aus denselben Kreisen. Es handelt sich um die wohlhabende Elite, die Herrschenden in der Gesellschaft.

Wenn es um Macht und Herrschaftssicherung geht[55], liegt die Frage auf der Hand, ob Macht missbraucht wird (Landreville 1989). Die UN-Deklaration über Opfer (1985) bezieht diesen Aspekt explizit ein. Kriminolog:innen verdammen diktatorische Regime und nennen Verbrechen, die im Namen des Staates oder von der Staatsgewalt begangen werden, Kriminalität (vgl. die Etablierung des internationalen Strafgerichtshofs mit diversen Vorgänger-Tribunalen). Das ist aber nur die Spitze des Machtmissbrauchs-Eisbergs.

Die Frage nach dem Machtmissbrauch ist eine moralische Frage und spätestens jetzt müssen wir uns vom Strafrecht emanzipieren, da es wie gezeigt primär dem Schutz der Herrschenden dient.

---

[54] Jäger (1989: 207) zitiert Braunecks Konzeption der „Anomie des sozialen Fernraumes", um den Mangel an Empathie zu unterstreichen.

[55] „Die geschichtliche Sichtweise [auf Kriminalität] stärkt die Argumente einer Kriminologie, die Abschied von der Vorstellung genommen hat, dass Kriminalität ein geronnenes soziales Faktum, gleichsam ein fester und unveränderlicher Bestandteil einer jeden Gesellschaft sei. ... [In einem Gesetz von 1723] drückte [die englische Herrschaftselite] ein in seinen Inhalten und Formen neues Recht durch, das alte Gewohnheiten brutal beiseiteschob. Das Strafrecht wurde zum Instrument der Herrschaftssicherung" (Blasius 1985: 415).

Die Aussicht der relativ wenigen wohlhabenden Gesellschaftsmitglieder, ihren Wohlstand gegen die vielen armen und unterprivilegierten zu schützen, wäre prekär, wenn sie sich nicht bestimmter Machttechniken bedienten, z. B. die Beherrschten zu spalten in Gute und Böse. Das Thema „Gouvernementalität" verdankt die Kriminologie Autoren wie Foucault (1991) oder Deleuze (1993). Primitive Machttechniken basieren auf Armeen (zuweilen wie in Afghanistan wird immer noch auf sie zurückgegriffen); als zivilisiert gelten Machttechniken, die auf Polizei und Strafjustiz rekurrieren. Die nächste Stufe des Fortschritts ist durch den Slogan „Prävention statt Repression" charakterisiert. Damit ist der eher offensive, selbstbewusste Umgang beschrieben – Kriminologie verschwimmt mit politikwissenschaftlicher Regierungslehre.

Das defensive Pendant liegt in der Errichtung sogenannter „gated communities" auf der (Meso-) Ebene einzelner Gemeinschaften bzw. einer „Festung Europa" als Zusammenschluss verschiedener Staaten gegen Bürger:innen aus ärmeren außerhalb dieses Gebildes liegenden Ländern (vgl. Christie 1993). Hier berührt die Kriminologie neben politologischen auch städtebauliche Fragen (Newman 1973) und kann mit der Dichtotomie von Inklusion und Exklusion (Steinert 1995) soziologisch gefasst werden.

100 Jahre Kriminologie haben eine Fülle von Fakten sowie Herrschaftswissen zum Regieren der „gefährlichen Klassen" erbracht, aber kaum mehr als eine vage Skizze ihres emanzipativen Potentials.

3. Forderungen an die zukünftige Kriminologie

Betrachtet man die im vorigen Abschnitt 2 skizzierten bisherigen kriminologischen Erkenntnisse und vergegenwärtigt sich gleichzeitig die Frage Nechljudows, dann fällt die Zwischenbilanz eher negativ, bestenfalls ambivalent aus. Kriminologie war bisher zu großen Teilen ein „governmental project" (Garland 2002), diente also den Herrschenden. Zum anderen Teil war es ein wissenschaftliches Projekt der Grundlagenforschung, von dem nach Kunz (1997) kaum Nutzen für die „gemeinen Bürger:innen" im Sinne theoretisch fundierter Anwendung der Erkenntnisse ausging. Da ich die dahinter liegende normative Position teile, nach der Wissenschaft zugleich kritisch als auch nützlich sein sollte (Dienstleistungsgedanke), möchte ich im Folgenden Forderungen an eine zukünftige Kriminologie aufstellen. Zunächst geht es um Aufgabe und Output, im zweiten Abschnitt dann um die Methode.

3.1 Was muss Kriminologie leisten?

In diesem Abschnitt geht es darum, dass sich die Kriminologie mit Phänomenen der Makro- und der Mesoebene befassen muss, dass sie kritisch sein soll und ihren Hauptbegriff der „Kriminalität" durch den des „Konflikts" ersetzen soll.

Als Kriminolog:innen dürfen wir uns nicht auf die Behandlung von Phänomenen der Mikroebene beschränken (vgl. Jäger 1989). Handelnde Menschen formen komplexe Gebilde, seien es Familien, Unternehmen, Vereine oder terroristische Vereinigungen. Alle Bürger:innen eines bestimmten Raumes bilden administrative und politische Einheiten, z. B. Staaten oder die informellen Einflussbereiche von Clans (vgl. Afghanistan, Somalia). Folglich wurden staatliche Repräsentanten wie Slobodan Milosevic oder ehemalige Nazigrößen vor Gericht gestellt, weil sie am Völkermord und an Verbrechen gegen die Menschlichkeit beteiligt waren. Allerdings tut sich die strafrechtliche Kriminologie schwer mit diesen „Tätern", die sich persönlich nicht so verhalten haben, wie wir es üblicherweise unter „Kriminalität" fassen (vgl. Arendt 1964 über Adolf Eichmann).

Die Führung eines Angriffskriegs ist ein Verbrechen, aber Kriminolog:innen haben bisher nicht untersucht, wann von einem Angriffskrieg ausgegangen werden kann. Der Nato-Einsatz im Kosovo 1999 und die Bombardements von Amerikanern und Briten in Afghanistan zählen offenbar nicht dazu – jedenfalls sind mir weder entsprechende Ermittlungen noch kriminologische Studien darüber bekannt. Wie wären kriegerische Handlungen im Irak kriminologisch zu bewerten? Wieso sollen eigentlich die damit verbundenen Tötungen von Zivilist:innen kriminologisch irrelevant sein? Warum stehen die Verantwortlichen für die gegen die UN-Menschenrechtskonvention (1950) bzw. die Standard Minimum Rules for the Treatment of Prisoners (1955)[56] verstoßenden Haftbedingungen auf Guantanamo nicht vor einem Gericht? Manchmal, wie z. B. im Falle Südafrikas, wendet sich die Geschichte.[57]

Nach meiner Ansicht sind diese Sachverhalte kriminologisch relevant, aber derartige Fragen beantwortet die Kriminologie bisher nicht. Lediglich Jäger (1989) hat solche Fragen unter dem Begriff „Makrokriminalität" eingehender behandelt. Sessar hat einen Teil dieses Forschungsprogramms im Rahmen eines Seminars zur Aufarbeitung der Naziverbrechen behandelt, ohne dass die Erkenntnisse bisher in den allgemeinen kriminologischen Diskurs eingeflossen sind.

---

[56] Vgl. auch die Europäischen Strafvollzugsgrundsätze, Recommendation No. R(87)3 des Europarates.

[57] Aber hat dazu die herkömmliche Kriminologie beigetragen? Die Aufarbeitung im Rahmen der Wahrheits- und Versöhnungskommission muss als Beitrag der Restorative Justice gewertet werden.

Vollkommen vernachlässigt wurde auch die „mittlere Ebene“: Es kommt kaum vor, dass wir ein Unternehmen, das seine Arbeitnehmer:innen gefährlichen Arbeitsbedingungen aussetzt oder das gefährliche Produkte erzeugt, kriminell nennen oder strafrechtlich verfolgen. Brent Fisse und John Braithwaite (1983; 1993) haben zwei dicke Bücher gefüllt, in denen es ausschließlich um „corporate offenders“ (Großbetriebe) geht: z. B. Bergbauunternehmen, die aus Kostengründen zu wenig für die Sicherheit der Kumpel tun, Asbesterzeuger, die trotz wissenschaftlicher Nachweise der Gesundheitsgefahren unverändert weiter produzieren usw. Die Autoren prangern darüber hinaus Korruption an und weisen auf den enormen Schaden hin. Maria de la Luz Lima bezeichnete in ihrem Hauptreferat auf dem 9. Internationalen Symposium für Viktimologie in Amsterdam 1997 überteuerte Preise infolge großer Marktmacht als Machtmissbrauch (vgl. Hagemann 1997). Strafrechtler tun sich schwer, verantwortliche Akteure für das Handeln von Körperschaften zu identifizieren und wissen nicht recht, wie man Unternehmen oder Personenvereinigungen sanktioniert.

Kriminologische Fragestellungen müssen den Status Quo der gesellschaftlichen Verhältnisse in Frage stellen, d. h. sie sollen kritisch sein. Dabei sollte Kritik nicht exogen als subjektives, standpunktbezogenes Glaubensbekenntnis oder gar als Markenzeichen auftreten, sondern immanent in den Forschungsprozess eingebunden sein (vgl. Lazarsfeld 1968: 111). Kritik setzt das Mögliche gegen das Reale und entwickelt dadurch einen Maßstab für die Einschätzung des gesellschaftlichen Status Quo. Die bloße Darstellung des überproportionalen Anteils von Personen, die Minderheiten angehören und ohne schulische und berufliche Qualifikationen sind, in unseren Gefängnissen beispielsweise stellt in diesem Sinne kein akzeptables Forschungsergebnis dar. Es muss weiter gefragt werden, *warum* es in unserer Gesellschaft so viele Menschen mit geringen Chancen im Bildungssystem, auf dem Arbeitsmarkt oder im allgemeinen gesellschaftlichen Leben gibt und wie die Gesellschaft diese Benachteiligungen abbauen kann (vgl. Kleining 1988), Fragen, die von Restorative Justice Vertreter:innen aufgegriffen werden.

Die zukünftige Kriminologie muss sich vom Strafrecht emanzipieren. Sie sollte nicht mehr den Begriff „Kriminalität“, sondern den „Konflikt“ in den Mittelpunkt rücken. Louk Hulsman (1986) hat zu Recht darauf hingewiesen, dass der Begriff „Kriminalität“ ein Sammelsurium von heterogenen Phänomenen vereint, deren *einzige* Gemeinsamkeit die Bedrohung mit strafrechtlichen Sanktionen ist: man subsumiert ein Handeln unter eine bestimmte Kategorie von Gesetzen[58]. Das ist recht

[58] Jäger (1989: 21) zitiert Enzensbergers Definition der tautologischen Struktur des Verbrechens: „was bestraft wird, ist ein Verbrechen; was ein Verbrechen ist, wird bestraft“.

willkürlich, weil sich Gesetze von Land zu Land mehr oder weniger unterscheiden und schon durch die nächste Legislative verändert werden können. Es ist keine tragfähige Grundlage als Gegenstand einer Wissenschaft, die auf zeit- und raumübergreifende Erkenntnisse abstellt. Vermutlich deshalb konnte bis heute keine überzeugende allgemeine Kriminalitätstheorie vorgelegt werden. Warum sollten auch die Fälschung von Unternehmensbilanzen, der Aufruf zum Genozid und z. B. homosexuelles Verhalten mit derselben Theorie erklärt werden können? Allerdings können Sie sehr wohl Anlass für oder Auswirkung von Konflikten sein.

Hinzu kommt ein Problem, das durch die Hierarchie der Strafrechtsinstitutionen bedingt ist. Stehen sich z. B. „westliches" Recht und die islamische Scharia gegenüber[59], dann verfügen wir in der herkömmlichen Kriminologie über keine Möglichkeit mehr, eine übergreifende Aussage zu treffen. Recht reduziert sich dann auf das Recht des Stärkeren, jedenfalls solange, bis vielleicht ein internationaler Gerichtshof ein internationales Recht etabliert. Für eine Wissenschaft ist dies ein unhaltbarer Zustand. Der Begriff Konflikt lässt sich hierauf problemlos anwenden.

Die zukünftige Kriminologie muss sich auf Gerechtigkeit („justice") beziehen, nicht bloß mit Recht befassen. Gerechtigkeit kann dabei mit Rawls (1998) aus dem Zustand abgeleitet werden, in dem kein Akteur vorab seine Position im künftigen sozialen Gebilde kennt. Allerdings ist Recht wieder der einfachere Begriff, weil er spätestens von der obersten Instanz verbindlich ausgelegt werden kann – alle sind diesem Spruch dann unterworfen. Gerechtigkeit ist nicht so einfach, weil stattdessen die unterste Instanz, nämlich die direkt im Konflikt befindlichen Parteien ihren Inhalt finden müssen. Aber die Frau, die ihren jahrelangen Peiniger schließlich umbringt, ist doch nicht eine Mörderin wie der angeheuerte „contract killer", der für denjenigen tätig wird, der ihn bezahlt! Andere Tötungsdelinquenten wie M. Begin und Y. Arafat wurden gar mit dem Friedensnobelpreis ausgezeichnet – mit der herkömmlichen Kriminologie wird man hier nicht argumentieren können. Und worin besteht eigentlich das Verwerfliche, wenn Greenpeace oder sonstige Aktivist:innen gefährliche Tätigkeiten blockieren oder Produkte denunzieren? Das Konzept der Kriminalität führt hierbei sogar dazu, dass das richtige Handeln bestraft wird! Und wir als Kriminolog:innen zählen nur alles zusammen und berechnen daraus die Kriminalitätsbelastung eines Landes – welcher Unsinn!

---

[59] Ist z. B. Ehebruch ein Kapitalverbrechen, das mit der Maximalstrafe geahndet werden muss (vgl. das entsprechende Urteil am 22.3.2002 gegen Amina Lawal in Nigeria, Quelle: Amnesty International www.amnesty.ch, August 2002)?

3.2 Wie sollte das kriminologische Projekt zukünftig betrieben werden?

Dieser Abschnitt greift vier Aspekte auf, die als methodische Hinweise zu verstehen sind: Ansetzen soll die Kriminologie am Handeln konkreter Menschen, das empirisch zu studieren ist. Dabei sollte mehr Augenmerk auf qualitative Entdeckungsmethoden gelegt werden und der Gegenstand als Ganzes und nicht in atomistischer Form analysiert werden.

Kriminologie ist eine interaktionistische Sozialwissenschaft. Den Ausgangspunkt müssen handelnde Akteure bilden (vgl. G.H. Mead 1934). Ohne Handeln gäbe es nichts, was wir als Kriminalität oder Konflikt rekonstruieren könnten. Handlungen erhalten ihre Bedeutung erst im Interaktionsprozess. Dabei gilt das Thomas-Theorem, nach dem die Akteure auf der Grundlage subjektiv wahrgenommener Realität handeln.

Ferner macht es Sinn, die Kriminologie als empirische Wissenschaft zu konzipieren, also vom tatsächlichen Handeln auszugehen und nicht von Normen. Dort, wo die Kriminologie als Sozialwissenschaft angesehen wird – z. B. in den USA –, steht dieser Aspekt gar nicht in Frage. Hierzulande jedoch, bei einer Einbindung in juristische Fakultäten, vermischt sich die vorherrschende normative Denkweise mit der empirischen Orientierung (ähnlich wie in der Pädagogik). Ursächlich dürfte die historische Entwicklung sein, die die Moralstatistik als Vorläuferin der Kriminologie sieht. Moralische Fragen werden theoretisch vor allem in der Philosophie und praktisch vor allem im Strafrecht beantwortet. Ein solcher Blick ist jedoch voreingenommen, so dass z. B. konforme Verhaltensweisen erst dann wahrgenommen werden, wenn sie sich an subkulturellen Normen orientieren. Wie nicht nur der „Fall Eichmann" zeigt (vgl. Arendt 1964), kann angepasstes Verhalten jedoch höchst problematisch sein. Auf der anderen Seite gibt es seit Durkheim (1968) diverse Hinweise darauf, dass regelverletzendes Verhalten in der Alltagsbewältigung funktional bis wünschenswert ist. Größere Offenheit und Unabhängigkeit gegenüber vorgegebenen Normen verspricht Ergebnisse, die besser im Lebensalltag der handelnden Akteure verankert sind und vor allem die Moral selbst mit zum Gegenstand machen.

Die weitaus meisten kriminologischen Studien sind quantitativ ausgerichtet (vgl. Forum Qualitative Sozialforschung 3 (1) Disziplinäre Orientierungen III: Kriminologie), d. h. sie konzentrieren sich auf das Messen bereits bekannter Phänomene. Um Neues zu entdecken, müssen wir verstärkt auf qualitative Methoden zurückgreifen (vgl. Kleining 1995).

Die Kriminologie muss ihren Gegenstand als Ganzes analysieren, nicht lediglich die „böse" Seite. Sie darf sich nicht nur auf „Täter:innen" konzentrieren und andere Beteiligte („Opfer“ und „Zeug:innen“) oder Hintergrundmerkmale regelmäßig außen vor belassen. Einerseits sind in dieser Hinsicht von Wolfgangs Studie, bei der das Konzept „victim precipitation“ empirisch untermauert wurde (1958), bis hin zu Felsons „routine activities“ (1994) beachtliche Fortschritte erzielt worden; andererseits ist die beschriebene Ausdifferenzierung der Viktimologie (jedenfalls solange diese nicht als allgemeine Viktimologie im Sinne Mendelsohns 1956 angelegt ist) ein Zeichen der Einseitigkeit.

4. Kriminologie, die nicht enttäuscht

Nach den bisherigen Ausführungen erscheint die Kriminologie als für die allgemeine Bevölkerung relativ fruchtlose, unzulängliche Bemühung (Foucault 1976: 41, vgl. auch Braithwaite 1990: 163). Meine Einschätzung ist optimistischer und gründet sich auf das Paradigma (Zehr 1990) der Restorative Justice. Im Folgenden möchte ich einige der Grundgedanken dieses Ansatzes beschreiben, von denen ich annehme, dass sie eine ähnliche Wirkung auf unsere Wissenschaft haben werden, wie der Labeling Approach in den 1960er Jahren. Anschließend ist zu zeigen, inwiefern die aufgeworfenen Fragen bzw. Kritikpunkte damit beantwortet werden.

4.1 Handeln, Sinngebung und Konflikt als Grundkategorien von Restorative Justice

Restorative Justice geht von handelnden Menschen aus einschließlich der erwähnten überindividuellen Gebilde, wie Unternehmen oder Staaten, deren Handeln durch Menschen erfolgt. Zentrale Elemente sind „a definition of crime as injury to victims and the community peace, a focus on addressing the personal-relational injuries experienced by all parties as well as the financial and legal obligations of offenders, and a commitment to including all parties in the response to the crime" (van Ness 1990: 10). Neben dem interaktiven und konstruktiven Charakter betont Zehr (1990) vor allem die Zukunftsorientierung von Restorative Justice.

Louk Hulsman (1986) beschreibt „problematische Situationen“, in denen Akteure (mit anderen Menschen oder institutionellen Akteuren) zusammentreffen, die gegenläufige Interessen haben, sich nicht auf Anhieb verstehen, vielleicht nicht mögen, vielleicht andere ausnutzen wollen. Ihre Beweggründe und subjektiven Sinngebungen kennen wir nicht vorab, manchmal – wie am 11. September 2001 – bleiben sie für uns nahezu unverständlich. Wenn es den Beteiligten nicht gelingt, die Perspektive der anderen zu übernehmen, werden sie keine gemeinsame Sinngebung zustande bringen. Unverständnis und Missverständnis fördert das Problematische, ob absichtlich oder unbewusst. Manchmal prallen subjektive Wahrheiten im Handeln aufeinander und die Konflikte sind von den Beteiligten allein nicht mehr zu bewältigen – dann müssen Vermittler:innen / Mediator:innen eingeschaltet werden. Dieser Zustand ist ziemlich normal und die Frage nach *der* Wahrheit recht müßig. Eine gemeinsame Wahrheit muß vielmehr erst *hergestellt* werden. Restorative Justice bestreitet die ontologische Qualität von Kriminalität, folgt stattdessen dem Thomas-Theorem, nach dem das als wirklich angesehen werden muss, was die Beteiligten für wirklich halten. Sie zieht sich nicht auf hierarchische Verfahren zurück, d. h. es gibt keine oberste Entscheidungsinstanz, sondern einen „bottom-up-Prozess" (Braithwaite 2002: 563). Damit trägt Restorative Justice dem Umstand Rechnung, dass in vielen Konflikten ohnehin kein:e Entscheider:in zur Hand ist oder die Autorität eines entsprechenden Akteurs nicht hinreicht (vgl. McEvoy & Mika 2002 in Bezug auf Nordirland). Ein Konflikt muss nicht von seiner sozialen Dimension erst in einen Rechtskonflikt transformiert werden, sondern kann auf der sozialen Ebene, also direkt und in weniger abstrakter Form, bearbeitet werden.

4.2 Konfliktebenen und Restorative Justice Verfahren

Problematische Situationen bzw. Konflikte existieren nicht nur zwischen Individuen, sondern ebenso zwischen Organisationen / körperschaftlichen Akteuren, Staaten sowie Einzelpersonen und Regelsystemen oder Strukturen bzw. zwischen sich widersprechenden Regelsystemen (vgl. McNaughton-Smith 1975 „second code"). Immer ist ein Dialog anzustreben, weil dieser integrativ wirkt und die Konfliktparteien dabei Gemeinsames entdecken können. Je nach der Konfliktebene kommen unterschiedliche Verfahren zum Tragen. Auf der Mikroebene bspw. der Täter-Opfer-Ausgleich oder Family Group Conferences, auf der Mesoebene gibt es Mediationsverfahren zwischen Bürger:innen und staatlichen Behörden (Ansiedlung von Industrien, Einrichtung von Drogenhilfeeinrichtungen etc.) oder zwischen Kund:innen und Unternehmen (vgl. Braithwaite & Mugford 1994). Auf der Makroebene sind die Wahrheits- und Versöhnungskommissionen das bekannteste Restorative-Justice Instrument (vgl. Tutu 2001).

Llewellyn und Howse (2001) betonen, dass die Etablierung sozialer Gerechtigkeit in Beziehungen ein zentrales Anliegen darstellt. Morris (2003: 160) hebt hervor, dass Restorative Justice weiter geht als die von feministischer Seite geforderte „ethic of care", in dem sie Hierarchien invertiert. Auch gemäß Braithwaite (1994) impliziert Restorative Justice ein Hinwirken auf Chancengleichheit und damit eine Transformation des bestehenden sozialen Statusgefälles.

In den meisten Konstellationen gelangt die herkömmliche Kriminologie sehr schnell an ihre Grenzen. Strafrechtsbasierte Verfahren stigmatisieren stärker. Mediationsverfahren entfalten ein geringeres Drohpotential – es steht für die Beteiligten weniger auf dem Spiel, so dass es leichter fällt, aufeinander zuzugehen. Gerade auf der Makroebene stellt sich für das herkömmliche System zudem ein Autoritätsproblem: so wird der Internationale Gerichtshof von den USA bspw. nicht anerkannt und verfügt über keine ausreichende Machtpositionen Entscheidungen durchzusetzen. Dagegen schafft der Konfliktbegriff der Restorative Justice eine unvoreingenommene Grundlage für einen Dialog der Beteiligten (vgl. Braithwaite 2002 für Konflikte mit großen Machtgefällen).

4.3 Restorative Justice als kriminologische Theorie

Restorative Justice integriert Täter:in und Opfer, gut und böse, Individuum und Gemeinschaft, Tradition und Zukunft, Mikroebene und Makroebene, Herrschaftskritik und Praxis sowie Kriminologie, Viktimologie und Pönologie. Aus Anlass eines Konflikts treffen sich diese Pole im Dialog der Beteiligten; diese stellen Gemeinschaft her, indem sie ihre Gemeinsamkeiten erkennen und gemeinsam Verantwortung für eine Konfliktlösung übernehmen („community building") (vgl. Christie 1977; Braithwaite 1994).

Restorative Justice geht erheblich über die Fragen und Ansätze der herkömmlichen Kriminologie hinaus. Restorative Justice -Proponent:innen reklamieren keine absolute Wahrheit für sich, sondern gehen relational und pragmatisch vor (vgl. Maxwell & Morris 2001; Morris 2002). Sie weisen z. B. nach, dass ihre Ergebnisse nicht schlechter sind als anderweitig erzielte, dabei aber in durchschaubareren Prozessen entstanden, auf größerer Akzeptanz basierend usw. Restorative Justice kann in vielen Fällen die Kluft zwischen Wissenschaft / Expertentum und Alltag überwinden. Aber kann sie den Status eines „Approach" oder einer Theorie für die gesamte Kriminologie beanspruchen? Und in welchem Verhältnis steht der Ansatz zu existierenden Theorien?

Der Ansatz befindet sich noch in der Entwicklung: Restorative Justice kann als dialektische Synthese aus dem Paradigmenstreit zwischen Mainstream- und kritischer Kriminologie angesehen werden, in die viktimologische, aber auch demokratietheoretische Ansätze[60] und anderes eingeflossen sind.

---

[60] Auffällig ist die mit Abolitionist:innen geteilte Skepsis gegenüber staatlicher Macht und der Nachdruck, mit dem Basisbeteiligung propagiert wird (vgl. Morris & Maxwell 2001: 272; Braithwaite 2002: 563 f.).

Braithwaites und Pettits „republikanische Theorie" (1990) bezieht sich vordergründig (Untertitel) nur auf das Strafrechtssystem. Aber erstens befasst sich John Braithwaite selbst mit viel weiter gefassten Problemen, z. B. demokratischer Partizipation, Stärkung von Gemeinschaften (siehe oben) und Prinzipien des sozialen Zusammenlebens („dominion" und Vertrauen), die weit über eine Strafrechtsdiskussion hinausgehen. Zweitens vertritt er die These, dass Restorative Justice nicht allein im Bereich des Strafrechts, sondern in allen Rechtsgebieten anwendbar sei (vgl. Braithwaite & Drahos 2000). Schließlich hat er gemeinsam mit Brent Fisse die Problematik abweichenden oder sozialschädlichen Verhaltens in Unternehmen untersucht (wenngleich nicht explizit unter den Begriff Restorative Justice). „Republican theory" ist ein Begriff für die strukturelle Ordnung von Annahmen und Erkenntnissen, die ein Fundament für Restorative Justice bilden. In seinem früheren Buch über Reintegrative Shaming (1989) versuchte Braithwaite bereits, durch Integration ätiologische Theorien mit dem Labeling-Ansatz auszusöhnen.

Fazit: Durch Restorative Justice wird die Kriminologie in eine allgemeine Gesellschaftstheorie eingebettet. Es geht um das Zusammenleben von Menschen als Individuen und in Gesellungsformen und die dabei entstehenden Konflikte (Soziologie, Sozialpsychologie) mit ihren individuellen (Psychologie) und gesellschaftlichen Folgen. Dabei stehen gerechte[61] Konfliktlösungen im Vordergrund (Moral, Recht, Politik), die durch die Dynamik der demokratischen Partizipation in einem permanenten Dialog (Normbekräftigung) erreicht werden.

5. Durch Restorative Justice inspiriertes Forschungsprogramm

In den folgenden fünf Abschnitten möchte ich Fragen für ein entsprechendes Forschungsprogramm aufgreifen, die sich aus der im dritten Teil skizzierten normativen Position und den im vierten Teil dargestellten Grundüberlegungen der Restorative Justice ergeben. Die Bearbeitung dieser Fragen betrachte ich als kriminologisches Forschungsprogramm im Interesse aller Gesellschaftsmitglieder und damit als Alternative zur Kriminologie als Herrschaftstechnik und zum weitgehend folgenlosen reinen wissenschaftlichen Grundlagendiskurs.

5.1. Sprache und Symbolik

Wenn Sprache das Denken beeinflusst, dann sollten neue Begriffe an die Stelle der überkommenen treten. Im Alltag bei der konkreten Bearbeitung von Konflikten

[61] Sacks „negative Güter" verweisen auf ökonomische Denkweisen. Zugleich geht es um Moralfragen.

werden andere soziale Rollen sowie Symbole gebraucht, die die herkömmlichen ersetzen.

Bereits im Abschnitt 3.1 wurde auf die Mehrdeutigkeit des Begriffs „justice" hingewiesen, den ich mit Gerechtigkeit übersetzen möchte. Von Trothas Übersetzung des Terminus als „aufarbeitendes Recht" (Shearing 1997: 263) betont zu einseitig die juristische Sichtweise und scheint mir der Kolonisierung der Lebenswelt durch das Recht verdächtig. Dieser Schachzug unterminiert im abolitionistischen Sinne zwar die Institution Strafrecht mit ihrem dichotomen Schuld-Unschuld-Denken, schafft aber in keiner Weise das Strafrecht selbst ab.

Der englische Terminus „to restore" steht für das (Wieder-)herstellen, Heilmachen eines ganz oder teilweise zerstörten Phänomens, nämlich einer sozialen Beziehung. Wiederherstellen kann zu eng gefasst sein, denn erstens kann es *nicht* darum gehen, ungerechte Zustände wiederherzustellen, wie z. B. in einer Misshandlungsbeziehung oder unter Apartheid und zweitens hat es gar nicht in jedem Konflikt vorher eine direkte soziale Beziehung gegeben (z. B. Straßenraub, Krieg).

Der Begriff „Konflikt", der als neue Grundkategorie an die Stelle von Kriminalität treten soll, impliziert größere Offenheit und vermeidet Voreingenommenheit. Das Verfahren muss also damit beginnen, eine gemeinsame Grundlage herzustellen, ähnlich wie es Rawls (1998) in seiner Theorie der Gerechtigkeit beschreibt.

Ausgehend von den eingetretenen Folgen und nicht primär, weil ein Gesetzesverstoß vorliegt, würden Verhaltensweisen im Nachhinein übereinstimmend als Fehlverhalten („wrongdoing") bezeichnet werden (vgl. Matt 2002). Fehlverhalten ist explizit Ergebnis eines – u. a. moralischen – diskursiven Bewertungsprozesses, in den alle Betroffenen gleichberechtigt einbezogen waren. Fehlverhalten geht über Kriminalität hinaus, bezieht insbesondere Machtmißbrauch ein, wie gerade die Studien von Fisse und Braithwaite (1983; 1993) zeigen. Wrongdoing reicht vom Verstoß gegen die Etikette, über überhöhte Preise bis hin zum Massenmord. Es gibt keine diskreten Trennlinien, wie etwa zwischen gesetzeskonformem Verhalten, Ordnungswidrigkeiten, Vergehen und Verbrechen. Auch die Polarisierung der sozialen Rollen „Täter:in" und „Opfer" löst sich auf.[62] Wie im zivilrechtlichen Konflikt können wir die Verantwortung für die problematische Situation auf diverse Schultern bürden. Anstelle der:des 100 % schuldigen Täter:in und des 100 % unschuldigen Opfers, operieren wir mit dem „wrongdoer" und dem „sufferer of wrongdoing"

[62] In meiner eigenen Studie (1993) musste ich feststellen, dass Menschen, die überfallen worden waren, deshalb noch nicht automatisch bereit waren, die Opferrolle für sich zu akzeptieren. Edgar und O'Donnell (1998) waren als Außenstehende nicht ohne erhebliche Einordnungsprobleme in der Lage, in gewalttätigen Auseinandersetzungen zwischen Gefangenen die beiden herkömmlich zur Verfügung stehenden Rollen zuverlässig zuzuordnen.

– beide Qualitäten können aufgeteilt vergeben werden und dabei werden zuweilen vermeintlich Unbeteiligte einbezogen. Vielleicht hat das „Opfer“ Fehler begangen, die jedoch durch Dritte stark begünstigt wurden, wodurch die:der „Täter:in“ überhaupt erst motiviert wurde (vgl. Sessar 1997)? Nehmen wir den Fall der:des Verbraucher:in, der:die ein unsicheres Auto kaufte (Benzintank explodierte bei Auffahrunfall), das primär aufgrund seiner Nachfrage und der Marktsituation produziert wurde. Selbstverständlich hat der Produzent die weitaus meiste Schuld am Unglück, vielleicht 90 % – aber waghalsiger Fahrstil und Marktdruck müssen ebenfalls berücksichtigt werden. Das „Opfer“ ist keineswegs einziger „sufferer“, denn der Konzern erlitt infolge des Negativimage erhebliche Einbußen (vgl. Fisse & Braithwaite 1983).

Bei Machtmissbrauch fällt es schwer, die Grenze zwischen Fehlverhalten und legitimer Vorteilsausnutzung zu bestimmen. Es geht nicht primär um den sexuellen Missbrauch Abhängiger, sondern eher um ungerechte Mietpreise oder mit Marktmacht durchgesetzte Verträge (vgl. Lopez und VW, anders: TransFair-Handelskampagne).

5.2. „Replacement discourse“

Kann unser existierendes Strafrechtssystem durch ein auf Restorative Justice basiertes ersetzt werden? Bisherige Erfahrung mit „Family Group Conferences“, „Täter-Opfer-Ausgleich“ oder „Wahrheits- und Versöhnungskommissionen“ haben gezeigt, dass die Konfliktparteien sich in den meisten Fällen einigen können oder zumindest ein Dialog gelingt, der den sozialen Frieden fördert. Aber wie verbindlich sind Lösungen, die auf Restorative Justice basieren? Zwei offene Fragen müssen erforscht werden: Zum einen, ob diese auf Freiwilligkeit basierenden Verfahrensweisen auf *alle* Konfliktfälle angewandt werden können oder ob wir, wie es Bianchi (1994) vorschlägt, ein duales System brauchen, das zunächst allen die Option auf Restorative Justice-Lösungen gibt, für den Fall der Nichteinigung jedoch das herkömmliche Strafrecht (als Damoklesschwert und Motivationsinstrument gleichermaßen) im Hintergrund belässt.

Zum anderen geht es um Fälle, bei denen die Beteiligten zu einer Einigung gelangten, der Staat (vertreten durch übergeordnete Gerichte) diese Einigung aber nicht akzeptierte. Dies scheint besonders in Kanada ein Problem für die sog. Healing oder Sentencing-Circles darzustellen; aus Neuseeland ist der sog. Clotworthy-Fall (vgl. Mason 2000) in die Literatur eingegangen.

Im Laufe der Geschichte hat der Staat den Bürger:innen das Recht, bestimmte Konflikte selbst zu lösen, genommen. Zwar gibt er bzw. das Strafrechtssystem dieses Recht jetzt teilweise zurück, behält sich aber das letzte Wort vor und legt von vornherein fest, für welche Konflikte dieser Weg offen steht. Wir brauchen also Untersuchungen über die Sinnhaftigkeit, Funktionalität, Motive, aber auch Gefahren der Ko-Existenz zweier Systeme oder die Ersetzung des herkömmlichen.

Eine dritte offene Frage in diesem Kontext ist, wie nach einer vermeintlich erfolgreichen Konfliktlösung verfahren werden soll, bei der Beteiligte die Vereinbarungen anschließend nicht umsetzen. Muß es hier, wie im Falle nicht bezahlter Geldstrafen, eine Eskalation im Sinne der Ersatzfreiheitsstrafe geben?

Morris (2003: 160 f.) fragt sich, ob in herkömmlichen Gerichtsverfahren Restorative Justice-Prinzipien umgesetzt werden können? Können Anwält:innen dazu gebracht werden, die Mandant:innen für sich selbst reden zu lassen? Kann eine traditionell formal und hierarchisch strukturierte Institution wirklich den Parteien zu Diensten sein? Deutlich wird, dass selbst Befürworter:innen von Restorative Justice in dieser Beziehung unsicher sind und erheblicher Bedarf besteht, neue Wege zu erproben und auszuwerten.

5.3. Rechtsprechung „von unten"

Restorative Justice setzt auf die direkt am Konflikt Beteiligten, in der Regel also auf juristische Laien. Recht wird „von unten" gesprochen. Das schafft Unsicherheit, weil gerechte Lösungen hart erarbeitet werden müssen. Die Schwachen müssen in diesem Verfahren gestärkt werden. An Stelle einer richterlichen Entscheidung steht ein Mediationsverfahren, bei dem sich beide Seiten im eigenen Interesse um Einigung bemühen. Das geht häufig nicht ohne Unterstützung Dritter. Zu klären ist, welche Art von Unterstützung (z. B. eher Moderation, Beratung oder Beistand) in welchen Fällen nötig ist. Sind unparteiische oder multilateral Partei ergreifende Dritte für diese Funktion geeignet? Welche Probleme treten bei derartigen Verfahren normalerweise auf? Gibt es Grenzen, die ein solches Vorgehen auf bestimmte Konstellationen oder Konfliktarten beschränken oder spezifische Fälle ausschließen? Wie gestalten wir Institutionen, die eine stärkere demokratische Mitwirkung ermöglichen (vgl. Braithwaite 1994: 202 „community institution building")? Wie kann Gemeinschaftsmacht staatliche Macht kooptieren?

Wegen der zumindest in den entwickelten westlichen Ländern langen und ausschließlichen gesellschaftlichen Praxis strafrechtlicher offizieller Konfliktlösungen müssen Erfahrungen mit Modellen, in denen die Beteiligten die Regie führen, erst noch gesammelt werden, wobei zur Zeit Neuseeland als einziges Land flächendeckend und gesetzlich vorgeschrieben in Jugendstrafverfahren diesen Weg geht.

5.4. Schutzrechte und Vigilantismus

In diesem Konflikt werden in der Regel zwei Argumente eingeführt – erstens: die Laien, also „Opfer“ und Gemeinschaft könnten zu Maßlosigkeit neigen und die zu Zeiten Beccarias eingeführten Schutzrechte für Verdächtige und Beschuldigte könnten unbeachtet bleiben. Deshalb habe der Staat die „Täter:innen“ zu schützen. In der Tat scheinen Übergriffe gegen Pädophile in England und Kampagnen gegen Täter:innen im Allgemeinen (in Kanada z. B. durch die Organisation CAVEAT) diese Bedenken zu stützen (für praktische Erfahrungen vgl. Dahmer 1995). Auch wird immer wieder auf den Zusammenhang zwischen Kommunitarismus und extrem konservativer Einstellung hingewiesen. Vielleicht würden gerade kleinere, ländliche Gemeinschaften die neue Macht zu einer Hexenjagd gegen alle Unangepassten nutzen? Selbstverständlich sprechen sich alle ernst zu nehmenden Restorative Justice-Vertreter für prozedurale und substantielle Schutzrechte aus (vgl. Bazemore & Walgrave 1999; Braithwaite 2002). Braithwaite und Pettit (1990) stellen klar heraus, dass niemals hinter diese Standards zurückgefallen werden darf, aber nichts gegen „win-win-Situationen“ einzuwenden sei. Im Übrigen zeigen bisherige empirische Studien (Wemmers 1996 über Victim Impact Statements), dass die Angst vor „Opfern“ und Gemeinschaften unbegründet scheint – aber das lohnt sich zu vertiefen.

Zweitens wird der Gleichheitsgrundsatz im Sinne des „just desert“ (vgl. Braithwaite & Pettit 1990) verletzt. Wenn z. B. ein Tötungsdelinquent ohne Freiheitsstrafe davon käme, würden die sozialen und rechtlichen Normen Schaden nehmen. Braithwaite (1994: 203 f.) weist jedoch nach, dass die faktische Abweichung geringer ausfällt als bei herkömmlichen Strafverfahren, und vor allem zugunsten der Beschuldigten, nicht zu ihren Lasten ausfällt. Heinrich Popitz (1968) dagegen sah gerade die absolute Gleichbehandlung als Gefahr für die Normgeltung an und schrieb dem Dunkelfeld eine präventive Kraft zu. Die Gleichbehandlung gilt maximal innerhalb eines Staatsgebiets – aus meiner aktuellen international vergleichenden Strafvollzugsforschung weiß ich um die enormen Unterschiede z. B. zwischen Skandinavien und Deutschland oder zwischen Polen und den baltischen Staaten auch innerhalb des gegenwärtigen Strafrechtssystems. Allerdings würde dieser Punkt weitere Forschungen lohnen.

5.5. Reaktionen auf Fehlverhalten

Wenn Konflikte den Ausgangspunkt für integrative, soziale Beziehungen knüpfende Prozesse darstellen sollen, stellt sich die Frage nach einer angemessenen

Reaktionsweise, die unerwünschtes Verhalten mißbilligt und nicht gar dazu ermuntert. Was ist gerecht („just") im Zusammenhang mit der Lösung von Konflikten? Müssen „wrongdoer" bestraft werden? Llewellyn und Howse (2001: 48) sprechen sich dagegen aus. Und sind Wiedergutmachungsleistungen oder die Entschuldigung beim „Opfer" Strafen? Obwohl ich einsehe, dass dem „wrongdoer" dies schwerfallen mag und er:sie es subjektiv als unangenehme Last empfinden kann, so möchte ich doch einigen rechtsphilosophischen Kollegen (vgl. Duff 2000) hier nicht folgen. Wissenschaft braucht klar umrissene Begriffe. Wenn wir ein Konzept wie Strafe im Alltag verwenden, können wir schon einmal äußern, es käme uns wie eine Strafe vor, am Montag zur Arbeit zu gehen. Wissenschaftlich betrachtet dürfte es bei mehr als vier Millionen Arbeitslosen eher einer Belohnung gleichkommen. Meines Erachtens sollten wir innerhalb des breiten Spektrums der (negativen) Sanktionen den Begriff „Strafe" für staatlich verhängte Negativsanktionen reservieren. Das setzt dann die Macht zur Durchsetzung dieser Maßnahme gegen meinen Willen voraus. Im Restorative Justice Verfahren verfügt niemand über diese Macht, da konsensuelle Lösungen gesucht werden. Ein „wrongdoer", der selbst einsieht, einen Schaden, den er zu verantworten hat, wiedergutmachen zu müssen, wird nicht durch Dritte bestraft. Bei den neuseeländischen Family Group Conferences ist er:sie es sogar, der:die den Lösungsvorschlag einbringen soll.

Wenn beim neuen Umgang mit Konflikten also keine Strafen ausgesprochen werden, kann es dann zu Inhaftierungen kommen? In Neuseeland scheint man grundsätzlich kein Problem damit zu haben, solange der:die „Täter:in" selbst einverstanden ist. Auch Braithwaite ist kein Abolitionist und sieht die Freiheitsstrafe als höchste Eskalationsstufe in extremen Fällen vor. Ich glaube, das ist falsch. Inhaftierung ist eine abstrakte Sanktion – eine „Währung" ohne direkten Bezug zur Tat –, bei der mir nur in einem einzigen Fall einleuchtet, inwiefern „Opfer" und Gemeinschaft davon profitieren könnten, nämlich wenn ein „gefährlicher Mensch" auf diese Weise unschädlich gemacht werden soll. Es reduziert sich also auf sehr wenige Fälle. Können „wrongdoer" mit erheblichen psychiatrischen Schädigungen / Erkrankungen mittels Restorative Justice-Verfahren bearbeitet werden? Gibt es weitere Kategorien von „wrongdoer", die durch Restorative Justice nicht erreicht werden können?

Ein anderes Problem steckt in der Finanzierung. Wenn Bürger:innen schon eine gewisse Autonomie gegenüber dem Staat erreichen, dann dürfen sie auf diesen auch nicht die Kosten ihrer Entscheidung abwälzen. Die Freiheitsstrafe sollte also – wenn man sie denn beibehalten möchte – den Strafgerichten vorbehalten bleiben.

6. Fazit

Die Kriminologie ist keine Exklusiv-Wissenschaft, die über einen genuinen Gegenstand verfügt. Sie ist ein wissenschaftliches Projekt (Garland 2002), das herkömmlich gesprochen, den gesellschaftlichen Konstruktionsprozess von Kriminalität beobachtet, in den hier vorgeschlagenen Begriffen ausgedrückt, untersucht, wie mit problematischen Situationen (Hulsman 1986) bzw. Konflikten umgegangen wird, welche derartigen Konflikte es gibt und warum sie in die Welt kommen. Kriminologie ist deshalb *nur* als interdisziplinäre Unternehmung sinnvoll denkbar und machbar.

So gewendet wird Kriminologie zu einem Netzwerk, in dem beispielsweise soziologische, rechtliche, (moral)philosophische und alle möglichen anderen Perspektiven zu einer Vielzahl von Knoten verbunden werden. Nur das gesamte Netz bildet die Kriminologie. Jeder einzelne Knoten und jeder einzelne Faden stellt gewiss eine verdienstvolle Unternehmung dar, ist ohne das Ganze aber so wenig aussagekräftig, als würde man aus einem berühmten Gemälde nur einzelne Pixel als Ausschnitt wiedergeben. Rapoports (1973) Überlegungen, aus dem Beobachten von einzelnen Spielzügen (einschließlich von Häufigkeitsanalysen), den Sinn des Schachspiels zu rekonstruieren, mögen ein weiteres Argument gegen atomistische Fliegenbeinzählerei veranschaulichen.

Meine Zukunftsvorstellungen sind vor allem vom Internet stark beeinflusst, das zu einem Netz der Bürger:innenkontrolle weiterentwickelt werden kann. Braithwaite und Drahos (2000) meinen hier einen Hebel entdeckt zu haben, der selbst multinationale Unternehmen zu Verhaltensänderungen bewegen kann. Ein Netz bildet eine flexible, integrative und dennoch starke Struktur, in der Einzelperspektiven aufgehoben sind. Bezugspunkt der Kriminologie müssen die Konflikte betroffener Menschen sein. Sie darf weder zur Regierungstechnik verkommen noch eine Spielwiese im Elfenbeinturm Wissenschaft darstellen.

Zum anderen ist die Zukunftsvision geprägt von einer wissenschaftstheoretischen, methodologischen Kategorie der Totalität, die bekanntlich das Verhältnis des Ganzen zu seinen einzelnen Teilen untersucht und zu der Auffassung gelangt ist, dass das Ganze meist mehr ist als die Summe seiner Teile. Diese Erkenntnis wird in einer gestalttheoretischen Figuration besser aufgehoben als in einer Regressionsgleichung, und habe diese noch so viele Glieder.

Empathie für „Opfer“ erkunden und verstehen[63]

In diesem Abschnitt möchte ich zunächst die historische Entwicklung nachzeichnen. Dann einen Überblick über den Anwendungsbereich dieses Konzepts, das von verschiedenen wissenschaftlichen Disziplinen geprägt ist und über Theorien geben, die sich auf verschiedene Definitionen der spezifischen Perspektiven der Empathie beziehen. Ziel ist es, Dimensionen des Phänomens zu identifizieren und eine Grundlage für die stärker opferorientierte Diskussion in den folgenden Abschnitten zu schaffen.

1. Einführung

Hal Pepinsky, ein amerikanischer Mediator und Strafrechtsprofessor, erklärt:

> „*Ich definiere Empathie als Versuch, sich in die Lage eines anderen zu versetzen, um sich vorzustellen, dass ich an der Stelle der anderen Person oder Gruppe fühlen und handeln würde, wie sie es tun. ... Empathie drückt Empfindsamkeit für die Sensibilität / Empfindsamkeit anderer aus*“ (vgl. 2008: 188).

Das Gegenteil von Empathie ist für ihn Narzissmus, der zu Trennung und Kriegsführung führt.

> „*Empathie ist der emotionale Klebstoff, der Menschen in Respekt und Würde verbindet. Ich nenne die Art und Weise, wie wir miteinander umgehen, wenn wir Empathie austauschen, Friedensstiftung*" (ebd.).

Historisch wird der Begriff Empathie dem amerikanischen Psychologen Titchener (1909) zugeschrieben, der Theodor Lipps' (1903) deutschen Begriff „Einfühlung“ übersetzt hat. Empathie wurde als psychologisches Resonanzphänomen verstanden, ein Auslösen innerer Prozesse[64] zum Verständnis von Objekten und anderen Menschen durch „innere Nachahmung“. Nachahmung wurde sowohl als physischer Prozess aufgefasst als auch als bloßer mentaler Prozess, der die gleichen

---

[63] Dieser Beitrag erschien 2014 unter dem Titel „Exploring and Understanding Victim Empathy“ in: Schäfer, Peter & Weitekamp, Elmar (Eds.). Establishing Victimology. Festschrift for Prof. Dr. Gerd Ferdinand Kirchhoff. 30th Anniversary of Dubrovnik Victimology Course. Mönchengladbach: Hochschule Niederrhein. S. 223-248.

[64] „Lipps versteht Empathie als psychologisches Resonanzphänomen unserer Wahrnehmungsbegegnung mit externen Objekten. Genauer gesagt: diese Resonanzphänomene lösen innere ‚Prozesse‘ aus, die zu ähnlichen Erfahrungen führen, wie wenn ich mich mit verschiedenen Aktivitäten, die die Bewegung meines Körpers betreffen, beschäftige“ (Stueber 2013: 2 bezieht sich auf Lipps 1907).

inneren Reaktionen hervorruft wie der physische Prozess. Während die Nachahmung eine bestimmte kognitive Entscheidung voraussetzt, sich wie ein:e andere:r zu verhalten, umgeht das Konzept der emotionalen Ansteckung das Bewusstsein. Es gibt viele körperliche / physische Ausdrücke, derer sich die Akteure nicht bewusst sind (siehe auch das Konzept des Embodiment). Scheler definierte Empathie als die „stellvertretende gemeinsame Nutzung eines Affekts ... Empathie erfordert nicht unbedingt, dass das Subjekt und das Ziel die gleichen Emotionen empfinden" (Stueber 2013). In seinem Buch machte Scheler (1913) deutlich, dass Empathie nicht mit Mitleid / Anteilnahme / Mitgefühl (Sympathy) verwechselt werden sollte. „Mitleid ist keine Emotion, die mit der Emotion oder Situation des anderen kongruent ist. Vielmehr wird Mitleid als eine Emotion sui generis gesehen, die die negative Emotion oder Situation des anderen als Objekt aus der Perspektive von jemandem hat, der sich um das Wohlergehen der anderen Person kümmert" (Stueber 2013). Handlungen aus Mitgefühl neigen dazu, der anderen Person etwas Nähe, Unterstützung und Solidarität zu geben und können auch Empathie beinhalten. Besonders in der deutschen Sprache kann Sympathie auch bedeuten, die andere Person zu mögen, was nicht unbedingt bedeutet, einfühlsam zu sein. Im Gegensatz zu Lipps Auffassung handelt es sich bei Schelers um eine Art emotionale Anpassung anstelle eines neutraleren Wahrnehmungsprozesses. Ähnlich wie bei Schelers affektiver Empathie bezieht sich Rogers darauf, den Schmerz oder das Vergnügen eines anderen zu spüren, wie diese Gefühle in der anderen Person auftreten, und die Ursachen dafür wahrzunehmen, wie er sie wahrnimmt, aber ohne jemals die Erkenntnis zu verlieren, dass es so ist, als wäre ich verletzt oder erfreut und so weiter (vgl. Rogers 1989: 277 f.). In Rogers' humanistischer Psychologie ist Empathie von Therapeut:innen – teilweise als stellvertretende Introspektion angesehen – das Grundkonzept, das es Klient:innen ermöglicht, sich zu verändern.[65]

Ein eher kognitives Konzept der Empathie lässt sich aus Meads Begriff der Perspektivenübernahme ableiten. Anstatt innere Zustände mit einer anderen Person zu teilen, betont Mead (1934), wie wichtig es ist, die andere Person zu verstehen und die Welt aus ihrer Perspektive zu sehen. Meads Gedanken passen sehr gut zu den Ergebnissen der Experimente, die Piaget (1986) an Kindern durchführte um die Entwicklung der kognitiven Funktionen von Kindern zu untersuchen. Selbst- und Fremdwahrnehmung / -erkenntnis (das Bewusstsein für sich selbst und andere) ist eine Voraussetzung für die Einnahme der Perspektive eines anderen.

[65] Auf einer ähnlichen Idee beruht Rosenbergs (2001) gewaltfreie Kommunikation. Anderen aufmerksam zuzuhören bildet die Grundlage für diese Art von bewusster (professioneller) Empathie, die es Menschen ermöglicht, sich zu verändern.

Mead (1934) bezog sich auf das „Spiel“ (play) eines Kleinkindes, das sich noch nicht in die Lage eines anderen versetzen kann, sondern andere in einem Spiel mit sich selbst nachahmt. Durch das Erleben von Gefühlen und Gedanken dieser anderen Person, die in der eigenen Phantasie des Kindes existiert, lernt es, zwischen dem Selbst und dem Anderen zu unterscheiden. In der späteren Phase, die durch „Spiele“ (game) als gemeinsame Erfahrungen mit anderen Kindern gekennzeichnet ist, die sich an allgemein akzeptierten Regeln orientieren (als Manifestationen des generalisierten Anderen) lernt das Kind, strategisch zu handeln, indem es sich in alle möglichen alternativen Positionen versetzt. Vielleicht ist dieses Phänomen als Prozess der stellvertretenden Introspektion – der auch von Kohut (1959) als ein Aspekt der Empathie erwähnt wird – am besten beschrieben. Introspektion ist die Selbstbeobachtung der eigenen inneren Vorgänge. Stellvertretend bedeutet, dass man nicht den eigenen, sondern den inneren Prozess eines anderen beobachtet, als wäre es der eigene. Dieses Problem der Selbst- oder Fremdwahrnehmung (self-other-awareness) kann auch auf die Situation psychisch erkrankter Menschen oder der vorübergehenden Identifikation mit einer anderen Person bezogen werden.

Mehrere Disziplinen beschäftigen sich mit Empathie, nämlich Ästhetik, Philosophie, Psychologie und Neurowissenschaften (sowie Biologie), aber auch Zweige der Wirtschaftswissenschaften. Nach Rogers bedeutet Empathie, „in die private Wahrnehmungswelt des anderen einzutreten und sich darin richtig / gut zurechtzufinden“ (1975: 4). Er betont, dass Therapeut:innen sensibel sein müssen für Bedeutungen, Ängste und alles, was Klient:innen erleben, ohne sich mit all dem zu identifizieren. Mit seinen acht „Konzepten“ versucht Batson (2009) die verschiedenen Perspektiven der Empathie anhand von Beispielen aus dem Alltag zu entwirren.

Soll der:die andere als Subjekt oder als Objekt konzeptualisiert werden? In Fällen von Empathie mit Mitmenschen muss betont werden, dass die andere Person ein Subjekt ist, das in der Lage ist, wie die empathische Person zu fühlen und zu denken. Den anderen als Subjekt und nicht als Objekt zu sehen, verhindert Verdinglichung. Die Verdinglichung kann zu einem Entzug von Empathie führen, weil die Nähe zu anderen Menschen verloren gehen kann (Beispiele finden wir in Nazi-Deutschland – vgl. Baron-Cohen 2011: 6f. –, aber auch bei der Untersuchung von Soldat:innen oder Terrorist:innen, wie sie die Schwelle zum Töten anderer Menschen überwinden, vgl. Veiel 2001/2004). In unserem Kontext brauchen wir jedoch auch den anderen als Objekt, wenn wir das Konzept der Empathie auf alle Lebewesen oder sogar die nicht-organische Umwelt ausweiten (vgl. Rifkin 2010).

Vor einigen Jahren kamen Neurowissenschaftler auf den Begriff der Spiegelneuronen (vgl. Rizzolatti & Sinigaglia 2008). Sie entdeckten, dass dieselben Hirnregionen betroffen waren, wenn sie Schmerzen oder andere Impulse empfanden oder andere beobachteten, die solchen Gefühlen ausgesetzt waren. Es wurde berichtet, dass Neugeborene, die sich ihrer selbst und anderer nicht bewusst sind, zu weinen beginnen, wenn sie das Weinen anderer Babys im selben Raum hören (ohne wie Hunger, Kälte und dergleichen selbst zu erleben). Auch dies wurde als Hinweis auf Empathie gedeutet. Diese Gehirnprozesse betreffen nicht nur den Menschen, sondern wurden auch bei Affen und sogar bei Mäusen beobachtet. Menschen teilen also neuronale Repräsentationen, ohne dass eine kognitive Verarbeitung stattfindet. Neuere Forschungen haben gezeigt, dass gestörte oder behinderte neuronale Aktivitäten diese Prozesse blockieren können (vgl. Bauer 2005; Hüther 2003). Der Begriff „Embodiment“[66] umfasst unterbewusste und unbewusste körperliche Ausdrucksweisen / Reflektionen geistiger Prozesse. Diese Einsicht scheint den Begründern der Empathie sehr nahe zu kommen, die keine Möglichkeit hatten, Gehirnprozesse zu messen. Es ist jedoch auffällig, dass die alten Konzepte der Nachahmung und der emotionalen Ansteckung gut zu diesen neuen Erkenntnissen passen.

Empathie ist keine „definierende Charaktereigenschaft von Personen oder Organisationen“ (Pepinsky 2008: 196), sondern ein dynamischer Prozess. Ein ähnlicher Punkt wird von Rogers angeführt, der in früheren Schriften Empathie als einen Zustand konzeptualisiert und später den Prozesscharakter betonte (vgl. Håkansson 2003). Beide Autoren wollen die dynamische Qualität der Empathie hervorheben, die nichts ist, was man erwerben kann und dann ewig währt oder stets vorhanden sein wird. Nach Ansicht einigen Autoren (z. B. Mead 1934) wird die Fähigkeit zur Empathie in der (frühen) Kindheit erworben (inzwischen durch neurowissenschaftliche Forschung bestätigt, vgl. Bauer 2005; Hüther 2003) und ist eng mit der Fähigkeit zur Perspektivenübernahme verbunden. Manche Menschen sind besser darin als andere, aber in manchen Situationen (persönlicher Not) zeigen

[66] „Unter ‚Embodiment‘ verstehen wir einfach, dass Körperzustände wie Körperhaltungen, Armbewegungen und Gesichtsausdrücke in der sozialen Interaktion entstehen und eine zentrale Rolle in der sozialen Informationsverarbeitung spielen“ (Barsalou et al. 2002: 43). Sie unterscheiden vier Arten von Embodiment-Effekten. Erstens erzeugen wahrgenommene soziale Stimuli nicht nur kognitive Zustände, sondern auch körperliche Zustände. Zweitens: Die Wahrnehmung körperlicher Zustände bei anderen führt zu körperlicher Mimikry im eigenen Körper. Drittens: Körperliche Zustände im Selbst führen zu affektiven Zuständen. Viertens: Die Kompatibilität von körperlichen Zuständen und kognitiven Zuständen moduliert die Effektivität der Leistung. „Embodiment bezieht sich nicht nur auf die Einbettung kognitiver Prozesse in die Schaltkreise des Gehirns, sondern auch auf den Ursprung dieser Prozesse in der sensorisch-motorischen Erfahrung eines Organismus in Bezug auf seine Umwelt. Neurowissenschaftler wie Damasio, Edelman, Panksepp und andere haben die enge Verbindung zwischen Gehirnstrukturen, Ganzkörperfunktionen und Aspekten des Geistes wie Bewusstsein, Kognition, Emotion und Selbstwahrnehmung hervorgehoben.“ (Fuchs & Schlimme 2009: 570).

selbst empathische Menschen kein Einfühlungsvermögen. Unter Bezugnahme auf die von Pepinsky erwähnte organisatorische Ebene, könnten wir es mit einer Organisation zu tun haben, die bspw. Flüchtlinge unterstützt, sich aber nicht allzu sehr um die Situation psychisch kranker Menschen kümmert. Daher erklären situative Umstände (einschließlich Hintergrundfaktoren) viel besser, ob Empathie geäußert wird oder nicht.

Ein weiterer Aspekt im Zusammenhang mit der Empathie bezieht sich auf geistige Flexibilität und Phantasie.[67] Geistige Flexibilität bedeutet, die subjektive Perspektive des Anderen zu übernehmen. In seinem Versuch, Empathie zu messen, hat Davis (1983) einige Items zur Phantasie als Fähigkeit operationalisiert, sich in die Lage eines Schauspielers in einem Theaterstück oder Film oder in eine Romanfigur hineinzuversetzen. Einfühlsame Personen schneiden besser ab als Menschen, die weniger Empathie zeigen, und Frauen besser als Männer. Dies führt zu der Frage, ob Empathie durch den Sozialisationsprozess beeinflusst wird?

2. Empathie im Kontext: Situative Empathie und Sozialisation

Nach Davis (1983) ist „persönlicher Stress“ ein Element der emotionalen Dimension des Empathiekonzepts. In ihren Versuchen, ein Instrument zur Messung von Empathie zu konstruieren, ist es weder Paulus (2012) noch Cliffordson (2001) gelungen, diese Subdimension so zu operationalisieren, dass methodisch befriedigende Ergebnisse erzielt wurden. Ausschluss von „persönlichem Stress“ bei der Messung von Prozessen führt zu weitaus besseren Ergebnissen für die übrigen drei Säulen zu Perspektivenübernahme, Phantasie und empathischem Mitgefühl (in Bezug auf Validität und Zuverlässigkeit). Es ist möglich, dass die persönliche Notlage situative und persönliche Umstände beschreibt, die einen Einfluss auf die situative Empathie haben können, aber keine Dimension der Empathie bilden.[68] Preston & Hofelich (2012: 29) erklärten, dass „wahre Empathie[69] nicht entstehen kann, wenn es persönliche Not gibt ... “.[70] Obwohl es heute als Straftat gilt, wenn eine Mutter ihr Kind schlägt, ist es vielleicht verständlich, dass selbst eine hoch

[67] Decety & Moriguchi identifizieren vier wichtige funktionale Komponenten der Empathie (2007: 4): „Gemeinsame neuronale Repräsentationen, Bewusstsein für den anderen, mentale Flexibilität und Emotionsregulation bilden die grundlegenden Makro-Komponenten der Empathie, die durch spezifische und interagierende neuronale Systeme vermittelt werden“.

[68] Wahrscheinlich liegt dies an der Unklarheit darüber, ob persönliches Leid erst in einer bestimmten Situation entsteht, wie Davis (1983), Batson & Oleson (1991: 9) und Stueber (2013: 13 f.) meinen, oder ob es unabhängig und vor dieser Begegnung existiert, wie die Befragten meinen könnten.

[69] Unter echter Empathie verstehen sie „einen mitfühlenden, auf den anderen ausgerichteten Modus, der beim Beobachter eine Unterscheidung zwischen dem Selbst und dem Anderen erfordert“ (ebd.: 25)

[70] Dies könnte der Grund sein, warum die Gefangenen im MEREPS-Projekt kaum Empathie zeigten (vgl. Barabas 2012).

gebildete, gut integrierte und in der Regel sehr reflektierte und einfühlsame Person ihr Kind in einer extremen Stresssituation zum Opfer macht. Nur eine Sekunde später wurde ihr bewusst, was sie getan hatte, und sie drückte ihre Empathie mit dem Kind aus, indem sie versuchte, sich bei ihrem Sohn zu entschuldigen und ihm ihr Verhalten zu erklären, während sie sich fragte, wie dies möglich gewesen war. Die Forschung zu Stress und dessen Bewältigung hat gezeigt, dass Menschen ihre gesamte Energie auf die Bewältigung einer schwierigen Situation verwenden, die keinen Raum für Empathie mit anderen lässt (vgl. Lazarus & Folkman 1984). Diese Studien haben auch gezeigt, dass Menschen manchmal gegen ihre bewussten Absichten handeln können (vgl. Hagemann 1993). Es gibt auch Beispiele dafür, dass Personen in Stresssituationen altruistisch handeln und sich zuletzt um ihr eigenes Wohlergehen kümmern (vgl. Bregman 2022). Einerseits haben wir es mit einem Menschen zu tun, der seine Kraft einsetzt, um zu überleben, und andererseits mit Personen, die ihre Kraft einsetzen, um die Schwachen zu schützen, selbst wenn das ihre eigenen Überlebenschancen reduziert.

Von einigen Berufsgruppen wie Feuerwehrleuten, Personenschützer:innen, Polizist:innen und Soldat:innen wird erwartet, dass sie ihre eigenen Interessen unterordnen. Dies ist jedoch wahrscheinlich keine Frage der Empathie, sondern eine Folge der (tertiären = beruflichen) Sozialisation. Der Sozialisationsprozess bildet eine weitere Kontextdimension. Die traditionellen Ansätze haben das Sozialisationskonzept auf die primäre und sekundäre Sozialisation während der Kindheit und Jugend beschränkt. Die aktuellen Ansätze befassen sich mit tertiären und sogar quartären Phasen, die sich auf Erwachsene während des aktiven Berufslebens und auf die älteren Menschen nach dem Ausscheiden aus dem Berufsleben beziehen. Sozialisation ist also ein lebenslanger Prozess des Lernens und der Anpassung an gesellschaftliche Anforderungen. Trotz aller Fortschritte der Frauenbewegung gibt es einen deutlichen Geschlechterunterschied bei den Sozialisationserfahrungen, wobei Frauen eher in soziale Rollen gedrängt werden, die stärker mit Empathie verbunden sind als Männer (z. B. in sogenannten „sozialen Berufen"). Aktuell wurde das Konzept Empathie von typischen Männerberufen in der Wirtschaft entdeckt. Verkäufer:innen, die einfühlsam sind – oder so tun, als ob sie es wären –, sind in ihrem Geschäft besser als ihre Kolleg:innen, die sich nicht um den emotionalen Zustand, die Wünsche oder Ähnliches ihrer Kund:innen kümmern. Während Sozialisation eher die soziale Dimension des Werdens zu einem vollwertigen Mitglied der Gesellschaft betont, beschreibt Entwicklung den biologischen und psychologischen Prozess des Erwachsenwerdens. Neugeborene Babys sind überhaupt nicht empathisch; sie sind nicht einmal in der Lage, zwischen sich selbst und ihrer Umwelt zu unterscheiden. Piaget (1986), Mead (1934) und Kohlberg (1974) haben die Prozesse der Menschwerdung als Mitglied einer Gruppe und Gesellschaft untersucht. Ein entscheidender Aspekt ist die Fähigkeit zur Perspektivenübernahme und die Fähigkeit, die Welt und sich selbst aus einem anderen Blickwinkel zu sehen. Ältere Konzepte der Empathie sahen diese Perspektivenübernahme als notwendige Voraussetzung für Empathie. Neurowissenschaftler:innen haben dieses Postulat in Frage gestellt, weil sogar Neugeborene bereits einfühlsam sind, indem sie das Weinen ihrer Nachbarn in einem Raum nachahmen, in dem mehrere von ihnen untergebracht sind. Dies bedeutet, dass Empathie nicht mehr an einen bestimmten Entwicklungsstand gebunden ist, zu dem in der Regel auch eine Stufe der moralischen Entwicklung gehört. In gewisser Weise sind wir zurück bei der affektiven Empathie als Ansteckung, während Piaget (1986), Mead (1934) und Kohlberg (1974) viel besser zum kognitiven Konzept der Empathie passen. Diese Unterscheidung kann bei der Gestaltung von Empathie-Trainingskursen von Bedeutung sein.[71] Die hier erwähnten Entwicklungsprozesse müssen in Bezug gesetzt werden mit psychischen und physischen Einflüssen. Folglich betonen einige Forscher (z. B. Bauer 2005; Hüther 2003) die Bedeutung traumatischer Erfahrungen, einschließlich psychischer und physischer Misshandlungen, Unfälle und gesundheitlicher Probleme und ähnlicher Lebensereignisse für die normale oder abweichende Entwicklung im Allgemeinen und Empathie im Besonderen. Im schlimmsten Fall wird ein Kind nicht in der Lage sein, Empathie zu empfinden, weil es bestimmte körperliche Entwicklungen nicht nachholen kann (vgl. Eißele 2009, „kalte Kinder“). Bei diesen Menschen wird jedoch eine spezifische Störung diagnostiziert.

In diesem Zusammenhang sind die Überlegungen von Kay Pranis (2000) zur Kindererziehung in der heutigen Gesellschaft wichtig. Sie erwähnt, dass „wir den jungen Menschen nicht beigebracht haben, dass alles miteinander verbunden ist (interconnectedness) und immer die Auswirkungen unseres Handelns auf andere zu verstehen. ... Wir haben eine ganze Generation ohne die Voraussetzungen für die Entwicklung von Empathie erzogen.

Die Entwicklung von Empathie erfordert:

1. regelmäßiges Feedback darüber, wie sich unser Handeln auf andere auswirkt, und zwar auf respektvolle Weise

[71] Lauterbach & Hosser (2007: 99) stellen fest, dass „die Empathiefähigkeit von Gewalttätern durch Empathie-Training während der Haft verbessert werden könnte“ und erwähnen, dass „Jolliffe und Farrington (2004) ... einen stärkeren Effekt für kognitive als für affektive Empathie auf die Begehung von Straftaten“ fanden.

2. Beziehungen, in denen wir wertgeschätzt werden und unser Wert bestätigt wird
3. die Erfahrung von Mitgefühl durch andere, wenn wir Schmerzen haben“ (Pranis 2000; vgl. auch Liebmann 2007: 107; Wallis et al. 2010)

Manchmal wird eine Unterscheidung zwischen Empathie und Empathiefähigkeit vorgenommen, um einige Grenzen des Konzepts zu nennen, die für die späteren praktischen Überlegungen wichtig sind. „Die Fähigkeit zur Empathie bezieht sich auf die Präsenz im Hier und Jetzt, ein Bewusstsein für alles Lebendige ... die Fähigkeit empathisch zu sein wird definiert als Fähigkeit, Gedanken, Gefühle und Emotionen eines anderen Menschen zu erfassen und sich der eigenen Reaktion darauf bewusst zu sein" (Weckert & Mergel 2013).

Manche Menschen sind nicht fähig, Empathie zu entwickeln, andere sind nicht bereit, Empathie entstehen zu lassen: Menschen, die an einer Borderline-Persönlichkeitsstörung leiden, an einer Antisozialen Persönlichkeitsstörung, Narzissmus und Verhaltensstörung – alle unter dissozialen Persönlichkeitsstörungen (siehe ICD 10, F60-69, F84, F88, F91 oder APA 2013, Cluster B (dramatisch) auf Antisoziale, Borderline, Histrionie und Narzissmus) –, Autismus als eine tiefgreifende Entwicklungsstörung (vgl. Baron-Cohen 2011), andere Störungen der psychischen Entwicklung oder Demenz können möglicherweise nicht in gleichem Maße Empathie aufbringen wie andere. Baron-Cohen (2011: 195-199) misst abweichende Typen anhand eines Empathie-Quotienten (EQ) mit 40 Items (4-stufige Skala). Er geht von einer Glockenkurve aus, bei der nur ein sehr kleiner Prozentsatz der Bevölkerung an einem schweren Mangel an Empathie leidet oder über-empathisch ist (ebd.). Insbesondere Psychopath:innen (vgl. Hare 2003) lassen sich möglicherweise nicht vom Leid anderer beeindrucken. Im Zusammenhang mit „Schizophrenie“ hat Hülsmann (2008) ein Empathiedefizit festgestellt, betonte aber, dass das damit verbundene kriminelle Verhalten durch Training vermindert werden kann.

Auch Personen, die an keiner der oben genannten Störungen oder Sozialisationsdefizite leiden, können ihre potenziellen empathischen Reaktionen neutralisieren (vgl. Sykes & Matza 1957 und Bandura et al. 1996 zum „moralischen Disengagement“): Terrorist:innen oder Auftragsmörder[72]. Ferner erklärt Lerners (1980) *Theorie des Glaubens an eine gerechte Welt* den Widerwillen, Opfer zu unterstützen. In diesen Fällen „normaler“ Menschen ermöglicht ihnen die vorübergehende oder dauerhafte Unterdrückung empathischer Gefühle, Straftaten zu begehen oder die Folgen ihrer Taten zu neutralisieren. Einige Autor:innen haben auf ein in

[72] Aus Brasilien wurde berichtet, dass die katholische Nonne Schwester Dorothy Stang, die versuchte, das Eigentum der indigenen Bevölkerung zu schützen, im Februar 2005 ermordet wurde. Der Mörder erhielt eine Geldstrafe und musste knapp 18 Euro für diese Grausamkeit bezahlen.

jüngster Zeit geschwächtes Gewissen hingewiesen, das die Kontrolle des eigenen Verhaltens auf Aspekte der Außenwelt wie CCTV oder fähige Wächter:innen beschränkt (vgl. Christie 1993, Cohen & Felson 1979, Hirschi 1969, Sessar 1997).

Es sollte inzwischen klar sein, dass Empathie im Zusammenhang mit Viktimisierung und Straftaten eine entscheidende Rolle spielt (vgl. Mulloy et al. 1999; Lauterbach & Hosser 2007: 91 unter Bezugnahme auf Jolliffe & Farrington 2004). Viele Straftäter könnten das Leid und den Schmerz ihrer Opfer grundsätzlich vorhersehen und sich dessen bewusst werden. Wenn sie sich dieser Folgen *vor* der Straftat bewusst sind, wird es schwieriger, diese zu begehen. Das Bewusstsein *nach* der Begehung der Straftat wirkt sich negativ auf das Erfolgserleben aus. Daher neutralisieren Menschen diese Dimension des Leids, und nach Lerner (1980) brauchen wir solche „Mechanismen“, um unser Leben fortzusetzen, da die Belastung mit anderen negativen Lebensereignissen vergleichbar ist. Die viktimologische Forschung hat jedoch gezeigt, dass es einen entscheidenden Unterschied gibt, auch wenn die Auswirkungen in etwa die gleichen sind wie bei einer Naturkatastrophe: Vom Menschen verursachte Viktimisierungen sind potenziell vermeidbar. Der nächste Abschnitt befasst sich mit der Opferseite.

3. Mangelndes Einfühlungsvermögen verursacht primäre und sekundäre Viktimisierung

In diesem Abschnitt soll das Konzept der Empathie in den engeren Kontext von Viktimisierung und Straftatbegehung gestellt werden. Opferempathie bezieht sich in der Regel auf die Empathie mit der Situation des Opfers. Dies wird der Hauptschwerpunkt dieses Abschnitts sein. Doch wie sieht es mit der Empathie eines Opfers aus? Insofern Empathie als ein Affekt definiert wurde, der es erlaubt, in die Schuhe eines anderen zu schlüpfen, und da ein Affekt etwas ist, das von der betroffenen Person nicht kontrolliert werden kann, sollten wir zumindest auch diesen Aspekt untersuchen.

Das Opfer eines Verbrechens oder einer Naturkatastrophe (z. B. Erdbeben, Überschwemmung) ist ein ideales Objekt, in das man sich einfühlen kann. Ein anderes menschliches Wesen (oder vielleicht ein Tier) braucht Hilfe und Unterstützung, leidet an verschiedenen Unzulänglichkeiten oder Verletzungen, ist durch etwas geschädigt worden, meist ohne die Möglichkeit, es zu vermeiden. Einfühlsam zu sein, bedeutet, Zugang zu den Bedürfnissen dieser Person zu bekommen, ohne sie ausdrücklich zu fragen. Dies ist ein praktischer Aspekt, denn manche Opfer befinden sich in einem Schockzustand, der es ihnen unmöglich macht, Forderungen oder Erwartungen zu äußern. Die Begegnung mit einfühlsamen Menschen kann daher – zumindest vorübergehend – die eigenen Ressourcen ergänzen. Die Fachkräfte sind für die Bedürfnisse der Opfer geschult und können Unterstützung anbieten. Daher ist es für sie nur in geringem Maße eine Frage der Empathie, angemessen zu handeln. Im Allgemeinen ist die Rolle von Fachleuten und Freiwilligen professioneller Organisationen bei der Unterstützung von Opfern jedoch auf eine relativ kurze Zeitspanne beschränkt. Wir können davon ausgehen, dass der größte Teil des Trostes und der Unterstützung von Menschen geleistet werden muss, die keine Routine in solchen Situationen haben. Einfühlungsvermögen ist der Schlüssel zu wirksamer Unterstützung.

Wenn das Opfer Glück hat, findet es eine Person, die in der Lage ist, sich einzufühlen und folglich angemessen zu handeln (aus der Sicht des Opfers). Je nach der Situation und der Beziehung zwischen dem Opfer und der:dem anderen kann dies bei vielen Anlässen der Fall sein. Allerdings spielt die Zeit eine wichtige Rolle und wir sind wieder bei den Dynamiken angelangt. Der Heilungsprozess eines Opfers kann eine Weile dauern und in Krisensituationen zurückfallen (vgl. Burgess & Holmstrom 1974). Zeit wird subjektiv wahrgenommen, und einige andere könnten der Meinung sein, dass die Zeit für die Genesung, die Heilung, die Rückkehr zur Normalität nach einem bestimmten Zeitraum überschritten ist. Dies kann zu einem Verlust an Empathie führen, in der extremsten Form zu offener oder versteckter Aggression. Oder die verminderte Fähigkeit zur Empathie wird vom Opfer so wahrgenommen. Dies ist das Tor zur sekundären Viktimisierung.

Viktimisierung ist ein subjektives Konzept – die Umwelt teilt nicht immer die Perspektive des Opfers. Sie kann sogar den Anspruch zurückweisen, als Opfer anerkannt zu werden. Dies ist manchmal das Dilemma der Strafgerichte, wenn es nicht genügend Beweise gibt, um eine:n Verdächtige:n zu verurteilen. In diesem Fall fühlt sich das Opfer sicherlich erneut als Opfer, aber dieses Mal durch das Gericht und nicht durch den:die Täter:in. In dem abstrakteren Beispiel oben fließt Subjektivität als Unterscheidung zwischen einem Ärgernis und einer Viktimisierung ein (vgl. Hanak et al. 1989). Es kann sein, dass unser Opfer in der Lage ist, eine unangemessene Reaktion auf Stress oder bestimmte Umstände zurückführen kann, oder es kann sein, dass es dies als (sekundäre) Viktimisierung empfindet. In diesem Fall kann die Empathie auf Seiten des Opfers den Unterschied ausmachen! In einer Phase der Erholung von einer Viktimisierungserfahrung kann der persönliche Leidensdruck jedoch den eigenen Zugang zu Empathie behindern.

Nach der Umkehrung der Rolle der einfühlsamen Person sollte ein weiterer Aspekt kurz erörtert werden. Ist es sinnvoll, über die Empathie eines Opfers für den:die Täter:in nachzudenken? In der (psychotherapeutischen) Literatur zur Traumabewältigung und Überwindung traumatischer Erfahrungen lehnen einige

Autor:innen die Vorstellung ab, dass Opfer Empathie für ihre Täter:innen entwickeln (vgl. Ottomeyer 2011). Dieser Position zufolge wird dies die Heilung beeinträchtigen. Andererseits gibt es immer mehr Literatur (vgl. Yantzi 1998; Zehr 2002; Umbreit et al. 2003a; Pascual Rodriguez 2013; Dokumentarfilm von Ziegler & Cameron 1998) – teilweise von Opfern verfasst, die einen solchen Vorfall überlebt haben (O'Hara 2006; Stacey 2012) –, die persönliche Treffen mit der:dem Täter:in befürwortet, vorausgesetzt, er:sie übernimmt die Verantwortung, zeigt ein gewisses Maß an Reue und ist bereit, sich auf freiwilliger Basis zu treffen. Solche Treffen können als Gespräche oder Verhandlungen verstanden werden. Sie erfordern in der Regel Einfühlungsvermögen auf beiden Seiten. Selbstverständlich sollten sie sorgfältig vorbereitet werden und man muss sich dem Risiko einer sekundären Viktimisierung bewusst sein.[73] Opfer haben jedoch die enorme Heilungserfahrung hervorgehoben, und einige Opfer haben danach den Kontakt aufrechterhalten (vgl. Zehr & Baliga 2013; Tullis 2013; Stacey 2012; Braunmühl 2001 und persönliche Mitteilung bei einem gemeinsamen Workshop 2003; Woolf 2009 sowie Film).

4. Folgen für Forschung und Praxis

Ausgehend von den oben dargelegten theoretischen Überlegungen müssen wir unser Augenmerk auf praktische Programme legen als Antwort auf die impliziten Fragen: Wie können wir die Empathie auf der Seite der potenziellen Täter:innen erhöhen und wie vermeiden wir Viktimisierungen, die durch fehlende Empathie gegenüber den potentiellen Opfern verursacht werden? Welche Konsequenzen für Forschung und Praxis ergeben sich daraus? Deshalb wird sich dieser Abschnitt mit sekundären und tertiären Präventionsprogrammen für Straftäter:innen befassen, die sich auf die Vermeidung weiterer Viktimisierungen konzentrieren.

Wenn es stimmt, dass die Empathie für Opfer die Begehung von Straftaten hemmt oder sogar verhindert, dann könnte es möglich sein, Viktimisierungen zu vermeiden oder zumindest das Ausmaß des Leids zu verringern, indem man die Fähigkeit zur Empathie fördert und das Maß an Empathie und Bewusstsein für angerichtetes Leid erhöht. Zumindest Straftäter, die in der Lage sind, Empathie zu zeigen, und die sich der Konsequenzen ihrer eigenen Handlungen bewusst sind, könnten durch eine entsprechende Schulung künftig die Zufügung von Schmerz und Leid vermeiden. Deshalb werden in Gefängnissen – und manchmal auch in der freien und ambulanten Straffälligenhilfe – Programme wie Victim Empathy oder

[73] Seit 2013 führen wir ein das von der Europäischen Kommission gefördertes Forschungs- und Praxisprojekt zu diesem Thema durch, das auf der EU-Opferschutzrichtlinie 2012/29/EU basiert, vgl. www.rjustice.eu.

Awareness Training (VET, VAT), Sycamore Tree Programme (STP), Supporting Offenders through Restoration Inside (SORI) (vgl. Beech & Chauhan 2013) entwickelt und durchgeführt, Dialoge zwischen nicht durch Tathandlungen verbundene Opfer und Täter:innen angeboten (vgl. Umbreit et al. 2003b) und entsprechende Module in spezifischere Programme wie das Sex-Offender-Treatment Program (SOTP) (vgl. z. B. Thiel & Fuchs 2004), das deutsche Pendant BPS (vgl. Wischka 2004; Wischka et al. 2005) u. ä. (z. B. David et al. 2005) integriert.

Am weitesten verbreitet ist das Sycamore Tree Programme (STP) – ursprünglich ein auf dem christlichen Glauben basierendes Programm (Prison Fellowship International 2014). Vor kurzem wurde jedoch eine muslimische Version entwickelt und in England durchgeführt (vgl. Liebmann 2013 auf www.rjustice.eu, Konferenz in Barcelona). Nach Angaben von Prison Fellowship International (Website 24.1.2014) wird STP in Gefängnissen von 27 Ländern (8 asiatisch-pazifische, 8 europäische, 6 amerikanische und 5 afrikanische) angeboten. In England gibt es auch eine ambulante Version (vgl. Hudson o.J.). Aufgrund der Länge und der konkreten Praxis gibt es erhebliche Unterschiede. Die Hauptstruktur besteht aus mehreren Modulen der Gruppenarbeit, an denen nicht nur Täter:innen, sondern auch Opfer beteiligt sind. Nach Marshalls (2005) Evaluierung in Neuseeland „enthält das STP die meisten Kernelemente eines vollständig restorativen Verfahrens ... Sowohl für die Opfer als auch für die Häftlinge kann die Teilnahme an der STP eine hervorragende Vorbereitung auf ein restoratives Conferencing-Verfahren mit ihren eigenen Opfern bzw. Täter:innen sein".

Es gibt andere Opferempathie- oder Bewusstheits- / Sensibilisierungstrainings (vgl. Liebmann 2007; van Ness 2007), die als Gruppenarbeit über mehrere Sitzungen konzipiert sind. Unser aktuelles Opfer-Empathietraining in der Justizvollzugsanstalt Kiel und im Jugendgefängnis Schleswig basiert auf meinem eigenen VAT-Programm „Opfer im Fokus", das ich 1996 entwickelt habe und das bis zur Schließung der Anstalt im Jahr 2004 in einer Hamburger Justizvollzugsanstalt durchgeführt wurde (siehe Hagemann 2003b; 2004). Ich stützte mich unter anderem auf die Arbeit von Thompson (2001) in Australien, Launay (1985) in England und die nordamerikanischen Programme von Hall (1993) und Helfgott et al. (1998) sowie auf die Restorative Prison Projekte in Belgien (vgl. Biermans & D'Hoop 2001; van Garsse 2006; Van Droogenbroeck 2006; Mariën 2010) und England (vgl. Newell 2003; Edgar & Newell 2006). Im Gegensatz zu vielen dieser Programme, die keine Opfer einbeziehen, streben unser aktuelles Programm und einige andere mindestens ein Treffen einer Gruppe von Opfern mit einer Gruppe von Täter:innen an.[74] Im Jahr 2008 gründeten Gefängnisseelsorger in Deutschland eine Arbeitsgruppe, die ein 20-teiliges Training entwickelte, das in zwei Anstalten in Moringen und Meppen durchgeführt wurde (vgl. Ev. Gefängnisseelsorge 2008). Dieses Training war sehr gut theoretisch verankert, unter anderem mit Aspekten von Freires (1985) Pädagogik der Unterdrückten, Rosenbergs (2001) gewaltfreier Kommunikation, Boals (1979) Theater der Unterdrückten und der Traumatherapie von Reddemann (2012).

Seit 1999 bietet die englische Organisation REMEDI Schulungen zum Thema Opferschutz an, zunächst in Form von Einzelgesprächen und seit 2005 auch in Form von Gruppenarbeit – sowohl innerhalb als auch außerhalb des Gefängnisses (vgl. Hudson o.J.). Anscheinend sind keine Opfer anwesend, aber es zielt auf eine anschließende Mediation ab. Von ursprünglich 10 Modulen ist das Programm auf nur fünf geschrumpft. Hudson (o.J.) betont, dass Empathie vom Klienten kommt und nicht von Fachleuten erzwungen werden kann. Außerdem erwähnt der Autor, dass die Sensibilisierung für Opfer allein nicht ausreicht! Als ich 2013 ein englisches Gefängnis besuchte, erhielt ich eine Illustration von einem Einbrecher: Er sagte, dass er seine Teilnahme an einem Sycamore Tree-Programm zu schätzen wusste, sich aber nach seiner Entlassung in einer verzweifelten Situation befand. Obwohl er sich der negativen Folgen eines Einbruchs für seine Opfer bewusst war, fand er keine andere Lösung, als zu versuchen, die Auswirkungen zu minimieren. Er drang wieder in ein Haus ein, um einige Wertsachen zu stehlen. Als gegenteiliges Beispiel kann der Fall von Jackie Katounas angeführt werden, die, nachdem sie die Auswirkungen auf ihre Opfer erkannt hatte, in der Lage war, sich Unterstützung zu holen und später als Mediatorin für die Insassen neuseeländischer Gefängnisse tätig wurde (siehe Katounas & McElrea 2002). Es geht also nicht darum, nur ein Programm anzubieten, das zu mehr Bewusstsein und einem besseren Zugang zu Empathie führen kann, sondern auch darum, die Lebensbedingungen von Menschen zu verändern, die aufgrund mangelnder Möglichkeiten zu Straftaten verleitet werden könnten.

Während alle diese Ansätze auf Täter:innen ausgerichtet sind und versuchen, die Neutralisierung zu erschweren und das Bewusstsein für die Belange der Opfer zu schärfen, habe ich nur ein Programm gefunden, das den Opfern half: Muylkens & Smeets' (2008) Gruppenarbeit mit Opfern „Aus dem Schatten des Täters treten“ („Uit de schaduw van de dader“) umfasst die Begegnung von Opfern mit Täter:innen aus anderen Fällen. Dieses belgische Programm kann als Befreiungshilfe für

[74] Im Gegensatz zu den Erfahrungen in Neuseeland, wo Prison Fellowship NZ von mehr als 100 Opfern berichtete, die in einem Zeitraum von zwei Jahren teilgenommen hatten, erwies es sich in Schleswig-Holstein jedoch als sehr schwierig, Opfer für eine solche Arbeit zu finden.

Opfer bezeichnet werden. Durch ihre Viktimisierung sind die Opfer in unterschiedlichem Maße an ihre Täter:innen „gebunden“, wie ein Mitopfer seines ermordeten Bruders einmal zu mir sagte (Carlchristian von Braunmühl). Diese Verbindung ist unfreiwillig und unsichtbar, zeigt sich aber im Alltag in einer Vielzahl von Situationen deutlich, oft unvorhersehbar. Manchmal hindert sie die Opferwerdung daran, nachts einzuschlafen. Manchmal stört der Gedanke an den:die Täter:in und seine:ihre Tat die Konzentration auf andere Dinge im Privaten oder bei der Arbeit (aufgrund von Konzentrationsschwäche). Das ist keine Empathie, sondern eher eine Art Beherrschung oder Kolonialisierung. Die Bewältigung einer solchen traumatischen Erfahrung ist ohne Hilfe oft unmöglich. Einerseits kann man sich für eine Therapie entscheiden; andererseits tauschen Opfer, die ähnliches Leid erfahren haben, in der von Muylkens & Smeets (2008) entwickelten Gruppenarbeit, ihre Erfahrungen aus – moderiert von zwei Mediator:innen. Bei mehreren Treffen geben sie sich gegenseitig Kraft und entwickeln Botschaften, die sie den Täter:innen mitteilen und Fragen, die sie ihnen stellen können. Anschließend trifft sich die Gruppe mit einer Gruppe von Straftäter:innen (die an einem Opfer-Empathie-Training teilgenommen haben), um ihre Gefühle auszudrücken, ihre Fragen zu stellen und relevante Themen zu diskutieren. Auch dürfen sie die Täter:innen auffordern, Fragen zu stellen und ihre Probleme vorzubringen.

Die Teilnehmenden in Belgien und in unserer Gruppe in Schleswig-Holstein äußerten große Zufriedenheit, nachdem sie diese Gruppenarbeit durchlaufen hatten. Es scheint, dass diese Arbeit geholfen hat, sich von der Last der:des mächtigen Täter:in zu befreien, der:die immer wieder in das eigene Leben eindringt. Strang (2012) hat von ähnlichen Effekten berichtet bei Einzelgesprächen im Rahmen von Dialogen der Restorative Justice (meist in Conferencing-Verfahren), die in einem Vergleich über zehn Jahre zu einer statistisch signifikanten Verbesserung der Gesundheitssituation beitrugen!

5. Messung der Auswirkungen von Opfer-Empathie-Trainings

Wie im vorangegangenen Abschnitt aufgezeigt, gibt es mehrere Programme, die sich mit der Empathie im Zusammenhang mit Opfern und Täter:innen befassen. Zumindest ein Teil dieser Programme wurde evaluiert. Gelingt es den Trainingsprogrammen, das Einfühlungsvermögen von Täter:innen zu erhöhen? Das ist der Schwerpunkt dieses Abschnitts. An dieser Stelle soll jedoch auch die Messung von Empathie im Allgemeinen diskutiert werden.

Der Begriff der Messung bezieht sich im Allgemeinen auf quantitative statistische Erhebungen. Der erste Schritt ist also die Operationalisierung von Empathie, die angesichts der theoretischen Mehrdeutigkeit zu sehr unterschiedlichen Instrumenten führen muss. Für diese Diskussion stütze ich mich vor allem auf die Arbeiten von Natalie Bell (o.J.) und Christoph Paulus (2012).

Bell (o.J.: 5-7) beschreibt verschiedene Skalen und Fragebögen, die auf Selbsteinschätzung basieren (Hogan's Empathy Scale 1969, die Emotional Empathy Tendency Scale von Mehrabian und Epstein 1972, der Interpersonal Reactivity Index IRI von Davis 1983, die Empathy Scale for Adults von Feshbach und Lipian 1987 und die Balanced Emotional Empathy Scale BEES von Mehrabian o.J.) und stellt kritisch fest, dass Instrumente zur statistischen Messung von Empathie an mehreren Schwächen leiden. Die Validität wird in Frage gestellt – messen die Instrumente wirklich Empathie?[75] Vor allem Frauen erzielen häufig ungünstigere Werte, was bedeutet, sie seien weniger empathisch als Männer (vgl. Bell o.J.: 5 f.), ein Ergebnis, das im Widerspruch zu Alltagseinschätzungen steht.

Paulus (2012) beschränkt sich auf die ursprünglich von Davis (1983) entwickelte Empathieskala IRI, die aus den vier Dimensionen Perspektivübernahme, Phantasie, empathische Anteilnahme und persönliche Betroffenheit besteht. In seiner sehr ausgefeilten Arbeit gelang es Paulus, den deutschsprachigen IRI-Fragebogen so zu verbessern, dass die Anzahl der Items auf vier Fragen pro Dimension reduziert, die Trennschärfe verbessert und schließlich ein additiver Score aus drei dieser Dimensionen (ohne persönlichen Stress[76]) konstruiert werden konnte, für den die Validität u. a. durch einen ähnlichen Versuch und das Ergebnis von Cliffordson (2001) nachgewiesen werden konnte. Paulus scheint jedoch nicht in viktimologische Forschung eingebunden zu sein, und ich habe keine Studie gefunden, die dieses überarbeitete Instrument verwendet. Lauterbach und Hosser (2007) hatten die IRI-Skala für ihre Studie über die Empathie von Häftlingen ebenfalls überarbeitet. Sie betrachteten das Instrument als sehr anspruchsvoll in Bezug auf verbale Fähigkeiten und Intelligenz (Lauterbach & Hosser 2007: 99) und mussten ebenfalls die Subskala für persönlichen Stress ausschließen.

Obwohl einige Programme gefunden wurden, sind die meisten von ihnen bisher nicht formell evaluiert worden, einschließlich meines eigenen Opfer-Empathie-Trainings in Hamburg. Anscheinend sind die Gruppen oft recht klein sind und für ihren Erfolg können „nur“ anekdotische „Beweise“ auf Beobachtungsgrundlage vorgelegt werden. Das Sycamore Tree Programm (STP) bildet eine Ausnahme.[77] Es wurde

---

[75] Aus meiner Sicht scheinen vor allem die großen englischen Stichproben von mehreren tausend Straftäter:innen mit CRIME_PICS II diese Kritik zu bestätigen.

[76] Im statistischen Sinne stört diese Unterskala den Index, was sehr gut erklärt werden kann.

[77] Beech & Chauhan (2013) haben den fünftägigen Kurs SORI evaluiert, der in sieben englischen Gefängnissen durchgeführt wird. In einer relativ kleinen Stichprobe von 131 Straftätern stellten sie fest, dass das Interesse an den Opfern nach der Teilnahme am Kurs gestiegen war.

im Vereinigten Königreich und in Neuseeland quantitativ ausgewertet, obwohl die Teilnehmendengruppen in Neuseeland sehr klein waren. Zu diesem Zweck wurden zwei verschiedene Instrumente verwendet: in erster Linie der CRIME_PICS II-Fragebogen[78](vgl. M&A-Forschung seit 1994) und in der Bell-Studie die Balanced Emotional Empathy Scale (BEES) von Mehrabian (o.J.). CRIME_PICS II ist ein Maß für die Einstellung zu Straftaten (verwendet vor und nach der Teilnahme an STP). Die Subskala V (Opferempathie) besteht aus 3 Items. Der BEES misst das stellvertretende Erleben der Gefühle anderer und die zwischenmenschliche Positivität mit 37 Aussagen, denen Befragte zustimmen (4 Stufen), nicht zustimmen (4 Stufen) oder eine neutrale Haltung einnehmen können. Er dient auch als Indikator für das Gewaltrisiko zur Beurteilung einer bestimmten Person. (vgl. Bell o.J.: 6 f. mit Empathie-Skala im Anhang)

6. Bewertung der Auswirkungen des Sycamore Tree Programms durch CRIME_PICS II

Zwei große Studien aus dem Vereinigten Königreich, die von der Sheffield Hallam University durchgeführt wurden, verwenden ein Vorher-Nachher-Messdesign. Die Ergebnisse der ersten Studie, die 2197 ausgefüllte Fragebögen vor und nach dem Programm Crime_Pics II umfasste, wurden im Jahr 2005 veröffentlicht (Sheffield Hallam University 2005). Die nachfolgende Analyse berichtet über weitere 5007 Fragebögen, die seit 2005 ausgefüllt wurden (Feasey und Williams 2009). Beide Studien kamen zu sehr ermutigenden Schlussfolgerungen: Der Grad der Empathie war nach dem Training höher als vorher, und dieser Effekt war statistisch signifikant (was bei solch hohen Zahlen der Fall sein wird, auch wenn die absoluten Unterschiede aus nicht-statistischer Sicht eher gering sind). Das STP wurde offiziell akkreditiert und wird nun regelmäßig in 35 Gefängnissen im Vereinigten Königreich angeboten (vgl. Liebmanns Präsentation auf der Konferenz in Barcelona 2013, www.rjustice.eu), vielleicht aufgrund dieser positiven Bewertung. Aber warum hat sich die Empathie zwischen 2005 und 2009 im Vergleich zum vorherigen Zeitraum verbessert, wie die Daten zeigen?[79] Und warum sollten Frauen weniger einfühlsam sein als Männer? Diese Fragen werfen das Problem der Validität auf, könnten

[78] CRIME_PICS II besteht aus vier Teilen: dem aktuellen Status und der Vorgeschichte der:des Täter:in, einem Fragebogen mit 20 Items (5 Werteskalen für Zustimmung und Ablehnung auf zwei Ebenen und eine neutrale Kategorie), einer Checkliste mit 15 Problemen und einer Übersichtsseite für die Ergebnisse der/s Täter:in zu den gemessenen Dimensionen (vgl. M&A Research 2013: 7).

[79] Baron-Cohen (2011: 10 f.) spricht dagegen von einer Erosion der Empathie rund um den Globus!

durch Ergebnisse aus kleinen Stichproben und mit einem anderen Instrument untermauert werden.

7. Eine kleine Studie aus Neuseeland

49 Straftäter nahmen an der Bewertung des Sycamore-Tree-Projekts in zwei neuseeländischen Gefängnissen teil und zeigten signifikante Veränderungen. Es gab zwar eine Auswirkung auf die Empathie mit Opfern bei den Tätern, aber sie war nicht so groß wie erwartet (vgl. Bakker o.J.).

8. Natalie Bells Untersuchung des Sycamore Tree Programms

Es ist nicht klar, wann diese Studie im Arohata-Gefängnis in Neuseeland mit 14 Frauen durchgeführt wurde. Ihr nicht datierter Artikel stammt wahrscheinlich aus dem Jahr 2000, denn die letzte verwendete Literatur bezieht sich auf 1999. Zur Messung der Empathie verwendete sie die von Mehrabian (1996) entwickelte Balanced Emotional Empathy Scale. An dem freiwilligen Programm nahmen auch Opfer teil. Bell fand heraus, dass die Teilnehmerinnen nach dem Training teilweise schlechter abschnitten. Dieses Ergebnis könnte darauf zurückzuführen sein, dass der Zeitraum zwischen Vor- und Nachmessung zu kurz war, die Skalen nicht genügend Varianz aufklären konnten, quantitative Messungen im Allgemeinen nicht geeignet sind oder die BEEC nicht für Frauen geeignet ist. Eine andere Erklärung ist, dass die Teilnehmerinnen realistischer geworden sind und die Werte vor dem Test übertrieben sein könnten!

Alle diese Argumente lassen sich auch auf die englischen Studien zurückführen. Die Verwendung von nur drei Fragen zur Beurteilung eines so komplexen Konzepts wie Empathie kann und sollte in Frage gestellt werden. Dies bedeutet nicht, dass das Programm nicht wirksam ist, aber wir brauchen eine transparentere und methodisch überzeugende Evaluierung unter Einbeziehung qualitativer Ansätze.

9. Zusammenfassung und Schlussfolgerung

Zusammenfassend ist Empathie eine Korrelation von kognitiven und affektiven Prozessen, bei der die „affektiven Reaktionen darauf zurückzuführen sind, dass die Wahrnehmung einer anderen Person ähnliche Neuronen im Subjekt und im Objekt aktiviert“ (Stueber 2013). Empathie scheint eine entscheidende Rolle bei Viktimisierung und Straftatbegehung zu spielen. So kann die Verbesserung des

Bewusstseins für die Folgen des eigenen Handelns – die Fähigkeit empathisch zu sein – dazu beitragen, Viktimisierungen zu verhindern.

Empathie ist ein mehrdimensionales Phänomen. Es sollte nicht als eine persönliche Eigenschaft verstanden werden, die manche Menschen kennzeichnet und anderen fehlt. Insbesondere die Arbeit mit Sexualstraftäter:innen und Pädophilen hat gezeigt, dass die meisten von ihnen empathisch sind, aber auch in der Lage sind, in bestimmten Situationen Empathie für bestimmte Personen auszuschließen, die dann zu ihren Opfern werden könnten (vgl. Ruhnke 2013).

In Bezug auf die primäre Viktimisierung helfen die Konzepte der Neutralisationstechniken und der moralischen Entkoppelung – zumindest teilweise – zu erklären, warum gesunde, empathische Menschen andere verletzen (können). Außerdem lassen situative Umstände nur wenige Möglichkeiten, Empathie zu zeigen, z. B. wenn eine drogenabhängige Person nur darauf fixiert ist, die nötige Substanz oder das Geld zu bekommen, um sie zu kaufen. Darüber hinaus kann sich eine Dynamik entwickeln, bei der Empathie weniger wichtig für das Handeln zu sein scheint. Schließlich waren wir in der Lage, Menschen mit dissozialen Persönlichkeitsstörungen oder Autismus zu identifizieren, die ebenfalls zu einer Unfähigkeit zum empathischen Handeln führen können.

Die genannten situativen Aspekte und Persönlichkeitsstörungen können zu sekundären Viktimisierungen beitragen. Um sich selbst zu schützen, können potentiell unterstützende Menschen Abwehrmechanismen aktivieren (A. Freud 1980), die für – unbeabsichtigtes – schädliches Verhalten verantwortlich sind. Mit Hilfe seiner Theorie des „Glaubens an eine gerechte Welt“ hat Lerner (1980) erklärt, warum gewöhnliche Menschen dazu neigen, Opfern die Schuld für ihr Unglück zu geben, nur um ihr eigenes Konzept der Unverletzlichkeit zu bewahren (vgl. auch Ben-David 2009). Sie wollen die Illusion der Unverwundbarkeit aufrechterhalten, solange sie andere nicht dazu einladen, sich selbst zum Opfer zu machen. Würden sie die Vorstellung akzeptieren, dass die Opfer ohne eigenes Zutun geschädigt wurden, wären auch sie selbst in Gefahr.

Im Wissen um diese Folgen haben Praktiker:innen OET-Programme entwickelt, um das Einfühlungsvermögen auf der Seite der (potenziellen) Täter:innen zu erhöhen. In geringerem Maße wurden Programme wie „Aus dem Schatten des Täters treten“ entwickelt, um den Opfern bei der Bewältigung fehlender Empathie anderer zu helfen oder mit den Folgen umzugehen. Insbesondere in Bezug auf STP wurde versucht, das Ergebnis solcher Programme mit Hilfe von Prä-Post-Tests zu messen. Die meisten der Studien, auf die ich zugreifen konnte, kamen zu sehr ermutigenden Ergebnissen: Empathie wächst als Folge der Teilnahme. Es muss jedoch festgestellt werden, dass diese Messungen nicht frei von Widersprüchen und

Zweifeln an ihrer Gültigkeit sind. Obwohl sich die STP (und andere OET) mit relevanten Inhalten befassen, ist ihre Wirkung auf die Empathiefähigkeit oder eine Steigerung der Empathie nicht klar. Auch wenn sich die Konzepte in Bezug auf Dauer und Teilnehmende des Trainings und die Form der Durchführung als Gruppenarbeit oder im Einzelsetting unterscheiden, wurden kaum Unterschiede in der Wirksamkeit berichtet. Einige Autor:innen warnen vor einer unkritischen Durchführung, da manche Straftäter:innen (z. B. Psychopath:innen) von der Teilnahme an solchen Programmen lernen und sich zukünftig sogar schlimmer verhalten könnten. Weitere Forschung ist erforderlich.

Es scheint die größte Herausforderung zu sein, jedem Menschen jederzeit und überall Zugang zu Empathie zu verschaffen. Daher sollten wir in erster Linie über einen erfolgreichen Transfer der gesteigerten Empathie aus dem Kurssetting in die Alltagswelt nachdenken und uns auf die Frage konzentrieren, wann der richtige Zeitpunkt für die Teilnahme von Straftäter:innen an unseren Kursen ist. Vielleicht ist es notwendig, die Struktur unserer Gesellschaft in eine restorative Gesellschaft zu verändern (vgl. Boston 2007; Wright 2010).

Inhaftierte Frauen: Ihre Lage, ihre Bedürfnisse und Maßnahmen für eine nachhaltige Reintegration[80]

mit Dawn Beichner

1. Einleitung

Dieser Beitrag ist das Produkt einer Zusammenarbeit zwischen zwei Wissenschaftler:innen: einer US-amerikanischen und eines deutschen. Obwohl wir versucht haben, umfassende Informationen über unseren Gegenstand der inhaftierten Frauen und ihrer Nachsorge für alle Regionen weltweit zusammenzutragen, liegt der Schwerpunkt doch leicht verzerrt auf Nordamerika – verantwortlich für mehr als 30 Prozent aller inhaftierten Frauen – und Europa. Der Beitrag ist in vier Unterabschnitte gegliedert: Überblick über die Marginalisierung von Frauen, Statistiken über Frauen und Kriminalität weltweit, das Gefängnis und Nachsorgeprogramme sowie Schlussfolgerungen und Empfehlungen. Die folgenden Zeilen geben zunächst einen Überblick über jeden Unterabschnitt.

Um die Marginalisierung von Frauen (Kapitel 2) zu erklären, beziehen wir uns auf die Theorie der Intersektionalität wie sie ursprünglich von Crenshaw (1989) publiziert wurde. Das Kapitel behandelt darüber hinaus die mentale Gesundheit von Frauen und das Auftreten von Depression weltweit. Außerdem werden Forschungen dargestellt, die sich mit einem Spektrum von Traumata befassen, die Frauen in ihrem Leben erfahren, einschließlich Kindesmissbrauch und physische sowie sexuelle bzw. sexualisierte Opferwerdungen.

Zusätzlich zu statistischen Angaben über Frauen und Kriminalität weltweit stellt Kapitel 3 vier zentrale Theorien vor, die entwickelt wurden, um die Einbindung von Frauen in Kriminalität und genderspezifische Tatbegehungen zu erklären. Der Abschnitt beinhaltet Informationen über Politikwechsel, die zum globalen Wachstum der Anzahl von inhaftierten Frauen beigetragen haben. Das Kapitel schließt mit einer Betrachtung der Frauenquoten in Gefängnissen weltweit.

Kapitel 4 über das Gefängnis und die Nachsorgeprogramme für Frauen beginnt mit einer Analyse der Inhaftierung von Müttern und familienbezogenen Programmen. Dieser Abschnitt stellt Programme vor, die im Gefängnis angeboten werden, um weibliche Gefangene zu stärken und „empowern“ (ermächtigen) wie

[80] Dieser Beitrag mit Dawn Beichner erschien 2016 unter dem Titel „Incarcerated Women – Their Situation, their Needs and measures of sustainable reintegration“ in: Kury, Helmut; Redo, Slawomir & Shea, Evelyn (Eds.). Women and Children as Victims and Offenders: Background – Prevention – Reintegration. Suggestions for Succeeding Generations. Vol. II. New York: Springer. S. 85-116.

Kunsttherapie und Theaterspiel. Außerdem wird die Literatur über die Herausforderungen der Rückkehr aus dem Gefängnis nach Hause ausgewertet und es werden genderspezifische Nachsorgeprogramme befürwortet. Dieser Teil schließt mit einigen modellhaften praktischen Beispielen aus Dänemark, Nordirland, Deutschland, England und den USA.

Im letzten Kapitel über Schlussfolgerungen und Empfehlungen präsentieren wir vier Reformvorschläge. Als Erstes untersuchen wir die Möglichkeit der Abschaffung von Freiheitsstrafen für nicht gefährliche Straftäterinnen. Zweitens fordern wir die Umwandlung der bestehenden Gefängnisse in restorative Anstalten. Drittens geben wir einen Überblick über restorative Verfahrensweisen, die sich auf die Haftentlassung beziehen. Schließlich fordern wir ein sensibles Übergangsmanagement, welches die persönlichen Defizite inhaftierter Frauen (z. B. Bildung / Ausbildung, Drogenkonsum, Fragen der mentalen Gesundheit, Schulden und Wohnsituation) in den Mittelpunkt stellt und einen detaillierten Plan für die erfolgreiche Wiedereingliederung entwickelt.

2. Überblick über die Marginalisierung von Frauen

2.1 Intersektionalitätstheorie

Den in der gegenwärtigen Forschung über die Folgen von Inhaftierung für Frauen und ihre Familien üblichen Gewohnheiten folgend (Christian & Thomas 2009; Foster 2011; Henriques & Manatu-Rupert 2001) nutzen wir die Intersektionalitätstheorie als Rahmen, mit dem individuelle und systematische Unterdrückung von inhaftierten Frauen sowie ihr Zugang zu Nachsorgeprogrammen weltweit analysiert werden kann. Aktuelle Entwicklungen in diesem Bereich modifizieren die theoretische Perspektive, die Crenshaw (1989; 1991) entwickelt hat und die später von Collins (2000) erweitert wurde. Nach Crenshaw (1991) erklärt die Intersektionalitätstheorie, wie sich soziale Identitäten sowohl auf Mikro- als auch Makroebene überlappen und einzigartige Erfahrungen für Frauen ausbilden.

Intersektionalitätstheorie postuliert, dass soziale Identitäten ineinandergreifend und nicht wechselseitig ausschließend sind. Gesichtspunkte der Identität stehen nicht für sich allein und sind häufig kompliziert und überschneiden sich (Bowleg 2012). Mit unserem Fokus auf inhaftierte Frauen und ihrem Zugang zu Nachsorgeprogrammen, müssen ihre sozialen Identitäten durch [race][81], die ethnische Zuge-

[81] In amerikanischen wissenschaftlichen Untersuchungen ist der Begriff „race“ als Kategorie bestimmter Menschen wider besseren Wissens nach wie vor üblich, vgl. z.B. die anti-rassistische Aktivistin Davis.

hörigkeit, sexuelle Identifizierung und Gender sowie durch den sozioökonomischen Status und Armut kritisch betrachtet werden. Wie Barberet (2014: 7) aufzeigt, fügt die Internationalisierung weitere soziale Identitätsaspekte wie Staatsangehörigkeit, Migrations- und Flüchtlingsstatus, Status als Indigene und postkoloniale Perspektiven hinzu. Die gelebte Erfahrung jeder Frau – vor, während und nach dem Gefängnis – ist geprägt durch soziale Identitäten, die sie verkörpert und durch die Diskriminierung und Unterdrückung, der sie ausgesetzt ist.

Als Crenshaw (1989) ursprünglich ihre Intersektionalitätstheorie formulierte, veranschaulichte sie die Theorie an einem Beispiel aus den USA und konstatierte, dass die aus dem Status Afroamerikanerin und Frau zu sein resultierende Unterdrückung viel lähmender sei als Sexismus und Rassismus allein. Heute im Zeitalter der Globalisierung müssen wir auch in Betracht ziehen wie die unterschiedlichen Ebenen der Frauenunterdrückung darüber hinaus durch die stärkeren globalen, ökonomischen und politischen Kräfte genauso wie durch die Staatsangehörigkeit, den Migrations- und Flüchtlingsstatus und den Kolonialismus geprägt sind (Barberet 2014; Mohanty 2003; 2013). In diesem umfassenderen Kontext können wir die Erfahrung einer afroamerikanischen Frau in den USA mit einer Roma-Frau in einem osteuropäischen Land oder einer ruandischen Frau, deren Familie im Genozid getötet wurde, vergleichen und kontrastieren. Durch die Ausweitung der Intersektionalitätstheorie um eine internationale Perspektive verbreitern wir unseren Geltungsbereich über [race], Klasse und sozioökonomischen Status hinaus und erreichen ein tieferes Verständnis davon, wie Frauen, die mit dem Strafrecht zu tun haben, stärker marginalisiert werden als jede andere Frau auf der Welt.

Der benachteiligte Status von Frauen – insbesondere wie er in unserer Gruppe Inhaftierter zum Ausdruck kommt – prägt auch die Erfahrungen ihrer Kinder und anderen Familienmitglieder. Die Inhaftierung der Mutter erzwingt unmittelbare Veränderungen in den Lebensumständen der Kinder und bildet andauernde Herausforderungen für Familienmitglieder in der Gemeinschaft, um der Sorge um das Wohl der zurückgelassenen Kinder gerecht zu werden. Die Versorgenden sind mit Herausforderungen des Aufwachsens der Kinder in der Abwesenheit der Mutter konfrontiert einschließlich der Übernahme der erforderlichen finanziellen Lasten. Ausmaß und Art der erhältlichen Unterstützung für Familien von inhaftierten Frauen variieren außerordentlich, abhängig von der jeweiligen Gemeinschaft. Während Familien in urbanen Zentren Zugang zu diversen sozialen Diensten haben, haben diejenigen in den Vororten, ländlichen oder unterentwickelten Gegenden das vielleicht nicht. Weil inhaftierte Mütter häufig in ihre Rolle als Hauptversorgerin für ihre Kinder zurückkehren, sind ihre Wege zurück in ihre Gemeinschaften und Familien geprägt von den ineinandergreifenden Ebenen der Unterdrückung, der sie ausgesetzt sind. Wir werden diskutieren, wie diese variierenden Intersektionalitäten sowohl den Zugang zu Nachsorgeprogrammen beeinflussen als auch wie das Leben von Kindern und Familien beeinflusst wird.

2.2 Die mentale Gesundheit von Frauen und das Auftreten von Depression weltweit

Wie die Weltgesundheitsorganisation WHO (2014) berichtet, spielt Gender eine wichtige Rolle bei der Bestimmung der unterschiedlichen Macht und Kontrolle, die Männer und Frauen über die Faktoren ihrer psychischen Gesundheit und ihres Lebens, ihrer Stellung in der Gesellschaft, ihres sozialen Status, ihrer Behandlung in der Gesellschaft und ihrer Empfänglichkeit für bestimmte mentale Gesundheitsrisiken haben. Weltweit sind wesentlich höhere Quoten von Frauen durch Depression betroffen als ihre männlichen Pendants (Harvard Medical School 2014). Nach der Weltbank (2014) rangiert die Depression als schweres Gesundheitsrisiko bei Frauen weltweit an sechster Stelle, bei Männern an sechzehnter. Blickt man durch die Linsen der Internationalisierung und der Intersektionalitätstheorie ist festzuhalten, dass die Frauenquote der Depression weltweit mit ihrer Position in der Gesellschaft variiert. Gesellschaftliche Kennzeichen wie politische Macht, Partizipation im Arbeitsleben und allgemeine Werte wirken auf die Prävalenz von mentalen Gesundheitsfragen von Frauen. Anders betrachtet: Obwohl die Quoten der Depression von Frauen weltweit höher liegen als für Männer – in den USA beträgt das Verhältnis 2 zu 1 (Harvard Medical School 2014) – erleben Frauen im Mittleren Osten und in Nordafrika höhere Quoten von Depression und psychischen Gesundheitsproblemen als in jeder anderen Region der Welt (Weltbank 2014). Die höhere Rate von Depressionen und mentalen Gesundheitsproblemen ist teilweise auf das Leben in patriarchalen Gesellschaften zurückzuführen, die das Ausmaß an sozialer, wirtschaftlicher und politischer Macht von Frauen reduziert haben.

Eine andere Ursache dafür, dass die Quote von Depressionen bei Frauen weltweit höher ist als bei Männern, hängt mit den Erfahrungen in der frühen Kindheit und mit Traumata und Opferwerdungen zusammen. Forschungen über heranwachsende Frauen fanden ein geringeres Selbstbewusstsein und eine größere Wahrscheinlichkeit von Suizidversuchen als bei ihren männlichen Altersgenossen (Miller et al. 1995). Das Wissen über erlebte Viktimisierungen unter inhaftierten Frauen ist äußerst bedeutsam für Nachsorgeprogramme. In einer Untersuchung inhaftierter Frauen in den USA berichteten mehr als 20 Prozent über Suizidversuche in der Vergangenheit (Holley & Brewster 1996). Aktuelle Forschungen über inhaftierte Frauen in den USA schätzen, dass drei Viertel oder mehr der weiblichen

Gefangenenpopulation in ihrem Leben einer Vielzahl von Traumata ausgesetzt waren einschließlich Kindesmissbrauch und physischer bzw. sexueller Opferwerdungen (Bloom et al. 2004; Green et al. 2005; Lynch et al. 2012; McDaniels-Wilson & Belknap 2008). Solchen traumatischen Erfahrungen ausgesetzt zu sein, erhöht die Wahrscheinlichkeit der Frauen für posttraumatische Belastungsstörungen, Depression, Drogenmissbrauch und andere psychische Probleme beträchtlich (Campbell 2002; Dutton et al. 2006; Hedtke et al. 2008; Lynch et al. 2012). Das Ausmaß des Ausgesetztseins durch traumatische Erfahrungen erklärt, warum die mentalen Gesundheitsprobleme inhaftierter Frauen sowohl die der Frauen in der allgemeinen Bevölkerung als auch die der inhaftierten Männer übertreffen (Drapalski et al. 2009; Hills et al. 2004; James & Glaze 2006).

3. Statistiken über Frauen und Kriminalität weltweit

3.1 Theorien, die die Verstrickung von Frauen in Kriminalität erklären

Die meisten Theorien, die sich damit befassen, warum bestimmte Individuen Straftaten begehen, drehen sich um Männer. Trotz der wichtigen Unterschiede, die zwischen Männern und Frauen in der Gender-Sozialisation, bezüglich Tatgelegenheiten und in der Gleichheit generell bestehen, gab es historisch kaum Theorien, die die Differenz bei der weiblichen und männlichen Kriminalität in den Mittelpunkt stellten (Ausnahme: Cohen 1975). Viele Feminist:innen haben aufgezeigt, dass Theorien über Kriminalität allein darauf abstellten, was Männer zur Straftatbegehung motivierte (Messerschmidt 1993; Naffine 1996). Wie Kathleen Daly (1995) anmerkte, bestanden frühe kriminologische Ansätze zur Analyse der Einbindung von Frauen in Kriminalität darin, auf Männer fokussierte Theorien zu nehmen, Frauen hinzuzufügen und alles zu vermengen. Hauptsächlich vier Theorien wurden jedoch entwickelt, um die Verstrickung von Frauen in Kriminalität zu beschreiben: die Emanzipationshypothese, die ökonomische Marginalisierung, Gender-Ungleichheit und Pfade in die Kriminalität (Barberet 2014).

Die im Wesentlichen durch Adler (1975) und Simon (1975) entwickelte Emanzipationshypothese behauptet, dass Frauen umso stärker in Kriminalität verwickelt werden, je mehr Gender-Gleichheit erreicht wird und je mehr Übergänge zwischen der Privatsphäre des häuslichen Lebens und der öffentlichen Sphäre der Berufstätigkeit erfolgen. Nach dieser Theorie werden Frauen mehr Gelegenheiten und Fähigkeiten zur Straftatbegehung entwickeln, je emanzipierter sie von ihren häuslichen Verantwortlichkeiten werden und je besser ihre Bildung und damit die Chance auf Berufstätigkeit ist. Vertreter:innen der Emanzipationshypothese sehen die

Frauenbefreiung und entsprechende Gewinne bei der wirtschaftlichen und politischen Gleichheit als Förderer der Kriminalität, wobei Machtzuwächse sich in zusätzliche Gelegenheiten für Straftatbegehungen übersetzen.

Die ökonomische Marginalisierung als Erklärung für Frauenkriminalität steht im Gegensatz zur Emanzipationshypothese (Barberet 2014). Nach dieser Theorie ist es die Feminisierung der Armut und Globalisierung, die die Entscheidung von Frauen hinsichtlich der Begehung von Straftaten bestimmt. Eine Frau, der bspw. das Geld fehlt, um Grundbedürfnisse ihrer Kinder zu erfüllen, könnte motiviert sein, Eigentumsdelikte (Betrug, Unterschlagung) zu begehen, um das Dilemma zu überwinden. Im globalen Kontext gibt es reichlich Beispiele, wie Frauen, die ökonomisch marginalisiert sind, von Männern gezwungen oder rekrutiert werden, Straftaten zu begehen (z. B. Menschen- oder Drogenschmuggel bzw. -handel); aber im Strafrechtssystem gelten diese nicht als Opfer, sondern als Täterinnen.

Gender-Ungleichheit als Theorie zur Erklärung der Einbindung von Frauen in Kriminalität entwickelt dieses Konzept weiter, indem sowohl auf fehlende Willensfreiheit und erzwungene Straftatbegehung als auch auf ihre Beteiligung in gegenüber ihren männlichen Gegenstücken sekundären oder nachrangigen Rollen fokussiert wird (Barberet 2014). Diese Theorie postuliert, dass Frauen aufgrund ihrer Ausbeutung und Viktimisierung durch Männer in Kriminalität verstrickt werden. Die globale Gender-Ungleichheit drängt Frauen in die Begehung solcher Straftaten wie geringfügigen Drogenhandel und Rekrutierung in Menschenhandels-Kreisen, bei denen Männer die Hauptrollen spielen. Gender-Ungleichheit bietet auch einen Rahmen, um Straftaten der Immoralität in islamischen Ländern zu begehen (z. B. Ehebruch, Weglaufen, mit jemandem durchbrennen), für die nur Frauen festgenommen oder inhaftiert werden. Die Theorie erklärt auch die überproportionale Repräsentation junger Frauen / Mädchen bei Statusvergehen (z. B. Weglaufen, Schule schwänzen) in den USA (vgl. Chesney-Lind 1989).

„Pfade in die Kriminalität" als abschließende theoretische Erklärung für Frauenkriminalität ist weniger strukturell, sondern auf individueller Ebene angesiedelt (Barberet 2014). Es gibt einen wachsenden Korpus von Literatur, der die vielen Pfade in die Kriminalität analysiert, die Frauen erleben, einschließlich Missbrauch, Armut und Gender-Ungleichheit (Brown & Bloom 2009; Covington & Bloom 2006; Few-Deo & Arditti 2013). Der am häufigsten dokumentierte Pfad zur Straftatbegehung von Frauen ist die Opferwerdung: Frauen sind häufig Opfer von Trauma und Missbrauch in ihrem kindlichen Heimumfeld und werden möglicherweise während ihres weiteren Lebens wiederholt missbraucht (Few-Deo & Arditti 2013).

3.2 Politikwechsel und der Anstieg der Frauenpopulation in Gefängnissen

Für die steigende Population von Frauen im Gefängnis sind nach Kritiker:innen des industriellen Gefängnissektors harte Drogengesetze, verpflichtende Bestrafungen und Polizeistrategien, die sich auf Bagatellkriminalität konzentrieren, verantwortlich (Alleyne 2006). Weltweit hat die Politik des Kriegs gegen Drogen am meisten zum Wachstum der Anzahl verhafteter und inhaftierter Frauen beigetragen. Obwohl dieser „Krieg" in den USA begann, beeinflusste er schnell die Praxis von Drogenverboten im weltweiten illegalen Markt (Barberet 2014). Aufgrund des „Unterwelt-Sexismus" (Steffensmeier 1983) erhalten Frauen häufig die sichtbarsten, gering bezahltesten Positionen in der kriminellen Unterwelt. Das trifft mit Sicherheit auf den weltweiten illegalen Drogenmarkt zu. Da Drogenbekämpfungsmethoden weltweit auf kleine Händler:innen abzielen, werden Frauen mit größerer Wahrscheinlichkeit erwischt und verhaftet, weil sie dort vorherrschen (Barberet 2014). Meistens sind diese im zentralen Blick der Strafverfolgung liegenden Positionen der Kleindealer:innen und Drogenschmuggler:innen von Frauen besetzt.

Eine zweite Politik, die hochgradig Einfluss auf den Anstieg von inhaftierten Frauen nahm, ist die vorsorgliche oder verpflichtende Verhaftung in Fällen partnerschaftlicher Gewalt in den USA (Belknap 2015). Tatsächlich eliminiert die vorsorgliche oder verpflichtende Verhaftung den Spielraum der Verfolgungsbehörden (Polizei). Wenn ein Übergriff stattgefunden hat, wird zumindest eine – aber manchmal beide – beteiligte Person(en) in Gewahrsam genommen. Seit der Einführung dieser politischen Änderung sind mehr Frauen mit dem Vorwurf der Körperverletzung angeklagt worden. Dies ist insbesondere deshalb wichtig, weil ungefähr 30 % der weltweiten weiblichen Gefängnispopulation in den USA leben (Walmsley 2012; 2014).

Wichtig ist, dass es in der Europäischen Union (EU) politische Bestrebungen zur Reduzierung der Nutzung von Freiheitsstrafen für Frauen gibt. In den späten 1990er Jahren führte die EU den Ansatz des Gender Mainstreaming ein (European Institute for Gender Equality 2014). Die Gender Mainstreaming-Strategie verlangt die Abschätzung der Auswirkungn verschiedener Politiken auf unterschiedliche Geschlechter. In einigen europäischen Ländern und auf der transnationalen Ebene des Europarats wurden politische Initiativen zur Reduzierung von Freiheitsstrafen ins Leben gerufen. 2009 hat die parlamentarische Versammlung des Europarats (PACE) bspw. die Resolution 1663 verabschiedet, wonach „Gefängnisse als letzter Ausweg nur dann zum Zuge kommen sollten, wenn keine anderen Möglichkeiten und alternativen Formen der Sanktionierung einschließlich der Anordnung gemeinnütziger Arbeit oder Restorative Justice-Ansätze, die zunächst erwogen werden sollten, in Frage kommen“ (Rat für europäische Angelegenheiten der Quäker 2014). Außerdem ist die Förderung von Praktiken der Restorative Justice durch die Vereinten Nationen (vgl. ECOSOC Resolution 2002/12) ein Schritt in Richtung der Verringerung der Anzahl inhaftierter Frauen.

3.3 Die Verstrickung von Frauen in Kriminalität

Die überwiegende Mehrzahl von Straftaten wird weltweit durch Männer begangen: Frauen bilden in allen Ländern eine kleine Minderheit der Straftäter:innen (Walmsley 2012; 2014; Belknap 2015). Forschung, die das Begehen von Straftaten untersucht, findet ausgeprägte Gender-Muster: während Männer mit größerer Wahrscheinlichkeit für Gewalttaten (u. a. Tötungsdelikte und Vergewaltigung) inhaftiert werden, verbüßen Frauen Freiheitsstrafen für nicht gewaltförmige Delikte, wie Drogen- oder Eigentumsdelikte (u. a. Diebstahl, Betrug, Urkundenfälschung und Unterschlagung) (The Sentencing Project 2012). Diese „Gender-Kluft“ in der Straftatbegehung (Schwartz & Steffensmeier 2008) tritt weltweit recht konsistent auf.

Vor dem Hintergrund der Masseninhaftierungspolitik der USA befinden sich sowohl Männer als auch Frauen für Taten in Haft, die höchstwahrscheinlich in anderen Teilen der Welt nicht mit Freiheitsstrafen belegt würden, wie bagatellhafte Eigentumskriminalität oder Delikte, die im Zusammenhang mit Drogenkonsum und Sucht stehen. Die Unterschiede bei der Straftatbegehung zwischen Männern und Frauen beziehen sich auf die Schwere der Taten. Männer in den USA begehen schwere Delikte, wie Tötungen, Raub und schwere Körperverletzung in einem weitaus größeren Ausmaß als Frauen. In den USA übertrifft die Verstrickung von Männern in Kriminalität diejenige der Frauen in allen Delikten mit Ausnahme der Prostitution (Belknap 2015). Darüber hinaus gibt es nur ein weiteres Delikt – Unterschlagung –, bei dem sich ein genderneutrales Muster zeigt. Zusammengefasst zeigen Untersuchungen über die Begehung von Straftaten in den USA durchgängig, dass Frauen generell weniger Straftaten begehen als Männer und auch, dass ihre Delikte deutlich weniger schwerwiegende Folgen für Opfer haben.

Das European Sourcebook über Kriminalität und Strafrechtsstatistiken ist eine Zusammenstellung statistischen Informationen aus europäischen Ländern. Die aktuellste Version von 2010 enthält Daten über verurteilte Frauen und weibliche Strafgefangene. Sehr hohe Frauenanteile (> 16 % aller Verurteilten) wurden in Dänemark, Finnland, Deutschland, Schweden, England und Wales beobachtet; die geringsten Anteile (< 8 %) wiesen Albanien, Armenien, Zypern, Rumänien, Nord-Mazedonien und die Türkei auf. Der Durchschnitt liegt bei 12 %, was auf die Niederlande zutrifft (WODC 2010, Tab. 3.2.2.1, S. 195). Zusammenfassend betrachtet lag der Frauenanteil der Gefängnispopulation bei 5 %, was nahe an den aktuelleren von Walmsley (2012) publizierten Daten liegt. Die Länder mit den höchsten relativen weiblichen Gefangenenpopulationen (zwischen 6,2 und 6,7 Prozent) sind Finnland, Ungarn und Portugal; die niedrigsten sind in Albanien, Armenien, Bulgarien, Frankreich, Litauen, der Türkei und Nordirland zu finden und bewegen sich zwischen 2,6 und 3,8 Prozent (WODC 2010, Tab. 4.2.3.1, S. 309)

3.4 Globale Zahlen über verhaftete und inhaftierte Frauen

Obwohl der Anteil, in dem Frauen mit dem Strafrechtssystem zu tun haben, im Weltmaßstab beträchtlich variiert, ist der Frauenanteil in allen geographischen Regionen deutlich geringer als der der Männer. Das Büro für Drogen und Kriminalität der Vereinten Nationen veröffentlicht jährlich Daten über die Anzahl der Menschen, die formelle Kontakte mit der Polizei bzw. dem Strafrechtssystem haben, was Informationen über Tatverdächtige, Verhaftete oder Verwarnte einschließt. 2012 gab es 38 Länder (einschließlich einiger „Territories") die Daten über Frauen bereitstellten (UNODC 2012). Der Anteil von Frauen, die berichteten, formelle Kontakte mit der Polizei oder anderen Strafrechtsbehörden gehabt zu haben, schwankt zwischen einem Minimum von 1 % in Grenada bis 27 % in Hongkong (UNODC 2014) mit einem Mittelwert von 12 %. Obwohl 20 von 38 Berichtsländern Quoten formeller Kontakte von 10 % oder weniger aufwiesen, meldeten sieben Frauenanteile von 20 % oder mehr (Hongkong, Australien, Neuseeland, Kolumbien, Guayana, England & Wales sowie Nordirland).

Bei der Inhaftierung von Frauen weltweit zeigen sich zwei wichtige Trends: obwohl Frauen einen kleinen Anteil der weltweiten Gesamtgefangenenpopulation ausmachen, steigt die Quote ihrer Inhaftierung in manchen Ländern stärker als der Zuwachs bei den Männern (Belknap 2015). Nach der World Female Imprisonment List, die Daten von 212 Gefängnissystemen weltweit enthält, steigt der Frauenanteil auf allen fünf Kontinenten (Walmsley 2012). Während die weibliche Gefangenenpopulation in Europa zwischen 2006 und 2012 um 6 % stieg, betrug der Zuwachs in Nord- und Südamerika im selben Zeitraum 23 %.

Weltweit befinden sich 625.000 Frauen und Mädchen in Strafrechtsinstitutionen, entweder als Untersuchungsgefangene oder sie verbüßen eine Freiheitsstrafe (Walmsley 2012). Wenig überraschend ist fast ein Drittel (32 %) aller Frauen in US-amerikanischen Gefängnissen. Allein in den USA sind 201.200 Frauen inhaftiert (entsprechend 8,8 % aller Gefangenen). Anders betrachtet übersteigt die Zahl der Frauen und Mädchen in Haft in den USA diejenige der 27 EU-Staaten um den Faktor 6, obwohl die USA nur etwa zwei Drittel der entsprechenden Bevölkerung hat (Moloney et al. 2009). Andere Länder mit relativ hohen Quoten von weiblichen Inhaftierten sind China (84.600 = 5,1 %), Russland (59.200 = 7,8 %), Brasilien (35.596 = 6,9 %) und Thailand (29.175 = 14,6 %). Von den 212 vertretenen Ländern der World Female Imprisonment List weisen nur fünf andere mehr als 7.000 inhaftierte Frauen auf: Indien, Vietnam, Mexiko, die Ukraine und die Philippinen.

Übereinstimmend mit der Variation der Gefangenenrate über die Weltregionen unterscheiden sich auch die Zahlen der inhaftierten Frauen innerhalb der jeweiligen Region. Durchschnittlich machen Frauen in den meisten Ländern zwischen 2 und 9 Prozent der gesamten Gefangenenpopulation aus. Während die Quote in den USA ungefähr 9 % beträgt, ist sie in Hongkong (20 %), Bahrain (18,5 %), Katar (15 %) und Thailand (15 %) deutlich höher. Der Medianwert der Fraueninhaftierungsquote beträgt weltweit 4,45 %; die Quoten in Asien (5,95 %) Amerika (5,15 %) und Europa (4,9 %) liegen signifikant höher, niedriger dagegen in Afrika (3,1 %) und Ozeanien (3,9 %) (Walmsley 2012).

4. Das Gefängnis und Nachsorgeprogramme für Frauen

Strafgefangene Frauen gehören zu den am stärksten vernachlässigten, unterdrückten und missverstandenen Gruppen in der Gesellschaft (Belknap 2015). Wie in den vorhergehenden Kapiteln angesprochen, hat ihre Inhaftierung deutliche Auswirkungen auf die zurückbleibenden Kinder. Die einzigartigen Viktimisierungen, mentale Gesundheit und Drogenmissbrauchsgeschichten, Bildungs- und Ausbildungshintergründe von Straftäterinnen sowie die Wahrscheinlichkeit, ihre Rolle als Hauptsorgende für Kinder im Anschluss an die Inhaftierung wieder einzunehmen, bringen für Frauen außerdem eine Reihe einzigartiger Herausforderungen auf dem Weg vom Gefängnis nach Hause mit sich. Trotz der kritischen Bedeutung der Rückkehr von Frauen in ihre Heimatgemeinden und der Wiedervereinigung mit ihren Kindern, gibt es weltweit einen Mangel an gefängnisbasierten Vorbereitungen und Nachsorgeprogrammen, die Frauen in den Mittelpunkt stellen. In diesem Abschnitt geben wir einen Überblick über vorhandene Programme.

4.1 Inhaftierung von Müttern und familienzentrierte Programme / Maßnahmen

Hinsichtlich der Auswirkungen auf Kinder wirkt die Inhaftierung von Frauen wesentlich zerstörerischer als die der Männer (Jones & Wainaina-Woźna 2013; Murray & Farrington 2008; Prison Reform Trust 2013; Bloom 1993). Die Forschung hat diverse wichtige Gendermuster identifiziert. Erstens besteht für inhaftierte Frauen im Vergleich zu ihren männlichen Gegenstücken eine etwas größere Wahrscheinlichkeit, Kinder unter 18 Jahren zu haben. Aktuelle Zahlen zeigen, dass drei Viertel der inhaftierten Frauen zumindest ein Kind unter 18 Jahren zurücklassen, verglichen mit zwei Dritteln der inhaftierten Männer (Murray 2005; Prison Reform Trust 2013; Bloom & Steinhart 1993; Morton & Williams 1998; Pollock 2002). Außerdem haben ungefähr ein Viertel der aktuell inhaftierten Frauen im vorhergehenden Jahr ein Kind zur Welt gebracht oder sind gegenwärtig schwanger (Fogel 1995; Clarke 2013). Forschungen decken auch auf, dass inhaftierte Frauen zu wesentlich höherer Wahrscheinlichkeit als inhaftierte Männer die Hauptsorgenden für ihre Kinder sind (Quaker Council for European Affairs 2007; Bloom & Steinhart 1993; Hairston 1991; LaPoint et al. 1985; McGowan & Blumenthal 1978; Pollock 2002; Snell & Morton 1994) und dass die Mehrheit glaubt, dass sie auch nach ihrer Haftentlassung die Hauptsorgende bleibt (Crawford 1990; Pollock 2002).

Die negativen Folgen der elterlichen Inhaftierung sind in den letzten drei Jahrzehnten gut dokumentiert worden. In ihrer umfassenden Untersuchung negativer Auswirkungen der Haft auf Kinder fragten McGowan & Blumenthal (1978): Warum werden die Kinder bestraft? Nachfolgende Studien, die die durch elterliche Inhaftierung verursachte Störungen analysierten, bestätigten, dass schädliche Einflüsse der elterlichen Inhaftierung denen ähneln oder sie sogar übertreffen, die durch Tod oder Scheidung hervorgerufen werden. Während für letztgenannte Situationen jedoch Unterstützung bereit steht, verhindert das mit der Devianz verbundene negative Stigma offene Gespräche und Unterstützung für Familien und Kinder von Inhaftierten (Kazura 2001).[82] Darüber hinaus leiden Kinder inhaftierter Eltern häufig an emotionalen oder Verhaltensproblemen / -störungen. Die Forschung bestätigt, dass Kinder von inhaftierten Eltern mit höherer Wahrscheinlichkeit als andere Kinder Schlafstörungen, Depressionen, Aggressionen, schlechte Schulleistungen, abweichendes Verhalten und eigene Inhaftierung aufweisen (Jones & Wainaina-Woźna 2013; Bloom & Steinhart 1993; Hairston 1988; 1991; Hannon et al. 1984; LaPoint et al. 1985; Kazura 2001).

Eltern- und familienzentrierte Programme weisen sowohl für die inhaftierten Frauen als auch deren Kinder viele potentielle Vorteile auf. Teilnehmerinnen an Elternprogrammen fielen seltener als Nichtteilnehmerinnen mit Fehlverhalten in der Institution auf (Carlson 2001). Studien zur Reintegration von ehemaligen Strafgefangenen in die Gesellschaft haben konsistent den beträchtlichen Einfluss familiärer Unterstützung auf den Übergang zurück in die Gesellschaft aufgezeigt. Ehema-

[82] Das deutsche Projekt TAKT des Trägers treffunkt e.V. in Nürnberg - ein Sensibilisierungskonzept für den Umgang mit Kindern von Inhaftierten - richtete sich an Einrichtungen und Personen, die direkt oder indirekt mit Familien und Kinder von Inhaftierten in Berührung kommen.

lige Inhaftierte, die während der Haft an familienzentrierten Programmen teilgenommen haben und familiäre Unterstützung bekamen zeigten ein gesteigertes Bestreben, Ziele umzusetzen und auch geringere Rückfallquoten, Drogenkonsum und Rückfälle (Carlson 2001; LaPoint et al. 1985; Martin 1997; Stöver & Thane 2011; Vera Institute of Justice 2004). Tatsächlich benannten Befragte einer aktuellen Chicagoer Studie über die Erfahrungen ehemaliger Gefangener bei der Reintegration, dieses als wichtigsten Faktor, um in Freiheit zu bleiben (Lynch & Sabol 2001).

Diverse Elternprogramme sind inhaftierten Frauen in den USA und global zugänglich (vgl. Barberet 2014 und Pollock 2002 für eine kritische Betrachtung). Während viele Frauenhaftanstalten Elternkurse anbieten, gibt es bzgl. der Typen der erlaubten Besuche mit Kindern und beim Umfang und der Intensität der Programme Unterschiede zwischen Institutionen. Weniger intensive Programme bieten nur unterrichtsbasierte Kurse an, intensivere Programme stellen elterliche Zusatzleistungen zur Verfügung, wie besondere, kindergerecht gestaltete Besucherzonen für Mütter mit Kindern, Leseprogramme, Tagescamps. Die meisten Vollzugseinrichtungen in den USA bieten derartige Programme an, während in anderen Ländern stärker auf die Pflege der Bindungen zwischen Müttern und Kindern fokussiert wird.

Global haben Frauen nicht automatisch das Recht, ihre Kinder im Gefängnis bei sich zu haben (Barberet 2014). Stattdessen gilt die Gewährung einer gemeinsamen Unterbringung mit Kindern als Privileg, das die Behörden vom besten Interesse der Kinder abhängig machen. Weltweit erlaubt die große Mehrheit der Länder einigen Frauen, ihre Kinder im Gefängnis bei sich zu behalten (Barberet 2014). Die umfassendste von einer Quäker-Organisation durchgeführte Studie über Mütter, die mit ihren Kindern im Gefängnis leben, umfasst 76 Länder (Robertson 2011). In den meisten Ländern, die die gemeinsame Unterbringung von Müttern mit ihren Kindern im Gefängnis erlauben, gilt eine Altersbegrenzung zwischen Neugeborenen und 6 Jahren. In den USA, dem globalen Spitzenreiter bei der Fraueninhaftierung, existiert nur eine kleine Anzahl entsprechender Einrichtungen mit intensiven Mutter-Kind-Programmen, die Aufenthalte der Kinder über Nacht erlauben. Länder wie Spanien haben große Anstrengungen unternommen, Mutterschaft im Gefängnis zu ermöglichen einschließlich Kinderpflegezentren (die die nationalen Standards für Tagespflegeeinrichtungen erfüllen), Regelungen für Kinderpflege außerhalb, Wochenendbeurlaubungen und Elternzellen, in denen Eltern, die beide inhaftiert sind, mit ihren Kindern zusammenleben können (Barberet 2014). Nur drei andere Länder – Dänemark, Schweden und Finnland – erlauben Kindern sowohl bei ihren inhaftierten Vätern als auch Müttern zu bleiben.

Dreizehn der 76 Länder in der Quäker-Studie (Bulgarien, Kuba, die Demokratische Republik Kongo, Frankreich, Deutschland, Ghana, Kiribati, die Mongolei, Spanien, Schweden, Tansania, das Vereinigte Königreich und die USA) erlauben es, Neugeborene bei ihren Müttern zu belassen. In etlichen Ländern ist das Zusammenleben auf die Zeitspanne beschränkt, in der das Kind gestillt wird, in anderen gibt es diese Begrenzung nicht. Innerhalb der USA gehören New York, Nebraska, Indiana und Illinois zur kleinen Gruppe von Staaten, die ein Säuglingspflegeprogramm anbieten, in dem werdende Mütter einen Elternkurs absolvieren und ihr Neugeborenes bis zur Entlassung bei sich behalten dürfen, im allgemeinen für einen Zeitraum bis zu zwei Jahren nach der Geburt. In der Mongolei werden schwangere Frauen für die Geburt ihres Kindes zeitlich befristet entlassen und bleiben bis zu 18 Monate in ihrer Gemeinschaft, bis Mutter und Kleinkind in die Vollzugsanstalt zurückkehren (Robertson 2011).

Über familienzentrierte Programme und Mutter-und-Kind-Einrichtungen liegen nur wenige Forschungen vor. Obwohl beispielsweise Mutter-und-Kind-Einrichtungen in Finnland seit 1881 existieren, gibt es sehr wenige Daten darüber (Pösö et al. 2010). Außerdem sind viele der vorhandenen Untersuchungen in diesem Bereich recht alt. Trotz dieser Aspekte scheint die bestehende Forschung zu bestätigen, dass Elternprogramme, die ausgedehnte Besuche zwischen Müttern und ihren Kindern gestatten, effektiver die negativen Folgen der Inhaftierung ausgleichen als jene, die das nicht vorsehen (Pollock 2002). Elternprogramme, in denen Mütter kontinuierlich Kontakt zu ihren Kindern haben und während der Inhaftierung beständig mit ihnen kommunizieren können, scheinen die besten Ergebnisse sowohl für die Mütter als auch Kinder zu bringen (Hairston 1991; LaPoint et al. 1985; Snyder et al. 2001). Vorteile eines Programms werden durch die Quantität und Qualität der Mutter-Kind-Besuche beeinflusst. McPeek & Tse (1988) fanden heraus, dass Kinder, die ihre Mutter nur einmal im Monat oder noch seltener besuchen konnten, einem erhöhten Risiko der Entwicklung emotionaler Probleme ausgesetzt waren. Außerdem fanden die Autoren, dass die Gesamtqualität des Besuchs einen noch tieferen Effekt hatte: negative Auswirkungen wurden nicht durch wöchentliche Besuche allein ausgeglichen; nur diejenigen Kinder, denen ausreichend Zeit für Bindungserfahrungen mit ihren Müttern während der wöchentlichen Besuche zur Verfügung stand, trugen ein geringeres Risiko, emotionale Probleme zu entwickeln (McPeek & Tse 1988). Eine aktuelle Studie, die das Ausmaß der Bindung zwischen Kleinkindern und sowohl inhaftierten als auch in Freiheit lebenden Müttern untersuchte, fand sichere Bindungen (Byrne et al. 2010).

4.2 Trauma durch Kunst- und Theater-Programme im Gefängnis heilen

Die Pfade von Frauen ins Gefängnis sind häufig durch Viktimisierungen und eine gestörte Kindheit markiert einschließlich partnerschaftlicher Gewalt, sexuellem Missbrauch, familiäre Entfremdung, Sucht und Gewalt (vgl. Beichner & Rabe-Hemp 2014 für einen kritischen Überblick). Kunsttherapie und Theater als Bildungserfahrung bilden wirksame Formen der Rehabilitation für inhaftierte Personen. Diese Programme erfüllen eine Brückenfunktion, um Inhaftierte für weitergehende Therapieangebote zu öffnen. Die Literatur über Kunst- und Theater-Programme für inhaftierte Frauen hebt ohne strikte Evaluationen potentielle Vorteile solcher Programme bzgl. der Rehabilitation von Täter:innen hervor. Kunst- und Theater-Programme für inhaftierte Frauen existieren in vielen Ländern der Welt. In diesem Abschnitt geben wir einen Überblick über relevante Forschung.

Die meisten Forschungen über Kunsttherapie für inhaftierte Frauen berichten über positive Ergebnisse. Gussak (2008) fand Verbesserungen der Laune, des Verhaltens und von Problemlösungen bei den Teilnehmenden von Kunstprogrammen im Gefängnis. Merriams (1998) Forschungen mit inhaftierten Überlebenden[83] deckte auf, dass künstlerische Bilder Frauen in die Lage versetzten, potentiell destruktive Gedanken und Gefühle, die mit ihren durchlebten traumatischen Erfahrungen verbunden waren, zu kontrollieren. Ein anderes Pilotprogramm, das visuelle Kunst, Geschichten erzählen, Musik und Tagebuchführung nutzte, um inhaftierte Frauen mit Biographien von Missbrauch zu heilen und zu bemächtigen, konzentrierte sich darauf, ihre Identitäten vom Opfer- zum Überlebendenstatus neu zu gestalten (Johnson 2008: 103).

Kunsttherapie kann auf verschiedene Arten traumatischer Lebensereignisse der inhaftierten Frauen antworten. Beispielsweise evaluierten Ferszt et al. (2004) ein eingesetztes Kunsttherapieprogramm bei inhaftierten Frauen, die den Tod einer geliebten Person betrauerten, mit vielversprechendem Ergebnis. Darüber hinaus zeigte die Evaluation eines Kunst- und Wellness- Selbstfürsorge-Programms Verbesserungen im persönlichen und zwischenmenschlichen (beziehungsorientierten) Wachstum einschließlich der Stärkung des Selbstvertrauens, Selbstbildes und der Beziehungen mit anderen (Mullen 1999). Marian Liebmann (2007) aus dem Vereinigten Königreich hat ausgiebig mit Gefangenen gearbeitet und neben ihrem Buch über RJ vier Bücher über den Einsatz von Kunsttherapie für restorative Zwecke herausgegeben (vgl. Liebmann 1989; 1994; 1996; 2008).

[83] Dieser Begriff wird an Stelle des Begriffs „Opfer" benutzt, vgl. Chesney-Lind 1989.

Ähnlich wie für Kunstprogramme gibt es viele Anwendungen für Theaterprogramme für inhaftierte Frauen. Die transformative Kraft des Theaters für Heilungen erlebten Missbrauchs und Trauma wurde gepriesen (Salas 2002; Schrader 2012; Wilson 2013), die Stärkung von Frauen durch das Verleihen einer Stimme (Clark 2004; Davies 2012) und die Rückgewinnung ihrer Körper (Clark 2004) sowie der Bildung einer Gemeinschaft in der Gefängnisumwelt (Fraden 2001; Wilson 2013). Das Playback Theatre, das Ensembles in über 30 Ländern unterhält, nutzt die Methode des Geschichtenerzählens zur Heilung (Salas 2002). Die Verbindungen, die durch das Teilen persönlicher Geschichten erreicht werden, können als Gegenkraft zur Isolierung und Entfremdung dienen (Salas 2002: 290) und damit dieses Vorgehen besonders in der Gefängnisumgebung nützlich zu machen. In den USA arbeitete Wilson (2013) mit inhaftierten Frauen an einer Theaterproduktion, die eine symbolische Begräbnisszene enthielt, in der Frauen Gegenstände, die ihr altes Leben repräsentierten (z. B. Opferwerdungen, Schmerz, Drogenkonsum, Verlassenwerden, Aggressionen, Selbsthass) in einem Sarg platzierten. Dieses Stück nahm nicht nur Bezug auf die zugrunde liegenden Ursachen der Unterdrückung der inhaftierten Frauen, sondern es beinhaltete auch die Neuerfindung der Frauen als Überlebende, vermittelte Einsichten an ihre inhaftierten Mitgefangenen im Publikum.

Clark (2004), die 20 Jahre mit inhaftierten Frauen in Melbourne, Australien, arbeitete, ist Befürworterin des Gefängnistheaters als Mittel der Stärkung der Stimmen und Körper von Frauen. Inhaftierte Frauen sind häufig Objekte anderer – Anwält:innen, Richter:innen, Psycholog:innen und politischer Entscheidungsträger:innen – die definieren, wer sie sind und über sie sprechen (Clark 2004: 104). Durch das Theaterspiel und die Partizipation in einem kollektiven kreativen Prozess sind inhaftierte Frauen in der Lage, die Kraft ihrer eigenen Stimmen zu entdecken (Wilson 2013). Die libanesische Schauspielerin und Dramatherapeutin Zeina Daccache vom Verein Catharsis – libanesisches Zentrum für Dramatherapie – hat im Baabda Frauengefängnis in Beirut ein Theaterprojekt gegründet. Während des Projekts, das einen öffentlich verkauften Film des Stücks als DVD herausbrachte, beschrieben die Frauen, wie sie sich zum ersten Mal in ihrem Leben frei fühlten. So illustriert das Zitat einer 28jährigen Frau, die eine dreijährige Freiheitsstrafe wegen Betrugs verbüßt, das gestiegene Selbstvertrauen: „Ich habe mir so große Sorgen gemacht vor einer Kamera zu stehen; danach dachte ich, dass ich nur beigetragen hätte, mich selbst, meine Stimme und die Frau, das menschliche Wesen in mir, weiter zu verbergen, wenn ich mein Gesicht verborgen hätte. Ich nehme meine Maske ab und zeige mich wie ich es will“ (Davies 2012). Über die Stärkung der Stimme hinaus bietet die Teilnahme am Theater und das Schauspielen für inhaftierte Frauen eine Gelegenheit, ihre Körper, die häufig in Handschellen sind, durch Kameraüberwachung beobachtet und körperlich in Justizvollzugseinrichtungen durchsucht werden, für sich zurückzugewinnen (Clark 2004: 104). Wie Clark (2004) anmerkt, kann dies in einer Gefängnisumwelt recht ermächtigend sein, in der die inhaftierten Frauen kaum selbst über ihren Körper bestimmen können.

4.3 Herausforderungen der Rückkehr aus dem Gefängnis nach Hause und ein Aufruf für genderspezifische Programme

Die Forschung über die Rückkehr von Gefangenen bestätigt, dass ehemalige Inhaftierte vor vielen Herausforderungen im Hinblick auf die Wiederanpassung in ihren Gemeinschaften stehen. Sie sind mit Hürden konfrontiert, Wohnraum, auskömmliche Berufstätigkeit, Gesundheitsversorgung sowie Drogenmissbrauchs- und psychische Gesundheitsbehandlung zu finden. Die Folgen der Inhaftierung beschränken sich nicht auf die ehemals inhaftierte Person allein. Haft erzeugt schädliche Auswirkungen auf die Nachbarschaft, Familie und Kinder der Ex-Inhaftierten. Ein weiterer wichtiger Befund der Literatur lautet, dass die Familie der:des Ex-Inhaftierten eine wichtige Rolle im Reintegrationsprozess spielt. Ex-Inhaftierte mit unterstützenden Familien werden mit größerer Wahrscheinlichkeit Drogenkonsum und kriminelle Aktivitäten meiden (Zurhold et al. 2011; Stöver & Thane 2011; WHO & UNODC 2009). Obwohl Frauen einige Bedürfnisse der Männer teilen, weisen wir nachdrücklich auf besondere Bedürfnisse hin (Krucsay 2007; Hedderman et al. 2011).

Das Konzept gendersensibler Programme ist relativ neu und hat erst in den letzten 15 Jahren Beachtung gefunden (White 2012). Inhaftierte Frauen wurden als sozial und ökonomisch marginalisiert beschrieben. Sie haben besondere Bedürfnisse, welche auf ihre durch traumatische Viktimisierungen, Drogenkonsumgeschichte und Aspekte mentaler Gesundheit geprägte Biographien zurückzuführen sind (Wright et al. 2012; Fretz et al. 2007; WHO 2001; WHO & UNODC 2009). Die Forschung über Straftäterinnen fördert konsistent gering ausgeprägte Bildungsabschlüsse und unzureichende berufliche Fähigkeiten zu Tage, welche sie auf gering bezahlte und gering qualifizierte Beschäftigung festlegen. Vor ihrer Inhaftierung sind sie häufig finanziell von anderen abhängig (z. B. Partner, Familienmitglieder oder öffentliche Transferleistungen) und viele lebten zeitweise obdachlos oder in Notunterkünften. Darüber hinaus sind Frauen vor ihrer Inhaftierung und unmittelbar nach der Haftentlassung mit größerer Wahrscheinlichkeit für jüngere Kinder verantwortlich. Zusammen genommen zeigen diese Faktoren den Bedarf für frauenzentrierte Programme.

Befürworter:innen gendersensibler Nachsorgeprogramme identifizierten fünf Hauptbereiche von Bedürfnissen mit besonderer Wichtigkeit für Frauen: Versorgung der Kinder, Entwicklung elterlicher Fähigkeiten (1); Gesundheitsversorgung, Beratung hinsichtlich psychischer Gesundheit, Behandlung von Drogenmissbrauch (2); Wohnraum und Mobilitätsdienste (3); Bildung, Beschäftigung und Arbeitsqualifikation (4); sowie soziale Unterstützungsprogramme (5) (Scroggins & Malley 2010). Generell empfehlen die Vertreter:innen, dass Nachsorgeprogramme ein Kontinuum von Dienstleistungen in drei Phasen bereitstellen (Garcia & Ritter 2012; Holliday et al. 2012). Phase eins - die institutionelle Phase des Programms - dreht sich um die Bedürfnisermittlung und die Erfassung institutioneller Angebote. Phase zwei, die generell in den Wochen unmittelbar vor der Rückkehr der Gefangenen nach Hause angesiedelt ist, fokussiert besonders die Pläne der Gefangenen für ihre Rückkehr in die Familie und Gemeinschaft. Die dritte Phase, die Integration in die Gemeinschaft, schließt eine Folgemaßnahmephase ein, in der ein:e Caseworker:in mit der Klientin unmittelbar nach der Haftentlassung Kontakt hält.

„Übergangsmanagement" (Matt 2014) oder „Betreuung durch die Pforte hindurch" (Prison Reform Trust 2011) sind zwei Ausdrücke für umfassendere Programme, die die Phasen zwei und drei zu einer Maßnahme verbinden. Übergangsmanagement beinhaltet die Zusammenarbeit mehrerer Stellen für die soziale Reintegration von Menschen, die aus dem Gefängnis in ihr Umfeld zurückkehren. Diese gemeinsamen Anstrengungen schließen Strafrechtsbehörden, Einrichtungen der Straffälligenhilfe sowie allgemeine und gesundheitliche Dienstleister ein (vgl. Wirth 2010: 81). Matt (2014) argumentiert, dass „Übergangsarbeit" ein angemessenerer Begriff sei, weil damit auf Handlungen und Prozesse verwiesen würde, die für die Erreichung eines Übergangs und der Bewältigung desselben sowohl auf individueller Ebene als auch auf der organisatorischen und gesellschaftlichen Ebene notwendig sind.

Weltweit gibt es eine begrenzte Anzahl vorhandener genderspezifischer Programme für Frauen im Gefängnis und bei Rückkehr in ihre Familien. Viele dieser Programme wurden für Männer entwickelt, haben aber dann ihren Fokus auf Frauen ausgeweitet. Im folgenden Abschnitt geben wir einige Beispiele, die wir als einige der besten Praktiken weltweit ansehen. Vor dieser Erkundung ist es nötig, einige generelle Hintergrundinformationen über vorhandene Programme zu verstehen. Nach der kritischen Durchsicht der bestehenden Literatur über genderspezifische Programme zeichnen sich drei Trends ab. Erstens, Nachsorge- oder Rückkehrprogramme unterscheiden sich nicht nur von Land zu Land, sondern auch innerhalb bestimmter Länder. Zweitens, übereinstimmend mit der Diskussion über die Unsichtbarkeit von Frauen in den globalen Justizsystemen ist festzuhalten, dass einige der existierenden Programme für inhaftierte Mütter und die meisten Programme für Frauen für die Rückkehr nach Hause, als Programme für Männer begannen, im Laufe der Zeit jedoch ausgeweitet wurden. Drittens gibt es einen Mangel an Forschung in diesem Bereich; nur wenige frauenzentrierte Programme sind bisher evaluiert worden. Dies ist ein wichtiger Trend, weil Frauen andere Prognosevariable aufweisen als Männer, wie Forschung in England und Wales nahelegt (Martin et al. 2009).

4.4 Beispiele genderspezifischer Elternschafts- und Nachsorgeprogramme weltweit

Genderspezifische Programme und – in einem geringeren Ausmaß Familienwiedervereinigungsprogramme – sind in den weltweiten Justizsystemen relativ neu. Unsere Hoffnung besteht darin, dass die Durchführung von Programmen in diesem Bereich und auch die Evaluationsforschung sich im Verlaufe der kommenden Jahrzehnte ausweitet und weiterentwickelt. Die folgenden zusammenfassenden Darstellungen beziehen sich auf einige der unseres Erachtens besten Praktiken für weibliche Straffällige und ihre Kinder. Besondere Beachtung haben wir evaluierten Programmen gegeben.

4.4.1 Dänemark: Das „Familienhaus Engelsborg“

Eines der fortschrittlichsten und einzigartigen Wiedervereinigungsprogramme für Kinder inhaftierter Eltern ist das Familienhaus in Lyngby, Dänemark (Bundesarbeitsgemeinschaft für Straffälligenhilfe e.V., Chance e.V. Münster und Der Paritätische Landesverband NRW e.V. 2013). Heute handelt es sich um das einzige Gefängnis, das auf den Bedürfnissen der Kinder inhaftierter Eltern gegründet ist. Wenn es nach Ansicht des Sozialdienstes des dänischen Strafvollzugssystems im besten Interesse des Kindes ist, wird einer:einem Gefangenen erlaubt, mit ihrem:seinem Kind und Partner:in während der letzten Phase der Inhaftierung zusammenzuleben. Während die Mobilität der:des Gefangenen in dieser Phase des Zusammenlebens begrenzt ist, gelten Partner:in und Kinder nicht als Gefangene und können sich frei bewegen. Das Programm ermöglicht nicht nur inhaftierten Eltern und ihren Kindern eine einzigartige Gelegenheit zum Zusammenleben, es stellt auch Dienstleistungen einer Familientherapeutin und eines Sozialarbeiters zur Verfügung. Eltern müssen für das Programm eine Anzahl von Risikobewertungen erfüllen und sich der Zeit des Haftendes nähern. Während des letzten Abschnitts der Inhaftierung kann sie:er in einer Wohnung mit seiner:ihrer Familie leben. Seit der Einführung des Projekts 2005 haben 89 Gefangene das Programm durchlaufen, davon 39 Frauen (persönliche Information aus einem Gespräch von Co-Autor Hagemann mit der Anstaltsleiterin im August 2014). Die vorläufigen Evaluationsergebnisse zeigen positive Entwicklungen der einbezogenen Familien; darunter eine Stärkung von Selbstwirksamkeit, Selbstbewusstsein und Verantwortungsgefühl der Eltern (Halmø 2008).

4.4.2 Nordirland: Das Inspire Women's Project

In Nordirland machen Frauen nur 3 % aller Strafgefangenen aus, aber die Forschung in diesem Bereich weist auf beträchtliche mentale Gesundheitsprobleme und Drogenmissbrauch (O'Neill 2011). Entsprechend entwarf das Probation Board of Northern Ireland ein genderspezifisches Programm: Das Inspire Women's Project. Das Projekt begann als Pilotprogramm 2008, wurde aber bis heute vom Justizministerium fortgesetzt finanziert. Das Programm ist für Bewährungshilfe-Probandinnen, die zu gemeinnütziger Arbeit verurteilt wurden, entwickelt worden. Es bietet Kinderbetreuung für die Teilnehmerinnen und beinhaltet fünf Teilprogramme: (1) ein Lebensberatungsprogramm, das darauf abzielt, das Selbstwertgefühl und die Verantwortlichkeit zu erhöhen, (2) Aggressionsbewältigung, (3) Alkohol- und Drogenberatung, (4) Arbeitsvermittlung, ein Unterprogramm, das Klientinnen Ratschläge für Beschäftigung gibt und (5) einem Mentoringprogramm, das Verbindungen zu weiblichen Mentoren in der Gemeinschaft bereitstellt. Es gibt außerdem ein erweitertes Programm für weibliche Intensiv- / Gewohnheitstäterinnen mit mehr als drei vorhergehenden Verurteilungen, das einen kognitiven Verhaltenskurs anbietet. Eine vorläufige Evaluation des Gesamtprogramms 2010 erbrachte Erfolge bzgl. des Selbstwertgefühls der Klientinnen sowie eine Rückfallreduzierung bei den Programmteilnehmerinnen.

4.4.3 Deutschland: Das Frauengefängnis Preungesheim

Eines der umfassendsten Programmangebote für inhaftierte Frauen und ihre Kinder betrifft die JVA Preungesheim (ähnliche Angebote gibt es in weiteren deutschen Frauenhaftanstalten). Dort können weibliche Gefangene der hohen bis höchsten Sicherheitsstufe mit ihren Neugeborenen und Kleinkindern bis zu deren 3. Geburtstag und Gefangene geringer Sicherheitsstufe bis zum 6. Geburtstag zusammenleben (vgl. Kauffman 2001; Einsele & Rothe 1982). Mütter und Kinder sind in einem separaten „Mutter-Kind-Haus“ auf dem JVA-Gelände untergebracht. Kinder im Kleinkind- und Vorschulalter besuchen eine Vorschule in der Nachbarschaft, während die Mütter der Arbeit im Gefängnis nachgehen. Außerdem ist Mutterschaft in diesem Gefängnis einer Berufstätigkeit gleichgestellt und deshalb eine Möglichkeit, Freigang zu erhalten. Mütter, die Kinder im Schulalter außerhalb der JVA haben und geeignet für einen sog. Familienfreigang sind, begeben sich mit öffentlichen Nahverkehrsmitteln zur Wohnung ihrer Kinder und helfen denen bei der Morgenroutine. Während die Kinder in der Schule sind, übernehmen die Mütter Haushaltsaufgaben wie den Einkauf oder andere Tätigkeiten. Nachdem die Kinder aus der Schule zurückkehren, unterstützen die Mütter bei den Schulaufgaben, versorgen mit Mahlzeiten und führen alle weiteren Tätigkeiten in Bezug auf das Kindeswohl durch. Nach dem Zu-Bett-bringen kehren die Mütter über Nacht in die JVA zurück. Es gibt eine enge Kooperation mit einem rein weiblichen Verein, der sich spezifisch um das Wohl der Frauen kümmert, wenn diese aus dem Gefängnis entlassen werden (vgl. Einsele & Rothe 1982 sowie Geiger & Steinert 1993).

Das bestätigt eine feministische These von Smaus (2020), wonach das Strafrecht die Mutterrolle für Frauen unangetastet lässt. Aber welchen Sinn außer purer Bestrafung hat es, Nächte im Gefängnis zu verbringen? Resozialisierungsmaßnahmen und unterstützende Angebote finden eher tagsüber statt.

4.4.4 England: Die feministische Organisation Together Women und Frauenzentren

Die positive Rolle der in England ansässigen feministischen Organisation Together Women wird im Abschlussbericht der Frauen-Justiz-Arbeitsgruppe (Prison Reform Trust 2011) hervorgehoben. Durch die feministische Bewegung inspirierte Frauenzentren haben eine recht lange Tradition: das Frauenzentrum in Nottingham wurde bereits 1971 gegründet. Das Programm „Frauen Gemeinsam“ (TWP) wurde entwickelt, um genderspezifische Ansätze für Straftäterinnen zu entwickeln und zu bewerten – konkret: die Ursachen ihrer Straftatbegehung zu identifizieren sowie Rückfälle in dieser Gruppe und den Bedarf an Haftplätzen zu senken [faktisch steigen die Zahlen in England jedoch]. Die Einrichtungen bieten Anlaufstellen aus einer Hand, Kinderkrippen und Unterstützung bei der Wohnungssuche.

TWP möchte die Bedürfnisse von Frauen in allen Phasen ihres Kontakts mit dem Strafrechtssystem einschließlich Prävention und Diversion, Inhaftierung und Reintegrationsplanung im Anschluss an eine Haft erfüllen. Durch Angebote einer niedrig-schwelligen Einrichtung, die sich nicht nur auf kriminalitätsbezogene Probleme bezieht, haben die TWP Frauenzentren ehemalige Straftäterinnen wirksam unterstützt und ihre Bedürfnisse in der Gemeinschaft erfüllt. Untersuchungen ergaben Erfolge bei der Rückfallvermeidung: nur 3 % der Frauen, die diese Angebote nutzten, begingen erneut Straftaten und nur 7 % verstießen gegen ihre Auflagen (Prison Reform Trust 2011: 1). Häufig ist die Schwelle, eine:n professionelle:n Fallmanager:in oder Sozialarbeiter:in zu kontaktieren recht hoch, besonders bei Berücksichtigung der Scham, wenn jemand erneut versagt hat. Die Frauenzentren bieten dagegen während des Wartens auf Therapie kontinuierlich Kontakt und Unterstützungsmöglichkeiten. Das Warteproblem kann durch proaktive Soziale Arbeit gelöst werden, die aus einem durch Vertrauen geprägten Setting heraus entsteht, in dem die Klientin und der:die Professionelle sich kennen und ihre Beziehung nicht auf offizielle Verabredungen beschränkt ist.

4.4.5 USA: Beispiele aus Delaware, Maine und Illinois

Die USA sind führend in der Welt bei der Inhaftierung sowohl von Männern als auch Frauen. In jüngerer Zeit wurde der Frage, wie Rückfälle durch Reintegrationsprogramme verringert werden könnten, national Aufmerksamkeit gewidmet. Seit der Einführung des *Second Chance Act* 2008 hat die Bundesregierung einen Wettbewerb über Förderprogrammen an staatlichen Stellen und gemeinnützigen Organisationen ausgeschrieben für Unterstützungen, Strategien und Angebote für Individuen, die aus dem Gefängnis nach Hause zurückkehren. Entsprechend entstanden gender-spezifische Familien- und Nachbetreuungsprogrammen in den USA, die sich auf inhaftierte Frauen und ihre Kinder beziehen. Drei dieser Programme brachten erwünschte Ergebnisse bei der Verbesserung der Beziehungen mit Kindern und / oder Verringerung von Rückfällen.

Delaware. Eines der umfassendsten Nachbetreuungsprogramme für nach Hause zurückkehrende haftentlassene Frauen ist das Crest Outreach Treatment Center im Staat Delaware (Robbins et al. 2009). Obwohl das Programm ursprünglich für Männer entworfen wurde, ist es nun für alle Individuen geöffnet, die mit einer Abhängigkeitsproblematik aus dem Gefängnis nach Hause zurückkehren. In einer Freigang-Therapie Umgebung absolvieren die Klient:innen ein sechsmonatiges Programm währenddessen sie entweder arbeiten oder an kommunalen Bildungsmaßnahmen teilnehmen. Das CREST-Programm bietet eine umfassende Behandlungsumgebung, entworfen um Verhalten, Einstellungen, Gefühle und Werte der Klient:innen zu ändern. Das Behandlungszentrum beschäftigt professionelle Berater:innen und frühere CREST-Absolvent:innen, die die Klient:innen durch ein Programm gegenseitiger Selbsthilfe begleiten. Nach erfolgreicher Absolvierung des Behandlungsprogramms über mehrere Wochen dürfen die Klient:innen entweder ihre Kinder zu Besuch in die Behandlungseinrichtung einladen oder einen Aufenthalt zu Hause an ihrem Wohnort beantragen. Vorläufige Forschungen haben ergeben, dass die Klient:innen, die das CREST-Programm abgeschlossen haben, in den folgenden 18 Monaten deutlich seltener Verhaftungen aufwiesen als Individuen, die das Programm nicht absolvierten.

Maine. Das Übergangsprogramm für Frauen in Maines Gefängnissystem beginnt sechs Monate vor Entlassung und erstreckt sich bis zu sechs Monate danach. Es gibt einen umfassenden Übergangsplan für die Rückkehr aus dem Gefängnis nach Hause (Fortuin 2007). Das Programm ist Bestandteil des Frauenzentrums des Maine Correctional Centers. Die im Gefängnis durchgeführte Programmphase basiert auf einem individuellen Assessment (Klassifizierungsinstrument), das gemeinsam von der Strafgefangenen und dem Personal ausgefüllt wird. Bei diesem Assessment handelt es sich um einen Stärken-basierten Ansatz, der den Aufbau von Fähigkeiten, die Behandlung, Selbstwirksamkeit und Familienwiedervereinigungspläne für jede der Frauen umfasst. Ein ganzheitlicher, integrierter Ansatz wird genutzt, um die gegebene Unterstützung im Gemeinwesen (einschließlich Betreuer:innen und Anbieter aus der Gemeinde) an die erfassten Bedürfnisse jeder einzelnen Frau (z. B. in finanzieller Hinsicht, Familienzusammenführung, Wohnen, psychische Gesundheit, Substanzmissbrauch, gesundheitliche, arbeitsmarktliche / bildungs- bzw. ausbildungsbezogene Aspekte und Betreuung) anzupassen. Nach der Entlassung arbeiten die Frauen weiterhin für mindestens 90 und maximal 180 Tage mit Übergangsmanager:innen, Programmmitarbeiter:innen und gemeindezugehörigen Betreuer:innen zusammen. Folgetreffen während der Nachentlassungszeit werden von Angesicht zu Angesicht oder durch telefonische Kontakte durchgeführt. Vorläufige Forschungen mit den Programmteilnehmerinnen zeigen, dass die Frauen, die aus dem Frauenzentrum der Haftanstalt nach Hause zurückkehren, im Vergleich zu nationalen Zahlen eine signifikant geringere Rückfallquote aufweisen (17 % gegenüber 33 %).

Illinois. Ein drittes in diesen Abschnitt aufgenommenes Beispiel aus den USA betrifft das Decatur Correctional Center im Staat Illinois (TASC 2013; IDOC 2014). Diese zentrale Strafanstalt bietet sowohl ein Familienzusammenführungsprogramm als auch in Partnerschaft zwischen dem IDOC, TASC und einem Team gemeindeverankerter Partner ein Kinderbetreuungsprogramm an. Beide Programme stehen Frauen zur Verfügung, die bestimmten Kriterien entsprechen: nicht-gewalttätige Täterinnen, die beim Illinois Department of Children and Family Services nicht aktenkundig sind. Frauen beider Programme (Familienzusammenführung und Mutter & Kind) sind in einem getrennten Flügel des Gefängnisses untergebracht und verpflichten sich, an umfassenden Bildungs- oder Ausbildungsmaßnahmen und an Beratung teilzunehmen. Das Programm in diesem besonderen Flügel bezieht sich auf fünf Kernbereiche: (1) Förderung von Unterstützungsnetzwerken, (2) Kurse für Elternschaft, (3) Heilung bzgl. erlittenem Missbrauch und Trauma, (4) Beratung zu Substanzmittelmissbrauch und (5) Vorbereitung für den Übergang nach Hause in die Familie und Gemeinde. Während Frauen im Familienzusammenführungsprogramm Kontaktbesuche ihrer Kinder für bis zu acht Stunden täglich zugestanden wird, leben die Frauen im Kinderbetreuungsprogramm mit ihren Kindern bis zum vollendeten zweiten Lebensjahr zusammen. Das *Gesetz zur Einräumung einer zweiten Chance* aus dem Jahre 2011 hat erweiterte Nachbetreuungsprogramme für Frauen im Kinderbetreuungsprogramm möglich gemacht. Wie auch den Familienzusammenführungsteilnehmerinnen stehen ihnen das Fallmanagement und auch Hausbesuche durch TASC-Personal laufend zur Verfügung, was beim Zugang zu Diensten und Unterstützungen in der Gemeinde hilft. Seit Einführung des Mutter-&-Kind-Programms 2007 bis 2014 sind 59 Mütter mit ihren Neugeborenen im Decatur Correctional Center untergebracht worden und nur eine musste innerhalb von drei Jahren nach ihrer Entlassung in das Gefängnis zurückkehren.

Zusammenfassend ist festzuhalten, dass inhaftierte Frauen spezifische Bedürfnisse haben – insbesondere aus Drogenabhängigkeit, dem Ausgesetztsein gegenüber Missbrauch und Traumata, geringem Selbstwertgefühl, begrenzter beruflicher Qualifikation und familiären Verpflichtungen resultierend – welche gender-spezifische Programme erforderlich machen. Die Programme im Gefängnis, die wir herausgehoben haben, verfolgen einen umfassenden Ansatz, sprechen die biographische Vergangenheit der Frauen an und fokussieren die Ausbildung von Fähigkeiten für erfolgreiche Wiedervereinigung mit ihren Familien und Reintegration in ihre Gemeinschaften. Es ist notwendig, nachhaltige Wiedereingliederungssysteme sowohl auf formeller Ebene als auch in informellen Unterstützungsnetzwerken zu haben, damit haftentlassene Frauen nicht wieder ins Gefängnis müssen. RJ als eine Philosophie der Verbundenheit und der Gemeinschaftsbildung hat bei diesem kritischen Übergang aus dem Gefängnis nach Hause viel zu bieten. Dieses Konzept soll im abschließenden Abschnitt als eine von mehreren Empfehlungen zur Sprache kommen.

5. Schlussfolgerung und Empfehlungen

Bis hierher haben wir gezeigt, dass inhaftierte Frauen gegenüber inhaftierten Männern im Nachteil sind; ihre Bedürfnisse werden kaum in Betracht gezogen und es gibt weniger Gelegenheiten, an Programmen teilzunehmen, um sich für bessere Lebensumstände nach der Entlassung aus dem Gefängnis vorzubereiten. Wir müssen Antworten darauf finden, wie eine Reintegration nach der Entlassung erreicht werden kann und wie Rückfälle verhindert werden können. Außerdem müssen wir fragen, wie die Folgen der Inhaftierung von Müttern für Kinder kompensiert werden können und wie Muster intergenerationeller Hafterfahrungen (vgl. Halsey & de Vel-Palumbo 2020) unterbrochen werden können. In diesem Abschnitt geht es um vier Empfehlungen, von denen drei ihren Ausgangspunkt beim Gefängnis haben.

5.1 Die Abschaffung von Freiheitsstrafen

Engagierte Feministinnen (z. B. Radosh 2008 und Chesney-Lind 1989; 2002) haben überzeugend nachgewiesen, dass die große Mehrheit der inhaftierten Frauen langwährende Misshandlungen und Traumata erlebt haben, die dazu führten, Straftaten zu begehen. Sie sind nicht nur Täterinnen, sondern auch Überlebende. Andere Forschungen beschreiben, wie Misshandlung und Traumata verbreitete Pfade in die Kriminalität für Täterinnen darstellen (vgl. Beichner & Rabe-Hemp 2014 für einen Überblick). Radosh (2008) Abhandlung bietet einen Überblick über die kognitive Dissonanz, die diese Situation für die inhaftierten Frauen darstellt. Viele der Frauen, die durch ihre Intimpartner oder Väter schwer viktimisiert wurden, müssen ansehen, dass ihre Angreifer entweder gar nicht oder nur in sehr geringer Form für ihr gewalttätiges Verhalten bestraft worden sind. Wenn diese Frauen gleichzeitig ungefährliche Straftaten begehen, werden sie vom Strafrechtssystem hart bestraft.

Darum lautet unsere erste Empfehlung in Übereinstimmung mit einer Forderung der britischen Frauen-Justiz-Arbeitsgruppe (Prison Reform Trust 2011: 3) Gefängnisse und Freiheitsstrafen für weibliche Täterinnen abzuschaffen[84]. Auf diese Weise würde sowohl die Situation der kognitiven Dissonanz (Radosh 2008) als auch die kollateralen Folgen der Inhaftierung von Müttern für ihre minderjährigen Kinder aus der Welt geschaffen. Selbstverständlich würde diese Maßnahme auf die Untersuchungshaft ausgeweitet (vgl. Edgar 2004 für eine gender-spezifische fehlerhafte Anwendung im Vereinigten Königreich) und auf Ersatzfreiheitsstrafen (Haft für nicht gezahlte Geldstrafen, vgl. von Hofer 2002 für das schwedische

---

[84] Diese Forderung hat zwei Arten der Kritik hervorgerufen: a) die Umsetzung würde gegen den Gleichbehandlungsgrundsatz von Frauen und Männern im Grundgesetz verstoßen. Es wäre uns durchaus willkommen, auch für männliche Gefangene, insbesondere für den Jugendstrafvollzug, zu prüfen, inwieweit dieser noch zeitgemäß, zweckmäßig und gerecht ist. Das wäre jedoch ein anderes Thema. b) Es gibt auch unter Frauen „gefährliche Menschen“ bspw. die verurteilte Rechtsterroristin Beate Tschäpe, vor denen die Gesellschaft geschützt werden müsse. In der Tat bedeutet die Abschaffung der Freiheitsstrafe allerdings nicht, dass damit gleichzeitig die Forensik und die Maßregel „Sicherungsverwahrung“ abgeschafft wird. Aktuell 2012 wären davon in Deutschland zwei Frauen betroffen.

Haftvermeidungsmodell). Obwohl die Abschaffung des Gefängnisses der Hauptvorschlag dieser Empfehlung ist, müssen – auch im Sinne Wallers (2011) –, Behandlungsangebote für die Opfer damit verbunden werden. Opfer benötigen Unterstützung durch individuelle oder Gruppentherapie bei ihren Copingversuchen mit vergangenen Viktimisierungen und mit Traumata. Dies sollte durch Kompensationszahlungen an Opfer für Kosten, die aus der Opferwerdung entstanden sind, finanziert wird.

Die Abschaffung von Freiheitsstrafen für Frauen könnte als Verletzung des Gleichbehandlungsgrundsatz von Frauen und Männern angesehen werden. Aber es ist nicht bloß eine Frage der Gleichbehandlung. Im Gefängnissystem wird Gleichbehandlung häufig mit einheitlicher Behandlung verwechselt; Frauen werden behandelt, als wären sie Männer (Home Office 1997, § 3.46). Besonders in Verbindung mit dem gegenwärtigen „Diskurs über Gefährlichkeit" sehen wir keine realistische generelle abolitionistische Perspektive, aber die Möglichkeit, Freiheitsstrafen zumindest für nicht-gefährliche Täter:innen oder für bestimmte Delikte wie bspw. Straftaten ohne Einsatz von Waffen oder Eigentumsdelikte und Drogendelikte unterhalb einer bestimmten Geldwertschwelle abzuschaffen (vgl. u. a. WHO and UNODC 2009; Prison Reform Trust 2011). Bei Abschaffung der Freiheitsstrafe für nicht-gefährliche Taten würden weibliche Strafgefangene maximal 10 % der aktuellen weiblichen Gefängnispopulation ausmachen, was gleichzeitig die Anzahl der Kinder reduzieren würde, die durch die Folgen betroffen wären. Würden all die Gelder, die durch die Einsperrung nur noch der „gefährlichen" Männer und Frauen nötig wären, eingespart und für unterstützende Handlungen eingesetzt (vgl. Waller 2008), dann wäre der Vorschlag zumindest kostenneutral. Außerdem würde er auf lange Sicht sogar zu beträchtlichen Einsparungen führen, weil viele der betroffenen Kinder eher zu Steuerzahler:innen heranwachsen würden als zu marginalisierten Außenseiter:innen. Für den Großteil der verbleibenden Gewalttäterinnen gelten gleichwohl alle Überlegungen, die im vorhergehenden Abschnitt angestellt wurden, in denen die Taten aufgrund eines ausgegrenzten Status oder aus der Opfersituation heraus hervorgegangen sind.

5.2 Wandlung bestehender Gefängnisse in Restorative Gefängnisse

Kann die abolitionistische Strategie nicht umgesetzt werden[85], dann müssen Frauengefängnisse fundamental nach einem RJ-Ansatz umgestaltet werden. Im

[85] Bianchi (1994) hat in seiner Arbeit über Freistätten gezeigt, dass das Gefängnis für Straftäter:innen eine relativ neue Einrichtung ist und dass vergangene Gesellschaften mit schweren Viktimisierungen in einer Weise umgegangen sind, die wir als restorativ bezeichnen würden.

Mittelpunkt „restorativer Gefängnisse“ steht eine „Kultur des Respekts“ mit einer opfer-orientierten Perspektive einschließlich Opfer-Empathie-Trainings und mediativer Verfahren (vgl. van Ness 2007; Hagemann 2003a). Seit 1998 wurde so ein Modell in Belgien eingeführt (Mariën 2010; Robert & Peters 2003) und seit 2000 im Vereinigten Königreich; es wurde in verschiedenen Männer- und Frauengefängnissen umgesetzt (Newell 2002; Edgar & Newell 2006). „Restorative Gefängnisse“ sind gekennzeichnet durch eine Orientierung an Opferbelangen, eine größere Durchlässigkeit zwischen dem Gefängnis und der Gemeinde (z. B. Gefangene, die Dienstleistungen für das Gemeinwesen erbringen; Zugang für Mitglieder der Gemeinde zum Gefängnis) und eine Offenheit für Engagement von außen (z. B. Opferhilfe, RJ-Organisationen, kommunale oder kirchliche Organisationen). Aber die RJ-Berater:innen in Belgien sahen sich bei der Veränderung bestehender Praktiken Problemen mit den Bediensteten und der traditionellen Gefängnishierarchie gegenüber (vgl. auch Correctional Service Canada 2011).

Obwohl die Philosophie der RJ bereits erfolgreich in Strafrechtssystemen weltweit umgesetzt wird, erfolgt diese ganz überwiegend in Diversionsprogrammen vor einer strafrechtlichen Verurteilung und ermöglicht den einbezogenen Parteien ihre strafrechtlichen (oder zivilrechtlichen) Streitigkeiten selbst in der Form mediierter Dialoge zu lösen, bevor ein formelles Gerichtsverfahren nötig wird. In einigen Ländern gibt es RJ-Methoden und Verfahren auch auf der Ebene nach einer gerichtlichen Entscheidung (post-sentencing). Das heißt Opfer und Täter – ggf. unterstützt durch Vertraute aus ihren informellen Netzwerken – versuchen den sozialen Frieden trotz, nach oder zusätzlich zur Bestrafung in einem dialogischen Prozess (wieder)herzustellen. Die Teilnahme an RJ ist freiwillig. Deshalb ist die „Ownership“ ein zentraler Aspekt, das Eigentum am eigenen Konflikt (Christie 1977). Die Teilnehmenden bestimmen darüber, wie und wo ein solcher Prozess stattfinden und wer dabei einbezogen wird. Der Fokus liegt auf Lebensweltakteuren[86], dem informellen Netzwerk von Schlüsselpersonen, die sie aufgrund ihrer Verstrickung in die Gemeinschaft(en) sind. Professionelle (Systemakteure) werden für bestimmte Fragen einbezogen, bestimmen aber weder den Prozess noch das Ergebnis. Die Kernperson – in diesem Falle die weibliche Strafgefangene – entwickelt gemeinsam mit ihren Unterstützer:innen einen Plan und alle übernehmen auch die Verantwortung für die Umsetzung. Professionelle können den Plan kritisch prüfen und

[86] Der Begriff „Lebensweltakteure“ leitet sich aus Husserls (1977) Konzept der Lebenswelt ab, das von Schütz & Luckmann (1979) weiterentwickelt wurde. Mit dem Konzept Lebenswelt haben die Menschen auf der Grundlage ihres Alltagsverständnisses, das subjektiven Überzeugungen oder traditionellen Überlieferungen folgt, eine gewisse Handlungsautonomie, wohingegen das Konzept System durch eine andere, rationale Logik organisiert ist (vgl. Habermas 1981). „Lebensweltakteur“ bezeichnet somit eine gewöhnliche Person, die nicht als Professionelle oder Experte des Strafrechtssystems auftritt.

sollen die einzelnen Teile explizit akzeptieren, sofern Kosten von öffentlicher Hand oder der Gemeinde zu tragen sind oder sofern bestimmte Entscheidungen ihrer Zustimmung bedürfen (z. B. die Entlassung aus dem Gefängnis oder bestimmte Bedingungen von Sicherheitsleistungen).

5.3 Spezifische RJ Verfahren im Zusammenhang mit der Haftentlassung

Gemäß dem Ownership-Konzept der RJ werden Nachsorgepläne entwickelt, die auf individuelle Bedürfnisse und Fähigkeiten sowie die besonderen lebensweltlichen Bedingungen von inhaftierten Frauen zugeschnitten sind. Weil die Gefangene im Zentrum der Anstrengungen steht und die Zusammensetzung der Teilnehmenden weitgehend selbstbestimmt ist, wird sie ernst genommen; ihre Beiträge sind willkommen und ihre Bedürfnisse werden anerkannt. In diesem Setting gibt es keinen Grund, das Ergebnis im Nachhinein in der Form zu neutralisieren, dass andere etwas über einen selbst verhängt hätten. Im Gegenteil: sie stimmt selbst explizit allen Punkten des Planes zu; im Idealfall gehen sogar die meisten Aspekte auf Vorschläge der Gefangenen selbst zurück. Diese Form der Umsetzung von RJ hat zu sehr guten Ergebnissen geführt (Sherman & Strang 2007; Shapland et al. 2011). Nach unserer Ansicht sollte dieses Modell in allen Fällen, in denen die Frauen dafür offen sind, umgesetzt werden, weil das informelle Netzwerk (z. B. Freunde, Familienmitglieder, Kolleg:innen, Nachbar:innen) integriert werden kann. Selbstbestimmte Pläne sind zielgerichteter, detaillierter, realistischer und angemessener für eine bestimmte Situation als Pläne, die durch Professionelle (z. B. reguläres Behandlungspersonal und für Entlassungsvorbereitung im Gefängnis Zuständige) erdacht wurden. Dieser RJ-Ansatz basiert auf Bindungs- und Kontrolltheorien; Reintegration in soziale Netzwerke wie Familie, Nachbarschaft, Freundeskreis und bietet eine engere Kontrolle ohnehin überwachter Personen mit der Möglichkeit zeitnäherer Intervention.

Wenn sich Gefangene in einem RJ-Prozess engagieren möchten, es aber kein informelles Netzwerk gibt oder Mitglieder des informellen Netzwerks den weiteren Kontakt ablehnen, muss dieser Ansatz modifiziert werden. Der Co-Autor besuchte die sogenannte glaubensbasierte Abteilung des Rimutaki-Gefängnisses für männliche Gefangene in Neuseeland (vgl. Workman 2007). Hier führte die christliche Gemeinschaft der naheliegenden Großstadt intensiv Freiwilligenarbeit mit den Gefangenen durch und half bei deren Reintegration in die Gemeinde nach der Entlassung durch Bereitstellung von Bewerbungshilfe, Wohnraum und Unterstützung in diversen Problemzusammenhängen. Wir befürworten diesen Ansatz auch für Frauen, die aus dem Gefängnis nach Hause zurückkehren. Bei Abwesenheit eines bestehenden informellen Unterstützungsnetzwerks sollten Freiwillige aus der Gemeinde herangezogen werden.

5.4 Bewusstes Übergangsmanagement

Die vierte Empfehlung betrifft das Übergangsmanagement, das bei den Defiziten der inhaftierten Frauen ansetzt (z. B. Beschäftigungsverhältnis, Bildung, Drogenmissbrauch, psychische Erkrankung, Schulden und Wohnen). Im Gegensatz zu RJ-basierten Interventionen ist dieser Ansatz moralisch neutral und wird hauptsächlich durch Strafrechtspraktiker:innen in Verbindung mit Professionellen des Gesundheitssystems und sonstiger persönlicher Dienstleistungen erbracht. Einzige Voraussetzung für die Strafgefangenen ist eine Bereitschaft, sich zu ändern durch Verzicht auf illegalen Drogenkonsum und Begehung von Straftaten (vgl. Maruna 2006; Matt 2014). Der Ansatz setzt eine Vertrauensgrundlage in Bezug auf den:die Fallmanager:in voraus und deshalb wird empfohlen, möglichst während des gesamten Prozesses, der einige Monate vor der Entlassung beginnen sollte und normalerweise bis sechs Monate danach andauert, dieselbe/n Kontaktperson/en zuzuordnen. Während eine vertrauensvolle Beziehung mit Freunden und Familienmitgliedern über viele Jahre wächst, erfordert dieser Ansatz das Eingehen einer stärkeren Bindung innerhalb eines kurzen Zeitrahmens. Die meisten Fallmanagementprogramme laufen über einen begrenzten Zeitraum, die professionelle Kontaktperson verschwindet in der Regel nach ca. einem Jahr wieder aus dem Leben der Zielperson. Das kann besonders für Menschen mit negativen Bindungserfahrungen, die nur sehr zurückhaltend persönliche Energie in kurzzeitige Beziehungen investieren, problematisch sein.

Übergangsmanagement sollte deshalb mit einem RJ-Ansatz im Hintergrund, der auf der Einbindung informeller Netzwerke gründet, umgesetzt werden. Frühere Forschungen legen nahe, dass traditionelle, formale Ansätze des Übergangsmanagements eher für männliche Täter und Haftentlassene greifen als für Frauen (Holst 2004). Das Übergangsmanagement scheint sich wenig von anderen traditionellen Ansätzen der Arbeit mit Straffälligen zu unterscheiden. Die Besonderheit liegt bei der Koordination und dem Zusammenführen ehemals verstreuter Ressources, die von der ehemals inhaftierten Person selbst zusammengeführt werden mussten. Es bleibt aber dabei, dass die vormals Inhaftierten häufig wenig Selbstvertrauen haben und eine eher abwartende Haltung bzgl. ihrer Nachsorgepläne einnehmen. Das informelle Netzwerk der Straftäterin wird zuweilen nicht einbezogen und die – wiewohl unvollständige – formelle Kontrolle wird nur als solche wahrgenommen, nicht als Unterstützung. Durch die Nutzung eines RJ-Ansatzes beim

Übergangsmanagement können wir Straffällige und Strafgefangene umfassender unterstützen und ihnen helfen, in ihre Zukunft zu investieren. Das bedeutet, wie McNeill (2006:47) beobachtete, „es zählen nicht bloß Maßnahmen und Veränderungen, sondern es geht darum, was diese Ereignisse und Veränderungen den Betroffenen bedeuten“. Obwohl unerwünschte Entwicklungen zu spät erkannt werden könnten, ist das traditionelle Übergangsmanagement die einzige vielversprechende Option für Individuen ohne soziales Netzwerk oder ohne Offenheit für RJ Verfahren.

Zusammenfassend ist festzustellen, dass viel zu viele Frauen gezwungen werden, Jahre ihres Lebens hinter Gittern zu verbringen, selbst wenn sie keine gefährlichen Straftaten begangen haben. Im Gegenteil: sie waren Opfer schwerer Viktimisierungen in ihrer Kindheit und in ihrem Leben als Erwachsene. Verglichen mit inhaftierten Männern erhalten inhaftierte Frauen weit weniger Aufmerksamkeit und bekommen wegen ihrer Marginalisierung weniger Gelegenheiten, sich auf die Reintegration im Anschluss an die Gefangenschaft vorzubereiten. Programme, die auf die Bedürfnisse inhaftierter Frauen zugeschnitten sind, sind selten. Außerdem gibt es einen Mangel an Nachsorgeprogrammen für Frauen generell. Frauen, die das Gefängnis verlassen, haben typischerweise nur Zugang zu allgemeinen – vorwiegend mit Männern befassten – Unterstützungsorganisationen, deren Fokus häufig auf Kontrolle abstellt.

Diese gesellschaftliche Vernachlässigung ist besonders deshalb problematisch, weil Frauen häufig die primären Versorgungspersonen für ihre Kinder sind. Indirekt werden diese Kinder durch die Inhaftierung ihrer Mütter sozusagen kollateral mitbestraft. Der Gesellschaft sollte bewusst sein, dass sie im späteren Leben in die Fußstapfen ihrer Mütter treten könnten (vgl. Halsey & de Vel-Palumbo 2020). Anstelle von Strafe und formeller Kontrolle benötigen die Mütter und ihre Kinder Unterstützung in ihren häufig sehr herausfordernden Lebenserfahrungen. Diese Hilfe kann durch Professionelle aus der Sozialen Arbeit und dem Gesundheitssystem erfolgen. Weil viele der Frauen sehr schlechte Erfahrungen in der männerdominierten Welt gemacht haben, sollte dies vorzugsweise durch genderspezifische Institutionen geschehen wie die Frauenzentren in England oder dem Frauenprojekt in Frankfurt-Preungesheim. Beide genderspezifischen Ansätze scheinen sehr erfolgreich dabei zu sein, vertrauensvolle Beziehungen aufzubauen und die Frauen in ihrer Abwendung von Kriminalität zu stützen. Gegenwärtig bietet auch das Übergangsmanagement einen vielversprechenden Ausblick.

Obwohl professionelle Unterstützung notwendig ist, deckt sie doch nur einen Teil des Lebens ab. RJ-Initiativen, die auf die Versöhnung der ehemaligen Strafgefangenen mit ihrer Gemeinschaft – in dem Maße, in dem dies möglich ist – und auf die Reintegration in ihren Kreis von Vertrauten aus Verwandten, Freunden und Nachbarn abzielen, können noch wichtiger sein. In kriminologischen Begriffen formuliert, sollte der Fokus auf den informellen Kontrollstrukturen liegen, die rund um die Uhr zugänglich sind und nicht primär kontrollieren, sondern Zuwendung und Unterstützung bieten. Häufig geht es bei den dort vertretenen Personen um zeitlich langandauernde Beziehungen und diese können mit Vertrauen aufgebaut oder wiederhergestellt werden, um die Nachsorge zu planen. Langzeitbeziehungen sind viel zuträglicher für die Nachsorge als die eher kurzzeitigen Beziehungen mit Professionellen. Mitglieder des informellen Netzwerks müssen jedoch selbst durch Anbieter von gesundheitlichen und anderen sozialen Diensten unterstützt werden.

Die Befassung mit weiblicher Kriminalität stützt generell nicht die Argumente für die Freiheitsstrafe, zumindest nicht für 90 % der Frauen, die gegenwärtig inhaftiert sind. So lange Freiheitsstrafen existieren, müssen wir uns auf die Nachsorge und Reintegration fokussieren. Sinnvoller wäre es, diese Frauen gar nicht erst mittels Haft aus der Gesellschaft auszuschließen. Die durch Inhaftierung gegebene Exklusion ist häufig Ergebnis einer vorhergehenden gesellschaftlichen Exklusion von Frauen in einer Männer-dominierten Welt. Es würde eine Menge Geld und Leid ersparen – sowohl für die inhaftierten Mütter als auch ihre Kinder – wenn die Exklusion aus den primären gesellschaftlichen Funktionssystemen Bildung, Arbeitsmarkt, Gemeinwesen und Recht durch adäquate Genderpolitik verhindert würde.

Fünf Fragen:

1. Programme und Praktiken, die den RJ-Ansatz verkörpern, können wirksame Alternativen zur Freiheitsstrafe darstellen, versprechen bessere Reintegration für Individuen, die Straftaten begangen haben und vermeiden die negativen Nebenwirkungen der Haft. Welche potentiellen RJ-Praktiken wären für weibliche Straffällige besonders geeignet?

2. Einige staatliche (z. B. der Europarat, die Weltgesundheitsorganisation und UNODC) und nicht-staatliche (z. B. Quäker) transnationale Organisationen haben die Notlage weiblicher Strafgefangener erkannt und durchdachte Empfehlungen entwickelt. Wie können diese mit wissenschaftlichen Erkenntnissen übereinstimmenden Empfehlungen, in bindende gesetzliche Vorschriften und Strafrechtspolitiken umgesetzt werden?

3. Gegenwärtig scheinen die Vereinigten Staaten der (negative) Trendsetter zu sein, wenn es um die Entwicklung von Freiheitsstrafen geht. Wie können Beispiele von Ländern mit geringen Inhaftierungsraten zu einer Trendumkehr beitragen?

4. Viele schwer durch ihre Intimpartner oder Väter viktimisierte weibliche Gefangene sehen, dass ihre Peiniger für die Taten entweder gar nicht bestraft werden oder nur minimal. Gleichzeitig werden diese Frauen für die Begehung nicht-gefährlicher Straftaten durch das Strafrechtssystem schwer bestraft. Wie können wir Achtsamkeit und Gerechtigkeit innerhalb des Strafrechtssystems erreichen?

5. Welche der vier von uns vorgeschlagenen Reformen – die Abschaffung der Freiheitsstrafen für nicht-gefährliche Täter:innen, die Wandlung bestehender Haftanstalten in restorative Gefängnisse, ein Programm restorativer Nachsorge und das Übergangsmanagement – ist die praktikabelste Art, eine Änderung für Straftäterinnen herbeizuführen?

„Ausländische Täter“ als strukturelle „Opfer“?[87] [88]

1. Einleitung

Im Sinne einer Allgemeinen Viktimologie frage ich im folgenden Beitrag, ob Migrant:innen im deutschen Strafrechtssystem diskriminiert werden, um das Täter-Opfer-Thema zu variieren und strukturelle Opferwerdungen in den Blick zu nehmen.[89]

Ich werde mich zunächst kurz mit unserer gegenwärtigen Gesellschaft – insbesondere der Bevölkerungszusammensetzung – befassen, um mich dann auf das Teilsystem Strafrecht zu konzentrieren. Fokussiert auf „Ausländer:innen“ möchte ich den Spuren von Diskriminierung im Strafrechtssystem nachgehen. Neben der strukturfunktionalistischen Systemperspektive wird auch der Labeling-Ansatz eine bedeutende Rolle spielen, weil ich davon ausgehe, dass Kriminalität und Kriminelle in einem vierstufigen sozialen Prozess konstruiert werden. Entsprechend werde ich auf der ersten Stufe das stark von Medien und dem Politik-Diskurs geprägte konkrete historische soziale Klima thematisieren. Dann sollen die Interaktionen der „Opfer“ und „Zeug:innen“ mit der Polizei im Rahmen von Anzeigeerstattungen im Mittelpunkt stehen. Auf der dritten Stufe wird die staatsanwaltschaftliche Bearbeitung dessen betrachtet und auf der vierten Stufe geht es um die gerichtlichen Ergebnisse, insbesondere die Verurteilungen zu Freiheitsstrafen. Das am Beispiel der „Ausländer:innen“ erzielte Ergebnis der strukturellen Diskriminierung durch „das System“ wird schließlich in einen theoretischen Kontext gestellt und wirft sowohl moralische als auch pragmatische (sozialpädagogische) Fragen auf, die im Rahmen der Schlussfolgerung erörtert werden sollen.

2. Unsere gegenwärtige Gesellschaft

Der Soziologe Pongs (1999, 2000) hat in mehreren Bänden versucht, die Frage zu beantworten, in welcher Gesellschaft wir eigentlich leben? Im Sinne zügiger

[87] Dieser Beitrag erschien 2012 in: Boers, K. (Hrsg.). Kriminologische Perspektiven. Wissenschaftliches Symposium zum 70. Geburtstag von Klaus Sessar. Münster, New York: Waxmann Verlag. S. 139-161.

[88] Als ehemaliger Mitarbeiter verdanke ich Klaus Sessar Entscheidendes. Mit dem Stellenantritt erschloss sich mir der Bereich der Viktimologie als neues Arbeitsfeld. Bereits vor jenem Zeitpunkt hatte mich der abolitionistische Diskurs erreicht, bei dem Strafgefangene als Opfer gesellschaftlicher Exklusion konzipiert wurden. Mit dem „Schadenswiedergutmachungsprojekt“ tat sich nun ein neues Spannungsfeld auf, was mich seit damals nicht mehr losgelassen hat, nämlich die Perspektiven von Opfern und Täter:innen zu verbinden. Meines Erachtens ist dieses Unterfangen erst mit dem Auftreten der Restorative Justice sowohl theoretisch als auch praktisch befriedigend angegangen worden.

[89] Nach einem Kontinuum der Opferwerdungen stellt Diskriminierung eine vielleicht „milde“ Form, aber gleichwohl eine Opferwerdung dar (vgl. Hagemann 1993).

Komplexitätsreduktion beschränke ich mich darauf, unsere Gesellschaft im postmodernen Sinne für relativ unübersichtlich zu halten, in höchstem Maße differenziert und arbeitsteilig, womöglich ohne einendes Kollektivbewusstsein (vgl. Durkheim 1968) und mit eher geringer informeller sozialer Kontrolle ausgestattet. Für die Glücklichen bietet diese Gesellschaft weitgehende (Konsum-)Freiheiten. Als Kehrseite erzwingt sie bereits von Kindern und Jugendlichen, diese Freiheiten durch Entscheidungen für konkretes situatives Handeln zu reduzieren: Wie orientiere ich mich angesichts der Vielzahl von Möglichkeiten? Soll ich diese oder jene Droge ausprobieren und / oder eine Familie gründen? Systemtheoretisch geht es um Komplexitätsreduktion und Leitdifferenzen. Für große Bevölkerungsgruppen lautet die zentrale Leitdifferenz: zugehörig oder nicht? Für das „untere Drittel" (Beck 1986) hat sich die auf „positive Güter" (vgl. Sack 1978) bezogene Freiheit bereits weitgehend erledigt.

Wie alle modernen Gesellschaften sollte die deutsche „als Gesellschaft von Fremden" (Scherr 1999: 52) angesehen werden. Diese Einsicht hat Simmel (1908b) bereits zu Beginn des vorigen Jahrhunderts protokolliert und damit insbesondere das sozial weniger intensiv kontrollierte städtische vom eher engmaschig informell „überwachten" ländlichen Leben abgegrenzt. Der:die Fremde kommt und bleibt vielleicht für immer. Er:Sie ist nicht verpflichtet zu bleiben, und die Gesellschaft hat keinen so vollständigen Zugriff auf ihn:sie.

Fremdheit kann sich ganz unterschiedlich bestimmen. Etablierte Gesellschaftsmitglieder lassen sich durch junge Menschen mit bunten Haaren, unkonventioneller Kleidung, Piercings und als Haustieren gehaltenen Ratten irritieren. Gruppenzugehörige – aber auch Kinder – kennen die daraus abgeleiteten Berührungsängste und Abgrenzungsbedürfnisse dagegen kaum. Fremdheit ist also kein feststehendes Merkmal, sondern relativ zu bestimmen. Die Konstruktion des „anderen" – in ihrer extremsten Form von Sündenböcken – erscheint allgemein verbreitet, also normal, und im besten Durkheimschen Sinne auch funktional für eine Gesellschaft, denn sie erlaubt die Aneignung einer Gruppenidentität, eines Zusammengehörigkeitsgefühls des „wir", also soziale Kohäsion (vgl. Elias & Scotson 1990).

Ich möchte mich im Folgenden auf „Migrant:innen"[90] als Fremde beziehen, weil diese besonders vulnerablen sozialen Gruppen seit mehreren Jahren verstärkt im Fokus der Öffentlichkeit stehen. Dabei will ich die Untersuchung ihres Opferrisikos

[90] Darunter sollen nur grenzüberschreitende Migrationsprozesse gefasst werden („Ausländer:innen", insbes. „Gastarbeiter:innen" und deren Familien, sowie Geflüchtete / politisch Verfolgte und „Aussiedler:innen"); ich rechne Nachkommen der Personen (die sog. 2. und 3. Generation) zur Gruppe dazu.

auf den strukturellen Aspekt beschränken, also fragen, inwieweit sie durch das Strafrechtssystem gegenüber Autochthonen im Nachteil sind?

2.1 Bevölkerungsstruktur und Migration

In Deutschland lebten nach Angabe des Statistischen Bundesamtes am 31.12.2007 offiziell ca. 82 Mio. Menschen. Fast 20 % davon, nämlich ca. 15 Mio. weisen einen sog. Migrationshintergrund auf, darunter gut 6,7 (Ausländerzentralregister) bis knapp 7,3 (Bevölkerungsfortschreibung) Mio. „Ausländer:innen“ (8,2-8,8 %)[91], ca. 4,5 Mio. Aussiedler:innen, ca. 2,2 Mio. Eingebürgerte (ehemalige Ausländer:innen) und ca. 1,1 Mio. Geflüchtete und politisch Verfolgte. Hinzu kommen Menschen, die von deutschen Behörden nicht offiziell registriert sind (z. B. Angehörige alliierter Streitkräfte und Diplomat:innen) und sich illegal im Land Aufhaltende. Letztere Gruppe wurde von Eichenhofer (1999: 13) auf ca. 1 Mio. Menschen geschätzt.

Im 19. und noch zu Beginn des 20.Jahrhunderts gab es eine größere Emigration vieler ärmerer Deutscher, großenteils in die USA. Während der Weimarer Zeit und zu Beginn der Naziherrschaft konnten Verfolgte emigrieren. Seit 1940 setzte in Folge des Hitler-Stalin Paktes eine Rückwanderung früherer Emigrant:innen ein. Im Kriege und unmittelbar danach kam es zur Migration von Flüchtlingen und Vertriebenen aus ehemals deutschen oder deutsch-besetzten Gebieten.[92] Seit 1955 wurden sog. Gastarbeiter:innen angeworben, bis 1973 ein Anwerbestopp verhängt wurde. Im Zuge politischer Entwicklungen in anderen Ländern kamen Geflüchtete und politisch Verfolgte ins Land, teilweise als Asylbewerber:innen. Seit einigen Jahren spielt auch die Freizügigkeit innerhalb der EU eine nennenswerte Rolle – immerhin 34,7 % der Ausländer:innen sind EU-Bürger:innen, die meisten (528.000) haben italienische Wurzeln.

Im Gegensatz zu an allen gesellschaftlichen Rechten und Pflichten partizipierenden Gruppen wie „Vertriebene“, „Aussiedler:innen“ und „Spätaussiedler:innen“ wurden für andere Migrant:innen[93] spezifische gesetzliche Regelungen geschaffen. Für unsere Fragestellung am wichtigsten sind die Regelungen, die den Aufenthalt befristen, den Erwerb der deutschen Staatsangehörigkeit normieren, die Residenzpflicht und das Arbeitsverbot für bestimmte Gruppen sowie über allem der Ausschluss von der politischen Partizipation.[94] Erst zur Jahrtausendwende und nochmals 2005 sind grundlegende gesetzliche Änderungen wirksam geworden,

[91] Davon leben etwa zwei Drittel schon seit 10 Jahren oder länger in Deutschland (22,4 % seit mindestens 30 Jahren und 35,4 % seit mindestens 20 Jahren). Vor diesem Hintergrund mutet der Begriff „Ausländer:in“ seltsam fremd und diskriminierend an.

[92] Die Einwohnerzahl Schleswig-Holsteins verdoppelte sich nahezu.

[93] Die folgenden Sachverhalte gelten nicht für den Deutschen weitgehend gleichgestellte EU-Bürger:innen.

[94] Einschlägig z. B. das AuslG von 1965, das die bis dahin geltende Ausländerpolizeiverordnung von 1938 ersetzte, sowie AsylVerfG, StaG und seit kurzem AufenthG, und Zuwanderungsgesetz.

die die größten Integrationshemmnisse überwinden könnten. Seitdem können z. B. in Deutschland geborene Kinder türkischer Eltern (und das sind mehr als 35 % aller hier lebenden „Türk:innen") bis zum 23. Geburtstag gemäß dem jus-soli-Prinzip selbst darüber entscheiden, ob sie die deutsche oder die türkische Staatsangehörigkeit nehmen wollen (bis dahin ist eine doppelte Staatsangehörigkeit möglich). Auch für außerhalb Deutschlands geborene Nichtdeutsche wurde der Wechsel der Staatsangehörigkeit erleichtert, und jedes Jahr entscheiden sich seitdem mehr als 100.000 Menschen zu diesem Schritt.

Soziologisch betrachtet ist die Integration von Migrant:innen ein Normalfall – als klassisches Beispiel gilt der US-amerikanische „melting pot" im 19. und 20. Jahrhundert, aber auch die Integration der (deutschen) Kriegsflüchtlinge und Vertriebenen oder der früheren „Ruhrpolen". Im Folgenden soll zur Veranschaulichung auf die größte Zuwanderergruppe näher eingegangen werden, die derzeit Fremde geblieben zu sein scheinen.

2.2 Die „türkischen" Einwanderer:innen

Seit Mitte der 1950er Jahre warb Deutschland in einigen Mittelmeerländern sog. Gastarbeiter:innen an, seit 1961 auch in der Türkei. Dabei galt für qualifizierte Männer eine Altersbegrenzung auf 40 Jahre, für unqualifizierte sogar auf 30 Jahre. Nach Ataman (2007) verließen 678.702 Männer und 146.681 Frauen vor allem aus ländlichen Gebieten die Türkei. Nach dem 1973 infolge einer Wirtschaftskrise verhängten Anwerbestopp wurden die bereits eingearbeiteten Arbeitnehmer:innen größtenteils von der Wirtschaft im Lande gehalten. Außerdem kam es zu einer Welle des Familiennachzugs. Um 1980 herum folgte aufgrund der veränderten politischen Situation (Militärputsch) in der Türkei eine weitere Einwanderungswelle von Asylsuchenden, darunter vieler Kurd:innen. 1960 lebten weniger als 1500 Menschen mit türkischer Staatsangehörigkeit in Deutschland, am 31.12.2007 waren es 1,714 Mio. – die größte Gruppe von Ausländer:innen.

Im Gegensatz zu italienischen, spanischen und portugiesischen Gastarbeiter:innen, die teilweise schon früher und gleichfalls in großer Zahl nach Deutschland kamen, fiel für die überwiegend moslemischen Türk:innen die katholische Kirche als Integrationsinstanz aus. Eigenen Gebetsräume oder -häuser wurden hergerichtetet (inzwischen Moscheen). Bei der religiösen Vorschrift von fünf täglichen Gebeten ist nachvollziehbar, dass man in der Nähe der Gebetsstätte wohnen möchte. Dadurch wurde eine Segregationsdynamik begünstigt, die aufgrund der Situation des Wohnungsmarktes ohnehin entstand. In eher unattraktiven und damit bezahlbaren Stadtteilen bildeten sich räumliche Subkulturen. Dass sich Fremdheit eher zuspitzt als einebnet, wenn eine Gruppe unter sich bleibt und von ihren

Nachbar:innen als anders erlebt wird, ebenfalls. Durch soziale Unterschiede und stärkere traditionelle Prägung setzt ein sich selbst verstärkender Abgrenzungsprozess ein, der mit Bildungsbenachteiligung einher geht und zu einer geringen Durchmischung nicht nur mit der autochthonen Bevölkerung, sondern auch mit anderen Minderheitengruppen führt. So passt das Phänomen der sog. „Importbräute" (Kelek 2005) in dieses Bild: Junge türkisch-stämmige in Deutschland lebende Männer heiraten in der Türkei Frauen, die wenig über ihre zukünftige Heimat wissen, und umgekehrt werden junge, in Deutschland aufgewachsene Mädchen in die Türkei gebracht und ggf. dort mit Partnern verheiratet, die die Eltern ausgesucht haben.

Überdies driftet die türkische Minderheit offenbar auseinander. Einerseits lassen sich immer mehr türkisch-stämmige Menschen einbürgern[95] und insbesondere junge Frauen sind gut integriert. Andererseits bilden sich zunehmend islamisch-fundamentalistische Kreise heraus, wenngleich einer aktuellen Untersuchung zufolge keine Anzeichen für die medial häufig angesprochene Parallelgesellschaft existieren (vgl. Halm & Sauer 2006).

Trotz Schwierigkeiten im Einzelnen scheint es im allgemeinen kaum wirkliche Integrationsprobleme mit den Menschen zu geben, die sich selbst zur Migration entschieden haben. Das Problem betrifft die zweite und dritte Generation bereits in Deutschland geborener Kinder bzw. junge Menschen, die gezwungen waren, ihren Eltern nach Deutschland zu folgen. Jene trafen auf andere, bereits hier lebende Jugendliche, die ebenfalls um Anerkennung und Status kämpften. Kennzeichnend ist eine „Kultur der Ehre" (vgl. Enzmann und Wetzels 2003) und Gewaltaffinität.

Selbstverständlich ist Diskriminierung nicht auf Migrant:innen mit türkischem Hintergrund begrenzt. Andere Minderheiten werden gebildet durch Aussiedler:innen, afrikanische und asiatische Migrant:innen und die (autochthone) Gruppe der Sinti und Roma (vgl. FUEN 2008), deren Vorfahren bereits zu Zeiten des Hl. Römischen Reiches deutscher Nation vor 600 Jahren eingewandert sind.[96]

Im nächsten Abschnitt geht es um das durch Medienberichterstattung und politische Kampagnen beeinflusste „gesellschaftliche Klima" gegenüber Angehörigen von Minderheiten.

---

[95] Im Zeitraum 2000-2005 wurden ca. 50.000 eingebürgerte frühere Türk:innen wieder ausgebürgert, nachdem sie unzulässigerweise nach der Einbürgerung erneut die türkische Staatsangehörigkeit – jetzt als zweite – angenommen hatten (ggf. konstituieren sich daraus Straftaten nach dem AufenthG!).

[96] Im Kontext des jus sanguinis-Prinzips bilden „Deutsche" eine bestimmte Ethnie. Ich halte diese Konstruktion für willkürlich, denn im Verlaufe der Geschichte haben sich diverse Stämme und Völker in dem Raum, der seit 1871 das Deutsche Reich bildet, gemischt, so dass man entweder tendenziell rassistisch denken oder willkürlich-pragmatisch bei der Bestimmung des Deutschen vorgehen muss. Warum sollen fränkische Friesen, slawische Sorben und „Donauschwaben" als Deutsche akzeptiert werden, Italiener:innen, Pol:innen und Inder:innen dagegen „Ausländer:innen" bleiben?

2.3 Kreierung von Sündenböcken

Nach Bukow (2003) ist der Mythos vom „kriminellen Ausländer“ zu einer populären Alltagswahrheit geworden. Ausländer:innen – und im Alltagsverständnis zählen auch Eingebürgerte, Aussiedler:innen oder nur fremd Aussehende dazu – eignen sich als Sündenböcke in Zeiten verbreiteter Arbeitslosigkeit und zunehmender Armut. In der öffentlich benutzten Sprache finden sich Begriffskompositionen wie „vietnamesische Zigarettenschmuggler“, „afrikanische Drogendealer“, „rumänische Einbrecherbanden“ oder „polnische Autodiebe“. Die sog. organisierte Kriminalität wird mit Ländern wie Italien, Russland oder China in Verbindung gebracht und beständig als von außen kommende Bedrohung thematisiert. Am Beispiel des sog. Münchner U-Bahn-Überfalls soll ein typischer Medienbericht skizziert werden.

Im Dezember 2007 attackierten der 20jährige Serkan A. und der 17jährige Spyridon L. in einer Münchner U-Bahn-Station brutal einen im Ruhestand befindlichen früheren Schulleiter, der dabei lebensgefährlich verletzt wurde. Der Überfall wurde von einer Kamera gefilmt und deutschlandweit im Fernsehen ausgestrahlt, so dass die Täter kurze Zeit nach ihrer Tat identifiziert und verhaftet werden konnten. Am 8. Juli 2008 verurteilte das Landgericht München den Heranwachsenden nach allgemeinem Strafrecht zu 12 Jahren Freiheitsstrafe und den Jugendlichen nach JGG zu 8 ½ Jahren Jugendstrafe. Zwischenzeitlich wurde das Ereignis intensiv öffentlich diskutiert. Diese Diskussion schlug hohe Wellen, zumal sie im hessischen Wahlkampf vom Ministerpräsidenten Koch zu einer Forderung nach härterer Bestrafung im Jugendstrafrecht und Abschiebung nicht-deutscher Täter:innen genutzt wurde. Obwohl Kochs Kampagne mit Stimmenverlusten (von 48,8 % 2003 auf 36,8 % 2008) einher ging, sprach sich der bayerische Ministerpräsident Beckstein unmittelbar nach dem Urteil zu Beginn seines Wahlkampfes in ganz ähnlicher Weise aus. Dünkel schlussfolgerte bereits Jahre zuvor, dass kriminalpolitische Debatten eng mit bestimmten ethnischen Gruppen verknüpft werden und beschuldigt namentlich die CDU, in Wahlkämpfen wiederholt restriktivere Einwanderungsgesetze und die Bekämpfung „importierter“ Kriminalität von Ausländer:innen zu fordern (vgl. Dünkel o.J.: 3).

Es handelt sich keinesfalls um „importierte“ Kriminalität. Der Heranwachsende mit türkischer Staatsangehörigkeit wurde in München geboren. Auch der griechische Jugendliche, der als EU-Bürger keinesfalls so leicht abzuschieben ist, wie die genannten Politiker suggerieren, lebte bereits längere Zeit dort. In diesem Zusammenhang sind die Forschungen der „Chicagoer Schule“ dienlich. In Chicago siedelten um die Wende vom 19. zum 20. Jahrhundert diverse Einwanderer unter anderem aus Deutschland, Italien, Irland und Polen. Die Stadt diente einigen

Soziologen als „Labor“ für ihre Forschungen, in denen sich u. a. die Deutschen als hoch belastet erwiesen (vgl. Bennett 1981). Auch dort war eine deutliche positive Korrelation zwischen der Nationalität und der Begehung von Straftaten zu verzeichnen, was zur These von der sozialen Desintegration führte. Shaw & McKay (1969) fanden in den 1920er Jahren nicht die ethnische Zugehörigkeit, sondern den Migrantenstatus und vor allem die schwierigen Lebensbedingungen in der neuen Umwelt ursächlich dafür. Ob die Migrant:innen aus Deutschland, Italien oder Polen kamen, die hohe Belastung blieb nur solange bestehen, wie sie gezwungen waren, in der hoch belasteten „transitional zone“ zu bleiben. Nach ihrer mit dem Wegzug daraus verbundenen Etablierung entwickelte sich die Kriminalitätsbelastung bei allen Einwanderergruppen unauffällig. Diese theoretischen Einsichten der sog. ökologischen Kriminalitätstheorie und der Subkulturtheorien können seitdem als vielfach bestätigt gelten. Im Chicago Area Project setzten Shaw und andere diese Erkenntnis in Soziale Arbeit um.

Lässt sich die Kriminalitätsbelastung durch den sozialen Status und die erreichte Integration erklären, dann sind ausgrenzende Aktivitäten wie der angeführte politische Diskurs, aber auch die Praxis der Medien kontraproduktiv. In Medienberichten wird i.d.R. ein fremd klingender Vorname ausgeschrieben, der Nachname durch eine Initiale abgekürzt. Manchmal wird noch explizit die Staatsangehörigkeit der Tatverdächtigen erwähnt. Damit ist den Vorschriften der Datenschutzgesetze Genüge getan. Gerechtfertigt wird diese Praxis durch ein angebliches öffentliches Interesse. Vor kurzem hat das Zentralkomitee der Sinti und Roma in Deutschland eine Dokumentation von 593 derartigen Fällen vorgelegt, bei denen Polizei und Staatsanwaltschaften den Medien entsprechende Informationen zur Verfügung stellten (vgl. FUEN 2008). Mit derartigen Berichten werde ein von Ausländer:innen und Minderheitsangehörigen ausgehendes Risiko suggeriert, persönlich oder als Gesellschaft geschädigt zu werden. Nicht zuletzt Klaus Sessar hat immer wieder auf die auch in anderer Hinsicht verzerrte Medienberichterstattung über Kriminalitätsphänomene hingewiesen (vgl. 1997). Gemäß der Nachrichtenwerttheorie gewinnen Ereignisse, bei denen u. a. Menschen zu Schaden kommen, die von Konflikten und Kriminalität handeln und in denen Ethnozentrismus vorherrscht, einen hohen Nachrichtenwert (vgl. Schulz 1976; Staab 1990). Trotz uneindeutiger Ergebnisse der Wirkungsforschung zeigt sich der Einfluss des beharrlichen öffentlichen Beitrags auf das gesellschaftliche Klima in bestimmten historischen Situationen[97].

[97] Z. B. jüngst der sog. „Karikaturenstreit“ mit Übergriffen gegen alles Dänische; in den 1960er Jahren die Hetze der Springer-Presse gegen Dutschke und Studierende im Allgemeinen; vgl. auch „Reichskristallnacht“ und andere Pogrome.

3. Prozess der Kriminalisierung

In diesem Klima ist die Anzeigequote gegenüber Ausländer:innen um 18 % höher als gegenüber Autochthonen (vgl. BMI / BMJ 2006b: 61; Bannenberg 2003: 40). Soziale Nähe und soziale Distanz spielen eine bedeutsame Rolle bei der Entscheidung zur Anzeigeerstattung (vgl. Mathiesen 1989), aber auch für die Polizei, wenn aus einem sozialen Konflikt im Alltag einen (Straf-) Rechtsfall konstruiert oder die initiierende Person auf andere Wege verwiesen wird (vgl. Kürzinger 1978). Im nächsten Abschnitt soll einer möglichen Diskriminierung von Ausländer:innen auf der Ebene der PKS und durch eine Analyse von Episoden konkreten Alltagshandelns der Polizei nachgegangen werden.

3.1 Diskriminierung auf polizeilicher Ebene?

Die Polizei ist von der Gesellschaft mit dem Gewaltmonopol ausgestattet und soll für (innere) Sicherheit und Ordnung in der Gesellschaft sorgen. Sie fungiert als „Gatekeeper" zwischen der allgemeinen Bevölkerung und den Expert:innen im Strafrechtssystem. Die Institution Polizei behandelt das früheste Stadium des (Kriminalisierungs-)Prozesses, in dem u. U. aus einem:r Bürger:in ein:e Straftäter:in gemacht wird. Sowohl die Alltagstheorien einzelner Beamt:innen der Polizei als auch der anzeigenden Bürger:innen über Kriminalität, ihre Ursachen und typische Täter (vgl. Strobl 1998) werden durch das gesellschaftliche Klima beeinflusst. Festzuhalten ist, dass relativ wenige Polizeibeamt:innen selbst einen Migrationshintergrund aufweisen. Die Polizei ist abhängig von Anzeigeerstatter:innen – in manchen gesellschaftlichen Teilbereichen herrscht ihr gegenüber große Skepsis und Misstrauen. Besonders unkonventionelle, Grenzen testende männliche Jugendliche, aber auch Minderheitsangehörige berichten über diskriminierende Behandlungen. Kriminologen wie Feest und Blankenburg (1972) oder Matza (1973) haben die Strategien der Polizei bei der Suche nach Verdächtigen studiert. In diesem Kontext ist der Begriff der „geringen Beschwerdemacht" entwickelt worden. Aus der Systemperspektive der Institution ist es wichtig, Erfolge zu erzielen[98] und dabei möglichst wenige unbescholtene sozial angesehene Bürger:innen zu belästigen.

Das Ergebnis des Interaktionsprozesses zwischen Polizei und Anzeigeerstatter:innen wird jährlich in der PKS wiedergegeben. Wenn diese PKS wie üblich[99] einen gemessen an der Wohnbevölkerung deutlich überproportionalen Anteil von

[98] Wacquant (2000: 21 ff.) diskutiert als Extrembeispiel die New Yorker Zero Tolerance Strategie.
[99] Bannenberg zitiert einen Hinweis von Kaiser auf die Reichskriminalstatistik 1911 (vgl. 2003: 20).

„Ausländer:innen“ an den Tatverdächtigen ausweist, dann ist dieses also ein Anzeichen der Sorgen der Bevölkerung einerseits und der polizeilichen Ermittlungsarbeit andererseits (vgl. Jehle 2005: 10). Nach Deutschen und Ausländer:innen differenzierte Darstellungen der PKS werden zuweilen bis hin zur Brandmarkung als rassistische Praxis kritisiert, die rassistische Tendenzen bestärke (vgl. ADB o.J.; Bannenberg 2003: 27). Ohne diese Statistiken würden mögliche Diskriminierungen auf dieser Ebene gar nicht mehr durchscheinen (vgl. Verurteiltenstatistik). 2007 hatten 22 % der polizeilich registrierten Tatverdächtigen nicht die deutsche Staatsangehörigkeit[100]. Dieser Anteil sinkt auf 19,4 %, wenn man die Verstöße gegen das Aufenthaltsgesetz und das Asylverfahrensgesetz nicht berücksichtigt (vgl. PKS 2007) – Straftaten wie z. B. Verstöße gegen die Residenz- oder Ausweispflicht, die größtenteils von Deutschen gar nicht begangen werden können. Auch viele Urkundenfälschungen (oder illegale Grenzübertritte) beziehen sich allein auf den Ausländerstatus und werden nur deshalb begangen, um sich in Deutschland aufhalten zu können. Luff (2000) zeigte in einer bayrischen Studie, dass die ursprüngliche Relation von „ausländischen“ zu deutschen Tatverdächtigen (4,9 zu 1) auf 2,7 zu 1 sank, wenn man nur die von in Deutschland lebenden Ausländer:innen begangenen Taten betrachtete und sogar auf 2,4 zu 1, wenn die „Statusvergehen“ ausgeklammert wurden. Erstaunlicherweise nahm die Differenz für die 14-21jährigen männlichen Jugendlichen und Heranwachsenden noch weiter ab auf 1,9 zu 1.[101] Gerade der letztgenannte Aspekt legt Diskriminierung nahe, handelt es sich bei jener Gruppe doch um die in der PKS bei weitem am höchsten kriminalitätsbelastete bzw. die am intensivsten überwachte. Innerhalb dieser Gruppe wirken sich Diskriminierungen weniger aus, weil auch die deutschen Mitglieder strengerer Überwachung unterliegen. Dies wird durch Daten gestützt, die Jehle (2005) und Schwind (2008) publizierten. Jehle wies den Ausländeranteil nach Altersgruppen getrennt aus und fand 2003 bei Kindern mit 17,1 % (Vergleichszahl Schwind für 2005: 17,5 %) einen unterdurchschnittlichen Anteil. Noch stärker trifft dies auf Jugendliche zu (16,9 % bzw. 16,4 % zwei Jahre später). Auch bei der am stärksten belasteten Gruppe der Heranwachsenden sind die Ausländer:innen mit 21,5 % (2005 sogar „nur“ 18,7 %) deutlich unter ihrem Durchschnittswert vertreten. Für Erwachsene weist Jehle (2005) dagegen einen Anteil von 25,4 % aus (keine

---

[100] Da die Grundgesamtheit unbekannt ist, kann diese Zahl nicht in eine TVBZ umgerechnet werden, weil neben den gemeldeten auch „illegale“ Ausländer:innen, Tourist:innen, alliierte Streitkräfte etc. Straftaten begehen, aber nicht zur Wohnbevölkerung zählen.

[101] Dünkel (o.J.) vermutet, dass der trotzdem noch bestehende Unterschied gänzlich verschwinden würde, wenn man ausschließlich Personen in vergleichbarer Lebenslage in die Betrachtung einbezöge, denn auch unter den Deutschen sind jene aus niedrigen sozialen Schichten, mit geringerer Bildung etc. erheblich höher belastet als ihre privilegierten „Gegenstücke“. Der soziale Status, die Bildung und der Wohnort sind bei Ausländer:innen jedoch im Durchschnitt ungünstiger (vgl. BMI/BMJ 2006b: 62).

Angabe bei Schwind). In PKS-Daten werden die leichter zu überführenden Jugendlichen (Straßenkriminalität) generell diskriminiert. Die Daten „beweisen" dann, dass diese Tendenz für Ausländer:innen im Gegensatz zu Deutschen im Erwachsenenalter erhalten bleibt!

Beim Vergleich der polizeilichen Daten mit Selbstauskünften fanden Mansel & Hurrelmann (1998) bei ihrer Studie in NRW und Sachsen eine Bestätigung des höheren Ausländeranteils insbesondere bei Gewalttaten (was durch soziale Statusunterschiede erklärbar sein könnte, vgl. Enzmann & Wetzels 2003: 339). Sie fanden jedoch gleichzeitig eine Bestätigung der Diskriminierungsthese, denn bei Ausländer:innen führte jede zweite Tat zu einer Anzeige, während es bei Deutschen nur in jedem sechsten Fall so ausging (ebd.: 84).

Bei den Befragungen von 14- und 15jährigen Schüler:innen durch das KFN konnte der Sachverhalt noch weiter differenziert werden. Danach weisen ganz bestimmte Teilgruppen aus Lebenswelten, die durch alltägliche Gewalt – auch als elterliches Erziehungsmittel – Armut und Arbeitslosigkeit, aber auch lebensweltlich-kulturelle Phänomene, wie einer Kultur der Ehre, geprägt sind, große negative Abweichungen auf, während andere Ausländergruppen sich nicht signifikant von den Autochthonen unterscheiden. Nach Enzmann & Wetzels (2003) handelt es sich bei den Dunkelfeldstudien um ein höchst kontroverses Thema mit keineswegs eindeutigen Ergebnissen (S. 316, mit weiteren Nachweisen). Sowohl die Studien zur selbstberichteten Delinquenz als auch die polizeilichen Daten folgen einer positivistischen Logik und klammern den Aspekt der Askription der Eigenschaft „Kriminalität" oder „Abweichung", die einem konkreten Verhalten in der Interaktion zwischen Beteiligten und gesellschaftlichen Instanzen verliehen wird, aus. Lange bevor Nils Christie (1995) darauf hingewiesen hat, dass die Wegnahme eines ansehnlichen Geldbetrags durch das eigene 15jährige Kind in der Regel nicht zu einer Registrierung als Diebstahl führt, während der gleichaltrige Nachbarjunge dafür als „Täter" angezeigt würde, haben Labeling-Theoretiker die Wichtigkeit dieses Sachverhalts unterstrichen.

Weil die vorhandenen Daten den Verdacht der Diskriminierung von Ausländer:innen durch die Polizei zwar nicht entkräften können, aber auch andere Erklärungen zulassen, soll noch kurz auf konkrete Fälle polizeilichen (Fehl-)Handelns eingegangen werden. Laut der Organisation ADB (o.J.) werden Migrant:innen oder Menschen, die nicht „deutsch aussehen", ebenso wie Obdachlose, Prostituierte und Linke häufig, dunkelhäutige Asylbewerber:innen nahezu täglich, Opfer polizeilicher Übergriffe. 1994 löste eine behauptete „Scheinhinrichtung" eines jungen Afrikaners den „Hamburger Polizeiskandal" aus. Zwar konnte dieser Fall letztlich mangels Beweisen nicht aufgeklärt werden, aber der 1994 bis 1996 arbeitende

Parlamentarische Untersuchungsausschuss dokumentierte auf fast 1200 Seiten diverse Polizeiübergriffe großenteils gegen Ausländer:innen (vgl. Bürgerschaft 1996). Danach scheiterte die Aufklärung letztlich an einer „Mauer des Schweigens“, die die Institution Polizei gegen gerichtliche und parlamentarische Kontrolle abschottete.[102] ADB vertritt die Auffassung, dass der Hamburger PUA nur die extremsten Formen polizeilichen Rassismus untersucht habe, während die alltäglichen Übergriffe vollkommen unbearbeitet blieben. In diesem Zusammenhang steht auch die Kritik von Amnesty International, nach der es in Deutschland immer noch an systematischen Erfassungen der Beschwerden über polizeiliches Fehlverhalten mangele.[103]

Der UN-Menschenrechtsausschuss kritisiert die Praxis, auf derartige Anzeigen mit polizeilichen Gegenanzeigen zu antworten (vgl. CCPR 2004: 16), was Ausländer:innen aus Nicht-EU-Staaten leicht den Verlust ihrer Aufenthaltsgenehmigung bringen kann. Dieses Beispiel veranschaulicht gut die Bedeutung des Begriffs „Personen mit geringer Beschwerdemacht“. Fasst man diese Phänomene unter „Rassismus“, dann ist festzuhalten, dass es sich dabei nicht um etwas durch einzelne Beamt:innen in die Polizei Hineingetragenes handelt, sondern dass ein in der Gesellschaft (einschließlich der Regierung, die für die Gesetzeslage verantwortlich ist) vorhandener Rassismus aufgegriffen wird (vgl. ADB o.J.: 3; Herrnkind 2003).

Als Fazit ist die unzureichende Überwachung der Institution Polizei (des Gewaltmonopols) festzuhalten und dass sich daraus für Minderheiten erhebliche Benachteiligungen ergeben (können).

Nach diesen Betrachtungen der ersten Stufe des Strafrechtssystems ist zu untersuchen, ob die gefundene strukturelle Benachteiligung von Nichtdeutschen auf der Ebene der Staatsanwaltschaften und Gerichte wieder aufgehoben oder gar noch verstärkt wird.

[102] Eine Polizeikommission, die polizeiliches Handeln aus neutraler Außensicht beobachten sollte, wurde bei veränderten politischen Mehrheiten 2001 wieder abgeschafft. Seit einigen Jahren ist innerhalb der Polizei die BAG Kritischer Polizist:innen aktiv, und die Zeitschrift CILIP beobachtet polizeiliches Handeln kritisch.

[103] Nach Selders (2007) seien zwischen 1993 und 2003 etwa 200 Berichte über polizeiliche Misshandlungen, ungerechtfertigte Gewaltausübung und Machtmissbrauch im Zusammenhang mit polizeilichen Kontrollen, Verhaftungen oder in Polizeigewahrsam dokumentiert worden. Einige dieser Fälle wurden vom UN-Menschenrechtsbeauftragten aufgegriffen. Allein in Berlin wurden 2004 759 von 766 Untersuchungsverfahren gegen Polizeibeamt:innen von der Justiz eingestellt.

3.2. Diskriminierung durch Staatsanwaltschaften und Gerichte?

In diesem Abschnitt geht es also um den weiteren Verlauf des Ermittlungsverfahrens einschließlich einer möglichen Untersuchungshaft sowie um das Ergebnis eines möglichen Hauptverfahrens.

Staatsanwaltschaften und Gerichte behandeln überwiegend durch die Polizei vorstrukturierte Fälle. Unter Selektionsgesichtspunkten haben wir es mit einer dritten und vierten Stufe zu tun, und Jehle (2005: 10) weist zurecht darauf hin, dass der rechtliche Charakter einer Handlung im Laufe des Prozesses verändert werden kann. Bzgl. Jugendlicher und Heranwachsender ist festzuhalten, dass mehr als zwei Drittel aller polizeilich ermittelten Straftaten im Wege der Diversion die Eigenschaft „Kriminalität" teilweise wieder verlieren, weil lediglich eine informelle Sanktionierung erfolgt (vgl. Heinz 2003). Über die Anteile von Deutschen und Ausländer:innen bei dieser Verfahrensweise werden keine Daten veröffentlicht. Überdies wird nicht klar, ob Autochthone eher eine ambulante Sanktion erhalten, während Ausländer:innen zu einer Freiheitsstrafe verurteilt werden. Heinz interpretiert den Rückgang des nach JGG abgeurteilten Heranwachsendenanteils (im allgemeinen Strafrecht ist die Einstellungsquote deutlich geringer) als „zunehmende Anwendung des allgemeinen Strafrechts auf nichtdeutsche Heranwachsende" (ebd.).

Das Ergebnis der Fallbearbeitung durch die Strafrechtsexpert:innen wird in der Verurteiltenstatistik ausgewiesen, in der wir erneut eine Überrepräsentation von Ausländer:innen finden. 2006 wurden insgesamt 751.387 Personen verurteilt, zumeist Erwachsene (82,3 %). 171.185 (22,8 %) von ihnen besaßen nicht die deutsche Staatsangehörigkeit.[104] Das liegt nur sehr geringfügig über dem Anteil in der PKS. Auf den ersten Blick wird also keine weitere Diskriminierung hinzugefügt. Betrachtet man jedoch die besonders belastende Untersuchungshaft, dann stellen wir erneut Benachteiligungen in Form höherer Zahlen von Ausländer:innen fest.

Die Verhängung von Untersuchungshaft ist in den vergangenen Jahren kontinuierlich um mehr als 20 % zurückgegangen (vgl. Tab.). 2006 saßen 24.352 der Verurteilten (3,2 %) zuvor in U-Haft. Das betraf vor allem Tötungsdelikte (77,9 %

[104] Die Überrepräsentation zeigt sich am deutlichsten bzgl. des Asylverfahrensgesetzes mit 98,1 % und des Aufenthaltsgesetzes mit 91,9 % Ausländeranteil an allen Verurteilten. Zusammengenommen sind diese Gesetze für 1,6 % aller Verurteilten verantwortlich (ca. 12.000 Personen). Die meisten Verurteilungen wurden wg. Eigentumsdelikten ausgesprochen (44,3 % bei einem nur leicht erhöhten Ausländeranteil von 23,0 %). Auf den zweiten Rang kamen Verkehrsdelikte mit 23,5 % aller Verurteilten (darunter 17,7 % Ausländer:innen – hier wird deren niedrigerer sozialer Status deutlich, da viele kein Auto besitzen, dem häufigsten Mittel zur Begehung dieser Taten). Bei den Delikten gegen die Person (Rang 3: 15 %) entspricht die Ausländerquote exakt dem Durchschnitt von 22,8 %. Allerdings zeigt die nähere Analyse, dass sie in einzelnen Unterkategorien wie Sexualtaten gegen Erwachsene (33,7 %), vollendete und versuchte Tötungen (30,7 %) und Körperverletzungen (24,6 %) erheblich darüber liegt, bei weniger schweren Delikten und sexuellem Missbrauch von Kindern dagegen darunter.

aller Verurteilten), Sexualdelikte gegen Erwachsene (29,8 %) sowie Raub und Erpressung (24,8 %).[105] Allerdings befanden sich auch über 1000 später wg. Verstößen gegen das Aufenthalts- oder Asylverfahrensgesetz Verurteilte vorher in U-Haft! Die „Gefährlichkeit" bezieht sich hier ausschließlich auf die Flucht, während bei den Gewaltdelikten die Gefahr für mögliche Opfer durchscheint. In 95 % aller Fälle ist die U-Haft mit der Fluchtgefahr begründet (vgl. Jehle 2005: 20 f.) – ein struktureller Nachteil, denn diese wird bei bestehenden Verbindungen in andere Länder wesentlich eher bejaht. Heinz (ebd.) weist weiter darauf hin, dass insbesondere Ausländer:innen, die nicht aus EU- oder „Gastarbeiter"-Ländern stammen, davon betroffen sind und zitiert Jehles Befund, nach dem diese Gruppe „überwiegend wegen weniger schwerer Delikte sowie für kürzere Zeit verhaftet wird und geringere Strafen erhält" (Jehle 1995: 66 zitiert nach Heinz 2008). Bzgl. der Untersuchungshaft für Verurteilte nach dem JGG sei besonders negativ, dass nur knapp die Hälfte der Betroffenen anschließend zu einer unbedingten Freiheitsstrafe verurteilt würden (vgl. Heinz 2003). Damit wird deutlich, dass die U-Haft tendenziell diskriminierend wirkt, wenn auch keine genauen Zahlen für Deutsche und Nichtdeutsche in diesem Zusammenhang vorliegen.

Die in der Verurteiltenstatistik ausgewiesenen U-Haftdaten sind nicht nach Deutschen und Nichtdeutschen differenziert (vgl. WODC 2006: 139). Dennoch gilt ein gegenüber den bisher behandelten Statistiken (und dem Strafvollzug) deutlich erhöhter Anteil für Nichtdeutsche. Diese Aussage leitet sich zum einen aus der Differenz zwischen der Gesamtanzahl Gefangener, bei der ICPS (o.J.) basierend auf Auskünften des Bundesjustizministeriums einen Ausländeranteil von 28,2 % für 2004 und 26,9 % für 2006 angibt, gegenüber jeweils 21,7 % unter Strafgefangenen (vgl. Tab.) ab. Außerdem veröffentlichen Landesjustizverwaltungen zuweilen derartige Zahlen, z. B. Bayern zum Stichtag 31.3.2007. Dort saßen insgesamt 3806 Ausländer:innen[106] aus 108 verschiedenen Ländern ein. Während insgesamt der Ausländeranteil 29,2 % betrug, wurde er für die Untersuchungshaft mit ca. 45 % angegeben (vgl. Justizvollzug in Bayern 2008).

[105] Bei allen schweren Delikten mit Ausnahme des Kindesmissbrauchs liegen auch die Verurteiltenquoten für Ausländer:innen über dem Durchschnitt aller Delikte.

[106] Im Text heißt es, die Gefangenenzahl habe aufgrund des Ausländeranstiegs einen neuen Höchststand erreicht.

	2003	2004	2005	2006	2007
Untersuchungsgefangene	16,973 100	15,999 94.3	15,459 91.1	14,634 86.2	13,169 77.6
Strafgefangene	62,594 100	63,677 101.7	63,533 101.5	64,512 103.1	64,700 103.4
Wohnsitz außerhalb Deutschlands	1.318 2,1 %	1.424 2,2 %	1.467 2,3 %	1.424 2,2 %	1.250 1,9 %
Ausländische Staatsangehörigkeit	13.885 22,2 %	13.840 21,7 %	13.880 21,8 %	14.026 21,7 %	14.235 22,0 %
Verurteilt wegen					
Ausländer-/ Aufenthalts-Gesetz	605 1,0 %	493 0,8 %	440 0,7 %	331 0,5 %	324 0,5 %
Asylverfahrensgesetz	45 0,07 %	27 0,04 %	26 0,04 %	27 0,04 %	28 0,04 %

Tabelle: Aktuelle Entwicklungen ausgewählter Kategorien von Gefangenen (absolute Zahlen und Prozentwerte)[107]

Wie auf polizeilicher Ebene sollen die statistischen Erkenntnisse durch Ergebnisse von Einzelstudien ergänzt werden. Suhling und Schott (2000: 61) haben gezeigt, dass zwischen 1990 und 1998 die Anzahl der polizeilich als Tatverdächtige registrierten jungen Ausländer:innen um 2 % zurückgegangen ist, die Quote der pro 100.000 verurteilten jungen Ausländer:innen jedoch um 22 % angestiegen ist und die Gefangenenrate sogar um 74 % zugenommen hat. Die Gruppe der Deutschen zeigte den gegensätzlichen Trend: die Anzahl der polizeilichen Tatverdächtigen stieg um 14 %, die Verurteiltenquote nur um 10 % und die Gefangenenrate sank sogar um 0,2 %. Interessanterweise wiesen die „Ausländer:innen" weniger vorherige Verurteilungen auf als die Deutschen. Somit stieg insbesondere für Ausländer:innen das Risiko, zu einer Freiheitsstrafe verurteilt zu werden, was als härtere Sanktionspraxis gegenüber ethnischen Minderheiten in den 90er Jahren gedeutet werden kann (vgl. Dünkel o.J.: 30 f.). Dünkel spricht in diesem Zusammenhang von einer diskriminierenden Sanktionspraxis (ebd.: 28), die er zum einen auf die von Ausländer:innen häufig begangenen Gewalttaten zurückführt und zum anderen auf

[107] Quelle: eigene Berechnungen auf Grundlage von Gefangenen- und Verurteiltenstatistiken.

eine Privilegierung von Deutschen, die eher zu ambulanten Sanktionen verurteilt würden. Er verweist dabei darauf, dass Sprachprobleme einen Ausschluss bspw. von Sozialen Trainingskursen bewirken, die zentral auf sprachlichen Fähigkeiten basieren.[108]

Erscheinen diese Ergebnisse auch nicht ganz eindeutig, so soll bilanzierend das Ministerium zitiert werden: „Nichtdeutsche Tatverdächtige werden strafrechtlich schärfer verfolgt als Deutsche" (BMI / BMJ 2006: 426). Mit dieser Einschätzung wenden wir uns der letzten Zufluchtstätte zu, dem Gefängnis.

3.3 Ausländische Strafgefangene

Gefängnisse können keine gerichtlich verurteilten Straftäter abweisen. Eine mögliche Selektion muss also über die vorzeitigen Entlassungen erfolgen – Diskriminierung könnte darüber hinaus durch Gewährung oder Vorenthaltung von Behandlungsmaßnahmen praktiziert werden. 2006 erhielten 18,8 % aller Verurteilten eine Freiheitsstrafe, aber bei zwei Dritteln von jenen (68,7 %) wurde diese zur Bewährung ausgesetzt. Trotzdem saßen am Stichtag 31.3.2007 ungefähr 65.000 Strafgefangene in deutschen Justizvollzugsanstalten, was wie in nahezu allen westlichen Ländern einem Anstieg in jüngerer Zeit entspricht[109].
Der Ausländeranteil liegt seit mehreren Jahren bei 22 % und spiegelt damit aktuell ziemlich gut den polizeilichen Tatverdächtigenanteil und den Anteil unter den Verurteilten. Mangels nach deutschen und nichtdeutschen Strafgefangenen differenzierter deliktbezogener Statistik oder vorzeitiger Entlassungen ist aber keine Benachteiligung von Ausländer:innen erkennbar.

Nur ein kleiner Teil der Strafgefangenen (zwischen 1,9 und 2,3 Prozent je nach Jahr) hat seinen festen Wohnsitz außerhalb Deutschlands („echte Ausländer:innen") – dabei könnte es sich um jene eigens zu Tatbegehungen einreisenden Fremden handeln („Kriminalitätsimport"). Diese Gruppe macht nur 10 % der ausländischen Gefangenen aus; zwischen 89,4 % und 91,2 % sind „deutsche Aus-

---

[108] Nach Dünkel (o.J.) sind entsprechende Forschungsergebnisse nicht eindeutig, was mit dem folgenden Beispiel untermauert werden kann. Paetsch (2007) hat alle Akten (N = 136) des Jahres 2005 für in Kiel zu gemeinnütziger Arbeit verurteilte Heranwachsende analysiert. Den Migrantenstatus hat er nach dem Geburtsort bestimmt und so Ausländer:innen und Aussiedler:innen (sowie im Ausland geborene Autochthone) als Migrant:innen und die Autochthonen mit den in Deutschland geborenen „Ausländer:innen" zu einer Gruppe zusammengefasst. Für 7 der 25 Migrant:innen (25,9 %), aber nur für 11 der 109 Autochthonen (10,1 %) (bei 2 fehlenden Angaben) wurde in diesem Zusammenhang wegen Nichterfüllung der Auflagen Jugendarrest verhängt (vgl. Paetsch 2007: 64). Allerdings waren 83 % der Arrestant:innen arbeitslos gegenüber 31 % der anderen (vgl. ebd: 66).

[109] Im European Sourcebook of Crime and Criminal Justice Statistics wird festgestellt, dass es jedoch keinen allgemein steigenden Trend für die Anteile ausländischer Gefangener gibt (vgl. WODC 2006: 126).

länder:innen", also Menschen, die aufgrund ihres Lebensmittelpunkts der deutschen Gesellschaft angehören.

Einige Autor:innen haben sich speziell auf den Jugendvollzug bezogen. Dünkel fand dort in einigen Bundesländern eine noch größere Präsenz von Ausländer:innen als im allgemeinen Strafvollzug. Auch nach Walter (2003: 11) trifft der seit 1993 zunehmende Gebrauch von Freiheitsstrafen zentral junge nichtdeutsche Täter:innen. Er konstatiert eine signifikante Überrepräsentation von Ausländern und Aussiedlern (ebd.: 12). Nach einer Analyse in Baden-Württemberg waren 2000 55,4 % aller Zugänge im Jugendvollzug Mitglieder von Minderheiten. Müller-Dietz interpretiert diesen hohen Anteil von Minderheitsangehörigen in der Weise, dass die Liberalisierung und Sanktionendifferenzierung sowie die Priorisierung von Diversion nur für Autochthone gelten, während für die großen Ströme der Migrant:innen die Haftstrafe wichtiger wird (zitiert nach Walter 2003: 13).

Als Fazit sticht die durchgängige Konstanz des Ausländeranteils auf allen Ebenen des Strafrechtssystems von der Polizei bis in den Strafvollzug hervor. Soll deshalb von Diskriminierung oder gar Rassismus die Rede sein, dann spricht nichts für entsprechende individuelle Einstellungen, aber alles für einen Systemeffekt, mithin den Begriff der strukturellen Diskriminierung. Das negative Gut der Strafe bzw. die Etikettierung als Kriminelle:r wird bestimmten machtlosen Gruppen eher zugeschrieben als anderen.

Freilich fällt es schwer, die allermeisten in deutschen Gefängnissen einsitzenden Strafgefangenen als Opfer anzusehen, denn nach mehrfacher rechtsstaatlicher Selektion erscheint ihr Täterstatus von wenigen Ausnahmefällen abgesehen gesichert.[110] Eine Benachteiligung ergibt sich daraus, dass ähnlich belastete Autochthone in der Regel besser unterstützt werden und deshalb die schwerwiegendsten Konsequenzen oftmals abwenden zu können scheinen (außer bei Sexualtaten und Kindesmisshandlungen). Für diese naheliegende These lassen sich allerdings keine „harten" Beweisdaten vorbringen.

4. Zusammenfassung

Ausgehend von der Hypothese, dass „Ausländer:innen" ein höheres Risiko tragen, etikettiert zu werden, wurde der Prozess der Konstruktion von Straftäter:innen untersucht. Wegen der nicht zur Wohnbevölkerung zählenden Ausländer:innen sowie der Höherbelastung bei schweren Delikten auch in Dunkelfeldstudien muss in der klar überproportionalen PKS-Registrierung noch keine Diskriminierung manifestiert

[110] Kürzlich aufgeklärt wurde der Fall eines angeblichen Kindesmissbrauchers, vgl. Rückert (2007).

sein. Trotz dieser Interpretationsunschärfe fanden sich jedoch Indizien, die benachteiligendes Handeln der Polizei (und vorher schon der Anzeigeerstatter:innen) gegenüber den untersuchten Minderheiten verdeutlichen.

Bereits vor der Aktivierung des Strafrechtssystems werden Rahmenbedingungen durch die Gesetzgebung festgelegt, die Ausländer:innen in eine benachteiligte Position bringen – mehr als 10 % aller ausländischen Tatverdächtigen (und nur sehr wenige Autochthone) werden mittels Aufenthalts- oder Asylverfahrensgesetz kriminalisiert. Neben diesen Gesetzen gibt es weitere strukturelle Diskriminierungen, die eine vollständige Partizipation an allen sozialen Aktivitäten verhindern oder bestimmte Zusatzpflichten auferlegen.

Obwohl Staatsanwaltschaften und Gerichte in starkem Maße Fälle selektieren und Tatbestände umdefinieren, weisen Verurteiltenstatistiken einen nahezu gleich hohen Ausländeranteil auf wie die PKS. Wegen der Überrepräsentation von Ausländer:innen bei schwereren – insbesondere (Gewalt-) Delikten – erscheint der sehr hohe Anteil an Untersuchungshäftlingen von Minderheitsangehörigen auf den ersten Blick folgerichtig. Leider ist es trotz vermeintlich großer Offenheit des Zugangs zu amtlichen Statistiken nicht möglich, auf dieser Ebene zu untersuchen, wie Autochthone und Allochthone bei gleicher Anklage abgeurteilt werden, um die These von der härteren Sanktionierung letzterer zu widerlegen oder zu bestätigen.

Auch die stichtagsbezogenen Gefangenenstatistiken weisen in etwa dieselbe Quote von Ausländer:innen auf wie PKS und Verurteiltenstatistik. Mittels des Merkmals „Wohnsitz“ lässt sich auf dieser Ebene erstmals zwischen „echten“ und „deutschen“ „Ausländer:innen“ unterscheiden – das Verhältnis liegt bei 1:9. Unterstellt man aufgrund der vorher gefundenen Konstanz, dass dieses Verhältnis auch auf der Ebene der Tatverdächtigen und Verurteilten besteht, dann ließe sich über diesen Umweg doch eine Tatverdächtigenbelastungsziffer für die nichtdeutsche Wohnbevölkerung berechnen. Statt für 22 % wären sie für knapp 20 % der polizeilich registrierten Tatverdächtigen verantwortlich und damit für die fast zweieinhalbfache Quote gemessen an den Deutschen. Allerdings ergäben sich vermutlich ähnliche, wenn nicht stärkere Effekte, wenn Armut und Arbeitslosigkeit an Stelle der „ethnische Differenzierung“ als Gruppierungskriterien gewählt würden. Vielleicht sollten wir Galtungs (1971) Konzept der strukturellen Gewalt um den Begriff der strukturellen Diskriminierung erweitern, indem neben „harten Daten“ – wie z. B. Einkommen und Bildungsabschluss – auch eher subjektiv wahrgenommene „weiche Merkmale“ wie eine zugeschriebene Gruppenzugehörigkeit oder Minderheitsstatus einbezogen werden?

5. Schlussfolgerung

Die moderne individualistische Gesellschaft von Fremden hat sich enorm in Lebenswelten und soziale Milieus ausdifferenziert. Das Durkheim'sche Kollektivbewusstsein ist durch gruppenbezogene Wertvorstellungen ersetzt worden und die Menschen verspüren das Bedürfnis, sich von anderen abzugrenzen (vgl. Bourdieu 1982). Soziale Gruppen kämpfen in einem machterfüllten gesellschaftlichen Raum um Anerkennung (vgl. Honneth 1998). Die konkrete historische Situation entscheidet, welches Merkmal einen Masterstatus bei der Ordnung des Sozialen einnimmt. Aktuell wird häufig auf ethnische oder religiöse Zugehörigkeit rekurriert. Dabei geht es nicht um essentialistisch-positivistische „Wahrheiten", sondern um allgemeinverbreitete, in der gesellschaftlichen Konkurrenzsituation konstruierte Stereotypen und Vorurteile. Elias & Scotson (1990) haben gezeigt, dass daraus soziale Kohäsionskräfte entstehen und dass die Kommunikation in Form des Klatsches über „die anderen" funktional bis notwendig für die Ausbildung eigener Identität und gesellschaftlichen Zusammenhalts ist. Medien und Politiker bedienen das Bedürfnis nach einer „Wir-und-die-anderen-Ordnung" in unserer unübersichtlich gewordenen postmodernen Zeit. Die Konstruktion von Problemgruppen bzw. Sündenböcken leitet in Zeiten sinkenden allgemeinen Wohlstands und verbreiteter Arbeitslosigkeit Unzufriedenheit ab. „Problemgruppe" wird in Kriminologie und Sozialer Arbeit als vermeintlich neutrales, beschreibendes Konstrukt verwendet. Neben seiner ordnenden Funktion überwindet es den Individualismus (indem es hilft, unauffällige Gesellschaftsmitglieder zuzuordnen, z. B. Kontroll-, Präventions oder Hilfebedarf erkennen). Über die Angst vor Exklusion wirkt es disziplinierend und systemstabilisierend. Daraus kann jedoch sowohl auf Seiten der angepassten Mehrheit als auch innerhalb der Subkulturen Solidarität entstehen bzw. verstärkt werden, die erstens ein stärkeres Auseinanderdriften sozialer Gruppen fördert und zweitens die Gefahr von Exzessen beinhaltet (vgl. die historischen „Vorbilder" des Nationalismus und der „ethnischen Säuberungen").

Aus der Makroperspektive des Systems kann die gesellschaftliche Erzeugung von Sündenböcken, wie sie im „gefährlichen Ausländer" oder im Begriff der „importierten Kriminalität" zum Ausdruck kommt, funktional sein. Risiken und Nebenwirkungen eines solchen Prozesses – für den es neben den erörterten diverse weitere Beispiele gäbe (vgl. Datenschutz, Terrorabwehr) – werden allerdings neoliberalistisch zu Lasten sog. „Modernisierungsverlierer:innen" individualisiert (vgl. Beck 1986). Theoretisch gesprochen müssen also funktionalistische, systemtheoretische Positionen mit interaktionistischen in Verbindung gebracht werden.

Wieso nun strukturelle Viktimisierung? Bereits der Labeling-Ansatz (vgl. Becker 1973) lehrte uns, auf die komplexen Interaktionsprozesse zu achten (vgl. Garfinkel 1956), in denen Menschen Eigenschaften – z. B. „kriminell" zu sein oder zu einer bestimmten Gruppe zu gehören – zugeschrieben werden. Dabei treten Menschen mit geringer Beschwerdemacht – also mit niedrigem bis prekärem sozialen Status und ohne ausgeprägtes soziales Netzwerk – aus einer schlechten Startposition heraus an (vgl. Elias & Scotson 1990). Diesen Zusammenhang der strukturellen Viktimisierung aufgrund gesellschaftlicher Macht hat die Viktimologie bisher nur unzureichend erfasst. Das existierende Konzept des „Machtmissbrauchs" basiert nämlich auf einer individualisierbaren Täterseite. Wenn jedoch Institutionen, wie Polizei und Justiz, Politik und Medien – nicht dagegen individuelle Vertreter:innen – ihre Macht so gebrauchen, dass am Ende „Ausländer:innen" systematisch benachteiligt werden, alle einzelnen Handlungen aber rechtsstaatlich korrekt sind, dann kann dies nur mit dem Konzept der strukturellen Viktimisierung erfasst werden, denn Missbrauch liegt allein im moralischen Sinne vor. Strukturelle Viktimisierung überlagert sowohl individuelle Viktimisierung als auch individuelle Täterwerdung, die Verantwortung steckt im „System" (vgl. Fisse & Braithwaite 1993).

TEIL III:

CONFERENCINGVERFAHREN IN DER PRAXIS: VERSCHIEDENE ANWENDUNGSBEREICHE

Im Mittelpunkt dieses dritten Teils steht das Conferencing als mediatives Verfahren in verschiedenen Lebensbereichen, d. h. es geht um die methodische Umsetzung von RJ und um Anwendungen auch außerhalb des Strafrechts. Die vier zwischen 2002 und 2018 publizierten Texte behandeln sowohl strafrechtlich gerahmte Konflikte, die „alternativ" außerhalb des Strafrechts bearbeitet werden, sowie im Bereich familiärer Hilfen oder im Bildungssystem. Viele weitere Anwendungsgebiete sind für Conferencing-Verfahren oder andere Methoden der RJ geeignet; aber nur in Bezug auf polizeiliche Praxis (vgl. Hagemann 2014b) liegen dazu Publikationen meinerseits vor. Deshalb sollen am Ende dieser Einleitung einige weitere kurz skizziert werden.

Der erste Beitrag dieses Teils erschien 2002 im TOA-Infodienst und stellte das Conferencing als Weiterentwicklung des TOA dar. Der Beitrag erläutert ein Projekt der „Gemeinschaftskonferenz" in Hamburg-Lurup. Bei „Family Group Conferences" handelt es sich um eingriffsintensive Verfahren, die in Neuseeland mit Ausnahme von Tötungsdelikten nur für schwere Konflikte zum Einsatz kommen, keineswegs für Bagatellen oder Alltagsärger, die im Wege der Diversion bearbeitet werden (Morris 2001; Morris 2002: 602 f.). Diese „Gemeinschaftskonferenzen" sind im Paradigma der Restorative Justice (RJ) theoretisch fundiert. Sie sind grundsätzlich dem TOA vergleichbar, bieten aber durch die Einbeziehung weiterer Akteur:innen passgenauere und verbindlichere Lösungen aufgrund einer tragfähigeren Kommunikationsstruktur, die eine konstruktive Dynamik fördert.

Es geht vor allem um die Unterstützung der Hauptbeteiligten und die Dynamik, die sich aus so einem Zusammenkommen entfaltet. Verwiesen wird auf nachhaltigere Wirkungen von Plänen, die von Beteiligten selbst in einer Gruppensituation mit Vertrauten und Geschädigten entwickelt wurden. Zusätzliche Kommunikationswege, größere Kreativität durch mehr Beteiligte, Emotionen und Affekte tragen zu tiefgehenderer Auseinandersetzung und passgenaueren Lösungen bei. Unterstützer:innen bauen zuweilen Brücken, über die die Hauptbeteiligten schließlich gehen können, um zu friedlichen konstruktiven und nachhaltigen Vereinbarungen zu gelangen. Anerkennung wird sowohl den für das Leid anderer verantwortlichen Personen als auch den Betroffenen gewährt.

Während beim ersten Beitrag die größere Nachhaltigkeit im Vergleich zum TOA sowie das größere Kreativitätspotential und die Dynamik der GMK im Vordergrund stehen, stellt der zweite 2016 erschienene Beitrag dann Conferencing-Verfahren anhand dreier Beispiele detaillierter vor. Er setzt inhaltlich am vorigen an, geht aber durch zwei zusätzliche internationale Anwendungsfälle darüber hinaus. Einmal geht es primär um die Erziehung der Kinder einer neuseeländischen „Familie" mit einer möglicherweise überforderten alleinerziehenden Mutter, deren Ex-Mann und

Vater der Kinder aus dem Gefängnis zugeschaltet ist. Der Konflikt besteht zwischen dem Jugendamt, das wegen einer Kindeswohlgefährdung eine Inobhutnahme der Kinder in Erwägung zieht, und der auf den ersten Blick desintegrierten Familie. Bei der „Conference" zeigt sich, dass sowohl Verwandte des Vaters der Kinder als auch der Mutter bereit und in der Lage sind, die Mutter zu unterstützen und das Kindeswohl sicherzustellen. Ein weiteres Beispiel stammt aus einer österreichischen Sozialnetzkonferenz und zeigt, dass ein Tatverantwortlicher mit Hilfe seines Netzwerks eine erhebliche Summe für Schadensersatz aufbringen kann und damit auch dem Geschädigten wirksam und zeitnah geholfen werden kann.

Der Beitrag widmet sich ebenfalls Conferencing-Verfahren als Anwendungsform der Restorative Justice-Philosophie und geht auf gesetzliche Grundlagen ein. Dabei werden alternative Bezeichnungen und Fachbegriffe erläutert. Methodisch betrachtet handelt es sich um Mediation (Vermittlung), bei der jedoch die Dimension Gemeinschaft eine zentrale Rolle spielt. Beteiligte werden gestärkt (Empowerment) und übernehmen Verantwortung für die Problemlösung. Es wird dargestellt, wie Conferencing-Verfahren in einem strukturierten Prozess umgesetzt werden und wer daran teilnimmt. Dabei wird zwischen sogenannten „Lebensweltakteur:innen" und Professionellen / Expert:innen unterschieden. Die drei realen Fälle zur Veranschaulichung dieser Verfahrensweise implizieren enge Bezüge zur Orientierung auf Gemeinschaft und Lebenswelt (auch indigene). Anhand ausgewählter Dimensionen wird das Conferencing mit herkömmlichen Bearbeitungen durch das Strafrechtssystem, aber auch mit individualisierten Mediationsverfahren verglichen.

Konflikte an der Hochschule stehen im Mittelpunkt des dritten, gemeinsam mit Mario Nahrwold verfassten und 2018 erschienenen Beitrags. Einige amerikanische Hochschulen haben restorative Fakultäten, was nichts anderes heißt, als dass sie Konflikte mit oder unter Studierenden, zwischen Studierenden und Lehrenden oder der Verwaltung – und ggf. auch zwischen Verwaltung und Lehrenden oder innerhalb dieser Statusgruppen – mittels RJ-Verfahren – in erster Linie Conferences und Circles – bearbeiten. Das hier skizzierte Vorhaben verblieb leider bisher im Konzeptstadium – vielleicht, weil zu wenige Personen aus den jeweiligen Gruppen eine Dringlichkeit sahen, vielleicht auch, weil an unseren doch eher hierarchisch aufgebauten Hochschulen ein solcherart demokratisches Verfahren fremd wirkt?

Der vierte Beitrag versteht die Soziale Arbeit als Vermittlung, im aufgegriffenen Beispiel erneut zwischen dem Jugendamt und einem Familienmitglied, das mit den gängigen Methoden nicht in Schule bzw. Berufsausbildung als Vorstufe des Arbeitslebens integriert werden konnte. Vielleicht wehrt sich die Lebenswelt gegen ihre Kolonialisierung? Deutlich wird, dass der System-Kontext einer Behörde und der lebensweltliche Rahmen einer Familie weit auseinanderklaffen können und beide Seiten keineswegs an einem Strang ziehen müssen. Die gegenseitige Fremdheit von System und Lebenswelt kann zu eher parallellaufenden Handlungen ohne echte Verständigung führen. Amtlicherseits bemüht man sich im Rahmen der üblichen Routinen, von Seiten der Lebenswelt kooperiert man scheinbar. Erst durch einen Familienrat werden Fähigkeiten und Motive erkannt und können entsprechende zielführende Vermittlungen in Gang gesetzt werden.

Weil behandelt das „Conferencing"-Verfahren als relativ neue Methode der Sozialen Arbeit gilt, werden zunächst Begriff und Methode mit den zugehörigen Wurzeln näher erläutert. Dann wird der Hintergrund der Restorative Justice zugleich als theoretische Fundierung dieses Verfahrens sowie als mögliches neues Paradigma (Zehr 1990) für die Soziale Arbeit generell dargestellt. Schließlich wird anhand von Beispielen aus zwei Anwendungsfeldern das praktische Potential aufgezeigt.

Teil 3 soll im Sinne einer Restorative Society Anwendungsfelder von RJ ins Bewusstsein rücken, die aktuell eher selten in diesem Kontext thematisiert werden. Wenn es an deutschen Hochschulen bisher kaum derartige Ansätze gibt, so ist es an allgemeinbildenden Schulen bereits weit verbreitet (vgl. Hopkins 2004; 2011). Etliche Schüler:innen lassen sich zu „Konfliktlots:innen" oder „Streitschlichter:-innen" an ihren Schulen ausbilden und versuchen meist in einer Art TOA-Setting Frieden zwischen Konfliktparteien – in der Regel Mitschüler:innen – wiederherzustellen. Neben dieser „Peer-Mediation" setzen zuweilen auch Lehrer:innen oder Schulsozialarbeiter:innen auf RJ. Watzke (1997) beschreibt mit dem RJ-Verfahren „Staffelrad" ein Vorgehen, um Mobbing, bei dem meistens eine Gruppe gegen eine Einzelperson aktiv wird, restorativ zu bearbeiten. In Berliner und Brandenburger Schulen wird davon Gebrauch gemacht (vgl. Taglieber 2008). Allerdings sind mir keine Projekte bekannt, in denen Konflikte zwischen Schüler:innen und Lehrer:innen oder zwischen Eltern und Lehrer:innen auf so eine Art bearbeitet werden.

Die bereits erwähnte englische Kollegin Belinda Hopkins (2009) schreibt über Ansätze der **Restorative Justice** in der Arbeit mit Kindern, die nicht bei ihren Eltern leben, sondern institutionell versorgt werden müssen. Das wäre wohl auch ein Bereich im konträren Altersspektrum, nämlich bei der Versorgung von alten Menschen innerhalb und außerhalb von Heimen oder ähnlichen Einrichtungen. Aus dem Landkreis Nordfriesland sind entsprechende Conferences bekannt, in denen Verwandte, Nachbar:innen und Freund:innen der betreffenden Senior:innen mit oder ohne Unterstützung staatlicher sozialer Hilfen Pläne entwickeln, die ein möglichst langes und möglichst umfassend selbstbestimmtes Leben im Alter ermöglichen, sogar wenn individuell wenige Ressourcen vorhanden sind.

Ähnliches gilt häufig für Menschen mit Behinderung jeden Alters. RJ-inspirierte Verfahrensweisen in diesem Kontext werden häufig als Zukunftsplanung bezeichnet (vgl. Doose 2008, Boban 2008). Auch wenn die konkreten Verfahren nicht als Conferences oder Circles benannt werden, so ist doch festzuhalten, dass sie häufig genau so ablaufen, beginnend mit einer kreisförmigen Sitzordnung, über die Auswahl der Teilnehmenden bis in eine Strukturierung in verschiedenen Phasen, die von der Einigung über die Ausgangsfrage über kreative Ideen bis hin zu einem Plan mit konkreten Verantwortlichkeiten reichen.

Besemer & Sippel (2014) haben Konflikte im Gemeinwesen im Blick und sprechen von „politischer Mediation". Hierbei kann es von der Umgestaltung eines Kleinstadtkerns, über die Ansiedlung von Industrie bis hin zu unterschiedlicher Gewässernutzung oder zur Rodung von Waldflächen gehen. Ihr Buch nimmt explizit keinen Bezug auf RJ, ist aber von diesem Geist durchdrungen. Es finden sich konkrete Beispiele, wie konstruktive, einvernehmliche und nachhaltige Pläne entwickelt werden können, wie arbeitsfähige Teilnehmendenkreise zustande kommen und die Macht bei den Bürger:innen bleibt. Ein prominentes Beispiel war m. E. Heiner Geißlers Versuch, „Stuttgart 21" zwischen dem Großunternehmen Deutsche Bahn AG, Anwohner:innen und lokaler Verwaltung zu mediieren (ohne damit auszudrücken, dass es erfolgreich war). Ein Groß"konflikt", der eher nicht als erfolgreich gewertet werden kann – vielleicht weil kein Versuch einer restorativen Lösung erfolgte – betrifft die Aufarbeitung der Todesfälle bei der Duisburger Love-Parade. Soweit mir bekannt wurden ausschließlich straf- und zivilrechtliche Verfahren – also Lösungsversuche auf der Systemebene – praktiziert, die viele Überlebende und Angehörige im Unfrieden zurückließen. Vergleichbar scheint die Lage bei der Aufarbeitung der Missbrauchsfälle im Rahmen der Übergriffe kirchlicher Funktionsträger und in staatlichen Heimen. Aufgrund des Umfangs erschiene hier eine Wahrheits- und Versöhnungskommission als geeignetes RJ-Instrument.

Bei Nachbarschaftsstreitigkeiten kann RJ ebenfalls eingesetzt werden, um sozialen Frieden herzustellen. Das im ersten Beitrag erwähnte Projekt in Hamburg-Lurup nahm nach meinem Ausscheiden einen entsprechenden Verlauf und existierte immerhin bis 2014. Später etablierte Langner (2017) sowohl in Berlin als auch in Hamburg vergleichbare Ansätze. In Bremen gibt es unter dem leicht missverständlichen Titel „soziale Mediation" ebenfalls etwas Vergleichbares (vgl. Winter 2003).

Im Grunde scheinen auch Ansätze gütlicher Einigungen bei Konflikten im Arbeitsleben und Gesundheitssystem (vgl. hierzu Llewellyn & Llewellyn 2020 für die Aufarbeitung der Folgen der Corona-Pandemie) oder bei finanziellen und anderen vertraglichen Streitigkeiten, z. B. die Einschaltung von Ombudsleuten, Verfahrensweisen zu sein, die der RJ zumindest nahe stehen und in ihrer Umsetzung viele Ähnlichkeiten aufweisen. Um Conferencing-Verfahren bekannter zu machen und über den regelmäßigen Austausch der daran Mitarbeitenden bzw. anbietenden Organisationen zur Qualitätssicherung und Weiterentwicklung wurde im Januar 2017 der Verein *Netzwerkkonferenzen e.V.* gegründet, der interssierte Initiativen und Behörden – vor allem Jugendämter – mit entsprechenden Bedarfen berät (Homepage https://www.netzwerkkonferenzen.org/).

„Gemeinschaftskonferenzen“ als Konfliktregelungsinstrument – eine Weiterentwicklung des TOA?[111]

1. Einleitung

Dieser Beitrag stellt „Gemeinschaftskonferenzen“ bzw. „Family Group Conferences“ in Hamburg-Lurup vor, ein Instrument, das die grundsätzlich dem TOA vergleichbare Art der Konfliktbearbeitung in vielen Fällen noch optimiert. Eine „Gemeinschaftskonferenz“ (FGC) ist ein eingriffsintensives Verfahren, das in Neuseeland, worauf sich hier bezogen wird, mit Ausnahme von Tötungsdelikten bei schweren Konflikten zum Einsatz kommt, keineswegs für Bagatellen oder Alltagsärger, die im Wege der Diversion bearbeitet werden (Morris 2001; Morris 2002: 602 f.).

Konzept und Praxis des TOA werden als bekannt unterstellt. Allein eine Präzisierung soll hier hervorgehoben werden: wir gehen vom „echten“ TOA aus, bei dem es irgendwann im Laufe des Verfahrens zu einer direkten Begegnung von Täter:in und Opfer kommt, anders als beim indirekten TOA, der auch als Schadenswiedergutmachungsverfahren bezeichnet wird.

Der gemeinsame Hintergrund wird im neuen Paradigma (Zehr 1990) der Restorative Justice (RJ), was ich mit (Wieder-) Herstellung von Gerechtigkeit übersetzen möchte, theoretisch fundiert. RJ strebt die (Wieder-) Herstellung von sozialen Beziehungen an – und damit sozialen Frieden (der über Rechtsfrieden hinausgeht) –, schaut also in die Zukunft. Im Mittelpunkt stehen der Schaden und die geschädigte(n) Person(en). Die zentrale Frage lautet: wie und durch wen lässt sich eine Schadenslage wieder ausgleichen? Wie beim TOA erfolgt die Beteiligung freiwillig.

Verhältnis von TOA und FGC

Mark Umbreit (2000) hat einmal dieses Verhältnis auf die extrem einfache Formel gebracht, FGC sei ein TOA mit wesentlich mehr Beteiligten, und darüber hinaus sei die Rolle von Mediator:innen eine andere; gleichwohl keine Macht ausübende (vgl. Christie 2009). Diese einfache Definition möchte ich nutzen, um an Vertrautes anzuknüpfen und insbesondere, um die Implementation als Praxismodell zu vereinfachen; aufbauen kann man auf den gesetzlichen Grundlagen für den TOA (z. B. § 46a StGB, § 155a StPO sowie JGG-Regelungen).

[111] Dieser geringfügig modifizierte Beitrag erschien 2002 im TOA-Infodienst Nr. 17, S. 26-29.

Wenn hier die Auffassung einer Überlegenheit der FGC (zumindest bzgl. einiger Konfliktkonstellationen) zugrunde liegt, impliziert dies Kritik am TOA, die ich im Folgenden unter den Begriffen „Individualisierung“ und „Gruppendynamik“ kurz entwickeln möchte.

Individualisierung

Individualisierung stellt darauf ab, dass der TOA im „Normalfall“ in seiner entscheidenden Phase äußerst wenige Beteiligte umfasst: häufig eine:n Täter:in, ein Opfer und einen oder zwei Mediator:innen, also 3-4 Personen. Wie die Untersuchung von Klukkert (2001) in HH-Lurup gezeigt hat, verfehlt diese Individualisierung eine wichtige Ebene: die Gemeinschaft. In sehr vielen Konfliktkonstellationen handelt ein:e „Täter:in“ aus einer Gruppe heraus oder als Mitglied einer sozialen Gruppe. Dieses Individuum wird gewissermaßen zufällig zur:zum Täter:in, setzt in ihrem:seinem Handeln jedoch Dinge um, die genauso gut irgendein anderes Individuum aus der betreffenden sozialen Gruppe hätte umsetzen können oder vielleicht auch umgesetzt hat, allerdings dafür nicht „angeklagt“ wurde. Typisch hierfür sind diverse Straftaten durch Jugendliche, aber auch Konstellationen Einheimische gegen Ausländer:innen oder Aussiedler:innen oder Generationenkonflikte.

Genauso ist es auf der Seite der Opfer. Seit langem ist bekannt (vgl. Hagemann 1993: 8f.), dass Opfer häufig nur zufällig zum falschen Zeitpunkt am falschen Ort waren, also gar nicht persönlich gemeint waren (Lebensstiltheorie bzw. Routineaktivitäten). Beim TOA wird diesem Sachverhalt wenig Rechnung getragen. Man tut so, als ob nur die beiden Individuen einen Konflikt miteinander hätten, die Gemeinschaft wird lediglich abstrakt als Thema einbezogen, entsendet aber keine Vertreter:innen.

Gruppendynamik

Die Gruppendynamik soll den Ausgleichsprozess im direkten Aufeinandertreffen in den Blick nehmen. In einer Kleingruppe von drei Personen kommt es dabei extrem auf jede einzelne an, zumal jede Person eine Rolle monopolisiert. Sollte ein:e Beteiligte:r über zu geringe kommunikative Kompetenz verfügen oder aus strategischen oder emotionalen Gründen sehr starke Abwehr zeigen, droht der gesamte Prozess zu scheitern. Wo es nur wenige Wege gibt, kann *eine* Blockade das Ziel verstellen. Die ausgeführten Überlegungen legen nahe, dass der TOA für genuin individuelle Konflikte das optimale Verfahren darstellt, dass für Konflikte, in denen die Hauptakteure jedoch mehr oder weniger (tatsächlich oder vermeintlich) stellvertretend für ihre soziale Gruppe handeln, FGC durch die personalisierte Einbeziehung der Gemeinschaft überlegen sein werden.

2. Was ist FGC? Wie geht das? Wer ist beteiligt?

FGC ist zunächst der 1989 im neuseeländischen Jugendrecht gesetzlich eingeführte Begriff. Dieses Konzept soll als Modell verwendet werden[112], nicht ohne zu unterschlagen, dass Nachfolgemodelle in Australien oder Nordamerika etwa (auch in den Niederlanden[113], Irland und England) z. T. mit stark polizeifokussierten Konzepten arbeiten. Die inzwischen in Neuseeland eingeführten Konferenzen für erwachsene Täter:innen weisen ebenfalls in etlichen Details Unterschiede auf (vgl. Morris 2001), wie es überhaupt ein Kennzeichen von RJ-Verfahren ist, dass Grundmodelle lokal enorm variiert und den Bedingungen angepasst werden.

„Family" wird als „erweiterte Familie" begriffen und meint die Unterstützer:innen („caring others") der Hauptpersonen. Es sind nicht notwendigerweise Verwandte, sondern Vertrauenspersonen aus der Gemeinschaft – deshalb haben wir in Anlehnung an die australische Bezeichnung „community" unser Modell „Gemeinschaftskonferenz" genannt.

Nach vorbereitenden Arbeiten, zu denen wie beim TOA getrennte Einzelgespräche mit „Täter:in" und „Opfer" gehören und vor allem die Organisation der Konferenz inkl. Einladung der Unterstützer:innen, eröffnet der:die Mediator:in („facilitator") die Konferenz unter Herausstreichung der Regeln des Umgangs miteinander usw.

Zunächst erläutert der:die anwesende Polizeivertreter:in den „Fall" (Tat, Opferwerdung), wie er sich aus Sicht der Polizei darstellt. Anschließend ist der:die Beschuldigte an der Reihe. In diesem Moment lastet enormer Druck auf dieser Person. Alle Anwesenden wissen nun über das Fehlverhalten Bescheid. Aus Sicht dieser Person muss die Situation mindestens unangenehm, wahrscheinlich sogar bedrohlich für die eigene Identität wirken. Sie dürfte enormem Stress ausgesetzt sein und muss erheblich Energie zum Selbstschutz mobilisieren. Der:Die Beschuldigte spürt und weiß aus dem Vorgespräch, dass jetzt eine Reaktion erwartet wird. Er:Sie kann dem Erwartungsdruck gerecht werden und schildern, was aus seiner:ihrer Perspektive geschehen ist. Dabei ergibt sich die Gelegenheit, sowohl für Erklärungen als auch für eine Bitte um Entschuldigung. Reagiert er:sie mit Abwehr, droht die Konferenz zu scheitern und ein „normales" Gerichtsverfahren.

In der folgenden Passage hat der:die Geschädigte das Wort. Einerseits kann er:sie sich auf die Schilderung durch Polizei und Beschuldigten beziehen und diese

112 Auch unser Nachbarland Belgien, das seit 2000 mit FGC experimentiert, hat sich hieran orientiert.

113 Die amerikanische Organisation Real Justice (O'Connell et al. 1999) hat sich um Conferencing verdient gemacht und liefert u. a. das Vorbild für die niederländischen Projekte. Im Unterschied zum neuseeländischen Modell verfügt die Polizei über eine sehr zentrale Rolle.

bestätigen, korrigieren oder um eine abweichende Wahrnehmung ergänzen. Andererseits kann er:sie die nur ihm:ihr zugänglichen Folgen hinzufügen. Fraglich ist, wie gut der:die Beschuldigte diesen Ausführungen folgen kann? Je verwerflicher die Vorwürfe sind und je gravierender die Folgen, desto schwerer dürfte es ihm:ihr fallen, diese Dinge „an sich heranzulassen“ (erneut belastende Stressphase). Beim TOA wird die notwendige Offenheit durch den begrenzten, intimen Raum erreicht, in dem sich nur Täter:in, Opfer und Mediator:in bewegen. Bei der FGC wird durch die Vielzahl der Verfahrensbeteiligten zunächst eine höhere Hürde für Offenheit aufgebaut.

In der nächsten Phase erhalten alle (weiteren) Beteiligten[114], insbesondere also die „caring others“ von Beschuldigten und Geschädigten, die Gelegenheit für Beiträge. Dabei geht es ggf. darum, aus widersprüchlichen Schilderungen eine gemeinsame Grundlage für den weiteren Verfahrensgang herauszuarbeiten. Weitere Ausführungen über die Person der:des Beschuldigten erlauben eine ganzheitliche Würdigung, also insbesondere positive Seiten, Engagement und Verdienste einzubringen. Nähere Ausführungen über die Schädigung, ggf. inwiefern diese noch Dritte betraf, heben die Auswirkungen ins Bewusstsein der gesamten Versammlung. Generell ist damit zu rechnen, dass die Hauptbeteiligten aufgrund der emotional aufwühlenden Situation wesentlich weniger dieser Botschaften bewusst aufnehmen können als deren jeweilige „caring others“. Ähnlich wie es Watzke (1997) für bestimmte TOA-Konstellationen geschildert hat, verkomplizieren sich also die Kommunikationswege. Zugespitzt wendet sich die Geschädigtenseite primär an die Unterstützer:innen der:des Beschuldigten.

Anschließend berät sich der:die Beschuldigte allein und vertraulich mit seinen:ihren Unterstützer:innen (ohne Anwesenheit der anderen). Inzwischen existiert eine gemeinsam erarbeitete (nicht etwa durch juristische Subsumtions- und Reduktionsprozesse vorgegebene) Grundlage dessen, was den Anlass für die FGC bildet, was also durch geeignete Anstrengungen der:des Beschuldigten wiedergutzumachen ist. Gegenüber seinen:ihren Vertrauenspersonen kann er:sie maximale Offenheit zulassen. Diese können Botschaften, die sie von der:dem Geschädigten wahrgenommen haben, an ihn:sie weitergeben. In dieser solidarischen, offenen Atmosphäre wird ein Vorschlag zur Wiedergutmachung entwickelt. Vorteil für Beschuldigte ist es, Anregungen einholen und eigene Ideen mit wohlwollenden anderen erörtern zu können, so dass das Risiko völlig unpassender Vorschläge

[114] Ihre Anzahl variiert – je nach kulturellem Hintergrund und Anlasstat – stark, so dass zwischen weniger als 10 und mehr als 30 Beteiligte insgesamt vorgekommen sind (vgl. Maxwell & Morris 1993).

minimiert wird. Darüber hinaus kann er:sie sich sicher sein, dass andere bei der anschließenden Phase hinter ihm:ihr stehen.

In dieser wieder in der gesamten Gruppe stattfindenden Phase kehrt sich der Druck um. Nachdem der:die Beschuldigte einen Wiedergutmachungsvorschlag unterbreitet hat, ist die Geschädigtenseite gefordert, diese Initiative anzunehmen. Sie kann zwar im Detail Nachbesserungen einfordern oder Modifikationen verlangen; sie kann aber nicht grundsätzlich die ausgestreckte Hand ausschlagen, ohne ihrerseits in eine sozial unakzeptable Position gedrängt zu werden. Nunmehr gilt das oben Ausgeführte über Offenheit und Abwehr in Bezug auf den:die Geschädigten und seine:ihre Unterstützer:innen: die Kommunikation läuft ggf. besser über den Umweg der „caring others", die ggf. gegenüber der:dem Geschädigten vermitteln.

Festzuhalten bleibt, dass die komplexere FGC über wesentlich mehr Kommunikationskanäle verfügt und schon allein deshalb größere Erfolgschancen verspricht. Die Gruppendynamik entfacht eine Wirkung, die im TOA allein durch Mediator:innen sichergestellt werden muss.

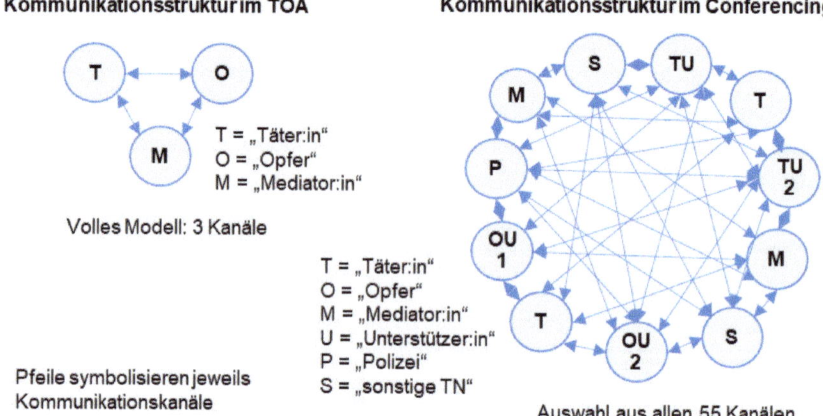

Abb. 6: *Kommunikationsstruktur in TOA und Conferencing* aus Hagemann 2014a: 294

Innerhalb des vorgegebenen, knappen Rahmens konnten nur zwei Aspekte des Conferencing angesprochen werden; die (englisch-sprachige) Literatur hierzu wächst jedoch beständig (einen guten Überblick geben Morris & Maxwell 2001).

Aus vorliegenden Evaluationen (vgl. Maxwell & Morris 1993; Morris & Maxwell 1998) wissen wir, dass dieses Verfahren funktioniert – soziale Beziehungen entstehen in der Folge der Konfliktbearbeitung. In den meisten Fällen werden diese eher von kurzer Dauer sein und münden z. B. in ein gemeinsames Essen. In Ausnahmefällen entstehen jedoch intensivere und längerfristige Kontakte. Braithwaite (1994) streicht heraus, dass dieses gerade dann gut funktioniert, wenn die Beteiligten aus sehr unterschiedlichen sozialen Gruppen stammen.

Warum der Standort Hamburg-Lurup für ein Pilotprojekt geradezu ein idealer Standort wäre, um das Verfahren in Deutschland anzuwenden?

Der Stadtteil birgt eine brisante Mischung sozialer Gruppen, er ist vielfach gespalten. Alteingesessene Bewohner:innen von Einzelhäusern mit Gärten leben neben Hochhausblocks des sozialen Wohnungsbaus, in denen immer die neueste Migrant:innengruppe untergebracht wird. Teilweise gehören die Familien der Nachkriegseinwanderer aus der Türkei, Griechenland oder Portugal bereits zu den Alteingesessenen, reklamieren jedenfalls gegenüber geflüchteten Menschen aus Afrika und Aussiedler:innen aus den ehemaligen GUS-Staaten diesen Status. Bereits seit Jahren hat dieser Stadtteil den höchsten Anteil Alleinerziehender in Hamburg – junge, teilweise „unvollständige“ Familien mit Kindern treffen hier auf viele Senior:innen, die am Stadtrand ihre Ruhe suchen. In Lurup sind folglich Konflikte zwischen sozialen Gruppen, die sich in individuellen Handlungen äußern, relativ weit verbreitet. Die Gruppen leben weitgehend nebeneinander, kommunizieren kaum in gemeinsamen Vereinen (vgl. Hagemann & Röthig 2000).

Konflikte bringen Menschen zusammen. Die Parteien lernen bei entsprechender Offenheit etwas über die Lebenswelt ihrer Nachbarn. Geglückte Konfliktbearbeitungen schaffen Anknüpfungspunkte auch im Alltag. Deshalb verstehen wir und die Stadtteilentwicklungsgesellschaft (STEG) diesen Ansatz als Beitrag zur sozialen Integration und Stadtteilentwicklung.

Fazit

Über einen langen Zeitraum zwischen 2002 und 2014 hat das Projekt „Besser streiten“ (Tengeler 2003) tatsächlich erfolgreich existiert – allerdings ohne meine weitere Einbindung oder die von Astrid Klukkert. Inhaltlich entfernte sich das Projekt „Besser streiten“ vom Strafrechtsbezug – was angesicht heutiger Restorative Cities gar nicht verkehrt ist – und behandelte vor allem Nachbarschaftskonflikte bzw. Konflikte zwischen Angehörigen unterschiedlicher sozialer Gruppen (wie bereits angedeutet).

Für Bremen berichtet Winter (2003) unter dem Titel „soziale Mediation“ und für Berlin Langner (o.J.; 2017) von ähnlichen Vorhaben. Langner initiierte darüber hinaus unter dem Namen Nachbarschaftszirkel eine Neugründung in einem anderen

Hamburger Stadtteil Kirchdorf Süd. Außerdem betreibt die Alsterdorf Assistenz Ost im Hamburger Norden seit 2022 ein weiteres Nachbarschaftszirkel-Projekt.

In diesem Zusammenhang ist das Transformative Community Conferencing (TCC) von Hooker (2016) interessant Ihm geht es um den sozialen Frieden in örtlichen Gemeinschaften wie einem Dorf, Stadtteil oder einer Nachbarschaft. Zuweilen kommen neue Mitglieder dazu - z. B. Geflüchtete oder Umgesiedelte – und die bereits Etablierten verweigern die Integration oder grenzen diese sogar bewusst aus gemeinschaftlichen Strukturen und Aktivitäten aus (vgl. Elias & Scotson 1990). Bei Hookers Beispielen gilt Rassismus als eine wichtige Ursache. Wie auch Elias & Scotson stehen kommunikative Prozesse und Erzählungen im Mittelpunkt des Problems. Soziale Distanz wird durch abwertende Geschichten im Sinne des „Schimpfklatsches" aufrechterhalten. Die TCC-Verfahrensweise setzt dagegen auf persönliches Kennenlernen und Dialoge, allerdings nicht punktuell wie in Gemeinschaftskonferenzen, sondern kontinuierlich über einen längeren Zeitraum von mehreren Jahren.

Aus Platzgründen musste die Darstellung bei der Originalveröffentlichung auf zwei Aspekte beschränkt werden. M. E. müssten zumindest ergänzend noch Überlegungen über Scham angestell werden. Sowohl Braithwaite (1989) in seiner Theorie über Reintegrative Shaming, als auch Larsson (2011; 2012) als Vertreterin der gewaltfreien Kommunikation plädieren dafür, bei der Aufarbeitung von Konfliktsituationen diesen sozialen Affekt zu nutzen. Scham ist ein spezifisch menschliches Phänomen, situativ kaum manipulierbar und kulturell vermittelt, d.h. wir lernen, mit Beschämung umzugehen und können bei entsprechendem Verhalten (z. B. um Entschuldigung zu bitten, Wiedergutmachung anzubieten oder ähnliches) Reintegrationszeremonien der Zeug:innen auslösen.

Gemeinschaftskonferenzen und andere Restorative Conferencing-Verfahren[115]

1. Einleitung

In diesem Artikel möchte ich das Conferencing-Verfahren „Gemeinschaftskonferenzen" als Anwendungsform der Restorative Justice-Philosophie möglichst voraussetzungslos vorstellen. Er ist für Menschen geschrieben, die in der Sozialen Arbeit, im Gesundheitswesen, in Feuerwehr, Polizei, Justiz oder im Bildungssystem tätig sind oder als Mediator:in in „problematischen Situationen"[116] vermitteln. Über das in Deutschland noch relativ wenig verbreitete „Conferencing"-Verfahren (https://www.netzwerkkonferenzen.org/), liegen vertiefende Publikationen vor (vgl. z. B. Zinsstag & Vanfraechem 2012; Clarijs & Malmberg 2012; Zinsstag et al. 2011, Hilbert et al. 2011; O'Connell et al. 1999), aus denen unter anderem positive gesundheitliche Auswirkungen für Opfer von Straftaten deutlich werden (vgl. Strang 2012).

Im zweiten Abschnitt werden alternative Bezeichnungen und immer wieder einige Fachbegriffe eingestreut und erläutert, um einen Anschluss an den wissenschaftlichen Diskurs herzustellen. Methodisch betrachtet handelt es sich um Mediation (dritter Abschnitt), bei der jedoch die Dimension Gemeinschaft eine zentrale Rolle spielt. Beteiligte werden gestärkt (Empowerment) und übernehmen Verantwortung für die Problemlösung. Der vierte Abschnitt stellt dar, wie Conferencing-Verfahren in einem strukturierten Prozess umgesetzt werden und wer daran teilnimmt. Dabei wird zwischen sogenannten „Lebensweltakteur:innen" und Professionellen / Expert:innen unterschieden. Zur Veranschaulichung werden drei reale Fälle aufgegriffen, die mit dieser Verfahrensweise bearbeitet worden sind. Abschnitt fünf geht auf theoretische und gesetzliche Grundlagen ein. Im Mittelpunkt steht die Restorative Justice, die wiederum enge Bezüge zur Orientierung auf Gemeinschaft und Lebenswelt (auch indigene) impliziert. Im abschließenden Fazit wird das Conferencing im Vergleich zu herkömmlichen Bearbeitungen durch das Strafrechtssystem, aber auch gegenüber individualisierten Mediationsverfahren anhand ausgewählter Dimensionen bewertet.

---

[115] Dieser Beitrag erschien 2016 in: Ochmann, Nadine; Schmidt-Semisch, Henning & Temme, Gaby (Hrsg.). Healthy Justice. Überlegungen zu einem gesundheitsförderlichen Rechtswesen. Wiesbaden: Springer Verlag für Sozialwissenschaften (S. 235-265).

[116] Dieser Begriff wurde durch den niederländischen Abolitionisten Louk Hulsman eingeführt als neutrale Bezeichnung für etwas, das das Strafrechtssystem Kriminalität oder Straftat nennt und einige andere Menschen Konflikt, Opferwerdung oder Fehlverhalten (vgl. Hulsman 1986).

2. Einige Grundlagen des Conferencing

Als Oberbegriff für die methodische Herangehensweise der Gemeinschaftskonferenzen hat sich das englische Wort „Conferencing“ etabliert (vgl. Zinsstag & Vanfraechem 2012). Je nach inhaltlichem Anwendungsgebiet und lokaler Verortung werden die konkreten Verfahrensweisen auch als „Restorative Conferencing“, „Youth Justice Conferencing“, „Community (Accountability) Conferencing“, „Hergo“ (herstelgericht groepsoverleg), „Eigen kracht conferentie“, „Familienrat“, „Verwandtschaftsrat“, „Familiengruppenkonferenz“ oder „Wiedergutmachungskonferenz“ bezeichnet (vgl. Hagemann & Lummer 2012; Hagemann 2012; Zinsstag et al. 2011). „Huikahi Restorative Circles“ (vgl. Walker 2010; Walker & Greening 2010) sind Gemeinschaftskonferenzen zur Wiedereingliederung von Strafgefangenen nach Haftverbüßung auf Hawaii und entsprechen inhaltlich und methodisch „Sozialnetzkonferenzen“ in Fällen vorzeitiger Haftentlassung jüngerer Strafgefangener in Österreich (vgl. Schlechter 2015). Die Begriffe „Konferenz“ bzw. „Conferencing“ werden hier stets im Kontext der Restorative Justice verwendet und müssen vom entsprechenden Alltagsbegriff unterschieden werden. Familienkonferenzen (Gordon 1970) oder Familienräte (Dreikurs et al. 2003) zur Verbesserung innerfamiliärer Eltern-Kind-Kommunikation, Hilfeplankonferenzen zur Abstimmung und Erläuterung von Jugendhilfemaßnahmen oder Maßnahmen der Eingliederungshilfe, Fallkonferenzen (Ziemer 2009) zur vernetzten Intervention bei Intensivtätern oder gar betriebliche oder einrichtungsbezogene Mitarbeiter:innenkonferenzen (die vielleicht über ein Problem entscheiden) beziehen sich nicht auf die Restorative Justice-Philosophie und sind keine Mediationsverfahren, selbst wenn sie aus Anlass problematischer Situationen in denselben Anwendungsbereichen ins Leben gerufen werden. Auffallend sind vor allem eine andere Zusammensetzung der Teilnehmenden und der häufig unfreiwillige Charakter.

Im Folgenden möchte ich einige in Deutschland oder international verbreitete Formen des Conferencing kurz ansprechen, um den Leser:innen eine Orientierung in der Begrifflichkeit zu bieten. Die ursprüngliche Form des Family Group Conferencing (FGC) wurde während der 1980er Jahre in Neuseeland entwickelt, nachdem die Maori-Bevölkerung „institutionellen Rassismus“ anprangerte (vgl. Ministerial Advisory Committee[117] 1988); insbesondere die Behandlung von Kindern und

[117] Der Maori-Ausdruck Puao-te-ata-tu kann als „Tagesanbruch“ übersetzt werden. Die sog. Soziale Arbeit des „Südens“ zeichnet sich durch eine Integration traditioneller indigener Problemlösungsformen, die häufig stärker kollektiv geprägt sind, mit importierten meist individualisierten „westlichen“ Verfahren aus (vgl. Früchtel 2002). Für den Reimport wird auch die Bezeichnung „indigenized social work“ verwendet (vgl. Straub 2012).

Jugendlichen durch „das System" wurde stark kritisiert (vgl. MacRae & Zehr 2004; Maxwell & Morris 1993). Das Gesetz (Children, Young Persons, and Their Families Act 1989) regelt sowohl Fälle der Straftatbegehung („crime") von Jugendlichen (14-17 Jahre) als auch „Jugendamtsfälle" von Erziehungsproblemen bis Kindeswohlgefährdung, die man in Deutschland unter das achte Sozialgesetzbuch (SGB VIII) einordnen würde („care and protection")(vgl. Hagemann 2010a). Vermittlerpersonen, die in der Regel „facilitator" genannt werden, laden in Absprache mit der:dem Jugendlichen, seiner:ihrer Familie und der Polizei bzw. „Child, Youth and Family" (entspricht Jugendamt) zu einer FGC ein und führen durch das entsprechende Verfahren. In Neuseeland ist die Freiwilligkeit in Jugendverfahren eher formal: wenn die Betroffenen sich gegen eine FGC entscheiden, ordnet das zuständige Gericht diese an. Erst wenn auch dies ohne Erfolg bleibt, wird ein Gerichtsverfahren durchgeführt. Einzige Ausnahme sind Fälle, in denen die jugendliche Person eines Tötungsdelikts beschuldigt wird, sowie bagatellhafte Straftaten, die im Wege der Diversion (Einstellung des Verfahrens) behandelt werden.

Während der indigen abgeleitete neuseeländische Prototyp unter FGC sowohl Fälle von „crime" als auch von „care and protection" bearbeitete, entstand in Wagga Wagga, Australien, 1991 ein Conferencing-Polizeidiversionsverfahren (vgl. Moore & O'Connell 1994; Hagemann 2014b). Dabei wurden eher geringfügige Straftaten behandelt und ein:e Polizeibeamt:in agierte als „facilitator" unter Verwendung eines Skripts. In der älteren Literatur zu diesem Verfahren wird häufig zwischen diesem sogenannten australischen Modell und dem ursprünglichen neuseeländischen Modell unterschieden (Walgrave 2011: 230). Später wurde Conferencing auch in anderen Anwendungsfeldern wie in der Schule, in Gemeindekonflikten, am Arbeitsplatz usw. angewendet. Große Ähnlichkeiten gibt es mit sog. „Community Panels" und „Community Reparative Boards" (vgl. Bazemore & Umbreit 2001) sowie mit indigenen „Circles" (vgl. Pranis 2005) in Nordamerika.

Der Begriff Gemeinschaftskonferenz (GMK) wurde zwar schon zur Jahrtausendwende in Hamburg für das Stadtteilprojekt „Besser streiten" entwickelt (vgl. Tengeler 2003; Klukkert 2001; Hagemann 2002), das erste Praxisprojekt für Opfer und deren Straftäter:in nach dem Jugendgerichtsgesetz (JGG) begann aber erst 2006 in Elmshorn (vgl. Bergemann 2014; Hagemann 2014a; 2009; 2008; 2007; Zehr 2010: 63; Blaser et al. 2008). Es verstand sich als deutsche Umsetzung der neuseeländischen FGC und des belgischen Herstelrechtlijk Groepsoverleg (Hergo) und war durch Kontakte zu Allison Morris und Gabrielle Maxwell aus Neuseeland (später auch Allan MacRae) sowie Lode Walgrave und Inge Vanfraechem aus

Belgien beeinflusst, denen es erstmals in einem legalistischen[118] Jugendstrafrecht gelang, das neuseeländische System in Europa zu etablieren (Gesetz vom 13.12.2006)[119]. In Schleswig-Holstein wurde aus dem Pilotprojekt GMK unter Initiative der Staatsanwaltschaft 2013 die Regelmaßnahme „erweiterter Täter-Opfer-Ausgleich" (etoa).[120]

Ebenfalls zu Beginn des 21. Jahrhunderts schufen Frank Früchtel und Wolfgang Budde (2003) aus der „care and protection"-Variante den Verwandtschaftsrat, aus dem 2008 beim zweiten bundesweiten Netzwerktreffen der Familienrat (FR) wurde. Während bei einer Täter:in-Opfer-Konstellation der GMK zwei gegensätzliche Parteien einen Konflikt gemeinsam bearbeiten, besteht die Vermittlung im FR einerseits innerhalb des einen betroffenen Familiennetzwerks, andererseits zwischen diesem und dem Jugendamt als zuständiger Behörde für das Kindeswohl.

Aus diesem Grunde müssen GMK und FR das oben beschriebene Conferencing-Verfahren jeweils spezifisch anpassen. Die Abbildung Nr. 7 zeichnet Entwicklung und Anwendung der Gemeinschaftskonferenzen bezogen auf Deutschland nach.

All diesen Verfahrensweisen ist gemeinsam, dass es um konstruktive, demokratische, zukunftsorientierte Gesprächsrunden sogenannter Lebensweltakteur:innen in ihren jeweiligen Gemeinschaften geht. Es werden konkrete Pläne entwickelt und vereinbart, um das Ziel eines künftigen friedlichen Zusammenlebens zu erreichen. Dafür sind ggf. Wiedergutmachungsleistungen nötig oder Transformationen in Einstellung und Verhalten oder sozialen Rahmenbedingungen bestimmter Beteiligter[121]. Der Begriff „Lebensweltakteur:innen" bezeichnet diejenigen Personen aus der:den Gemeinschaft(en) der Betroffenen, die <u>nicht</u> (wie z. B.

---

[118] Ein „legalistisches Strafrechtssystem" wie in Deutschland oder Belgien folgt dem Legalitätsprinzip (vgl. Strafprozessordnung), d. h. die Strafverfolgungsbehörden sind grundsätzlich verpflichtet, ihnen bekannt gewordene Straftaten durch Ermittlungen gegen Tatverdächtige aufzuklären. Im Gegensatz dazu gilt in angelsächsischen Ländern wie Neuseeland – aber auch in den Niederlanden – das Opportunitätsprinzip, d. h. die Strafverfolgungsbehörden verfügen über einen Ermessensspielraum für die Einleitung von Ermittlungen.

[119] Dossiernummer: 2006-12-13/48 (belgisches Gesetzblatt) – "Samenwerkingsakkoord tussen de Federale Staat, de Vlaamse Gemeenschap, de Franse Gemeenschap, de Duitstalige Gemeenschap en de Gemeenschappelijke Gemeenschapscommissie, betreffende de organisatie en de financiering van het herstelrechtelijk aanbod bedoeld in de wet van 8 april 1965 betreffende de jeugdbescherming, het ten laste nemen van minderjarigen die een als misdrijf omschreven feit hebben gepleegd en het herstel van de door dit feit veroorzaakte schade." Für eine deutschsprachige Darstellung vgl. Walgrave (2011, S. 227 ff.)

[120] Da die Gemeinschaftskonferenz meine – mit Astrid Klukkert gemeinsam – konzipierte Fassung ist, werde ich diese als Grundmodell verwenden.

[121] Wegen dieser transformativen Dimensionen beziehen sich manche Autoren auf „Transformative Justice"; auch Zehr zog diese Benennung anstelle von „Restorative Justice" in Betracht (vgl. Blog-Eintrag von Howard Zehr am 10. März 2011 http://emu.edu/now/restorative-justice/page/4/ Zugriff am: 29.12.2014). Entsprechend muss stets gefragt werden: Welche sozialen Umstände haben das schädigende Verhalten begünstigt? Welche strukturellen Ähnlichkeiten gibt es zwischen dem verhandelten Ereignis und vergleichbaren? Welche Maßnahmen können das zukünftige Auftreten verhindern?

Mediator:innen, Sozialarbeiter:innen, Jurist:innen, Suchtberater:innen, Mitarbeiter:innen von Polizei und Jugendhilfe oder anderer „Systeme") als Professionelle oder in einer Expert:innenrolle an diesen Kreisen teilnehmen.[122] Die Conferencing-Verfahren zeichnen sich dadurch aus, dass die Lebensweltakteur:innen die Lösungen finden, meistens gibt es explizit eine ausreichend lange Phase („family-only time", „private time" oder „Auszeit", „Familienzeit" genannt), in der alle Professionellen den Kreis verlassen müssen, damit die Lebensweltakteur:innen möglichst ohne behördliche Expert:innenratschläge, die zuweilen als Bevormundung durch amtliche Autoritäten empfunden werden, die im spezifischen Fall passendste Lösung finden. In der Regel sind es die Professionellen, die ein solches Verfahren initiieren und eingangs durch die Formulierung einer Sorge bzw. Vorbringen einer Anklage den Prozess in Gang setzen und die am Ende dem aufgestellten Plan / der Vereinbarung zustimmen müssen, wenn das systemimmanente Vorgehen (sei es ein Strafverfahren, eine Inobhutnahme, Hilfen zur Erziehung o.ä.) zurückgestellt oder gänzlich ersetzt werden soll.

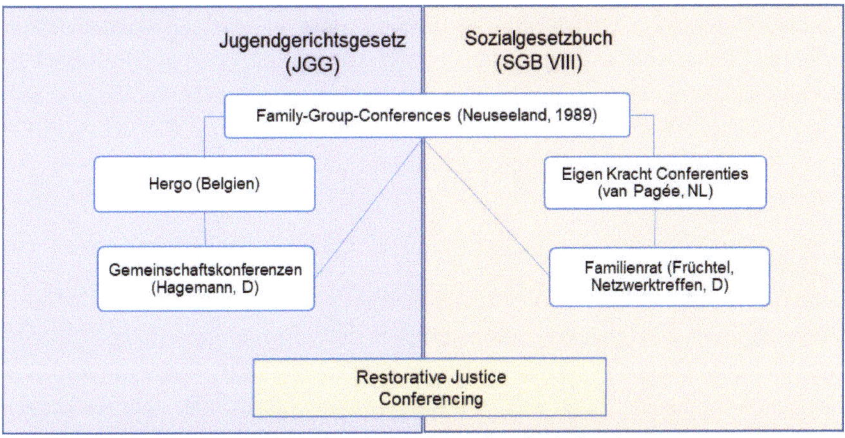

Abb. 7: Geschichte und Herkunft der Gemeinschaftskonferenzen

---

[122] Positiv formuliert kann man von Betroffenen sprechen, also z. B. Opfer, Täter:in, ihre Angehörigen und Freund:innen sowie sonstige „informelle" Unterstützer:innen, die aufgrund der Nähe zu den Hauptpersonen und ohne Bezahlung für ihre Teilnahme dabei sind. Es handelt sich um eine „gemeinschaftliche Beziehung" im Gegensatz zu einer „gesellschaftlichen", die aufgrund eines bestimmten Dienst- oder Vertragsverhältnisses zustande kommt (vgl. Früchtel 2007; Tönnies 2005). Dieser weite Kreis hat wegen der wellenförmigen Ausbreitung („ripple effect", vgl. Miller 2011: 132 f.), d. h. der Ausstrahlung der Problemlage auf nicht direkt Beteiligte, seine Berechtigung. Hinzu kommt bspw. die Maori-Überzeugung, dass Kinder nicht ihren Eltern, sondern der gesamten Gemeinschaft gehören, die für das Aufwachsen Sorge zu tragen hat.

Conferencing ist also eine lebensweltorientierte Mediationsmethode – entweder zwischen Individuen oder zwischen Lebensweltakteur:innen und Behörden – die ein Empowerment der Menschen in ihrer Lebenswelt beinhaltet und ihnen die Gestaltungsmacht über ihr Schicksal (zurück) gibt. Diesen Sachverhalt habe ich in Anlehnung an Christies „Konflikte als Eigentum“ (1977) mit dem Begriff „Ownership“ bezeichnet (Hagemann 2009; Straub 2011).

Genauso wie die Abgrenzung des Conferencing gegenüber sehr individualisierten Mediationsverfahren über die Teilnehmendenzahl fließend sein kann, ist auch die Abgrenzung gegenüber dem sog. Circle-Verfahren eine eher fließende.[123] Circles stammen aus der Tradition nordamerikanischer indigener Bevölkerungen und beinhalten ebenso wie das Conferencing die Einbeziehung der Gemeinschaft. Die kreisförmige Sitzordnung oder die Anzahl der Beteiligten stellen im Grunde keine wesentlichen Unterscheidungsmerkmale dar (Maxwell & Morris 1993 berichten über Conferences mit mehr als 30 Teilnehmenden). Auch die Integration bestimmter Zeremonien oder die Nutzung eines Redestabs sind für Conferences keineswegs ausgeschlossen. Nach meiner Einschätzung – die allerdings nur auf dem mir vorliegenden schriftlichen Material und wenigen persönlichen Gesprächen mit Durchführenden über Circles gründet – liegt der Hauptunterschied einerseits darin, dass bei Circles nicht explizit zwischen Lebensweltakteur:innen und Professionellen unterschieden wird (so sind z. B. in den nordamerikanischen Peace- und Sentencing-Circles Richter:innen und Staatsanwält:innen dabei; vgl. Pranis et al. 2003, Thoß & Weitekamp 2012; Umbreit 2000) und dass es keine Privatzeit (vgl. 4.4 zweite Phase) gibt.

3. Mediation

Hervorzuheben ist zunächst, dass es sich um ein Vermittlungsverfahren für Menschen in problematischen Situationen bzw. Konflikten handelt. Diese werden durch die Betroffenen selbst bearbeitet und idealerweise gelöst. Dafür kann es sinnvoll sein, Expert:innenrat einzubeziehen, aber nicht, die Konfliktbearbeitung an Expert:innen (z. B. Strafjurist:innen oder Jugendamtsmitarbeiter:innen) zu delegieren, um sich dann später deren Lösungen zu unterwerfen. Anders als beim herkömmlichen Strafverfahren nach dem Strafgesetzbuch (StGB), der Strafprozessordnung (StPO) und dem JGG oder Hilfeplanverfahren nach SGB VIII bleiben also beim Conferencing stets die „Lebensweltakteur:innen“ Eigentümer:innen ihrer Konflikte

[123] Manche Autor:innen fassen „Conferences“ und „Circles“ unter dem Begriff „Kreis-Modell“ zusammen (vgl. Domenig 2009).

bzw. Herrscher:in ihres Verfahrens. Daraus folgt die Freiwilligkeit der Teilnahme, d. h. jede teilnehmende Person kann jederzeit aus einem Conferencing-Verfahren aussteigen. Wenn es sich dabei um eine zentrale Person handelt, dann muss das Verfahren als gescheitert gewertet werden. In anderen Fällen können die verbleibenden Teilnehmenden ihre Arbeit fortsetzen. Conferencing-Verfahren unterscheiden sich von üblichen Mediationsverfahren, bei denen regelmäßig nur wenige (häufig zwei) Konfliktbeteiligte teilnehmen, in erster Linie durch die größere Anzahl Beteiligter, weil neben den Hauptbeteiligten diverse Unterstützer:innen und ggf. Akteur:innen aus der Gemeinschaft sowie Expert:innen / Professionelle beteiligt sind. Dabei gebietet das „Ownership"-Prinzip, dass die Hauptbeteiligten darüber entscheiden, wer an diesem Kreis teilnimmt. Der Begriff „Kreis" ist in Bezug auf die Sitzordnung durchaus wörtlich zu nehmen, da diese Anordnung die beste Form ist, allen Anwesenden gleiche Beteiligungsmöglichkeiten einzuräumen. Hierbei handelt es sich um ein weiteres zentrales Merkmal des Conferencing, das unter anderem für die Einstufung als demokratisches Verfahren verantwortlich ist. Anders als im Gericht gibt es keine Hierarchie. Die Vermittlerperson selbst ist ohne Macht und in erster Linie dafür verantwortlich, dass ein konstruktiver Prozess der Problembearbeitung voranschreitet.

Proksch (2011: 580) definiert Mediation im Fachlexikon der Sozialen Arbeit als „ein auf Kooperation, Kommunikation und befriedenden und befriedigenden Ausgleich widerstreitender Interessen angelegtes freiwilliges Verfahren zur außergerichtlichen, einvernehmlichen und eigenverantwortlichen Regelung von Konflikten durch die Konfliktparteien selbst mit Unterstützung einer oder zweier Vermittlungspersonen (Co-Mediation), die den Vermittlungsprozess neutral und überparteilich steuern". Hagemann und Lummer (2012) sehen Mediation als Methode abgegrenzt von z. B. Beratung oder sozialer Gruppenarbeit. Sie verwenden den Begriff „Verfahren" für unterschiedlich ausgestaltete Umsetzungsformen, d. h. von eher individualisierten Drei-Personen-Settings (z. B. Trennungs- und Scheidungsmediation, Täter-Opfer-Ausgleich) bis hin zur Arbeit in großen Gruppen (z. B. Gemeinschaftskonferenz, Familienrat, Friedenszirkel). Anstelle der Begriffe „neutral und überparteilich" bevorzuge ich den Terminus „allparteilich", da Mediator:innen sich weder wie Richter:innen und Schlichter:innen über die Parteien erheben noch neutral sind im Sinne einer Nichteinmischung; vielmehr unterstützen sie alle beteiligten Parteien gleichermaßen. Sie machen keine inhaltlichen Lösungsvorschläge, sondern sind für eine sichere Atmosphäre und einen voranschreitenden konstruktiven Ablauf zuständig. Ich teile das weite Verständnis von Vermittlungsprozessen, in denen es nicht immer nur um Kompromissfindungen geht, sondern die durchaus einer Aufarbeitung im Sinne der gewaltfreien Kommunikation (Rosenberg 2001) dienen dürfen, gerade wenn durch Verantwortung für Leidzufügung eine gewisse moralische Schieflage den Ausgangspunkt bildet. Deshalb möchte ich eine weitere Definition hinzufügen:

> "A mediation process is a process in which the participants, with the support of a mediator, identify issues, develop options, consider alternatives and make decisions about future actions and outcomes. The mediator acts as a third party to support participants to reach their own decision. Mediation processes are primarily facilitative processes. The mediator provides assistance in managing a process which supports the participants to make decisions about future actions and outcomes. ...
>
> The mediator[s] may assist the participants to:
>
> a) communicate with each other; and
> b) identify, clarify and explore disputed issues; and
> c) generate and evaluate options; and
> d) consider alternative processes for bringing any dispute or conflict to a conclusion; and
> e) reach an agreement or make a decision about how to move forward and_/_or enhance their communication in a way that addresses participants' mutual needs with respect to their individual interests based upon the principle of self determination." (Sourdin 2007: 4)

Entsprechend werden die Vermittler:innen nicht immer als Mediator:innen bezeichnet, sondern zuweilen als „facilitator“, Koordinator:in oder „convenor“. Unabhängig von der gewählten Bezeichnung müssen diese Personen über Qualifikationen verfügen, die hierzulande üblicherweise in Mediator:innen-Ausbildungen sichergestellt werden (wobei auch formal nicht zertifizierte Personen für diese Rolle geeignet sein können): z. B. Identifizierung mit der Philosophie mediativer Lösungen, Vertrautheit mit Zielen und Werten der Restorative Justice, Beherrschung von Gesprächstechniken, Leitung von Gruppenprozessen und Sensitivität für Gruppendynamik und Bedürfnisse einzelner Beteiligter. Höchst strittig ist, ob mit einem Skript[124] (vgl. conference facilitator's script, O'Connell et al. 1999) gearbeitet werden sollte? Nach meiner Einschätzung kann es Neulingen wertvolle Hilfsdienste leisten, ist aber auf

[124] Ein Skript ist ein vorformulierter Leitfaden, den die Vermittlerperson gegebenenfalls wörtlich in der vorgegebenen Reihenfolge einsetzt, d. h. ganz bestimmte Fragen werden ganz bestimmten Personen in einer festgelegten Abfolge gestellt. Dadurch ist unabhängig von der Vermittlerperson eine gleichbleibende Durchführungsqualität gesichert. Das Skript wurde ursprünglich für den Einsatz durch Nichtprofessionelle entwickelt. Manche professionell ausgebildete Mediator:innen / Koordinator:innen beklagen diese Standardisierung und bevorzugen häufig ein flexibleres, offeneres Vorgehen. Chapman (2012: 65 f.) argumentiert, dass durch Skripte und Standardisierung doch Macht über die Lebensweltakteur:innen ausgeübt werde.

Dauer zu einengend, um den vielfältigen konkreten Einzelfällen gerecht zu werden. Nach Haynes et al. (2002: 19) geht die Mediation von zwei zentralen Grundannahmen aus: „Die erste Annahme ist, dass Menschen auch in Konfliktsituationen prinzipiell über die Fähigkeit verfügen, ihre eigenen Anliegen und Bedürfnisse zu erkennen und zu äußern, selbstverantwortlich zu handeln und ihre Probleme rational zu lösen. ... Die zweite Annahme ist, dass Menschen, die eine Mediation aufsuchen, wenigstens im Grundsatz bereit sind, ihre Probleme und Konflikte mit der anderen Person, mit der sie im Streit liegen, zu lösen (wobei die Motivation dafür durchaus auch gering, widersprüchlich und schwankend sein mag)". In den hier behandelten Settings muss es nicht immer um interpersonale Konflikte gehen – Konfliktpartei kann auch eine Behörde wie das Jugendamt oder ein Unternehmen (vgl. Braithwaite & Mugford 1994) sein.

4. Strukturierung des Conferencing-Prozesses in Phasen

Es macht Sinn, den Conferencing-Prozess in Phasen einzuteilen, wobei die Anzahl davon abhängt, wie detailliert man ihn beschreiben möchte. Als Minimum können wir drei Phasen unterscheiden: die Phase, in der alle Beteiligten sich ein umfassendes Verständnis des zugrundeliegenden Problems und der Bedürfnisse und Ziele aller Beteiligten verschaffen (Storytelling), die Phase, in der die verantwortlichen Lebensweltakteur:innen allein unter sich einen Lösungsvorschlag in Form eines Plans entwickeln (Privatzeit), und die Phase, in der dieser Vorschlag diskutiert, konkretisiert und entweder in der ursprünglichen oder in einer modifizierten Form als Einigung aller angenommen wird (oder im Falle des Scheiterns auch nicht) (Einigungsphase). Es liegt auf der Hand, dass wir vor dieser eigentlichen Konferenz eine sehr wichtige Vorbereitungsphase benötigen, in der über das Verfahren informiert und festgelegt werden muss, wer überhaupt eingeladen werden soll. Auch Fragen des Zeitpunktes und des Ortes müssen geklärt werden und ob nicht nur Gebäck und Getränke zur Verfügung stehen, sondern womöglich ein gemeinsames Essen geplant ist und vielleicht bestimmte Zeremonien (in Neuseeland sind gemeinsame Gebete oder Gesänge durchaus häufiger anzutreffen) vollzogen werden sollen. Es versteht sich auch fast von selbst, dass für die Zeit nach der Konferenz eine Phase des Monitoring beachtet werden muss, um festzustellen, inwieweit der entwickelte Plan umgesetzt wird oder womöglich nachgesteuert werden muss. Einige Conferencing-Verfahren sehen mindestens eine Folgekonferenz vor.

Ausgangspunkt des Conferencing ist ein Konflikt bzw. eine problematische Situation; Ziel ist die erfolgreiche Bearbeitung dieser Lage, ein für alle Beteiligten akzeptables zukünftiges friedliches Zusammenleben in der Gemeinschaft bzw.

Wiedergutmachung und Schutz für Einzelne, die auch eine Beendigung bisheriger Beziehungen beinhalten können. Auf dem Weg dorthin müssen folgende Fragen zu den Fällen beantwortet werden:

- Wie kann den System-Anliegen[125] der Professionellen Rechnung getragen werden?
- Welche Bedürfnisse haben die beteiligten Lebensweltakteur:innen?
- Welche möglichen Auswirkungen hat die Tat / Situation und wer ist davon betroffen?
- Wie könnte das Ergebnis einer möglichen dialogischen Aufarbeitung für die Betroffenen aussehen?

Ich möchte im Folgenden fünf Hauptabschnitte vorstellen: Die Vorbereitung der „Conference“ (4.2), die Vorstellung und Erörterung des Problems (4.3), die „private Zeit“ der Ausarbeitung eines Lösungsvorschlags (4.4), die Erörterung und Verabschiedung einer Lösung in Form eines einvernehmlichen Plans (4.5) und die Umsetzung des Plans (bis zum Abschluss des Verfahrens) (4.6). Jeder dieser Abschnitte kann seinerseits wiederum in Unterabschnitte gegliedert werden. Manche Beschreibung umfasst daher mehr als fünf Phasen; einige nennen aber auch nur drei Phasen, weil Vorbereitung und Umsetzung nicht Teil der eigentlichen „Conference“ mit üblicherweise gleichzeitiger Anwesenheit aller Beteiligten sind (vgl. Fall 2 für die Anwesenheit mittels Videozuschaltung, s. u.). Bevor der Ablauf einer Conference beschrieben wird, soll auf die wichtigen Begriffe Gemeinschaft und Lebenswelt eingegangen werden.

---

[125] Beispielsweise das Wohl und der Schutz des Kindes als Garantenpflicht, die Vermeidung eines Rückfalls, die Sicherstellung einer Verhaltensänderung, die Beendigung eines Konflikts usw.

4.1 Gemeinschaft und Lebenswelt

Der zusätzliche Wert eines Conferencing-Verfahrens liegt im Vergleich zu individualistischen und expert:innen-orientierten Ansätzen in der Einbeziehung der Gemeinschaft und in der „Ownership" des Prozesses durch die Lebensweltakteur:innen (vgl. Henkel 2015). Gemeinschaft bezieht sich auf eine Gruppe von Menschen, die vielfältig informell verbunden sind: Partner:in, Eltern und Kinder, Freund:innen, Verwandte und andere Nahestehende, die wir in der Regel unterstützen und von denen wir Unterstützung und Zuwendung erwarten. Früchtel (2007) streicht heraus, dass uns das aus normativen, emotionalen und habitualen Motiven heraus normal und richtig erscheint. Nur ausnahmsweise besteht ein Rechtsanspruch auf derartige lebensweltliche Hilfen, aber in der Gemeinschaft reichen Reziprozitätserwartungen vollkommen aus. Ihre Verbundenheit geht tief, berührt die Beteiligten intensiver als in einer gesellschaftlichen Beziehung, um eine traditionelle Begriffsdichotomie des Soziologen Ferdinand Tönnies (2005) aufzugreifen. Nach Tönnies macht es einen wichtigen Unterschied, ob wir durch Vertrauen, Tradition, Zusammengehörigkeitsgefühl, gegenseitige informelle Verpflichtungen und persönliche Bekanntschaft verbunden sind (was Gemeinschaft und ihre informelle Kontrolle kennzeichnet) oder durch formelle, rational und frei beschlossene Mitgliedschaft, die in der Regel auf vertraglichen und gesetzlichen Verpflichtungen begründet ist, keineswegs ganzheitlich und dauerhaft konzipiert ist, sondern eher zweckrational oder formal. Für Menschen unserer westlichen Gesellschaften muss Gemeinschaft als Dimension des Sozialen wiederentdeckt werden. Der Soziologe Ulrich Beck (1986) hat einen Prozess fortschreitender Individualisierung diagnostiziert, in dem Menschen ihre Bindungen verlieren bzw. positiv formuliert: sich aus ihnen lösen. Die relativ stabilen Bindungen (bspw. an die Herkunftsfamilie, lebenslange Partnerschaft, eigene Kinder, langwierige Freundschaften, stabile Beschäftigung in einem Beruf oder bei einem Arbeitgeber und örtliche Gebundenheit) sind durch „patchworks" ersetzt worden. Mitbürger:innen werden austauschbar und bilden nicht länger eine Gemeinschaft, die Kontrolle über den:die Akteur:in ausübt. Die gegenwärtigen Gesellschaften des „Nordens" sind Gesellschaften von Fremden, an der urbanen Lebensweise ausgerichtet, die gegenüber ihren Nachbar:innen keinerlei Verpflichtungen empfinden, was nicht ausschließt, offen für gemeinsame Erfahrungen zu sein (vgl. Simmel 1908b). Stattdessen zentriert sich das moderne Leben um den Konsum und die Befriedigung sogenannter „falscher Bedürfnisse", wie Marcuse (1967) es formuliert hätte. In einigen indigenen Kulturen des „Südens" scheint das Bewusstsein für die eigene Identität als Teil einer Gemeinschaft noch stärker und direkter erfahrbar zu sein (vgl. das afrikanische Konzept „Ubuntu",

Skelton 2013: 179). Menschen sehen bestimmte Angelegenheiten nicht als privat an, sondern nehmen ihre Abhängigkeit von und Unterstützung durch andere direkt wahr. Diese Überlegungen spielen eine wichtige Rolle, wenn man FGC und die ihnen zugrundeliegende Philosophie in westliche Länder überträgt.

Analog zum Begriffspaar Gemeinschaft und Gesellschaft wird der Begriff Lebenswelt in Abgrenzung zum System benutzt. Lebenswelt bezeichnet nach Schütz (vgl. Schütz & Luckmann 1979) die unmittelbare, vorwissenschaftliche Gegebenheit der Welt, d. h. die unmittelbare Lebenswirklichkeit, den Alltag der Menschen und wird zuweilen nahezu synonym mit Gemeinschaften oder privaten Netzwerken gefasst (vgl. Thiersch 2002). „Die Imperative der Systeme dringen in die Lebenswelt – wie Kolonialherren in eine Stammesgesellschaft – ein und erzwingen die Assimilation“ (Habermas 1981: 522). Das System und seine Teilsysteme „Jugendhilfe“ und „Strafrecht“ sind zweckrational; Hilfeleistungen werden aufgrund gesetzlicher oder vertraglicher Regelungen erbracht. Die Professionellen der Hilfeeinrichtung empfinden nicht irgendwelche Gefühle der Verbundenheit. Es bedarf gewisser Expertise, Hilfebedarfe festzustellen und umzusetzen. Nach Habermas müssen soziale und kulturell gewachsene Lebensbereiche, die auf Normen und Werten basieren, vor den eigengesetzlichen Imperativen der Subsysteme Staat und Wirtschaft geschützt werden. In den folgenden Abschnitten wird dargestellt, wie diese Lebensweltorientierung umgesetzt wird.

4.2 Die Vorbereitung der „Conference“

In der Literatur wird in der Regel hervorgehoben, dass eine gute Vorbereitung regelmäßig einen erfolgreichen Prozess einleitet (Wager & Wager 2015; Zinsstag et al. 2011; Budde & Früchtel 2008; Liebmann 2007: 85; Morris & Maxwell 2001: 278). In getrennten Vorgesprächen mit den Hauptbeteiligten wird über das Verfahren informiert, die subjektive Sicht auf das Problem erörtert und gemeinsam die genaue Umsetzung (also der Kreis der Einzuladenden sowie der Ort und der Ablauf) entworfen. Aufgrund der zuweilen großen Zahl angestrebter Beteiligter kann dieser Schritt mühsam sein, insbesondere die Terminfindung. Im Falle schwerer Opferwerdungen wird man einen längeren Vorbereitungsprozess antizipieren, in den ggf. Therapeut:innen einzubeziehen sind. In Neuseeland regelt das Gesetz, dass eine FGC innerhalb von vier Wochen nach Bekanntwerden eines Anlasses stattfinden muss; im Falle einer:eines inhaftierten Beschuldigten sogar innerhalb von zwei Wochen, was gelegentlich dazu führt, dass vor allem Geschädigte und Unterstützer:innen aus Termingründen fehlen. Im Mittelpunkt stehen die Bedürfnisse der Hauptbeteiligten – das sind Opfer und Täter:in oder Familie und Kind. Budde und Früchtel

(2008) sprechen in diesem Zusammenhang von einem „Heimspiel“. Beim Vorgespräch mit der:dem Beschuldigten und ggf. ihren:seinen Unterstützer:innen wurden diese dazu aufgefordert, sich bereits über Wiedergutmachungsvorschläge Gedanken zu machen und ggf. anwaltlichen Rat einzuholen, wenn es um die Höhe von Entschädigungen oder Schmerzensgeldzahlungen ging. In Deutschland scheint es eher unüblich, Anwält:innen direkt einzubeziehen, während das in Neuseeland die Regel ist.

4.3 Einstieg und erste Phase („Storytelling“) einer Conference

Die erste Phase der eigentlichen GMK oder des FR ist anfänglich durch Informationen seitens der Vermittler:innen, die Verständigung auf Regeln und eine klare Formulierung des Anlasses geprägt (Sorgeformulierung, Tatvorwurf), gefolgt von den subjektiven Darstellungen der Hauptbeteiligten. Bei GMK mit Jugendlichen und Erwachsenen hat es sich als zweckmäßig erwiesen, in einer ersten Runde nur den Jugendlichen Rederecht einzuräumen und erst danach die Erwachsenen einzubeziehen. Ggf. werden Zusatzinformationen von Professionellen eingespeist, bevor eine allgemeine Erörterung aller Beteiligter erfolgt, die sich auf das Problem bezieht. Abgeschlossen werden sollte diese Phase durch eine Äußerung jeder einzelnen Person bzgl. ihrer Erwartungen / Wünsche an die „Conference“. Danach löst sich der große Kreis zunächst auf und die Privatzeit erlaubt den verantwortlichen Lebensweltakteur:innen mit ihren Unterstützer:innen – aber ohne Expert:innen – einen Plan zu erarbeiten.

4.4 Privatzeit zur Erarbeitung eines Lösungsvorschlags

In der Phase der Privatzeit versammelt sich die in den Fallbeispielen blau markierte Gruppe von Lebensweltakteur:innen in einem separaten Raum und entwickelt einen möglichst konkreten Plan, wie das Problem gelöst werden kann.

Gelegentlich wünscht die Gruppe Unterstützungsleistungen einer professionellen Person, z. B. rechtliche Aufklärung durch eine Anwält:in, Rat hinsichtlich bestimmter Maßnahmen. In diesen Fällen können Professionelle für die gesamte Zeit oder für die Erörterung bestimmter Fragen von der Gruppe eingeladen werden. Entscheidungen über Vorschläge werden aber nur durch die Lebensweltakteur:innen getroffen; die Verantwortung bleibt also ausschließlich bei ihnen. Bei GMK stellt sich die Frage des Zeitbedarfs, weil die „Opferseite“ während der Beratungen keine Aufgabe hat und Kontakte zwischen Mediator:innen und Opfern währenddessen von der:dem Täter:in als Verletzung der Neutralität wahrgenommen werden können. Faktisch war die entstehende Pause in der Regel von überschaubarer Dauer[126] (zwischen ca. 10 und 45 Min.) und deutlich kürzer als sie meistens beim FR ausfällt (> 1 Std). Damit sind manche Conferencing-Verfahren wegen dieser flexiblen Auszeiten schwer in den Arbeitsalltag von Professionellen zu integrieren, es sei denn, die:der Jugendamtsmitarbeiter:in verfügt über ein mobiles Büro.

4.5 Abschließende Erörterung des Plans / der Vereinbarung und seine Fixierung für die Umsetzung

Nach der Privatzeit kommt dann die Gesamtgruppe wieder zusammen und von „Täter:innenseite" bzw. aus der „Familie" werden Überlegungen vorgestellt, die letztlich in einen verbindlichen, regelmäßig schriftlich fixierten Plan münden. Bei der Täter:in-Opfer-Konstellation handelt es sich um einen zivilrechtlich verbindlichen Vertrag zwischen den Parteien. Allerdings wird in der Regel der eingebrachte Vorschlag noch modifiziert, weil Geschädigte oder Professionelle noch Änderungen wünschen oder Konkretisierungen erforderlich sind. Letztlich enthält der Plan in der Regel mehrere Aspekte, die zu unterschiedlichen Zeiten umzusetzen sind und von unterschiedlichen Personen aus dem Kreis überwacht werden. Bei der „Familienrat"-Variante ist es üblich, dass die gesamte Gruppe nach ca. zwei bis drei Monaten zu einer Folgekonferenz zusammenkommt, um eine Bewertung oder ggf. Nachjustierungen vorzunehmen. Bei der GMK-Variante findet üblicherweise keine Folgekonferenz statt, da dieser Aufwand den Opfern und Unterstützer:innen nicht zugemutet wird. Nach der Unterschrift des Plans / der Vereinbarung findet eine Feedbackrunde statt und anschließend wird bei Gebäck und Getränken noch Gelegenheit für informelle Gespräche gegeben. Gerade im „Opfer"- und „Täter:in"-Setting ergeben sich hier wertvolle Austausche.

4.6 Monitoring des Plan-Umsetzungsprozesses

Sowohl Lebensweltakteur:innen als auch Professionelle sind in die Überwachung der Vereinbarungen einbezogen; bei der GMK werden auch Gericht und Staatsanwaltschaft über das Ergebnis und über die anschließende Umsetzung informiert. Meist ruht in dieser Zeit das Strafverfahren. Aus diesem Grunde – aber auch aus pädagogischen Erwägungen, wenn es um Jugendliche geht – sollten die Vereinbarungen möglichst innerhalb von sechs Monaten umsetzbar sein, damit dann das

[126] Bereits im Vorgespräch wird der:dem Verantwortlichen und ggf. ihren:seinen Unterstützer:innen nahe gebracht, über Vorschläge zur Wiedergutmachung nachzusinnen, vgl. 4.1.

Strafverfahren endgültig abgeschlossen werden kann. Beim FR kann es wegen der andersartigen Problemlage sinnvoll sein, den Zeitraum eher langfristig anzulegen.

4.7 Praxisbeispiele

Die im Folgenden beschriebenen drei Fälle repräsentieren mehr oder weniger treffend alltägliche Herausforderungen für Soziale Arbeit und Justiz. Sie sind durch eine Gemeinschaftskonferenz in Elmshorn (Bergemann 2014: 65 ff.) (Fall 1), eine Family Group Conference in Neuseeland (Henkel 2015: 73 ff.) (Fall 2) bzw. eine Sozialnetzkonferenz in Österreich (Schlechter 2015: 138) (Fall 3) bearbeitet worden. Die Namen der Beteiligten wurden verändert.

Die folgenden Abbildungen stellen alle Beteiligten der drei ausgewählten Beispiel-Konferenzen dar, informieren über die Zugehörigkeit zu Gemeinschaften vor Beginn der Konferenz bzw. den Status als Professionelle.

4.7.1 Fall 1 „Gewalttätiges Machogehabe in ‚türkischer' Gemeinschaft" (vgl. Abb. 8)

Die Situation: Bülent (16, Täter 1[127]) und Ali (18, Täter 2) locken Mustafa (16, Opfer) unter einem Vorwand in ein Parkhaus und prügeln und treten dort auf ihn ein, weil er sich angeblich Alis jüngerer Cousine (14) in anzüglicher Weise genähert haben soll. Sie beleidigen ihn und drohen weitere Gewalt an, sollte er sich nicht von ihr fernhalten. Auf die spätere informelle Intervention des Vaters von Mustafa (O Vater) kommt es auch zu Drohungen ihm gegenüber, so dass dieser Anzeige erstattet.

Der Verlauf der Gemeinschaftskonferenz: Mustafa erschien mit seinem Vater und einem vertrauten türkisch-stämmigen „Sozialarbeiter" (O Soz'arb.). Beide Beschuldigte wurden durch einen gemeinsamen Freund (Täter Unterst) begleitet und Bülent brachte seinen Vater mit, ohne ihn vorab vollumfänglich zu informieren (blaues Feld). Die Beschuldigten bestätigten den Anklagevorwurf, fühlten sich jedoch im Recht. Ein gemischt-geschlechtliches Mediator:innenteam (Med ♀, Med ♂) und ein Polizeibeamter (Pol) vervollständigten den Kreis. Außerhalb des Kreises beobachtete eine Studentin (Wiss. Beob.) das Geschehen für die wissenschaftliche Begleitung. Die vier letztgenannten Personen werden als Professionelle bezeichnet und entsprechend rot umrandet markiert. Sie sind abgegrenzt von den schwarz umrandet dargestellten sechs Lebensweltakteuren. Die anfänglichen

[127] Vgl. Bezeichnungen (in Klammern) in der graphischen Darstellung.

Beiträge waren sehr emotional und kontrovers, führten aber dennoch zu einem gemeinsamen Konfliktgegenstand. Alle Beteiligten wünschten sich eine friedliche Konfliktlösung, die auch vor Gericht Bestand haben würde. Bülents Vater, mit dem kein Vorgespräch geführt werden konnte, realisierte erst während der Konferenz, dass sein Sohn nicht Zeuge, sondern Beschuldigter war. Die sich anfänglich im Recht wähnenden, auf kulturelle Traditionen berufenden Beschuldigten sahen nach konstruktiven Interventionen ihrer eigenen Unterstützer bald ihr Fehlverhalten ein.

Das Ergebnis: Nach der Aussprache beider Väter während der Privatzeit (symbolisiert durch die Umrandung in der Graphik) ließen sich die Beschuldigten bereitwillig auf die Vermittlungsvorschläge des „Sozialarbeiters" ein, baten für ihr Handeln um Entschuldigung und leisteten gemeinnützige Arbeitsstunden in einer „türkischen Jugendeinrichtung".

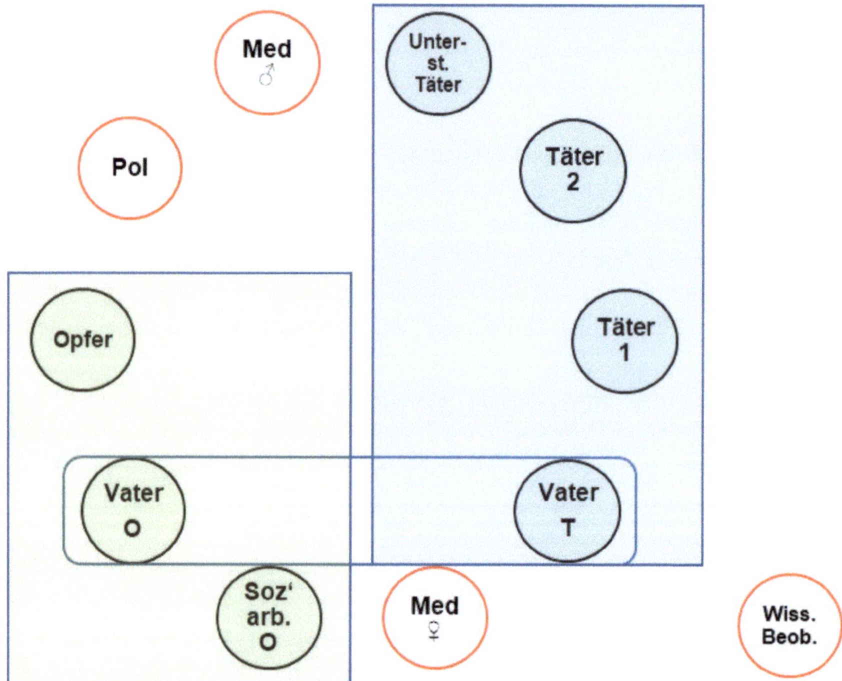

Abb. 8: FGC als Gemeinschaftskonferenz (Fall 1)

4.7.2 Fall 2 „Aufwachsen im Drogenlabor“ (vgl. Abb. 9)

Die Situation: Die mutmaßliche gelegentliche Drogenkonsumentin Maria (Mutter) ist aktuell faktisch alleinerziehende Mutter dreier noch nicht schulpflichtiger Kinder, da ihr Partner und Vater der Kinder (Vater) wegen Drogenherstellung und -vertrieb im Gefängnis eine Freiheitsstrafe verbüßt. Britta, die zuständige Sozialarbeiterin des Jugendamts (Soz'-Arb.), hat die Sorge, dass Maria mit der Kinderbetreuung überfordert sein könnte und hält das Aufwachsen in einem „Drogenlabor“ (so bezeichnet sie das Wohnhaus, weil der Vater dort vor der Inhaftierung Drogen hergestellt hat) nicht für einen dem Kindeswohl angemessenen Rahmen.

Der Verlauf des Familienrates: Am Familienrat teilnehmende Lebensweltakteure (schwarz umrandet) des „Familiensystems“ (blaues Feld) sind mütterlicherseits die Großmutter (GMutter mütt.), väterlicherseits der Großvater (GVater vät.) sowie seine anderen vier Kinder (Tante 1-3, Onkel). Die Sozialarbeiterin vertritt die Sorge des Jugendamts; die Koordinatorin moderiert den Prozess und die Erzieherin ist als Expertin, die die drei Kinder gut kennt, einbezogen (alle Professionellen rot umrandet). Sie wird von den Lebensweltakteur:innen eingeladen, während der Privatzeit für Fragen zur Verfügung zu stehen. Die wissenschaftliche Beobachterin agiert rein rezeptiv. Die Kinder selbst werden außerhalb extern betreut. Die rechte rote Linie in der Abb. 9 symbolisiert in Verbindung mit dem rechten einseitigen Pfeil, dass die erschienene Ex-Freundin des Vaters ausgeschlossen wurde; die linke rote Linie symbolisiert, dass die Eltern nur per Videoschaltung an der „Conference“ teilnahmen; der linke rote Doppelpfeil symbolisiert, dass gleichwohl ein Austausch stattfand. Anfängliche Spannungen innerhalb der „Familie“ führten zum Kennenlernen zwischen Großmutter mütterlicherseits und den Angehörigen väterlicherseits, aber auch zum Ausschluss der Ex-Freundin des Vaters. In Neuseeland ist es weniger ungewöhnlich, dass nicht verwandte Personen zur Familie gerechnet werden, wenn es um das Kindeswohl geht. „Ownership“ bedeutet aber, dass die „Familie“ über den Kreis der an der Planerarbeitung Beteiligten selbst entscheidet und in diesem Fall zwar die Erzieherin zur Teilnahme einlädt, die Ex-Freundin des Vaters aber ausschließt. Somit entstand ein Kreis von sieben direkt Versammelten zuzüglich zwei per Video zugeschalteten, die dann sehr konstruktiv einen Plan entwickelten, der dem Kindeswohl gerecht wurde.

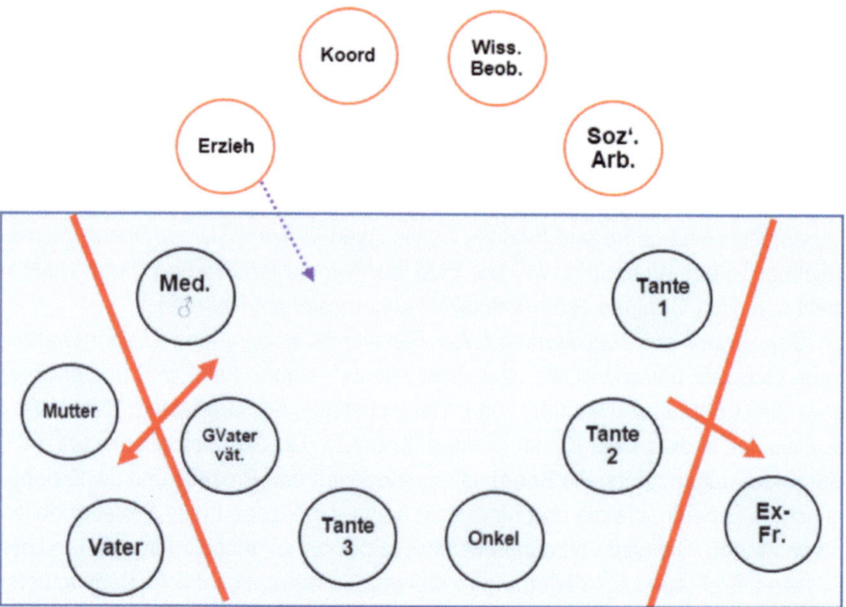

Abb. 9: FGC als Familienrat (Fall 2)

Das Ergebnis: Die Kinder wurden nicht in Obhut genommen, weil sich neben der Großmutter mütterlicherseits auch Verwandte väterlicherseits zur aktiven Unterstützung bereit erklärten, ein konkreter Besuchs- und Kontaktplan sowie ein überzeugender Notfallplan für den Fall eines Drogenrückfalls der Mutter entwickelt wurde. Die Mutter verpflichtete sich zu Drogentests und zur Teilnahme an einem Elterntraining; die Kinder wurden in ein spezifisches Assessmentprogramm aufgenommen. Verwandte lernten sich während der Conference erstmals persönlich kennen.

4.7.3 Fall 3 „Späte Reue" (vgl. Abb. 10)

Die Situation: Michael (20, Täter), arbeitslos, vorbestraft wegen eines Drogendelikts, wurde wegen Körperverletzung zu einer viermonatigen Freiheitsstrafe verurteilt, die zur Bewährung ausgesetzt worden ist. Eine Bewährungshelferin (BewährHelf) wurde zugewiesen. Sein Arbeitslosengeld beträgt 880 € monatlich. Er möchte einen Plan erstellen, der es ihm ermöglicht, sich bei seinem Opfer Walter (Opfer) zu entschuldigen und Wiedergutmachung zu leisten. Walter (21) wurde durch einen

Nasenbeinbruch und fünf ausgeschlagene Zähne verletzt – Folge- bzw. Dauerschäden sind wahrscheinlich.

Der Verlauf der Sozialnetzkonferenz: Walter nahm mit zwei Unterstützerinnen (Mutter O und RA Opfer), darunter eine Rechtsanwältin (deshalb als Professionelle rot umrandet) an der Sozialnetzkonferenz teil (grünes Feld). Michael kam mit vier Unterstützer:innen aus der Lebenswelt (blaues Feld: Vater T, Mutter T, Bruder T, Cousin T); ggf. wäre auch die Bewährungshelferin noch dazu zu zählen. Sie und zwei Koordinator:innen sowie die Anwältin des Opfers bezeichnen Professionelle und sind abgrenzend von den Lebensweltakteuren, die für das Ergebnis verantwortlich sind, rot markiert. Die beiden rein rezeptiven wissenschaftlichen Beobachter:innen sind hier im Kreis platziert. Trotz der schweren Folgen war ein konstruktiver Austausch möglich.

Das Ergebnis: Michael entschuldigte sich bei Walter, der dessen Entschuldigung annahm. Er verpflichtete sich zur Zahlung von 25.000 €, die teilweise von seinen Eltern als Kredit vorgestreckt wurden und teilweise von ihm in monatlichen Raten direkt an Walter überwiesen werden. Dieser bestätigte nach fünf Monaten, immerhin 9.750 € zuzüglich seiner Anwaltskosten bereits erhalten und seine Angst gegenüber dem Täter überwunden zu haben. Mit der unmittelbar bevorstehenden Arbeitsaufnahme des Täters wird das Opfer künftig monatlich 250 € erhalten.

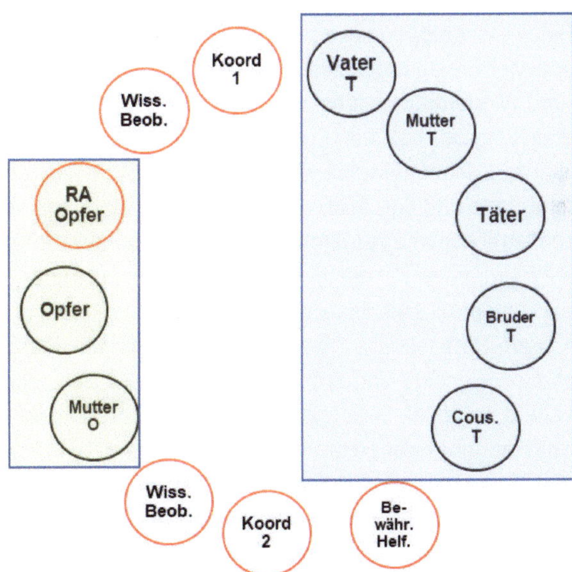

Abb. 10: FGC als Sozialnetzkonferenz (Fall 3)

5. Theoretische und gesetzliche Grundlagen

Restorative Justice bildet einen innovativen Ansatz, um sowohl auf kriminelles als auch herausforderndes Verhalten zu reagieren, der die Heilung von Schäden, die an Beziehungen und Menschen entstanden sind, vor und über das Bedürfnis stellt, Scham zuzuweisen und Strafe zu verhängen (vgl. Hopkins 2002: 144 mit Verweis auf Wright 1999). Restorative Justice zielt auf sozialen Frieden und ist vielleicht am besten mit „wiederherstellender" oder „heilender" Gerechtigkeit übersetzt. Besonders die „unsichtbaren Wunden" (Symonds 2010) bedürfen unserer Aufmerksamkeit und Anstrengung. 1958 prägte der amerikanische Psychologe und Bewährungshelfer Albert Eglash (1958: 116; 1977) den Begriff Restorative Justice für etwas, das er „creative restitution" nannte und Wiedergutmachungsbemühungen von „Täter:innen" gegenüber ihren „Opfern" bezeichnete. Dabei hat er sich von dem 1955 erschienenen Buch „The Biblical Doctrine of Justice and Law" (Schrey et al. 1955: 183) – der englischen Übersetzung eines Werkes deutscher Theologen – inspirieren lassen. Dort ist von heilender Gerechtigkeit die Rede.

Einzelne Prinzipien und Werte zur Umsetzung der Restorative Justice-Philosophie wie Freiwilligkeit, Ownership, Zukunftsorientierung sind bereits aufgegriffen worden. Zu klären ist die Frage, inwiefern das Conferencing sich besonders gut anbietet, diese Theorie umzusetzen? Paul McCold und Ted Wachtel (2002) haben die auf die Beteiligtengruppen bezogenen drei Hauptdimensionen in einer Graphik sich überlappender Kreise dargestellt. Aus der Opferperspektive geht es zunächst um Heilung und Wiedergutmachung; aus der Perspektive der Gemeinschaft um die (Wieder) Herstellung des sozialen Friedens und aus der Tätersicht um Verantwortungsübernahme. Zusammenwirkend ergibt sich eine Transformation, die eine problematische Lage und ggf. auch die Beteiligten in eine befriedigende nachhaltige und zukunftsträchtige Lage bringt. McCold und Wachtel (2002) haben nun eine Vielzahl von Programmen auf die jeweilige Einbeziehung dieser Dimensionen hin untersucht und entsprechend als teilweise, überwiegend oder vollständig „restorativ", je nach ihrem Potential alle Perspektiven zu bedienen, klassifiziert. Entsprechend liegen Conferencing-Verfahren und „Circles" im Schnittpunkt aller Kreise und sind deshalb potentiell vollständig restorativ, während der Täter-Opfer-Ausgleich aufgrund seiner in der Regel unberücksichtigten Gemeinschaftsdimension nur Opfer- und Täter:innenperspektiven beinhaltet, also überwiegend restorativ ist. Dass McCold und Wachtel auch die Wahrheits- und Versöhnungskommissionen als Instrument für die Herstellung des sozialen Friedens auf der Makroebene in diese Kategorie packen, erscheint debattierbar. Die Graphik liefert gleichwohl ein heuristisches Werkzeug, um Ordnung in ein noch junges Feld zu bringen.

Als gesetzliche Grundlage gibt es nur in wenigen Ländern explizite Regelungen für das „Conferencing“ (vgl. z. B. Neuseeland 1989, Irland 2000, Nordirland 2002, Belgien 2006). Zuweilen werden „Conferencing“-Verfahren neben der individualisierten Form von Mediation explizit erwähnt (z. B. FGC in Nr. 46 der Directive 2012/29/EU, S. L315/62 des Official Journal of the European Union vom 14.11.2012). Kapitel zwei des Handbuchs über Restorative Justice Programme der Vereinten Nationen (United Nations Office of Drugs and Crime, UNODC 2006) liefert Informationen über die Hauptarten von Restorative Justice-Verfahren, darunter das „Conferencing“. Die „Basic principles on the use of restorative justice programmes in criminal matters“ (UN Economic and Social Council 2002) fordern Staaten explizit zur Implementierung und Nutzung von Restorative Justice auf, ebenso der Europarat bereits 1999 (Council of Europe 1999). In deutschen Gesetzen (z. B. JGG, StGB, StPO, Jugendarrestgesetz SH) ist meist vom Täter-Opfer-Ausgleich die Rede, ohne dass damit eine Festlegung auf das individualisierte Verfahren mit diesem Namen getroffen ist; vielmehr ist die Ausgestaltung der Mediationsverfahren offen gelassen, d. h. die Formulierung bedeutet nicht den Ausschluss von Unterstützer:innen und Expert:innen bzw. eine Begrenzung der Teilnehmenden auf lediglich wenige Personen. Wichtig ist, dass bestimmte Standards (vgl. Braithwaite 2002) eingehalten werden, um Missbrauch zu verhindern.

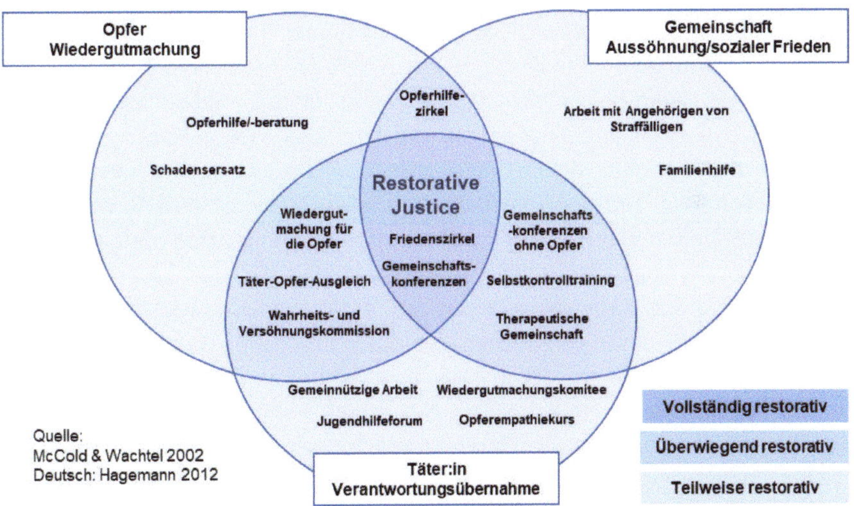

Abb. 11: McCold und Wachtels (2002) Systematisierung von Restorative Justice-Verfahren

Genaue Inhalte von Mediationsverfahren sind vertraulich; dieses anerkannte Prinzip kollidiert ggf. mit dem für polizeiliche Teilnehmer:innen geltenden Legalitätsprinzip und auch mit dem fehlenden Zeugnisverweigerungsrecht bei einer möglichen späteren juristischen Bearbeitung! Die Justiz ist jedoch nicht an die Ergebnisse gebunden, muss diese lediglich bei der abschließenden Beurteilung einbeziehen; die Nichteinbeziehung stellt laut Beschluss des Bundesgerichtshofs vom 22. Februar 2001 (vgl. BGH -3 StR 41/01-) einen Revisionsgrund dar. Auch die einzelnen Teilnehmer:innen verzichten durch die Mediation nicht auf den ordentlichen Rechtsweg (wie seit kurzem in privatrechtlichen Schiedsverfahren). Das in der Regel alltagsnähere konsensuelle Mediationsverfahren ist auf Akzeptanz seitens der hierarchisch übergeordneten Strafjustiz angewiesen. Strafjurist:innen erkennen die Vorteile des außergerichtlich in den betreffenden Gemeinschaften hergestellten sozialen Friedens und kooperieren mit Restorative Justice-Verfahren, indem sie viele Verfahren mit der Auflage einstellen, die einvernehmlichen Vereinbarungen umzusetzen, und in anderen den staatlichen Strafanspruch zur Herstellung des Rechtsfriedens entsprechend mindern. Hochrangige Richter wie Andrew Becroft und Fred McElrea (2007) aus Neuseeland propagieren nach langjährigen praktischen Erfahrungen Conferencing-Verfahren (vgl. Maxwell & Liu 2007). Nach der aktuellsten deutschen TOA-Statistik (vgl. Hartmann et al. 2014: 56) wurden 2011 (2012) 90,5 % (88,8 %) der erfolgreichen TOA, aber „nur“ 70,1 % (68,9 %) der nicht erfolgreichen eingestellt. Jodlauk (2014) fand in Köln 1343 Einstellungen gegenüber 162 anderen Erledigungsweisen. Diese Frage ist vordergründig rechtsdogmatischer Natur, betrifft aber gesellschaftlich die von Habermas (1981) beschriebene Kolonialisierung der Lebenswelt durch das System Recht. RJ-Verfahren sind also geeignet, staatlichen Einfluss zurückzudrängen – entsprechend spricht Braithwaite (1994) von einer Demokratisierung der sozialen Kontrolle.

Bei den GMK in Elmshorn mit unter 18jährigen Beschuldigten bestand seitens der Justiz die Auflage, das schriftliche Einverständnis der jugendlichen Beschuldigten und ihrer Erziehungsberechtigten zur Teilnahme der Geschädigten und der Unterstützer:innen sowie ggf. weiterer Beteiligter einzuholen, da gerichtliche Strafprozesse gegen diese Jugendlichen nicht öffentlich wären (rechtsstaatliche Garantien für Angeschuldigte). In jeder GMK verpflichteten sich alle Teilnehmende darüber hinaus, vertraulich mit allen bekannt gewordenen personenbezogenen Inhalten umzugehen.

6. Fazit und Bewertung

In diesem Beitrag wurde beschrieben, was Conferencing ist – einschließlich der theoretischen und gesetzlichen Verankerung – und wie man es konkret durchführt. Es wurden diverse Formen und Anwendungsfelder erwähnt und an drei Fallbeispielen veranschaulicht. Für eine zusammenfassende Bewertung müssen GMK mit Strafgerichtsverfahren einerseits und individualisierten Mediationsverfahren andererseits verglichen werden. Vergleiche mit Strafverfahren sind dabei aufgrund der Freiwilligkeit von RJ-Maßnahmen nur sehr bedingt möglich, nämlich wenn Fälle, in denen die Teilnehmenden grundsätzlich zur RJ bereit sind, nach Zufall dem Conferencing oder einem Gerichtsverfahren zugewiesen werden (vgl. Strang 2012, Shapland et al. 2011, Angel 2005). Eine abschließende Betrachtung bezieht sich auf den Erfolg derartiger Verfahren. Dabei müssen zumindest drei Dimensionen einbezogen werden und Erfolg kann dann abgestuft als Durchführung des gesamten Prozesses, der mit einer einvernehmlichen Vereinbarung endet, die anschließend umgesetzt wird, definiert werden (vgl. McCold & Wachtel 1998: 74).

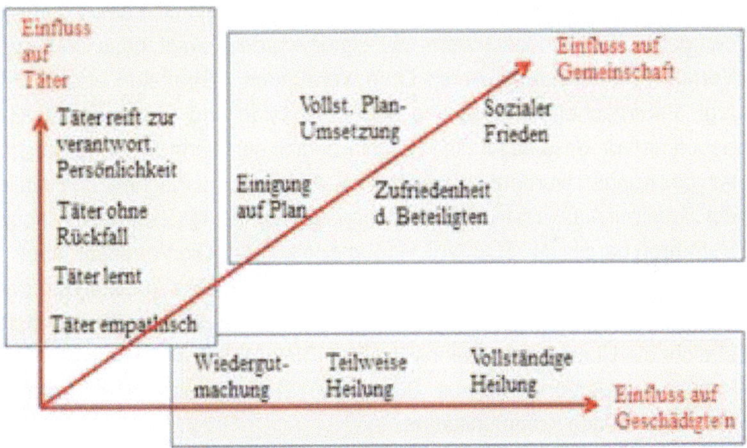

Abb. 12: Drei Achsen zur Erfolgsbewertung

Conferencing durchbricht die Begrenztheit des Privaten und wird der gemeinschaftlichen Wirkung (dem Wellen- oder „ripple"-Effekt) von problematischen Situationen besser gerecht als bspw. ein TOA. Dabei bleibt es gleichzeitig lebensweltorientiert und Eigentum der Beteiligten. Professionelle werden als Impulsgeber:innen zeitweilig einbezogen, die Lebensweltakteur:innen sind ihnen gegenüber in der Pflicht, ihre Verantwortlichkeit für nachhaltige friedliche Lösungen zu demonstrieren, was nicht zuletzt durch die Einbindung der alternativen Restorative Justice-Regelungen in ein hierarchisch übergeordnetes System (z. B. Jugendhilfe oder Strafrecht) deutlich wird. Idealerweise geht es um „restoration" und „Heilung", also die Befriedigung von Bedürfnissen, Wiedergutmachung von Schäden und den sozialen Frieden. Nicht immer kann dies vollständig erreicht werden. Häufig hat bereits der Dialog selbst, die Übernahme von Verantwortung, die Reue und eine Bitte um Entschuldigung, eine teilweise oder symbolische Wiedergutmachung sowie die Vereinbarung eines konkreten Plans zur Einleitung zukünftiger Änderungen heilende und friedensstiftende Wirkung. Bei jeder Neuerung stellt sich jedoch die Frage, warum man nicht am Gewohnten festhalten soll? Ich möchte dafür abschließend fünf Argumente ins Feld führen – Vergleichsmaßstab ist einerseits die herkömmliche systemische Lösung, sei es im Strafrecht, in der Jugendhilfe oder auch in anderen Bereichen, andererseits aber auch die individualisierte Restorative Justice-Lösung mittels TOA:

1. Conferencing funktioniert nicht nur im fernen Neuseeland, sondern als Gemeinschaftskonferenz auch in Schleswig-Holstein und als Familienrat in diversen deutschen Bundesländern. In Belgien wurde gezeigt, dass Conferencing-Verfahren auch bei schweren Opferwerdungen / Straftaten erfolgreich sind (vgl. Vanfraechem & Walgrave 2005). Zinsstag und Chapman (2012: 176) heben hervor, dass es für die Praxis förderlich sei, wenn die Behörden gesetzlich gezwungen werden, entsprechende Angebote zu machen. Im Hinblick auf die Kommunikationsstruktur stellt das Conferencing-Setting ein robusteres Verfahren dar als der TOA (vgl. Hagemann 2010b). Die Vermittler:innen erfahren häufig viel Unterstützung und können ihre Aktivität zugunsten der Lebensweltakteur:innen reduzieren (vgl. Shapland et al. 2011). Shapland (2012) streicht die Überlegenheit eines direkten Dialogs und der Beteiligung von Unterstützungspersonen heraus. Strang (2012) betont den essentiellen Aspekt der Face-to-face Kommunikation.

2. Wenn Betroffene sich freiwillig dazu bereitfinden, erzielt Conferencing bessere Ergebnisse und ist erfolgreicher als alle anderen Bearbeitungsformen. Durch die lebensweltliche Bearbeitung sind passgenauere Lösungen möglich; durch die Ownership der Lebensweltakteur:innen und die Lösungsvorschläge seitens der Verantwortlichen entstehen verbindlichere und nachhaltigere Lösungen. Das hat auch damit zu tun, dass diese im informellen persönlichen Netzwerk kontrolliert werden. Maxwell und Morris (2001) haben mittels quantitativ-

statistischer Untersuchungen herausgefunden, dass junge Tatverantwortliche, die in FGC eingebunden waren und sich mit dem Prozess identifizieren konnten (Ownership), weniger häufig rückfällig werden als junge Menschen, die den Eindruck hatten, andere verhängten ein Urteil über sie. Als dafür verantwortliche Faktoren wurden unter anderem identifiziert: die junge beschuldigte Person fühlt sich selbst als wertgeschätzte:r Teilnehmer:in, nicht stigmatisiert, bedauert ihr Handeln und erinnert sich nach langer Zeit noch genau an die Conference (vgl. Maxwell & Morris 2001: 253). Darüber hinaus spielen Reue und ein wirklich im Konsens entstandener Plan eine positive Rolle (vgl. Hayes & Daly 2003). Über Vereinbarungen in Conferences, die intensive von den Jugendlichen geschätzte Soziale Arbeit zur Folge hatte, gelang es in den neuseeländischen Großstädten Wellington und Christchurch sogar, Jugendbanden erfolgreich von der Begehung weiterer Straftaten abzuhalten (vgl. MacRae 2012) und als Banden letztlich aufzulösen. Fast alle vorliegenden Untersuchungen erbringen im Hinblick auf nachhaltige positive Veränderungen auf Täter:innenseite bessere Ergebnisse für Restorative Justice-Verfahren als für herkömmliche gerichtliche Strafverfahren. Im Hinblick auf Rückfälle von Täter:innen wirkten Restorative Justice-Maßnahmen bei Gewalttaten besser als bei Eigentumsdelikten. Zuweilen wiesen bestimmte soziale Gruppen (ethnische Zugehörigkeit: indigen bzw. schwarz) weniger positive Ergebnisse auf, vgl. Studien in Bethlehem, USA durch McCold und Wachtel (1998: 108) sowie in Queensland, Australien durch Hayes und Daly (2004, zitiert nach Hayes 2007: 438 f.). Gerade bei Jugendlichen kommt es aber auch zum Rückfall: weniger als 5 % der Jugendlichen müssen in Nordirland, wo über 10.000 Conferences ausgewertet werden konnten – vor allem bei Eigentumsdelikten – sechsmal oder häufiger zum Conferencing eingeladen werden (vgl. Zinsstag & Chapman 2012: 185).

3. Auch die deutlich höhere Zufriedenheit von Opfern und Täter:innen im Vergleich mit Gerichtsverfahren sticht hervor (vgl. Shapland et al. 2011; Hayes & Daly 2003; McCold & Wachtel 2002). Anstelle der Entfremdung zwischen Bürger:innen und professionellen Strafjurist:innen (vgl. Christie 1977) kommt es zu einer Machtverschiebung vom System zurück in die Lebenswelt, die mit einer Aktivierung und Demokratisierung einher geht (vgl. Bolivar et al. 2012).

4. Darüber hinaus hat vor allem Heather Strang (2012: 91) in ihren Forschungen zum Conferencing sogar langfristige gesundheitsverbessernde Wirkungen auf Opfer nachweisen können. Teilnehmende am Conferencing berichteten zehn

Jahre später über eine deutlich bessere Gesundheit als die Vergleichsgruppe, die einem herkömmlichen Strafverfahren ausgesetzt gewesen war (vgl. Strang 2013). Kurzfristigere positive gesundheitliche Auswirkungen waren schon früher von Angel (2005) aufgezeigt worden.

5. Insbesondere im Vereinigten Königreich wurden Kostenberechnungen angestellt, die für RJ ein deutlich günstigeres Verhältnis aufwiesen als für die Bearbeitung im herkömmlichen Verfahren. Shapland und Kolleg:innen schätzen, dass für ein Pfund Investition in Restorative Justice-Verfahren insbesondere wegen der Verringerung von Rückfällen ca. acht Pfund Kosten im Strafrechtssystem gespart werden (vgl. Shapland et al. 2011; Shapland et al. 2008: 43 ff.). Auch in Neuseeland gelten Restorative Justice-Verfahren als effektiver und kostengünstiger (vgl. MacRae 2012: 224).

Das im pazifischen Raum äußerst erfolgreiche Conferencing-Verfahren hat sich leider in Deutschland bisher noch nicht so recht etabliert. Die Orientierung an der Lebenswelt und auf den sozialen Frieden hin bildet einen Baustein für eine gerechtere und restorative Gesellschaft, in der jedes Opfer und jede:r Täterin die Gelegenheit bekommen sollte, auf freiwilliger Grundlage eingebunden in Unterstützernetzwerke aus der Gemeinschaft einen Dialog zur nachhaltigen (Wieder)Herstellung friedlicher sozialer Beziehungen und zur Heilung bzw. zum Ausgleich von Schäden zu führen.

Dialogforen als Instrumente auf dem Weg zu einem restorativen Fachbereich[128]

mit Mario Nahrwold

1. Anlass und Inspirationen

Etwas für *normal* zu halten bedeutet, sich der Logik des betreffenden Systems zu unterwerfen, bereits darin vereinnahmt zu sein (vgl. Hulsman 1986). Im laufenden Jahr führte der Fachbereich (FB) Soziale Arbeit und Gesundheit, an dem die beiden Autoren über etliche Jahre gemeinsam mit Wolfgang Huhn lehrten, ein Beschwerdemanagement ein. Ausgangspunkt war die Forderung von Studierenden, die eine ergebnisorientiertere Behandlung ihrer Beschwerden wünschen. In unseren Augen handelt es sich bei diesem aus der (Markt-)Wirtschaft stammenden Verfahren um eine bürokratische, systemische, formelle Lösung eines Problems, die Rechtssicherheit und Gleichbehandlung verspricht, wie es unser Grundgesetz einfordert. Rechtssystematisch sind derlei Konfliktlösungen, je nach beteiligten Statusgruppen (Beamte, Angestellte, Studierende) dem öffentlichen Dienst- / Hochschulrecht bzw. privaten Arbeitsrecht zuzuordnen.

Nils Christie spricht in diesem Zusammenhang von einer Transformation sozialer Konflikte in Rechtskonflikte. Seine Kritik an rechtsförmigen Lösungen sozialer Konflikte gipfelt darin, dass er den Konflikt als „Eigentum" der beteiligten Konfliktparteien ansieht und dem Rechtssystem gleichsam Diebstahl des Konflikts vorwirft. Das Rechtssystem behandelt die Konflikte nach Regeln, die die Beteiligten oft gar nicht verstehen. In derlei Verfahren fühlen sie sich oft nur als Zuschauer, ohne aktiv Einfluss nehmen zu können. Das regeln (Staats-)Anwälte:innen, Richter:innen und Sachverständige. Eine Befriedung der Konflikte ist davon nicht zu erwarten, oft eskalieren sie sogar noch. Seine Forderung besteht darin, den Beteiligten die Konfliklösung selbst zu überlassen (Christie 1977).

Das streben wir auch für den Fachbereich an. Unsere Sorge ist nämlich, dass die formelle Lösung eines Problems die Kluft zwischen den Beteiligten eher vergrößert und die Gruppen voneinander entfremdet. Vor allem erschwert dies auch die Kommunikation zwischen den Beteiligten. Aus unserer Sicht wäre es schade, wenn das Potential von Konflikten nicht genutzt würde, um daraus zu lernen. Nur im Dialog können die jeweils Beteiligten überhaupt die Beweggründe und Bedürfnisse der anderen erkennen und verstehen, weshalb etwas passiert ist. Es kann

[128] Dieser Beitrag erschien 2018 in: Beer, U.; Metzger, C. & Rieck, A. (Hrsg.). Lehre und Lehrentwicklung an Fachhochschulen. Festschrift für Prof. Dr. med. Wolfgang Huhn. Münster: Waxmann. S. 164-172.

auch dazu führen, dass man Verständnis für das Handeln der anderen Seite entwickelt. Mit dem Dialog kann nicht nur die Lösung des Konflikts, sondern können auch die Beteiligten reifen. Zentral für ein Dialogverfahren ist nämlich auch, dass jede:r der Beteiligten Verantwortung für das vorgetragene Anliegen übernimmt. Eine Beschwerde mag schnell (per Mail) geschrieben sein. Etwas Anderes ist es aber, die Sache im Dialog zu vertreten.

Mit dem Dialogforum erhoffen wir uns an der Fachhochschule ein Klima wertschätzender Kommunikation zu verankern und damit zu einem „Community building“ beizutragen.

2. Zentrale Begriffe der hier angewandten Restorative Justice-Philosophie

Im Folgenden soll auf einige zentrale Begriffe in diesem Zusammenhang eingegangen werden. Wie außerhalb der Hochschule auch kommt es in Fachbereichen mehr oder weniger häufig zu Konflikten und problematischen Situationen. Letztgenannter Begriff wurde von dem niederländischen Juristen und überlebenden Widerstandskämpfer der deutschen Verfolgung in der Zeit des zweiten Weltkriegs und der nationalsozialistischen Diktatur, Louk Hulsman (1986), geprägt. Da viele Menschen sich unter einem Konflikt bloß eine durch gegenseitige Beiträge entstandene Lage vorstellen, in unserem Feld und im Strafrecht aber einseitige Handlungen genauso bedeutsam sind (beispielsweise wenn Eltern ihre Kinder vernachlässigen), wir andererseits nicht von vornherein eine Bewertung treffen sollen (ob das Ganze später als Straftat oder Dienstvergehen gewertet werden wird, sollte nicht schon vor dem Dialog festgeschrieben werden), benötigen wir einen möglichst neutralen Begriff, so dass keine beteiligte Partei vorab einseitig in eine Rechtfertigungsposition oder aber Opferposition gedrängt wird. Sprechen wir von problematischen Situationen, dann ist auch die strukturelle Ebene eingeschlossen – manchmal sind es unangemessene Relationen von Studierenden pro Lehrendem oder räumliche Enge, die Konflikte hervorrufen!

In problematischen Situationen treffen wir Individuen mit jeweils spezifischen biographischen Hintergründen, die ihr Verhalten beeinflussen mögen, an. Diese gehören jedoch zu unterschiedlichen Statusgruppen wie z. B. Studierende (unterschiedlicher Studiengänge und Aufenthaltsdauer an der Hochschule zzgl. sog. Anerkennungspraktikant:innen), Lehrende (Professor:innen, Lehrkräfte für besondere Aufgaben und Lehrbeauftragte), Verwaltungsmitarbeiter:innen (im Prüfungsamt, Sekretariat, FB-Geschäftsführung, technischer und Medien-Service, Hausmeister). Manche Konflikte sind eher auf die Zugehörigkeit zu einer Gruppe zurückzuführen. Außerdem ist jede Gruppe durch unterschiedliche Macht gekennzeichnet.

Beschwerdemacht muss als zentrale soziologische Kategorie im Zusammenleben und –arbeiten von Menschen angesehen werden. Insbesondere für mediative Konfliktbearbeitungen stellt das Ausbalancieren von Machtunterschieden eine Herausforderung dar.

Unser zentraler Begriff Restorative Justice (RJ) wurde im Deutschen zuweilen als „heilende Gerechtigkeit“[129], „wiederherstellende Gerechtigkeit“ oder „aufarbeitendes Recht“ bezeichnet. Hagemann (2011: 159 f.) sieht darin keinen wirklichen Gewinn und schlägt unter Verweis auf die Eindeutschung anderer Anglismen wie Bachelor oder Computer vor, den englischen Begriff auch hier zu verwenden, insbesondere auch das Adjektiv restorativ in genau dieser Schreibweise einzudeutschen, damit es klar gegen das rückwärtsgewandte „restaurativ“ abgegrenzt wird. RJ zeichnet sich nämlich durch eine zukunftsorientierte Perspektive aus. „Justice“ ist mit Gerechtigkeit zu übersetzen – es geht primär um subjektive Gerechtigkeitsvorstellungen der Beteiligten, nicht um fixiertes Recht, das letztlich auch ohne Einigung von einer höchsten Instanz abschließend festgelegt würde. Hier zeigt sich ein gravierender Unterschied zu einem „systemischen“ juristischen Denken, bei dem die rechtliche Systematik und die Auslegung durch Machtinstanzen zentrale Kategorien darstellen. Demgegenüber folgen Lösungen der RJ den Prinzipien der Einigung und der „Ownership“, finden ihre Grenzen allerdings dort, wo Beschädigungen drohen oder Lösungen entstehen, die beispielsweise nicht im Einklang mit den Menschenrechten stehen (vgl. Braithwaite 2002). Die Ethik folgt also unbedingt dem kategorischen Imperativ bzw. ist in republikanischen Freiheitskonzeptionen gefasst, wonach die Freiheit des Einzelnen dort endet, wo sie in die Freiheit eines anderen eingreift (vgl. Braithwaite & Pettit 1990). Den Begriff Ownership hat der norwegische Rechtswissenschaftler Nils Christie 1977 in seinem Aufsatz „Konflikte als Eigentum“ in den Diskurs eingeführt. Er legt dar, inwieweit Konflikte für die Betreffenden wertvoll und positiv sein können und die friedliche Austragung zu persönlichem Wachstum, Stärkung von Beziehung und Zusammenhalt genutzt werden können. In der Sozialen Arbeit ziehen wir hierfür meist den Begriff „Empowerment“ heran. Ownership impliziert also, dass diejenigen, die von einem Konflikt am stärksten betroffen sind, diesen auch bearbeiten sollen und eine Lösung finden, ggf. mit Hilfe von Mediator:innen und Unterstützer:innen. Ownership geht damit

[129] Hierbei handelt es sich sogar um den aus der Theologie stammenden Originalbegriff (vgl. Walz & Schrey 1955; Schrey et al. 1955), der dann als „Restorative Justice“ ins Amerikanische übertragen wurde. Dort hat Albert Eglash (1958; 1977), ein Psychologe und Bewährungshelfer ihn in ein Konzept der „creative restitution“ übertragen und für die Wissenschaften der Kriminologie und Viktimologie nutzbar gemacht. Seit Mitte der 1970er Jahre ist dann eine immer umfassendere Praxis sowie eine theoretische Fundierung entstanden.

weit über Partizipation hinaus, die den Beteiligten lediglich eine Mitwirkung, z. B. eine Stellungnahme oder Anhörung, einräumt.

RJ setzt also auf kommunikative Verfahren, die innerhalb von Gemeinschaften ausgetragen werden. Zentral ist dabei die Freiwilligkeit der Teilnahme für jede:n Konfliktbeteiligte:n. Idealerweise versammeln sie sich und ihre Unterstützer:innen in einem Raum, so dass von Angesicht zu Angesicht kommuniziert werden kann – andernfalls würde der Großteil der Kommunikation, der nämlich nonverbal und körpersprachlich ausgetragen wird, ungenutzt bleiben. Kommunikation wird in erster Linie verstanden als Verständigungsprozess zwischen Menschen, nicht etwa als Koppelung von Systemen. Marshall Rosenberg (2001) hat die sog. gewaltfreie Kommunikation gelehrt, eine ideale Grundlage für jegliches RJ-Verfahren. Menschen reden dabei möglichst in Ich-Botschaften und bringen ihre eigenen Bedürfnisse zum Ausdruck. Sie beobachten andere, bewerten diese aber möglichst nicht. Es geht um die Atmosphäre, den Umgang miteinander – letztlich um das „Klima" am Fachbereich oder einem anderen Einsatzort. So eine Kommunikation wäre auch im Sinne von Habermas (1981) „herrschaftsfreiem Diskurs" optimal geeignet, Probleme zu lösen und sozialen Frieden zu fördern. Unter Heranziehung der Habermas'schen Theorie wird deutlich, dass wir es hier mit einer lebensweltlichen Bearbeitung von Konflikten zu tun haben, während Beschwerdemanagementsysteme eher dem systemischen Denken folgen (vgl. Kontroverse zwischen Habermas und Luhmann 1971).

Inspiriert hat uns das Projekt „Restorative Cities" (Hull und Leeds aus dem Vereinigten Königreich sowie Whanganui aus Neuseeland). Im gegenüber Kiel nur unwesentlich größeren Hull wurden über 5000 Bürger:innen in Restorative Justice geschult, um vor allem Alltagskonflikte wirkungsvoll für die Förderung des sozialen Friedens zu nutzen (vgl. Wachtel 2012).

Mit diesen theoretischen Überlegungen im Hintergrund entstand der Begriff Dialogforum als restorative Verfahrensweise zur Bearbeitung von Konflikten am Fachbereich. Auf freiwilliger Basis würden Konfliktbeteiligte zusammenkommen, ihre Befindlichkeit, also das Problematische an der eingetretenen Situation mitteilen und hören, wie es anderen damit geht. Dabei hat sich der Kreis als Sitzordnung bewährt, weil dann die beste Chance besteht, Sprechende auch anzuschauen und ihre Körpersprache aufzunehmen und weil im Kreis niemand hervorgehoben ist. Braithwaite (1994) spricht deshalb von Demokratisierung der Konfliktbearbeitung bzw. sozialen Kontrolle.

Ein solches Dialogforum müsste aus gegebenem Anlass einberufen werden und es müsste Personen geben, die es organisieren und den Ablauf anleiten (diese werden in der Literatur meist „facilitator" oder „Circle keeper" genannt). Die

Kommunikation sollte nach einer Aufwärm- bzw. Vorstellungsrunde und der bereits angesprochenen Äußerung zur subjektiven Befindlichkeit und Wahrnehmung des Problems auch Runden über Wünsche und Lösungsideen enthalten und möglichst abschließend zu einem konkreten Plan führen, der im Konsens von allen getragen wird. Indigene Kulturen haben mit derartigen Verfahren sehr gute Erfahrungen gemacht und auch hierzulande gibt es ermutigende Beispiele. Darauf soll im nächsten Abschnitt eingegangen werden.

3. Was bisher geschah

In den Interdisziplinären Wochen (IW) des WiSe2016/17 fand am 7.11.2016 ein Workshop für eine wertschätzende Kommunikation als erste Veranstaltung mit wenigen Teilnehmenden statt.

U. a. wurden mögliche „problematische Situationen“ an der Fachhochschule Kiel erfasst. Beispielhaft seien folgende genannt:

Lehrende gegenüber Studierenden:

- Es wird persönliche statt fachbezogener Kritik geübt
- Studierende akzeptieren das Ergebnis der elektronischen Kurseinschreibung nicht
- Mangelndes Engagement von Studierenden für die Erreichung von Lernzielen

Studierende gegenüber Lehrenden:

- Es wird persönliche statt fachbezogener Kritik geübt
- Sexistische / rassistische Äußerungen in der Lehre
- Umgang mit Kritik: Lehrende:r kann Kritik nicht verarbeiten
- Bewertungen sind nicht nachvollziehbar / transparent – Lösungsskizzen wünschenswert
- Studierende werden nicht als Erwachsene behandelt
- Bearbeitung von Anfragen oder Prüfungsarbeiten dauern zu lange

Studierende gegenüber Verwaltungsmitarbeiter:innen:

- Bearbeitung dauert zu lange
- Interaktion mit dem Prüfungsamt zuweilen problematisch

Generell, ohne Bezugnahme auf eine bestimmte Statusgruppe:

- Gegenseitiger, wechselseitiger Respekt fehlt zuweilen
- (mehr) Transparenz herstellen
- Fehlende Toleranz
- Rechtsextreme Einstellungen u. ä.

Eine zweite Veranstaltung in den IW des SoSe 2017 wurde erneut von wenigen Teilnehmenden besucht, aber mit stärker fokussiertem Anliegen, so dass in Zukunft ein Pilotprojekt entstehen soll. In der Zwischenzeit sind wir auf einige ähnliche Initiativen gestoßen, z. B. „Auf dem Weg zu einem guten Miteinander" der Technischen Universität Hamburg-Harburg (TU Harburg 2015).

In den USA gibt es bereits einige „restorative faculties" (vgl. Claassen & Abebe 2010; Karp 2013; Umbreit & Armour 2010; Wachtel & Miller 2013). Karp hat mit dem „Little Book of Restorative Justice for Colleges and Universities. Repairing Harm and Rebuilding Trust in Response to Student Misconduct" sogar bereits ein Handbuch zur Umsetzung vorgelegt. Allerdings macht der Untertitel deutlich, dass es bei den amerikanischen Initiativen ausschließlich um studentisches Fehlverhalten geht. Dabei sind amerikanische Hochschulen häufig so strukturiert, dass die Studierenden auch auf dem Campus leben, der wie eine „gated community" teilweise eingezäunt von der übrigen Stadt abgeschottet ist. Fehlverhalten bezieht sich dann u. a. auf verbotenen Drogen- oder Alkoholkonsum, Wohnangelegenheiten und ähnliche Aspekte, die in unserem Kontext kaum eine Rolle spielen. Darüber hinaus geht es uns gerade um Konflikte zwischen Statusgruppen, da auch das Verhalten von Lehrenden oder Angehörigen der Verwaltung zuweilen als verletzend oder ungerecht empfunden wird. Wie aus dem ersten Dialogforumstreffen hervorgeht, fühlen sich manche Studierende durch Mitarbeiter:innen diskriminiert. Auch zwischen Verwaltung und Lehrenden gibt es diverse problematische Situationen. Die meisten dieser Konflikte können wahrscheinlich im direkten Dialog der Beteiligten ohne weiteres Verfahren geklärt werden. Die ganz gravierenden – hier wäre z. B. die Vergewaltigung einer Studentin durch einen Kommilitonen anzuführen – landen im Bereich des Strafrechts oder Disziplinarrechts der öffentlichen Verwaltung. Viele Fragen des Prüfungsrechts (z. B. Notenverbesserung) sind ebenfalls einem Dialogverfahren nicht zugänglich. Dazwischen gibt es allerdings eine Vielzahl schwieriger Situationen, die weder auf dem einen noch auf dem anderen Wege bearbeitet werden, aber das „Klima" nachhaltig belasten. Diese haben wir im Blick und dafür soll nach dem Beschluss des Fachbereichs nun das Beschwerdemanagement dienen.

4. Konzeptionelle Überlegungen, Vorteile gegenüber anderen Ansätzen und offene Fragen

Die Mediationsmethode bietet sich als übergreifender Handlungsansatz an. Das Werk von Karp (2013) enthält bereits viele Anregungen, die in unseren Kontext übertragen werden müssen. Außerdem bietet sich an, die bisherigen Erfahrungen der TU Harburg einzubeziehen, indem bspw. eine dort maßgeblich in das Projekt involvierte Person als Berater:in gewonnen wird bzw. zunächst überhaupt ein direkter Kontakt hergestellt wird (vielleicht über die Einladung in eine IW-Veranstaltung im WiSe 2017/18). „Facilitator" bzw. „Circle Keeper" sollten geschult werden. Das kann z. T. mit bestehenden Kompetenzen aus Restorative Justice-Schulungen oder Mediations-Fortbildungen geschehen. Die Qualifikation läge eher auf der Ebene einer „wise elder-Mediation" als auf der einer zertifizierten Konfliktschlichter:in, denn bedingt durch den Kreis als Setting, das viele Unterstützer:innen beider Konfliktparteien einschließt, wird auch die Vermittlerrolle einfacher. Diese Person muss nicht allein an alles denken. Wichtig ist aber die Vertraulichkeit der Verfahren zu wahren, andernfalls könnten sich Beteiligte nicht öffnen und eigene Fehler nicht eingestehen. Alle Beteiligten müssten sich also zur Verschwiegenheit über Details, insbesondere die personenbezogenen Angaben verpflichten und Verstöße dagegen müssten auf einer höheren Eskalationsstufe (also Strafrecht, Dienstrecht) verhandelt werden.

Nötig sind vor allem Überlegungen hinsichtlich der Frage, wer in statusübergreifenden Konflikten moderieren kann. Auf den ersten Blick scheint es, als wäre ein:e Verwaltungsangehörige:r ideal für Konflikte zwischen Studierenden und Lehrenden und eine Lehrkraft in solchen zwischen Verwaltung und Studierenden, aber wäre eine Akzeptanz gegeben, wenn ein:e Student:in zwischen Lehrenden und Verwaltung mediiert? Zwar sagt der Volksmund „eine Krähe hackt der anderen kein Auge aus", aber vielleicht finden wir ein Verfahren, das stärker Methodik und Persönlichkeit in den Vordergrund stellt und weniger die Zugehörigkeit zu einer Statusgruppe. Vielleicht wäre es möglich, einen Pool von qualifizierten Personen vorzuhalten, aus dem für jeden einzelnen Fall eine für die Vermittlungsaufgabe ausgewählt werden könnte.

Als Rahmenbedingung ist die Frage der Ressourcen von zentraler Bedeutung. Wie kann der Aufwand der konkreten Vermittler:innen entschädigt werden – möglicherweise in allen Statusgruppen unterschiedlich. Für studentische Vermittler:innen könnte die Qualifizierungsphase mittels gutzuschreibender Credit Points kostengünstig abgedeckt werden; bei Lehrenden und Verwaltungsmitarbeiter:innen müsste es über das Lehrdeputat bzw. die Arbeitszeit geschehen.

Als nächster Schritt wären konkrete Verfahrensweisen zu entwickeln, wie diese Anliegen in der beschriebenen Konstellation von Statusgruppen und inhaltlichen Konfliktthemen umgesetzt werden können. Zu klären ist ferner das Verhältnis zum Beschwerdemanagement, wobei das Dialogforum als freiwilliges Verfahren mit jenem ko-existieren kann analog zur rechtlichen Anwendung von Mediation sowohl im strafrechtlichen als auch privatrechtlichen Kontext.

5. Fazit und Empfehlungen

Die Fachhochschule Kiel sollte den Menschen, die auf ihrem Campus zusammenkommen das Angebot machen, einen Rahmen zur Verfügung zu stellen, in dem sie problematische Situationen, wie sie in jeder Organisation auftreten, in einem Dialogforum selbst bearbeiten können. Dieses Verfahren bietet viele Vorteile. Im Dialogkreis gibt es keine Statusunterschiede. Die Beteiligten können ihre Wünsche und Bedürfnisse den anderen Beteiligten gegenseitig zur Kenntnis bringen. Sie bearbeiten ihre Situation selbst und müssen vor allem für ihr Anliegen Verantwortung übernehmen. Das Klima im Fachbereich und an der Fachhochschule könnte respektvoller und zu einem besseren Miteinander führen.

Die Beteiligten würden in einem Dialogprozess einen Reifeprozess durchlaufen. Jeder Mensch an der Fachhochschule sollte die Möglichkeit haben, sich als „circle keeper“ schulen zu lassen. Mitarbeiter:innen und Studierende erlernen dadurch wertvolle Fähigkeiten, die sie weiterqualifizieren. Damit würden wir auch in hervorragender Weise dem zweiten Leitsatz der Fachhochschule Kiel gerecht:

Danach verfügen „unsere Absolventinnen und Absolventen über … Schlüsselkompetenzen (soft skills). Sie agieren lösungsorientiert und sind teamfähig, respektieren andere Perspektiven und Kulturen und gestalten ihr gesellschaftliches Umfeld aktiv mit. … Unsere Absolventinnen und Absolventen verfügen außerdem über umfassende soziale … Kompetenzen. Sie … sind kritikfähig und … zeichnen sich … durch Weltoffenheit, Verantwortungsbewusstsein und Toleranz aus“ (vgl. https://www.fh-kiel.de/wir/hochschule/vision-und-leitsaetze/).

Unsere Fachhochschule beträte Neuland – soweit erkennbar europaweit. Viele Fragen sind noch nicht geklärt. Ausgangspunkt ist allerdings, dass jede Teilnahme am Dialogforum freiwillig sein muss. Dementsprechend verstehen wir das Dialogforum nicht als Alternative zum Beschwerdemanagement. Beide Ansätze stehen vielmehr nebeneinander und die Beteiligten wählen, welchen Weg sie einschlagen wollen. Des Weiteren wird sich die Arbeitsgruppe am Fachbereich auch noch mit der Frage beschäftigen, welche Situationen genau für das Dialogforum geeignet sind.

In einer zunehmend von aggressiven Tönen geprägten Welt ist es mehr denn je nötig, dass wir zum Dialog finden. Wolfgang Huhn hat in verschiedenen Leitungsfunktionen an der Hochschule bewiesen, dass er konstruktiven Vorschlägen immer aufmerksam zuhörte und sich Neuerungen stets aufgeschlossen zeigte. Wenn diese Zeilen erscheinen, wird er als Vizepräsident der Fachhochschule Kiel verabschiedet. Hoffen wir, dass der Geist seines Reformeifers nicht mit ihm geht.

„Conferencing“ als prototypische Methode eines neuen Paradigmas der Sozialen Arbeit[130]

1. Einleitung

Dieser Beitrag behandelt das „Conferencing“[131] -Verfahren als relativ neue Methode der Sozialen Arbeit. Im Rahmen eines kurzen Artikels in dieser Zeitschrift lässt sich unmöglich alles schreiben, was ich meinen Leser:innen gerne mitteilen möchte. Ich beschränke mich deshalb auf zentrale Aspekte der Methode und der Philosophie der „Restorative Justice“ und bitte Interessierte, für weitere Detailfragen den Kontakt zu mir aufzunehmen. Zunächst sollen Begriff und Methode näher erläutert werden mit den zugehörigen Wurzeln. Dann wird der Hintergrund der „Restorative Justice“ zugleich als theoretische Fundierung dieses Verfahrens sowie als mögliches neues Paradigma für die Soziale Arbeit generell dargestellt. Schließlich soll anhand von Beispielen aus zwei Anwendungsfeldern das praktische Potential aufgezeigt werden.

2. Verortung und Erläuterung grundlegender Begriffe und Konzepte

In Anlehnung an Mark Umbreit (2000) benutze ich den Begriff „Conferencing“ als Oberbegriff für Verfahren, die unter diversen spezifischen Begriffen, wie Family Group Conferencing (Neuseeland: Jugendbereich, Morris & Maxwell 2001; MacRae & Zehr 2004), Restorative Conferencing (Neuseeland: Erwachsenenbereich), Youth Justice Group Conferencing (Australien: Jugendbereich), Community Conferencing (Australien: Erwachsenenbereich), Hergo (Belgien, Vanfraechem & Walgrave 2005), Gemeinschaftskonferenz (Hagemann 2002; 2009), Verwandtschaftsrat (Budde & Früchtel 2008), Familienrat (Früchtel & Budde 2003) oder Familiengruppenkonferenz (Hansbauer et al. 2009) operieren. Diese Verfahren weisen eine große Nähe zu „Circles“ (vor allem in Kanada vgl. Pranis et al. 2003) auf. Sie sind dagegen abzugrenzen von Fallkonferenzen, Hilfeplankonferenzen und Familienkonferenzen (Gordon 1970), um nur die im Umfeld der Sozialen Arbeit gebräuchlichen ähnlich klingenden Verfahrensweisen anzusprechen.

Bei einer „Conference“ im Sinne des „Conferencing“ handelt es sich um ein Forum, in dem sich Menschen mit Problemen, problematischen Situationen, Fehlverhalten und Konflikten befassen. Alle Beteiligten dürfen reden, ihre Gefühle

[130] Dieser Beitrag erschien 2010 in: Standpunkt: sozial 2/2010. S. 129-135.

[131] Leider muss ich den Leser:innen einige Originalbegriffe zumuten. Da die direkte Übersetzung von „conference“ in „Konferenz“ eher in die Irre führt als zur Klärung beiträgt, und m. E. auch der Begriff „Rat“ das Problem nur verlagert, benutze ich in diesem Text die englischen Originalbegriffe.

ausdrücken und können vor allem das Ergebnis mit beeinflussen. Insofern ist die „Conference“ eine demokratische Erfahrung, bei der jene, die von einem Problem am meisten betroffen sind, darüber entscheiden, wie damit umzugehen ist. „Conferencing“ im hier gebrauchten Sinne wurde in den 1980er Jahren in Neuseeland entwickelt und dort 1989 im Children, Young Persons and their Families Act rechtlich normiert. Ähnliche, z. T. unabhängige „Erfindungen“ gab es in Australien und Nordamerika. Viele indigene Gruppen werden einwenden, dass sie derartige Verfahren kontinuierlich seit Jahrhunderten praktizieren. Historiker haben im deutschen und europäischen Altertum bereits die Anwendung dieser Methodik nachgewiesen (vgl. Weitekamp 1999). Wieso sie uns neu und möglicherweise sogar fremd erscheint, erklärt vielleicht am besten Habermas‘ Theorie des kommunikativen Handelns (1981). Er stellt den historischen Prozess dar, in dem eine zunehmende Entfremdung zwischen der Lebenswelt und dem sich beständig ausdifferenzierenden System stattfindet. Diese Entwicklung kulminiert nach Habermas schließlich in der Kolonialisierung der Lebenswelt durch das System. Gemeint ist damit, dass sich in modernen differenzierten Gesellschaften Systeme wie das Rechtssystem, das Wirtschaftssystem oder das soziale Sicherungssystem herausgebildet haben, die einerseits die Individuen entlasten: wer im Recht ist, kann das Rechtssystem dazu bringen, entsprechende Ansprüche durchzusetzen; wen das Schicksal mit schwerer Krankheit bedacht hat, findet Hilfe im Gesundheitssystem. Auf der Kehrseite dieser „Freiheitsmedaille“ entstehen aber Systemzwänge, die andererseits Handlungsfreiräume abschaffen. Es besteht eine Pflicht zur Sozialversicherung, zum Schulbesuch oder zur Zahlung von Steuern und ein Verbot von Selbstjustiz. Den Methoden der Kindererziehung sind Grenzen gesetzt. Eltern können Ihr Erziehungsrecht beim Übertreten dieser Grenzen verlieren – wenn aus behördlicher „System“sicht das Kindeswohl gefährdet ist. Im System ist eine „Wächterfunktion“ installiert, ein Segen für viele Kinder und Angehörige anderer vulnerabler Gruppen. Aber nicht immer, wie beispielsweise der Verein ehemaliger Heimkinder e.V. (VEH) für lange Zeiträume in der deutschen Nachkriegsgeschichte und in weiter Ausbreitung aufgezeigt hat.

3. Kolonialisierung der Lebenswelt durch das System

Das System stützt sich auf Expert:innen: Pädagog:innen gelten als Expert:innen für Erziehungs- und Bildungsfragen, Ärzt:innen als Expert:innen für Gesundheitsfragen, Sozialarbeiter:innen als Expert:innen für soziale Problemlagen und Jurist:innen als Expert:innen für Konflikte. All diese Gruppen zeichnet ein hoher Professionalisierungsgrad aus, d. h. die Angehörigen sind mit Theorien und Interventionsformen vertraut. In seinem Aufsatz „Konflikte als Eigentum“ warnt Nils Christie (1977) alle Bürger:innen davor, sich ihre Konflikte und Problemlagen von diesen Expert:innen stehlen zu lassen. Er vermutet systemische Eigeninteressen hinter vielen Lösungsvorschlägen, z. B. wandeln Jurist:innen einen Alltagskonflikt zunächst in einen Rechtskonflikt um. Diesen können sie mit ihren (strafrechtlichen) Instrumenten abschließend bearbeiten. Das System erzielt regelmäßig eine funktionale Lösung, notfalls in höchster Instanz. Abgesehen davon, dass die lebensweltlichen Akteure häufig ihren eigenen Konflikt vor Gericht gar nicht wiedererkennen und manchmal auch die Lösung nicht verstehen, ist ihr ursprünglicher sozialer Konflikt durch diese Systemaktivität selten gelöst worden. Aber nicht nur im Rechtssystem wachsen die Zweifel am Nutzen der Expert:innen, auch im Gesundheits-, Wirtschafts-, Bildungs- oder Erziehungssystem lassen sich vielfältige Belege für die Angemessenheit des Christie'schen Appells finden.

Dieser theoretische Strang von Habermas und Christie lässt sich weiter verfolgen über Howard Zehr, der uns generell zu einer neuen Sichtweise der Welt auffordert („Changing Lenses“, 1990), und John Braithwaite (1994), der eine Demokratisierung der sozialen Kontrolle fordert, zum Konzept der „Restorative Justice“. Ich übersetze diesen Fachterminus mit „wiederherstellen von Gerechtigkeit“ oder „Heilung“. [132] Es geht darum, eine problematische Situation so aufzulösen, dass für alle Beteiligten das Bestmögliche daraus entsteht. Restorative Justice ist immer auf die Zukunft orientiert, stellt die sozialen Beziehungen und Bedürfnisse der Beteiligten in den Mittelpunkt und ist konsensorientiert. Es geht also um sozialen Frieden. Neuseeländische Aktivist:innen (vgl. Maxwell & Liu 2007) zielen auf eine „Restorative Society“, bei der nicht nur zwischenmenschliche Konflikte in diesem Sinne angegangen werden, sondern auch die Umwelt oder das Wirtschaftssystem Gegenstand von restorativen Prozessen sind, so dass wir spätere Generationen sehr unmittelbar in unsere Problembearbeitung einbeziehen können. Die Begriffe „Heilung“ und „Gerechtigkeit“, die Einbeziehung der unmittelbar Betroffenen und der Zukunftsbezug deuten schon darauf hin, dass dieses Paradigma im Kontext Sozialer Arbeit als sehr geeigneter Referenzrahmen erscheint. Neben der Lebensweltorientierung (vgl. Grunwald & Thiersch 2004) bei kritischer Distanz gegenüber Expert:innen formulieren insbesondere Zehr und Christie explizit die Frage nach den Bedürfnissen der Beteiligten und der Gemeinschaft. Jüngere Entwicklungen in Neuseeland gehen zudem weit über das Konzept der Partizipation als Form von

---

[132] (Wieder-)Herstellung meint dabei nicht die Rückkehr zu früheren ungerechten sozialen Beziehungsmustern, z. B. bei Beziehungsgewalt oder im Apartheidstaat. Die Orientierung erfolgt immer an Menschenrechten (vgl. Braithwaite 2002).

Einbeziehung hinaus und sprechen von „Ownership“. D. h. die Lebensweltakteure selbst sollen befähigt werden („Empowerment“), gute „Pläne“ bzw. Interventionsformen zu entwickeln. Den Expert:innen bleibt die Ingangsetzung entsprechender Prozesse und das Wächteramt, falls doch einmal etwas anders verläuft als geplant.

4. „Conferencing“ als Umsetzung der neuen Perspektive der „Restorative Justice“

Am Beispiel des Family Group Conferencing (FGC) möchte ich diesen Vorgang veranschaulichen. FGC wurde wie erwähnt 1989 in Neuseeland gesetzlich fixiert. Es gibt einige weitere Länder und Bundesstaaten – wenngleich nicht sehr viele bisher – die diesem Beispiel gefolgt sind. Für Deutschland am nächsten und wichtigsten erscheint mir Belgien, weil es ein unmittelbares Nachbarland ist und über eine relativ ähnliche Gesetzgebung verfügt. FGC gibt es unter diesem oder anderem Namen mittlerweile jedoch in vielen Ländern. Deutschland gehört eher zu den Entwicklungsländern in dieser Hinsicht. Für die konkrete Umsetzung ist in Neuseeland „Child, Youth and Family“ zuständig; in Deutschland würde man diese Behörde wohl als „Jugendamt“ bezeichnen. Sie hat in jeder Kommune zwei Abteilungen, eine befasst sich mit „crime“, die andere mit „care and protection“. Ich arbeite seit der Jahrtausendwende an der Implementierung der strafrechtsbezogenen (JGG) Variante. Das erste von mir (und Astrid Klukkert) initiierte Projekt in Hamburg-Lurup („Besser streiten“) hat 2002 einen etwas anderen Weg eingeschlagen. Aber seit 2006 gibt es „Gemeinschaftskonferenzen“ in Elmshorn, eine Erprobung von FGC im deutschen strafrechtlichen Kontext, die sich im engen Austausch mit belgischen und neuseeländischen Erfahrungen entwickelt hat (vgl. Blaser et al. 2008). Unabhängig von mir und nahezu zeitgleich haben Frank Früchtel und Mitstreiter:innen an der Implementierung von FGC im Kontext der Hilfen zur Erziehung gearbeitet (SGB VIII). Dieser zweite Strang ist hierzulande zur Zeit etwas breiter aufgestellt. Neben den neuseeländischen Wurzeln sind dort Erfahrungen der niederländischen Organisation Eigen Kracht / Echt Recht eingeflossen.

Unter dem hier eingenommenen Blickwinkel der FGC als Methode ist es nachrangig, ob wir unsere Beispiele aus dem ersten oder zweiten Bereich wählen – die Kernelemente sind gleich. Der Prozess ist strukturiert und lässt sich in das Geschehen im Vorfeld, die in Phasen einteilbare „Conference“ selbst und das Geschehen im Nachhinein gliedern.

Letzteres kann beinhalten, dass die gesamte Gruppe nochmals zu einer Zwischen- oder Abschlussbilanz zusammenkommt. Ein:e Mediator:in[133] erhält den „amtlichen" Auftrag, eine FGC zu organisieren.[134] In Elmshorn beauftragt uns das Gericht, in Berlin ist es das Jugendamt. Die Aufgabe der Mediator:in ist zunächst die Kontaktaufnahme mit den Hauptakteur:innen in der Lebenswelt. Es müssen Informationen über das Verfahren gegeben werden und es muss gemeinsam herausgefunden werden, wer zur FGC eingeladen werden soll, wer einlädt und wo und wann diese stattfinden soll. Professionelle sind keineswegs ausgeschlossen, müssen aber einen Großteil ihrer Macht an die Lebensweltakteur:innen abgeben. Der:die unabhängige Mediator:in sollte keine eigenen Vorschläge machen, sondern durch gezielte Fragen die Lebensweltakteur:innen selbst zu einem sinnvollen Teilnehmendenkreis anregen. Hier wird die „Ownership" (Heimspiel) der „Conference" deutlich; der:die Mediator:in ist im Wortsinne ein Erleichterer ohne eigene Interessen. Die Gruppe der Lebensweltakteur:innen (Familie) entscheidet. Deshalb empfehlen Früchtel und Kollegen unabhängige Personen für diese Rolle. Zu unterstreichen ist die Wichtigkeit der sorgfältigen Arbeit im Vorfeld. Zweite Aufgabe der:des Mediator:in ist dann die Moderation der FGC mit Ausnahme der sogenannten „Family-only-time". Ggf. kann auch die Verschriftlichung des von den Lebensweltakteur:innen entwickelten „Plans" durch die/den Mediator:in erfolgen. Sofern ein zweites oder weiteres Treffen nötig wird, kann dieses sinnvollerweise erneut durch den:die Mediator:in moderiert werden. Die Überwachung der Umsetzung der getroffenen Vereinbarungen sollte in der Regel nicht durch die:den Mediator:in geleistet werden, sondern durch Akteur:innen aus der Lebenswelt gebündelt und dann letztlich von der auftraggebenden Stelle durchgeführt werden. [135]

Der inhaltliche Ablauf der FGC-Zusammenkunft gliedert sich grob in

- eine Phase, in der das Problem in allen relevanten Facetten benannt wird einschließlich der professionellen Problemdarstellung aus der Systemperspektive („Sorge") und der Formulierung von Wünschen, Erwartungen und Zielen für die FGC,
- eine „Family-only"-Phase, an der nur Akteur:innen aus der Lebenswelt teilnehmen, in der ein Plan entwickelt wird (Ausschluss unerwünschter Macht analog zum feministischen Konzept Männer-freier Räume),

---

[133] Hier verwende ich aufgrund des methodischen Mediationsansatzes nicht die Originalbegriffe „facilitator" oder „convenor". Im Familienrat heißt die Person „Koordinator:in".

[134] Mit den neuseeländischen Begriffen „family" / „whanau" ist das Netzwerk der Vertrauenspersonen („caring others") der Hauptakteure gemeint. Vertrauen wird dabei nicht notwendigerweise über Verwandtschaftsbeziehungen definiert: Freund:innen, Nachbar:innen oder andere wichtige Bezugspersonen sind willkommen.

[135] Im Bereich des SGB VIII ist hier ein:e Mitarbeiter:in des Jugendamtes vertreten; bei den Gemeinschaftskonferenzen übernimmt die Polizei diese Aufgabe.

- sowie eine abschließende Phase, bei der auch Expert:innen ggf. einbezogen werden, in der der Plan kritisch hinterfragt, ggf. konkretisiert (Feinjustierung) und letztlich verabschiedet wird.

Manchmal werden die letztgenannten Phasen ein zweites Mal durchlaufen werden müssen und selbstverständlich kann ein solcher Prozess auch scheitern. Der Plan muss abschließend von den Systemverantwortlichen, die ein Vetorecht haben, genehmigt werden. Dies schließt Kostenübernahmen ein und ist verbindliches Endergebnis.

Wie die gesamte Restorative Justice-Philosophie setzt dieses Verfahren in hohem Maße auf Freiwilligkeit und Engagement. Die Hauptakteur:innen werden dabei maximal unterstützt („Empowerment“) sowohl durch die lebensweltlichen Akteur:innen ihres Netzwerks als auch durch die Professionellen als Vertreter:innen des Systems. Unterstützung meint hier das Gegenteil von Entmündigung und formeller Kontrolle, wie sie von Lebensweltakteur:innen gelegentlich als Systemfunktionen (oder historisch früher als Fürsorge) wahrgenommen werden bzw. worden sind.

5. Zwei Beispiele zur Veranschaulichung

Ein Jugendlicher ist wegen Straftaten in Verbindung mit der Verbreitung neonazistischer Propaganda angeklagt. Das Beweismaterial ist erdrückend. Seine direkten Opfer, die Zielscheibe seines Handelns waren, und deren Netzwerk malen sich schlimmste Bedrohungen aus. Seine Unterstützer:innen aus der Familie fallen aus allen Wolken und verzweifeln, weil sie sich zurecht im demokratischen Herzen der Gesellschaft verorten. Man könnte diesen Fall professionell und effizient vor Gericht in kurzer Zeit lösen. Der Angeklagte würde bestraft und erhielte mittels Akte das Label „Rechtsextremist“. Die Opfer würden weiterhin in Angst leben und womöglich ihr politisches Engagement zurückfahren oder einstellen. Zur Gefahr sekundärer Devianz des Täters nach Verbüßung seiner Strafe hat der Labeling Approach ausreichend gearbeitet (vgl. Keckeisen 1974). Ich möchte darauf aufmerksam machen, dass bis hierher niemand den Jugendlichen verstanden hat, der viel zu beschämt und verunsichert war, über seine Gefühle zu reden. In diesem Fall war weder er noch die Familie zuvor auffällig gewesen. In der „Conference“ wurde der Sachverhalt als Problem in den Raum gestellt. Er leugnete keineswegs die Fakten, berichtete aber deutlich gehemmt über sein Motiv. Offensichtlich hatte er sich in ein Mädchen verliebt. Diese „ging“ nun ausgerechnet mit einem Schüler, der offen Sympathien für die SPD zeigte, ein wenig älter war und körperlich viel kräftiger wirkte. Im Internet hatte er dann eine Website mit Tipps gegen „Linke" gefunden. Mittels vermeintlich getarnter Absenderadresse hatte er sich der dortigen „Argumente" bedient. Der Absender konnte von den Opfern nicht zugeordnet werden. Die Inhalte wurden als äußerst bedrohlich empfunden, zumal man derartige Drohungen fast täglich in Verbindung mit konkreten Gewaltübergriffen in den Medien zur Kenntnis nehmen kann. Die Anzeige bei der Polizei erschien nach einer Weile als einziges Mittel zur Abhilfe. In der Gemeinschaftskonferenz lernte der Jugendliche extrem schnell, welche Auswirkungen sein Handeln hatte. Alle Anwesenden nahmen ihm die Echtheit seines Bedauerns ab und akzeptierten seine Bitte um Entschuldigung. Er schlug darüber hinaus vor, sich mit der jüdischen Geschichte seiner Heimatstadt zu befassen und nahm Kontakt zu Menschen auf, die diese Historie weitergeben und gegen Rechtsextremismus kämpfen. Er erstellte den versprochenen Textbeitrag sogar in einer Qualität, die weit über alles Erwartbare hinausging. Im Rahmen der „Conference" kam es zum „gemeinsamen Ziehen an einem Strang", indem alle Beteiligten den Umgang mit dem Internet, insbesondere den unter Jugendlichen beliebten Chat-Communities, in Verbindung mit den Gefahren der demokratischen Kultur durch Rechtsextremismus erörterten. Die Angst der Geschädigten verschwand. Sie zeigten kein Interesse an einer Bestrafung. Ich bin zuversichtlich, dass die Erträge dieser Erfahrung noch weiter in die Lebensalltage der beteiligten Personen eingeflossen sind und darüber hinaus die demokratische Kultur und Gemeinschaft stärken. Der Konflikt hat Menschen zwar nur für die Dauer der „Conference" verbunden, aber viel positive Energie freigesetzt. Eine Strafe und ein Akteneintrag hätten dies nicht leisten können.

Die zweite Fallgeschichte wurde mir von einer Sozialarbeiterin zugetragen. Es ging um einen schon etwas älteren offensichtlich vollkommen demotivierten Jugendlichen und seine Familie, die schon eine dicke Akte im Amt hinterlassen hatten. Alle professionellen Interventionsformen waren gescheitert und nun sollte noch ein Familienrat probiert werden. Die Sozialarbeiterin war eingeladen, bei dieser „Conference" in der Wohnung der Familie die amtliche „Sorge" vorzutragen, dass der Jugendliche ohne verwertbare schulische und berufliche Qualifikation aber mit sonstigen Auffälligkeiten im Leben zu scheitern drohe. Im Wohnungsflur sah sie sich mehreren großen Hunden gegenüber, die aber vom Jugendlichen unmittelbar zu Wohlverhalten veranlasst wurden. Im Verlaufe der Veranstaltung stellte sich heraus, dass diese Hunde von ihm zeitweilig in Pflege genommen waren und dass er über sehr große Fähigkeiten und Kenntnisse in der Arbeit mit Hunden verfügte, sich hierbei im Gegensatz zu allen bisher erprobten Arbeitsbereichen sogar stark engagierte. Dieser Sachverhalt war der Mitarbeiterin trotz der dicken Akte nicht bekannt; zu früheren Gesprächen im Jugendamt war er stets ohne Hunde erschienen. Niemand hatte das Thema „Hunde“ angeschnitten. Um die Geschichte abzukürzen: Die Hunde bildeten den Ankerpunkt im Plan, der entwickelt wurde. Darum herum entstand eine erfolgreiche Maßnahme, die nach allen Richtlinien und bisherigen Praktiken absolutes Neuland beschritt. Sollte jemand einwenden, die Sozialarbeiterin habe vorher ihren Job schlecht gemacht, so ein „Übersehen“ von Talenten würde es normalerweise nicht geben, dann möchte ich auf die vielen langen Geschichten aktenkundiger Einzelpersonen oder ganzer Familien verweisen, in denen über Jahre Gelder für Maßnahmen verschwendet werden, denen diese nach mehr oder weniger drängenden Überredungen (aus der Perspektive der Lebensweltakteur:innen) nur zugestimmt haben, weil sie nicht wussten, wie man sich gegen die Amtspersonen mit eigenen Wünschen und Bedürfnissen in Szene setzen könnte. Mitarbeiter:innen stellen dann häufig fest, dass trotz vermeintlicher Einigung Vereinbarungen nicht umgesetzt werden. Der Bereich der Arbeitslosenberatung beinhaltet ein riesiges Reservoir systemisch aufgedrängter sinnloser, weil an der Lebenswelt der Betroffenen vorbeigehender, Maßnahmen aus dem Katalog der Theorie guter Vermittlung.

6. „Empowerment“ der Kolonialisierten: von der Partizipation zur „Ownership“

Häufig nehme ich zwei Reaktionen auf einen derart skizzierten Vorschlag wahr: Die einen behaupten, dass so ein System längst Praxis sei. Seit der Entdeckung der Lebensweltorientierung seien Professionelle nah dran am Alltag ihrer Klient:innen und würden auf die passgenaue Abstimmung achten. Zudem seien jene in die Lösungsfindung einbezogen – es würde keineswegs wie ehedem überredet oder verordnet. Schließlich werde dienstleistungsorientiert gearbeitet und der:die Kund:in bestimme im wesentlichen Inhalt und Ziel der gemeinsamen Arbeit mit (Co-Konstruktion). Die anderen sagen, so etwas ginge ohnehin nicht, denn viele Lebensweltakteur:innen seien weder fähig noch willens zu konstruktiven Lösungen und die Professionellen seien für angemessene Interventionen verantwortlich. Beide Positionen charakterisieren das, was hier als Kolonialisierung der Lebenswelt beschrieben wurde. Aus einer überlegenen Machtposition heraus werden vermeintlich durchdachte Lösungen nahegelegt. Vorschläge „von der Stange“ können jedoch der individuellen – nur nach aktenerfassbaren Kategorien gerasterten – Lebenslage gar nicht Rechnung tragen. Dass die Expert:innen dabei zuweilen die wirklich bedeutsamen Aspekte übersehen, wird bei der Analyse vieler konkreter Hilfeverfahren deutlich. Selbst bei optimaler Umsetzung der Lebensweltorientierung können wir nur von Partizipation der Lebensweltakteur:innen reden, also von einer Teilenteignung.

Der Clou des „Conferencing"-Verfahrens liegt im qualitativen Sprung von der Partizipation in eigenen Angelegenheiten zur „Ownership". Die Soziale Arbeit hat dann die Aufgabe des Empowerments. Sie stellt Expertise bereit und sie hilft im Auftrag ihrer Klient:innen bei deren Netzwerkmobilisierung. Vielleicht sind jene zeitweilig als Einzelne nicht in der Lage, ihre persönliche Situation adäquat einzuschätzen und Probleme zu überwinden, aber der Prozess in der Gruppe des Netzwerks von Vertrauten fördert in der Regel Ressourcen zutage, die verdeckt oder unbewusst sind. Das Verfahren ist anstrengender als sich aus einer Angebotspalette attraktiv erscheinende Vorschläge auszusuchen.

Trotz Lebenswelt- und Dienstleistungsorientierung gehen gutgemeinte Ansätze ins Leere, solange das System nicht bereit ist, große Teile seiner Macht an die Lebensweltakteur:innen abzugeben. Paradoxerweise können im Ergebnis dieselben Maßnahmen herauskommen. Wenn diese aber Teil eines selbst aufgestellten Plans sind, erhalten sie aus Sicht der Lebensweltakteur:innen eine ganz andere Bedeutung, nämlich den Stolz, eigene Angelegenheiten selbst regeln zu können und damit die Befreiung aus der „fürsorglichen Belagerung", die verbreitet immer noch empfunden wird, obwohl die Belager:innen inzwischen sehr freundlich und interessiert daher kommen.

Die hier propagierte Mediationsmethode gibt darauf die entsprechende Antwort: ausgehend von subjektiven Einschätzungen liegen häufig die Wahrnehmungen aus der Sicht der Professionellen nicht in Übereinstimmung mit denen der Klient:innen. Eine Identifikation mit den Vorschlägen erfolgt häufig nicht, weil sie von Systemakteur:innen kommen, gegen die generell Vorbehalte herrschen. Derselbe Vorschlag aus der Lebenswelt entwickelt eine ganz andere Verbindlichkeit! Mediator:innen kennen die Falle, eigene Vorschläge zu unterbreiten, weil sich im Nachhinein Betroffene darauf zurückziehen können, dass es eben doch nicht passte. Bei eigenen Vorschlägen, noch dazu im Unterstützernetzwerk geäußert, entfällt diese Möglichkeit. Das „Conferencing"-Verfahren eröffnet den Lebensweltakteur:innen alle Chancen.

TEIL IV:

RESTORATIVE JUSTICE

MIT BEZUG AUF

DAS STRAFRECHT

Teil IV: RJ mit Bezug auf das Strafrecht

Bezugspunkt der Texte des vierten Teils, die zwischen 2003 und 2020 publiziert wurden, ist das Strafrecht: wer ergreift im Sinne einer „Ownership" in diesem Anwendungsfeld die Initiative zur restorativen Aufarbeitung des Konflikts? Wann ist der richtige Zeitpunkt – vor oder nach einem Gerichtsurteil? Das Gefängnis als Kerninstitution des Strafrechts steht gleich mehrfach im Mittelpunkt. Sind Strafgefangene empfänglich für eine Befassung mit dem Leid ihrer Opfer? Kann so Empathie gestärkt werden und nach der Entlassung weitere Opferwerdungen verhindern? Und kann die Grundidee restorativer Dialoge vor diesem Hintergrund umgesetzt werden? Soll ein maximalistisches Verständnis von RJ auch das Gefängnis einbeziehen? Und wie könnte so etwas praktisch aussehen? Weisen brasilianische APAC-Gefängnisse in diese Richtung bzw. ein Vollzug in freien Formen wie er in Baden-Württemberg und Sachsen gesetzlich vorgesehen ist? Oder ist RJ eine Weiterentwicklung des strafrechtlichen Abolitionismus und sollte sich daher auf die Abschaffung von Gefängnissen fokussieren?

Restorative Justice (RJ)-Theorie und damit verbundene Praktiken werden von transnationalen Organisationen empfohlen und sind in vielen Ländern weltweit verbreitet. Trotzdem werden sie nur in einem geringen Teil der geeigneten Verfahren angewendet. Vielen Bürger:innen ist RJ immer noch unbekannt.

Der erste gemeinsam mit Geoff Emerson aus England ursprünglich in englischer Sprache erstellte Text analysiert opfer-initiierte RJ im Vergleich zu anderen Wegen des Zustandekommens restorativer Dialoge und gründet auf praktischen Erfahrungen aus Pilotprojekten und RJ-Angeboten. Der Beitrag greift ein Dilemma der RJ auf: Obwohl das Eigentum der Beteiligten am eigenen Konflikt postuliert wird, ergreifen die Hauptbeteiligten nur äußerst selten die Initiative. Über 90 % der im strafrechtlichen Rahmen zustande gekommenen RJ-Verfahren wurden von Akteur:innen des Strafrechtssystems (inkl. Polizei oder anderer Verwaltungsorgane) initiiert. Zurückhaltung von „Opfern" begrenzt die umfassendere Nutzung. Opfer scheinen sich der Chancen und Vorteile, die RJ für individuelle Heilungsprozesse und die (Wieder-) Herstellung des sozialen Friedens bietet, wenig bewusst zu sein. In Anlehnung an Scott (2018 „abolitionism illiteracy") und ausgeweitet auf Täter:innen können wir von einem „RJ-Analphabetismus" sprechen. Bürger:innen sind schlicht nicht über RJ im Bilde. Das Strafen gilt als normal und notwendig (vgl. Lagasnerie 2017). Der Beitrag enthält Überlegungen dazu, wie mehr „Selbstmelder:innen" ermutigt werden können und diskutiert entsprechende Wege. Dabei ist die Frage des Zeitpunkts zentral, denn während auf der Geschädigtenseite zunächst „erste Hilfe" und eine gewisse Reorganisation des eigenen Lebens im Mittelpunkt stehen, ggf. sogar längere Krankenhausaufenthalte oder Therapien nötig werden, möchten Verantwortliche meist möglichst schnell abschließen und Klarheit haben, ob ggf. eine Bestrafung folgt. In diesem Sinne zeigt der (Dokumentar)Film „Beyond Punishment" an einem norwegischen Beispiel geradezu tragisch auf: beide Parteien wollen RJ, aber zu unterschiedlichen Zeitpunkten, so dass es faktisch nie zu einem Dialog kommt und Chancen verpasst werden. Die Weiterentwicklung von RJ muss sich auf beständige und angemessene Information für tatsächliche und potentielle Opfer beziehen sowie auf potentielle Unterstützer:innen und Professionelle, die mit Opfern oder Täter:innen arbeiten. Nötig ist eine Allgemeinverbreitung (mainstreaming) der Philosophie und der Verfahrensweisen von Restorative Justice sowohl in den Gemeinschaften als auch im (Strafrechts)System.

Der zweite 2017 publizierte Artikel befasst sich mit Verfahren der Restorative Justice, die nach der Verurteilung stattfinden. Hintergrund ist ein von der EU gefördertes Aktionsforschungsprojekt. Der Beitrag nimmt die Position ein, dass besser spät als nie restorative Dialoge zustande kommen sollten. Diesbezüglich ermutigen in Deutschland Begegnungen von KZ-Überlebenden mit ihren ehemaligen Bewacher:innen oder einige Treffen ehemaliger RAF-Mitglieder mit Angehörigen ihrer Opfer, auch wenn davor teilweise Jahrzehnte des Leidens und offenen Konflikts liegen. Es geht jedoch nicht allein um den richtigen Zeitpunkt; vielmehr liegt in der Zwischenzeit häufig eine juristische Aufarbeitung. Für manche Geschädigte ist es leichter, den Verantwortlichen ihres Leids zu begegnen, nachdem diese von unabhängigen Gerichten verurteilt worden sind.

Vor der Erörterung von Unterschieden zwischen der Anwendung *vor* und *nach* der Verurteilung werden einige Kernelemente von RJ skizziert. Anschließend werden sechs verschiedene Praxisprogramme vorgestellt, wobei ein besonderer Schwerpunkt auf den Gefängniskontext gelegt wird. Das Erreichte wird im Hinblick auf zu überwindende Schwierigkeiten und zu bewältigende Herausforderungen bewertet und Gegenkräfte werden angesprochen. Diese Gegenkräfte stehen einer Ausweitung von RJ im Allgemeinen und auf der Ebene nach der Verurteilung im Besonderen entgegen. Dieser Beitrag endet mit Empfehlungen, die sich aus der Diskussion dieser Themen ergeben.

Die Institution Gefängnis steht im Zentrum der Systeme des „unblutigen Strafens" (Ramsbrock 2020); der Entzug der Freiheit gilt in unserer und vielen anderen modernen Gesellschaft als härteste Strafe. Gefängnisse bieten sehr spezifische Lebenswelten, die für Außenstehende meist undurchschaubar und unverständlich bleiben. Gut und Böse versammeln sich deutlich sichtbar in einer nach außen im Grunde nur für die „Guten" durchlässigen Umgebung hinter dicken Mauern und anderen Sicherheitseinrichtungen.

Der bereits 2004 veröffentlichte dritte Beitrag über ein in den 1990er Jahren selbst entwickeltes und durchgeführtes Opfer-Empathie-Training in einer sozialtherapeutischen Haftanstalt dringt in ein mit Ängsten verbundenes Vakuum ein. Justizvollzugsanstalten hielten „Opfer" sowohl in Person als auch thematisch fern, waren sich eher mit ihren Gefangenen darin einig, dass jene selbst in vielerlei Hinsicht Opfer seien, was zutrifft, aber abgesehen von einigen „Justizirrtümern" (vgl. Rückert 2007 und „Fall Mollath") nur die halbe Wahrheit darstellt. Das vorgestellte Programm und seine internationalen Vorbilder waren kaum mehr als der Tropfen auf dem heißen Stein, aber es gelang mehrere Jahre eine offene Atmosphäre herzustellen und Gefangene nutzten die Gelegenheit, ein schwer verdrängtes Thema zu bearbeiten. Zumindest ein Teil von ihnen zeigte sich empathisch und bereit diesbezüglich über Dialoge und Wiedergutmachungsmöglichkeiten nachzudenken

Der vierte Beitrag nahm 2014 dieses Thema im Rahmen des bereits erwähnten Aktionsforschungsprojekts wieder auf. In der neuen Struktur wurde es wenigstens für einige Monate möglich, die Arbeit zeitlich und inhaltlich auszuweiten und sogar Geschädigte einzubeziehen. Leider kam die Gruppenarbeit mit Opfern schwer in Gang und wurde nach Ablauf der Projektfinanzierung in Schleswig-Holstein nicht weitergeführt. Vordergründig ließen die wenigen Nachfragen auf mangelnden Bedarf schließen. Unseren englischen Projektpartnern gelang es dagegen, in Zusammenarbeit mit der Opferhilfe ein von Betroffenen geschätztes Angebot aufrechtzuerhalten. Im Beitrag wird nicht nur das modifizierte Opfer-Empathie-Training mit Täter:innen, sondern auch die Gruppenarbeit mit Geschädigten vorgestellt. Alle Beteiligte aus Täter- oder Opferperspektive, die die Chance auf einen restorativen Dialog mit „der anderen Seite" hatten – wenn auch nicht mit ihren direkten Widerparts –, zeigten sich darüber sehr zufrieden.

Beim fünften Artikel handelt es sich um einen Doppelbeitrag zum Thema „Restorative Prison", einer Bezeichnung, die als Oxymoron oder Widerspruch in sich gelten kann, denn es wird gezeigt, dass die Idee des Freiheitsentzugs und die konkrete Gestaltung in Form eines Gefängnisses im Grunde genau den Gegenpol zur Restorative Justice bilden, die Bedürfnisse nach Freiheit und Selbstgestaltung des eigenen Lebens, nach Gewaltlosigkeit und demokratischer Teilhabe usw. umfasst. Entsprechend geht es im vollständig reproduzierten Beitrag aus dem Jahre 2020 um die Transformation existierender Gefängnisse in Institutionen, die zwar Straffällige zwangsweise einschließen, ansonsten aber den Blick in eine gleichberechtigte Zukunft in Freiheit richten. In einem früheren Beitrag, der 2003 publiziert wurde, habe ich einerseits dasselbe Thema behandelt, mich andererseits jedoch ausführlicher mit dem Abolitionismus auseinandergesetzt. Aus jenem Beitrag sind deshalb nur diese Teile übernommen, um dem Verhältnis von Abolitionismus und RJ nachzugehen (vgl. dafür auch Temme 2008).

Opfer-initiierte Restorative Justice[136]

mit Geoff Emerson

1. Einleitung

Restorative Justice[137] hat sich von einigen verstreuten praktischen innovativen Programmen und einem spezialisierten akademischen Diskurs zu einer breiteren Bewegung in verschiedenen Bereichen sozialen Handelns wie dem Strafrecht, der Bildung und der Gesundheit entwickelt. Das Paradigma der „Restorative Justice" basiert auf einem humanistischen Menschenbild. Es wird manchmal fälschlicherweise lediglich als Methode zur Friedensschaffung oder als Synonym für Mediation in Strafsachen verstanden (vgl. Zehr 2002). Beim RJ-Paradigma geht es jedoch hauptsächlich um Werte und Prinzipien (Pranis 2007) für den Umgang mit problematischen Situationen[138] in diversen Lebensbereichen. Zu dieser Essenz der RJ-Philosophie gehören unter anderem Respekt, Empathie, Eigenverantwortung, Selbstbestimmung, Fairness, Inklusion, Freiwilligkeit, Transformation, Demokratie und die Bestätigung der Würde und des Wertes eines jeden Menschen.

Walgrave (2001) betont, dass RJ keine milde Option für Straftäter sei. Sich dem „Opfer" zu stellen, mit seinem Schmerz konfrontiert zu werden und zur Heilung der Verletzungen des Opfers beizutragen, kann viel anspruchsvoller und herausfordernder sein als die meisten Formen der Bestrafung. RJ zielt darauf ab, einen unbefriedigenden Status quo zu verändern, um Opfer zu unterstützen, zerrüttete Beziehungen wiederherzustellen und eine Veränderung der Einstellung und des Verhaltens der Täter:innen zu fördern.

---

[136] Dieser Beitrag erschien 2020 in englischer Sprache unter dem Titel *Victim-initiated Restorative Justice* in: Joseph, Janice / Jergenson, Stacie (Eds.). An International Perspective on Contemporary Developments in Victimology. A Festschrift in Honor of Marc Groenhuijsen. Cham: Springer. S. 239-253.

[137] Eher pragmatisch definieren Shapland et al. (2011: 4): Im weitesten Sinn kann RJ als Strategie oder Strategienbündel verstanden werden, die / das sich auf die Lösung von Konflikten oder Streitigkeiten / Auseinandersetzungen zwischen Parteien ausrichtet mit Anwendungen in einer Reihe von Feldern: zivile, gesellschaftliche, strafrechtliche und politische. Toews (2006: 6) konstatiert: RJ ist ein Weg Gerechtigkeit herzustellen, der Betroffene von Kriminalität – Opfer, Täter, ihre Familien und Gemeinschaften – aktiv einschließt. Ihr Ziel ist es, jede beteiligte Person als Individuum zu respektieren und zu heilen, zerstörte Beziehungen zu reparieren und zum gemeinsamen Wohl beizutragen (Toews 2006: 20 f.) Sie heilt zerbrochene Beziehungen und Missbräuche durch Menschen und für Menschen. Sie baut auf anstatt Vorwürfe zu machen und Schuld zuzuweisen. Sie stellt sich einer Situation und hilft denen, die darin verwickelt sind, einen Ort des Verstehens, Heilung und gegenseitige Akzeptanz zu finden. Sie macht das Leben besser für andere und für einen selbst.

[138] Dieser Begriff für Opferwerdung oder Fehlverhalten wurde vom niederländischen Abolitionisten Louk Hulsman (1986) als neutrale Bezeichnung für das, was im Strafrechtssystem als Kriminalität oder Straftat und von anderen Autoren als Konflikt (vgl. Christie 1977), bezeichnet wird, eingeführt.

Die Fähigkeit zur Transformation und zur Erschließung nachhaltiger Lösungen ist ein wesentliches Element von RJ. Für Opfer, die kurz nach ihrer Viktimisierung angesprochen werden, mag dies zynisch erscheinen. Langfristig können sie jedoch ihre emotionale Stabilität und ihr Selbstvertrauen zurückgewinnen und Gefühle der Angst und Unsicherheit, die sich aus der Viktimisierungserfahrung ergeben, überwinden (Miller 2011; Strang 2002). Autor:innen wie Janoff-Bulman (1992) und Calhoun & Tedeschi (2006) schreiben sogar über posttraumatisches Wachstum. RJ sei für Überlebende sexueller Gewalt von Vorteil, wenn diese vor und während des Prozesses ein Höchstmaß an Unterstützung erhalten (McGlynn et al. 2012). Dies ist jedoch keineswegs selbstverständlich. Wenn der Bewältigungsprozess gut unterstützt wird und der:die Täter:in sich daran beteiligt, erscheinen positive Auswirkungen wahrscheinlich.

Der erste Abschnitt dieses Beitrags informiert die Leser:innen über Kontaktherstellung und Zuweisungsprozesse an RJ-Einrichtungen in Deutschland und im Vereinigten Königreich. Es folgen Überlegungen bezüglich der Zurückhaltung der Opfer, sich an Opferhilfe- und RJ-Einrichtungen zu wenden. Der nächste Abschnitt befasst sich mit den Reaktionen der Opfer auf die Viktimisierung, bevor täterseitig initiierte RJ-Prozesse erörtert werden. Es wird untersucht, wie der Einsatz von RJ ausgeweitet werden kann, was zu einigen Empfehlungen führt, und es werden abschließende Schlussfolgerungen gezogen.

2. Vorherrschende Zuweisungspraxis zu RJ in Deutschland und im Vereinigten Königreich

Obwohl Studien aufzeigen, dass restorative Ansätze auf Bedürfnisse von Opfern eingehen (vgl. Van Camp 2014: 11), gibt es in vielen Ländern eine geringe Zuweisungsquote an Restorative Justice-Programme und kaum Selbstmelder:innen.[139] Die Frage, wer RJ auf den Weg bringt, kann für Teilnehmende jedoch wichtig sein. Grundsätzlich lassen sich vier Zuweisungswege unterscheiden: (1) über das Strafrechtssystem einschließlich Polizei[140], (2) durch das direkte oder indirekte (Co-) Opfer, (3) durch den:die Täter:in oder jemanden in seinem:ihrem Auftrag (4) durch eine andere Person oder Stelle[141].

---

[139] Maelicke (2015: 213 f.) verweist auf mehr als 825.000 Opfer jährlich in der offiziellen polizeilichen Kriminalstatistik (zzgl. nicht angezeigter Fälle) aber nur 25.000 Teilnehmenden an Täter-Opfer-Ausgleichsverfahren in Deutschland!

[140] Der Dokumentarfilm „Facing the Demons" zeigt die vom Polizeibeamten Terry O'Connell initiierte Conference zwischen Eltern und Freund:innen eines getöteten jungen Mannes mit zwei für diesen Totschlag verantwortlichen Tätern.

[141] Als Beispiel für eine dritte Person, die die Initiative ergreift: Barry Davies (1996), ein ehemaliger Offizier des Special Air Service, im Beispiel Schumann / Andrawes (s. u.).

In den meisten deutschen Fällen kommt die Initiative vom Strafrechtssystem, welches einer RJ-Einrichtung den Auftrag erteilt, Kontakte mit den Hauptbeteiligten aufzunehmen und herauszufinden, ob diese an einem RJ-Verfahren teilnehmen möchten. RJ in Strafrechtsfällen hängt vom guten Willen und der Förderung durch das Strafrechtssystem ab. Mehr als 80 % der zugewiesenen Fälle stammen von Staatsanwält:innen oder Richter:innen (sehr ähnlich in Ungarn, vgl. Törzs 2011: 95); ungefähr weitere 10 % gelangen durch die Jugendgerichtshilfe[142] an RJ-Einrichtungen (Hartmann et al. 2016: 18ff; geringfügig andere Zahlen bei Bindel-Kögel et al. 2016: 50 f.). Bedeutend seltener als Vertreter:innen des Strafrechtssystems wünschen Tatverantwortliche RJ. Von den in der TOA-Statistik registrierten Fällen (5573 erfasste Fälle 2013 und 7393 Fälle 2014) kamen 2013 nur 2,4 % und 2014 2,6 % auf Initiative der Beschuldigten zustande wie Hartmann et al. (2016: 18 ff.) berichten. Der Anteil der von Opfern ausgehenden Verfahren betrug in beiden Jahren 0,9 %.

In England and Wales, wo Gesetzgebung und Sanktionsrahmen für junge Straftäter:innen (10-17) einem restorativen Ansatz verpflichtet sind, wird erwartet, dass „Opfern" generell eine Gelegenheit zur Teilnahme an einem RJ-Verfahren in Jugendsachen eingeräumt wird. Üblicherweise handelt es sich um ein Youth Referral Panel.[143] Das Panel versucht sowohl Wiedergutmachung für das Opfer als auch rehabilitative Aktivititäten für die:den Jugendliche:n zu erreichen. Kritiker:-innen betrachteten dieses 1999 eingeführte Verfahren als zu täterfokussiert (Hoyle 2012: 416). Später hat sich die Praxis verbessert, was durch gestiegene Quoten von Opferkontakten und -teilnahmen zum Ausdruck kommt. Während das Jugendrecht die Güte und das Ausmaß der Opferbeteiligung verbessert hat, fordern Opferorganisationen (z. B. Why-me?), dass RJ als generelles Recht für Opfer sowohl in Fällen mit Jugendlichen als auch mit Erwachsenen angeboten wird. Die Regierung des Vereinigten Königreichs hat sich in den vergangenen Jahren bemüht, das Bewusstsein für und die Quote von RJ in Strafrechtsfällen durch verschiedene Aktionspläne zu erhöhen. Schlüsselelemente des gegenwärtigen Aktionsplans sind:

[142] Die Jugendhilfe in Strafverfahren – auch Jugendgerichtshilfe genannt – gehört zum Jugendhilfesystem, wird hier wegen des spezifischen Anlasses der Anzeige einer Straftat jedoch teilweise dem Strafrechtssystem zugeordnet.

[143] Mit dem Youth Justice and Criminal Evidence Act 1999 wurden im Vereinigten Königreich sog. Referral Orders als Instrument der RJ für die Bearbeitung durch Youth Offender Panels (YOT) auf Gemeindeebene eingeführt. Fonseca Rosenblatt (2015) kommt in ihrer Untersuchung in 12 Bezirken in England und Wales zu eher ernüchtenden Ergebnissen, was die „Ownership" von Hauptbeteiligten und Gemeindevertreter:innen angeht.

a) Gleicher Zugang – sicherzustellen, dass allen Opfern auf allen Verfahrensebenen eines Strafverfahrens RJ angeboten wird wie es im englischen Victims Code (Opfergesetz) ausgeführt ist.
b) allen Bürger:innen Vorteile und Chancen von RJ bewusst und verständlich zu machen, so dass Opfer eine informierte Entscheidung über ihre Teilnahme treffen können.
c) Sicherzustellen, dass RJ in guter Qualität und gemäß der strengen Standards umgesetzt wird.

Der Opferbeauftragte des Vereinigten Königreichs (Victims' Commissioner 2016) begrüßte die Bereitstellung finanzieller Mittel für RJ und die Vorschriften im Opfergesetz (Victims Code), die Opfer über ihr Recht auf einen Zugang zu RJ zu informieren. Im Thames Valley-Teil unseres EU-geförderten Projekts zur Umsetzung der EU Opferschutzrichtlinie 2012/29/EU (zum Projekt vgl. Lummer et al. 2011; 2015; Carrington-Dye et al. 2015) wurde eine stabile Beziehung mit der Opferhilfe (Victim Support UK) begründet. Dennoch führte diese Arbeitsbeziehung nicht zu einem Strom von Zuweisungen. Allerdings konnte über eine enge Zusammenarbeit mit dem Probation Victim Liaison Unit ein opfer-initiierter Ansatz von RJ erfolgreich implementiert werden. Diese Stelle vermittelte Opfer schwerer Gewalttaten und sexuellen Missbrauchs, die den Wunsch äußerten, ihre Misshandler zu treffen. Eine Gruppe dieser Opfer, die von diesem Ansatz profitierten, arbeitet nun bei der Aufklärung von Professionellen über die Vorzüge von RJ mit https://vimeo.com/184560774.

3. Überlegungen zur Zurückhaltung von Opfern gegenüber der Opferhilfe und RJ

Opfer wenden sich generell zurückhaltend an RJ-Einrichtungen. Unabhängig davon, ob ein Strafverfahren stattgefunden hat, leiden Betroffene manchmal zeitverzögert an Langzeitfolgen. Nachdem festgestellt wurde, dass auch Therapien und die Opferhilfe an Grenzen stoßen, erfolgt eine Hinwendung an RJ (vgl. Miller 2011; Yantzi 1998).

Nach Daten des British Crime Survey von 2015/2016 erinnerten sich nur 4,2 % der Opfer, deren Täter ermittelt werden konnten, dass Hinweise auf RJ gegeben worden waren. Dieser Anteil hatte sich von 7,2 % im Vorjahr reduziert. Diejenigen, denen RJ angeboten wurde, nahmen zu 44,2 % dieses Angebot wahr. 24,7 % derjenigen, denen gegenüber RJ nicht erwähnt wurde, sagten, sie hätten das Angebot angenommen, wenn es ihnen offeriert worden wäre (Office of National Statistics, n.d.).[144]

Wigzell und Hough (2015) berichten, dass von insgesamt 2.643 täterinitiierten Fällen nur 153 (6 %) zu Conferences (vgl. Teil III dieses Buches) führten und weitere 9 % sich in anderen RJ Verfahren engagierten. Vorherrschende Gründe für diese geringe Annahmequote waren Schwierigkeiten, mit Opfern in Kontakt zu treten oder die Ablehnung durch die Opfer, wenn es zu einem Kontakt kam. Wigzell und Hough konstatieren einen Mangel an Zutrauen innerhalb des Personals von Gefängnissen und der Straffälligenhilfe in Bezug auf die Kontaktaufnahme mit Opfern. Naheliegend sei, darin einen Faktor für die geringe Angebotsannahme der Opfer zu sehen.

Hallam (2015), Strang (2002) und Laxminarayan (2014) erforschten, warum Opfer sich an RJ-Verfahren beteiligen. Folgende Gründe wurden vom UK Restorative Justice Council (RJC) festgestellt: (a) Antworten auf ungeklärte Fragen zu finden, (b) über die Verletzungen bzw. Folgen zu reden, (c) den:die Täter:in zu treffen, ihn:sie zu konfrontieren, (d) durch Neu- oder Umgestalten der Beziehungsdynamiken Empowerment zu erlangen, (e) Gefühle zum Ausdruck zu bringen und den:die Täter:in direkt anzusprechen, (f) sich besser zu fühlen (g) ein Wunsch, Täter:innen zu helfen und ihr Verhalten zu beeinflussen sowie schließlich (h) eine moralische und zivilgesellschaftliche Pflicht zu erfüllen.

Warum Opfer eine Teilnahme an RJ ablehnen, ist schwierig zu ermitteln. Eine direkte Rückmeldung von denjenigen einzufordern, die die Teilnahme ablehnen, würde ihr Recht „nein“ zu sagen, nicht respektieren. Man riskiert, keinen weiteren Kontakt zu bekommen, weil Versuche vielleicht als re-viktimisierend empfunden werden. RJC UK veranstaltete eine Fokusgruppe mit Opfern, die ihre Bereitschaft angegeben hatten, die Gründe für ihre Nichtteilnahme zu erörtern. Sie gaben diese wie folgt an: (a) das Ereignis war nicht gravierend genug; (b) sie wollten dem:der Täter:in, welche:r in einem Strafprozess Vorteile aus einer Teilnahme ziehen könnte, nicht helfen; (c) Furcht vor Rache; (d) mangelndes Vertrauen in RJ-Verfahren; und (e) weil sie eine negative Sicht auf den:die Täter:in hatten.

Die Gründe für eine Teilnahme oder Nichtteilnahme unterscheiden sich für jedes Opfer. Ein Grund kann im besonderen Einzelfall alle anderen ausstechen. Jemand, die:der unter bestimmten Umständen teilnehmen würde, kann die Idee der RJ in anderen Umständen nachdrücklich ablehnen. Das kann von Zufällen abhängen, wie einer unpassenden Tageszeit, zu der der Kontaktversuch erfolgt, bis

[144] Ein wegbereitendes Projekt zur Erprobung der Einführung von RJ *vor* einer Verurteilung an ausgewählten Gerichten fand 2273 Fälle im Regelungsbereich, bei denen 1202 Opfer im Hinblick auf eine potentielle Teilnahme an RJ-Verfahren kontaktiert wurden. Davon waren 446 daran interessiert.

hin zu eher grundsätzlichen Aspekten, wie der Furcht vor Rache. Der:die Vermittler:innen können ihre Strategie nur durch Kenntnis über generelle Bedürfnisse von Opfern und über die Aktenlage im vorliegenden Fall anpassen (z. B. den Kontakt am Jahrestag der Opferwerdung zu vermeiden!).

Hinsichtlich verschiedener Anspracheformen und Angebote versuchen wir zu verstehen, inwieweit der Zugang, die Prozesse und die Ergebnisse dadurch beeinflusst werden, dass ein Fall durch den:die Täter:in oder das Opfer initiiert worden ist. In einigen Rechtssystemen existiert keine einfach zugängliche Hilfe für Opfer. In Deutschland gibt es dank der feministischen Bewegung eine relativ umfassende Infrastruktur für weibliche Gewaltopfer, aber keine vergleichbare Struktur für männliche Opfer oder Opfer von Eigentumsdelikten, die unter bestimmten Umständen ebenfalls traumatisiert werden können (vgl. Waller 1984). Im Vereinigten Königreich existiert ein sich entwickelnder, aber inkonsistenter Flickenteppich von Diensten. Für einige Opfer ist die Zusammenarbeit mit dem Strafrechtssystem auch riskant. Kampusch (2016) klagt darüber, dass ihre Trauer über den Tod des Täters, mit dem sie acht Jahre ihres Lebens teilen musste, falsch interpretiert wurde und ihr anschließend die Diagnose, am Stockholmsyndrom zu leiden, übergestülpt wurde. Außerdem wollte sie selbst über ihre eigene Biographie bestimmen; diese wurde ihr vom Strafrechtssystem und von den Medien „gestohlen“ (vgl. Christie 1977).

4. Reaktionen von Opfern auf ihre Opferwerdung

Julia Albrecht – die jüngere Schwester einer früheren deutschen Terroristin, die in deren terroristische Tat nicht einbezogen war – und Corinna Ponto – die Tochter des Bankiers der durch ein Kommando der sog. Rote Armee Fraktion (RAF) getötet wurde – lassen uns an einem langen, vorsichtigen und tastenden Annäherungsprozess teilhaben. Dieser Prozess zwischen den beiden Frauen ist Gegenstand eines Buches und Dokumentarfilms, beides von ihnen gemeinsam produziert. Es zeigt die Zerstörung einer Freundschaft zwischen ihren Familien und wie der Versöhnungsprozess vonstattenging (Albrecht & Ponto 2012; vergleichbar zwei Väter, die ihre Kinder beim Bataclan-Anschlag verloren: Salines & Amimour 2020).

Veröffentlichungen und öffentliche Stellungnahmen von Opfern und Co-Opfern aus unterschiedlichen Kulturen und unterschiedlicher Viktimisierungsarten wurden im Hinblick auf Vorschläge und Möglichkeiten einer Offenheit für RJ analysiert. Von besonderem Interesse ist die Frage, ob Heilung als Motiv für die Teilnahme an einem solchen Dialog genannt wird. Diese Opferaussagen zeigen, dass der Geist der RJ Philosophie unabhängig ist vom theoretischen Wissen darüber und der professionellen Praxis, weil viele, wenn nicht die meisten der Opfer, deren Geschichten veröffentlicht wurden, gar keine Kenntnis über RJ hatten und auch keine Mediator:innen einbezogen, um Frieden zwischen sich und anderen, einschließlich der Täter:innen herzustellen. Häufig begannen die Opferinitiativen erst viele Jahre nach der Viktimisierung.

Will Riley, Opfer eines schweren Wohnungseinbruchs, gründete 2009, nachdem eine Versöhnung mit dem Täter Peter Woolf stattgefunden hatte, „Why Me?", eine Organisation, die jedem Kriminalitätsopfer ein Recht auf ein Treffen mit dem:der Täter:in zugesteht. Die Versuche des Einbruchsopfers Sari Stacey (2012), ihren inhaftierten Täter zu treffen, wurden von den Behörden zunächst zurückgewiesen und später erschwert. Nach Miller (2011: 241; vgl. auch de Cock 2015: 49) ist diese Form behördlichen Widerstands auch im amerikanischen Strafrechtssystem nicht ungewöhnlich. Miller beschreibt das Programm `Victims' Voices Heard´, was ebenfalls durch Opfer ins Leben gerufen wurde und opferinitiierte Treffen mit bestraften – häufig inhaftierten – Täter:innen ermöglicht. Einige dieser Treffen führten zu langwährenden positiven Beziehungen. Daly (2012: 128) betont die empfundene Befriedigung aller Geschädigten, wenn Täter:innen ihnen sagen, dass sie als Opfer in keiner Weise selbst zu ihrer Viktimisierung beigetragen haben. Ray und Vi Donovan, deren Sohn Chris durch eine Gruppe Jugendlicher getötet wurde, gründeten eine Stiftung in seinen Namen mit dem Ziel, RJ zu fördern. Diese arbeitet im Vereinigten Königreich beim Sycamore Tree Programme (ein Opfer-Empathie-Training) eng mit Prison Fellowship zusammen.

Wie Siemens (2007) in ihrem Buch dokumentiert, sind nicht alle Opfer offen für einen Dialog mit Täter:innen oder deren Unterstützer:innen. Gabriele von Lutzau, eine Stewardess der entführten Lufthansa-Maschine, die 1977 in Mogadishu befreit wurde, verkündete, sich niemals an einen Tisch mit der überlebenden Terroristin zu setzen – aber die Witwe des ermordeten Piloten, Monika Schumann, tat genau das (vgl. Davies 1996).

In diesem Zusammenhang scheint das Täter:innenbild des Opfers, insbesondere wenn diese:r unbekannt ist, eine entscheidende Rolle zu spielen (Hagemann 2012; Bolivar 2013; de Cock 2015: 69). Wenn das Opfer dieser inneren Vorstellung ein Anwachsen auf den Status eines Monsters gestattet, wird der Copingprozess durch Ängste vor einer Wiederholung der Opferwerdung erschwert. Die Zuversicht in die eigene Stärke, sich vollständig wiederherzustellen, sinkt und das Selbstvertrauen ebenfalls. Viele Opfer wissen jedoch intuitiv, dass der:die Täter:in als Ergebnis eines direkten Treffens in einem sicheren Raum, bei dem man ihn:sie mit den Folgen des Handelns konfrontieren kann, bedeutend weniger furchterregend wird. Viele Opferwerdungen – insbesondere schwere Opferwerdungen – ereignen sich zwischen Menschen, die sich (gut) kennen. In ihrer Analyse punitiver

Einstellungen weist Gelb (2006) darauf hin, dass es bei einem nahestehenden Menschen eine Zurückhaltung bei harten Sanktionsvorschlägen gibt. Die Studie von Hagemann (1993) ergab, dass einige Opfer offen dafür sind, der Versöhnung eine Chance zu geben, andere das jedoch ablehnen. Dabei spielt das Bild, dass das Opfer vom Täter konstruiert hat, eine entscheidende Rolle. Außerdem kommt dem Zeitpunkt eine wichtige Bedeutung zu. Der Copingprozess verläuft dynamisch – Einschätzungen ändern sich im Zeitverlauf (Lazarus & Folkman 1984). Generell gibt es beim Versuch der Bewältigung der Viktimisierungsfolgen keinen richtigen oder falschen Weg. Das Ergebnis ist Folge unterschiedlicher Copingstrategien auf der Grundlage eines individuellen Copingrepertoires. Eine gesunde Art des Umgangs zeichnet sich durch Flexibilität, Offenheit für Dialoge und ohne sinnen auf Rache aus, während eine Abschottung gegen neues Denken, Rigidität und Bestrafungswünsche eher ungesund wirken. (Vgl. Hagemann 1993) Heather Strang (2012; 2013) und Carolin Angel (2005; Angel et al. 2014) haben unter anderem die gesundheitlichen Auswirkungen der Teilnahme an RJ-Verfahren untersucht und konnten in der Tat nachweisen, dass sowohl kurzfristig nach sechs Monaten als auch langfristig nach zehn Jahren ein besserer Gesundheitszustand herrschte als bei vergleichbaren Opfern, die an einem herkömmlichen Strafverfahren teilgenommen hatten.

5. Täter-initiierte RJ Prozesse

In den meisten Ländern begann RJ vorwiegend mit system-initiierten Fällen, in denen Täter:innen im Mittelpunkt standen. Thames Valley Restorative Justice Service (TVRJS) bietet heute RJ-Dienste, die sowohl Selbstmeldungen von Opfern und Täter:innen als auch Zuweisungen durch das Strafrechtssystem bearbeiten (Emerson & Hallam 2015; für einen vergleichbaren Ansatz in Spanien vgl. Álvarez et al. 2015).

Der Zugang zu RJ kann aufgrund der „Nähe“ zu Professionellen, die mit ihnen arbeiten (Bewährungshelfer:innen, Gefängnispersonal, Psycholog:innen) für Täter:innen einfacher sein. Opfern wird mit größerer Wahrscheinlichkeit ein Faltblatt ausgehändigt, wenn sie überhaupt über RJ informiert werden. Wie der Opferbeauftragte des Vereinigten Königreichs (2016) ausführt, verfehlt diese Information häufig das Ziel, verlässliche Kontaktdaten spezifischer, relevanter und leicht zugänglicher Dienste bereitzustellen. Die Verpflichtung im UK Victims Code, allen Kriminalitätsopfern in jedem Verfahrensstadium Informationen über RJ bereitzustellen, wird in der Praxis nicht umgesetzt.

Die Teilnahme an RJ kann Täter:innen in den Augen des Strafrechtssystems Anerkennung bringen. Auch wenn es keine direkten Vorteile wie eine Strafverkürzung oder frühzeitige Entlassung gibt, kann es zu positiven Berichten über ihr Verhalten führen. Das könnte etwas anders aussehen, wenn das Opfer den Prozess in Gang gesetzt hat. Gelegentlich wurden Täter:innen durch „schützende" Strafrechtsvertreter:innen von RJ „abgeschirmt", indem darauf hingewiesen wurde, dass solche Treffen für „ihren Fall" zu großem Stress führen könnten. Genauso wie Opfer können Täter:innen im Hinblick darauf, warum ihr Opfer sie treffen möchte, neugierig und ängstlich sein. In dieser Situation bezieht sich die Rolle der Professionellen auf die Vorbereitung und Unterstützung „ihrer" Täter:innen während des RJ-Prozesses.

Opfer empfinden ggf. eine Abhängigkeit von der Menschlichkeit der:des Täter:in, wenn diese:r den Wunsch für ein RJ-Angebot an sie heranträgt. Das ist ein entscheidender Unterschied und eine weniger machtvolle Position im Vergleich dazu, selbst die Initiative zu so einem Prozess ergriffen zu haben. Opfer wollen Informationen über den Fortgang ihres Falles, praktische Hilfen und Unterstützung und Einflussmöglichkeiten in Bezug auf das weitere Vorgehen (Strang 2002). Nach dem, was wir über die Interessen von Opfern wissen, sollten wir ihnen proaktiv Informationen über RJ geben und sie dadurch in die Lage versetzen, vor dem Hintergrund ihrer eigenen, zum jeweiligen Zeitpunkt bestehenden Bedürfnisse Entscheidungen zu treffen (Wemmers & Van Camp 2011). Es darf nicht sein, dass anonyme Professionelle stellvertretend für sie Entscheidungen treffen.

Bei der Durchführung von RJ geht es größtenteils um die gute Vorbereitung beider Parteien und um die bestmögliche Einbindung von Familien, Freund:innen, anderen Unterstützer:innen und der Gemeinschaft. Gute Vorbereitung durch Vermittler:innen versetzt die Parteien in die Lage, den RJ-Prozess bestmöglich zu nutzen. Einige teilnehmende Opfer äußerten sogar, dass die Vorbereitung, die sie mit der:dem „facilitator" besprachen, für sie bereits ausreichend heilend wirkte, selbst ohne ein direktes Treffen mit der:dem Täter:in (Hallam 2015). Für Täter:innen bildet ein persönliches Zusammentreffen eine Gelegenheit, um Entschuldigung zu bitten und Reue auszudrücken. Dadurch werden sie selbst verletzlich für Kritik, Wut, Gefühle, Schmerz und auch Vergebung. Gute Vorbereitung ist erforderlich, um eine Absage des Treffens durch die eine oder andere Partei zu vermeiden.

Erfolgreiche Vorbereitung gründet darauf, den Parteien Wahlmöglichkeiten zu eröffnen bezüglich des Zeitpunkts und Ortes eines Treffens, der Einbeziehung weiterer Personen und auch der Fragen, die erörtert oder auch vermieden werden sollen (in schweren und komplexen Fällen wie Kindesmissbrauch bspw.). Während der Vorbereitung besitzen die Parteien eine gewisse Macht übereinander. Beide verfügen über die Macht des Rückzugs aus dem einmal vereinbarten Prozess. Dem Opfer sollte so viel Kontrolle wie möglich gegeben werden, um sich bei dem

Prozess gut aufgehoben zu fühlen, aber nicht zu Lasten der:des Täter:in. Die Reihenfolge der Treffen während der Vorbereitung muss ausgewogen und auf die Bedürfnisse beider Parteien abgestimmt sein. Möglicherweise gestalten opfer-initiierte Fälle den Prozess ausgewogener und erlauben dem Opfer ein besseres Gefühl von Kontrolle (und Entscheidungen zu treffen) als täter-initiierte Fälle, in denen das Gefühl entstehen könnte, nur auf die Agenda einer anderen Person zu reagieren. Das Opfer könnte annehmen, selbst nur gefragt worden zu sein, um der:dem das Verfahren initiierenden Täter:in zu helfen. Insofern kann die von dem:der Täter:in ausgehende Initiative das Vertrauen in den Prozess senken, weil sich immer die Frage stellt: wem dient dieser Prozess?

6. Ausweitung der RJ-Nutzung

Betrachtet man die vielen Vorteile von RJ für Opfer, Täter:innen und Gemeinschaften, dann ist schwer zu verstehen, warum RJ so selten angewendet wird und so viele Stimmen Übelszufügungen für Täter:innen fordern (Christie 1981), anstatt Opfern Unterstützung anzubieten. Menschen in zivilisierten Gesellschaften sollten sich auch fragen, warum sie es in Konfliktfällen immer noch für eine normale Reaktion halten zu fragen: Welche Norm ist verletzt worden? Wer war der:die Täter:in? Welche Sanktion ist angemessen für sie:ihn? (vgl. Zehr 2002: 21).

Wir brauchen einen restorativen Ansatz für Alltagsprobleme und Konflikte wie er in den „restorativen Städten“ entwickelt wurde (Patrizi & Biffi 2019) und Aktionsforschungsprojekte (Vanfraechem & Aertsen 2018). Die Nutzung gewaltfreier Kommunikation (Rosenberg 2001) in Schulen kann einen weiteren Schritt darstellen. Es gibt bereits Versuche, restorative Methoden in den am stärksten gewaltbelasteten Nachbarschaften zu etablieren (Barter & Mazetti 2011). TVRJS hat eine kleine Gruppe sog. RJ-Botschafter:innen gebildet. Das sind „Opfer“, die ihre persönlichen Geschichten und durch RJ hervorgerufene positive lebensverändernde Erfahrungen an ein professionelles und ein öffentliches Publikum einschließlich Schulen als Mittel der Förderung opfer-initiierter RJ weitergeben.

Das Restorative Justice Consortium im Vereinigten Königreich produzierte den Bericht „Verbesserung der Opfer-Beteiligung bei RJ 2017“ (‘Improving Victim Take-up of Restorative Justice in 2017’). ‘Why-me?’ identifizierte Hürden und Lösungen für RJ-Angebote in England und Wales (‘Barriers and Solutions to RJ delivery in England and Wales’) im Oktober 2015. Auf Opferseite herrscht kein Mangel an Aufmerksamkeit für das Problem des fehlenden Zugangs zu und Engagements bei RJ. Es gibt grundsätzlich Einigkeit über die Lösung der nachfolgenden Probleme:

a) Bessere Verbreitung von Information durch Nutzung lokaler Dokumentenvorlagen.
b) Verbesserte behördenübergreifende Zusammenarbeit durch Aufbau von Vertrauen in RJ-Dienste.
c) Schulung von Professionellen über Nutzen und Vorteile von RJ.
d) Verbesserte Umsetzung des Opfergesetzes (Victims Code) (proaktiver anstelle eines protektiven Ansatzes) einschließlich der Bereitstellung genauer Informationen darüber, wie man Zugang zu lokalen RJ-Diensten erhält.
e) Eine Pflicht zur Zuweisung[145] für Behörden verbunden mit einer Widerspruchslösung für Informationsteilungs- bzw. Zuweisungsprozesse (vgl. Regelungen in Belgien). Dieser Punkt ist kontrovers.
f) RJ-Dienste unter einem Dach mit offenem Zugang und Zuweisung für alle Fallarten einschließlich opfer-initiiert, täter-initiiert, schwere und komplexe Fälle, häuslicher Gewalt und sexualisierter Angriffe.
g) Verbesserte öffentliche Aufmerksamkeit für RJ verbunden mit positiven Geschichten in Medien und einer Führung durch Repräsentant:innen relevanter Einrichtungen.
h) Das gezielte Angebot von RJ an Opfer und Täter:innen (im Gegensatz zur bloßen Bereitstellung von Informationen über RJ) sollte durch ausgebildete Vermittler:innen erfolgen.
i) Verbesserte RJ-Schulungen für Vermittler:innen, um einen stärkeren Fokus auf eine Einbeziehung von Opfern zu legen.
j) Verbesserte Arbeit mit Gerichten, um Zuweisungswege für RJ zu entwickeln.
k) Gefängnisse in unterstützende Orte zu verwandeln, in denen RJ propagiert, unterstützt und angeboten werden kann. (Vgl. Restorative Justice in Prisons – A Report for Governors – The Restorative Justice Council – February 2017)

Wenn wir diese Probleme und viele praktische Lösungen kennen, warum scheitern wir daran, mehr Teilnahmen von Opfern in RJ-Prozessen zu gewinnen?

7. Empfehlungen

Wie kann der Zugang von Opfern zu RJ verbessert werden? Im Folgenden werden einige Wege zur Reform des Systems aufgezeigt.

[145] Ute Hartmann (1998) hat für Niedersachsen herausgearbeitet, dass Amts- und Staatanwaltschaften zuweilen „ungeeignete Fälle“ zuweisen.

Abschaffung von Barrieren

In einigen Ländern wird RJ durch gesetzliche Regelungen für bestimmte Fälle ausgeschlossen[146]. Nach dem spanischen Recht sollen Fälle häuslicher Gewalt nicht mittels TOA oder Conferencing-Verfahren durchgeführt werden. Diese bevormundenden Regelungen sind nicht im Interesse betroffener Menschen, da sie diese dazu zwingen, entweder die Polizei und Justiz einzuschalten und damit teilweise die Kontrolle über das weitere Vorgehen zu verlieren oder davon abzusehen, staatliche Hilfe zu suchen. Christies (1977) Rede vom Eigentum am Konflikt („Ownership") betrifft genau dieses Dilemma. Das Opfer der Gewalt durch eine:n Intimpartner:in bedarf der Hilfe und des Schutzes, will den:die Partner:in aber nicht notwendigerweise dem Strafrechtssystem ausliefern.[147] Er:Sie will, dass das gewalttätige Verhalten aufhört und diesbezügliche Änderungen eintreten, will ihn:sie aber vielleicht nicht verlieren oder bestraft sehen. In unserer englischen Gruppe opferinitiierter Fälle befanden sich zwei Mütter, die durch ihre erwachsenen Söhne Gewalt erfahren hatten, welche aufgrund des fortdauernden Risikos, das sie für ihre Mütter darstellten, eine unbestimmte Freiheitsstrafe erhielten. Auf Antrag der Polizei, aber ohne Rücksprache mit den beiden Müttern, verhängten die Gerichte Kontaktverbote zwischen Mutter und Sohn.[148] [149] Den Müttern konnten aufgrund der Datenschutzgesetzgebung nicht einmal Details über Fortschritte ihrer Söhne während des Gefängnisaufenthalts mitgeteilt werden. Ihre Anträge auf Rücknahme der Kontaktverbote waren jedoch erfolgreich und nach intensiver Vorbereitung fanden persönliche Treffen statt.

Einstellungen von Professionellen und (contra-indizierte) Schutzmaßnahmen, die eine Kommunikation von Opfern mit jenen, die sie viktimisiert haben, verhindern, gehören besonders bezüglich der Opfer zu den Haupthindernissen bei der Umsetzung von RJ. Darunter fällt, Opfern relevante Informationen vorzuenthalten, ihnen von einer RJ-Teilnahme abzuraten und Regelungen wie Kontaktsperren zur Verhinderung von Kontakten zu nutzen. Diese Barrieren können nur durch einen professionellen Ausbildungs- und Trainings-Prozess überwunden werden oder

---

[146] Für Estland und Ungarn fanden wir diverse Bedingungen und Ausschlusskriterien, z. B. im Hinblick auf die Deliktsart oder den Status als Rückfalltäter:in (Hagemann et al. 2012).

[147] Joseph (2009: 45) weist auf ein duales Loyalitätsdilemma für afroamerikanische Frauen in den USA, die wegen verbreiteter rassistischer Tendenzen in der Gesellschaft sehr zurückhaltend die Polizei informieren.

[148] Auch Miller (2011: 60) erwähnt gerichtliche Kontaktsperren. Darüber hinaus verweist sie auf Fälle vor der Verurteilung, in denen beschuldigten Täter:innen juristische Probleme drohen, wenn sie vorher unbekannte Informationen vor Zeug:innen, die im Verfahren gegen sie aussagen könnten, preisgeben – eine Hürde für Täter:innen, die teilweise durch ein Zeugnisverweigerungsrecht für Vermittler:innen gesenkt werden könnte.

[149] Die Gesetzgebung im Vereinigten Königreich sieht vor, dass die Mütter zum vorgesehenen Entlassungszeitpunkt konsultiert werden müssen.

durch den Erlass von Vorschriften zur Kontaktermöglichung bzw. Vermittlung an RJ-Stellen (vgl. das belgische Beispiel bei Walgrave 2011 und Buntinx 2015).

Ein breiteres öffentliches Bewusstsein für RJ entwickeln

Wir müssen einen breiten gesellschaftlichen Diskurs führen, um ein Bewusstsein für die in RJ liegenden Heilungschancen zu wecken. Das Wissen über RJ und sein Potential für Heilung und Friedensstiftung im Allgemeinen und auf post-sentencing Ebene im Besonderen ist nicht weit verbreitet. Die Verbreitung von Informationen und PR-Kampagnen, die die Vorteile und Erfolge herausstreichen, scheinen notwendig, um mehr Selbstmeldungen auszulösen. Selbstmeldungen könnten stärker motivierte Teilnehmende zuführen verglichen mit Fällen, in denen Vermittlungen durch die Initiative von Professionellen zustande kommen.

Das Strafrechtssystem agiert wie ein Türwächter. Der Mehrheit der Opfer ist die Option der RJ nicht bewusst (Van Camp 2014: 14), viele sind keinesfalls gegen RJ. Der deutsche Filmemacher Siegert (2014) stellte drei Tötungsfälle aus Deutschland, Norwegen und den USA in seinem ausgezeichneten Dokumentarfilm „Beyond Punishment" vor, um die Öffentlichkeit über zentrale Merkmale und das Potential von RJ als eines (dialogischen) Kommunikationsprozesses zu informieren, der auf Heilung, Wiederherstellung von Beziehungen und sozialen Frieden zielt. Jede:r Bürger:in kann Unterstützer:in für ein Opfer oder eine:n Täter:in sein. Neben Polizeibeamt:innen, Opferhelfer:innen und in der Straffälligenhilfe Tätigen gibt es weitere Professionelle, die als Multiplikator:innen für die Idee der RJ fungieren können, z. B. Lehrer:innen, Mitglieder des Gesundheitssystems, Vertreter:innen von Versicherungsgesellschaften und Vertreter:innen von religiösen Gemeinschaften wie Pastor:innen, Imamen etc. In den Restorative Cities oder entsprechenden Gemeinschaften werden alle Professionellen und gut informierte Bürger:innen entsprechend ausgebildet. Sie spielen eine wichtige Rolle für die Schaffung eines öffentlichen Bewusstseins und für die Bildung jener, die entsprechend relevante Informationen und Unterstützung benötigen, um an restorativen Prozessen teilzunehmen.

RJ-Einrichtungen sollten proaktiv informieren. Es ist wichtig, allen geschädigten Kriminalitätsopfern bei der frühestmöglichen Gelegenheit und in jedem Stadium eines Strafverfahrens genaue Informationen über den Zugang zu RJ Angeboten und ihre potentiellen Vorteile zu geben. Diese Informationen sollten in schriftlicher Form durch eine mit RJ vertraute professionelle Person, die im Strafrechtssystem arbeitet, vermittelt werden. Die Information sollte klare Angaben darüber enthalten, wie weitergehende Informationen erhältlich sind, wie entsprechende Dienste erreicht werden können und wie man sich selbst dort melden kann. Organisationen, die für die Verbreitung derartiger Informationen zuständig sind, sollten systematisch überprüfen, ob solche Verantwortlichkeiten effektiv umgesetzt werden.

Der persönliche Erstkontakt durch eine:n ausgebildeten Vermittler:in ist ein kritischer Teil dieses Prozesses. Es geht darum, Opfer zu unterstützen, die eigenen Bedürfnisse in Bezug auf ihre Opferwerdung zu erkennen und eine informierte Entscheidung darüber zu treffen, ob und in welchem Ausmaß RJ ein hilfreicher Bestandteil des eigenen Heilungs- bzw. Genesungsprozesses sein kann.

Das erste Gespräch sollte Bedürfnisse identifizieren und explorieren, inwiefern RJ zur Erfüllung dieser Bedürfnisse beitragen kann, einschließlich der Freiwilligkeit einer Teilnahme und des Rechts, diesen Prozess jederzeit abzubrechen. Wichtig ist, sich bewusst zu machen, dass sich die Bedürfnisse der Teilnehmenden, ob und wie sie teilnehmen wollen, im Verlaufe der Arbeit radikal ändern können. Teilnehmende können erkranken oder Trauerfälle erleben, ein Studium aufnehmen, Kinder bekommen, heiraten oder ausgedehnte Urlaube antreten. Solche durch den Alltag bedingte Unterbrechungen können Mediator:innen leicht irritieren. Das ist nicht hilfreich. Wenn Erwartungen bereits zu Beginn solche möglichen Ereignisse thematisieren, können Teilnehmende damit besser umgehen. Hilfreich ist eine Arbeitsweise, die beständig den Stand und Fortschritt der Arbeit bilanziert.

8. Schlussfolgerung

Die Nutzung von RJ hat sich in vielen Ländern beträchtlich ausgeweitet. Ob der Prozess durch das Opfer, den:die Täter:in oder Professionelle des Strafrechtssystems in Gang gesetzt wird, macht einen Unterschied. Gemäß der Vorstellung des Eigentums der Beteiligten am Konflikt, stimmt die Selbstmeldung besser mit den grundlegenden Prinzipien der RJ überein. Wir müssen „gewöhnliche" Menschen, Kontaktpersonen und Unterstützer:innen von Opfern und Täter:innen sowie Multiplikator:innen über RJ bilden: die Idee zur Regel machen, dass ein kommunikativer Prozess für die Betroffenen ein Schritt nach vorn ist. Jede:r Bürger:in sollte ein Basiswissen haben über die Philosophie der RJ generell und über spezifische Verfahrensweisen wie TOA oder Conferencing, die für Konfliktbearbeitung angewendet werden können. Wenn Schulen junge Menschen sowohl über die Prinzipien und Praktiken von RJ aufklären und diese gleichzeitig für den Umgang mit alltäglichen problematischen Situationen nutzen, werden wir eine junge Generation bekommen, für die der restorative Ansatz zur Norm wird. Professionelle, die in Schulen, in der Jugendarbeit, dem Gesundheitssystem, der Polizei und der Verwaltung arbeiten, sollten in der Lage sein, über mögliche Vorzüge und Risiken von RJ Verfahren zu informieren. Mitglieder dieser Professionen sollten als Multiplikator:innen handeln, weil sie häufig erreichbar sind, wenn es zu Viktimisierungen kommt. Trotz der positiven Evaluationen von RJ Programmen allgemein (vgl. Maxwell & Morris 2001; McCold & Wachtel 2002; Shapland et al. 2011; Sherman & Strang 2007) und besonders im Hinblick auf die Vorteile für Opfer gibt es relativ wenig Engagement für RJ unter Opfern und Opferhilfeorganisationen. Wir stoßen auf das Paradoxon, dass die Theorie der RJ überzeugend und positiv bewertet ist, aber nur ein kleiner Teil der Betroffenen es nutzt und die Teilnahme häufig zunächst von Skepsis begleitet ist. Um eine verbreitete Akzeptanz zu erreichen und die Teilnahme an RJ-Verfahren zur Regel und nicht zur Ausnahme zu machen, brauchen wir einen neuen Schub! Das Problem könnte gleichermaßen mangelnder Vision und Vorstellungskraft geschuldet sein wie der Ausbildung und Anpassung an Prozesse. Es ist möglich, für das Potential der RJ die Herzen und den Verstand der Leiter:innen von Organisationen und Politiker:innen zu gewinnen. Aber dies hat (bisher) keine Änderung der Organisationskultur in der Weise bewirkt, den restorativen Ansatz zur Norm zu machen und punitive und gegnerschaftliche (adversarial) Ansätze zu vermeiden. Bis RJ zu der „Art, wie wir hier Dinge tun“ wird, ist es noch ein langer Weg: anstatt darin einen vertrauenswürdigen Ansatz zu sehen, der Schäden ausgleicht und in der Mehrzahl der Fälle Lösungen herbeiführt, herrscht der Eindruck, einer:einem Täter:in mit einem angsteinjagenden Vertrauensvorschuss persönlich gegenüberzutreten.

Die Umweltbewegung übernahm den Satz „denke global, handle lokal“. Für uns in der RJ-Bewegung weist dies sowohl auf persönliches Handeln in unseren Familien, in Schulen, an Arbeitsplätzen und in Gemeinschaften als auch berufliches Handeln im Rahmen des Bildungssystems, des Strafrechts und des Gesundheitssystems, um RJ durch eine neue Kultur und veränderte Organisationsprozesse zu fördern. Um John F. Kennedy bewusst falsch zu zitieren: „Frage nicht, wie RJ für Deine Familie, Schule oder Organisation besser zugänglich werden kann, sondern frage Dich, was Du beitragen kannst, dass RJ jeweils genutzt wird.“

Restorative Justice nach der Verurteilung („post-sentencing") – ein verzögerter Weg zum sozialen Frieden?[150]

1. Einführung

Restorative Justice[151] hat sich von einigen verstreuten praktischen innovativen Programmen und einem spezialisierten engen akademischen Diskurs zu einer breiteren Bewegung in verschiedenen Bereichen sozialer Aktivitäten wie der Strafjustiz und dem Bildungswesen entwickelt.

Auf der Mikroebene haben einige Opfer ihre Erfahrungen und Bewältigungsversuche veröffentlicht (z. B. Saward 1995). Einige haben dies explizit mit Bezug auf RJ getan, während andere eher intuitiv agierten und man zwischen den Zeilen lesen muss, um Erkenntnisse für RJ zu gewinnen. In Deutschland griff z. B. der Filmemacher Siegert (2014) in seinem preisgekrönten Dokumentarfilm „Beyond Punishment" drei Tötungsfälle aus Deutschland, Norwegen und den USA auf, um die Öffentlichkeit über zentrale Merkmale und Potenziale von RJ als dialogischem Prozess zu informieren, der auf Heilung, Wiederherstellung von Beziehungen und sozialen Frieden abzielt. In allen drei Fällen geht es um RJ *nach* der Verurteilung, an dem inhaftierte Straftäter beteiligt sind. Für RJ im Kontext von Tötungen vgl. auch Umbreit & Vos (2000); Kay (2007); Buntinx (2012; 2015).

Das Buch- und Filmprojekt von Julia Albrecht – der jüngeren Schwester einer ehemaligen „Terroristin" – und Corinna Ponto – der Tochter des Bankiers, der von diesem Kommando der Roten Armee Fraktion getötet wurde – zeigt einen langen, vorsichtigen und sanften Annäherungsprozess zwischen zwei Frauen, deren Familien durch die Tat eines Mitglieds (das nicht an diesem Friedensprozess beteiligt ist) zerrüttet wurden (Albrecht & Ponto 2012). Es ist bewegend zu sehen, dass ein solcher Friedensprozess auch ohne RJ-Kenntnisse und die Beteiligung von

---

[150] Dieser Beitrag erschien 2017 in englischer Sprache unter dem Titel *Restorative Justice at post-sentencing level – a delayed way to social peace?* in: De La Cuesta, José Luis / Subijana, Iñaki / Soleto, Helena / Varona, Gema / Porres, Izaskun (Eds.). Justicia Restaurativa y Terapéutica. Hacia Innovadores Modelos de Justicia.Valencia: tirant lo blanche. S. 275-304.

[151] Auf pragmatische Weise definieren Shapland, Robinson & Sorsby (2011: 4): „Im weitesten Sinne kann Restorative Justice als Strategie oder Strategienbündel verstanden werden, die / das sich auf die Lösung von Konflikten oder Streitigkeiten / Auseinandersetzungen zwischen Parteien ausrichtet, mit Anwendungen in einer Reihe von Feldern: zivile, gesellschaftliche, strafrechtliche und politische". Ähnlich auch Toews (2006: 6), abgeleitet aus der Arbeit mit Gefangenen: „Restorative Justice heilt zerbrochene Beziehungen und Missbräuche, von Menschen und für Menschen. Sie baut auf, statt zu beschuldigen. Sie konfrontiert eine Situation und hilft den Beteiligten, einen Ort des Verständnisses, der Heilung und der gegenseitigen Akzeptanz zu finden. Sie arbeitet daran, das Leben für andere und für sich selbst zu verbessern".

Vermittler:innen möglich ist.[152] Dieses Beispiel zeigt, dass der Geist der RJ-Philosophie viel weiter verbreitet ist als theoretisches Wissen und bewusste Praxis. Kathleen Pequeno – die Schwester eines von RAF-Terrorist:innen in Deutschland getöteten US-Soldaten – ist sich des Potenzials bewusst und initiiert einen Dialog mit Menschen aus der verantwortlichen Gruppe und lässt andere an ihrem persönlichen Heilungsprozess teilhaben (KathleenPequeno.com).

Auf der Makroebene lohnt sich ein Blick auf Regionen, die bürgerkriegsähnliche Phasen durchlaufen haben, wie das Baskenland, Südafrika und Nordirland (McEvoy & Eriksson 2007). Vor allem im letztgenannten Land haben die Kämpfer ihre Waffen niedergelegt und 75 der ehemals inhaftierten IRA-Kämpfer wurden erfolgreich als RJ-Moderatoren ausgebildet. Noch beeindruckender ist, dass sie nun aktiv RJ-Verfahren in ihren Gemeinden fördern (vgl. Chapman 2017).

Mein Ziel mit diesem Artikel ist es, so viel wie möglich von der langjährigen Forschung in diesem Bereich zu verbreiten (auch wenn sie sich auf post-sentencing RJ beschränkt). Ich werde mich auf ein internationales Projekt konzentrieren, das von der Europäischen Kommission finanziert wurde (vgl. S. 277f.) und ermutigende Ergebnisse und Erfahrungen teilen (für ähnliche Projekte siehe Barabás et al. 2010; 2012; Dünkel et al. 2015; Thompson 2016; und ein Projekt von Citoyens et Justice und Partnern). Nach allgemeinen Überlegungen zu RJ möchte ich einige Unterschiede und Besonderheiten von RJ nach einer Urteilsverkündung skizzieren, bevor ich sechs praktische Anwendungsprozesse skizziere. Nach der Vorstellung von Erfolgen werde ich auf Hindernisse, Herausforderungen und Gegenkräfte eingehen, bevor ich abschließend Empfehlungen ausspreche.

2. Theorie / Philosophie der Restorative Justice

Obwohl in den letzten 40 Jahren viele Artikel und Bücher über das Paradigma[153] der RJ geschrieben wurden, ist es in der breiten Öffentlichkeit und sogar in akademischen Kreisen immer noch nicht sehr bekannt. Darüber hinaus hat Howard Zehr (2002), einer der bekanntesten Befürworter, auf die Gefahr hingewiesen, dass der Begriff für etwas anderes als das im Folgendenden Gemeinte verwendet werden könnte. Dies ist insbesondere dann der Fall, wenn Politiker:innen und andere

---

[152] In der Zwischenzeit liegt ein weiteres ähnliches Zeugnis basierend auf dem „Bataclan"-Terroranschlag in Paris vor zwischen einem Vater, dessen Tochter dabei getötet wurde, und einem Vater, dessen Sohn zu den Todesschützen gehörte (Salines & Amimour 2020).

[153] Nach Kuhn (1967) ist ein Paradigma eine vorherrschende Denkweise. In der Argumentation für einen Perspektivwechsel sagt Zehr (1990), dass Restorative Justice einen solchen Wechsel anstrebt. Walgrave (1995) betont, dass es sich um einen „dritten Weg" zwischen Vergeltung und Rehabilitation handelt, während Daly (2016) RJ eher auf einem Kontinuum verschiedener Reaktionsformen sieht.

profilierungsstrebende Akteur:innen versuchen, einen vielversprechenden Ansatz, der sich noch in der Entwicklungsphase befindet, für sich zu vereinnahmen.
RJ basiert auf einer humanistischen Vorstellung vom Menschen als „sozialem Tier" (Aristoteles bezeichnete ihn als „zoon politikon") und nicht als Einzelgänger. Empathie ist der emotionale Klebstoff, der die Menschen in Respekt und Würde zusammenhält (Pepinsky 2008: 188). Nach meinem Verständnis geht es bei RJ vor allem um Werte und Prinzipien für den Umgang mit Konflikten im weitesten Sinne (Zehr & Mika 1998). Pranis (2007) hat sich mit diesem Thema befasst, indem sie wissenschaftliche Literatur analysierte und Gruppensitzungen moderierte, in denen versucht wurde, problematische Situationen zu lösen. Sie war nicht wirklich in der Lage, zwischen Werten, Prinzipien, Idealen, Überzeugungen und Annahmen zu unterscheiden, sondern stellte eine lange Liste von Eigenschaften zusammen, die zusammen die Essenz der RJ-Philosophie bilden. Dazu gehören unter anderem Respekt, Empathie, Nichtbeherrschung, Selbstbestimmung, Fairness, Inklusion, Demokratie und die Bejahung der Würde und des Wertes eines jeden Menschen. Die Anerkennung der Person und die gleichzeitige Verurteilung eines Fehlverhaltens bzw. einer Straftat sind Kernmerkmale in praktischen RJ-Verfahren (Hagemann 2011: 38). In der Regel füge ich dieser Liste „Ownership" hinzu, obwohl dies bereits durch den Verweis auf Nichtbeherrschung und Selbstbestimmung enthalten sein kann. Ich schätze Christies (1977) berühmten Artikel über „Konflikte als Eigentum" und Habermas' (1981) kritischen Begriff der Kolonisierung der Lebenswelt und ihrer Akteur:innen durch das System.

Ist RJ eine Theorie, eine Philosophie oder ein Ansatz? Ich neige dazu, die Begriffe „Theorie" und „Philosophie" nahezu austauschbar zu verwenden (McCold & Wachtel 2002; 2003). Eine Philosophie kann eine etwas weiter gefasste Ausarbeitung einer großen Idee sein, eine Vision, die aus einer Utopie[154] hervorgeht. Eine Theorie hingegen scheint notwendigerweise abstrakter zu sein, aber auch konkret genug, um aus ihr spezifische Hypothesen und Prognosen abzuleiten. Eine Philosophie beschreibt also eine Position, während eine Theorie „objektive" (intersubjektive) wissenschaftliche Erkenntnisse zusammenfasst. Als Wissenschaftler, der in den 1970er Jahren in der Soziologie akademisch sozialisiert wurde, als der damals so genannte Labeling-Ansatz aus den USA nach Deutschland importiert wurde, stehe ich auch dem Begriff „Ansatz" positiv gegenüber. Dies gilt umso mehr, als wir uns heute auf die Etikettierungs*theorie* beziehen. In vergleichbarer Weise, wie die Etikettierung das ätiologische Kausaldenken durch einen interaktiven

[154] Vgl. für restorative Visionen z. B. „I have a dream" von Martin Luther King, Washington, 28.7.1963 oder Nelson Mandelas Antrittsrede vom 10.5.1994 (in Dussich & Schellenberg 2010: 151-153)

Ansatz ersetzt hat, bietet RJ eine integrative Alternative sowohl zur Bestrafungs- und Ausgrenzungsphilosophie als auch zum Defizitbehandlungsansatz des traditionellen Strafrechtssystems.

Einige Autor:innen gehen davon aus, dass die Wurzeln der Restorative Justice in akephalen Gesellschaften liegen (z. B. Weitekamp 1999). Wir sollten auch bedenken, dass indigene Traditionen auf eine kontinuierliche Praxis über Jahrhunderte hinweg hinweisen. Im engeren Sinne scheint der Begriff jedoch zunächst von Schrey et al. (1955) verwendet worden zu sein, um theologisch eine Form des sozialen Friedens zu beschreiben. Er wurde von Eglash (1958; 1977) in seiner Arbeit über „kreative Wiedergutmachung“ aufgegriffen, und für viele ist dies der Ausgangspunkt für seine Verwendung im Bereich ungerechter Situationen und Strukturen, des abweichenden Verhaltens und des Strafrechts.

Der Kerngedanke geht von gestörten sozialen Beziehungen, verletzten Menschen und anderen Menschen aus, die diese Störungen und Verletzungen hervorgerufen haben. Diese sind verantwortlich[155], aber nicht ausschließlich, weil die Gesellschaft dazu beigetragen hat, sie so zu machen, wie sie sind. Darüber hinaus können die gesellschaftlichen Strukturen zumindest teilweise Zwänge verursacht und Motive geliefert haben. Den Gemeinschaften, zu denen die Geschädigten und die Täter:innen gehören, ist es nicht gelungen, die Handlungen zu verhindern, die zu Störungen und Schäden geführt haben. Derartiges ist höchstwahrscheinlich geschehen, seit es die Menschheit gibt. RJ konzentriert sich auf Möglichkeiten, wie Situationen, die aus diversen Konfliktarten entstanden sind, so gehandhabt werden können, dass sie zu Heilung, Wiedergutmachung, Wiederherstellung und sozialem Frieden führen[156]. RJ ist zukunftsorientiert und strebt nach nachhaltigen Lösungen, die eine Verhaltensänderung auf Seiten der verantwortlichen Akteure voraussetzen. RJ setzt sich auch für die Veränderung ungerechter struktureller Verhältnisse ein, indem sie möglichst Benachteiligungen aller beteiligten Personen beseitigt. Andere Autor:innen sprechen dann häufig von *Transformative Justice*. RJ ist also ein humanistischer Ansatz, der auf Freiwilligkeit beruht und Mittel der Befähigung einsetzt. „RJ ist ein Ansatz zur Problemlösung, der in seinen verschiedenen Formen das Opfer, den oder die Täter:in, ihre sozialen Netzwerke, die Justizbehörden und die Gemeinschaft einbezieht. Programme der RJ beruhen auf dem Grundprinzip, dass kriminelles Verhalten nicht nur gegen das Gesetz verstößt, sondern auch

[155] Anders als bei den Nürnberger Prozessen zur Aufarbeitung der Gräueltaten des Zweiten Weltkriegs bezieht sich die Verantwortung und Rechenschaftspflicht nicht auf traditionelle Vergeltungslösungen wie das Erhängen der Schuldigen (vgl. Christies (2014) Anmerkungen zum Prozess gegen Breivik).

[156] Bei RJ geht es um die Schaffung von Frieden im Sinne von sozialem Frieden (nicht nur Rechtsfrieden) und Heilung, einschließlich der „unsichtbaren Wunden“ (Symonds 2010).

den Opfern und der Gemeinschaft schadet. Alle Bemühungen, die Folgen kriminellen Verhaltens anzugehen, sollten nach Möglichkeit sowohl den:die Täter:in als auch die Geschädigten einbeziehen und gleichzeitig die Hilfe und Unterstützung bieten, die Opfer und Täter:in benötigen. Ein RJ-Prozess ist ein Verfahren, bei dem das Opfer und der:die Täter:in sowie gegebenenfalls andere von einer Straftat betroffene Personen oder Mitglieder der Gemeinschaft gemeinsam aktiv an der Lösung von Problemen im Zusammenhang mit der Straftat mitwirken, in der Regel mit Hilfe von Vermittler:innen. RJ ist ein Weg, um auf kriminelles Verhalten zu reagieren, indem die Bedürfnisse der Gemeinschaft, der Opfer und der Täter:innen befriedigt werden. ..."

(UN-Handbuch über Programme der opferorientierten Justiz 2006: 6). Diese Definition ist viel enger gefasst als die von Shapland und Kollegen zitierte. Da sie sich auf das Strafrechtssystem bezieht, ist sie für unsere Zwecke, bei denen es um RJ nach der Verurteilung geht, sehr gut geeignet.

Neben den Vereinten Nationen, die die Umsetzung von RJ empfehlen (vgl. Grundprinzipien für den Einsatz von Programmen der Restorative Justice in Strafsachen, 2002), hat der Europarat dies bereits 1999[157] getan (vgl. Empfehlung Nr. R (99) 19 des Ministerkomitees an die Mitgliedstaaten zur Schlichtung in Strafsachen), und 2012 hat die Europäische Union die verbindliche Richtlinie 2012/29/EU des Europäischen Parlaments und des Rates zur Festlegung von Mindeststandards für die Rechte, die Unterstützung und den Schutz[158] von Opfern von Straftaten erlassen, die den Rahmenbeschluss 2001/220/JI des Rates ersetzt.

Es gibt Belege für die heilende Kraft von RJ für Opfer (Angel 2005; Angel et al. 2014; Strang 2012; 2013; Wemmers & Cyr 2005), sein Potenzial, Täter:innen zu verändern (Toews & Katounas 2004) und seine Kraft, sozialen Frieden herzustellen (Olalde 2014: 407). Je mehr auf dem Spiel steht, desto mehr hat RJ zu bieten (Shapland et al. 2011). Aber viele Betroffene und gesellschaftliche Organisationen sind nur unzureichend über die Potenziale von RJ informiert.

---

[157] Und 2018 in der Empfehlung CM/Rec (2018) 8 sowie 2021 in der Erklärung von Venedig erneut bekräftigt und präzisiert (vgl. Hagemann 2018)!

[158] „Schutz" ist ein problematischer Begriff. Solange sich Schutz auf die persönliche Sicherheit als Grundbedürfnis eines jeden Menschen zu jeder Zeit bezieht, ist daran nichts auszusetzen. Wemmers & van Camp (2011) stellten jedoch fest, dass die Opfer einen proaktiven statt eines schützenden („protective") Ansatzes fordern, d. h. sie wollen selbst auf der Grundlage angemessener Informationen entscheiden, ob sie einen Dialog mit ihrer:ihrem Täter:in führen wollen oder nicht, und nicht, dass Fachleute die Entscheidung für sie treffen. Schutz kann leicht zu Paternalismus führen (Verweigerung der Eigenverantwortung, wie im Fall des Verbots von Täter-Opfer-Ausgleich in Fällen von Gewalt in der Partnerschaft) – Expert:innen/Gesetzgeber glauben, dass sie besser als das Opfer selbst wissen, was hilfreich sein könnte. Einige Therapeut:innen und Mitglieder von Opferhilfsorganisationen gehen sogar so weit, ihren Klient:innen zu „verbieten", sich an einem restorativen Dialog zu beteiligen. Dieses bevormundende Verhalten grenzt an Machtmissbrauch.

Ein weites Verständnis von RJ impliziert, dass ihre Methoden, Programme und Praktiken auf wahrscheinlich jeden Lebensbereich angewendet werden können (vgl. „Restorative Society", Wright 2010; Maxwell & Liu 2007). Ein engeres Verständnis bezieht sich nur auf den Bereich des Strafrechts. Wir werden im nächsten Abschnitt sehen, dass dieses letztere Verständnis für diesen Artikel über RJ nach der Verurteilung angemessen ist (obwohl der Autor ein Befürworter der Ausweitung von RJ auf so viele Bereiche wie möglich ist, z. B. restorative Städte und pädagogische Einrichtungen).

3. Wiederherstellende Gerechtigkeit nach der Verurteilung

RJ *nach* der Verurteilung basiert auf denselben Werten und Prinzipien wie RJ *vor* der Verurteilung, weist aber dennoch einige Besonderheiten auf: Zunächst einmal ist RJ auf Fälle beschränkt, in denen die Strafjustiz involviert ist[159]. Dies bezieht sich im Allgemeinen auf schwerere Viktimisierungen und einen späteren Zeitpunkt[160]. Manchmal liegen die Vorfälle lange zurück. Häufig sind diese Fälle zeitaufwändiger und erfordern eine umfangreichere Vorbereitung (Lauwaert 2013). Es treten praktische Probleme auf, wie z. B. die Kontaktaufnahme mit potenziellen Teilnehmer:innen oder der Ausfall einer Partei (Lummer 2015). In der Zwischenzeit sind verschiedene Lebensereignisse bei den Teilnehmer:innen eingetreten. Dazu könnte die Verdrängung der Viktimisierungserfahrung oder der Straftatbegehung im Falle der:des Täter:in(s) gehören, was Kontaktversuche vereiteln kann. Potenzielle Teilnehmer:innen haben Zeit gehabt, über die Frage nachzudenken und zu entscheiden, ob sie mit der anderen Seite in Kontakt treten wollen oder nicht. Die Tatsache, dass die Schuld bereits von einer unparteiischen Institution (dem Strafgericht) festgestellt wurde, kann einen großen Vorteil bedeuten. Die Frage der Ver-

---

[159] Diese Verbindung wird manchmal durch die Formulierung „RJ als ergänzende Methode" anstelle einer Alternative zum Strafvollzug betont (vgl. Dignans „Ersetzungsdiskurs" von 2002; Walgraves „vollwertige Alternative" von 1995). Dies birgt jedoch die Gefahr einer täterorientierten Ausrichtung, da sich das Strafrechtssystem in erster Linie auf Straftäter:innen konzentriert. Álvarez et al. (2015: 113) haben darauf hingewiesen, dass die Situation in der Zeit nach dem Vorfall zu komplex sein kann und andere Aufgaben (z. B. Gesundheit, Sicherheit, Betreuung abhängiger Personen, Versicherungsfragen aus der Opferperspektive und Rechtsverteidigung einschließlich der Suche nach einem Anwalt, Vermeidung einer Inhaftierung, Regelung privater Angelegenheiten aus der Täterperspektive) als unmittelbare Bedürfnisse oder mit höherer Priorität gelöst werden müssen, was bedeutet, dass mindestens eine Partei die Gelegenheit für einen heilenden Dialog verpasst.

[160] Bei manchen Viktimisierungen, z. B. Kindesmissbrauch oder anderen traumatisierenden Ereignissen, dauert es oft sehr lange, bis das Opfer wieder in der Lage ist, Entscheidungen auf der Grundlage eines soliden Sicherheitsgefühls zu treffen. Strafgefangene können relativ leicht kontaktiert werden. Heilende Gespräche mit ihren Opfern oder eine restorative Wiedereingliederungsplanung erhöhen ihre Chancen auf eine erfolgreiche Wiedereingliederung und verringern die Wahrscheinlichkeit von Rückfällen. Auch für die Opfer kann es von Vorteil sein, Gewissheit darüber zu haben, unter welchen Bedingungen der Täter entlassen wird.

antwortung sollte daher nicht mit Fragen der Wiederherstellung verwechselt werden, sondern der Schwerpunkt kann ausschließlich auf Heilung und Beziehungs- oder Friedensbildung liegen. Neben Opfern, Tätern und Gemeinschaften sind jedoch Interessen des Gefängnisses oder anderer Institutionen einzubeziehen, was einen Heilungsprozess erschweren kann. In Fällen von groß angelegten Konflikten (Terrorismus) können auch stellvertretende Opfer[161] beteiligt sein. Zuweilen – z. B. in Post-Konflikt-Gesellschaften wie Nordirland oder dem Baskenland, aber auch in Fällen wie *Mütter gegen Trunkenheit am Steuer* – sind Opfer als kollektive politische Akteure organisiert.

Die Frage, wer RJ nach der Urteilsverkündung initiiert, ist für die Teilnehmer:innen wichtig, aber auch ein Thema für Kritiker:innen. Wie auf der Ebene vor der Verurteilung befürchten manche Personen, die mit RJ nicht vertraut sind, dass es sich um einen einseitigen täter:innen- oder opferorientierten Ansatz handelt. Manchmal lehnen Menschen, die in Opferhilfeorganisationen tätig sind, insbesondere in feministischen Organisationen, den dialogischen Ansatz von RJ ab. Mary Achilles, Opferanwältin für den Commonwealth of Pennsylvania, hat ihren Standpunkt geändert, weil eine beträchtliche Anzahl von Opfern an ihre Opferhilfeorganisation mit der Bitte herangetreten ist, ein Treffen mit dem Täter in einem sicheren Rahmen zu organisieren[162].

Wir können fünf mögliche Quellen für RJ-Anfragen oder -Vermittlungen ausmachen:

1. Das direkte Opfer oder ein Mitopfer: z. B. von Braunmühl (2001); Yantzi (1998); alle Fälle des Thames Valley Projekts (Emerson & Hallam 2015; Stacey 2012); alle Fälle von Miller (2011); die Mutter einer getöteten Tochter (Jackson 2001).
2. Der Täter, z. B. alle Fälle unseres Schleswig-Holstein-Projekts (Lummer & Hagemann 2015).

[161] Es handelt sich um eine überwiegend von den Medien erzeugte Opferkategorie, die sich deutlich von den direkt betroffenen Opfern und Mitopfern unterscheidet. Stellen Sie sich vor, dass Geflüchtete oder Ausländer:innen von Angriffen auf Menschen mit demselben Status an einem anderen Ort erfahren, oder Hausbewohner, die Angst bekommen, wenn sie von der Zunahme von Einbrüchen lesen. Abgesehen von Pembertons (2011) Arbeit über Terroristen scheint es weder viel Literatur zu geben, noch gibt es - ausgenommen sogenannter politischer Protestparteien - eine Organisation, die diese stellvertretenden Opfer von Zeit zu Zeit zusammenbringt. In der Praxis findet man diese Opfer unter den Teilnehmer:innen der Gemeinschaft in Kreisverfahren und Konferenzen oder vielleicht als Mitglieder eines Gremiums, das über eine vorzeitige Entlassung und ähnliche Fragen entscheidet. Wie in der Forschung über strafende Einstellungen gezeigt wurde (z. B. Gelb 2006; Mathiesen 1990), besteht die Tendenz, dass Menschen weniger empathisch und konstruktiv reagieren, je größer ihre Distanz zu den Hauptakteuren ist.

[162] „Seit ich die Grundsätze der RJ verstanden und akzeptiert habe, ist meine Arbeit mit Opfern von Straftaten eine neue, andersartige und aufregende Erfahrung. Vor Jahren war ich schockiert über meine innere Reaktion, als ein Opfer, das schwer misshandelt worden war, mich zum ersten Mal um ein Treffen mit dem Täter bat". (Achilles 2004: 66)

3. Ein Staatsbeamter, z. B. Staatsanwalt, Richter, Gefängnisbeamter (Polizist O'Connell in Ziegler & Cameron 1998).
4. Eine andere (neutrale) dritte Partei, z. B. ein Offizier des Special Air Service (Davies 1996), ein Filmemacher (Siegert 2014).
5. Stellvertretende Opfer (Pemberton 2011) oder andere nicht direkt beteiligte Akteur:innen, z. B. die Nachfolgegeneration wie bei den Jugendaustauschprogrammen der Aktion Sühnezeichen für den Frieden, aber auch Wirtschaftsmanager und Politiker:innen, die an einem positiven Image in Nachkriegs- / Konfliktregionen arbeiten.

Motive wie das Vermeiden von Strafe oder das Erreichen schneller und geeigneter (Informations-)Lösungen, die bei RJ-Teilnehmer:innen *vor* der Verurteilung vorherrschen, sind für RJ-Teilnehmer:innen *nach* der Verurteilung weniger wichtig. Ihre Motive können aufgrund langen Nachdenkens und Leidens oder der Unfähigkeit, mit einem entscheidenden Lebensereignis fertig zu werden, entstehen und sind somit mit grundlegenderen Bedürfnissen verbunden (Strang 2002; Hallam 2015). Auf der einen Seite stehen Individuen: Opfer, Täter:innen und Menschen, mit denen sie verbunden sind, auf der anderen Seite Organisationen, Gemeinschaften oder der Staat. Es ist möglich, dass einige Beteiligte eine Versöhnung mit der gegnerischen Partei anstreben oder dass Vergebung ein Ziel ist (Pemberton 2014; Fernández 2014; Wolfers 2013), aber Stutzman Amstutz (2004) sieht darin eine Belastung für die Opfer. Vermittler:innen und Anbieter:innen solcher Verfahren sollten sich dieser Ziele bewusst sein und sie unterstützen, wenn ein allgemeiner Konsens besteht, aber sie gehören nicht notwendigerweise zur RJ, für die eine friedliche Koexistenz und Respekt ausreichend sind.

Die einzelnen Parteien haben möglicherweise gesundheitliche Probleme oder Beziehungsprobleme, die sie auf die Viktimisierung / Straftat zurückführen. Möglicherweise bestehen spezifische Fragen oder sie leiden unter PTSD / PTSS-Symptomen. Insbesondere die „Warum-ich-Frage" (Bard & Sangrey 1986) von Opfern ist ohne die Beteiligung des Täters kaum überzeugend zu beantworten. Sie kann eine destruktive Quelle der Selbstbeschuldigung sein, wenn die verantwortliche Person nicht verfügbar ist (Lerner 1980). Die Bewältigung der Viktimisierung ist viel schwieriger, manchmal sogar unmöglich, wenn ein:e Täter:in die Verantwortung nicht übernimmt. Das Opfer ist bis zu einem gewissen Grad auf die Menschlichkeit des Täters angewiesen. Andere Motive betonen die ermutigende Erfahrung, Täter:innen zu konfrontieren und sich der Konsequenzen für sie bewusst zu werden, während man selbst von anderen Menschen – einschließlich Freunden und Vertreter:innen der Gemeinschaft und des Systems – unterstützt wird. Eine

Teilnehmerin unserer Projektarbeit betonte den Wert der Möglichkeit, sich überhaupt ein konkretes menschliches Bild von einem Gewalttäter machen zu können, während er vorher immer eine Art Monster in ihrem Kopf war. Opfer und Täter:in müssen den Vorfall in ihre jeweiligen Biografien und Selbstkonzepte integrieren (Hagemann 2012; 2016). Schließlich kann es um die Überwindung von Gräben gehen (Wallis 2014), insbesondere weil viele solcher Vorfälle zwischen Menschen geschehen, die vorher eng miteinander verbunden waren und auch danach zumindest indirekt miteinander verbunden sind (z. B. Zugehörigkeit zur selben Familie, gemeinsame Elternschaft, Leben in derselben Nachbarschaft usw.). Der restorative Dialog kann zur Beendigung von Beziehungen führen, bietet aber die Möglichkeit eines Abschlusses im Sinne einer endgültigen und dauerhaften Vereinbarung zwischen beiden Parteien.

Das Argument der Überwindung von Gräben kann aus der Perspektive der oben genannten kollektiven Akteure das Hauptanliegen bei der Förderung von RJ sein (sowohl auf der Ebene vor als auch nach der Verurteilung). Geht der Streit zwischen Zweigen eines Familiennetzwerks (Clan) oder zwischen zwei verschiedenen Seiten einer Straße (Bandenkämpfe), unterscheidet sich diese kollektive Ebene nicht sehr von der Friedenskonsolidierung zwischen Einzelpersonen auf Mikroebene. Manchmal wurden Initiativen oder Organisationen gegründet, um den Frieden zwischen streng getrennten Gruppen wiederherzustellen, z. B. Dialoge zwischen verschiedenen religiösen oder ethnischen Gemeinschaften. Je nachdem, wie weit wir den Begriff der Gemeinschaft ausdehnen, gilt dieses Argument auch auf gesellschaftlicher Ebene (z.B. bei Dialogprozessen zwischen ehemaligen Kriegsgegner:innen wie in Nordirland oder Kolumbien). In Makrokonflikten verfügt eine Konfliktpartei jedoch oft über die Macht, der anderen Strafen bzw. Sanktionen aufzuerlegen (Aertsen et al. 2008). Manchmal müssen hochrangige Politiker:innen auf einen Gefängnisbesuch zurückgreifen, um Friedensbedingungen auszuhandeln, wie es bei Nelson Mandela und F.W. de Klerk in der Endphase des Apartheidregimes in Südafrika der Fall war. Fraglich ist, ob für dieses Beispiel die Annahme der Freiwilligkeit von RJ gegeben ist. Südafrika gilt mit dem Verfahren der Wahrheits- und Versöhnungskommission als ein gutes Beispiel für RJ auf Makroebene. Ein Staat oder eine Gesellschaft sollte am sozialen Frieden interessiert sein, was voraussetzt, dass sich gesellschaftliche Gruppen innerhalb dieser Einheit zu einem ständigen Dialog über die Suche nach Abhilfe für soziale Probleme und Konflikte verpflichten. Neben Wahrheits- und Versöhnungskommissionen als den prominentesten Beispielen gibt es mancherorts runde Tische oder andere partizipative Verfahren, die dieses Ziel anstreben.

4. RJ nach der Verurteilung: Umsetzung praktischer Verfahren[163]

Wenn es darum geht, die RJ-Philosophie zum Zeitpunkt nach der Verurteilung in einem konkreten Kontext zu vermitteln, könnten Mediationsverfahren im weitesten Sinne die beste Wahl sein. In diesem Verständnis ist Mediation nicht nur ein Verhandlungsprozess, sondern wird als ein friedensschaffender Dialog gesehen, der emotionale und kognitive Äußerungen zulässt, ein strukturierter Prozess, der auf der Verantwortung und Autonomie der Teilnehmer:innen beruht. Solch ein Verfahren dient dem Aufbau oder der Wiederherstellung von Bindungen, der Prävention und der Regulierung von Konflikten. Dies kann von einem intimen Rahmen von nur drei Personen bis zu einer Konferenz oder einem Kreis von weit mehr als zehn Personen reichen (Hagemann 2009: 234; Lummer et al. 2012: Kapitel 4.1; Pranis 2005; Pranis et al. 2003; Rosenberg 2001; Stutzman Amstutz 2009; Umbreit 2001; Weckert 2012; Watzke 2011). Die Empfehlung des Europarates Nr. R (99) 19, S. 21, definiert die Mediation in Strafsachen „als ein Verfahren, durch das das Opfer und der Täter in die Lage versetzt werden können, sich freiwillig und mit Hilfe eines unparteiischen Dritten oder Vermittlers aktiv an der Lösung der aus der Straftat resultierenden Angelegenheiten zu beteiligen. Die Erwähnung des Opfers und des Täters als Parteien schließt nicht aus, dass auch andere (juristische und natürliche) Personen an der Konfliktschlichtung teilnehmen", wobei die Mediation mancherorts als Konferenz bezeichnet wird.

Die Person, die üblicherweise als Mediator:in, Facilitator oder Circle Keeper bezeichnet wird, handelt „allparteilich"[164] (unterstützend und im Einklang mit allen Teilnehmer:innen) und ist in erster Linie damit beschäftigt, eine sichere Atmosphäre zu schaffen, konstruktive Fortschritte zu erzielen und alle Teilnehmenden in die dialogische Suche nach Lösungen für emotionale oder problemorientierte Angelegenheiten einzubeziehen. Für die Ergebnisse sind die Teilnehmer:innen selbst verantwortlich. Allerdings sind sowohl einzelne Beiträge als auch Endergebnisse, die nicht im Einklang mit den Menschenrechten und der Menschenwürde stehen, nicht akzeptabel (Braithwaite 2002; Morris 2002). Neben der Mediation

[163] Obwohl der Begriff „Verfahren" eine recht „kalte", technische Konnotation aufweist, verwende ich diesen Begriff für die strukturierte Art und Weise der Durchführung eines bestimmten Programms, um ihn von dem Begriff „Methode" zu unterscheiden, den ich für eine viel breitere Bedeutung reserviert habe. So gibt es nur wenige Methoden (wie Mediation, soziale Gruppenarbeit, Beratung, Therapie), die als übergeordnete Konzepte über einer Vielzahl von Verfahren stehen (vgl. Abbildung 4, S. 49: Heuristik der fünf Analyseebenen, Lummer et al. 2012: 143)

[164] In Diskussionen über Parteilichkeit mit unseren englischen Kolleg:innen haben wir diesen Begriff als direkte Übersetzung aus dem Deutschen geschaffen, um „neutral", „unparteiisch" oder „unvoreingenommen" zu ersetzen, die für Modelle der Mediation als Verhandlung auf einer rein sachlichen Ebene geeignet sind. In Viktimologie und Sozialer Arbeit wird jedoch das Empowerment als notwendige problem- und emotionsorientierte Dimension der Heilungsarbeit betont.

können auch andere Methoden wie soziale Gruppenarbeit, Therapie oder Beratung eingesetzt werden. Diese können für parteiische Verfahren geeignet sein (z. B. Miller 2011). Bei allen Verfahren muss der sogenannte „Welleneffekt" berücksichtigt werden, d. h., dass nicht nur direkt von einem Vorfall betroffene Menschen, sondern auch indirekt Betroffene etwas zu verarbeiten haben. In der Literatur wird dieses Thema häufig mit der Gemeinschaftsdimension angesprochen.

Die Bereitschaft, sich dem Geschehenen erneut zu stellen, ist eine Voraussetzung für eine solche konstruktive Begegnung (oder einen indirekten Dialog). Dazu gehören in erster Linie Personen, die sozialen Frieden und Heilung suchen, aber auch Opfer, die ein Informationsbedürfnis äußern oder die Täter:innen mit den Folgen ihres Handelns konfrontieren wollen. Die Achtung und der Glaube an die Menschenwürde und -rechte ist eine notwendige Voraussetzung. Da auch die Sicherheit eine wesentliche Voraussetzung für das Zustandekommen eines restorativen Dialogs ist, können weder Opfer, die auf Vergeltung aus sind oder die den Täter:innen mit ihren eigenen Mitteln „zurückzahlen" wollen, noch Täter:innen, die für das Opfer weiterhin eine Gefahr darstellen, akzeptiert werden. RJ-Moderator:innen sind dafür verantwortlich, ein sicheres[165] und geeignetes Umfeld zu schaffen. Dazu gehört, die Teilnehmer:innen auf die Möglichkeit unerwarteter Entwicklungen vorzubereiten. Dies kann nicht durch die Vorgabe bestimmter Eignungskriterien erreicht werden, sondern muss in jedem Einzelfall geprüft werden. Alle Opfer und Mitverurteilten, die ein berechtigtes Interesse an wiederherstellenden Dialogen haben, sollten Zugang zur RJ nach der Verurteilung haben. Psychopath:innen würden aufgrund mangelnder oder fehlender Bereitschaft zu echtem Einfühlungsvermögen für andere zum Wohle der Opfer generell ausgeschlossen. Auch Menschen, die an Demenz, Autismus oder ähnlichen Erkrankungen leiden, könnten ein Risiko für ihre Gesprächspartner:innen darstellen. In jedem Fall sollte eine Beurteilung in Bezug auf die besonderen Umstände und Bedürfnisse der potenziellen Teilnehmer:innen vorgenommen werden. Dieser Bewertungsprozess sollte möglichst keine potenziellen Teilnehmer:innen ausschließen (Buntinx 2015).

4.1 Sechs RJ-Ansätze nach der Verurteilung

In diesem Abschnitt stelle ich sechs Verfahren vor, mit deren Hilfe RJ auf der Post-Sentencing-Ebene umgesetzt werden kann: Restorative Community Work, Gruppenarbeit mit Opfern, Gruppenarbeit mit Täter:innen, Arbeit mit Ersatzopfern oder

---

[165] Ich habe noch nie von einem tödlichen Angriff während eines restorativen Dialogs gehört oder gelesen, aber es gab einige tödliche Angriffe von Opfern auf Angeklagte oder umgekehrt in deutschen Gerichtssälen.

-täter:innen (Victim-Offender-Dialog), einige Varianten der Mediation: Opfer-Täter-Mediation, Conferencing, Circles und Entlassungskonferenzen bzw. -zirkel. Marian Liebmann (2007) widmet zwei sehr informative und ausführliche Kapitel ihres Buches „Restorative Justice: How it works" den Anwendungsformen im Gefängnis (S. 201-257).

Alle diese Modelle können auf der Mikroebene der Arbeit mit Einzelpersonen und Gruppen von Einzelpersonen angewendet werden. Wahrheits- und Versöhnungskommissionen können als RJ-Verfahren für Konflikte auf der Makroebene betrachtet werden (vgl. Parmentier 2001). Nach McCold & Wachtel (2002) sind die ersten drei Formen nur teilweise (oder größtenteils) restorativ, da sie nur eine (oder zwei) der drei zentralen Betroffenen-Perspektiven einbeziehen.

4.1.1 Restorative Gemeinschaftsarbeit

Straftäter:innen, die nicht in der Lage sind, direkt bei ihren Opfern Wiedergutmachung zu leisten, die keine direkten Opfer aufweisen, oder deren Opfer sich weigern, zu kooperieren, können zum Nutzen der Gemeinschaft oder bestimmter benachteiligter Gruppen arbeiten, z. B. Fahrräder oder Rollstühle reparieren, Parks oder öffentliches Eigentum instand halten usw. (vgl. ICPS 2002b). Martin Wright hat die Idee der gemeinnützigen Arbeit zu wirklich restorativen Zwecken weiter ausgeführt (z. B. Wright & Foucault 2005; Wright 2010; 2015). Ein wichtiges Merkmal dieser Art von gemeinnütziger Arbeit ist die Sichtbarkeit der Wiedergutmachungsbemühungen von Täter:innen, die versuchen, ihr Fehlverhalten auszugleichen. Auf diese Weise verstehen sie ihre Tätigkeit als etwas Sinnvolles für die Gemeinschaft und nicht als Strafe. Dies kommt Eglashs (1977) Begriff der „kreativen Wiedergutmachung" nahe, der über die einfache Haftung und Ersetzung eines Schadens hinausgeht. Auf der Konferenz „Restorative and Therapeutic Justice" in San Sebastián (16.-18.6.2016) erwähnte Jan de Cock, dass niederländische Gefangene durch den Verkauf von abgefülltem Wasser 18.000 € für die Verbesserung der Haftbedingungen in Uganda gesammelt haben, was wesentlich zur Gesundheit der Gefangenen vor Ort beiträgt, die zuvor darauf angewiesen waren, verunreinigtes Trinkwasser zu konsumieren.

Gemeinwesenarbeit für Straftäter ist grundsätzlich nicht freiwillig – kann also nicht unter reiner Restorative Justice subsumiert werden – sondern wird von einem Gericht auferlegt. Für die Opfer gibt es keine direkt vergleichbare Form, es sei denn, man betrachtet die Opferhilfe als eine auf Gegenseitigkeit beruhende Maßnahme. Herman (2004; 2010) fordert für Opfer ein paralleles Rechtssystem wie für Täter, und Waller (2011) scheint diese Ansicht zu teilen. Er argumentiert, dass der

Staat mindestens den gleichen Betrag, der für die Strafjustiz ausgegeben wird, für die Opfer bereitstellen sollte[166].

4.1.2 Gruppenarbeit mit Opfern: Aus dem Schatten des Täters heraustreten

Das aus sieben Modulen bestehende Programm Straf-Tat-Dialog (vgl. Lummer & Hagemann 2015), das mit fünf Opfern in Schleswig-Holstein durchgeführt wurde, orientierte sich an dem belgischen „Uit de schaduw van de dader“[167] (vgl. Muylkens & Smeets 2008).

Nach drei abendlichen Sitzungen von 2,5 Stunden, in denen die Themen „Einführung und Kennenlernen der anderen Gruppenmitglieder und ihrer Erfahrungen“, „Viktimisierungsfolgen und Opferbedürfnisse“ und „Schwere der Viktimisierung und Bewältigungsprozesse“ behandelt wurden, dauerte das vierte Treffen einen ganzen Tag. Zunächst bereitete ein Modul zum Thema „Subjektives Bild des eigenen Täters und Fragen zum Gefängnis“ die Opfergruppe auf einen Besuch in einer Jugendstrafanstalt vor, in der ein moderierter Dialog mit einer Gruppe von Häftlingen (die zuvor an einem Opfer-Empathie-Training teilgenommen hatten) stattfand. Opfer und Täter waren nicht durch eine bestimmte Straftat miteinander verbunden, sondern dienten sich gegenseitig als Stellvertreter:innen für die tatsächlichen Opfer bzw. Täter:innen.

Nach der Begegnung, der eine Nachbesprechung folgte, trafen sich beide Gruppen getrennt in den folgenden Wochen zu zwei weiteren Sitzungen. Auf Modul 6 „Eindrücke von der Begegnung mit Gefangenen und individuelle Reaktionen“ folgte eine „Auswertung der Gruppenarbeit und individuelle Schlussfolgerungen“. Ziel dieser beiden Sitzungen war es, die Folgen des Treffens und der gesamten Gruppenarbeitserfahrung zu diskutieren.

Obwohl diese Opfergruppe als erfolgreich bewertet wurde und die meisten Opfer ausdrücklich betonten, dass sie sehr hilfreich war, um weitere Schritte in ihrem Bewältigungsprozess zu unternehmen, gelang es uns nicht, innerhalb der Projektlaufzeit eine weitere Gruppe anzubieten. Daher müssen einige Aspekte hinterfragt werden.

---

[166] Christie (1995) schlug vor, dass ein gerechtes Strafrechtssystem sozial gut integrierte Straftäter zu Geldstrafen verurteilen, aber auch Geld an andere vergeben könnte, die unter verschiedenen Benachteiligungen im Leben leiden.

[167] „Aus dem Schatten des Täters – Gruppenberatung für Opfer von Straftaten“. Wir haben uns mit der Namensgebung des Programms schwergetan, weil wir den Begriff „Opfer“ vermeiden wollten und sind schließlich bei „Straf-Tat-Dialog“ gelandet.

Unsere Rekrutierungsbemühungen basierend auf:

- informellen persönlichen Kontakten;
- Unterstützung durch eine Opferhilfeorganisation;
- Aufrufe über Printmedien;
- und Aufrufe über eine Facebook-Gruppe mit beschränktem Einflussbereich,

haben nicht viele interessierte Opfer zur Kontaktaufnahme motiviert. Aufgrund der deutschen Datenschutzgesetze mussten die Opfer den Kontakt zum Projekt herstellen. Dies stellte eine hohe Zugangsbarriere dar. Weitere und möglicherweise höhere Schwellen werden geschaffen durch:

- die Gruppentreffen, die über sieben aufeinanderfolgende Wochen stattfanden,
- durch die Gruppenarbeit als solche (einige hätten an einer Einzelberatung teilgenommen),
- und durch das Zusammentreffen an einem bestimmten Ort in einem Flächenland.

Einige potentielle Teilnehmer:innen waren nicht in der Lage, die Zeit für sieben aufeinander folgende wöchentliche Treffen aufzubringen, anderen fehlte der Transport von ihren über das ganze Bundesland verteilten Wohnorten. Eine solche Gruppenarbeit erfordert von allen Beteiligten große Flexibilität.

4.1.3 Gruppenarbeit mit Straftäter:innen: Empathie-Training zur Sensibilisierung für Opfer

Schulung zur Sensibilisierung für Opferbelange, manchmal auch Empathietraining für Opfer genannt, ist eine strukturierte Gruppenarbeit mit Gefangenen (oder unter Bewährung Stehenden), die darauf abzielt, das Bewusstsein für Verletzungen oder Schäden, die anderen Menschen zugefügt wurden, zu erhöhen. Es kann eine Alternative zu persönlichen Gesprächen sein, wenn die Opfer nicht auffindbar sind oder sich nicht treffen wollen. Ein weiteres Ziel kann darin bestehen, Täter:innen auf direkte Gespräche mit dem:den Opfer(n) vorzubereiten. Das wohl am weitesten verbreiteten Programm dieser Art ist das christliche Sycamore Tree Programme (STP) (Prison Fellowship International 2014), von dem auch eine muslimische Version existiert (vgl. Liebmann 2013). Es gibt regelmäßige Treffen, bei denen ein

„Arbeitsbuch“ verwendet wird, das die Teilnehmer:innen zwischen den Treffen nutzen sollten, um ihr Bewusstsein für die Bedürfnisse und Interessen anderer zu stärken, insbesondere auch für die ihrer eigenen Opfer.
Vergleichbar mit dem STP gibt es spezifische Formen, die aus anderen Wurzeln hervorgegangen sind oder inspiriert wurden (z. B. Hagemann 2004). Diese bestehen aus mehreren Modulen, um Empathie zu wecken und / oder zu fördern und diese Fähigkeit in alltäglichen Begegnungen zu nutzen. In unserem Projekt gab es in deutschen, englischen und portugiesischen Gefängnissen ein großes Interesse und Engagement für diese Art von Arbeit. Wir hatten unterschiedliche Eindrücke von der Nützlichkeit dieser Arbeit in Erwachsenen- und Jugendstrafanstalten. Die Forschung hat gezeigt, dass Empathie im Jugendalter oder sogar noch früher entwickelt werden muss, aber je jünger die Menschen sind, desto weniger selbstverständlich ist ihre Fähigkeit zu empathischen Reaktionen.

4.1.4 Zwei Beispiele für die Verwendung von Surrogat-Opfern / Täter:innen

Opfer, die sich von ihren Täter:innen immer noch eingeschüchtert fühlen oder die nicht die Möglichkeit oder den Wunsch haben, den oder die direkte:n Täter:in zu treffen, können sich mit einem oder einer „Ersatztäter:in“ in einem persönlichen Rahmen treffen. Yantzi (1998: 193 ff.) hat einen solchen Fall dokumentiert, in dem ein weibliches Opfer von Kindesmissbrauch durch ihren Vater ein Treffen mit einem Täter wählte, der ähnliche Verbrechen an seiner Tochter begangen hatte. Die Treffen fanden nach sorgfältiger Auswahl des Partners statt, einschließlich der Vereinbarung eines Vertrages und unter therapeutischer Begleitung. Das Opfer wandte sich an das RJ-Programm, weil die vorherige Therapie beim Verstehen der Motive des Täters an ihre Grenzen stieß. Spekulationen darüber blockierten den Heilungsprozess, wurden aber nach einem ausführlichen, langanhaltenden Dialog überwunden (die Übertragung der Motive des „Ersatztäters“ auf den eigenen Vater stellte offensichtlich kein Problem dar).

Launay (1985) gehörte wahrscheinlich zu den ersten Forschern, die ein Gruppensetting mit Häftlingen und „Ersatzopfern“ einsetzten (dies ist so formuliert, weil das Treffen in ein Format eingebettet war, das wir heute als Kurs für Opferempathie kennen). Damit ein solches Setting restorativ sein kann, müssen beide Perspektiven berücksichtigt werden. Aus ethischen und praktischen Gründen sollten weder Opfer noch Täter für die Zwecke der anderen Seite instrumentalisiert werden! Ein deutsches Programm, bei dem weibliche Vergewaltigungsopfer an der Behandlung von inhaftierten jugendlichen Vergewaltigern teilnahmen (Tügel & Heilemann 1987), ist aus diesem Grund kritisiert worden. In den USA werden jedoch manchmal Victim Impact Panels eingesetzt, um den Opfern ein Forum zu bieten, in dem sie erzählen können, wie sich der Vorfall auf sie ausgewirkt hat (z. B. die Organisation „Mothers Against Drunk Driving"). Auch die „Book Reference Group" von Yantzi (1998: 225 ff.) setzte sich aus Opfern und Tätern zusammen, die sich über Gefühle und Erkenntnisse aus Sexualdelikten / Viktimisierungen austauschten.

In unserem Aktionsforschungsprojekt war das fünfte Modul der Gruppenarbeit mit Opfern und des Opfer-Empathie-Trainings für Täter ein solches Verfahren – auf freiwilliger Grundlage für alle Teilnehmenden. Nach McCold & Wachtel (2002) ist dies restorativer als die alleinige Arbeit nur mit Opfern oder nur mit Tätern.

4.1.5 Mediationsverfahren

Toews (2006) skizziert den Opfer-Täter-Dialog; Miller (2011) beschreibt von Opfern initiierte Begegnungen mit ihren verurteilten Straftätern, die in der extremsten Form zu langanhaltenden positiven Beziehungen führten. Katounas beendete nach einem solchen Dialog ihre kriminelle Karriere und wurde Mediatorin im neuseeländischen Gefängnissystem (Katounas & McElrea 2002). Der persönliche oder indirekte Täter-Opfer-Ausgleich zwischen Opfer(n) und Täter(n) wird von ausgebildeten Vermittler:innen geleitet.

An den Konferenzen und Zirkeln nehmen Opfer und Täter:innen sowie Familienmitglieder, Unterstützer:innen aus der Gemeinschaft und andere Personen teil, die von der Straftat betroffen sind. Die Teilnehmer:innen besprechen, was ihrer Meinung nach notwendig ist, um eine einvernehmliche Lösung („Plan") zu erreichen. Lummer (2015: 85) berichtet von sieben täterinitiierten Fällen, die mit unserem Projekt in Schleswig-Holstein in Verbindung stehen. In dreien davon wurde der TOA erfolgreich angewandt, ein weiterer Fall konnte nicht rechtzeitig bearbeitet werden, und in einem Fall lehnte das Opfer die Initiative ab. In einem weiteren einseitigen Wiedergutmachungsversuch wurde eine Videobotschaft des Täters an den Anwalt der Opfer übergeben. In einem Fall konnten die Opfer nicht kontaktiert werden, und im letzten Fall starb der Täter, bevor das Verfahren nennenswerte Fortschritte machte. Einerseits sind sieben Fälle keine beeindruckende Zahl, andererseits ist nur *ein* Versuch gescheitert.

Obwohl diese Instrumente in der Regel für die Bewältigung von sozialen Konflikten und Schäden, die ein:eine Täter:in einem Opfer zufügt, eingesetzt werden (Hartmann et al. 2012; 2013), können sie in Gefängnissen auch für Konflikte zwischen Gefangenen oder zwischen Gefangenen und dem Personal bzw. den zuständigen Behörden verwendet werden (Vogt & Vogt 2013), was auch ein Ziel des MEREPS-Projekts war (Barabás et al. 2012).

4.1.6 Entlassungskonferenzen und -zirkel

Huikahi Restorative Circles (Walker 2010; Walker & Greening 2013) und Sozialnetzkonferenzen (SoNeKo) in Österreich (Schlechter 2015) sind moderierte Gruppenprozesse, die auf einen (Re-)Integrationsplan für zu entlassende Gefangene oder junge Straftäter abzielen, die nicht inhaftiert werden sollten. An den Konferenzen / Zirkeln nehmen der:die Täter:in, seine:ihre Freunde, Familienmitglieder, Freiwillige oder Fachleute von Unterstützungsorganisationen einschließlich der Haftanstalten teil, zuweilen auch Gemeindemitglieder / Unterstützer:innen und das:die Opfer. Die Teilnehmer:innen konzentrieren sich auf die Situation nach der Entlassung und darauf, was ihrer Meinung nach notwendig ist, um Rückfälle zu verhindern und ehemalige Straftäter:innen zu befähigen, „normale" Mitglieder der Gemeinschaft zu werden. Es geht um praktische Fragen in Bezug auf Wohnung, Arbeit usw. sowie um den Aufbau von Beziehungen, der sogar in Form von Coaching oder „Buddying" erfolgen kann. Eine glaubensbasierte Gefängnisabteilung in Neuseeland kann ebenfalls als Versuch betrachtet werden, die Menschlichkeit der Gefangenen wiederherzustellen und ihre Chancen auf eine erfolgreiche Wiedereingliederung zu verbessern (Workman 2007).

4.2. RJ im Gefängniskontext

Marian Liebmann (2007) gab einen Überblick und eine detaillierte Beschreibung von Programmen nach der Verurteilung, an denen das Gefängnis beteiligt ist (vgl. auch Van Ness 2007). In Belgien und England ist der Begriff „Restorative Prison" entstanden. Damit wird eine Einrichtung beschrieben, die immer noch eine Haftanstalt ist, aber versucht, die Prinzipien von RJ in ihrem gesamten System anzuwenden (Biermans & D'Hoop 2001; Newell 2001; Edgar & Newell 2006). Dies scheint ein Widerspruch in sich zu sein (Aertsen 2005), da die beabsichtigte Zufügung von Schmerz auf der einen Seite und das Streben nach Heilung auf der anderen Seite unvereinbar zu sein scheinen (Hagemann 2003a). Bastiansen und Vercruysse (2002) stellten fest, dass Sexualstraftäter in RJ-Dialogen geschädigt werden können, wenn sie nicht in der Lage sind, ein Mindestmaß an Selbstachtung und Selbstvertrauen zu entwickeln[168]. Sie kritisierten, dass das belgische RJ-Gefängnisprojekt zu schnell und von oben nach unten umgesetzt wurde. Der Top-Down-Ansatz führte zum Widerstand des Personals. Kürzlich betonte Toews (2016), dass die Gefängnisarchitektur keine Räume für echte Privatsphäre und Ruhe bietet, um sich

[168] Allgemeiner stellt Aertsen (2012) die Frage, ob die Einführung einer Opfer- (und Gemeinschafts-) Orientierung in die Arbeit mit Verurteilten Gefahren birgt.

für RJ-Ideen öffnen zu können. Van Garsse (2015), ein ehemaliger Mediator im belgischen Gefängnissystem, warnt vor Versuchen, RJ durch das „System Gefängnis" zu vereinnahmen.

Obwohl das Gefängnis einer vergangenen Zeit des 18. und 19. Jahrhunderts angehört, scheint es immer noch ein Eckpfeiler fast aller bestehenden Gesellschaften zu sein. Es handelt sich um eine sehr mächtige Institution, die vielen Bemühungen zur Neugestaltung oder Veränderung ihrer zentralen Merkmale widerstehen konnte (vgl. Mathiesen 1990). Zu Beginn des 21. Jahrhunderts scheint der Enthusiasmus verflogen zu sein, seinen Charakter wesentlich umgestalten zu können. Gefängnisse haben sich strukturell kaum verändert. Als Ergebnis einer politischen Entscheidung aus dem Jahr 2008 wurden die „RJ-Berater:innen" in belgischen Gefängnissen mit neuen Aufgaben betraut (Aertsen 2012). Aertsen fragt deshalb, ob RJ-Berater:innen innerhalb (Linienmanagement) oder außerhalb des Gefängnisses eingesetzt werden sollten?

Das MEREPS-Projekt (Barabás et al. 2010; Barabás et al. 2012) hat unter anderem untersucht, ob Elemente von RJ im ungarischen Gefängnissystem implementiert werden könnten. Fellegi und Szegö (2015) betonen die Schwierigkeiten, eine dem traditionellen Strafvollzug widersprechende Logik zu implementieren. In unserem eigenen Projekt haben wir herausgefunden, dass es in Schleswig-Holstein und in Portugal möglich war, Opfer-Empathie-Trainings im Gefängnis und in Jugendstrafanstalten einzuführen (inzwischen ist es gesetzlich vorgeschrieben, solche Programme anzubieten). Allerdings fanden wir auch Hinweise auf van Garsses (2015) Warnung: Das einzelne Element der Opfer-Empathie-Kurse wird nicht von Veränderungen in der breiteren Philosophie begleitet, die den Alltag und die Interaktion im Gefängnis durchdringt. Mentalität und Einstellungen des Gefängnispersonals und der Gefängnisleitungen sind unterschiedlich. Manchmal befürworten sie RJ, aber im Gegensatz zu dem in Portugal beobachteten Enthusiasmus haben wir in Schleswig-Holstein und Ungarn eine ambivalente Aufnahme von RJ beobachtet (teilweise sogar offene Obstruktion durch entmutigende Kommentare gegenüber teilnehmenden Gefangenen). Angesichts der relativ verletzlichen Situation von Gefangenen könnten Beschwerden gegen bestimmte Beamt:innen oder Entscheidungen des Systems auf restorative Weise behandelt werden. Die Berliner Richterin Melanie Vogt nutzt in einem Projekt die Mediation für solche Fälle, allerdings bisher mit begrenztem Erfolg (Vogt & Vogt 2015). Aktuell gibt es in Deutschland Diskurse über „familienfreundliche Haftbedingungen" und „opferbezogenen Strafvollzug" auf der Ebene der Landesgesetzgebung, die Türen für RJ öffnen könnten. Mut macht die Studie (inkl. Literaturübersicht) des Correctional

Service Canada (2011) über „Restorative Correction“, in der die oben genannten Programme bewertet werden.

5. Erfolge, Schwierigkeiten, Herausforderungen und widersprüchliche gesellschaftliche Kräfte

Es gibt Hinweise auf positive Folgen für die Teilnehmer:innen von RJ-Verfahren. Aus dem vorherigen Abschnitt sollte aber klar geworden sein, dass bei vielen Themen noch viel zu tun ist. Trotz vielversprechender Hinweise auf Erfolge (Wager & Wager 2015; Pascual 2013; Van Camp & Wemmers 2013), wie Vorteile für die Opfer und geringere Rückfälligkeit von Straftätern, steht RJ *nach* der Verurteilung auf praktischer, politischer und rechtlicher Ebene noch vor Problemen. Im Zusammenhang mit dem oben genannten Projekt freuen wir uns über die Aufnahme von RJ als verbindliches Angebot der Justizvollzugsanstalten in zwei neue Gesetze auf schleswig-holsteinischer Landesebene, nämlich ein Strafvollzugsgesetz und ein Jugendarrestgesetz.[169] Vier Stellen für Mediator:innen im Strafvollzug sind zu den bestehenden hinzugekommen. Fast alle Projektteilnehmer:innen waren mit dem Opferempathie-Training (weniger deutlich bei einigen Jugendstrafgefangenen), der Arbeit in den Opfergruppen und den einzelnen Mediationsverfahren zufrieden. Im Thames-Valley-Teil des Projekts wurde eine solide Beziehung zur Opferhilfe aufgebaut, die zu gemeinsamen Anstrengungen und einer Verlängerung der Aktivitäten unter der Schirmherrschaft von Victim Support UK führte. Ein opfer-initiierter Ansatz für restorative Verfahren wurde erfolgreich umgesetzt, und es bildete sich eine Gruppe von Opfern, die sich öffentlich für diese spezifische Form der Restorative Justice einsetzte. In Portugal begrüßten sowohl Gefangene als auch die Gefängnisbehörde einschließlich des Personals das Opfer- Empathie-Training (Santos 2015). Aufgrund fehlender Ressourcen war das dortige Projekt weder in der Lage, die von den Gefangenen gewünschten Mediationen durchzuführen, noch Opfer in die Arbeit einzubeziehen. Die spanischen Partner haben ihre bereits etablierte RJ-Arbeit kritisch bewertet und verbessert (Alvarez et al. 2015). In der Bewährungshilfe der Tschechischen Republik (Jelínek & Matoušková 2015) und im kroatischen Strafvollzug wurden erste Schritte zur Einführung von Restorative Justice unternommen (Knežević 2015). Unabhängig von unserem EU-geförderten Projekt wurde weltweit eine beträchtliche Verbreitung des Opfer-Empathie-Trainings in Gefängnissen erreicht.

[169] Vgl. Kommentar von Arloth & Krä 2017 sowie SH-Landtagsdrucksache 18-3153 vom 30.6.2015 zum „Gesetz über den Vollzug der Freiheitsstrafe in Schleswig-Holstein (LStVollzG SH) vom 21. Juli 2016” sowie das Jugendarrestgesetz (JArrG SH).

Schwierigkeiten müssen überwunden werden in Bezug auf:

- Konkurrenz mit Opferhilfeorganisationen, die versuchen, ihre Klient:innen übermäßig zu behüten (vor vermeintlichen Gefahren dieser Dialoge zu „schützen")
- ähnlich motivierte Sorgen und Widerstand von Therapeut:innen
- und den Missbrauch der RJ-Idee durch Behörden oder Organisationen, die nicht wirklich im Interesse von Opfern, Täter:innen und Gemeinschaften handeln.

Aufgrund der enormen Macht, am Status quo festzuhalten, sind grundlegende Änderungen in den Gefängnissen unwahrscheinlich, wie im vorherigen Abschnitt erwähnt.

Darüber hinaus muss eine Umschichtung von Mitteln aus dem pre-sentencing in den post-sentencing Bereich vermieden werden, und es müssen Herausforderungen in Bezug auf die Gewinnung und Motivierung von Opfern zur Teilnahme an RJ-Verfahren in der Justizvollzugsanstalt gemeistert werden.

Die Kontaktaufnahme mit den Opfern setzt eine gewisse Bereitschaft der Opfer voraus, an einem Thema zu arbeiten, das nicht von ihnen selbst gewählt wurde, sondern ihnen von einem Täter, der sich seiner Verantwortung für das Leid eines anderen stellen sollte, durch die Tat aufgezwungen wurde. Die Opfer müssen drei Schwellen überwinden, um zur Teilnahme am RJ-Prozess bereit zu sein:

1. Ihr eigenes Widerstreben, mit jemandem zusammenzutreffen, der:die ihnen schweren Schaden und Schmerz zugefügt hat (einschließlich des häufigen Abratens durch Therapeuten und Fallmanager).
2. Ambivalenzen und Unsicherheiten in ihrer Entscheidung in der Zeit vor dem Treffen.
3. Einwände und Widerstand aus dem persönlichen Umfeld – unsere englischen Partner stellten fest, dass viele Verwandte und Freunde die Opfer davon abhielten, an einem RJ-Verfahren teilzunehmen.

Nach Walgrave (2009) zeigen empirische Belege, dass 50 % der Opfer bereit sind, an einem RJ-Verfahren teilzunehmen. Gustafson & Smidstra fanden heraus, dass 82 % der Opfer schwerer Viktimisierung ihre Täter treffen wollten (Gustafson 2004: 305). Die Mediatorin Ellen Halbert (u. a. „Meeting with a killer", Jackson 2001) berichtet von einer langen Warteliste von Opfern, die allein in ihrer RJ-Organisation in Texas etwa 100 Personen umfasst. Laxminarayan (2014) stellte bei Opfern ebenfalls ein großes Interesse an Gesprächen mit Täter:innen fest (vgl. auch

Achilles 2004: 68). Bolivar (2013) konstatiert, dass es sich bei diesen Menschen mehr oder weniger um dieselbe Gruppe handelt, die sich um gesellschaftliche Prozesse kümmert und sich auch generell ehrenamtlich engagiert: die besser gebildeten, wohlhabenden Bürger:innen mittleren Alters.

(Inhaftierte) Straftäter:innen haben oft Angst, dass ihre Opfer nicht positiv reagieren und sie stattdessen mit hohen Entschädigungsforderungen konfrontieren könnten. Gefangene können auch durch Mitgefangene und Gefängnispersonal entmutigt werden.

Und schließlich legen die Gegenkräfte nicht immer Wert auf Friedenssicherung. So wurde beispielsweise das kolumbianische Friedensabkommen in einem Referendum abgelehnt. Nicht jede:r sehnt sich nach Frieden – erhebliche Teile unserer heutigen Gesellschaften können als Hassgesellschaft bezeichnet werden. Es gibt massive Angriffe von rechten Organisationen und Bewegungen gegen Geflüchtete, ganz zu schweigen von der Ermordung der englischen Labour-Abgeordneten Jo Cox, die offenbar mit ihrer humanitären und kämpferischen Arbeit in diesem Bereich zusammenhängt. Weitverbreitete Intoleranz gegen bestimmte Kleidungsordnungen und Aggressionen gegen Friedens- und Dialogverfechter der Zivilgesellschaft sind zu beobachten. Vor allem haben offene Beleidigungen, Drohungen, Hassreden und Aufwiegelung von Menschen, die über soziale Medien verbreitet werden, zugenommen.

In Großbritannien haben die Übergriffe auf Minderheiten seit dem Brexit-Votum zugenommen. Es wird immer schwieriger, die Menschlichkeit in anderen zu erkennen (vgl. das afrikanische Konzept des „Ubuntu“ in Aertsen et al. 2008: 49).

Die alten moralischen Argumente, wie das Setzen von Schmerzgrenzen (Christie 1981) und das Anbieten von Zufluchtsorten für Übeltäter (Bianchi 1988), scheinen keine wirkliche Wertschätzung mehr zu genießen. In den meisten Gesellschaften driften die sozialen Gruppen auseinander. Entfremdung, Ängste und offenkundiger Hass werden zu vorherrschenden Merkmalen – wir sind Zeugen einer enormen Nachfrage nach härteren Strafen. In den USA (auch in Österreich, vielleicht als Reaktion auf die sexuellen Übergriffe in der Silvesternacht 2016 in Köln und anderen deutschen Städten) wurde 2016 ein massiver Anstieg beim Kauf von Handfeuerwaffen festgestellt. Die US-amerikanische National Rifle Association setzt sich als Reaktion auf das Massaker in Orlando unter Homosexuellen und ähnliche Vorfälle für den freien Zugang zu Waffen ein. Diese letzte Beobachtung deutet auf widersprüchliche Interessen hin: Einige Organisationen, darunter politische Parteien und Gewerkschaften (z. B. die, in denen viele Strafvollzugsbeamte und Polizisten organisiert sind), sehen sich selbst als hart im Kampf gegen die Kriminalität. Politisch gesehen ist der Bereich der Strafjustiz oft eine Domäne der eher rechtsgerichteten Akteure. Die Gemeinsamkeit dieser Entwicklungen bezieht sich auf ein aggressiveres Vorgehen gegen Fehlverhalten.

Diese Entwicklungen stehen im Gegensatz zu einer Ausweitung von RJ im Allgemeinen und auf der Ebene *nach* der Verurteilung im Besonderen. Stattdessen wurde seit den 1990er Jahren eine Wende zur Punitivität („punitive turn“, vgl. Garland 2001) festgestellt, die weiterhin vorherrschend zu sein scheint – umso mehr in Zeiten der Angst vor Terrorismus, Kriegen und Flüchtenden. Diese Phänomene scheinen auf einen geringeren Zusammenhalt in der Gesellschaft hinzuweisen.

RJ hat das Potenzial, die Gemeinschaft zu stärken und entfremdete Menschen zusammenzubringen. Außerdem geht es dabei regelmäßig um Transformation. Zehr fragte: Ist „Restorative Justice“ ausreichend transformativ? Sollte der Begriff „transformative“ anstelle von „restorativer“ Gerechtigkeit verwendet werden? Handelt es sich um unterschiedliche Phänomene oder sind sie ein und dasselbe?"[170] Walgrave (2008) argumentiert, dass Restorative Justice in der Tat versucht, ungesunde Beziehungen umzugestalten und den Weg für einen umfassenderen sozialen Wandel zu ebnen.

6. Schlussfolgerung und Empfehlung

In diesem Artikel wollte ich das relativ neue Paradigma der RJ kurz beschreiben und anschließend erörtern, wo und wie es auf der Ebene nach der Verurteilung umgesetzt werden sollte. Ich habe schwerpunktmäßig sechs mit dem Strafvollzugssystem verbundene bestehende Modelle der gemeinnützigen Arbeit, der sozialen Gruppenarbeit, der Mediation und der Wiedereingliederungsplanung bewertet. Obwohl Belgien als Vorreiter gilt, könnten wir von den Schwierigkeiten und Rückschlägen lernen, die dort aufgetreten sind. Unsere britischen Partner haben herausgefunden, dass im Gefängniskontext Anleitung und Beratung benötigt werden; aber die Befürworter der RJ müssen sowohl das Personal als auch das Management mitnehmen und nicht nur die Gefangenen. Die Frage von Aertsen (2012), ob restorative Dienste Teil des Gefängnisregimes sein oder von einer unabhängigen Nichtregierungsorganisation von außen angeboten werden sollten, bleibt offen.

Die traditionelle, entweder strafende oder behandelnde Logik des Gefängnissystems muss geändert werden. Sie steht im Widerspruch zu den Grundprinzipien

[170] Blog von Howard Zehr vom 10.02 und 12.04.2011 http://emu.edu/now/restorative-justice/2011/03/10/restorative-or-transformative-justice/, Zugriff am: 5.10.2022

von RJ. Wir sollten uns jedoch nicht ausschließlich auf das Gefängnissystem konzentrieren, denn in einigen Fällen schwerer Viktimisierungen wurden die Täter nie gefunden oder verurteilt! Die Mehrheit der Opfer und Täter:innen findet ihr Gegenüber in lokalen Gemeinschaften. Verzerrend wirkt zum Teil eine täterorientierte Denkweise; eine Erklärung lässt sich aber auch dadurch finden, dass schwere Viktimisierungen (wenn Täter:innen gefasst und verurteilt werden) mit höherer Wahrscheinlichkeit zu Gefängnisstrafen für die Täter:innen führen. Ein großer Teil der Angreifer:innen wird jedoch nie gefasst und muss nicht mit einer Strafe rechnen (z. B. bei Gewalt in der Partnerschaft). Daher müssen wir uns darüber im Klaren sein, dass heilende Maßnahmen, die sich mit inhaftierten Straftäter:innen befassen, nur einen ersten Schritt darstellen. Aus der Sicht des Opfers müssen restorative Bemühungen jede:n Unrechtstäter:in ansprechen. Dies ist eine ernsthafte Herausforderung für den Aufbau einer angemessenen RJ-Infrastruktur, denn es erscheint viel einfacher, Geld für die Behandlung vermeintlich „gefährlicher" Gefangener zu akquirieren. Bei schwerwiegenden Viktimisierungen (Van Camp 2014) steht wahrscheinlich mehr auf dem Spiel, was eine Heilung noch notwendiger macht.

Die Infrastruktur für qualitativ hochwertige RJ-Dienste muss vom Staat so geschaffen und bereitgestellt werden, dass sie für alle (Mit-)Opfer, Täter:innen (einschließlich der Gefangenen) und die Gemeinschaft leicht zugänglich ist. Dies bringt Herausforderungen in ländlichen Gebieten und weniger wohlhabenden Regionen mit sich. Idealerweise sollte das Angebot an friedensstiftenden Einrichtungen als ebenso wichtig eingestuft werden wie die Bereitstellung von Polizei- oder Kirchendiensten.

Aus ethischer Sicht sollte jede verantwortliche Person, Organisation und Struktur:

- Grenzen des Schmerzes für Opfer, Täter und ihre Gemeinschaften setzen,
- die Opfer in ihrem Heilungsprozess unterstützen und ihnen den Abschluss eines häufig langen Leidensprozesses ermöglichen,
- Täter:innen helfen, die Verantwortung für ihre Taten zu übernehmen,
- Wiedergutmachung für den verursachten Schaden zu leisten und ihr Verhalten zu ändern, und
- Strukturen zu verändern, die zum Leiden (Viktimisierung) beitragen.

Selbstverständlich sollte ein Weg beschritten werden, der zur individuellen Heilung und zu sozialem Frieden führt. Mein Vorschlag läuft auf ein „restoratives Mainstreaming" nach dem Vorbild des Gender Mainstreaming hinaus, d. h. alle behördlichen und staatlichen Maßnahmen sollten auf ihre Auswirkung auf den sozialen

Frieden und den Zusammenhalt der sozialen Gruppen in der Gesellschaft überprüft werden. Wenn Restorative Justice einen solchen Weg bietet, was aus der bestehenden Praxis und Forschung immer deutlicher hervorgeht (z. B. Shapland et al. 2011), dann gibt es keine Rechtfertigung dafür, einigen Opfern (z. B. von häuslicher Gewalt) und Täter:innen (z. B. Rückfalltäter:innen) den Zugang zu einer solchen Möglichkeit zu verwehren, wie es derzeit in einigen europäischen Rechtsordnungen der Fall ist. Opfer sollten ein Recht darauf haben, RJ-Verfahren vorzuschlagen (vgl. Kilchling 2014). Obwohl es nicht für jede:n potenziellen Teilnehmer:in attraktiv sein mag und schon gar nicht zu jedem beliebigen Zeitpunkt, ist es nicht akzeptabel, Druck zur Teilnahme auszuüben. Außerdem müssen die Teilnehmer:innen aufgrund einiger schwieriger und riskanter Schritte in einem solchen Verfahren angemessen auf die Teilnahme an einem RJ-Prozess vorbereitet werden. Sie müssen während des Prozesses angeleitet und danach unterstützt werden.

Die Teilnehmer:innen an restorativen Dialogen sollten darauf vorbereitet sein, denn wir wissen, dass sekundäre Viktimisierung meist unbeabsichtigt ist, aber eine Folge von spontanen Reaktionen, Nachlässigkeit oder Parteilichkeit. Opfer-Empathie-Trainings könnten den Täter:innen wertvolle Einsichten vermitteln. Anscheinend fehlen ähnliche Instrumente für die Vorbereitung anderer Teilnehmer:innen, einschließlich der Fachleute (mit Ausnahme der geschulten Moderator:innen). Stutzman Amstutz (2004) empfahl eine Schulung in Opfersensibilität. Wir haben ein Handbuch erstellt (Carrington-Dye et al. 2015), und unser britischer Partner hat eine Sensibilisierungsschulung für Bewährungs- und Gefängnispersonal sowie für Richter:innen und Staatsanwält:innen durchgeführt. RJ-Moderator:innen müssen verantwortungsbewusst handeln, sollten aber so viele RJ-Dialoge wie möglich umsetzen (Buntinx 2015).

Wir müssen einen breiten gesellschaftlichen Diskurs in Gang setzen, um das Bewusstsein für die inhärenten Heilungsmöglichkeiten von RJ zu fördern. Das Wissen über RJ und sein heilendes und friedensstiftendes Potenzial im Allgemeinen und auf der Ebene *nach* der Verurteilung im Besonderen ist nicht weit verbreitet. Die Verbreitung von Informationen und PR-Kampagnen, die die Vorteile und Erfolge hervorheben, sind notwendig, um mehr Selbstmeldungen zu erhalten (die wahrscheinlich stärker motivierte Teilnehmer:innen betreffen, als in den Fällen, in denen die Initiative auf eine Empfehlung durch eine unbeteiligte Fachkraft oder eine Behörde zurückgeht).

Studienbesuche von Entscheidungsträgern als Beobachter:innen bei praktischen RJ-Verfahren haben zu einer beeindruckenden Unterstützung geführt. Wir brauchen Standards, um eine hohe Servicequalität zu gewährleisten und RJ vor Missbrauch zu schützen. Die UN-Handbücher (2006; 1999), die EU-Richtlinie und die Empfehlungen und Leitlinien transnationaler und nationaler Organisationen sind erste Schritte. Solche Richtlinien beinhalten einerseits Toleranz für kreative Innovationen und notwendige Anpassungen an den Einzelfall, andererseits erlauben sie eine Differenzierung zwischen wirklich heilenden und nicht wiederherstellenden Programmen. Ein Überblick über die bestehenden Systeme und Regelungen ist erforderlich.

Wir sollten in RJ *nach* der Verurteilung investieren, aber nicht auf Kosten der RJ *vor* der Verurteilung, die eine Alternative zur Strafe bietet. RJ *nach* der Verurteilung[171] sollte gefördert und ausgeweitet werden, da sich im Laufe der Zeit Personen, Einstellungen und andere Aspekte ändern und Opfer und Täter:innen, die vor der Verurteilung die Gelegenheit verpasst haben, durch einen wiederherstellenden Dialog sozialen Frieden zu erreichen, zu einem anderen Zeitpunkt die Chance erhalten sollten. Besser eine späte Suche nach Frieden als gar keine.

Die Vernetzung und Zusammenarbeit zwischen RJ-Programmen und anderen Organisationen, die auf dem Gebiet der Opfer- und Straffälligenhilfe tätig sind, ist nötig. Trotz der Klagen über die Situation von Verbrechensopfern kann die Zusammenarbeit zwischen parteiischen Opferhilfe- und dialogischen („allparteilichen") Restorative Justice-Organisationen deutlich verbessert werden (Stutzman Amstutz 2004 mit Verweis auf „The Listening Project" von 1998, vgl. Mika et al. o.J.).

Das weitreichendste Ziel wäre es, RJ generell im Alltag zu implementieren (Roche 2006; Wachtel 2003), wie in den „Restorative Cities", und für alle in den unterschiedlichsten Settings zugänglich zu machen. Wegen der Notwendigkeit der Nachhaltigkeit, der Heilung und des schonenden Umgangs mit Menschen und Ressourcen sollte „Restorative Mainstreaming" ein Ziel sein. Die Förderung einer restorativen Gesellschaft, die von Jonathan Boston als „ein Organisationsprinzip, um das herum die Reaktionen auf Konflikte in der Gesellschaft betrachtet werden können", beschrieben wird, ist ein wünschenswertes Ziel. Die restorative Gesellschaft „verbindet die separaten, aber verwandten Entwicklungen im Bereich der RJ und der opferorientierten Praktiken, die in einer wachsenden Zahl von Politikbereichen zu beobachten sind", zu einer guten Gesellschaft. Diese Gesellschaft „wird eine sein, in der es ein echtes Bestreben gibt, in den vielen und unterschiedlichen Bereichen menschlichen Bemühens positive Beziehungen und solide soziale Strukturen wiederherzustellen oder wiederaufzubauen, wann immer solche Beziehungen oder Strukturen in irgendeiner Weise geschädigt oder beschädigt wurden ..." (Boston 2007: 321).

---

171 Wenn RJ nach der Verurteilung innerhalb der klaren Grenzen des Strafrechtssystems funktioniert, werden wir neue Argumente gewinnen und die Wahrscheinlichkeit erhöhen, dass diese Idee auf andere Lebensbereiche ausgedehnt wird!

„Opfer“ im Blickpunkt von Strafgefangenen[172]

1. Einleitung

Helfgott, Lovell und Lawrence (1998) fanden in ihrer Pilotstudie bei Täter:innen von Gewaltdelikten (mit Hafterfahrung zwischen 3 und 33 Jahren), dass diese im Gefängnis äußerst selten, z. T. noch *nie*, über die Opfer ihrer Taten nachgedacht hatten! Dabei hatten sie Gefangene befragt, die entsprechenden Programmen gegenüber aufgeschlossen waren und aktuell an einem Opferempathiekurs teilnahmen.

Auch Vollzugsbedienstete scheinen das Thema nicht aufzubringen. In einem kürzlich erschienenen Buch von Ted Conover (2001), der ein Jahr lang als Bediensteter im berühmten New Yorker Gefängnis Sing Sing tätig war, findet sich z. B. kein Hinweis auf Opfer. Bei einer Umfrage der Howard League unter 135 englischen Gefängnissen 1997 gaben lediglich sechs an, spezielle Kurse anzubieten, die sich mit Opferfragen befassten (vgl. Liebmann & Braithwaite 1999: 4). Einbezogen waren auch Anstalten für Sexualtäter:innen. Thompson (2001: 6) streicht heraus, dass anspruchsvolle Behandlungsprogramme in jenem Arbeitsbereich schon seit langem Opferaspekte einschließen. Das in England entwickelte kognitiv-behaviorale SOTP (Sex Offender Treatment Programme) wird auch in Hamburg praktiziert (vgl. Berner & Becker 2001; Thiel & Fuchs 2004). Nuhn-Naber, Rehder und Wischka (2002) beschreiben eine Modifikation dieses SOTP aus dem niedersächsischen Strafvollzug, das Behandlungsprogramm für Sexualstraftäter (BPS) (vgl. Wischka 2004). Es umfasst immerhin 80 Sitzungen, in denen Module eines delikt-unspezifischen und eines delikt-spezifischen Teils durchlaufen werden. Im delikt-spezifischen Teil gibt es ein Modul (von 10) „Opfer-Empathie“. Auch im delikt-unspezifischen Teil befasst sich eines von zehn Modulen mit „moralischem Handeln und Empathie“ – es wird als besonders wichtig hervorgehoben (Nuhn-Naber et al. 2002: 275).

Generell sind Opfer und Gefängnisse offenbar zwei Themen, die mit zwei Ausnahmen keine Berührungspunkte aufweisen: Nirgendwo herrscht so viel Gewalt wie in Gefängnissen, und an keinem einzelnen Ort ereignen sich so viele Opferwerdungen (vgl. Donaldson 2003; Edgar & O'Donnell 1998; Mallory 1999). In diesem Beitrag geht es jedoch nicht um das Gefängnis als Verursacher oder Förderer

[172] Bei diesem Beitrag handelt es sich um die überarbeitete Version des Impulsreferats meines Workshops "Die Abwesenheit der ‚Opfer' in der Arbeit mit den ‚Tätern' im Strafvollzug" auf dem 12. Bundeskongress der Psycholog:innen im Justizvollzug, 23.-27.9.2002 in Hamburg. Er erschien geringfügig verändert 2004 in: Freiheit und Unfreiheit. Arbeit mit Straftätern innerhalb und außerhalb des Justizvollzuges, hrsg. von G. Rehn / R. Nanninga / A. Thiel (Hrsg.), Herbolzheim: Centaurus. (S. 397-421)

von Opferwerdungen, sondern um die Opferwerdungen, die den Anlass für die Bestrafung der Täter:innen gegeben haben.

Während das Opfer im Zentrum der im Folgenden beschriebenen Programme steht, die im Englischen als „victim awareness programmes“ bezeichnet werden, geschieht die Arbeit primär mit den Täter:innen. Opfer haben Bedürfnisse, denen diese Arbeit möglichst gerecht werden sollte: Opfer wollen, dass ihr Schaden soweit wie möglich wiedergutgemacht wird. Sie wollen „ihre Täter:innen” zur Rechenschaft ziehen; diese sollen merken, was sie angerichtet haben. Opfer wollen, dass Täter:innen Verantwortung für ihr Handeln übernehmen und sich bei ihnen entschuldigen. Opfer wollen wissen, warum es gerade sie getroffen hat. Sie wollen bestätigt haben, dass ihnen Unrecht widerfahren ist und als Menschen anerkannt werden, die unverschuldet leiden. Manche Opfer wollen, dass „ihr:e Täter:in“ bestraft wird. Aber dieses Bedürfnis rangiert deutlich hinter den vorher genannten. Vor allem wollen Opfer wieder weitgehend angstfrei und ungehemmt leben, so wie sie es vor ihrer Opferwerdung für „normal“ gehalten haben (vgl. Hagemann 1993).

Zweifellos sind diese Opferbedürfnisse nur zu vermitteln, wenn das beschriebene Tabu der Befassung mit Opferbelangen durchbrochen wird: das Thema „Opfer und Opferwerdungen“ muss auf die Tagesordnung jedes Gefängnisses. Gefangene sollten bei ihrer Auseinandersetzung mit Schuldgefühlen, Scham und Reue unterstützt werden und Hilfestellungen geboten bekommen, um sich mit der Gesellschaft, die ihre Bestrafung veranlasst hat, sowie mit ihren konkreten Opfern auszusöhnen oder wenigstens wieder eine soziale Beziehung herzustellen (vgl. Toews 2002).

2. Zielsetzung und theoretische Grundlagen des Opferempathietrainings

Vor der Beschreibung des Programms sollen erst einmal die damit angestrebten Ziele expliziert werden. Mit dem Opferempathietraining soll die Fähigkeit zur Empathie – vor allem mit potentiellen und tatsächlich „erzeugten“ Opfern – gefördert werden. Dies kann sowohl aus der Perspektive der Prävention als auch aus der Perspektive der Aufarbeitung begründet werden.

2.1 Die Präventionsperspektive

Im Vordergrund der Vermeidung künftiger Tatbegehungen steht die Erhöhung der Hemmschwelle, anderen Menschen Leid zuzufügen. Sykes und Matza (1957) beschreiben Neutralisationstechniken, denen sich Täter:innen bedienen, um ihre Taten gegen personale Opfer zu begehen. Fattah (1991: 133) differenziert mentale

Prozesse der Neutralisation, Neudefinition und Desensibilisierung, die Täter:innen in die Lage versetzen, moralische Hemmnisse zu beseitigen, ein intaktes Selbstbild aufrechtzuerhalten und andere ohne Schuldgefühle zu schädigen. Verdrängungsprozesse, Rationalisierungen, Rechtfertigungen helfen, eine Schwelle zur Tatbegehung zu überwinden. Die Folge sind selbst-suggerierte „Überzeugungen“ von Täter:innen, dass ein Opfer sein Schicksal verdiene, dass das Opfer in Wirklichkeit Täter:in sei, dass gar keine Opferwerdung geschehen sei oder für das Opfer kein Schaden eingetreten sei.

Bandura, Barbaranelli, Caprara und Pastorelli (1996) erklären, wie Individuen, die sich abweichend verhalten, ihr Handeln rechtfertigen. Nach Banduras sozialkognitiver Theorie nehmen Menschen Abstand von Verhaltensweisen, die ihre moralischen Standards verletzen, um Selbsttadel zu vermeiden. Es gibt selbst-regulierende Mechanismen, durch die moralische Überlegungen in Handeln übersetzt werden. Ihr Modell des moralischen Losgelöstseins („moral disengagement“) enthält drei Komponenten. Moralische Rechtfertigung, herunterspielender Vergleich und beschönigende Benennung sind Bestandteil der ersten Komponente, des verwerflichen Verhaltens. Minimierung, Ignorierung oder Fehlkonstruierung der Folgen kennzeichnen die zweite Komponente, die schädlichen Auswirkungen. Gleichzeitig wird durch beides Verantwortung weggeschoben bzw. es kommt zu einer Verantwortungsdiffusion. Die dritte Komponente, das Opfer, ist durch Entmenschlichung und Zuschreibung von Schuld charakterisiert (vgl. Bandura et al. 1996: 365).

Banduras Ansatz ist mit den kriminologischen Erklärungen von Sykes und Matza (1957) und von Fattah (1991), die auf eine Verdinglichung der Opfer hinauslaufen, vollständig kompatibel. Gemeinsam postulieren diese Ansätze eine Art Schwelle, die gesenkt und überwunden wird. Im Sinne einer Prävention soll das Programm dazu beitragen, die Schwelle zur Tatbegehung zu erhöhen.

2.2 Die Perspektive der Aufarbeitung

Hierbei steht die Unterstützung der:des Gefangenen im Mittelpunkt (Empowerment). Häufig leiden Gefangene unter ihren Taten, durchleben in Alpträumen das Tatgeschehen erneut und haben Angst, ihrem Opfer oder seinen Angehörigen (wieder) zu begegnen (vgl. Toews 2002). Ihr Selbstwertgefühl ist durch das Wissen, etwas Schlechtes getan zu haben, belastet. Kriminologische Theorien, die gravierend unterschiedliche Moralvorstellungen zugrunde legen (vgl. Miller 1979), werden durch Begegnungen mit Strafgefangenen widerlegt. Gefangene sind überwiegend an bürgerlichen bis kleinbürgerlichen Wertvorstellungen und Lebenszielen orientiert. Deshalb mussten Versuche einer Politisierung der Gefangenen in den 1960er Jahren scheitern (vgl. Schumann im Vorwort zu Mathiesen 1979).

Innerhalb der Strukturen des Gefängnisses vermeiden es Gefangene, über Opfer zu reden oder auch nur daran zu denken. Einigen kommt das Strafverfahren entgegen, das als Ausgleich im Sinne einer Abgeltung angesehen wird. Manche sehen sich schließlich selbst als Opfer, weil ihnen ihr tägliches Schicksal bewusst ist, während das ihrer Opfer nicht bedacht wird. Allerdings ist Verdrängung eine prekäre Copingstrategie.

Krappmann (1988) hat die negativen Auswirkungen von Verdrängungen oder Umdeutungen untersucht und kommt zu dem Ergebnis, dass sie eine mangelhafte Ich-Integration bewirken und zu psychischen Erkrankungen führen können. Ambiguität (z. B. in der Selbstbewertung) und Konflikt (z. B. der ungelöste mit dem Opfer und der Gesellschaft) rufen Unsicherheiten, Ängste und Frustrationen hervor. Krappmann streicht die Bedeutung gelungener Interaktionen für die Entwicklung und Aufrechterhaltung einer gesunden Persönlichkeit heraus. Ambiguitätstoleranz, d. h. verschiedene Motive und Rolleninterpretationen gleichzeitig zu dulden, und Empathie (vgl. Hagemann 2003b) gelten als notwendige Voraussetzung zur Integration einer Identität. Gelingt die Integration nicht, droht der:die Betreffende aus der Interaktion auszuscheiden.

Es besteht permanent die Gefahr der Erinnerung an die dunkle Seite, weil Dritte bewusst oder unbewusst diese Verdrängungsstrategie durchkreuzen. Innerhalb des herkömmlichen Gefängnisses ist diese Gefahr nicht so groß, aber außerhalb der Mauern. Daraus speist sich ein Teil der Angst vor dem Leben draußen, teilweise sogar vor Ausgängen und Urlauben. Zudem strengt Verdrängung aufgrund der andauernden Selbstkontrolle an und baut Spannung auf.

Gefangene profitieren also davon, wenn sie sich mit ihrer Tat und mit dem Opfer auseinandersetzen. Es kann ihnen psychisch Erleichterung verschaffen. Einen fragwürdigen Extremfall beschreiben Umbreit und Vos (2000), die zum Tode Verurteilte mit den Angehörigen ihrer Mordopfer zusammenbrachten. Beide Seiten äußerten sich im Sinne der Aufarbeitung sehr positiv über diese Dialoge. Dennoch vollstreckten die amerikanischen Behörden die Todesurteile, so dass ich dieses Beispiel nicht etwa als gelungene Restorative Justice-Variante anführe, sondern damit nur zeigen möchte, dass selbst in derart extremen Konflikten die Möglichkeit zur dialogischen Aufarbeitung besteht.

Beim Opferempathietraining geht es um drei Ebenen der Aufarbeitung:
Die Gefangenen sollen einen Zugang zu ihrer „bösen“ Seite finden, um diese in die Identität integrieren zu können. Ohne Unterstützung tendieren die allermeisten zu einer Neudeutung des Tatgeschehens, sehen sich gelegentlich selbst als das eigentliche Opfer. Dieses wird von ihrer Umwelt nicht akzeptiert, so dass Selbst- und Fremdbild auseinanderklaffen und die Verdrängungsstrategie in der Kommunikation mit anderen permanent Misserfolge bringt. Ohne Zugang zur Gesamtpersönlichkeit entwickelt der:die Gefangene weder Respekt vor sich selbst noch wird er:sie von anderen anerkannt. Gelingt ihm:ihr der Zugang, dann mündet die Aufarbeitung in eine Art befreiender Trauerarbeit, weil die Integration der eigenen „bösen Seite“ zwar kein Festhalten am durchgängig positiven Selbstbild erlaubt, jedoch Selbstachtung und ungebrochene Identitätsdarstellung wieder ermöglicht. Die Differenzierung zwischen der Tat als eindeutig schlecht und der:dem Täter:in als einer Person mit guten und schlechten Seiten bildet die Grundlage. Wer Verantwortung für eigenes Fehlverhalten übernimmt, d. h. sich um Wiedergutmachung bemüht und in positivem Sinne soziale Beziehungen (wieder) herstellt, kann die eigene Bilanz sowohl vor sich selbst als auch aus Sicht der anderen akzeptabel gestalten.

Auf der zweiten Ebene sollen die Gefangenen die gesellschaftliche Reaktion annehmen können. Die Übernahme der Verantwortung für das Tatgeschehen ist eine notwendige Voraussetzung, um die gesellschaftliche Reaktion – die Strafe – zu akzeptieren. Nur dann können sie z. B. vollzugliche Förderungsangebote sinnvoll nutzen und die Angst vor der „Nachentlassungszeit“ überwinden.

Schließlich sollen die Gefangenen offen für einen Dialog mit dem Opfer bzw. dessen Angehörigen werden. Die Negierung der persönlichen Integrität des Opfers durch die Tathandlung muss möglichst aufgehoben werden, z. B. durch Bemühung um Wiedergutmachung. Viele Gefangene äußerten Angst vor einer Begegnung mit dem Opfer; intuitiv ist ihnen klar, dass das Strafverfahren den sozialen Frieden nicht wiederhergestellt hat. Die Angst variiert von einem schlechten Gewissen oder Scham bis hin zu konkreter Furcht vor Rache.

3. Das Programm „Opfer im Blickpunkt“

Vielleicht ist das Programm als kombinierter Lern- und Selbsterfahrungsprozess am besten charakterisiert. Im Folgenden sollen kurz einige Rahmenbedingungen dargestellt werden, bevor die einzelnen Module beschrieben werden.

3.1 Rahmenbedingungen

Ich habe das Programm 1996 entwickelt und 1997 mit meinem Co-Moderator Frank Robertz modifiziert. Es wird in der sozialtherapeutischen Anstalt in Hamburg-Altengamme durchgeführt, die ausschließlich Langstrafler (also Täter:innen schwerer Delikte, darunter viele Tötungsdelikte) in den letzten zwei Jahren ihrer Haftzeit aufnimmt. Die Teilnahme am Opferempathietraining ist obligatorischer Bestandteil einer sogenannten „Trainingsphase“, die alle neu Aufgenommenen in den ersten drei Monaten als Gruppe durchlaufen. Eine Gruppe umfasst 5 bis 12 Gefangene, je nach der Anzahl der Neuaufnahmen. In der Zeit meiner eigenen Durchführung bildeten acht Gefangene die kleinste Gruppe. Ende 1999 bin ich aus der praktischen Arbeit ausgeschieden, stehe aber weiterhin im Kontakt mit den Durchführenden. Unser Kurs gliedert sich in acht Module, von denen jeweils vier im Rahmen zweier vierstündiger Veranstaltungen in aufeinander folgenden Wochen absolviert werden.

3.2 Die Module des Opferempathietrainings

3.2.1 Modul „Prominenten-Quiz“

Als Einstieg und zur Förderung der gruppendynamischen Situation beginnen wir nach einer kurzen Vorstellung mit einer Art Quiz. Dabei werden nacheinander Karten mit den Namen prominenter oder öffentlich bekannt gewordener Opfer hochgehalten. Sofern ein:e Teilnehmer:in etwas über die Opferwerdung dieser Person erzählen kann, wird die Karte an eine Wandtafel geheftet. Dabei handelt es sich z. B. um Jan-Philipp Reemtsma (Entführung), Ayrton Senna (Unfall beim Autorennen), Muhammed Ali (Leiden an der Parkinsonschen Krankheit), Rudi Dutschke (Attentat), Nelson Mandela (Opfer politischer Justiz), Rodney King (schwarzer Autofahrer, der von weißen Polizisten in Los Angeles misshandelt wurde) sowie Jeffrey Dahmer (Serienmörder, der selbst während der Haft ermordet wurde), aber auch um zusammengehörige Personen, wie Klaus Grabowski, Anna und Marianne Bachmeier. Grabowski ermordete die Tochter von M. Bachmeier. Diese erschoss ihn während des Prozesses im Gerichtssaal. Sie erlag später einer Krebserkrankung. Beide Erwachsenen sind damit sowohl Täter:in als auch Opfer, wenngleich die Täterwerdung der Mutter ohne die vorherige Tat ihres Opfers wohl nicht geschehen wäre. Andererseits zeigt diese Verquickung in extremer Form, was allgemein gilt, dass Täter- und Opferrolle nicht ein für allemal festgeschrieben und getrennten Personen zugeordnet werden können (vgl. Edgar & O’Donnell 1998).

Die *prominenten* Namen werden anschließend nach den Gemeinsamkeiten der Opferwerdungen klassifiziert, also „Unfallopfer“, „Krankheitsopfer“, „Kriminalitätsopfer”, „Opfer und Täter zugleich” usw. Nachdem wir beobachteten, dass auf manche Namen sehr emotionale Reaktionen erfolgten, ermutigten wir die Teilnehmenden, persönliche Sympathien oder Antipathien für diese Prominenten auszusprechen. Vorhandene Sympathien für Opfer bilden später gute Anknüpfungspunkte. Antipathien sind in der Regel subjektiv und bleiben in der Gruppe nicht unwidersprochen, erschüttern mithin eine dogmatische Weltsicht. Allerdings sollte das Thema der unsympathischen Opfer (i.d.R. wurden Grabowski und Dahmer genannt) nicht vertieft werden, sondern eher so gewendet, dass die Existenz dieses Pols den Blick auf seinen Gegenpol freigibt und man sich auf die Suche nach sympathischen Opfern machen kann, denen gegenüber Mitfühlen naturgemäß leichter fällt. Sympathie ist ein Katalysator auf dem Weg zur Empathie.

Durch diesen spielerischen Einstieg wird der Fokus auf verschiedenste Opferwerdungen gelegt. Die „Allgemeine Viktimologie“, wie sie insbesondere von Mendelsohn (1976) verfochten wurde, hat auf die strukturellen Ähnlichkeiten von Opferwerdungen, die durch gänzlich unterschiedliche Ursachen und Verantwortlichkeiten zustande gekommen sind, hingewiesen. Diese Konzeption ist hier von großem Nutzen, da erstens nicht zwingend zu jedem Opfer ein:e „Täter:in” zugeordnet werden muss (vgl. z. B. Senna, Ali) und zweitens nicht jede:r „Täter:in” oder Verantwortliche von der Gesellschaft im strafrechtlichen Sinne als „schuldig” angesehen wird (z. B. Soldaten im Krieg oder ein Autofahrer, der aufgrund eines Herzinfarkts einen Unfall verursacht). Die Teilnehmenden verlieren eventuell vorhandene Ängste, in eine Schuldvorwurf-Situation hineinzugeraten. In jenem Fall würden Abwehrstrategien aufgebaut, die Lern- und Auseinandersetzungsprozesse erheblich behindern würden. Stattdessen sollen Opferwerdungen unabhängig vom Entstehungszusammenhang betrachtet werden, um eine größere Offenheit für die Betrachtung der Folgen zu erzielen.

Diese Übung erfüllt regelmäßig ihren Zweck, d. h. fast alle Teilnehmer:innen beteiligen sich, alle können durch ihr Wissen Beiträge erbringen, und die Atmosphäre lockert sich zunehmend auf.

3.2.2 Modul „Opferwerdungen Nahestehender”

Nach dem „warming up“ mit der eher unpersönlichen und distanzierten Fokussierung des Themas „Opfer und Opferwerdungen“ erfolgt eine Annäherung an die konkrete Lebenswelt der Teilnehmenden. Wir bitten um Schilderungen der Opferwerdungen von nahestehenden Personen, z. B. eigenen Kindern, Eltern,

Partner:innen, Geschwistern, Freund:innen, Nachbar:innen, Arbeitskolleg:innen usw. Aufgrund des herausgearbeiteten weiten Opferbegriffs einerseits (der neben „kriminellen" Angriffen Unfälle, Naturkatastrophen und Krankheiten als ursächliche Faktoren einschließt) und der relativen Harmlosigkeit – da es ja um andere Menschen geht – andererseits, stößt diese Aufgabe kaum auf Schwierigkeiten.
Bei der Erinnerung an die Geschehnisse „kramt" der:die Gefangene gedanklich in der Biographie und beobachtet sich selbst dabei, welche der Erinnerungen, die ihm:ihr durch den Kopf gehen, berichtet werden soll. Einige Geschehnisse könnten in diesem Kreise ungeeignet zur Darstellung sein. Diese eher unbewusste und intuitive Selbstbeobachtung wird durch den zweiten Teil dieser Aufgabe – die Auswirkungen der Opferwerdung auf die betroffene Person und die eigene Reaktion darauf darzustellen – verstärkt. Man muss nämlich genau hinsehen und erlebt dabei Aspekte des Geschehens erneut.

Die genannten Auswirkungen werden an der Tafel festgehalten und klassifiziert, etwa nach materiellen, physischen, psychischen und sozialen Schäden. Wichtiger als die abstrakten Kategorien sind dabei die konkret berichteten Bedeutungen. So antworten die Teilnehmenden z. B. auf folgende Fragen: Was bedeutete die Erkrankung der Mutter für Ihre Familie? Wie erlebten Sie die Angst Ihrer Schwester? Welche Wirkung hatte der Tod des Freundes für Sie?

3.2.3 Modul „selbst erlittene Opferwerdungen"

Die Selbstbeobachtung vergangenen Erlebens wird anschließend vertieft, wenn es um die Teilnehmenden selbst geht. Wir bitten um die Schilderung selbst erlittener Opferwerdungen und verbinden die berichteten Aspekte der eigenen Erfahrungen mit den vorher protokollierten Gesichtspunkten (Auswirkungen), die bei der Betrachtung der Opferwerdungen anderer Personen gesammelt worden waren. Meistens sprengt ein:e Teilnehmer:in diese Perspektive und berichtet von der eigenen Täterwerdung. Dabei entsteht der Eindruck, als hätte jemand nur auf eine Gelegenheit gewartet, Gedanken und Gefühle auszusprechen, die er:sie ohnehin seit langem in sich trägt.

Spätestens an dieser Stelle wird die Einfühlung in das Schicksal anderer möglich: einerseits die Verbindung zwischen den eigenen Erlebnissen und denen der eigenen Opfer; andererseits die Verbindung von Teilnehmenden in der Gruppe, die sich mit dem Zugang schwerer tun, mit denjenigen, die stellvertretend diesen Weg geebnet haben.

Selbstverständlich ist auch schon eine Gruppensituation entstanden, in der die Teilnehmenden diesen Schritt anfangs nicht gehen wollten und z. B. behaupteten, nie in ihrem Leben Opfer geworden zu sein oder allein in ihrem aktuellen Status als Strafgefangene Opfer einer ungerechten Verurteilung zu sein. Anna Freud (1980) hat dargelegt, wie eine derartige Abwehrhaltung zustande kommt. In unseren Seminaren war sie nicht von Dauer und bereitete nur eine Verzögerung des Prozesses.

3.2.4 Alternativmodule „Körpersprache" oder „Carlisle Fantasy Analysis System"

In dem Modul „Körpersprache" geht es um eine stärker visuell orientierte Aufgabe. Wir präsentieren Photos von Samy Molcho (1994), die Alltagssituationen abbilden – häufig potentielle Konfliktsituationen zwischen Angehörigen unterschiedlichen Geschlechts. Jede:r Teilnehmer:in erläutert eine Szene. Unmittelbar anschließend können andere diese Interpretationen ergänzen oder hinterfragen. Gelegentlich stellen wir zur Veranschaulichung Szenen dar – z. B. das Eindringen in die Intimsphäre durch eine zu geringe Distanz beim Gespräch. Damit werden abstrakt vermittelte Erfahrungen durch konkretes Erleben ergänzt. Dieses Modul regt direkt zu Beobachtungen der Körpersprache – meist anderer Teilnehmender – an. Der Schritt von diesen nicht thematisierten Fremdbeobachtungen zur Selbstbeobachtung ist kein allzu großer. Jedenfalls liegt es nahe, die Perspektive der anderen auf sich selbst anzuwenden und somit nicht nur Gedanken und Gefühle, sondern auch Verhaltensweisen ins Bewusstsein zu heben.

Beim Carlisle Fantasy Analysis System (Carlisle 1995) sind zunächst schemenhafte Zeichnungen, die Opferwerdungen darstellen können, zu interpretieren. Jede:r Teilnehmer:in sucht sich ein Bild aus und erzählt der Gruppe, welche Opferwerdung dort dargestellt ist. Dabei wird er:sie ermutigt, auch seine:ihre Meinung über die Vorgeschichte und die Folgen mitzuteilen. In einem zweiten Schritt werden die Einzelabbildungen durch die Gruppe so in eine Reihenfolge gebracht, dass eine Geschichte daraus entsteht. Die Geschichte entsteht als Gemeinschaftsprodukt, wobei häufig alternative Verlaufsformen oder neue Deutungen gefunden und diskutiert werden. Nur vordergründig scheint eine fremde Szene beobachtet zu werden. Implizit stellen die Teilnehmenden Verbindungen zu eigenen Erlebnissen her. Ähnliches gilt für die Deutung der körpersprachlichen Darstellungen; auch hierbei erkundet man unwillkürlich, wie man sich selbst in jener Situation fühlen würde.

Diese Übungen lockern die vorherige Seminaratmosphäre sehr gut auf, zumal Teilnehmende und Kursleiter auf dem Fußboden hocken und ein diszipliniertes Durcheinander herrscht.

3.2.5 Modul „Schwere von Opferwerdungen"

Der zweite Tag beginnt mit der mehr oder weniger rhetorischen Frage nach Nachfragen zum ersten Tag. In Ausnahmefällen wird berichtet, bei welcher Gelegenheit das Seminar in der Zwischenzeit thematisiert oder daran gedacht wurde – Fragen gibt es nie.

Zur Auflockerung starten wir erneut mit einer „harmlosen" Übung. Es werden Gruppen von drei bis vier Personen gebildet, die die Schwere von vier Delikten in eine Rangfolge bringen sollen. Diese Delikte sind lediglich durch zwei bis drei Zeilen Text beschrieben. Variiert sind dabei Eigentums- und Gewaltdelikte, männliche und weibliche, jüngere und ältere Opfer und die äußere Situation. Zunächst werden nur die beschreibenden Texte ausgegeben; erst in der zweiten Runde erhalten die Gruppen den im Folgenden dokumentierten vollständigen Text einschließlich der wörtlichen Rede.

- Ein Verkäufer wird in dem Laden, in dem er arbeitet, zu Boden geschlagen, und sein Kopf wird mit Füßen getreten:
  „Ich konnte nicht mehr arbeiten. Immer wenn ein Kunde kam, schüttelte es mich durch und durch und ich begann am ganzen Körper zu schwitzen. Schließlich arbeitete ich mit einem Messer unter meinem Overall. Dann begab ich mich in eine Therapie, in der ich immer noch bin, obwohl es bereits 6 Monate her ist."
- Eine junge Frau wird auf dem Weg zum Geburtstag ihrer Schwester in einen Hauseingang gezogen, geschlagen und ausgeraubt:
  „Ich gehe nicht mehr allein auf die Straße. Fast jede Nacht wache ich auf vor Angst. Ich werde für den Rest meines Lebens nicht darüber wegkommen."
- Bei einer älteren Frau wurde eingebrochen. Die Diebe haben die Tür gewaltsam geöffnet. Als sie am nächsten Morgen aufwacht, merkt sie, dass ihr gesamter Schmuck, ihr Geld und ihre Scheckkarte gestohlen worden sind:
  „Ich habe Angst in meiner eigenen Wohnung. Ich kann dort nicht mehr leben. Ich bleibe bei meiner Tochter, bis ein Platz im Altersheim für mich frei wird. Mir ist jetzt nichts mehr geblieben von dem Schmuck, den ich von meinem verstorbenen Mann bekommen habe und von meiner Mutter geerbt habe."
- Ein gehbehinderter 75jähriger Mann muss ganz eilig weg. Draußen kann er sein Auto nicht finden. Es stellt sich heraus, dass es gestohlen wurde:

„Weil mein Auto gestohlen worden war, kam ich zu spät im Krankenhaus an. Meine Frau war schon gestorben. Jetzt kann ich nicht mehr weg, weil ich völlig vom Auto abhängig bin. Mit meiner kleinen Rente kann ich mir auch kein neues kaufen. Ich fühle mich sehr einsam.”

Die gefundenen und begründeten Rangfolgen der einzelnen Gruppen werden an der Tafel notiert und dieselben Gruppen erhalten für die zweite Runde in direkter Rede aus Opfersicht gehaltene Zusatzinformationen zu den Fällen (vgl. Victim-Impact Statement). Erneut finden mehr oder weniger intensive Diskussionen statt, bevor die ursprüngliche Rangfolge bestätigt oder verändert worden ist.

In diesem Fall haben die Gefangenen ein konkretes Geschehen quasi aus der Richter:innensicht beurteilt, wobei die Aufgabe in der Regel nicht mit übereinstimmenden Ergebnissen endet. Wir vermitteln die Botschaft, dass zwischen der *rechtlichen* Bewertung, die tendenziell eindeutig geleistet werden kann und der *lebensweltlichen*, sozialen Bewertung, die tendenziell unendlich viele Aspekte umfassen kann, ein großer Unterschied besteht. Genauso wichtig ist die Botschaft, dass Gerichtsprozess und Aburteilung an der Lage der Opfer nichts ändern.

3.2.6 Modul „selbstverursachte Opferwerdungen”

Wir kommen anschließend zum heikelsten Modul. Nachdem die Teilnehmenden in der vorigen Übung mit Opferstatements konfrontiert waren, liegt die Frage nahe, wie denn die eigenen Opfer auf die Opferwerdung reagiert haben. In der Regel kann hierbei an Geschichten aus dem dritten Modul des ersten Tages angeknüpft werden. Wichtig ist, Schuldvorwürfe zu vermeiden. Gerade jetzt wird Unterstützung gebraucht. Am Tatgeschehen lässt sich im Nachhinein ohnehin nichts mehr ändern.

Meistens stammen die Kenntnisse aus den Zeugenaussagen in den Gerichtsprozessen. Da in der betreffenden JVA viele Gefangene mit Tötungsdelikten einsitzen, beziehen sich viele entsprechende Aussagen auf die Angehörigen. Es wird klar, dass sich die meisten Gefangenen die Frage nach den Folgen ihres Handelns schon oft selbst gestellt haben. Genauso klar ist, dass die eigene Identität (als liebenswürdige Person) in dieser Situation bedroht ist und zur Abwehr neigt. Im Regelfall werden nur wenige Fälle diskutiert, während aufmerksame Anspannung herrscht. Empathie und Abwehr kämpfen miteinander.

Glücklicherweise konnte ich selbst 1998 und 1999 zusätzlich zu der beschriebenen Gruppenarbeit *Einzelgespräche* zur Vertiefung dieser Thematik auf freiwilliger Basis anbieten. Das Angebot wurde an dieser Stelle unterbreitet und regelmäßig von einer oder zwei Personen angenommen. Eine Unterstützung außerhalb des Gruppensettings wird gebraucht, um Angestoßenes weiterzuverfolgen sowie eine auf den Einzelfall zugeschnittene Restitutionsstrategie zu entwickeln und deren Umsetzung zu begleiten.

3.2.7 Modul „Coping der Opfer"

Hierbei geht es um die Strategien überlebender Opfer, ihre Opferwerdung zu bewältigen, also wieder „normal" zu werden. In einer früheren Studie zu diesem Thema habe ich 13 verschiedene Copingformen identifiziert (Hagemann 1993). Durch die Fragen: „Was haben Sie getan, als Sie Opfer geworden sind? Und was haben ihre Opfer wahrscheinlich getan?" gelangt man in der Regel auf ein ausreichend breites Spektrum. Wichtig für Täter:innen ist die Unterscheidung in Copingversuche *während* einer Opferwerdung und *im Anschluss* daran. Täter:innen können sich häufig genauso wenig wie Opfer vorstellen, dass man in solchen Situationen anders reagiert als gewollt. Aus spontanen Widerstandsreaktionen resultieren zuweilen Verschlimmerungen der Opferwerdung.

Täter:innen haben grundsätzlich Verständnis dafür, dass das Opfer gegen sie vorgegangen ist (z. B. Anzeige erstattet hat), denn das hätten sie selbst in einer ähnlichen Situation wohl auch getan. Allerdings sorgen die oben beschriebenen Verdrängungsmechanismen zuweilen dafür, dass sich diese Auseinandersetzung wie ein sportlicher Wettkampf anhört. Öfter wird Opfern unterstellt, die nach der Tataufklärung veränderte Machtsituation nun ihrerseits auszunutzen und unangemessen hohe Schadenersatzforderungen zu stellen oder Schäden geltend zu machen, die gar nicht eingetreten seien.

Ergiebiger für die Gruppenarbeit sind Fälle, in denen der:die Täter:in anschließend eine Wiedergutmachung erreicht hat oder sich entschuldigen wollte und das Opfer dies nicht akzeptierte. Jeder kennt mehrere Ursachen für dieses Verhalten: es ist der falsche Zeitpunkt, die Art der Ansprache ist ungeeignet oder mindestens eine der beteiligten Personen lehnt einen Dialog ab.

3.2.8 Modul „Mediation / Täter-Opfer-Ausgleich"

Im Rahmen des Trainings wird der Begriff Täter-Opfer-Ausgleich eingeführt. Einige Gefangene haben davon bereits gehört. Gelegentlich verfügt sogar jemand über Erfahrungen damit und stellt diese in der Gruppe vor. Auch als Rollenspiel haben wir dieses Modul eingeführt, bei dem Teilnehmer:innen die Rollen von Täter:in und Opfer spielten, ich mich als Konfliktschlichter ausgab und die übrigen in die Rolle von Regisseuren schlüpften. Die Beobachtenden analysierten das Spielen der Rollen und gaben kritische Hinweise. Erstaunlicherweise wurde dabei das Opfer aufgefordert, weniger nachgiebig zu sein, mehr Forderungen zu stellen und den:die Täter:in nicht zu einfach davon kommen zu lassen.

Wir erörtern dann *Vor- und Nachteile* eines solchen Ausgleichs – was gewinnt der:die Täter:in, was gewinnt das Opfer? Welche Risiken sind zu bedenken? Ergebnis ist die Möglichkeit einer „win-win-Situation“, also die Erzielung von Vorteilen sowohl für den:die Täter:in als auch für das Opfer – und wir beziehen regelmäßig auch die Gesellschaft / Gemeinschaft mit ein – auch für sie. Konkret heißt das z. B., dass das Opfer seinen Schaden zumindest teilweise ersetzt bekommt und vor allem in Folge der Begegnung seine Angst vor dem:der Täter:in abbauen kann. Der:die Täter:in erhält eine geringere oder gar keine Strafe und kann belastende Schuldgefühle abbauen, ggf. auch Angst vor der Rache des Opfers. Die Gemeinschaft profitiert, weil Täter:in und Opfer sich bei einer eventuellen späteren Begegnung wieder in die Augen sehen können und die Gefahr des erneuten Konflikts minimiert wurde.

Abschließend fragen wir, für wen ein solcher Ausgleich eine Perspektive sei und erörtern Möglichkeiten, ihn konkret zu realisieren. In erster Linie melden sich Gefangene, die einen starken Leidensdruck verspüren, entweder, weil ihr Opfer ständig in Alpträumen auftaucht oder weil es sich um eine Beziehungstat handelte, die eine wichtige Verbindung zerstört hat, die der:die Täter:in gerne wieder aufbauen möchte. Aufgrund der Besonderheit jedes einzelnen Falles findet die Gruppenarbeit hier ihre Grenze und die konkrete Vertiefung erfolgt in Einzelgesprächen auf freiwilliger Basis.

Das Training endet oft mit einer Erörterung der strafrechtlichen Herstellung des *Rechtsfriedens* gegenüber der Wiederherstellung des *sozialen Friedens* durch Mediation. Deutlich werden die verschiedenen Ebenen der Konfliktbearbeitung. Im günstigsten Fall kann über eine konkrete persönliche Restitutionsstrategie (z. B. Art des Herangehens, Einbeziehung von Unterstützer:innen) und die Chancen ihrer Umsetzung diskutiert werden; meistens war dies jedoch den Einzelgesprächen vorbehalten.

3.2.9 Weitere Anmerkungen zum Programm

Trotz des schwierigen Themas fallen im abschließenden Blitzlicht ganz überwiegend positive Äußerungen selbst von anfangs reservierten Teilnehmenden. Bei einer Weiterentwicklung des Programms sollte überlegt werden, inwieweit von der überwiegend verbalen Ebene abgerückt werden kann, z. B. durch pantomimische Elemente, Einsatz von Knetmasse und Malutensilien oder Photographieren.

Wir haben, abgesehen vom Modul „Deliktschwere", keine Lesefertigkeiten vorausgesetzt und nur ein Papier ausgehändigt: Am Ende des ersten Tages verteilten wir ein Erinnerungsblatt „Persönliche Bilanz des Seminartages", auf dem sich vier freie Felder für Notizen befinden: „das hat mir besonders gefallen", „das möchte ich nächstes Mal nachfragen", „das habe ich aus der heutigen Sitzung mitgenommen" und „das ist mir heute an mir selbst aufgefallen". Niemand hat jemals ein ausgefülltes Blatt zum zweiten Termin mitgebracht. Wir hoffen lediglich, dass dieses Blatt irgendwo in der Zelle herumliegt, gefunden wird und dann eine Erinnerung an das Programm auslöst. Besser sind nichtschriftliche Kommunikationsformen und -materialien, z. B. ein Photo, das den Betreffenden bei einer entspannten Szene während der Arbeit festhält, z. B. mit den Molcho-Photos (1994) oder Carlisle-Zeichnungen. Einerseits hegen etliche Gefangene offensichtlich Abneigungen dagegen, etwas aufzuschreiben. Andererseits können einige nicht gut deutschsprachige Texte lesen. Wir haben deshalb davon abgesehen, Informationsmaterial zu verteilen. Nur einmal bat ein Gefangener um schriftliches Material, das ihm dann zur Verfügung gestellt wurde.

Nach dem Beginn unserer Tätigkeit kam es zu einem Austausch mit den Niederländern Ben Serkei und Frans Willem Winkel, die ein Programm für jugendliche Gewalttäter entwickelt und betrieben haben (Slachtoffer in Beeld, vgl. Groenhuijsen & Winkel 1991; Serkei 1997). Das Modul „Schwere von Opferwerdungen" wurde daraus direkt übernommen. Frank Robertz hat von dem klinischen Psychologen Al Carlisle, der speziell die Psyche von Gewalttäter:innen erforscht hat, die Zeichnungen übernommen, woraus wir das entsprechende Modul konzipierten. Im folgenden Abschnitt möchte ich weitere Programme kurz vorstellen, um anschließend zu analysieren, welche Gemeinsamkeiten sie mit dem von uns entwickelten aufweisen bzw. welche Anregungen zu Weiterentwicklungen sie bieten.

4. Internationale Ansätze von „victim awareness"-Arbeit

Marian Liebmann und Stephanie Braithwaite haben 1999 für die *Restorative Justice Working Group in Northern Ireland* recherchiert, was es weltweit an derartigen Programmen gibt: "... there is yet no comprehensive literature on Restorative Justice in custodial settings ..." (Liebmann & Braithwaite 1999: 5). Ich stütze mich auf diese Ergebnisse, auf Materialien des International Centre for Prison Studies am King's College der Universität London sowie auf eigene aktuelle Internet-Recherchen. Klammert man therapeutische Programme für Sexualstraftäter:innen aus, dann ist die Ergebnismenge ausgesprochen übersichtlich. Aus Platzgründen widme ich mich in den folgenden vier Abschnitten kurz den wichtigsten ähnlichen Vorhaben. Darüber hinaus findet man weitere Hinweise auf Projekte in denselben Ländern, den Niederlanden und Neuseeland, die mehr oder weniger gut beschrieben sind.

4.1 England – Pionierstatus und gegenwärtige Situation

Bereits 1985 hat Gilles Launay in der englischen (damaligen) Jugendanstalt Rochester ein Programm evaluiert, bei dem sich nicht zusammengehörige Täter:innen und Opfer aus Einbruchsfällen sowie Polizei- und Opferhilfevertreter:innen an drei Terminen trafen. Opfer, die meist über eine Opferhilfeorganisation angesprochen worden waren, beschrieben sachliche und gefühlsmäßige Folgen. Täter:innen erhielten „aus erster Hand" einen Eindruck von den Auswirkungen ihres Handelns und mussten ihre Verantwortung dafür akzeptieren. Es gab Übungen und Rollenspiele, z. T. mit vertauschten Rollen, z. B. wurde ein Mediationstreffen durchgespielt. Während die Seminare mit institutionellen Opferhilfemitarbeiter:innen unter der zurückhaltenden Kommunikation der Gefangenen litten, kam der Dialog mit „echten Opfern" sehr gut in Gang. Alle Beteiligten verhielten sich wie ein Team. Die jeweiligen „Parteien" sahen sich anschließend gegenseitig in positivem Licht; die Opfer waren weniger ängstlich.

Gegenwärtig versuchen einige englischen Gefängnisse unter Federführung des Vorsitzenden der Anstaltsleitervereinigung, Tim Newell[173], ein auf Restorative Justice basierendes Vollzugskonzept umzusetzen. Eine Nichtregierungsorganisation, der *Inside Out Trust*, unterstützt und begleitet diese Bemühungen. Dabei stehen fünf Dimensionen im Mittelpunkt, wovon die zweite und vierte sich direkt auf die hier beschriebene Arbeit beziehen: 1. Handlungsstil / „Vollzugsregime" (z. B. Umgang mit Konflikten, Reduzierung von Spannungen, alltäglicher Umgang im Gefängnis), 2. Opferbedürfnisse (z. B. Opferempathiekurse, Mediation), 3. die Bedeutung der Anstalt für das Gemeinwesen (die Anstalt als Teil der Gesellschaft, Gefangene als Ressource, diverse Verbindungen nach außen), 4. die Wiederherstellung der Gefangenen (als verantwortliche Individuen mit der Fähigkeit, Gutes und Böses zu tun) sowie 5. Prinzipien bei der Arbeit (z. B. mehr Augenmerk auf Bewusstheit für Opferbelange zu legen, Förderung von Wiedergutmachung). Im Zuge dieser Ausrichtung öffnet sich das Gefängnis für die Zusammenarbeit mit

[173] Mir lagen Kopien interner Papiere mit den Titeln „Restorative Justice in Prisons" (Autor Tim Newell) und „Restorative Justice in Prisons in England and Wales – Project led by Tim Newell" vor.

Menschen aus der Gemeinschaft („community"). Newell betont, dass das Restorative-Prison-Konzept *nicht* primär als Werkzeug zur Rückfallvermeidung angesehen werden soll, sondern als Mittel des Empowerments für Gefangene, das jene in die Lage versetzt, selbst Verantwortung zu übernehmen und Wiedergutmachung anzustreben.

4.2 Nordamerika

Von mehreren Projekten möchte ich auf zwei kurz eingehen. In Graterford (Pennsylvania) wurde 1993 ein dreiphasiges, sich über mehrere Wochen erstreckendes Programm evaluiert, an dem u. a. „Mörder" teilnehmen. Im Mittelpunkt der ersten Phase steht die Übernahme von Verantwortung durch Täter, die sich im Zuge von wöchentlichen Treffen mit Freiwilligen herausbildet. In der zweiten Phase treffen Gefangene zum einen Opfer (allerdings nicht die zugehörigen aus ihren Taten) und erarbeiten zum anderen einen Brief an das eigene Opfer bzw. im Fall von Tötungsdelikten an dessen Angehörige. Durch Zusammenarbeit mit einer Opferhilfeeinrichtung können Briefe von Gefangenen an ihre Opfer weitergeleitet werden, wenn diese damit einverstanden sind. In Pennsylvania ist es Gefangenen nicht erlaubt, von sich aus „ihre" Opfer zu kontaktieren (Toews 2002: 1). Somit wird ein brieflicher oder / und direkter Täter-Opfer-Dialog möglich. Allerdings erwies sich der unterschiedliche Umgang der Opfer mit ihrer Erfahrung als Problem dabei, weil eine Abschätzung ihrer Reaktionen auf die Initiative von Gefangenen nicht möglich war. Es kommt vor, dass ein Opfer zu dem Zeitpunkt, an dem der Täter seine Reue ausdrücken möchte, nicht zur Aussöhnung bereit ist – manchmal auch nie. Die ersten Phasen waren hingegen erfolgreich und der Gruppenzusammenhalt schien die Teilnehmenden zu größerer Bereitschaft für Offenheit, gegenseitigem Respekt und Aufrechterhaltung von Vertrauen zu unterstützen (vgl. Hall 1993, zitiert nach Liebmann & Braithwaite 1999: 13).

Am Washington State Reformatory finden seit 1997 10-12wöchige Kurse mit Inhaftierten schwerer Delikte, Opfern und Bürger:innen statt (jeweils dreistündige Treffen). Zu den Zielen dieses Restorative Justice-Modells gehört es, eine sichere Umgebung für Gefangene zu schaffen, um ihren Opfern Wiedergutmachung zu leisten, eine konstruktive Kommunikation zwischen den Gruppen herzustellen und die Teilnehmenden zu kreativem Denken über Wege des Umgangs mit Kriminalität anzuregen. Es geht um die persönlichen Folgen der Taten, und gemeinsam wird Diskussionsmaterial über Restorative Justice bearbeitet. Die Evaluation durch Helfgott et al. (1998) ergab vielfältige positive Auswirkungen für alle beteiligten Gruppen. Nach Meinung von Täter:innen würden sich derartige Veranstaltungen

z. B. positiv auf die Gefängnis-Subkultur auswirken. Der Begriff „Verantwortung“ erhielt für sie einen konkreten Inhalt. Opfer empfanden es als heilende Erfahrung, zeigten weniger Kriminalitätsfurcht und Scham. Etliche wollten den eigenen Konfliktpartner treffen, um den Dialog am eigenen Konflikt fortzuführen. Unbeteiligte Bürger:innen entwickelten eine realistischere Sicht und ein besseres Verständnis für Opfer. Sie erkannten Unterstützungsmöglichkeiten für beiden Seiten und stimmten mit den Opfern überein, dass das Strafrechtssystem entsprechend reformiert werden müsse.

4.3 Australien

1999 beschrieb Thompson (2001) den Ablauf eines auf 6 Terminen aufgebauten Programms im Bundesstaat South Australia, das sowohl für Inhaftierte als auch als Bewährungsauflage genutzt wird. Die theoretische Fundierung weist sehr große Ähnlichkeit zu unserem Ansatz auf. Es geht um die Förderung von Empathiefähigkeit und Bewusstheit für die Folgen eigenen Handelns, welche Thompson in eine Verbindung mit der moralischen Entwicklung stellt, die bei Straftäter:innen häufig in einem „unreifen“ Zustand sei. Die dann entwickelten Abwehrmechanismen (bestreiten, rationalisieren und rechtfertigen) müssen überwunden werden. Thompson (2001: 6) geht davon aus, dass viele Täter:innen gar nicht aus bewusster Missachtung anderer handeln, sondern weil sie nicht gelernt haben, welchen Schaden sie mit ihrem Verhalten anrichten. Moralisches Denken ist Teil der Moralentwicklung und wichtigster Faktor für moralisches Handeln. Hauptanliegen dieses kognitiven Programms ist die Verhinderung von Rückfall durch Erhöhung der Schwelle zur Tatbegehung.

Im ersten Modul geht es um eine Dekonstruktion des Opferbegriffs, um Auswirkungen von Opferwerdungen anhand eines Films und die Übernahme von Verantwortung seitens der Täter:innen. Im zweiten Modul stehen dann Opferwerdungen Nahestehender im Mittelpunkt ergänzt um ein Video mit authentischen Opferaussagen. Das dritte Modul befasst sich mit dem Entschluss, eine Straftat zu begehen in Abwägung gegenüber pro-sozialem Verhalten. Im vierten Modul wird anhand des Films „Dead Man Walking“ (Prejean 1993) über Verdrängung, Rechtfertigung und Übernahme von Verantwortung diskutiert. Im fünften Modul müssen die Teilnehmenden ein Victim Impact Statement (VIS) zu ihrer eigenen Tat formulieren. VIS wurden in den 1980er und 90er Jahren vor allem in den USA und Australien eingeführt, um dem Opfer im Strafprozess eine Stimme zu geben. Es handelt sich um eine Stellungnahme des i.d.R. im Strafverfahren nicht anwesenden Opfers, die von dem:der Richter:in verlesen wird, in der die Auswirkungen der Opferwerdung geschildert werden. Manche VIS enthalten auch Bestrafungsforderungen. Im sechsten Modul wird dann mittels Unterstützung einer:eines Opfervertreter:in eine persönliche Restitutionsstrategie entwickelt. Falls Opfer nicht zu einem Dialog bereit sind, geht es um symbolische Wiedergutmachung. Thompson streicht die Lernerfahrung heraus und betont die notwendige hohe Qualifikation (in Theorie und Gruppenarbeit) der Durchführenden. Nach seiner Ansicht sind für teilnehmende Frauen spezifische Anpassungen nötig, weil deren Taten häufiger altruistisch motiviert seien.

4.4 Belgien – der umfassendste Ansatz

In einer Erklärung zur Strafvollzugspolitik im Sommer 1996 verband der belgische Justizminister erstmals die Ziele des Strafvollzugs mit dem Konzept der Restorative Justice. 1998 wurde in Belgien zunächst in sechs Gefängnissen ein Aktionsforschungsprojekt zur Implementation von Ideen und Methoden der Restorative Justice in Gefängnissen ins Leben gerufen. Seit 2000 sind in allen 32 belgischen Anstalten sogenannte Restorative Justice-Berater:innen tätig.

Der Ansatz zielt auf einen anderen Strafvollzug und lässt sich aufgrund seiner Ganzheitlichkeit nicht mehr als einzelnes Programm beschreiben. Hervorgehoben wird die Schaffung einer Kultur des Respekts im alltäglichen Umgang. Dies zielt zum einen auf Bewusstheit für Restorative Justice bei Bediensteten sowie auf gleichberechtigte Konsultationsstrukturen zwischen diversen Diensten im Gefängnis. Zum anderen soll direkte und / oder indirekte Kommunikation zwischen Täter:innen und Opfern ermöglicht werden. Hierbei geht es um die Verzahnung interner und externer Dienste, um ein Bewusstsein der Täter:innen für Opferbedürfnisse, aber auch um eine Bewusstheit der Opfer und Gemeinschaften über das Leben im Gefängnis (vgl. Biermans & D'Hoop 2001). Dabei werden Gruppenarbeit und individuelle Hilfen sowohl separat für Strafgefangene und Opfer als auch im Rahmen gemischter Gruppen angeboten. Sogar die jeweiligen persönlichen Netzwerke und entsprechende Hilfseinrichtungen für Straffällige und Opfer werden einbezogen (auch Strafvollzugsbedienstete). Die Ziele ähneln denen der anderen Programme: „Täter:innen" sollen Verantwortung übernehmen und Einstellungen ändern, „Opfer" sollen vor allem informiert werden, und beide Gruppen sowie die Gemeinschaft, in der sie leben, sollen in einen integrativen Dialog treten. Konkret wurde in einem Leuvener Gefängnis mit 300 Insassen tagsüber Bewegungsfreiheit für die Gefangenen eingeführt und mittels eines Opferhilfefonds, der Gefangenen die Möglichkeit bezahlter Arbeit vermittelt, konnte die finanzielle Entschädigungsleistung verbessert werden. In der offenen Anstalt Hoogstraten wurden u. a.

geführte Besuchstouren für auswärtige Interessent:innen aus der Gemeinde etabliert sowie direkte Täter-Opfer-Ausgleiche. In einem weiteren Leuvener Gefängnis (vorwiegend Untersuchungshaft) wird vor allem versucht, den Kontakt zwischen Gefangenen und ihrem Umfeld aufrechtzuerhalten. Darüber hinaus werden Anstrengungen unternommen, Opfer zu informieren und über einen Fonds zu entschädigen. Gefangene nehmen in einem frühen Stadium an einem Opferempathiekurs teil (vgl. Newell o.J.)

5. Vergleich, Grenzen und Erweiterungsmöglichkeiten

5.1 Die Gemeinsamkeiten mit dem von uns entwickelten Programm

Bereits formal fallen große Ähnlichkeiten der einzelnen auf *Gruppenarbeit* fußenden Programme auf. Die meisten Gruppen kommen mindestens dreimal zusammen; die Australier sechsmal, die Amerikaner noch häufiger und die Belgier arbeiten kontinuierlich über einen langen Zeitraum. Immer ist das Gesamtprogramm in Module mit jeweils unterschiedlichen Schwerpunkten unterteilt. Es geht immer um gravierende Delikte.

Auch inhaltlich werden Gemeinsamkeiten deutlich. Alle Programme rekurrieren auf eine theoretische Fundierung durch Restorative Justice, zielen auf Aufarbeitung von Konflikten und Wiedergutmachung. Sie gehen davon aus, dass Opfer ein Recht auf Anerkennung und Vermittlung ihrer Erfahrungen haben und Täter:innen damit konfrontiert werden sollen. Immer geht es darum, das Phänomen „Opfer“ und „Opferwerdungen“ in seinen Wirkungen für „Täter:innen“ verständlich bzw. erlebbar zu machen. Täter:innen sollen Verantwortung übernehmen. Erreicht wird das über direkte authentische Schilderungen oder Filme, die die emotionale Ebene ansprechen. Dadurch steht die Herstellung und Förderung von Empathie im Mittelpunkt. Ergänzend fließen Informationen ein (bzw. werden in Materialform eingeführt), die sich auf der kognitiven Ebene niederschlagen sollen. Auf diesem Kontinuum zwischen kognitiver und emotionaler Ansprache repräsentiert das von Thompson (2001) vorgeschlagene Programm den erstgenannten Pol, während Launays Programm sich sehr stark auf die Gefühlsebene konzentriert. Diese beiden Pole kommen durch die alternativen Begriffe Opfer*empathie*training oder Opfer-*Bewusstheit*sprogramm zum Ausdruck.

Die Analyse auf Gemeinsamkeiten fördert nicht nur vollständige Übereinstimmungen, sondern ebenso Ähnlichkeiten und Unterschiede zu Tage. So nutzen einige Programme bestimmte Methoden in weit stärkerem Ausmaß als wir. Elemente, die wir eher sporadisch einsetzten, wie das Rollenspiel „Mediationstreffen“

oder Erörterungen, eine persönliche Restitutionsstrategie zu entwickeln, haben andernorts systematisch ihren Platz. Dasselbe gilt für den breiteren Medieneinsatz, den wir nicht aus konzeptionellen Überlegungen, sondern aus Zeitgründen bisher ausgeklammert haben. Anders verhält es sich mit dem Durcharbeiten von Lernmaterialien (vgl. Helfgott et al. 1998), das m. E. zu einseitig auf eine kognitive Auseinandersetzung setzt und deshalb zu leicht mit der vorherrschenden Verdrängungsstrategie in Einklang gebracht werden kann.

Einige Programme bringen Täter:innen und Opfer direkt in einer Gruppe zusammen (allerdings meistens aus denselben Delikttypen – z. B. Einbruch, Bankraub, Vergewaltigung – nicht aus denselben Ereignissen). Andere beziehen sonstige Bürger:innen oder gar Richter:innen und Strafvollzugsvertreter:innen mit ein. Den weitesten Kreis bilden die Netzwerke, in denen Täter:innen und Opfer leben, einschließlich sozialer Institutionen außerhalb des Gefängnisses (vgl. Belgien). Hierbei handelt es sich zum einen um eine Ressourcenfrage, zum anderen um unterschiedliche gesellschaftliche Traditionen des freiwilligen sozialen Engagements. Wenn Gruppen sich nur zwei- oder dreimal treffen, ist dies schwieriger umzusetzen als im Rahmen längerer Kontakte. In Deutschland existieren gar nicht so viele Opferhilfegruppen wie in England oder Nordamerika und die Bereitschaft von Bürger:innen, einen Teil ihrer Freizeit mit derartigen Initiativen zu verbringen, scheint geringer ausgeprägt zu sein.

Einige Programme scheinen näher an der auch bei uns vorhandenen Zielsetzung des direkten Kontakts zwischen zusammengehöriger:zusammengehörigem Täter:in und Opfer zu sein – was in unserer Arbeit bisher nicht realisiert wurde (vgl. Hagemann 2003a). Die insgesamt hohe Übereinstimmung bei Entwicklungen, die wohl allesamt unabhängig und unbeeinflusst voneinander vonstatten gegangen sind, spricht für die Richtigkeit des Ansatzes.

5.2 Grenzen der Programme

Im Rahmen zweier vierstündiger Veranstaltungen kann kaum ein Lebensweg grundlegend verändert werden. Dass es in Ausnahmefällen doch geschieht, zeigt die Biographie von Jackie Katounas, einer 1992 aus dreijähriger Haft entlassenen Neuseeländerin, die die Begegnung mit ihren Opfern für eine grundsätzliche Lebenswende verantwortlich macht, sich zur Mediatorin ausbilden ließ und seit 1996 als Konfliktschlichterin arbeitet. Seit 2000 ist sie im ersten neuseeländischen Restorative Justice-Projekt innerhalb des Strafvollzugs tätig, wobei die eigene Biographie positiv überzeugend auf die anderen Teilnehmenden wirkt (vgl. Katounas & McElrea 2002). Im Allgemeinen stellen aber selbst vertiefende Einzelgespräche nur einen zusätzlichen Ansatzpunkt dar, der die Wahrscheinlichkeit für Änderungen erhöht. Opferempathiekurse sind kein therapeutisches Verfahren. Notwendig ist die Einbindung des Programms in ein entsprechend unterstützendes Vollzugskonzept. Optimal ist das Konzept der integrativen Sozialtherapie (Rehn 2000, vor § 123, Rz. 9 bis 12; Wischka & Specht 2001), aber auch in allen sonstigen Vollzugsanstalten sind derartige Programme grundsätzlich möglich und dringend geboten. Jedoch ist insofern die Frage noch offen, ob die strukturellen Grenzen einer Regelvollzugsanstalt eine echte Integration derartiger Ansätze erlauben (vgl. Hagemann 2003a).

Konkrete Grenzen im Sinne einer Nichteignung für bestimmte Zielgruppen werden von Wischka (2001: 531) benannt. Teilnehmer:innen mit Sprachproblemen, einem besonders niedrigen Intelligenzquotienten, „Geisteskranke“ oder Täter:innen, die ein Wiederaufnahmeverfahren beantragt haben, seien ungeeignet für das Sex Offender Treatment Programme (SOTP). Strittig ist, ob Suizidgefährdete daran teilnehmen sollen; Wischka sieht durch SOTP-Teilnahme diese Gefahr eher sinken. Weiterhin gelten Gruppentäter:innen und Totalverleugner:innen als Problemgruppen. Auch Thompson (2001: 10) weist darauf hin, dass diejenigen, die sich für unschuldig halten, nur in einem strukturierteren Einzelsetting erreicht werden können. Er setzt ebenfalls eine gewisse intellektuelle Mindestleistungsfähigkeit voraus und schließt Psychopath:innen sowie Teilnehmende mit schweren anti-sozialen Persönlichkeitsstörungen aus. Ferner will er Pädophile und Kindesmisshandler:innen zum einen aus Sicherheitsgründen, zum anderen aufgrund intensiverer Behandlungsbedürftigkeit ausschließen.

Mit Ausnahme einiger Intelligenzschwacher (jedoch nicht unterhalb der Verständnisschwelle) waren all diese Gruppen in „unserer“ Anstalt im Grunde nicht vertreten.

5.3 Erweiterungsmöglichkeiten entdecken

Fokussiert man die Unterschiede zwischen den Programmen, lässt sich feststellen, dass einige mit Jugendlichen arbeiten, andere mit Straftäter:innen, deren Freiheitsstrafe zur Bewährung ausgesetzt ist. Einige Programme werden von Externen durchgeführt, bei anderen sind es Vollzugsbedienstete, die die Gruppen anleiten und moderieren. Neben solchen Kennzeichen, die auf unterschiedliche Herangehensweisen und heterogene Anwendungssituationen hindeuten, kann diese Betrachtung Aufschluss über Erweiterungsmöglichkeiten bringen. Die folgenden Elemente erscheinen mir im Sinne einer Weiterentwicklung vielversprechend:

5.3.1 Der Brief aus dem Graterford Modell

Der Brief muss an das tatsächliche Opfer bzw. dessen Angehörige geschrieben werden. Er kann nur gelingen, wenn der:die Autor:in empathiefähig ist. Das Schreiben findet unter Beobachtung statt, Inhalte werden besprochen, so dass sekundäre Viktimisierungen weitgehend ausgeschlossen werden dürften. Die kooperierende Opferhilfeeinrichtung verwahrt den Brief und versucht, Kontakt zum Opfer aufzunehmen. Gelingt das, bietet sie dem Opfer an, den Brief des:der Täter:in zuzustellen. Dieses Verfahren trägt dem Umstand Rechnung, dass eine direkte Kontaktaufnahme des:der Täter:in von manchen Opfern nicht gewünscht wird, jedenfalls nicht unbedingt zu dem Zeitpunkt, an dem der:die Täter:in die Initiative ergreifen möchte. Direkte Abweisungen oder Bedrohtheitsgefühle können somit vermieden werden. Voraussetzung ist die Existenz einer entsprechenden Opferhilfeeinrichtung und eine gute Zusammenarbeit mit ihr.

Nach meiner Erfahrung stellt das Schriftliche eine hohe Hürde für die meisten Gefangenen dar; sie müssen sich Mühe geben! Dafür ist die heikle Frage der Kontaktaufnahme entschärft. Ich habe Gefangenen abgeraten, sich direkt an ihre Opfer zu wenden, sondern empfohlen, den Umweg über eine:n Pastor:in oder ggf. den:die gegnerische:n Anwältin:Anwalt vorzuziehen. Vollzugsmitarbeiter:innen, Anwält:innen oder andere Personen aus dem Täter:innen-Umfeld werden vom Opfer mit dem:der Täter:in identifiziert und eher nicht als Kontaktperson gewünscht.

5.3.2 Positives und Negatives über die Begehung von Straftaten

Stellt man eine Pro- und Contra-Liste von Aspekten auf, die *für* bzw. *gegen* die Begehung einer Straftat in einer bestimmten Situation sprechen, können durch diese Abwägung häufig die zur Straftat motivierenden Gesichtspunkte in Frage gestellt werden (Thompson 2001: 7). Diese Technik der Kontrastierung führt zur Reflexion des eigenen Verhaltens. Wir haben diese Methode im Modul, in dem Pro und Contra zum TOA aus Sicht der Täter:innen und der Opfer erörtert werden, praktiziert. Häufig bringt diese Herangehensweise neue individuelle Erkenntnisse, allerdings auf einer rein rationalen Ebene.

5.3.3 „Victim Impact Statement“ für die eigene Täterwerdung formulieren

Thompson bezeichnet dieses Modul als Eckstein des Programms (2001: 9). Hier wird der Rollentausch extrem, weil VIS im wissenschaftlichen Diskurs oft als „Waffe“ des Opfers gegen den:die Täter:in aufgefasst werde. Die Aufgabe ist ohne

Empathie nicht zu lösen. Es handelt sich deshalb um ein mächtiges und effektives Mittel, um festzustellen, ob Lernerfolge eingetreten sind.

6. Restorative Justice im Strafvollzug und vier Gründe für ein „Restorative Prison"

Restorative Justice geht vom Konflikt als einem Beziehungsereignis aus, in das „Täter:in“, „Opfer“ und Gemeinschaft involviert sind. „At the core of restorative justice are the concept of social inclusion, and the idea that individuals and the community as a whole have both needs and obligations." (Newell, internes Papier) Die Störung der Beziehungen soll von den Beteiligten im Dialog konstruktiv bearbeitet werden. Die leitenden Fragen richten den Blick in die Zukunft: welches Problem muss gelöst werden, wer ist verantwortlich und kann etwas zur Lösung beitragen? Restorative Justice verbindet Auseinanderdriftendes, schafft Gemeinschaft. Sie fördert soziale Beziehungen, die als gerechte Beziehungen (wieder-)hergestellt werden sollen. Die Suche nach einer konsensuellen Lösung, bei der der angerichtete Schaden möglichst wiedergutgemacht wird und der Ausblick auf das zukünftige Mit- oder Nebeneinander wirken integrativ. Während das Strafverfahren den Rechtsfrieden wiederherstellt, geht es bei Restorative Justice primär um den sozialen Frieden. Gerechtigkeit steht über dem Strafrecht, ohne allerdings das Recht zu verletzen! (vgl. Llewellyn & Howse 2001; Morris & Maxwell 2001).

Seit der Jahrtausendwende hat die Philosophie der Restorative Justice im belgischen Strafvollzug Einzug gehalten (vgl. Verstraete, Verhoeven & Vandeurzen 2000); eine ähnliche Entwicklung findet in einzelnen englischen Anstalten statt. In diesem Zusammenhang wurde der Begriff des „Restorative Prison“ geprägt (vgl. ICPS 2002a). Es werden vier Pfeiler dieses Konzepts definiert:

- *Das Gefängnis mit der Gemeinschaft (community) verbinden:* In Belgien wird darunter eine Vernetzung mit Einrichtungen außerhalb des Gefängnisses verstanden sowie die Möglichkeit für Opfer und andere Bürger:innen, in das Gefängnis zu gehen bzw. Informationen über den Strafvollzug zu erhalten. In England steht eher die Arbeit von Gefangenen für die Gemeinschaft im Vordergrund, z. B. im „Restorative Prison Project Albert Park“ in Middlesbrough (vgl. ICPS 2002a).
- *Die Gefangenen dazu anhalten, zum Nutzen anderer zu arbeiten:* In Belgien können Opfer aus einem Fonds entschädigt werden und Gefangene arbeiten zugunsten dieses Fonds. In England stehen direkte unbezahlte Arbeiten für karitative Zwecke im Vordergrund, wie z. B. vom Inside-Out-Trust unter dem

Motto „we don't waste prisoners' time and we don't waste bicycles" organisiert (vgl. ICPS 2002b).

- *Mehr Beteiligung von Opfergruppen herbeiführen:* Hierbei geht es um die Überwindung der Einseitigkeit und die Zusammenführung der Arbeiten von täter- und opferbezogenen Organisationen (vgl. beschriebene Programme).
- *Eine Umgebung mit erzieherischer statt disziplinarischer Grundhaltung erzeugen:* Dies betrifft die in Belgien betonte „Kultur des Respekts" im Gefängnis und zielt auf veränderte Umgangsformen zwischen Anstaltsleitung, Bediensteten und Gefangenen. An die Stelle der Betonung von Disziplin, Hierarchie und Ordnung soll ein Umgang treten wie er auch außerhalb des Gefängnisses zwischen Bürger:innen üblich sein sollte. Voraussetzung ist es, das Gefängnis zu einem sicheren Ort zu machen, an dem niemand befürchten muss, angegriffen oder in anderer Form Opfer zu werden.

„Restorative Prison" bedeutet also nicht bloß die Einbeziehung von Opferaspekten, sondern ein breiteres Spektrum an Initiativen, die die Lebensbedingungen innerhalb des Gefängnisses sowohl für Gefangene als auch für Bedienstete verbessern. Dazu gehören z. B. andere als disziplinarische Konfliktregelungsformen sowie Beteiligungsmöglichkeiten von Gefangenen an der Gestaltung des Vollzugs. Befriedete soziale Beziehungen gegenüber Opfern wirken positiv auf Klima und soziale Beziehungen im Strafvollzug zurück (vgl. Helfgott et al. 1998). In ihrem Grundsatzpapier formuliert Mace (2000: 2) die Vision wie folgt: „Wir können über das Potenzial und die Möglichkeiten für Veränderungen in den Beziehungen zwischen den Gemeinden und den in ihnen gelegenen Gefängnissen nachdenken. Wir können versuchen, das, was einige Gefangene durch individuelle Programme erreichen, zu erweitern und darauf aufzubauen, indem wir der großen Mehrheit der Gefangenen Möglichkeiten bieten, durch positive Arbeit und Aktivitäten mit den Gemeinschaften, in die sie zurückkehren müssen, verbunden zu werden. Wir können davon ausgehen, dass ein Gefangener in der Lage ist, als verantwortliche Person zu agieren, die sowohl zu guten als auch zu schlechten Handlungen fähig ist und die Gelegenheit im Gefängnis nutzen kann, um Wiedergutmachung für in der Vergangenheit entstandenen Schäden zu leisten, sei es für einzelne Opfer oder für die Gemeinschaft." Sie streicht heraus, dass ein derartiges Konzept den Gefangenen hilft, Beziehungen wiederherzustellen, Selbstwert aufzubauen und ihren Bürgerstatus zu erlangen, mithin Stigmatisierung und soziale Ausgrenzung bekämpft.

7. Schlussfolgerung

Opferempathietrainings sollten als Pflichtprogramm für Gefangene gelten. Auf freiwilliger Basis würden wahrscheinlich nur diejenigen erreicht, die bereits eine höhere Bewusstheit für Opfer mitbringen und unter ihren Taten leiden. Damit kein inneres Abschalten erfolgt, sollte die Teilnahme jedoch möglichst attraktiv gestaltet werden. Meine eigenen Praxiserfahrungen mit den Gefangenen bewerte ich als sehr positiv. Die ermutigenden Rückmeldungen und die großen Gemeinsamkeiten mit anderen Programmen zeigen, dass wir auf dem richtigen Weg sind. Allerdings ist der Rahmen von zweimal vier Stunden zu knapp, was der Vergleich mit anderen Ansätzen bestätigt. Das Programm kann noch verbessert werden: Einzelne Module (z. B. über selbst erlittene Opferwerdungen, selbstverursachte Opferwerdungen und Mediation) verdienten eine längere und intensivere Befassung und einige der skizzierten Erweiterungsmöglichkeiten sollten integriert werden. Es wäre günstig, wenn die emotionale Komponente noch stärker angesprochen würde, z. B. durch Rollenspiele oder durch eine Begegnung mit Opfern.

Das Programm eignet sich für „normale“ Strafgefangene, deren Empathiefähigkeit nur durch besondere Umstände blockiert ist und die gewisse intellektuelle Mindestanforderungen erfüllen – es sollte keinesfalls auf die Sozialtherapie begrenzt werden. Psychopath:innen, Autist:innen oder Sprachunkundige können in derartigen Gruppen nicht erreicht werden. Es sollte in jedem Gefängnis zu einem frühen Zeitpunkt absolviert werden, um die Unterstützung der institutionellen Strukturen auf dem unter Umständen langen Weg zum Dialog und Ausgleich mit dem konkreten Opfer zu nutzen. Genauso wie das Opfer ein Recht darauf hat, dass seine Schäden als wichtig angesehen werden und Täter:innen mit den Auswirkungen ihres Handelns konfrontiert werden, haben Täter:innen ein Recht darauf, ihre „dunkle Seite“ aufzuarbeiten und ihre soziale Beziehung zur Gesellschaft und zu eigenen Opfern auf eine neue Grundlage zu stellen. „Doing time“ heilt keine Wunden!

Opferempathietrainings sind einerseits Bestandteil eines neuen auf Restorative Justice basierten Gefängniskonzepts, andererseits ein erster Schritt zur Einbeziehung von Opfern und Bürger:innen und damit zur Normalisierung des Gefängnisses. An Stelle der Fremdbestimmung durch den Primat von Disziplin und Ordnung, ist Eigenverantwortung und Beteiligung an der Gestaltung des Lebensalltags gefordert. Inwieweit diese Neuerung unter Beibehaltung der bekannten Strukturen, die ein Gefängnis ausmachen, umsetzbar ist, kann durchaus skeptisch gesehen werden (vgl. Hagemann 2003a).

Im Zuge der Idee eines „Restorative Prison“ ist vielerorts die Umgestaltung des täglichen Umgangs erforderlich, die auf Respekt vor Interaktionspartner:innen basiert. Zwar wurden diese Bemühungen kürzlich von Bastiansen und Vercruysse (2002) sehr kritisch kommentiert, indem z. B. beklagt wurde, dass der Ansatz zu schnell, zu sehr „von oben“ und mit zu unerfahrenen Mitarbeiter:innen implementiert worden sei. Konzept und Realität stimmten nicht überein und es würde gar Widerstand seitens der Vollzugsbediensteten wachsen. Insbesondere Sexualtäter:innen seien 2002 in einer schlechteren Position als vor Beginn dieses Projekts. Die Teilnahme könne Täter:innen schädigen, wenn diese nicht ein Minimum an Selbstrespekt und Selbstwert entwickelt hätten, bevor sie sich mit Opfern treffen. Dennoch lohnt es sich, den Blick auf unser Nachbarland Belgien zu richten, das mit der Implementierung dieses Gedankengutes begonnen hat.

Aktuell dürfte es in den meisten Anstalten angeraten sein, derartige Opferempathieprogramme von Externen durchführen zu lassen, da sowohl die Vertrauensbasis zwischen Gefangenen und Bediensteten häufig brüchig ist als auch der respektvolle Umgang zwischen erwachsenen Menschen noch nicht immer den Regelfall darstellt. Die Überlagerung mittels disziplinarischer Macht und damit die Verletzlichkeit der Gefangenen ist groß, der Kontakt zuweilen unpersönlich verdinglicht.

Im Sinne des sozialen Friedens, der Stärkung von Gemeinschaften und der Integration von „Täter:innen” und „Opfern” sind derartige Programme unbedingt zu fördern und auszuweiten. Strafgefangene sollten dazu motiviert, und ihre echten, durch Opferstellungnahme und Stellungnahme der Vermittler:innen dokumentierten Anstrengungen zur Wiedergutmachung sollten z. B. durch die Verkürzung der Verbüßung anerkannt werden.

„Opfer“ und „Täter“ – vom Leiden zum Dialog[174]

mit Ricarda Lummer

Leben wir in einer Zeit, in der verschiedene soziale Gruppen auseinanderdriften – und damit einander Gewalt antun oder Leid zufügen können? Auge um Auge, Zahn um Zahn. Erkennen wir uns noch in unseren Mitmenschen und gehören wir überhaupt noch zu Gemeinschaften oder sind wir alle egozentrische Ichlinge geworden? Dieser Beitrag stellt zwei selbst entwickelte, modularisierte Pilotprojekte vor, bei denen es um Opferempathie, die Verarbeitung leidvoller Erfahrungen in der Folge von Opferwerdungen und eine konstruktive prosoziale Perspektive geht für Opfer von Straftaten und Täter:innen, die Straftaten begangen haben.

Das Europäische Parlament und der Rat der Europäischen Union haben am 25. Oktober 2012 die EU-Richtlinie 2012/29/EU über `Mindeststandards für die Rechte, die Unterstützung und den Schutz von Opfern von Straftaten´ erlassen. Damit werden die Mitgliedstaaten der EU zukünftig verpflichtet, in ihren jeweiligen Rechtssystemen Vorkehrungen zu treffen, die nicht nur den Rechtsfrieden herstellen, sondern Betroffenen weitergehend ermöglichen sollen, auch den sozialen Frieden (wieder) herzustellen, wobei besonderes Augenmerk darauf gelegt wird, dass Opfer in den entsprechenden Verfahren vor eventuellen weiteren Viktimisierungen geschützt werden. Dieser freiwillige, konstruktive, zukunftsgerichtete, demokratische Ansatz kann in sogenannten Täter-Opfer-Ausgleichsverfahren, Gemeinschaftskonferenzen, Friedenszirkeln oder ähnlichen Verfahrensweisen umgesetzt werden, die international unter dem Begriff „Restorative Justice“ (vielleicht am besten als „wiederherstellende Gerechtigkeit“ übersetzt) gefasst werden. Walgrave (2008: 21) definiert: „Restorative Justice ist eine Möglichkeit, nach dem Auftreten einer Straftat Gerechtigkeit herzustellen, die sich primär auf die Heilung der individuellen, relationalen und sozialen Schäden bezieht, die durch diese Straftat entstanden sind“.

Restorative Justice beschreibt damit im Grunde auch eine christliche Weltanschauung, die Konflikte und problematische Situationen möglichst gewaltfrei aufarbeitet und sich der gegenseitigen Verbindungen[175] zwischen Menschen bewusst ist. Die Theologin Melanie Wolfers (2013) hat kürzlich in ihrem Buch „Die Kraft des Vergebens“ über die Thematik derartiger Verletzungen und die Chancen einer

---

[174] Dieser Beitrag mit Ricarda Lummer erschien 2014 in Evangelische Stimmen. Forum für kirchliche Zeitfragen in Norddeutschland. Heft 3 (März), S. 21-31.

[175] Vgl. z. B. das afrikanische Konzept „Ubuntu“. Es geht davon aus, dass jeder Mensch erst durch seine Mitmenschen zu einem Individuum mit eigener Identität wird und betont damit die Wichtigkeit der Gemeinschaft mit anderen Menschen, die auch in der Restorative Justice zentral ist.

Aufarbeitung u. a. im Sinne der Restorative Justice geschrieben (ohne den Begriff allerdings explizit zu verwenden). Wir möchten zunächst kurz ein Forschungsprojekt vorstellen, in dessen Rahmen die beschriebenen Arbeiten entwickelt wurden, auf die theoretischen Fundierungen eingehen und dann vor allem die Pilotprojekte beschreiben und die bisherigen Erfahrungen damit öffentlich machen.

1. Unser Projekt

Die Europäische Kommission fördert seit dem 1. Januar 2013 unser Projekt Restorative Justice at post-sentencing level; supporting and protecting victims, das vom Schleswig-Holsteinischen Verband für soziale Strafrechtspflege; Straffälligenhilfe und Opferhilfe in Kiel koordiniert wird, und an dem sich in Deutschland neben der Fachhochschule Kiel, die Nordkirche, der Verein Hempels e.V., der Weiße Ring, die JVA Kiel und JA Schleswig sowie das Justizministerium Rheinland Pfalz und das Max-Planck Institut für internationales und ausländisches Strafrecht (Freiburg) beteiligen. Weitere Projektpartner kommen aus England, Kroatien, Spanien, Belgien, Portugal, Tschechien und Bosnien-Herzegowina, von denen einige schon über längere Erfahrungen mit diesem Ansatz verfügen, insbesondere im Falle schwerer Opferwerdungen. Im Wesentlichen geht es um Restorative Justice-Verfahrensweisen *nach* der Verurteilung eines Täters, vor allem um Möglichkeiten für Geschädigte von schweren Straftaten, an einem RJ-Verfahren teilzunehmen bzw. diese zu informieren und im Rahmen dieses Prozesses zu schützen und zu unterstützen. Da Restorative Justice-Verfahrensweisen in der schleswig-holsteinischen Öffentlichkeit – aber auch in den Partnerländern – wenig bekannt sind, haben Menschen, die an dieser Form der Problembearbeitung im Sinne des sozialen Friedens interessiert wären, wenige Möglichkeiten, es auch tatsächlich umzusetzen.

2. Theoretischer Hintergrund

Auf die Philosophie der Restorative Justice gehen die Beiträge von Hagemann (2014c) und Hagenmaier (2014) in diesem Heft der Evangelische Stimmen ein. Im Folgenden geht es weniger um Restorative Justice generell als vielmehr um ein selbst entwickeltes, modularisiertes Kurzzeit-Angebot für Gruppen von Strafgefangenen, bei dem die Empathie für Opfer von Straftaten im Mittelpunkt steht, sowie um eine Gruppenarbeit mit Opfern, die dadurch aus dem Schatten ihrer Täter:innen treten wollen. Wichtig ist es deshalb, Konzepte wie Empathie, Traumatisierung und Coping kurz zu erläutern, bevor anschließend die Programme detaillierter vorgestellt werden.

Der Begriff Empathie steht für ein psychologisches Phänomen, das zu unserer Fähigkeit beiträgt, Gefühle anderer zu verstehen, adäquat darauf einzugehen, erfolgreich emotional zu kommunizieren und prosoziales Verhalten zu fördern (vgl. Spreng et al. 2009). Er wird im heutigen Sprachgebrauch nicht selten verwendet und wirkt auf den ersten Blick klar. Bei genauerer Betrachtung ergeben sich dann allerdings diverse inhaltliche Facetten und fachwissenschaftliche Bezüge. So geht es einerseits um ein eher kognitives (z. B. Perspektivenübernahme, Phantasie) oder eher affektives (z. B. emotionale Ansteckung, unbewusste Nachahmung) Verständnis, andererseits um sehr beständige Charaktereigenschaften (mehr oder weniger empathiefähig zu sein) oder situatives Handeln (z. B. in Stresssituationen Anteil am Leid anderer zu nehmen oder sich selbst zu retten). Während Anfang des 20. Jahrhunderts der Begriff zunächst im Kontext der Ästhetik genutzt wurde (also nicht nur, um mit anderen Subjekten empathisch zu sein, sondern auch, um sich in Objekte, beispielsweise Kunstwerke, einzufühlen) wurde er in der Folgezeit zu einem zentralen Konzept der Psychologie und z. B. von Carl Rogers (1989; 2012) zu einer grundlegenden Voraussetzung gelingender therapeutischer Prozesse erhoben. In Entwicklungs- und Sozialpsychologie sowie Soziologie ging es eher um das Hineinversetzen in die Rolle eines anderen, darum, die Welt aus jener Perspektive wahrzunehmen mit dem Ziel, eigene Handlungsmöglichkeiten abzustimmen und zu erweitern. Neuerdings spielen neurowissenschaftliche Forschungen zu sogenannten Spiegelneuronen eine wichtige Rolle. Diese werden als naturwissenschaftliche Grundlage von Empathie konzipiert und gelten auch für Affen oder Mäuse, welche ohne Bewusstsein dennoch zum Mitleiden am Leiden von Artgenossen fähig sind und auf dieser Grundlage entsprechend handeln können. Während traditionell Säuglingen aufgrund des nicht entwickelten Bewusstseins (vgl. Mead 1934) keine Empathie zugeschrieben wurde und sich diese erst im Laufe der kindlichen Entwicklung langsam herausbildete (vgl. auch Piaget 1986 und Kohlberg 1974), erlaubt das Konzept der Spiegelneuronen, auch diesen von Geburt an eine gewisse Empathie im Sinne einer Nachahmung zuzuschreiben. Entsprechend haben neurowissenschaftliche Forscher (vgl. Bauer 2005; Hüther 2003) Empathie an physiologische Vorgänge gekoppelt und vor allem ein Bewusstsein für Schädigungen und Störungen im Prozess der vollen Empathieentwicklung erzeugt. So gilt heute, dass Traumatisierungen während der Kindheit die Empathiefähigkeit im Jugend- und Erwachsenenalter blockieren können (vgl. Eißele 2009, „kalte Kinder"). Darüber hinaus gibt es einige Krankheitsbilder (z. B. dissoziale Persönlichkeitsstörung, Autismus), die ebenfalls in diese Richtung wirken. Grundsätzlich gilt Empathie als Voraussetzung zur Ausbildung prosozialen Verhaltens und ein Mangel an Empathie erklärt z. B. die Ignoranz des Leidens von

Mitmenschen (Opfern) während oder nach einer Straftatbegehung. Bereits 1957 haben jedoch Sykes & Matza einen Aufsatz über sog. Neutralisationstechniken veröffentlicht. Ihre Theorie beschreibt, wie normal entwickelte, also grundsätzlich empathiefähige, Jugendliche und Erwachsene, das Leid ihrer Opfer zeitweilig ausklammern – neutralisieren – können, um Straftaten zu begehen. Albert Bandura und Kollegen (1996) haben mit dem sog. moral disengagement einen ähnlichen Ansatz verfolgt. Ihre Theorie setzt allerdings erst nach Begehung einer Straftat ein und erklärt, wie man im Nachhinein die Auswirkungen für seine eigene psychische Gesundheit bzw. die Selbstachtung neutralisieren kann.

Im Zusammenhang dieser Sozialisationsbezüge sind Überlegungen von Pranis (2000) interessant, die sich damit befasst hat, wie Kinder in heutigen Gesellschaften aufwachsen. Sie führt aus, dass wir ihnen nicht mehr die Verbundenheit aller Dinge nahebringen und die Notwendigkeit, stets die Auswirkungen des eigenen Handelns auf andere mit zu bedenken. Pranis macht deutlich, dass wir eine ganze Generation ohne diese Voraussetzungen für Empathie aufgezogen haben, denn nach ihrer Ansicht setzt die Erwerbung von Empathie voraus, dass wir

1. regelmäßig eine respektvoll übermittelte Rückmeldung darüber erhalten, wie unser eigenes Handeln andere betroffen hat
2. in Beziehungen wertgeschätzt werden
3. Mitgefühl von anderen erleben, wenn wir leiden

Opferempathietrainings mit Straftätern setzen an diesen Theorien an. Man geht davon aus, dass Empathie nicht in ausreichendem Maße vorhanden ist oder situativ ausgeschaltet werden kann und dann Leidzufügungen an Mitmenschen möglich werden. Gelingt es, die Empathiefähigkeit grundsätzlich zu erhöhen und in nahezu jeder Alltagssituation einen Zugang zur Empathie zu schaffen, dann wird es schwerer fallen, andere zu verletzen. Die Resilienz gegenüber der Begehung von Straftaten wird erhöht, potentielle Opfer werden geschützt. Unterscheidet man aus Sicht der Opfer zwischen primären und sekundären Opferwerdungen, dann zielt das Opferempathietraining für Straftäter zum einen auf eine tertiäre Prävention, d. h. auf die Vermeidung der Begehung weiterer Straftaten, zum anderen aber als sekundäre Prävention im Kontext eines Dialogs mit Opfern – ggf. dem eigenen Opfer – darauf, ein Bewusstsein für Bedürfnisse von Geschädigten zu entwickeln. Unser Training zielte auf beide Funktionen: zum einen sollten alle Teilnehmer möglichst von künftigen Straftaten Abstand nehmen. Zum anderen sollten Teilnehmende, die in einen Dialog mit Opfern treten, auf dieses Treffen vorbereitet werden. Konkret sollten sie sensibel in dieses Treffen gehen, um von vornherein weitere

Opferwerdungen bzw. das Aufreißen alter Wunden bei den Opfern zu verhindern. Wir glauben, dass es aus Gründen des Opferschutzes selten sinnvoll ist, in einen Dialog mit Täter:innen zu treten, die unvorbereitet sind und damit vielleicht unabsichtlich keine Empathie aufbringen.

Im Hinblick auf die Perspektive der Geschädigten stehen Begriffe wie kritisches Lebensereignis, traumatische Erfahrung oder Coping im Vordergrund. In einer früheren Arbeit hat Hagemann (1993) die Erfahrung, Opfer einer Straftat zu werden, als einen subjektiv empfundenen Angriff auf die eigene Persönlichkeit, auf Identität und Selbstverständnis verstanden, und zwar auch dann, wenn es vom Täter gar nicht so beabsichtigt war wie beim Wohnungseinbruch beispielsweise. Für den Einfluss, den eine Opferwerdung auf die betroffene Person hat, ist weniger die Intention der angreifenden Person entscheidend als vielmehr die Situation der geschädigten Person. Manche Menschen können selbst strafrechtlich als schwer bewertete Taten, wie räuberische Erpressung, schwere Körperverletzung oder gar Sexualdelikte relativ gut verarbeiten, weil sie über Unterstützung und Resilienzfaktoren (vgl. Antonovsky 1987) verfügen. Andere werden selbst durch juristisch weniger schwerwiegend eingestufte Taten wie Wohnungseinbrüche oder Mobbing vor extreme Herausforderungen gestellt. Den Prozess des Versuchs (und Gelingens) der Bewältigung derartiger kritischer Lebensereignisse bezeichnet man als Copingprozess. Die Stressforschung hat hierzu viele wichtige Erkenntnisse beigetragen (vgl. Lazarus & Folkman 1984), vor allem, dass Menschen über unterschiedliche Ressourcen verfügen und subjektiv, aber auch situativ unterschiedlich mit den Herausforderungen umgehen. Für private Unterstützer:innen und professionelle Opferhilfe gibt es deshalb keine standardisierten Vorgehensweisen. Aus der viktimologischen Forschung sind häufig vorkommende Probleme und auch Bedürfnisse von Opfern bekannt, an denen sich derartige Hilfe orientieren kann. Festzuhalten ist allerdings auch, dass es für Opfer in Schleswig-Holstein nur sehr eingeschränkt institutionalisierte Hilfen gibt (vgl. Blaser 2010). Als besonders tückisch erweist sich im Bewältigungsprozess die Befreiung von der Verbindung zum:r Täter:in, denn obwohl diese Person häufig gar nicht bekannt ist, dominiert sie doch das Leben des Opfers, allein, weil es in ungünstigen Situationen an sie denkt, sich ausmalt, wer es gewesen sein könnte und was alles noch Schlimmeres hätte passieren können. Häufig wachsen gerade unbekannte Täter im Bewusstsein des Opfers zu wahren Monstern heran und bestimmen das eigene Leben durch diverse Vorsichts- und Vermeidemaßnahmen oder Rachephantasien. Im Falle unbekannter Täter:innen gibt es auch keine Antwort auf die „Warum“-Frage, die sich jedem Opfer stellt. Besonders gefährlich ist es dann, die Ursache bei sich selbst bzw. eigenem Fehlverhalten zu suchen, sich also selbst Schuldvorwürfe zu machen. Nur durch eine Therapie oder den Dialog mit einem:r Täter:in, der:die die Verantwortung übernimmt, kann dieses Problem überwunden werden. Darauf zu setzen, dass die Zeit Wunden heilt, hilft insbesondere in Fällen schwerer Viktimisierungen in der Regel bestenfalls vorübergehend und birgt immer die Gefahr, dass die unsichtbare Wunde (Symonds 2010) wieder aufbricht. Unsere Gruppenarbeit Straf-Tat-Dialog (nach dem belgischen Programm „Aus dem Schatten des Täters treten") setzt an diesen Herausforderungen an. Im therapeutischen Bereich hat Luise Reddemann (2012) ein Verfahren der imaginativen Therapie entwickelt, das spezifisch für Opfer gute Erfolge verspricht, u. a. weil die Teilnehmenden aus der passiven Leidensrolle in eine aktive Position gelangen – Stressforscher unterscheiden zwischen bloß emotionsregulierenden und zusätzlich problemlösendem Coping, das ebenfalls die aktive Komponente hervorhebt. Von Therapeut:innen wird es kontrovers eingeschätzt, ob Opfer selbst entscheiden sollten, sich ggf. auf einen Dialog mit einem:r Täter:in, der:die um Entschuldigung bittet und Wiedergutmachung anstrebt, einzulassen. Manche sehen traumatisierte Personen, also Menschen, die „ein belastendes Ereignis oder eine Situation kürzerer oder längerer Dauer, mit außergewöhnlicher Bedrohung oder katastrophenartigem Ausmaß, die bei fast jedem eine tiefe Verzweiflung hervorrufen würde", erlebt haben (vgl. ICD-10) dazu nicht in der Lage und raten strikt ab (vgl. Ottomeyer 2011).

3. Pilotprojekte für Straftäter und Opfer

In Schleswig-Holstein, England, Kroatien und Portugal werden – alternativ oder additiv – Gruppenarbeiten mit Opfern, mit Täter:innen und Dialoge zwischen Opfern und Täter:innen sowie Mediationsverfahren wie Täter-Opfer-Ausgleich, Gemeinschaftskonferenzen oder Friedenszirkel als Pilotprojekte durchgeführt. Die Ergebnisse aus allen Partnerländern werden am Ende des Projektes zusammengetragen und anschließend als Grundlage für die Entwicklung eines Handbuches und eines Lehrplanes zur Weiterbildung von Praktiker:innen in diesem Bereich genutzt.

3.1 Straf-Tat-Dialog Gruppen für Geschädigte in Schleswig-Holstein

Ein Opfer einer Straftat bleibt häufig mit vielen offenen Fragen über Tat und Täter:in zurück. Geschädigte versuchen manchmal, sich ein Bild von der Person zu machen, die sie in diese Situation gebracht hat oder verdrängen dieses. Straf-Tat-Dialog Gruppen sollen Opfern die Möglichkeit geben, mit anderen Geschädigten über die Opferwerdung, die individuellen Bedürfnisse und Gefühle, die daraus resultieren, zu sprechen und zu erfahren, wie es anderen in einer ähnlichen Situation geht. In der Regel ist es nämlich schwierig, sich mit Freund:innen oder Angehörigen in befriedigender Weise über dieses Erleben auszutauschen. Die konkreten Ziele sind also die Thematisierung der Opferwerdung, das Reflektieren der eigenen Bedürfnisse, Unterstützung durch die Gruppe zu erfahren, das Geschehen aufzuarbeiten, die Auseinandersetzung mit dem Täterbild und ggf. Heilung herbeizuführen. Welchen Platz nimmt der:die Täter:in in der Vorstellung ein und wie kann man sich damit auseinandersetzen? Das Täter:innenbild hat einen großen Einfluss auf den individuellen Umgang mit dem Geschehen. Es geht darum, diese Aspekte in einem sicheren Rahmen zu besprechen. Interaktive und kreative Gruppengestaltung soll eine Auseinandersetzung mit der Thematik ermöglichen.

Bei Anfrage eines Geschädigten wird ein Vorgespräch durchgeführt, in welchem die Ziele und der Ablauf der Gruppengespräche erläutert werden. Es gibt keine Ausschlusskriterien, das heißt, weder in Bezug auf den Zeitpunkt der Opferwerdung noch der Schwere oder Art der Straftat. Vielmehr soll im Vorgespräch individuell geklärt werden, ob die Gruppenarbeit für die betreffende Person das Richtige ist. Zwei Personen unterschiedlichen Geschlechts, Erfahrungsschatzes und professionellen Hintergrundes führen dieses Angebot durch. Weder Gruppenleiter noch Räumlichkeiten werden während der insgesamt sieben Module gewechselt, um Kontinuität, Sicherheit und Struktur zu vermitteln. Die Teilnehmer:innen werden immer darüber informiert, was bei einem Treffen geschieht, das heißt, zu Beginn eines jeden Moduls fassen die Gruppenleiter den Inhalt zusammen und geben am Ende einen Ausblick auf das nächste Modul, so dass sich die Teilnehmenden auf die anstehenden Inhalte einstellen können. Um diese Art der Gruppenarbeit zu ermöglichen, sollten die Gruppen aus nicht mehr als 6 Teilnehmer:innen bestehen. Die Gruppe trifft sich siebenmal. Beim vierten Termin ist ein Besuch in einer JVA vorgesehen. Dort trifft die Gruppe auf Gefangene, die an dem unten beschriebenen, parallel stattfindenden, Opfer-Empathie-Training teilgenommen haben, also ebenfalls auf ein Treffen vorbereitet sind. Dieses organisierte Treffen bietet den Beteiligten die Möglichkeit in einen Dialog zu treten.

Eine zentrale Frage vor Beginn der Gruppenarbeit ist: Wie können Teilnehmende gewonnen werden? Hierzu werden mehrere Wege beschritten. In mehreren Informationsveranstaltungen für Mitarbeiter:innen des Weißen Rings wurde das Vorhaben vorgestellt. Die einzelnen Mitarbeitenden können dieses Wissen weitertragen und Opfer über das Angebot informieren. Dank der Erfahrungen des Weißen Rings wird hier ein geeigneter Zugang zu Opfern gesehen, ohne eine sekundäre Viktimisierung herbeizuführen. Die Kooperation mit der Landesarbeitsgemeinschaft Täter-Opfer-Ausgleich (TOA) Schleswig-Holstein bezieht sich nicht nur auf Wissensaustausch, sondern auch auf die konkrete Umsetzung der Gruppenarbeit und sich anschließenden Mediationen. Es wird hier auf das Wissen über Mediationen in Strafsachen, zu Täter- und Opferbelangen und des Dialogs der Parteien gesetzt. Außerdem haben Pastor:innen oft einen direkten Zugang zu Geschädigten und könnten, bei Bedarf, das Angebot der Opfergruppen unterbreiten. Die Kooperation mit Pastor:innen in Bezug auf die Seelsorge der Teilnehmenden ist ebenfalls wünschenswert. Ein wichtiger Teil des Projektes ist Öffentlichkeitsarbeit, weshalb die Kooperation mit Journalist:innen unerlässlich ist. Ein Projektpartner ist daher Hempels, die lokale Straßenzeitung in Kiel. Darüber hinaus sind und werden Artikel in lokalen Tageszeitungen erscheinen, unter anderem, um einen Aufruf zu den Straf-Tat-Gesprächen zu platzieren.

Im Herbst 2013 hat die erste Straf-Tat-Dialog Gruppe mit 5 Personen, die Opfer von gefährlicher Körperverletzung, Sexualstraftaten und Co-Opfer einer Tötung geworden sind, stattgefunden. Es ging ihnen darum, einen Weg zu finden, mit der Straftat und ihren Folgen umzugehen, mit anderen Betroffenen darüber zu sprechen und sich gegenseitig zu unterstützen. Die Teilnehmenden schilderten, wie sie im Alltag durch die Straftaten eingeschränkt sind und waren sehr daran interessiert von anderen zu erfahren, wie damit umgegangen werden kann. Die Gruppenarbeit bietet einen Rahmen mit Menschen über die Straftat zu sprechen, die nicht sensationslustig sind. Einigen ging es auch darum die Täter zu verstehen, zu wissen, was in ihren Köpfen vor sich geht, warum ein Mensch solche Taten begeht, so sagte eine Geschädigte: `wenn ich es verstanden habe, dann will ich es vergessen´. Auch wurde diskutiert, wie viel Wissen überhaupt hilfreich ist. Das Unbekannte wird oft größer gemacht als es ist, Täter:innen werden als Monster gesehen und erscheinen immer wieder in dieser Gestalt. Nach dem gemeinsamen Treffen in der JA Schleswig wurden aus den Monstern `ganz normale Jungs´. Das mag jedoch auch damit zu tun haben, dass es nicht die `eigenen´ Täter waren. Unter den Geschädigten war immer wieder die Ambivalenz zu spüren, einerseits neugierig auf Informationen und Erklärungen zu sein und andererseits alles vergessen zu wollen. Das Treffen mit „unabhängigen" Tätern (aus anderen Tatereignissen) bietet hierzu einen guten Kompromiss und kann bei der Verarbeitung der Straftat helfen.

Unabhängig von der eigenen Opferwerdung waren einige Teilnehmende auch aus gesellschaftlichen Gründen an der Gruppenarbeit interessiert. Es ging ihnen darum, dass Verantwortliche nicht zum Wiederholungstäter:innen werden und `wenn ein Täter sich mit Opfern und dessen Gefühlen auseinandersetzen muss, dann bringt das mehr als Gefängnis´.

Abb. 13: Vorher-nachher-Zeichnung einer Teilnehmerin

Zum Konzept gehört es, sein Bild vom Täter zu malen. Diese Übung wurde vor und nach dem Treffen mit den Gefangenen in der JA Schleswig gemacht. Die Übung fiel Tanja[176] schwer, weil sie ihren Täter nicht kennt, so sagt sie: `am liebsten hätte ich Fragezeichen gemalt oder ein weißes Blatt (...) er hat keine Emotionen gehabt, daher das schwarze Herz, aber ganz generell hat er sicher auch Emotionen, daher die zweite Person in ihm, die gut ist´ (vgl. Abbildung 13). Während des Treffens mit den Tätern findet in der Pause ein Einzelgespräch zwischen Tanja und Thomas statt. Im Anschluss daran berichtet sie, er wollte wissen, wie sie ihn sehe, daraufhin habe sie ihm erzählt, was sie in der Gruppenarbeit gemalt hat, nämlich einen guten und einen bösen Menschen und gesagt, dass sie davon ausgehe, dass auch er eine gute Seite habe. Danach sei es ihm schlagartig schlecht gegangen, ihre Akzeptanz ihm gegenüber hätte ihn umgehauen. Als die Übung nach dem Treffen wiederholt wird, zögert Tanja keinen Moment und erklärt das so: `vor dem Besuch hätte ich es wieder groß gemalt, jetzt ist er kleiner, der böse Mann. Das liegt daran, dass ich meine Gefühle frei gelassen habe und angefangen habe darüber zu reden´.

[176] Alle Namen geändert.

3.2 Opfer-Empathie-Training (OET) für Gefangene in Schleswig-Holstein

Das Opfer-Empathie-Training soll Gefangenen in der JVA Kiel und in der Jugendanstalt Schleswig die Möglichkeit geben, sich mit der Opferperspektive in einer kleinen Gruppe auseinanderzusetzen, über das eigene Verhalten zu reflektieren und somit ggf. Vergangenes aufzuarbeiten und Empathie für Opfer zu entwickeln bzw. stärken. Zu diesem Prozess gehört unweigerlich eine Auseinandersetzung mit dem eigenen Selbstbild, mit Schuldgefühlen und Reue. In der Gruppenarbeit werden ebenfalls Verantwortungsübernahme und Wiedergutmachungsmöglichkeiten thematisiert. Die sieben Module sind thematisch nach diesen Zielen strukturiert. Ein zentrales Element des Kurses ist das sechste Modul, in welchem es zu einem Dialog mit Straftatopfern (allerdings nicht den selbst geschädigten) kommen kann, welche sich parallel zu sogenannten `Straf-Tat-Gesprächen´ getroffen haben, um das Erlebte aufzuarbeiten (siehe oben).

An einer Gruppe nehmen etwa 6 und 8 Strafgefangene teil, die ihre Taten eingeräumt haben und in der Lage sind, auch deutsch-sprachige Aufgaben schriftlich zu bearbeiten. Betreut und angeleitet werden die Gruppen möglichst durch ein gemischt-geschlechtliches Zwei-Personen-Team, das von 1-2 studentischen Mitarbeiterinnen unterstützt wird, die in erster Linie Daten für die wissenschaftliche Begleitung erheben. Wichtig ist durch eine konstant gleichbleibende Zusammensetzung Kontinuität zu gewährleisten und eine vertrauensvolle Atmosphäre zu schaffen. Die Inhalte werden mithilfe abwechslungsreicher Methoden, in praktischen Übungen, Kleingruppenarbeit und Einzelaufgaben erarbeitet. Die einzelnen Module sind thematisch durch Aufgaben aus einem Arbeitsheft verknüpft, die der Teilnehmer zwischen den Modulen alleine bearbeitet und welche dann zu Beginn des nächsten Treffens gemeinsam besprochen werden und somit das neue Thema einleiten. Die Bearbeitung und Fertigstellung dieses Arbeitsheftes ist fester Bestandteil des Opfer-Empathie-Trainings. Am Ende des Kurses wird ein Zertifikat vergeben.

Der erste Durchgang fand im April / Mai 2013 in der JVA Kiel mit acht Teilnehmern statt. Zwei weitere Gruppen, jeweils in der Jugendanstalt Schleswig und in der JVA Kiel, fanden im weiteren Verlauf des Jahres 2013 statt, so dass die Erfahrungen von insgesamt 20 Teilnehmern, die unter anderem wegen Betrugs, Körperverletzungsdelikten, Raub, Fahren ohne Fahrerlaubnis, BTM Delikten und Einbruchsdiebstahls inhaftiert waren, ausgewertet werden können.

Da es nur zu einer Straf-Tat-Dialog Gruppe (Geschädigte) kam, konnte das Konzept wie vorgesehen mit dem Treffen zwischen der Täter- und Opfergruppe nur in einem Durchlauf umgesetzt werden. Dieses Treffen in der JA Schleswig jedoch verlief sehr positiv und hinterließ bei allen Beteiligten einen tiefen Eindruck, der durch die folgenden Zitate am besten verdeutlicht werden kann:

Stefan[177], 18 Jahre, JA Schleswig
‚Also Respekt an Sie alle, dass Sie sich so geöffnet haben. (...) grad merke ich eigentlich, also jede Straftat ist schlimm in irgendeiner Art. ... also man kann das nicht miteinander vergleichen, alle sind gleich schlimm eigentlich (...) auf jeden Fall, Sie haben ihr Ziel erreicht, ich bin auch hier in der Opfer-Empathie-Gruppe, also weil ich halt nicht soviel Reue zeigen konnte gegenüber meinen Opfern und grad, ich bin ehrlich bisschen geschockt, das grad alles gehört zu haben und ich kann das grad alles nicht in meinen Kopf... also wie soll ich das sagen, also das bringt mich schon auf jeden Fall, schon zum Nachdenken. Ich hatte noch nie so mein Opfer vor den Augen, (...) ich hab noch nie so deren Reaktionen... und wenn ich jetzt schon Ihre Reaktion so sehe, das schockt mich schon übertrieben‘.

Peter, 20 Jahre, JA Schleswig
‚Man sieht so im Fernsehen jetzt passiert was, dann ist die Frau ist in psychologischer Behandlung, oder so, vorher hab ich mir immer so gedacht `warum übertreiben die so‘n bisschen?´ Ich konnte das nicht so glauben, so das. Und jetzt sehe ich das ja. Wie soll ich das jetzt sagen? Aber ich sehe das jetzt mit meinen eigenen Augen. Ich sehe das nicht nur im Fernsehen, oder ich hör das nicht, ich sehe es jetzt vor meinen eigenen Augen und es kommt für mich alles gerade ganz anders rüber als ich es immer so gehört habe, oder immer so im Fernsehen... Und das kann man gar nicht miteinander vergleichen. Ich finde die Geschichten, also alle auf ihre eigene Art richtig schlimm, auf jeden Fall‘.

Daniel, 20 Jahre, JA Schleswig
‚Ich hab früher immer Probleme gehabt über Gefühle zu reden. Bei mir dreht sich jetzt alles, ich bin ziemlich im Gefühlschaos. Es ist wirklich schlimm, was ihnen alles passiert ist, ähm... besonders hart hat mich Ihre Geschichte getroffen, weil ich so etwas selbst auch eigentlich... also ich kenn solche Geschichten und jetzt ist, glaube ich, der Punkt gekommen, wo mir bewusst wird, dass mir ... dass ich Schlimmes anrichten hätte können, wäre es weiter gegangen und großes Lob an Euch alle. Also ich find es echt gut, dass Ihr heute hier sitzt und mir persönlich hat es auf jeden Fall geholfen und auf jeden Fall werde ich definitiv darüber nachdenken‘.

---

[177] Alle Namen geändert.

Tanja, 28 Jahre, Geschädigte
‚Ja, meine Gefühle sind ziemlich durcheinander. Ich habe heute das erste Mal die Mauer runterfallen lassen, symbolisch gemeint. Über die Gefühle überhaupt zu reden, ja, ich muss es erstmal auf mich wirken lassen'.

Sandra, 45 Jahre, Geschädigte
‚Ich bin jetzt nachdenklich, fühle mich aber auch ganz gut und was mich berührt hat, dass sich Eure Gesichter hier im Verlauf dieser Stunden verändert haben. Also diese ganzen Schattierungen von hier nach da und wie sich das so bewirkt hat, also man hat gemerkt, dass da was angekommen ist. Ich wünsche mir für Euch, also dass das haften bleibt, dass es nicht jetzt dieser Augenblick ist, der vom Alltag wieder überlagert wird, sondern dass da was nachhaltig hängen bleibt'.

3.3 Mediationen

Wie es zu Straftaten generell kommen kann, kann gut von „unabhängigen" Tätern in einem solchen Treffen beantwortet werden, die eigenen Fragen, warum ich, warum so und nicht anders, lassen sich jedoch nur vom eigenen Täter beantworten. Die Gruppenarbeit dient insofern einer guten Vorbereitung beider Seiten auf eine direkte Mediation und kann auch für diejenigen hilfreich sein, deren Täter:innen nie gefasst wurden, nicht interessiert oder unerreichbar sind.

Aus den Gruppenarbeiten mit Opfern und Tätern heraus meldeten sich einzelne Personen, die an einem Dialog mit ‚ihrem' Täter bzw. ‚ihrem' Opfer interessiert sind. Darüber hinaus nahmen weitere Personen direkt Kontakt zu einer der schleswig-holsteinischen Täter-Opfer-Ausgleichsstellen auf, so dass aktuell fünf Mediationen vorbereitet werden bzw. in der Durchführung oder abgeschlossen sind.

Die eingeleiteten Mediationsverfahren gingen alle von Täterseite aus. Einer von ihnen hat an der OET Gruppe in Kiel teilgenommen, alle anderen aus den JVAen Lübeck, Neumünster, Flensburg und der Abschiebungshaft Rendsburg haben auf anderen Wegen von dem Angebot erfahren. Aus der Opfergruppe gab es bisher keine Mediationsanträge, was unter anderem auch daran liegt, dass der Täter nie gefasst wurde oder keine Reue empfindet. Zunächst einmal gibt es bei der Verfahrenseinleitung keine Ausschlusskriterien, wobei auf Täterseite mindestens Einsicht gezeigt werden sollte. Da es sich um schwere Straftaten handelt (vgl. Aertsen 1999; Yantzi 1998), sind in der Regel einige Vorgespräche nötig, um gemeinsam mit der Person den Vorgang zu erarbeiten. In einigen Fällen wird ein Entschuldigungsbrief verfasst oder eine Videobotschaft aufgenommen, wie bei zwei der aktuell laufenden Fälle. Bei dem einen handelt es sich um einen Täter, der mehrere schwere Körperverletzungen und Brandstiftungen begangen hat. Nach einer Vorbereitungszeit von einem halben Jahr, in dem mehrere ausführliche Briefe verfasst wurden, werden jetzt die Geschädigten, teilweise über ihre Anwälte, angeschrieben und über das Anliegen des Täters informiert. In dem zweiten Fall, einer Sexualstraftat, wurde eine Videobotschaft aufgenommen und wird nun der Opferanwältin angeboten. Gerade bei Opfern schwerer Straftaten ist es wichtig, das Angebot so vorsichtig wie möglich zu formulieren, daher oft auch über näher stehende Personen wie Opferanwält:innen, um keine sekundäre Viktimisierung zu verursachen. Bei den anderen drei Fällen handelt es sich um fahrlässige Tötung, Anstiftung zum schweren Raub und Betrug. Letzterer wurde bereits mit zwei Ausgleichsgesprächen mit unterschiedlichen Geschädigten-Familien erfolgreich abgeschlossen.

4. Schlussfolgerungen

Alle drei beschriebenen Pilotprojekte scheinen insofern erfolgreich, als dass die daran Teilnehmenden offensichtlich von ihrer Beteiligung profitiert haben. Geschädigte berichten von großer Überwindung und enormer Anstrengung sowohl vor der Entscheidung zur Teilnahme als auch während der Durchführung. Sie drücken aber auch Zufriedenheit darüber aus, diesen Schritt gemacht zu haben und teilen mit, dass es ihnen zumindest nicht schlechter gehe, sogar ein gewisser Optimismus herrsche, die Opferwerdung jetzt besser bewältigen zu können.

Die meisten Strafgefangenen äußerten sich nach der Teilnahme ebenfalls positiv, empfanden die Auseinandersetzung mit dem Thema Opfer als wichtig und bestimmte Inhalte hilfreich, um mit ihrer Tat ins Reine zu kommen und Rückfälligkeit zu vermeiden. Es scheint, dass das Gruppenangebot aber nicht alle Teilnehmenden erreicht hat. Insbesondere unter den jüngeren `Tätern´ fiel es einigen schwer, Empathie zuzulassen und sich auf die Auseinandersetzung und den direkten Dialog mit Opfern einzulassen. Erfreulicherweise gab es in den Gruppen aber auch Teilnehmer, die den Schritt zum konkreten Dialog mit der Opfergruppe aber auch ihren `eigenem´ Opfer gehen wollten. Es bleibt festzuhalten, dass das Treffen zwischen den parallel stattfindenden Opfer- / Tätergruppen ein zentrales Element des Konzeptes und ein einschneidendes Erlebnis für alle Beteiligten ist.

In anderen Fällen sind Gefangene unabhängig von dieser Gruppenarbeit an Mediator:innen herangetreten, um zu versuchen, angerichtete Schäden wiedergutzumachen und einen Dialog zu führen. Gesetzlich darf in Deutschland jede Person, ob Täter oder Opfer, diesem Wunsch nachgehen und findet bei entsprechenden Einrichtungen Unterstützung. Allerdings bleibt zunächst offen, ob die andere Konfliktpartei sich auf eine Mediation einlassen möchte und für Strafgefangene stellt sich die Frage, ob ihnen die JVA diesen Weg erlaubt. Einige anfängliche Hindernisse konnten überwunden werden, so dass sich gegenwärtig fünf derartige „Täter-Opfer-Ausgleiche" mit Aussicht auf Erfolg in der Bearbeitung befinden.

Deshalb sind solche Angebote sinnvoll. Sind sie auch notwendig? Der Strafvollzug ist jahrhundertelang ohne (Wieder-) Herstellung des Sozialen Friedens ausgekommen. Opfer von Straftaten mussten selbst sehen, wie sie die Folgen bewältigen und gegebenenfalls Hilfe bekommen. Viele Straftäter:innen sind wieder rückfällig geworden und zum Teil wiederholt in das Gefängnis zurückgekehrt. Die Gemeinschaften, aus denen Opfer und Täter:innen stammen, mussten sich ‚privat' mit den resultierenden Problemen auseinandersetzen oder arrangieren. Die Gesellschaft insgesamt leistet sich ein teures Exklusionssystem mit Gefängnissen für Straftäter:innen, sozialer Unterstützung für deren Opfer und für Angehörige. Wäre es nicht an der Zeit, kreativer, konstruktiver und gesundheitsfördernder mit derartigen Problemen umzugehen?

Nils Christie (1995) schrieb über die Grenzen des Leids, als er dafür argumentierte, Konflikte so weit es geht dialogisch mit den direkt Betroffenen zu bearbeiten, um die innewohnenden Chancen für Lernprozesse, Wiedergutmachung und sozialen Frieden zu nutzen anstatt das Leid auf Opferseite durch ein Leiden auf Täterseite auszugleichen. Durch unseren bisherigen Umgang helfen wir Opfern in der Regel nicht und auch Täter:innen werden durch die Bestrafung nicht zu besseren Menschen oder von erneuten Tatbegehungen abgehalten.

Wir wünschen uns, dass es zukünftig überall die Möglichkeit gibt, für jedes Opfer, alle Täter:innen und jede Gemeinschaft, die an persönlicher Heilung und am sozialen Frieden interessiert sind, die beschriebenen und noch andere vielleicht neu zu erfindende Wege zu gehen. Der amerikansiche Kriminologe Pepinsky (2008) bezeichnet Empathie als sozialen Klebstoff, der Gemeinschaften oder die Gesellschaft insgesamt zusammenhält und es ist klar, dass diese vor allem durch Dialoge in der persönlichen Begegnung zwischen Menschen entsteht. Wir fragen uns, warum wir so große Schwierigkeiten haben, Menschen, die Opfer einer Straftat geworden sind und diese nicht abschließend bewältigt haben, für unsere Gruppenarbeit und die Dialoge mit Tätern zu gewinnen? Vielleicht gibt es unter den Leser:innen dieses Beitrags Interessierte, die eigene Erfahrungen aufarbeiten wollen oder Unterstützer:innen, die anderen helfen wollen, derartige Erfahrungen auf dem beschriebenen Weg zu bewältigen. Zu viele Friedensbemühungen kann es unseres Erachtens eigentlich nicht geben.

Für mehr Informationen: www.rjustice.eu.

Es handelt sich um Bilder, die drei Gefangene der OET-Gruppen in Kiel und Schleswig angefertigt haben.

Restorative[178] Gefängnisse[179]?

1. Einleitung

Gefängnisse dienen traditionell der staatlich sanktionierten Übelszufügung. Dabei stellt der Entzug der Freiheit das Übel dar, keineswegs besonders schlechte oder harte Lebensbedingungen. Die norwegische „Gefängnisinsel" Bastøy bietet Gefangenen viele Freiräume und verzeichnet nur 16 % Rückfall (Maelicke 2015: 236). Kann der Strafvollzug so umgestaltet werden, dass restorative, heilende und viktimologische Erkenntnisse umgesetzt werden? Wie müsste ein „Restorative Prison", das Aertsen (2012) als „contradiction in terms" bezeichnet, aussehen?

Auch Coyle (2008) betont, dass das Konzept der Freiheitsstrafe destruktiv sei und es kein restoratives Gefängnis geben könne. Das Beste sei, dass Menschen durch diese Erfahrung nicht schlimmer gemacht würden. Dennoch haben sich Edgar & Newell (2006: Kap. 5) an die Beschreibung eines restorativen Gefängnisses gemacht. Toews (2016) kritisiert die Gefängnisarchitektur, die keinen Raum für Privatsphäre und Positives („serenity") lässt. Privatsphäre sei notwendig für eine Öffnung zugunsten restorativer Gedanken.

2. Was kennzeichnet ein restoratives Gefängnis?

Viele aktuell existierende Justizvollzugsanstalten sind durch Hierarchie, Entmündigung, Sinnleere und Gewalt gekennzeichnet, d. h. durch negative Auswirkungen für Gefangene, deren Angehörige und Vollzugsmitarbeiter:innen. Dieser Abschnitt beschreibt Charakteristika restorativer Gefängnisse.

Zunächst werden kurz einige Prinzipien und Werte der Restorative Justice (RJ)-Theorie vorgestellt, aus denen Merkmale restorativer Gefängnisse abgeleitet werden. Anschließend geht es um die Praxiserprobungen in Belgien und England.

---

[178] Als deutliche Abgrenzung gegen eine Rückwärtsgewandtheit im Sinne des Wiener Kongresses „deutsche" ich den englischen Begriff im Sinne einer „transformative justice" ein (vgl. Blog-Eintrag von Howard Zehr am 12.4.2011, http://www.emu.edu/now/restorative-justice/page/4/, Zugriff am: 23.12.2018; *Walgrave* 2008).

[179] Dieser Beitrag erschien 2020 in: Drenkhahn, Kirstin / Geng, Bernd / Grzywa-Holten, Joanna / Harrendorf, Stefan / Morgenstern, Christine / Pruin, Ineke (Hrsg.). Kriminologie und Kriminalpolitik im Dienste der Menschenwürde. Festschrift für Frieder Dünkel zum 70. Geburtstag. Mönchengladbach: Forum Verlag Godesberg. (S. 817-833).

2.1 Aus der RJ-Theorie abgeleitete Merkmale

Restorative Justice geht von problematischen Situationen aus, schaut in die Zukunft und fragt, welches Problem gelöst werden muss, wer verantwortlich ist und etwas zur Lösung beitragen kann (vgl. Zehr 2010). Im weitesten Sinne kann RJ als Strategie oder Bündel von Strategien verstanden werden, die sich auf die Lösung von Konflikten und Streitigkeiten zwischen Parteien orientieren, mit Anwendungen in zivilen, unternehmerischen, strafrechtlichen und politischen Bereichen (vgl. Shapland et al. 2011: 4). Sie verbindet Auseinanderdriftendes, stellt zerstörte oder beschädigte Beziehungen unter Aspekten der Gerechtigkeit und des Empowerments (wieder) her. Während es im Strafverfahren um den Rechtsfrieden geht, zielt RJ primär auf den inter-individuellen und sozialen Frieden in Alltag und Gesellschaft, der auf Gerechtigkeit basiert (vgl. Hagemann 2017). Van Ness & Heetderks Strong (2002: 50) sprechen von einer anderen Art, über Kriminalität und Reaktionen darauf zu denken, die die Folgen in den Blick nimmt, Opfern zugefügte Schäden heilen und zukünftiges Leid durch Straftaten verhindern will. Das setzt Täter:innen voraus, die Verantwortung für ihr Handeln und dessen Folgen übernehmen. RJ strebt durch kooperative Anstrengungen von Gemeinschaften nach Wiedergutmachung für Opfer, Entschädigung durch Täter:innen und Reintegration beider in Gemeinschaften. Jede:r ist als Individuum zu respektieren, hat zum gemeinsamen Wohl beizutragen (Toews 2006: 20 f.). Die Reaktion auf eine Straftat soll möglichst sowohl die materiellen als auch symbolischen Bedürfnisse von „Opfern“, „Täter:innen“ und ihren Gemeinschaften widerspiegeln. Mit Hilfe von Vermittler:innen werden konsensuelle, nachhaltige Lösungen gesucht, bei denen der angerichtete Schaden und der Ausblick auf das zukünftige Mit- oder Nebeneinander die wichtigsten Aspekte darstellen.

Der ehemalige Gefängnisdirektor Coyle postuliert eine „wirklich restorative Gefängnisordnung“, die Wachstum und gegenseitiges Verstehen, Lernen und Zusammenarbeit zwischen Gefangenen, Bediensteten und der Gesellschaft bieten würde. Gefangene würden den Wert der Zusammenarbeit erleben und nachhaltig positive Einstellungen und Verhaltensweisen entwickeln. Eine restorative Gefängnisordnung böte Herausforderungen und Lerngelegenheiten, z. B. Dialoge zwischen Opfern und Täter:innen im Gefängnis, eine intensive Entlassungsvorbereitung und die Bearbeitung von Konflikten innerhalb des Gefängnisses bis hin zur Veränderung der Persönlichkeit von Gefangenen. Es gäbe Vertrauen in die Fähigkeiten der Gefangenen, Verantwortung für die Ausführung bestimmter Aufgaben würde übertragen, Lerngelegenheiten würden genutzt. Aufgabe des Gefängnispersonals wäre es, auf allen Ebenen und in allen Abteilungen die Fähigkeiten der Gefangenen zu erkennen sowie Anleitung und Unterstützung für ein bürgerliches Leben abseits der Kriminalität zu geben (Coyle 2008). Außerdem ist zentral an Opfer und Gemeinschaften zu denken, denn RJ ist ein Gerechtigkeitskonzept, keine besondere Form der Behandlung! Van Ness (2007) beschreibt gefängnisspezifische Bedingungen und RJ-Programme (vgl. auch Hagemann 2003a; Liebmann 2007).

2.2 Belgische und englische Erfahrungen mit Restorative Justice in Gefängnissen

Positive Evaluationsergebnisse eines 1998 in sechs Gefängnissen initiierten Aktionsforschungsprojekts zur Implementation von Restorative Justice-Prinzipien und -Methoden führten zur Entscheidung der belgischen Regierung, in jedem belgischen Gefängnis – manche unter 100 Insassen, andere mehrere Hundert – eine:n RJ-Berater:in einzustellen, um das gesamte Gefängnissystem nach restorativen Gesichtspunkten umzugestalten (vgl. Mariën 2010). Diese Berater:innen nahmen Ende 2000 ihre eher strategische Konzeptarbeit auf der Leitungsebene auf. Andere Mitarbeiter:innen sollten die Umsetzung gewährleisteten und konkrete Maßnahmen wie Gruppenarbeit und individuelle Hilfeangebote sowohl separat für einzelne Strafgefangene und Opfer als auch im Rahmen gemischter Gruppen anbieten. Dabei wurden die jeweiligen persönlichen Netzwerke und entsprechende Hilfeeinrichtungen für Straffällige und Opfer einbezogen. Neben den Gefangenen waren Strafvollzugsbedienstete Zielgruppe der Arbeit, weil man einen anderen sozialen Umgang, eine sogenannte Kultur des Respekts schaffen wollte. Der ganzheitliche Ansatz zielt auf einen anderen Strafvollzug, nicht nur auf ein einzelnes zusätzliches Programm. „Täter:innen“ übernehmen Verantwortung und ändern bestimmte Einstellungen, „Opfer“ werden vor allem informiert und beide sowie die Gemeinschaft, in der sie leben, treten in einen integrativen Dialog. Bastiansen & Vercruysse (2002) sahen Sexualtäter bei RJ-Dialogen in Gefahr, sofern diese nicht ein Minimum an Selbstachtung und Selbstvertrauen entwickelt hätten[180]. Sie kritisierten, dass das belgische Projekt restorativer Gefängnisse zu schnell und „von oben“ implementiert wurde. Dieser Ansatz führte zu Widerstand bei Bediensteten. Aufgrund einer Regierungsentscheidung übernahmen die RJ-Berater:innen 2008 allgemeine Managementaufgaben (Aertsen 2012), was den Ansatz in Frage stellt. Van Garsse (2015), der als Mediator im belgischen Strafvollzug gearbeitet hat, warnt vor Versuchen des Systems, RJ zu vereinnahmen. Aktuell wird in Bel-

[180] Aertsen (2012) fragt generell nach Gefahren einer Opfer- (und Gemeinschafts-)orientierung in der Arbeit mit Strafgefangenen.

gien und den Niederlanden ein Konzept für kleine, wohnortnahe Gefängnisse entwickelt, die einerseits Anonymisierungs- und Prisonisierungstendenzen großer Anstalten unterlaufen und andererseits bessere Chancen bieten, soziale Beziehungen aufrechtzuerhalten.

Das vom International Centre for Prison Studies unterstützte englische Restorative Prison Project war pragmatischer und weniger umfassend und ging davon aus, dass ein vollständig restoratives Gefängnis nicht möglich sei, sondern lediglich die Maximierung restorativer Aspekte (vgl. Edgar & Newell 2006; Coyle 2008). Dabei ging es bspw. um die Stärkung der Verbindungen zwischen dem Gefängnis und der lokalen Gemeinde, aber auch darum, Gefangene zu motivieren, freiwillige Arbeit zugunsten lokaler Gemeinschaften zu erbringen, Bewusstsein für Opferbelange und Empathie mit Opfern zu stärken, Opfer zu entschädigen, Dialoge zwischen Opfern und Täter:innen sowie ihren Nahestehenden und Gemeinschaftszugehörigen im Gefängnis zu ermöglichen oder auch die Konflikte innerhalb des Gefängnisses zu bearbeiten, bis hin zur Kultur einer generell friedlichen Konfliktbearbeitung und gar der Veränderung der Persönlichkeit von Gefangenen. Coyle (2008) betont darüber hinaus die Einbindung von Opfer-Gruppen, denen Zugang zum Gefängnis gewährt wurde.

3. Warum benötigen wir restorative Gefängnisse?

In diesem Abschnitt geht es um prinzipielle Erwägungen, um Vorteile für Gefangene und Vollzugsmitarbeiter:innen, für direkte und indirekte Opfer sowie Angehörige der Gefangenen, aber auch für die Gesellschaft insgesamt und Gemeinschaften innerhalb derselben sowie um mögliche Nachteile.

3.1 Menschenwürdiger Strafvollzug

Die Menschenwürde gilt auch für Straffällige (vgl. UN Standard Minimum Rules 1955, erneuert 2015) und deren Opfer (vgl. EU-Opferschutzrichtlinie 2012/29). Die Mitgliedstaaten des Europarates und der EU – also auch die deutschen Länder als zuständige Körperschaften – haben sich zu ihrer Einhaltung verpflichtet.

Als Ausdruck des Humanismus hat die UNO 1948 die Menschenrechte manifestiert. Joas (2015) legt überzeugend dar, welche Rolle die abolitionistische Bewegung zur Abschaffung der Sklaverei und die Ächtung der Folter auf dem Weg dorthin spielten. UNO (UN 2002; 2006), Europarat (Resolutionen 1999; 2018:

CM / Rec(2018)8) und EU haben sich wiederholt zu Gunsten von RJ engagiert.[181] Der Gefängnisalltag sollte also an restorativen Werten wie Heilung, freiwillige Teilnahme, Respekt, Inklusion, gleicher Status, persönliche Verantwortlichkeit und Problemlösung (vgl. Edgar & Newell 2006: 27) ausgerichtet werden. Frieder Dünkel hat sich im Kontext des Anti-Folterkomitees des Europarats, aber auch durch Forschungsaktivitäten praktisch eingesetzt (vgl. Dünkel et al. 2008; 2015).

Menschenrechte basieren auf allgemeinen menschlichen Bedürfnissen (Schaber 2011), z. B. Lebensrecht, körperliche Unversehrtheit, Gewaltfreiheit. Seit der grundlegenden Arbeit von Maslow (1943) sind Bedürfnisse Gegenstand vielfältiger Forschungen gewesen. Marcuse (1967) wies früh darauf hin, dass Bedürfnisse manipuliert werden können und unterschied wahre und falsche; so wird Geschädigten ein Strafbedürfnis unterstellt. Strang (2002) kam zu anderen Ergebnissen, die auf Heilung, Wiederherstellung und eine positive Zukunft zielen.

Toch (1996) hat sieben Grundbedürfnisse von Strafgefangenen aufgezeigt: Privatsphäre, Sicherheit, Struktur, Unterstützung, emotionale Rückmeldung, Aktivität und Freiheit. Toews (2016) betont den Wert sozialer Beziehungen und fordert „serenity places“, Möglichkeiten der Erbauung und Einkehr im Gefängnis (vgl. Projekt „Kloster im Gefängnis“). Dazu passt ein Wohngruppenvollzug mit Gestaltungsmöglichkeiten des eigenen Haftraums. Der gegenwärtig vorherrschende Strafvollzug wird den elementaren Bedürfnissen der Gefangenen – aber auch der Gesellschaft und der Opfer – nur bedingt gerecht. „There are inmates who claim that they first entered prison as trusting and gentle youths and left prison as irritable, ungovernable men. [...] it is one thing for prisons to fail to regenerate wolves. It is another thing for prisons to help make beasts of lambs.” (Toch 1996: 234) Das Gefängnis muss also auch hinsichtlich seiner Effektivität bewertet werden. Hohe Rückfallzahlen bei hohen Kosten des herkömmlichen Systems sprechen gegen die Beibehaltung! Koop (2018: 464 f.) macht uns mit der Beschreibung eines erfolgreichen Umgestaltungsprozesses Mut, an dem die Bediensteten und fast alle Gefangenen demokratisch teilhatten.

3.2 Vorteile für Gefangene und Vollzugsmitarbeiter:innen

Restorative Praktiken wie eine gewaltfreie Kommunikation (Rosenberg 2001) und Verfahren zur friedlichen Konfliktbearbeitung wirken trotz des unter Gefangenen

[181] Das herkömmliche Gefängnis erkennt diese Rechte prinzipiell auch an; das Anti-Folterkomitee (CPT) des Europarats findet aber immer wieder einzelne, manchmal auch systematische Verstöße (https://www.coe.int/en/web/cpt/home).

verbreiteten Misstrauens[182] positiv und entspannend auf das Klima und sowohl horizontale als auch vertikale soziale Beziehungen im Strafvollzug zurück. Gefangene, die sicher sind und respektiert werden, können sich mit Zukunftsperspektiven und Aufarbeitung vergangener Fehler befassen. Der zu „lebenslänglich“ verurteilte Gefangene Erwin James (vgl. Vorwort in Edgar & Newell 2006: VI) beschreibt die inhumane traditionelle Aufnahmeprozedur sowie die Spaltung zwischen Gefangenen und Bediensteten und stellt dem das RJ-Prinzip, die Menschlichkeit im Gegenüber zu erkennen, entgegen. Ein humanistisches Menschenbild stellt in Rechnung, dass jeder Mensch Fehler begehen kann (die u. U. anderen großes Leid zufügen), dass aber auch jeder einen guten Kern hat, der gefördert werden kann. Gefangene können an sich arbeiten, versuchen, zerstörte oder beschädigte soziale Beziehungen wiederherzustellen, angerichtetes Leid so weit wie möglich wiedergutzumachen oder zumindest der Gemeinschaft gegenüber positive Wirkungen zu entfalten. Das kann Desistance-Prozesse fördern, führt zur Bildung sozialen Kapitals und weniger (schweren) Rückfällen. Vollzugsmitarbeiter:innen könnten in weniger riskanter Umgebung arbeiten (weniger Beleidigungen, Feindseligkeit, drohende Gefahren) und mehr Erfolgserlebnisse haben (respektvoller Umgang, positive Kommunikation, angenehmeres Klima) (vgl. Edgar & Newell 2006). Eine Verbesserung des Klimas führt zu besseren Arbeitsbedingungen für Bedienstete (z. B. geringerer Krankenstand, weniger Übergriffe und Beleidigungen, Koop 2018). Genauso wichtig wie die Aufarbeitung von Defiziten ist es, Fähigkeiten zu entwickeln oder zu verbessern, konkret wurden bessere Empathiewerte [183] festgestellt (Sheffield Hallam 2009). Befriedete soziale Beziehungen gegenüber Opfern nehmen Gefangenen die Angst vor dem Ausgang oder der Entlassungssituation.

3.3 Vorteile für direkte und indirekte Opfer sowie Angehörige der Gefangenen

Manche geschädigte Personen suchen – teilweise über die Opferhilfe[184] – den Kontakt zu „ihren“ Täter:innen (vgl. Achilles 2004: 66; Stacey 2012) oder drücken zumindest großes Interesse an einem Kontakt aus (Laxminarayan 2014). Bei diesen ca. 50 % der Opfer, die prinzipiell unter der Bedingung der Freiwilligkeit an RJ-Dialogen interessiert sind, handelt es sich nach Bolivar (2013) mehr oder weniger um dieselbe Gruppe, die sich generell für gesellschaftliche Vorgänge interessiert

[182] Obwohl sich Gefangene – wie Sykes (1958) beschreibt – gegen Bedienstete solidarisieren.

[183] Das häufig angebotene Sycamore Tree Programm zielt auf Opferempathie und Rückfallreduzierung. „Täter:innen“ werden in Opfer-Empathie-Trainings für Opferbelange sensibilisiert (vgl. Hagemann 2014).

[184] Gefangenen ist der Kontakt zuweilen verboten, Anstalten weisen Opferanfragen zum Teil ab!

und ehrenamtlich engagiert: gebildete, finanziell gut gestellte Bürger:innen mittleren Alters. Das Bild vom Täter ist wichtig (vgl. Hagemann 2012), der Respekt, der eng mit Empathie (Wallis 2014; Hagemann 2014d) verbunden ist. Wir sprechen dann von opfer-initiierter RJ (vgl. Emerson & Hallam 2015; Hagemann 2017). Opfer bilden keine homogene Gruppe, und jede Opferwerdung ist ein individuelles Ereignis. Miller (2011) analysiert Fälle, die sich an eine von Betroffenen gegründete Organisation wendeten und teilweise in langfristigen Dialogen und gemeinsamer Aufarbeitung mündeten (vgl. auch Yantzi 1998).

Strang (2013) fand langfristig positive gesundheitliche Auswirkungen auf Opferseite nach RJ-Dialogen im Vergleich zu Gerichtsverfahren. Auch Angel et al. (2014) konnten eine signifikante Reduktion von Posttraumatischen Stress-Symptomen bei Opfern, die an RJ teilgenommen hatten, nachweisen. Buntinx (2015) berichtet aus der praktischen Arbeit über positive Auswirkungen für Opfer, die umso bedeutender sind, je mehr auf dem Spiel steht, d. h. bei schweren Opferwerdungen. Gefangene, die an RJ-Verfahren teilgenommen haben, übernehmen Verantwortung, machen eher Wiedergutmachungsvorschläge und bitten um Entschuldigung. So etwas kann helfen, kritische oder traumatische Lagen zu überwinden und eine ge-/zerstörte Beziehung zu befrieden.

Partner und Kinder sowie andere Angehörige könnten leichter engen Kontakt mit den Gefangenen unterhalten (vgl. „familienorientierter Vollzug“, z. B. im dänischen Engelsborg, vgl. Molbech & Enghoff 2014). Jene könnten soziale Verpflichtungen besser wahrnehmen.

3.4 Vorteile für die Gesellschaft und die Gemeinschaften der Opfer und Täter

Das englische Albert Park Projekt (vgl. Coyle 2008) hat gezeigt, dass eine Gemeinde von restorativen Aktivitäten in Gefängnissen, die die Insassen dazu motivieren, freiwillig gemeinnützige Arbeit zu leisten, konkret profitieren kann. Darüber hinaus änderte sich die Einstellung gegenüber Strafgefangenen positiv, und jene können mit etwas Stolz nach ihrer Entlassung in die lokale Gemeinschaft zurückkehren. Ein weiteres Beispiel für gute Kontakte zwischen Bürger:innen und Insassen bietet die Faith Unit des Rimutaka Prison in Neuseeland, die insbesondere die Wiedereingliederung entlassener Gefangener erleichtert (Workman 2007). Auch die Qualifizierung ehemaliger inhaftierter IRA-Kämpfer zu Mediatior:innen in Nordirland führt zu positiven Gemeinschaftseffekten (vgl. Chapman 2017). Da RJ zu geringerem Rückfall führt (vgl. Shapland et al. 2011; Strang et al. 2013; Wager et al. 2015), wären künftig weniger Haftplätze nötig. Es könnten Kosten entweder eingespart werden oder besser in das Unterstützungssystem für Opfer fließen (Waller 2011), was ebenfalls positive Rückwirkungen hätte.

Auf der Ebene der Gemeinschaften konkreter Opfer und Täter kann der soziale Frieden und der Zusammenhalt (Kohäsion) gefördert werden (vgl. Walker & Greening 2013). Anstatt zunehmender Entfremdung und Auseinanderdriften rückt das Gemeinsame, Verbindende in den Fokus und führt zu größerer Verantwortungsübernahme.

3.5 Fehlende Abschreckung als Nachteil?

Mit Blick auf viele gegenwärtige Gesellschaften könnte ein restoratives Gefängnis für stark Benachteiligte und arme Menschen ein eher attraktiver als abschreckender Ort sein. Diese Hypothese ist insofern wichtig, weil nicht nur innerhalb des Gefängnisses grundsätzliche Änderungen nötig sind, sondern gesellschaftliche Bedingungen, die die Begehung von Straftaten fördern, ebenfalls verändert werden müssten. Rusche & Kirchheimer (1981) haben in ihrer klassischen Studie zum Zusammenhang zwischen dem Gefängnis und der Sozialstruktur argumentiert, dass die Lebensbedingungen im Gefängnis stets schlechter sein müssen als jene der Unterprivilegierten in Freiheit, um eine abschreckende Wirkung zu erzielen. Ansonsten könnten diese auf die Idee verfallen, zeitweilig bewusst ihre Freiheit der Annehmlichkeiten bzw. sicheren Existenz wegen aufzugeben. Heutzutage ist ein populistisch inspirierter Diskurs zu vernehmen, dass Haftbedingungen „zu" human gestaltet seien und zuweilen den Lebensbedingungen in Altenheimen, Obdachlosenunterkünften oder Flüchtlingswohneinrichtungen überlegen sind.

Hierzu ist einerseits anzumerken, dass schlechte Lebensbedingungen außerhalb von Gefängnissen schon aus Gründen der Menschenwürde nicht als Begründung für schlechte Haftbedingungen herhalten dürfen und andererseits, dass die These der Abschreckung empirisch nicht stichhaltig ist (vgl. Wright 2008).

4. Konkrete praktische Anknüpfungspunkte und Herausforderungen

Im folgenden Abschnitt werden einige Ansätze aus Deutschland aufgegriffen, die bereits in Richtung restorativer Gefängnisse weisen. Es wird auf konkrete Änderungsbedarfe eingegangen und die Frage diskutiert, wo wir mit einer derartigen Transformation am besten beginnen sollten.

4.1 Bestehende Ansätze in Deutschland und ausgewählten anderen Ländern

Ohne die gesamte Vielfalt der in 16 Bundesländern vorhandenen Angebote zu überschauen, sei zunächst auf die generellen Konzepte des opferbezogenen bzw. verletztenbezogenen Strafvollzugs in NRW (§ 8 StVollzG NRW, 2014) und Berlin (§ 6 StVollzG Bln, 2016) verwiesen. Obwohl der Begriff von Rössner & Wulf bereits 1984 benutzt wurde, hat erst der nordrhein-westfälische Strafvollzugsbeauftragte Michael Walter (2013) diese teilweise restorative Perspektive stärker ins öffentliche Bewusstsein gebracht. Inzwischen gibt es in NRW und auch Niedersachsen in allen Gefängnissen Ansprechpersonen für Opfer.

Im Rahmen EU-geförderter Forschungsprojekte wurden in Bremen (vgl. Hartmann et al. 2013) und auch in zwei schleswig-holsteinischen Anstalten (JVA Kiel und JA Schleswig) systematisch RJ-Programme erprobt, z. B. „Opfer-Empathie-Trainings“ für Strafgefangene und „Straf-Tat-Dialog“-Gruppen für Geschädigte von Straftaten (vgl. Lummer & Hagemann 2015). Beide Formen münden idealerweise in eine gemeinsame Veranstaltung.

Derzeit werden „Opfer-Empathie-Trainings“ (OET) häufig als Vorbereitung für konkrete Opfer-Täter-Dialoge (OTD) oder gar Mediationen (Kilchling 2017) eher in einzelnen Anstalten regelmäßig angeboten. Die JVA Oldenburg stellt neben der JVA Schwerte im Hinblick auf RJ – wenngleich anscheinend bisher nur als einzelne Angebote für OTD und TOA – eines der fortschrittlichsten Gefängnisse in Deutschland dar (vgl. Kleinhans 2013). Andere Anstalten in denselben Bundesländern bleiben davon häufig unberührt, auch das Leben in den betreffenden Anstalten ändert sich für das Gros der Gefangenen nicht. Anders sieht es in der Sozialtherapie aus, deren Behandlungsprogramm in der Regel eine Auseinandersetzung mit der Opferseite vorsieht. Darüber hinaus werden Konflikte unter den Gefangenen hier in der Regel möglichst im Sinne der RJ friedlich, einvernehmlich und zukunftsträchtig bearbeitet. Dasselbe gilt für den Vollzug in freien Formen für Jugendgefangene wie er bspw. in Creglingen, Leonberg und Leipzig durch freie Träger angeboten wird. Auch in jenen Einrichtungen gibt es OETs in Form des christlichen Sycamore Tree Programms (regelmäßig unter Beteiligung von Opfern), das von Prison Fellowship International entwickelt wurde.

Neben der Verbindung von Opfer- und Täterperspektiven auf individueller Ebene sollten auch strukturelle Konflikte nicht übersehen werden. Das Berliner Projekt Gerichtliche Mediation in Strafvollzugssachen bearbeitete Konflikte zwischen Gefangenen und Bediensteten bzw. aufgrund ablehnender Entscheidungen des „Systems“ (Vogt & Vogt 2015).

Spezifische RJ-Angebote stellen z. B. die Huikahi Restorative Circles aus Hawaii (Walker & Greening 2013) bzw. Sozialnetzkonferenzen zur Haftvermeidung in Österreich (Schlechter 2015) dar. Die Hawaiianische Variante versammelt Vertraute eines:r Gefangenen aus der Haft und aus dem sozialen Empfangsraum für die Zeit nach der Haftentlassung und lässt diese moderierten Gruppen konkrete Integrationspläne ausarbeiten, die durch Nachfolgetreffen überprüft bzw. angepasst werden können. Während es in Hawaii nur um die (ggf. vorzeitige) Haftentlassung nach Strafverbüßung geht, betrifft es in Österreich junge Straftäter:innen, denen womöglich Haft oder Untersuchungshaft erspart bleibt. RJ-Verfahren wie Circles oder Conferencing werden zuweilen auch andernorts genutzt, um Pläne für vorzeitige Entlassungen zu entwickeln oder entsprechende Entscheidungen zu fundieren.

Schließlich könnten die Beispiele der erwähnten neuseeländischen Faith Unit bzw. der norwegischen Insel Bastøy in diesen Kontext gestellt werden, bei denen es um größere Alltagsnähe geht, aber auch die Unterstützung von Gemeinschaften einschließlich möglicher Opfer. Generell ist im Hinblick auf RJ die fehlende Öffnung des herkömmlichen Gefängnisses für Opfer und Gemeinschaften zu konstatieren.

Wie könnte nun so ein Transformationsprozess aussehen?

4.2 Die Umwandlung herkömmlicher Gefängnisse nach restorativen Prinzipien

Im Bewusstsein einerseits starker Widerstände aus dem bestehenden System selbst (vgl. Bastiansen & Vercruysse 2002; Fellegi & Szegő 2015), das „bewährte" Abläufe erhalten möchte, deren darin sozialisierte Akteur:innen Ängste vor Neuerungen mitbringen, der Hürden von Verwaltungsvorschriften sowie Sicherheit und Ordnung und der Unmöglichkeit eines rein restorativen Gefängnisses, andererseits der immensen Vorteile einer maximalen Anwendung restorativer Verfahren bzw. einer Gestaltung des Alltags nach der RJ-Philosophie, die möglichst breit verbreitet und handlungsleitend werden sollte, bietet sich die Suche nach weiteren vorbildlichen Erfahrungen an.

So wurde in den 1970er Jahren die offene Schweizer Vollzugsanstalt Saxerriet als „Vertrauensvollzug" mit großen Freiheitsräumen für die dort Inhaftierten gestaltet (vgl. Korth 1976). Dieser frühe Ansatz bezog sich auf die Verbesserung der Lebensbedingungen von Inhaftierten und des Verhältnisses zu den Bediensteten bei fehlender Öffnung für Opfer und Gemeinschaften. Das scheint in den brasilianischen APAC-Gefängnissen, die ohne hoheitliches Personal auskommen, also gewissermaßen durch die Insass:innen selbstverwaltet sind, „besser" gelöst (vgl.

Lang 2022). Man kann es aber vielleicht auch als besonders perfide empfinden, da der Gefangenenstatus erhalten bleibt und diese ihre eigene Gefangenschaft organisieren.

Der langjährige Leiter der JVA Oldenburg beschreibt einen konkreten Transformationsprozess eines menschenunwürdigen Gefängnisses in eine Vorzeigeanstalt. Ausgangspunkt waren Herausforderungen wie ein hoher Krankenstand beim Personal, schlechte Hygiene, Gewalt, Überbelegung und disziplinarische Probleme (vgl. Koop 2018). Im ersten Schritt gelangen bauliche Verbesserungen, die allerdings von Gefangenen kaum wertgeschätzt wurden. Mittels eines intensiven und kontinuierlichen Dialogs, der neben den Mitarbeiter:innen auch die Gefangenen einbezog, ist dann jedoch eine weitgehend erfolgreiche Umgestaltung gelungen, die ca. 95 % der Gefangenen einbezog. Diese genießen heute deutlich größere Freiräume innerhalb der Anstalt und gehen verantwortlich damit um, so dass auch das Personal die Veränderung akzeptiert und unterstützt, wenngleich noch stärker die Gesamtkultur der Anstalt von restorativen Werte durchdrungen werden müsste. Restorative Justice Nederland entwickelte 2013 ein „Organizational Maturity Grid Restorative Practices", das unterschiedliche Umsetzungsgrade abzubilden hilft, d. h. das Gefängnis selbst, aber auch Politik und Wissenschaft können damit regelmäßig die Fortschritte überprüfen bzw. Hürden identifizieren.

Veränderungsprozesse brauchen nicht nur engagierte Mitarbeiter:innen vor Ort, sondern auch Verbündete z. B. in Ministerien, in der Richterschaft wie die Neuseeländer Becroft und McElrea (2007), aus Opfer- und Angehörigen-Organisationen oder Forscher:innen. Gefangene selbst sind wenig einflussreich. Aber vielleicht können die sorgfältige Dokumentation und eine Sammlung positiver Beispiele helfen?

4.3 Wo beginnen?

Viele Reformen im Strafrecht wurden zunächst im Jugendbereich erprobt und später ausgeweitet – z. B. der TOA, anders die Sozialtherapie. Für die Erprobung in einem Teilbereich spricht, dass anschließend mit positiven Beispielen argumentiert werden kann. Unsere eigene Erfahrung mit Opfer-Empathie-Training und Straf-Tat-Dialog aus dem Jugendvollzug zeigte in der Sozialtherapie sehr positive Ergebnisse, aber beträchtliche Schwierigkeiten bei „normalen" jungen Gefangenen (Lummer & Hagemann 2015: 51 f.). Es handelt sich um eine hochausgelesene Gruppe. Häufig fehlen grundlegende Fähigkeiten im Sozialverhalten. Empathie und Verantwortungsübernahme sind vielfach gering ausgeprägt, so dass sich für Dialoge mit Opfern Fragen des Schutzes und der Vermeidung sekundärer

Viktimisierung stellen. Es heißt, dass im Jugendvollzug häufiger Übergriffe geschehen und insgesamt weniger Bereitschaft auf Seiten der Gefangenen besteht, sich selbst zu ändern. Einerseits herrscht hier der größte Bedarf, andererseits droht ggf. ein Scheitern der Umsetzung einer auf Freiwilligkeit und Offenheit setzenden Philosophie.

RJ scheint im Erwachsenenbereich weiter verbreitet zu sein (Correctional Service Canada 2011; Liebmann 2007), und insbesondere Ersttäter:innen bzw. erstmalig Inhaftierte könnten eine gut geeignete Zielgruppe bilden.

Ich plädiere dafür, nicht zuletzt wegen vieler mitbetroffener Kinder zunächst den Frauenstrafvollzug nach restorativen Gesichtspunkten umzugestalten und zu öffnen (Beichner & Hagemann 2016; 2022). Toews (2016) sowie Walker & Greening (2013) haben viele positive Erfahrungen mit weiblichen Gefangenen erarbeitet. Radosh (2008) hat zu Recht auf sehr viele Traumatisierte hingewiesen, deren Tatbegehungen häufig aus gescheiterten Bewältigungsversuchen ihrer Opferwerdungen resultieren. Schon aus diesem Grund dürfte die alte abolitionistische Forderung der Abschaffung von Gefängnissen (im herkömmlichen Sinne der Übelszufügung) hier eher umsetzbar sein. Außerdem stellt sich der Gefährlichkeitsdiskurs nicht im selben Maße, so dass die Akzeptanz in der Gesellschaft größer ausfallen dürfte.

Bei der Umsetzung ist Vorsicht geboten und kritische Begleitung nötig, da Reformen nicht selten unterlaufen werden (vgl. van Garsse 2015): Das StVollzG von 1977 schrieb dem offenem Vollzug Vorrang zu – die tatsächliche Praxis sieht anders aus. Auch mit der belgischen politischen Verordnung „von oben“ konnte letztlich bisher keine wirkliche Umgestaltung erreicht werden.

5. Fazit

Zwar ist ein restoratives Gefängnis nicht möglich, weil Heilung und Übelszufügung nicht gleichzeitig erreicht werden können. Eine restorative Einrichtung könnte kaum als Gefängnis bezeichnet werden. Es würde sich um einen sicheren Ort handeln, an dem keine typischen Subkulturen existierten. Es liegt also nicht nur im Interesse der Opfer und Täter:innen, sondern auch der Vollzugsmitarbeiter:innen, der Gemeinschaften, aus denen Opfer und Täter:innen stammen und der Gesellschaft insgesamt, dass ein Mainstreaming der RJ-Philosophie umgesetzt wird und auch das Gefängnis erreicht. Der Strafvollzug sollte gegenüber den Opfern Verantwortung übernehmen. Er sollte ihnen die Möglichkeit einräumen, Dialoge mit Täter:innen im Rahmen organisierter Gruppenarbeit zu ermöglichen. Er hat Verantwortung gegenüber Täter:innen. Das bedeutet, dass diejenigen, die ihr Fehlverhalten bereuen, den angerichteten Schaden wiedergutmachen wollen und ihre

Opfer um Entschuldigung bitten möchten, unterstützt werden müssen. Diese Maximierung restorativer Umgangsformen und Maßnahmen, Verantwortungsübernahme durch Täter:innen und Ausgleich mit dem Opfer wirken präventiv und integrativ und bringt nicht zuletzt eher Ausstiege aus „kriminellen Karrieren" oder zumindest seltenere Rückfälligkeit. Zusammen mit veränderten gesellschaftlichen Bedingungen („Restorative Society") können Ausmaß und Schwere zukünftiger Opferwerdungen reduziert werden.

In einigen Nachbarländern Deutschlands - auch in einigen Bundesländern - sind etliche Initiativen zur Implementierung von RJ in Gefängnissen erfolgt. Edgar & Newell (2006) haben praktische Hinweise aus der englischen Erfahrung gegeben. Erst jüngst hat der Europarat erneut die nachhaltige Empfehlung CM / Rec (2018)8 zur Anwendung restorativer Philosophie und Praktiken auf allen Ebenen des Strafrechtssystems beschlossen (vgl. Hagemann 2018) und Ende 2021 durch die Erklärung von Venedig nochmals bekräftigt. Die von Walgrave (2008: 153 f.) beschriebenen Grenzen bezüglich unwilliger und unfähiger „Täter:innen", die einen Restbestand an Zwangs- und Sicherungsmaßnahmen nötig erscheinen lassen, sind selbst in Schleswig-Holstein mit „nur" ca. 40 Gefangenen pro 100.000 Einwohnern noch nicht in Sicht.

Das Gefängnis: Restorative Justice und Abolitionismus[185]

Zur Jahrtausendwende wurden in Gefängnissen Programme ein- bzw. durchgeführt, die als Formen der Restorative Justice eingestuft werden könnten (vgl. Hagemann & Robertz 2000; Umbreit & Vos 2000; Liebmann & Braithwaite 1999; Newell 2001). Belgien hat seit 2000 so genannte „Restorative Justice“-Berater:innen eingestellt, so dass nun in jedem der 32 Gefängnisse mindestens eine:r arbeitet (Biermans & D'Hoop 2001; Malempré & Hodiaumont 2001).[186] Aber ist Restorative Justice mit einer Freiheitsstrafe und der Institution Gefängnis vereinbar? Abolitionist:innen wie Thomas Mathiesen, Nils Christie, Louk Hulsman, Johannes Feest, Herman Bianchi kritisieren seit langem den vergeltenden / retributiven (aber auch den resozialisierenden / rehabilitativen) Ansatz[187] im Strafrecht im Allgemeinen und das Gefängnis im Besonderen. Wie die Befürworter:innen der Restorative Justice sprechen sie sich für alternative Wege der Konfliktlösung aus.

1. Die abolitionistische Perspektive

Abolitionismus bedeutet zunächst einmal, etwas Ungerechtes abschaffen zu wollen. Konkret ging es historisch um die Abschaffung der Sklaverei. In seinem Buch über die Genese des Individuums als sakralem Wesen mit Menschenwürde zeigt Joas (2015), welch langer, konfliktreicher Prozess dafür nötig war. Anfang des zwanzigsten Jahrhunderts kam die Abschaffung der Strafbarkeit der Prostitution hinzu und später dann der strafrechtliche Abolitionismus, der für die Abschaffung der Todesstrafe, der lebenslangen Freiheitsstrafe und / oder des Gefängnisses kämpfte, in seiner radikalsten Version für die Abschaffung des Strafrechts (d. h. in jenem Falle würden auch körperliche Angriffe, das Entwenden von Gütern oder Sachbeschädigungen beispielsweise rein zivilrechtlich bearbeitet). Moralischer Ausgangspunkt ist dabei die Beobachtung, dass vor allem arme, unterprivilegierte benachteiligte Menschen bestraft werden, dass Strafen Langzeitwirkung entfalten und die soziale Lage weiter verschlechtern. Entsprechend knüpfen aktuelle Abolitionist:innen wie Ehrmann & Thompson (2019) am Kolonialismus und Rassismus

---

[185] Bearbeiteter Auszug aus einem Beitrag, der 2003 unter dem Titel *Restorative Justice in Prisons?* in: Lode Walgrave (ed.), Repositioning Restorative Justice (S. 221–236). Collumpton: Willan Publishing erschienen ist. Mein Dank gilt Marianne Ruhnau für wichtige kritische Hinweise.

[186] Im Jahre 2008 wurden diese vom Ministerium mit anderen Aufgaben betraut.

[187] Daly (2000) stellte den retributiven dem rehabilitativen Ansatz gegenüber. Beide sind auf Täter:innen fokussiert; ersterer mit tadelndem Blick auf vergangenes Verhalten, letzterer mit Zukunftsorientierung und Hoffnung auf Besserung. Im ersten Fall ist Bestrafung das Ziel, im zweiten Behandlung.

an und sehen in subtileren Formen der Unterdrückung (z. B. Inhaftierungszahlen von Schwarzen in den USA) eine Kontinuität zur Versklavung.

Aus soziologischer Sicht ist unser derzeitiges (primär retributives) Strafrechtssystem nicht in der Lage, soziale Konflikte zu lösen. Stattdessen werden soziale Konflikte in Rechtskonflikte umgewandelt, oder, wie Nils Christie in seinem berühmten Artikel „Conflicts as Property" (1977) feststellt: „Das Strafrechtssystem stiehlt den Menschen ihre Konflikte". Gegenwärtig driften (zumindest in vielen westlichen Gesellschaften) die sozialen Gruppen auseinander (vgl. Bauman 1999), und die meisten der als kriminell eingestuften Personen gehören heute zu sozial ausgegrenzten Gruppen. Wir benötigen also eine alternative Form der Gerechtigkeit, wenn wir eine weitere Desintegration der Gesellschaft verhindern wollen.[188] Eine theoretische Alternative ist der Abolitionismus, der weniger Leidzufügung und eine gerechtere und besser integrierte Gesellschaft anstrebt. Der Abolitionismus zielt auf eine Gleichverteilung aller positiven wie negativen Güter, der Chancen zur Teilhabe am gesellschaftlichen Leben und eine intensive Kommunikation zwischen allen Mitgliedern der Gesellschaft. Vor vielen Jahren wies Thomas Mathiesen (1974) darauf hin, dass das Gefängnis das Kernelement unseres Strafrechtssystems sei. Er plädierte für die Abschaffung von Gefängnissen, die in erster Linie dazu dienen, durch Strafe die Menschen der Unterschicht zu disziplinieren. In den ersten Gefängnissen saßen entsprechend viele Bettler:innen und Landstreicher:innen. Darüber hinaus warnte er vor positiven Reformen in den Gefängnissen (z. B. der Bereitstellung komfortablerer Zellen), die das bestehende System nur stabilisieren würden.[189]

Der Abolitionismus hat sich jedoch nicht durchgesetzt. Im Gegenteil, wie Mathiesens norwegischer Kollege Christie (1993) gezeigt hat, nimmt die Inhaftierung stetig zu – und das nicht nur in Amerika (vgl. Walmsley 2002; Fair & Walmsley 2021 für umfassende und aktuelle Zahlen). Kein:e seriöse:r Kriminolog:in behauptet, wir befänden uns auf einem abolitionistischen Weg (vgl. Cayley 1998).

---

[188] Die jüngsten Beispiele 2022 betreffen einerseits Impfgegner:innen, die sich selbst teilweise mit den Verfolgten des Naziregimes vergleichen, aber auch die sogenannte „letzte Generation", die bspw. durch Straßenblockaden und Aktionen in Museen auf die drohende Klimakatastrophen hinweisen und von einigen Politiker:innen bereits mit der RAF verglichen werden.

[189] Interessanterweise fand er in einer empirischen Studie einen starken positiven Zusammenhang zwischen den Einstellungen der Befürworter:innen einer Inhaftierung und der sozialen Distanz gegenüber Menschen, die diese Form der Behandlung erfahren (Mathiesen 1989: 141 ff.). Dies mag ein Hinweis darauf sein, dass das abstrakte normative Denken von Jurist:innen (vgl. Sessar 1999 bzgl. einer Déformation Professionelle) zu anderen Formen der Problemlösung führt als sie Sozialwissenschaftler:innen finden, die in ihrer Arbeit häufiger mit realen Akteur:innen in anschaulicher und konkreter Weise konfrontiert sind, zumindest in den Traditionen, die Matza (1969) als Perspektive des Verstehens beschrieben hat.

2. Restorative Justice als praktische Weiterführung des Abolitionismus?

Eine vielversprechende Alternative zum Strafrecht, die sich in den letzten zwanzig Jahren entwickelt hat, ist die Restorative Justice – eine wachsende, wenn auch nicht klar definierte Bewegung.[190] Befürworter:innen der RJ im Strafrechtskontext beschreiben ihre Elemente wie folgt: „eine Definition von Verbrechen als Verletzung der Opfer und des Gemeinschaftsfriedens, eine Konzentration auf die Behandlung der persönlichen und relationalen Verletzungen aller Beteiligten sowie der finanziellen und rechtlichen Verpflichtungen der Täter:innen und eine Verpflichtung, alle Beteiligten in die Reaktion auf das Verbrechen einzubeziehen" (Van Ness 1990: 10).[191] Howard Zehr (1990) sieht in der RJ einen Paradigmenwechsel und betont den konstruktiven, interaktiven und zukunftsorientierten Charakter der Restorative Justice.

In einem Bericht für die kanadische Rechtskommission konzentrieren sich Jennifer Llewellyn und Robert Howse (2001) auf den Aspekt der sozialen Gerechtigkeit der Restorative Justice. Bei ihrem Versuch, einen konzeptionellen Rahmen zu entwickeln, stellen sie fest, dass „Restorative Justice sich grundsätzlich mit der Wiederherstellung sozialer Beziehungen befasst, mit der Herstellung oder Wiederherstellung sozialer Gleichheit in Beziehungen" (2001: 2). Daher bezieht sich die Heilung / Wiederherstellung nicht notwendigerweise auf den Status, der vor dem Fehlverhalten bestand (2001: 18).[192] Es bedeutet jedoch Transformation / Wandel: Eine bessere Zukunft wird durch einen Dialog über soziale Grenzen hinweg erreicht. RJ-Methoden der Konfliktbearbeitung unterscheiden sich daher wesentlich von denen des retributiven Ansatzes (2001: 23 ff.).[193] Nach Llewellyn und Howse hat Bestrafung in diesem Ansatz keinen Platz (2001: 48). Die Restorative Justice stellt mithin die Anwendung des abolitionistischen Denkens dar. Außerdem teilt sie die gemeinschafts- und demokratiefreundliche Ausrichtung (vgl. Braithwaite 1994) der früheren abolitionistischen Position. Sowohl die Position der Restorative Justice als auch die der Abolitionist:innen weisen darauf hin, dass die Hegemonialmacht des

---

[190] Diese Kennzeichnung als soziale Bewegung hat 20 Jahre später deutliche Konturen angenommen (vgl. Davis 2019; Stauffer 2021; Malzahn 2022)

[191] Nach der Definition kann RJ auch als Ergänzung zum Strafrecht verstanden werden. Daniel van Ness, einer der Begründer des Sycamore Tree Programms und Vertreter der christlichen Organisation Prison Fellowship, spricht sich an anderer Stelle (z.B. Homepage von PFI, Stand: 7.11.2022) gegen Strafe aus. In dieser Definition fehlen Hinweise auf die „Ownership" am RJ-Verfahren und Aspekte wie die Verantwortungsübernahme Tatverantwortlicher, die Transformation ungerechter Verhältnisse und die Einbeziehung der lebensweltlichen Gemeinschaft.

[192] Sie schlagen daher vor, sie in „relationale Gerechtigkeit", „transformative Gerechtigkeit" oder „gemeinschaftliche opferorientierte Gerechtigkeit" umzubenennen. Siehe auch Weitekamp (2000: 99) für andere Bezeichnungen.

[193] RJ betont die „Ownership" der Lebensweltakteur:innen und postuliert keine Expertise für das gute Leben anderer, ein zentraler Unterschied gegenüber dem Behandlungsansatz.

Staates seit dem Mittelalter einen retributiven Ansatz fördert (zur Geschichte der Restorative Justice vgl. Weitekamp 1999).[194] Mit seiner Studie über „Freistätten" bietet Bianchi (1988) einen Einblick in die Konfliktregelung vor Etablierung des modernen Strafrechts.

In der Praxis ist die persönliche Interaktion zwischen den Täter:innen und den unter diesem Fehlverhalten Leidenden ein wesentliches Element eines vollständig[195] restorativen Prozesses. Obwohl es unterschiedlich gesehen wird (vgl. Dignan 2001), scheinen die meisten exponierten Befürworter:innen von Restorative Justice die Aussage von Mark Umbreit (2000: 6) zu unterstützen, dass der (dialogorientierte) kommunikative Prozess zwischen den Parteien wichtiger sei als das Ergebnis.

John Braithwaite (1989) hat das Konzept des „Reintegrative Shaming" vorgeschlagen, um diese Dynamik zu erfassen. Nach Braithwaite erlangt der:die Übeltäter:in durch die Beschämung[196], die sich aus der direkten Konfrontation mit dem Opfer und der Gemeinschaft unter gleichzeitiger Anwesenheit eigener Vertrauenspersonen ergibt, eine tiefere Einsicht in sein:ihr Fehlverhalten, sofern auf die Beschämung Wiedereingliederungszeremonien folgen, die der:dem Übeltäter:in versichern, dass die anderen Teilnehmenden in der Lage sind, zwischen dem Unrecht der Handlung und dem Guten der Person zu unterscheiden.

Wenn wir uns auf die tägliche Routinearbeit konzentrieren, scheint es, dass Family Group Conferences (Familienräte und Gemeinschaftskonferenzen) in Neuseeland große Bedeutung, Effektivität und Effizienz erreicht haben (Belgrave 1996; Morris & Maxwell 1998; 2001). Diese „Konferenzen" verdeutlichen jedoch ein duales System der Konfliktbeilegung, bei dem die im herkömmlichen Strafrecht Sanktionierenden das letzte Wort haben (vgl. die Fälle Clotworthy und Gladue, zitiert in Mason 2000; Morris & Young 2000). Temme (2008: 93) weist darauf hin, dass „integrierte Lösungen" nur scheinbar negative Reformen darstellen. Aus abolitionistischer Sicht hätte Thomas Mathiesen (1974) eine solche „positive Reform" kritisiert. Diese Reform hat dem neuseeländischen Strafrechtssystem tatsächlich geholfen,

---

194 Bei der Restorative Justice geht es darum, die Rolle (das Monopol) des Staates zu begrenzen und die Macht auf diejenigen zu übertragen, die am unmittelbarsten an der Straftat bzw. Opferwerdung beteiligt sind (vgl. Morris und Maxwell 2001: 272).

195 Bei der Bewertung verschiedener Anwendungen der praktischen Restorative Justice unterscheidet McCold (2001) zwischen vollständig restorativen und teilweise restorativen Verfahren. Ein vollständig restoratives Verfahren, wie z. B. Conferencing oder Friedenskreise, beinhaltet die Beteiligung aller direkt betroffenen Parteien. Diese Verfahren haben zu besseren Resultaten geführt, sowohl in Bezug auf die Prozesse als auch auf die vereinbarten Ergebnisse.

196 Vielleicht ist die Vorstellung von Scham irreführend. Allison Morris (2003) schlug vor, Beschämung durch das Konzept der Reue zu ersetzen. Braithwaite selbst weist darauf hin, dass Scham, die nicht von reintegrativen Symbolen oder Verhaltensweisen begleitet wird, die Gefahr einer Abwehr und langfristig einer Stigmatisierung birgt. Dies könnte Einsichten und empathische Gefühle blockieren.

die Zahl der Fälle um fast zwei Drittel und die Zahl der Freiheitsstrafen um mehr als 50 % zu verringern (Morris & Young 2000). Ein solches Ergebnis muss das System tatsächlich stabilisieren, wie Mathiesen vorausgesagt hat.

Da sich die Restorative Justice in den meisten Ländern bisher mit weniger schweren Viktimisierungen befasst, hat sich kein vollständig restoratives System etabliert. Wenn Restorative Justice jedoch als Alternative zum Vergeltungssystem gesehen werden soll – wie Mathiesen und Christie vorschlagen – muss sie sich mit allen Arten von Konflikten befassen.

3. Restorative Justice bei schweren Opferwerdungen / Delikten

Ivo Aertsen berichtete 1999 über Projekte der Restorative Justice, die sich in Langley (Kanada), Genesee und Texas (USA) sowie Belgien erfolgreich mit schwersten Opferwerdungen befasst haben. Mark Umbreit und Betty Vos (2000: 63) beschrieben gar Mediationsverfahren, an dem Straftäter beteiligt sind, die zur Todesstrafe verurteilt wurden:

> Zwei Beispiele „stellen den ersten Versuch in Mordfällen dar, bei denen ein Opfer-Täter-Dialog zwischen überlebenden Familienmitgliedern und dem zum Tode verurteilten Häftling kurz vor seiner Hinrichtung behandelt wird. Die fünf Teilnehmenden ... erklärten, dass diese Intervention einen starken Einfluss auf ihr Leben hatte. Alle wurden über ihre Erwartungen hinaus bewegt, alle waren erleichtert, alle berichteten von signifikanten Fortschritten in Bezug auf ihre Heilung, und alle waren dankbar für die Gelegenheit ...

Umbreit und Vos (2000) schlagen vor, dass Praktiker:innen und politische Entscheidungsträger:innen zwar vorsichtig, aber ernsthaft über die Möglichkeiten für restorative Begegnungen nachdenken sollten, die von Opfern und überlebenden Familienmitgliedern schwerer Gewaltverbrechen initiiert oder gewünscht werden. Der Film Dead Man Walking (Prejean 1995) hat ebenfalls das Potenzial des Dialogs und die Unmenschlichkeit eines retributiven Ansatzes veranschaulicht.

Daraus ergeben sich zwei Aspekte:

1. Selbst die schwersten Verbrechen (wie Mord) können zu einem Restorative Justice-Verfahren führen und wenigstens teilweise aufgearbeitet werden.
2. Restorative Justice kann mit einem auf Vergeltung basierenden Strafrecht kombiniert werden (vgl. Daly 2000); Duff (2003: 56) spricht gar von „restorative

punishment". Deutsche, österreichische und schweizerische Strafrechtsprofessor:innen wollten 1992 im sogenannten Alternativentwurf die Wiedergutmachung – von RJ war damals noch selten die Rede – nicht als Strafzweck sehen, sondern sprachen von einem dritten Weg neben Strafe und Maßregel (vgl. Bachinger & Pelikan 2015: 84).

Aber handelt es sich wirklich noch um Restorative Justice, wenn Täter hingerichtet werden? Da die Gleichheit der Beziehungen und die Humanität Grundprinzipien der Restorative Justice sind, müssen Bedürfnisse der Täter:innen wie aller anderen im Hinblick auf die Menschenwürde berücksichtigt werden.

4. Opfer-Empathie-Trainings und andere RJ-Maßnahmen in Gefängnissen

An dieser Stelle wurde das OET-Programm beschrieben, welches im dritten und teilweise im vierten Beitrag dieses Buchteils ausführlich dargestellt ist (vgl. S. 255 ff. und 285 ff.). Um zu große Redundanz zu vermeiden, bitte ich die Leser:innen dafür die entsprechenden Ausführungen zur Kenntnis zu nehmen. Daraus ergibt sich, von welchen konkreten Tätern hier die Rede ist, nämlich zu großen Teilen Verantwortliche für Tötungs- und schwere Gewaltdelikte, aber teilweise auch Drogenhändler und Betrüger:innen.

Neben dem OET geht es um Opfer-Täter:innen-Dialoge bzw. TOA sowohl bei Konflikten im Gefängnis als auch mit Opfern von außerhalb, im seltenen Ausnahmefall ist auch die Aufarbeitung von Konflikten mit Vollzugsbediensteten angestrebt (vgl. Fricke 2012; Fellegi & Szegő 2015) oder von Beschwerden gegen Entscheidungen des Systems (vgl. Vogt & Vogt 2015).

Die Wiederherstellung der sozialen Beziehung zwischen Opfer und Täter:in kann von beiden Seiten – also auch den Opfern – blockiert werden. In einem von nur drei Fällen, in denen sich der Täter auf einen solchen Kontakt vorbereitet fühlte, wollten Mutter und Schwester des Opfers offensichtlich nur teilnehmen, um eine strengere Strafe zu fordern. Unter solchen Umständen scheint ein Dialog zwischen Opfer und Täter:in unmöglich. In einem weiteren der drei Fälle bekam der Täter Angst vor der eigenen Courage, nachdem wir einen Pfarrer gebeten hatten, Kontakt mit dem Opfer aufzunehmen, was zum Zeitpunkt der Absage glücklicherweise noch nicht geschehen war. Im dritten Fall stellte der Täter schließlich selbst über seine Mutter einen indirekten Kontakt her. Es gab einen vierten Fall, in dem eine wegen Totschlags verurteilte inhaftierte Frau kooperieren wollte, aber ihre Familie davon abriet. Nach fünf Jahren Arbeit mit etwa 150 Gefangenen wurde kein einziger direkter Opfer-Täter-Kontakt erreicht.[197] Der Erfolg dieser Arbeit ist also äußerst einseitig: Die Heilung ist in einer wichtigen Dimension gescheitert, die anderen beiden scheinen dennoch die ganze Mühe wert zu sein.

Wir haben nicht erreicht, was anderswo möglich zu sein scheint. Dies kann ein Ergebnis unserer umgekehrten Art sein, auf die beteiligten Personen zuzugehen – wir haben Kontakt zu den Täter:innen, sind aber davon überzeugt, dass wir uns einem Opfer nur nähern sollten, wenn annähernd garantiert werden kann, dass der:die Täter:in sich nicht von dem Versuch zurückzieht, den Konflikt zu bearbeiten. Das Opfer leidet womöglich noch unter einem Trauma oder macht eine schwere Zeit durch, sofern sich die Bewältigungsstrategie hauptsächlich auf Verdrängung oder einen anderen Abwehrmechanismus konzentriert hat (Hagemann 1991).

Tabelle 2: Merkmale des vergeltenden Strafrechts und der Restorative Justice aus der Sicht der Verantwortlichen für Fehlverhalten

Das Gefängnis	**Mediationsverfahren**
Identifikation der Person mit ihrer Straftat	Trennung von Handlung und Akteur:in
Ausgrenzung	Integration
Permanente Übelszufügung und Beschämung	Durch Schmerz und Scham zu Entlastung und Verstehen
Zwang	Freiwilligkeit
Beherrschung / Dominierung	Selbstbestimmung (im Sinne von Braithwaite & Pettit 1990: 58)[198]
Primat von Ordnung, keine individuelle Verantwortlichkeit	Verantwortlichkeit für das eigene Handeln
Hierarchie	Grundlegende Gleichheit

Darüber hinaus gibt es eine strukturelle Komponente für diesen begrenzten Erfolg. Tabelle 2 listet einige der Merkmale der Mediation als Methode der Restorative Justice und (Nebenwirkungen) der Freiheitsstrafe / des Gefängnisses auf. Für Gefangene ist die Kommunikation mit Menschen von außerhalb und mit den

[197] Seit Ende 1999 ging es aufgrund eines Personalwechsels nicht mehr um einen Täter-Opfer-Ausgleich – die Zahlen beziehen sich also nur auf etwa 60 Teilnehmer:innen.

[198] „Selbstbestimmung" ist der republikanische Begriff von Freiheit, der die gleiche Freiheit der anderen in einer sozialen Welt voraussetzt. Dabei handelt es sich nicht um die „negative" Freiheit isolierter atomistischer Individuen, die von anderen in Ruhe gelassen werden, sondern um Selbstverwirklichung, ohne anderen zu schaden.

Vollzugsbeamt:innen, die die Übelzufügung durchführen, schambesetzt (Christie 1981). Insass:innen schämen sich in Situationen, in denen sie mit den Konsequenzen ihres Handelns konfrontiert werden.

Offenheit für persönliche Veränderungen wird sich nicht entwickeln, solange ein:e Täter:in völlig mit seiner:ihrer Tat identifiziert wird (vgl. Garfinkel 1956). Im (Gefängnis)Alltag ist häufig nur vom „Betrüger" aus Haftraum x oder vom „Kindesmissbraucher" aus Haftraum y die Rede, obwohl es sich um Individuen mit spezifischen Biographien, Fähigkeiten und Zielen handelt. Erst wenn es eine klare Unterscheidung zwischen dem begangenen Unrecht und der Persönlichkeit der:des Täter(s):in gibt, der:die für dieses Unrecht, aber auch für viele sozial erwünschte Handlungen verantwortlich ist, wird sich diese Offenheit entwickeln. „Reintegrative Shaming" und die daraus entstehenden sozialen Lernprozesse können daher nur außerhalb typischer Gefängnisstrukturen erfolgreich angestoßen / ausgelöst werden.

5. Schlussfolgerung

Die Absicht des Opfer-Empathie-Programms ist eindeutig restorativ / heilend. Sie konzentriert sich sowohl auf die konkreten Opfer als auch auf den Frieden in der Gemeinschaft und ist zukunftsorientiert und bezieht sich auf die Vermeidung potentieller Opfer. Ziel ist es, alle Konfliktparteien einzubeziehen, um sie in die Lage zu versetzen, in ihrem eigenen Namen zu handeln (nicht durch das Strafrechtssystem). Einige Gefangene finden Linderung in ihrem psychischen Leiden, und in einigen Fällen können soziale Beziehungen wiederhergestellt werden. Allerdings werden Gefangene, die ihre Straftaten bewältigen können, wenig motiviert sein, sich an einem solch anstrengenden Prozess zu beteiligen, solange der Aspekt der Vergeltung – d. h. die Strafe – nicht auch in den Fokus gerückt wird. Hier wird das Spannungsverhältnis zwischen individualisierter Aufarbeitung und gesellschaftlicher struktureller Gewalt deutlich

Solche in Gefängnissen durchgeführte Programme sollten nicht generell als „Restorative Justice" eingestuft werden, da die verhängte Strafe ein strukturelles Hindernis für die Heilung einer:eines Beteiligten und seiner:ihrer Rehabilitation darstellt. Die Frage von Bazemore und Walgrave (1999: 359), ob es sich dabei nur um ein Anhängsel / einen Zusatz zu einem retributiven Ansatz handelt, muss also bejaht werden. Nach Llewellyn und Howse (2001) sollte in einem Umfeld der Restorative Justice keine Strafe verhängt werden. Dies steht im Einklang mit der republikanischen Theorie des Strafrechts von Braithwaite und Pettit (1990). Sykes (1958), Goffman (1961) und andere haben verschiedene Quellen des Drucks auf Häftlinge aufgezeigt. Der Begriff „Prisonisierung" wurde entwickelt, um den

Anpassungsprozess an das Leben im Gefängnis und seine Folgen zu beschreiben. Diesen Studien zufolge sind Gefangene während der Haft gezwungen, ihre ganze Energie darauf zu verwenden, schwere Schäden an ihrer Identität oder sogar deren Zerstörung zu verhindern. In einer solchen Situation besteht nur eine geringe Chance, dass man sich anderen oder der eigenen negativen Seite gegenüber öffnet. Trotz der umfangreichen Diskussion über Resozialisierung / Rehabilitation und Wiedereingliederung seit den 1960er Jahren hat das Gefängnis – selbst die sozialtherapeutische Einrichtung – seinen nicht-integrativen, ausgrenzenden Charakter behalten. Nach wie vor wird der ganze Mensch bestraft und abgewertet. Mathiesen (1974) hat in seiner radikalen Kritik nachgewiesen, dass diese desintegrative Mauer konstitutiv ist und nicht überwunden werden kann. Temme (2008) kommt bei ihrer Analyse zu dem Ergebnis, dass RJ im Sinne Mathiesens als abolitionistisches Programm betrachtet werden sollte. An dieser Stelle kann daraus nur gefolgert werden, dass es trotz einzelner Maßnahmen keine restorativen Gefängnisse geben wird und van Garsses (2015) Warnung vor einer Kooptation der RJ-Philosophie durch das bestehende System ernst zu nehmen ist. Der belgische Versuch, eine „Kultur des Respekts“ im einem restorativen Gefängnis zu etablieren, scheiterte mutmaßlich sowohl am strukturellen Verhältnis zwischen machtausübendem Personal und relativ machtlosen Strafgefangenen als auch an politischen Vorstellungen. Wie soll sich Respekt manifestieren, wenn eine Seite jederzeit Durchsuchungen des Haftraumes, anlassbezogen auch körperliche Durchsuchungen, den weitgehenden Verzicht auf privates Eigentum (z. B. Kleidung), auf Kontakte mit Freund:innen und Angehörigen und auf Gestaltungsmöglichkeiten des eigenen Lebens hinnehmen muss und die andere Seite permanent vor zu engen Kontakten und Vertraulichkeit gewarnt wird? Sennett (2004) zeigt auf, wie schwierig es selbst mit gutem Willen ist, bei ungleichen Machtverhältnissen wirklich Respekt auszudrücken.

All diese Überlegungen sprechen keineswegs dagegen, restorative Maßnahmen und Programme zugänglich zu machen oder – wie im schleswig-holsteinischen Strafvollzugsgesetz vorgesehen – systematisch anzubieten (vgl. Arloth & Krä 2017); allerdings wird das Gefängnis dadurch noch nicht heilend.

LITERATUR

Achilles, Mary (2004). Will Restorative Justice Live up to its Promise to Victims? In: Zehr, Howard / Toews, Barb (Eds.). Critical issues in restorative justice. Monsey, N.J. [u. a.]: Criminal Justice Press. S. 65-73.

ADB (Anti-Diskriminierungsbüro Berlin e.V.) (o.J.). Booklet – Racism and the Police Force.

Adler, Freda (1976). Sisters in crime. The rise of the new female criminal. New York: McGraw-Hill.

Adriaenssen, An / Aertsen, Ivo (2015). Punitive attitudes: Towards an operationalization to measure individual punitivity in a multidimensional way. In: European Journal of Criminology, 12 (1), S. 92-112.

Aertsen, Ivo (1999). Mediation bei schweren Straftaten – Auf dem Weg zu einer neuen Rechtskultur? In: Pelikan, Christa (Hrsg.). Mediationsverfahren: Horizonte, Grenzen, Innensichten. Jahrbuch für Rechts- und Kriminalsoziologie 1999 (Baden-Baden: Nomos), S. 115-138.

Aertsen, Ivo (2005). Restorative Prisons: A Contradiction in Terms? In: Emsley, C. (Ed.). The Persistent Prison. Problems, Images and Alternatives. London: Francis Boutle Publishers. S. 196-213.

Aertsen, Ivo (2012). Restorative Prisons: Where are we heading? In: Barabás, Tünde, Fellegi, Borbála & Windt, Szandra (Eds.). Responsibility-Taking, Relationship-Building and Restoration in Prisons. Mediation and Restorative Justice in Prison Settings. Budapest: P-T Mühely. S. 263-276.

Aertsen, Ivo / Arsovska, Jana / Rohne, Holger-C. / Valiñas, Marta / Vanspauwen, Kris (Eds.) (2008). Restoring Justice after Large-scale Violent Conflicts. Kosovo, DR Congo and the Israeli-Palestinian case. Collumpton: Willan Publishing.

Albrecht, Julia / Ponto, Corinna (2012) [2011]. Patentöchter: Im Schatten der RAF – ein Dialog. 2. Aufl. München: Goldmann.

Alleyne, Vanessa (2006). Locked up means locked out: Women, addiction, and incarceration. Women and Therapy, 29, 181-194.

Álvarez, Clara / Baig, Marçal / Casado, Clara / Gómez, Ana / Llenas, Mercè / Martínez, Montserrat / Muñoz, Sònia / Rodríguez, Albert (2015). Making the balanced approach between victim and offender a reality: integrating a proactive approach towards the victim. In: Ljetopis Socijalnog Rada 22 (1), 105-122.

Amdinger, Carolin / Nachtwey, Oliver (2022). Gekränkte Freiheit. Aspekte des Libertären. Berlin: Suhrkamp.

Ammar, Mounira (2014). Peacemaking Circles & Young Refugees: Building Resilience in Germany. Tübingen: EKU Institut für Kriminologie.

Angel, Caroline M. (2005). Crime Victims meet their offenders: testing the impact of restorative justice conferences on victims' post-traumatic stress symptoms. (PhD dissertation, University of Pennsylvania).

Angel, Caroline M. / Sherman, Lawrence W. / Strang, Heather / Ariel, Barak / Bennett, Sarah / Inkpen, Nova / Keane, Anne / Richmond, Therese S. (2014). Short-Term Effects of Restorative Justice Conferences on Post-Traumatic Stress Symptoms Among Robbery and Burglary Victims: A Randomised, Controlled Trial. In: Journal of Experimental Criminology.10 (3), S. 291-307.

Antonovsky, Aaron (1987). Unraveling the Mystery of Health – How People Manage Stress and Stay Well. San Francisco: Jossey-Bass Publishers.

APA (American Psychiatric Association) (2013). *Diagnostic and Statistical Manual of Mental Disorders* (DSM), DSM-V. http://www.dsm5.org/Pages/Default.aspx (25.1.2014)

Ardin, Anna (2021). Im Schatten von Assange. Zürich: Elster & Salis.

Arendt, Hannah (1964). Eichmann in Jerusalem. Ein Bericht über die Banalität des Bösen. München: Piper.

Arloth, Frank & Krä, Horst (2017). Strafvollzugsgesetze Bund und Länder: Kommentar. 4. Aufl. München: CH Beck.

Bachinger, Leo Matteo & Pelikan, Christa (2015). Victims' experiences in victim-offender mediation in Austria: the 'real story". In: Vanfraechem, Inge; Bolivar, Daniela & Aertsen, Ivo (Eds.). Victims and Restorative Justice. London & New York: Routledge. S. 83-106.

Bakker, Leon (n.d.). Sycamore Tree Project Impact Evaluation for Prison Fellowship New Zealand. http://www.pfi.org/cjr/stp/report/evaluations-of-the-sycamore-tree-projectae/sycamore-tree-project-impact-evaluation-for-prison-fellowship-new-zealand/view (25.2.2013)

Bandura, Albert / Barbaranelli, Claudio / Caprara, Gian V. / Pastorelli, Concetta (1996). Mechanisms of Moral Disengagement in the Exercise of Moral Agency. Journal of Personality and Social Psychology, 71, S. 364-374.

Bannenberg, Britta (1993). Wiedergutmachung in der Strafrechtspraxis: eine empirisch-kriminologische Untersuchung von Täter-Opfer-Ausgleichsprojekten in der Bundesrepublik Deutschland. Bonn: Forum Verlag Godesberg.

Bannenberg, Britta (2003). Migration – Kriminalität – Prävention, Gutachten zum 8. Deutschen Präventionstag. In: Kerner, Hans-Jürgen / Marks, Erich (Hrsg.). Internetdokumentation Deutscher Präventionstag. Hannover.

Barabás, Tünde (2012). The possibilities of reconciliation and restoration in prisons. In: Barabás, Tünde / Fellegi, Borbála / Windt, Szandra (Eds.). Responsibility-Taking, Relationship-Building and Restoration in Prisons. Mediation and Restorative Justice in Prison Settings. Budapest: P-T Mühely. S. 23-62.

Barabás, Tünde / Fellegi, Borbála / Windt, Szandra (Hrsg.) (2010). Resolution of conflicts involving prisoners. Handbook on the applicability of mediation and restorative justice in prison. Budapest: P-T Mühely.

Barabás, Tünde / Fellegi, Borbála / Windt, Szandra (Eds.) (2012). Responsibility-Taking, Relationship-Building and Restoration in Prisons. Mediation and Restorative Justice in Prison Settings. Budapest: P-T Mühely.

Barberet, Rosemary L. (2014). Women, Crime and Criminal Justice. A Global Enquiry. London & New York: Routledge.

Bard, Morton / Sangrey, Dawn (1986). The Crime Victim's Book. 2. Aufl. Secaucus: Lyle Stuart.

Baron-Cohen, Simon (2011). The Science of Evil. On Empathy and the Origins of Cruelty. New York: Basic Books.

Barsalou, Lawrence W. / Niedenthal, Paula M. / Barbey, Aron K. / Ruppert, Jennifer A. (2002). Social Embodiment. In: B.H. Ross (Ed.). The Psychology of Learning and Motivation (Vol. 43). San Diego, CA: Academic Press. (Manuskript)

Barsalou, Lawrence W. / Niedenthal, Paula M. / Barbey, Aron K. / Ruppert, Jennifer A. (2003). Social Embodiment. In: Ross, Brian H. (Ed.). The Psychology of Learning and Motivation. Vol. 43 (pp. 43-92). San Diego: Academic Press.

Barter, Dominic / Mazetti, Sissi (2011). Restorative Circles. Ein Ansatz aus Brasilien, der Raum für den gemeinschaftlichen Umgang mit schmerzhaften Konflikten schafft. In: TOA-

Infodienst Rundbrief zum Täter Opfer Ausgleich. Nr. 42. Ausgabe Dezember 2011. (S. 11-18).

Bastiansen, R. / Vercruysse, J. (2002). Review of Restorative Justice in Belgium Prisons. *Prison Service Journal, No. 140*, 18-20.

Batley, Michael / Skelton, Ann (2018). Die Wahrheits- und Versöhnungskommission in Südafrika. In: TOA-Magazin, 2/2018, S. 48-50.

Batson, Charles Daniel (2009). These things called empathy: eight related but distinct phenomena. In: Decety, Jean / Ickes, William (Eds.). The Social Neuroscience of Empathy. Cambridge: MIT Press, S. 3-15.

Batson, Charles Daniel / Oleson, Kathryn C. (1991). Current status of the empathy-altruism hypothesis. In: Clarke, Margaret S. (Ed.). Prosocial behavior. London: Sage Publ. S. 62-85.

Bauer, Joachim (2005). Warum ich fühle, was du fühlst: Intuitive Kommunikation und das Geheimnis der Spiegelneurone. Hamburg: Hoffmann und Campe.

Bauman, Zygmunt (1999). Unbehagen in der Postmoderne. Hamburg: Hamburger Ed.

Bauman, Zygmunt (2000). Liquid Modernity. [dt Flüchtige Moderne. Frankfurt/Main: Suhrkamp 2003]

Bauman, Zygmunt (2003). From bystander to actor. In: Journal of Human Rights, Vol. 2, 2, 137-151.

Bazemore, Gordon / Walgrave, Lode (1999). 'Reflections on the Future of Restorative Justice'. In Bazemore, G. / Walgrave, L. (eds.), Restorative Juvenile Justice: Repairing the Harm of Youth Crime, Monsey, N.Y.: Criminal Justice Press, S. 359-399.

Bazemore, Gordon / Umbreit, Mark S. (2001). A Comparison of Four Restorative Conferencing Models. In: Juvenile Justice Bulletin, Februar 2001, hrsg. vom US Department of Justice.

Beck, Ulrich (1986). Risikogesellschaft. Auf dem Weg in eine andere Moderne. Frankfurt/M.: Suhrkamp.

Beck, Ulrich / Giddens, Anthony / Lash, Scott (1996). Reflexive Modernisierung. Eine Kontroverse. Frankfurt am Main: Suhrkamp.

Becker, Howard S. (dt. 1973) [engl.1963]. Außenseiter. Zur Soziologie abweichenden Verhaltens. Frankfurt/Main: Fischer

Beech, Anthony R. / Chauhan, Jaymini (2013). Evaluating the effectiveness of the Supporting Offenders through Restoration Inside (SORI) Programme delivered in seven prisons in England and Wales. In: *Legal and Criminological Psychology*, Volume 18, Issue 2, S. 229-239.

Beichner, Dawn / Rabe-Hemp, Cara (2014). "I don't want to go back to that town:" Incarcerated mothers and their return home to rural communities. *Critical Criminology*. 11/2014; 22(4):527-543.

Beichner, Dawn / Hagemann, Otmar (2016). Incarcerated Women – Their Situation, their Needs and measures of sustainable reintegration. In: Kury, Helmut; Redo, Slawomir & Shea, Evelyn (Eds.). Women and Children as Victims and Offenders: Background – Prevention – Reintegration. Suggestions for Succeeding Generations. Vol. II. New York: Springer. S. 85-116.

Beichner, Dawn / Hagemann, Otmar (2022). Frauengefängnisse abschaffen. Aktuelle internationale Gesichtspunkte. In: Forum Strafvollzug 71 (1), 42-49.

Belknap, Joanne (2015). The invisible woman: Gender, crime, and justice (4th ed.). Belmont, CA: Thomson Wadsworth.

Bell, Natalie (o.J.). Victim Empathy Training: General Issues and a Treatment outcome study with female offenders. Wellington, New Zealand: Victoria University.

Ben-David, Sarah (2009). Victims and Blaming in the Context of Rape. In: Hagemann, O. / Schäfer, P. / Schmidt, S. (Eds.). Victimology, Victim Assistance and Criminal Justice. Perspectives Shared by International Experts at the Inter-University Centre of Dubrovnik. Mönchengladbach: Fachhochschule Niederrhein Verlag. S. 153-161.

Bergemann, Sophia (2014). Gemeinschaftskonferenzen. Eine empirische Studie zum Restorative Justice-Projekt. Saarbrücken: Akademiker Verlag.

Berner, Wolfgang / Becker, K.H. (2001). „Sex Offender Treatment Programme" (SOTP) in der Sozialtherapeutischen Abteilung Hamburg Nesselstraße. In: Gerhard Rehn / Bernd Wischka / Friedrich Lösel / Michael Walter (Hrsg.). Behandlung „gefährlicher Straftäter": Grundlagen, Konzepte, Ergebnisse. Herbolzheim: Centaurus, S. 206-217.

Besemer, Christoph / Sippel, Hanns-Jörg (2014). Politische Mediation. Prinzipien und Bedingungen gelingender Vermittlung in öffentlichen Konflikten. Bonn: Stiftung Mitarbeit.

Betancourt, Ingrid (2010). Kein Schweigen, das nicht endet. 6 Jahre in der Gewalt der Guerilla. München: Droemer.

Bianchi, Herman (1988). Alternativen zur Strafjustiz. Biblische Gerechtigkeit. Freistätten. Täter-Opfer-Ausgleich. München & Mainz: Kaiser & Grünewald [orig. Gerechtigheid als vrijplaats 1988]

Bianchi, Herman (1994). Justice as Sanctuary: Toward a New System of Crime Control. Bloomington: Indiana Univ. Press.

Biermans, Nadia / D'Hoop, M.-N. (2001). Development of Belgian Prisons into a Restorative Perspective. Paper presented at the 5th International Conference on Restorative Justice, Leuven, 16-19 September 2001.

Biffi, Emanuela / Pali, Brunilda (Eds.) (2019). Environmental Justice: Restoring the Future. European Forum for Restorative Justice: Leuven, Belgium. Retrievable on www.euforumrj.org.

Bindel-Kögel, Gabriele / Karliczek, Kari-Maria / Stangl, Wolfgang (2016). Bewältigung von Gewalterlebnissen durch außergerichtliche Schlichtung. Täter-Opfer-Ausgleich und Tatausgleich als opferstützende Instrumente. Weinheim & Basel: Beltz Juventa.

Blaser, Birgit (2010). Professionelle Hilfe für Kriminalitätsopfer in Schleswig-Holstein. In: Zeitschrift für soziale Strafrechtspflege, 18. Jg., 47, S. 46-51.

Blaser, Birgit / Dauwen-Samuels, Torsten / Hagemann, Otmar / Sottorff, Sophia (2008). Gemeinschaftskonferenzen. Ziele, theoretische Fundierung, Verfahrensweise und erste Ergebnisse eines Family-Group-Conferencing-Projekts für JGG-Verfahren in Elmshorn. In: TOA-Infodienst Nr. 34, S. 26-32. Köln: DBH e.V.

Blasius, Dirk (1985). Sozialgeschichte der Kriminalität. In: Kaiser, Günter, Kerner, Hans-Jürgen, Sack, Fritz & Schellhoss, Helmut (Hrsg.) Kleines Kriminologisches Wörterbuch, 2. Aufl., Heidelberg: Müller, S. 415

Bloom, Barbara (1993). Incarcerated mothers and their children: Maintaining family ties. In Female Offenders: Meeting the Needs of a Neglected Population. Laurel, MD: American Correctional Association.

Bloom, Barbara / Owen, Barbara / Covington, Stephanie S. (2004). Women offenders and the gendered effect of public policy. Review of Public Policy, 21(1), 31-48.

Bloom, Barbara / Steinhart, David (1993). Why punish the children? A reappraisal of the children of incarcerated mothers in America. San Francisco, CA: National Council on Crime and Delinquency.

Boal, Augusto (1979). Theater der Unterdrückten. Frankfurt/M.: suhrkamp.

Bolivar, Daniela (2010). Conceptualizing Victims' 'Restoration' in Restorative Justice. *In:* International Review of Victimology Vol. 17, S. 237-265.

Bolivar, Daniela (2017). Deconstructing Empowerment in Restorative Justice. *In:* Ivo Aertsen / Brunilda Pali (Hrsg.): Critical Restorative Justice. Oxford and Portland: Hart Publishing. S. 29-45.

Bolivar, Daniela (2013). `For whom is restorative justice? A mixed-method study on victims and (non-) participation´. In: *Restorative Justice: An International Journal*, Volume 1, Issue 2, 190-214.

Bolivar, Daniela / Brancher, Leoberto Narciso / Papic, Ivan Navarro / Gutiérrez, Manyori Vega (2012). Conferencing in South America as an Exercise of Democracy? An Exploration of the 'Vertical' Role of Restorative Justice. In: Zinsstag, Estelle / Vanfraechem, Inge (Eds.). Conferencing and Restorative Justice. International Practices and Perspectives. Oxford: University Press. (S. 153-170).

Bonacker, Thorsten (o.J.). Warum Gesellschaften Konflikte brauchen: Streitkultur in sozialwissenschaftlichen Konflikttheorien. https://www.researchgate.net/publication/331566654_Warum_Gesellschaften_Konflikte_brauchen_Streitkultur_in_sozialwissenschaftlichen_Konflikttheorien (14.9.2022)

Boston, Jonathan (2007). Towards a Restorative Society. In: Maxwell, Gabrielle / Liu, James (Eds). Restorative Justice and Practices in New Zealand: Towards a Restorative Society. Wellington (321-326).

Bowleg, Lisa (2012). The problem with the phrase women and minorities: Intersectionality – an important theoretical framework for public health. American Journal of Public Health, 102(7), 1267-1273.

Braithwaite, John (1989). Crime, Shame and Reintegration. Cambridge [u. a.] Cambridge University Press.

Braithwaite, John (1994). Thinking Harder About Democratising Social Control. In: Alder, C. / Wundersitz, J. (eds.), Family Conferencing and Juvenile Justice: the Way Forward or Misplaced Optimism? S. 199-216. Canberra: Australian Institute of Criminology.

Braithwaite, John (2002). Setting Standards for Restorative Justice. British Journal of Criminology, 42, S. 563-577.

Braithwaite, John (2022). Macrocriminology and Freedom. Canberra: ANU E Press.

Braithwaite, John / Pettit, Philip (1990). Not Just Deserts. A Republican Theory of Criminal Justice, Oxford: Clarendon.

Braithwaite, John / Mugford, Stephen (1994). Conditions of Successful Reintegration Ceremonies. In: British Journal of Criminology, 34, S. 139-171.

Braithwaite, John / Drahos, Peter (2000). Global Business Regulation. Cambridge Univ. Press.

Braithwaite, John / Dinnen, Sinclair / Allen, Matthew / Braithwaite, Valerie / Charlesworth, Hilary (2010). *Pillars and Shadows: Statebuilding as peacebuilding in Solomon Islands.* Canberra: ANU E Press.

Braithwaite, John / Charlesworth, Hilary / Soares, Adérito (2012). Networked Governance of Freedom and Tyranny. Peace in Timor-Leste. Canberra: ANU E Press.

Braunmühl, Carlchristian von / Hogefeld, Birgit / Janssen, Hubertus / Richter, Horst-Eberhard / Rosenkrank, Gerd (2001). Versuche, die Geschichte der RAF zu verstehen. Das Beispiel Birgit Hogefeld. 3. erw. u. korr. Aufl. Gießen: Psychosozial-Verlag.

Bregman, Rutger (2022). Im Grunde gut - Eine neue Geschichte der Menschheit. 7. Aufl. Hamburg: Rowohlt.

Brown, Marilyn / Bloom, Barbara (2009). Reentry and renegotiating motherhood: Maternal identity and success on parole. Crime and Delinquency, 55, 313-336.

Brückner, Margrit (1998). Wege aus der Gewalt gegen Frauen und Mädchen. Eine Einführung. Frankfurt/M.: Fachhochschulverlag.

Budde, Wolfgang / Früchtel, Frank (2008). Verwandtschaftsrat: Bürger statt Klienten in der Hilfeplanung. In: Jugendhilfe, 46, 3, S.121-130.

Bundesarbeitsgemeinschaft für Straffälligenhilfe e.V., Chance e.V. Münster and Der Paritätische Landesverband NRW e.V. (Hrsg.) (2013). Das Familienhaus Engelsborg. Verantwortung für die Kinder Inhaftierter. Münster: Eigenverlag Chance e.V.

Buntinx, Kristel (2012). Vortrag über Täter-Opfer-Ausgleich in Tötungsfällen beim 14.TOA Forum in Münster (9.-11. Mai 2012) http://vimeo.com/57272522 (28.8.2022)

Buntinx, Kristel (2015). Belgium: A Murder Case. In: Lummer, R. / Hagemann, O. / Reis, S. (Eds.). Restorative Justice at Post-Sentencing Level in Europe. Kiel: SH Verband für soziale Strafrechtspflege. S. 106-108.

Burgess, Ann W. / Holmstrom, Lydia L. (1974). Rape: Victims of Crises. Bowie: Brady Comp.

Burns, Guy / Früchtel, Frank (2012). Family Group Conference: A Bridge between Lifeworld and System. In: British Journal of Social Work 51:7, 1-15.

Byrne, Mary W. / Goshin, Lorie S. / Joestl, Sarah S. (2010). Intergenerational transmission of attachment for infants raised in a prison nursery. Attachment and Human Development, 12, 375-393.

Calhoun, Lawrence G. / Tedeschi, Richard G. (Eds.) (2006). Handbook of Posttraumatic Growth: Research and Practice. New York & London: Psychology Press.

Campbell, Bradley / Manning, Jason (2018). *The Rise of Victimhood Culture: Microaggressions, Safe Spaces, and the New Culture Wars.* Palgrave Macmillan.

Campbell, Jacquelyn C. (2002). Health consequences of intimate partner violence. The Lancet, 359(9314), 1331-1336.

Carlisle, A.L. (1995). Carlisle Fantasy Analysis System (C-FAS). Price, Utah.

Carlson, Joseph R. (2001). Prison nursery 2000: A five-year review of the prison nursery at the Nebraska Correctional Center for Women. Journal of Offender Rehabilitation, 33(3), 75-97.

Carrington-Dye, Louise / Emerson, Geoff / Grammer, Diane / Hagemann, Otmar / Hagenmaier, Martin / Hallam, Mary / Knežević, Mladen / Lüth, Mirka / Lummer, Ricarda / Nahrwold, Mario / Reis, Sónia / Santos, Artur / Šoher, Renata (2015). Victims in Restorative Justice at Post-sentencing Level. A Manual. Kiel: Schleswig-Holsteinischer Verband für soziale Strafrechtspflege, Straffälligenhilfe und Opferhilfe e.V.

Cayley, David (1998). The Expanding Prison. The Crisis in Crime and Punishment and the Search for Alternatives. Toronto: Anansi.

Chapman, Tim (2012). Facilitating Restorative Conferences. In: Zinsstag, Estelle / Vanfraechem, Inge (Eds.). Conferencing and Restorative Justice. International Practices and Perspectives. Oxford: University Press. (S. 65-82).

Chapman, Tim (2017). Community and Restorative Justice. In: De La Cuesta, José Luis / Subijana, Iñaki / Soleto, Helena / Varona, Gema / Porres, Izaskun (Eds.). *Justicia Restaurativa y Terapéutica. Hacia Innovadores Modelos de Justicia.* (S. 75-85). Valencia: tirant lo blanche.

Chapman, Tim (2019). Searching for Community in Restorative Justice. In: verifiche. Philosophical Insights for a Theory of Restorative Justice. Edited by G. Grandi & S. Grigoletto. Padova.

Chapman, Tim / Törzs, Edit (Eds.) (2018). Connecting People to Restore Just Relations. Practice Guide on Values and Standards for Restorative Justice Practices. Leuven: EFRJ.

Chesney-Lind, Meda (1989). Girls' crime and woman's place: Toward a feminist model of female delinquency. In: Crime and Delinquency, Vol. 35 (1). S. 5-29.

Chesney-Lind, Meda (2002). Imprisoning women. The unintended victims of mass imprisonment. In Marc Mauer / Meda Chesney-Lind (Eds.), Invisible punishment. The collateral consequences of mass imprisonment (pp. 79-94). New York: New Press.

Christian, Johnna / Thomas, Shenique S. (2009). Examining intersections of race, gender, and mass imprisonment. Journal of Ethnicity in Criminal Justice, 7, 69-81.

Christie, Nils (1972). Fangevoktere i konsentrasjonleiere. Oslo: Universitetsforlaget.

Christie, Nils (1977). Conflicts as Property. In: The British Journal of Criminology 1977, 17, 1-15. [deutsch in Grenzen des Leids 1995.]

Christie, Nils (1981). Limits to Pain. Oslo: Universitetsforlaget. [deutsch in Grenzen des Leids, 2. bearb. Aufl., Münster: AJZ-Verlag.]

Christie, Nils (1993). Crime Control as Industry. Towards Gulags Western Style. London and New York: Routledge. [deutsch: Folgendes]

Christie, Nils (1995). Kriminalitätskontrolle als Industrie. Auf dem Weg zu Gulags westlicher Art. Pfaffenweiler: Centaurus.

Christie, Nils (2005). Wieviel Kriminalität braucht die Gesellschaft? München: C. H. Beck.

Christie, Nils (2009). *Restorative Justice: five dangers ahead.* In: Knepper, Paul / Doak, Jonathan / Shapland, Joanna (Eds.). Urban crime prevention, surveillance, and restorative justice: effects of social technologies. Boca Raton, Fl.: CRC Press (195-203).

Christie, Nils (2014). Heilung nach den Gräueltaten. In Erich Marks / Wiebke Steffen (Hrsg.), *Mehr Prävention – weniger Opfer (S. 229-238).* Mönchengladbach: Forum Verlag.

Cicourel, Aaron V. (1968). The social Organization of juvenile justice, New York: Wiley.

Claessen, Jacques / Blad, John / Slump, Gert / Van Hoek, A. / Wolthuis, A. / De Roos, T. (2018), *Legislative Proposal to Introduce Provisions Governing Restorative Justice Services into the Dutch Code of Criminal Procedure and Explanatory Memorandum, Version 2.0*, Oisterwijk: Wolf Legal Publishers.

Clarijs, René / Malmberg, Thijs (Eds.) (2012). The Quiet Revolution. Aggrandising people power by Family Group Conferences. Amsterdam: SWP.

Clark, Maud (2004). Somebody's daughter theatre: Celebrating the difference with women in prison. In Michael Balfour (Ed.), Theatre in prison: Theory and practice (pp. 101-106). Bristol: Intellect Books.

Clarke, Jennifer G. (2013). Prenatal care for incarcerated women. Retrieved from www.uptodate.com/centents/prenatal-care-for-incarcerated-women on April 7, 2014.

Cliffordson, Christina (2001). Parents´ judgment and students´ self-judgments of empathy. European Journal of Psychology Assessment, 17, 36-47.

Cohen, Albert K. (1975). Abweichung und Kontrolle. 5.Aufl. München: Juventa.

Cohen, Lawrence E. / Felson, Marcus (1979). Social Change and Crime Rate Trends: A Routine Activity Approach. In: American Sociological Review, 44, S. 588-608.

Cohen, Stanley (1979). The Punitive City: Notes on the Dispersal of Social Control. In: Contemporary Crises 1979, 3, 339-363.

Cohen, Stanley (1985). Visions of Social Control. Crime, Punishment and Classification. Cambridge: Polity Press.

Coker, Donna (2006). Restorative justice, Navajo Peacemaking and Domestic Violence. In: Theoretical Criminology, 67-85.

Collins, Patricia Hill (2000). Gender, black feminism, and black political economy. Annals of the American Academy, 568, 41-53.

Connell, Robert W. [Raewyn] (1996). Gender and Power. 2. Auflage. Sydney u. a.: Stanford University Press.

Conover, Ted (2001). Vorhof der Hölle. Undercover in Sing Sing. Reinbek: Rowohlt. [Originaltitel: Newjack: Guarding Sing Sing. New York: Random House 2000]

Correctional Service Canada (2011). Restorative Justice. International Perspectives on Restorative Corrections: A Review of the Literature. http://www.csc-scc.gc.ca/text/rj/litrvw-eng.shtml (Zugriff 29.12.2021)

Council of Europe (1999). Mediation in Penal Matters. Recommendation N° R (99) 19

Council of Europe (2018). Promoting more humane and socially effective penal sanctions. Adoption by the Committee of Ministers of the Recommendation CM/Rec(2018) 8 concerning restorative justice in criminal matters.

Covington, Stephanie S. / Bloom, Barbara E. (2006). Gender responsive treatment and services in correctional settings. Women and Therapy, 29(3-4), 9-33.

Coyle, Andrew (2008). Understanding Prisons. Presentation for ICPS at the 25th Anniversary Conference of Prison Fellowship New Zealand "Changing the landscape" 16 May 2008.

Crawford, J. (1990). The female offender: What does the future hold? Laurel, MD: American Correctional Association.

Crenshaw, Kimberlé (1989). Demarginalizing the Intersection of Race and Sex: A Black Feminist Critique of Antidiscrimination Doctrine, Feminist Theory and Antiracist Politics. S.139-167.

Crenshaw, Kimberlé (1991). Mapping the intersectionality, identity politics, and violence against women of color. Stanford Law Review, 43(6), 1241-1299.

Daly, Kathleen (1995). Looking back, looking forward: The promise of feminist transformation. In B. Raffel Price & N. J. Sokoloff (Eds.), The criminal justice system and women: Offenders, victims, and workers (2nd ed., S. 443-457). New York, NY: McGraw Hill, Inc.

Daly, Kathleen (2012). Conferences and Gendered Violence: Practices, Politics, and Evidence. In: Zinsstag, Estelle / Vanfraechem, Inge (Eds.). Conferencing and Restorative Justice. International Practices and Perspectives. Oxford: University Press. (S. 117-135).

Daly, Kathleen (2016). What is Restorative Justice? Fresh Answers to a Vexed Question. Victims & Offenders, 11:1, 9-29.

Dahmer, Lionel (1995). Mein Sohn ist ein Mörder: Geschichte eines Vaters. Frankfurt / Main: Fischer.

David, Klaus-Peter / Wegner, K. / Mielke, F. / Grein, N. (2005). Ambulante Tätertherapie. Arbeit mit Sexual- und Gewalttätern. Broschüre. Kiel: Beratungsstelle im Packhaus.

Davies, Barry (1996). Shadow of the Dove. London: Bloomsbury.

Davies, Catriona (2012). Lebanon's women prisoners find freedom behind bars. http://www.cnn.com/2012/01/11/world/meast/lebanon-womens-prison/ 6.9.2022.

Davies, Pamela / Leighton, Paul / Wyatt, Tanya (Eds.) (2021). The Palgrave Handbook of Social Harm. Cham: Springer Nature Switzerland.

Davis, Fania E (2019). The Little Book of Race and Restorative Justice: Black Lives, Healing, and US Social Transformation. Intercourse: Good Books.

Davis, Fania E (2021). Foreword. In: Lewis, Ted / Stauffer, Carl (Eds.). Listening to the Movement: Essays on New Growth and New Challenges in Restorative Justice. Eugene: Cascade Books. (S. VII - XIII)

Davis, Mark H. (1983). Measuring individual differences in empathy: Evidence for a multidimensional approach. In: Journal of Personality and Social Psychology, 44, 1, 113-126.

Decety, Jean / Moriguchi, Yoshiya (2007). The empathic brain and its dysfunction in psychiatric populations: implications for intervention across different clinical conditions. In: BioPsychoSocial Medicine, 1- 22.

De Cock, Jan (2015). Hotel Pardon. Wege der Vergebung. München: Kunth Verlag.

Deleuze, Gilles (1993). Postskriptum zu den Kontrollgesellschaften. In: Ders.: Unterhandlungen – 1972-1990. Frankfurt / Main: suhrkamp. S. 254-262.

Dewitz, Clivia von (2023). Die Förderung von Restorative Justice – Ansätze in Deutschland im Vergleich zu Neuseeland, Nordamerika und der südafrikanischen Wahrheitskommission. In: Bartsch, Tillmann Johannes | Hoven, Elisa | Limperg, Bettina | Maelicke, Bernd | Merckle, Tobias (Hrsg.). Resozialisierung, Opferschutz, Wiedergutmachung. Grundlagen und Rahmenbedingungen. Baden-Baden: Nomos.

Dignan, Jim (2001). Towards a Systemic Model of Restorative Justice. Paper presented a the 5th international conference on Restorative Justice. Leuven, 16-19. September.

Dignan, Jim (2002). Restorative justice and the law: The case for an integrated, systematic approach. In: Lode Walgrave (ed.), *Restorative Justice and the Law.* Devon, UK: Willan Publishing. (S. 168-190)

Domenig, Claudio (2009). Integrative Tataufarbeitung im „Kreis-Modell" – Impulse aus Kanada für die Weiterentwicklung von Restorative Justice. In: Neue Kriminalpolitik, 21. Jg., H. 1, S. 2-7.

Donaldson, Stephen (2003). Hooking Up: Protective Pairing for Punks. In Scheper-Hughes, Nancy / Bourgois, Philippe (Eds.). Violence in war and peace: An anthology (S. 348-353). Williston, VT: Blackwell.

Drapalski, Amy L. / Youman, Kerstin / Stuewig, Jeff / Tangney, June (2009). Gender differences in jail inmates' symptoms of mental illness, treatment history and treatment seeking. Criminal Behaviour and Mental Health, 19(3), 193-206.

Dreikurs, Rudolf / Gould, Shirley / Corsini, Raymond J. (2003). Familienrat: Der Weg zu einem glücklichen Zusammenleben von Eltern und Kindern. 2. Aufl. 2005 Stuttgart: Klett-Cotta.

Drost, Lisanne / Haller, Birgitt / Hofinger, Veronika / van der Kooij, Tinka / Lünnemann, Katinka / Wolthuis, Annemieke (2015). Restorative Justice in Cases of Domestic Violence. Best practice examples between increasing mutual understanding and awareness of specific protection needs. (JUST/2013/JPEN/AG/4587) WS1.Comparative Report.

Dünkel, Frieder (o.J.). Migration and ethnic minorities in Germany: impact on youth crime, juvenile justice and youth imprisonment. www.rsf.uni-greifswald.de/fileadmin:mediapool/lehrstuehle/duenkel/Germany_youngMig.pdf (42 S.; 19.7.2008)

Dünkel, Frieder / Drenkhahn, Kirstin / Morgenstern, Christine (Hrsg.) (2008). Humanisierung des Strafvollzugs – Konzepte und Praxismodelle. Mönchengladbach: Forum Verlag.

Dünkel, Frieder / Grzywa-Holten, Joanna / Horsfield, Philip (Eds.) (2015). Restorative Justice and Mediation in Penal Matters in Europe. A Stock-Taking of Legal Issues, Implementation Strategies and Outcomes in 36 European Countries. 2 Bände. Mönchengladbach: Forum Verlag Godesberg.

Duff, Antony R. (2000). Punishment, Communication, and Community. Oxford: Univ. Press.

Duff, Antony R. (2003). Restoration and Retribution. In: Hirsch, Andrew von / Roberts, Julian/ Bottoms, Anthony E. / Roach, Kent / Schiff, Mara (eds.) (2003). Restorative Justice and Criminal Justice: Competing or reconcilable paradigms? Oxford & Portland: Hart. (43-60)

Durkheim, Émile (1968) [1895]. Kriminalität als normales Phänomen. In: Sack, Fritz & König, René (Hrsg.). Kriminalsoziologie. Frankfurt / M.: Akadem. Verlagsgesellschaft, S. 3 - 8.

Dussich, John P.J. / Schellenberg, Jill (Eds.) (2010). The Promise of Restorative Justice. New Approaches for Criminal Justice and Beyond. Boulder & London: Lynne Rienner Pub.

Dutton, Mary Ann / Green, Bonnie L. / Kaltman, Stacey I. / Roesch, Darren M. / Zeffiro, Thomas A. / Krause, Elizabeth D. (2006). Intimate partner violence, PTSD, and adverse health outcomes. Journal of Interpersonal Violence, 21(7), 955-968.

Edgar, Kimmett (2004). Lacking conviction: The rise of the women's remand population. London: Prison Reform Trust. http://www.prisonreformtrust.org.uk/Portals/0/Documents/Lacking %20Conviction %20the %20rise %20of %20the %20women's %20remand %20population.pdf 24.7.2014

Edgar, Kimmett / O'Donnell, Ian (1998). Assault in Prison. The "Victim's" Contribution. British Journal of Criminology, 38, 4, S. 635-650.

Edgar, Kimmett / Newell, Tim (2006). Restorative Justice in Prisons. A Guide to Making it Happen. Winchester: Waterside Press.

Eglash, Albert (1958). Creative Restitution – A Broader Meaning for an Old Term. In: Journal of Criminal Law and Criminology. Vol. 48, Issue 6, pp 619-622.

Eglash, Albert (1977). Beyond Restitution: Creative Restitution. In: Joe Hudson / Burt Galaway (eds.) Restitution in Criminal Justice. Lexington: Lexington Books. (S. 91-99)

Ehret, Beate (2013). Friedenszirkel. Eine nachhaltige Methode der außergerichtlichen Konfliktschlichtung im Rahmen der Restorative Justice. In: Kerner, Hans-Jürgen / Marks, Erich (Hrsg.), Internetdokumentation des Deutschen Präventionstages. Hannover.

Ehrmann, Jeanette / Thompson, Vanessa Eileen (2019). Abolitionistische Demokratie: Intersektionale Konzepte und Praktiken der Strafkritik. In: Malzahn, Rehzi (Hrsg.). Strafe und Gefängnis. Theorie, Kritik, Alternativen. Eine Einführung. (161-181) Stuttgart: Schmetterling Verlag.

Eichenhofer, Eberhard (Hrsg.) (1999). Migration und Illegalität. Osnabrück: Rasch.

Einsele, Helga / Rothe, Gisela (1982). Frauen im Strafvollzug. Reinbek bei Hamburg: Rowohlt.

Eißele, Ingrid (2009). Kalte Kinder. Wie sie die Sprache des Herzens lernen. Freiburg u. a.: Herder Verlag.

Elias, Norbert / Scotson, John L. (1990). Etablierte und Außenseiter. Frankfurt a. M.: Suhrkamp.

Elias, Robert (1996). Paradigms and Paradoxes of Victimology. In: Sumner, Chris; Israel, Mark; O'Connell, Michael and Sarre, Rick (eds.). International Victimology: selected papers from the 8th international symposium. Canberra: Australian Institute of Criminology. S. 9-34.

Emerson, Geoff / Hallam, Mary (2015). Thames Valley pilot project. In: Lummer, R. / Hagemann, O. / Reis, Sónia (Eds.). Restorative Justice at post-sentencing level in Europe. Kiel: SH Verband für Soziale Strafrechtspflege. S. 60-73.

Enns, Fernando (2014). Restaurative Gerechtigkeit als Friedensbildung: Die Möglichkeit zur Wiederherstellung von zerbrochenen Beziehungen. In: Borchardt, Ulrike / Dörfler-Dierken, Angelika / Spitzer, Hartwig (Hrsg.). Friedensbildung. Das Hamburger interdisziplinäre Modell. Göttingen: V & R unipress. S. 271-286.

Enns, Fernando / Weiße, Wolfram (Hrsg.) (2016). Gewaltfreiheit und Gewalt in den Religionen. Politische und theologische Herausforderungen. Münster & New York: Waxmann.

EU Directive (2012). Directive 2012/29/EU of the European Parliament and of the Council of 25 October 2012 establishing minimum standards on the rights, support and protection of victims of crime. Official Journal of the European Union L 315/57-73 of 14.11.2012.

European Forum for Restorative Justice (2020). Thematic Brief on Restorative Environmental Justice. Leuven: European Forum for Restorative Justice.

European Institute for Gender Equality (2014). Gender mainstreaming: A strategy to achieve equality between men and women. Retrieved from http://eige.europa.eu/content/activities/gender-mainstreaming-methods-and-tools on November 2, 2014.

Ev. Bundeskonferenz der Gefängnisseelsorge (2008). `Projekt „Empathie" als Praxisprojekt im Rahmen von Restorative Justice´, Arbeitsgruppe, Hofgeismar.

Evans, Katherine / Vaandering, Dorothy (2016). The Little Book of Restorative Justice in Education: Fostering Responsibility, Healing, and Hope in Schools (Justice and Peacebuilding). Intercourse: Good Books.

Fair, Helen / Walmsley, Roy (2021). World Prison Population List (13th edition). London: International Centre for Prison Studies.

Fassin, Didier (2018). Der Wille zum Strafen. Berlin: Suhrkamp.

Fattah, Ezzat A. (1991). Understanding Criminal Victimization. An Introduction to Theoretical Victimology (Scarborough, Ont.: Prentice-Hall).

Feasey, Simon / Williams, Patrick (2009). An evaluation of the Sycamore Tree programme: based on an analysis of Crime Pics II data. Sheffield Hallam University Research Archive http://shura.shu.ac.uk/1000/1/fulltext.pdf (8.11.2022)

Feest, Johannes (2016). Zur Obsoleszenz von Knästen (unter besonderer Berücksichtigung von Frauenknästen). In: ders. *Definitionsmacht, Renitenz und Abolitionismus*, Schriftenreihe des Strafvollzugsarchivs. Wiesbaden: Springer, 317-321. https://doi.org/10.1007/978-3-658-28809-9_20

Feest, Johannes & Blankenburg, Erhard (1972). Die Definitionsmacht der Polizei. Strategien der Strafverfolgung und soziale Selektion. Düsseldorf: Bertelsmann Univ'verlag.

Fellegi, Borbála (2009). The restorative approach in practice: models in Europe and in Hungary. Presentation at the Conference of the European Crime Prevention Network 28 April 2009, Budapest.

Fellegi, Borbála / Szegő, Dóra (2015). Prison System: what does the implementation of RJ mean within the current system? – The face behind the fence. In: Lummer, R.; Hagemann, O. & Reis, S. (Eds.). Restorative Justice at Post-Sentencing Level in Europe. Kiel: SH Verband für soziale Strafrechtspflege. S. 46-59.

Ferszt, Ginette G. / Hayes, P. M. / DeFedele, S. / Horn, L. (2004). Art therapy with incarcerated women who have experienced the death of a loved one. Art Therapy: Journal of the American Art Therapy Association 21(4), 191-199.

Feshbach, Norma D. / Lipian, M. (1987). The Empathy Scale for Adults. Los Angeles: University of California.

Few-Deo, April L. / Arditti, Joyce A. (2013). Relational vulnerabilities of incarcerated and reentry mothers: therapeutic implications. International Journal of Offender Therapy and Comparative Criminology. Online First: http://ijo.sagepub.com/content/early/2013/07/09/0306624X13495378.

Fiedeler, Silke (2016). Friedenszirkel – um inklusiv mit Kriminalität umzugehen. In: Früchtel, Frank / Straßner, Michael / Schwarzloos, Christian (Hrsg.). Relationale Sozialarbeit. Versammelnde, vernetzende und kooperative Hilfeformen. Weinheim & München: Beltz Juventa. S. 210-221.

Fisse, Brent / Braithwaite, John (1983). The impact of publicity on corporate offenders. Albany: State University of New York.

Fisse, Brent / Braithwaite, John (1993). Corporations, Crime and Accountability. Cambridge: University Press.

Fogel, Catherine Ingram (1995). Pregnant prisoners: Impact of incarceration on health and health care. Journal of Correctional Health Care, 2(2), 169-190.

Fonseca Rosenblatt, Fernanda (2015). The Role of Community in Restorative Justice. London: Routledge.

Fortuin, Betty (2007). Maine's female offenders are reentering – and succeeding. Corrections Today, 69, 34-37.

Foster, Holly (2011). The influence of incarceration on the children at the intersection of parental gender and race/ethnicity: A focus on child living arrangements. Journal of Ethnicity in Criminal Justice, 9, 1-21.

Foucault, Michel (1976). Mikrophysik der Macht: über Strafjustiz, Psychiatrie und Medizin. Berlin: Merve.

Foucault, Michel (1991). Governmentality. In: Graham Burchell / Colin Gordon / Peter Miller (eds.). The Foucault Effect. Studies in Governmentality. With Two Lectures by and an Interview with Michel Foucault. Chicago: University Press, S. 87-104.

Fraden, Rena (2001). Imagining media: Rhodessa Jones and theatre for incarcerated women. Chapel Hill/London: The University of North Carolina Press.

Frehsee, Detlef (1991). Zur Abweichung der Angepassten. In: Kriminologisches Journal, 23, S. 25-45.

Freire, Paulo (1973). Pädagogik der Unterdrückten. Bildung als Praxis der Freiheit. Reinbek bei Hamburg: Rowohlt.

Freire, Paulo (1985). The Politics of Education: Culture, Power, and Liberation. Boston, MA: Bergin & Garvey.

Fretz, Ralph / Erickson, Jacey / Mims, Angela (2007). Reentry Programming and female offenders: The case for a gender-responsive approach. Journal of Community Corrections, 16(3), 9-21.

Freud, Anna (1980). Das Ich und die Abwehrmechanismen. Die Schriften der Anna Freud, Band 1, 1922-1936. München: Kindler.

Fricke, Lioba (2012). Gerichtliche Mediation in Strafvollzugssachen. Evaluation eines alternativen Modells von Konfliktbearbeitung als qualitative Rekonstruktion erlebter Wirkung.

Dissertation Uni Hamburg. http://ediss.sub.uni-hamburg.de/volltexte/2013/6146/pdf/Dissertation.pdf.

Früchtel, Frank (2002). Die Moral des Verfahrens: Family Group Conferences als Alternative zum Hilfeplangespräch? In: Forum Erziehungshilfen, S.13-19.

Früchtel, Frank (2007). Community or Colony? Family Group Conferencing and the Lifeworld Theory, in: 5th Annual European Family Group Conference Network Event in Berlin, November 08th - 10th, Tagungsdokumentation.

Früchtel, Frank / Budde, Wolfgang (2003). Ein radikales Verständnis von Betroffenenbeteiligung in der Hilfeplanung, in: Sozialmagazin 3/2003, Frankfurt, S. 12-21.

Früchtel, Frank / Halibrand, Anna-Maria (2016). Restorative Justice. Theorie und Methode für die Soziale Arbeit. Wiesbaden: Springer VS.

Fuchs, Thomas / Schlimme, Jann E. (2009). Embodiment and psychopathology: a phenomenological Perspective. In: Current Opinion in Psychiatry, 22, S. 570-575.

FUEN (Federal Union of European Nationalities) (2008). Contribution of the Central Committee of German Sinti and Roma Regarding the Current Media Situation of the National Minorities in Europe.

Galtung, Johan (1972). Gewalt, Frieden und Friedensforschung. In: Senghaas, Dieter (Hrsg.). Kritische Friedensforschung. Frankfurt a. M.: Suhrkamp, S. 55-104.

Galtung, Johan (1975). Strukturelle Gewalt. Beiträge zur Friedens- und Konfliktforschung. Reinbek: Rowohlt Taschenbuch Verlag.

Galtung, Johan (2010). Peace Studies and Conflict Resolution: The Need for Transdisciplinarity. In: Transcultural Psychiatry Vol 47(1): 20-32.

Garcia, Marie / Ritter, Nancy (2012). Improving access to services for female offenders returning to the community. NIJ Journal, 269, 18-23.

Garfinkel, Harold (1956). Conditions of Successful Degradation Ceremonies. In: American Journal of Sociology, 61, S. 420-424.

Garfinkel, Harold (1973). Das Alltagswissen über soziale und innerhalb sozialer Strukturen. In: Arbeitsgruppe Bielefelder Soziologen (Hrsg.). Alltagswissen Interaktion und gesellschaftliche Wirklichkeit. Reinbek: Rowohlt. Bd. 1, S.189-214

Garland, David (2001). The Culture of Control. Crime and Social Order in Contemporary Society. Oxford: University of Chicago Press. [dt 2008 Kultur der Kontrolle. Verbrechensbekämpfung und soziale Ordnung in der Gegenwart. Frankfurt/Main [u. a.]: Campus.]

Garland, David (2002). Of Crimes and Criminals: The Development of Criminology in Britain. In: The Oxford Handbook of Criminology, hrsg. v. Mike Maguire / Rod Morgan / Robert Reiner. 3. Aufl. Oxford: Oxford University Press. S. 7-50.

Gavrielides, Theo (2007). Restorative Justice Theory and Practice: Addressing the Discrepancy. HEUNI, Helsinki, Finland.

Geiger, Manfred / Steinert, Erika (1993). Straffällige Frauen und das Konzept der durchgehenden sozialen Hilfe. Kohlhammer: Stuttgart u. a.

Gelb, Karen (2006). Myths and Misconceptions: Public Opinion vs. Public Judgment about Sentencing. Melbourne: Sentencing Advisory Council. https://www.sentencingcouncil.vic.gov.au/sites/default/files/2019-08/Myths_and_Misconceptions_Public_Opinion_versus_Public_Judgment_about_Sentencing.pdf (25.12.2022)

Glaser, Barney G. / Strauss Anselm L. (1979). The Discovery of Grounded Theory. Strategies for Qualitative Research. 10 Auflage, Aldine, New York (zuerst 1967).

Glasl, Friedrich (2004). Konfliktmanagement. Ein Handbuch für Führungskräfte, Beraterinnen und Berater. 8. aktualisierte und ergänzte Aufl. Bern [u. a.]: Haupt.

Gobodo-Madikizela, Pumla (2006). Trauma und Versöhnung – Lehren aus Südafrika. In: *Aus Politik und Zeitgeschichte.* 42/2006. 16. Oktober 2006. S. 32-38.

Göppinger, Hans (1983). Der Täter in seinen sozialen Bezügen. Ergebnisse der Tübinger Jungtäter-Vergleichsuntersuchung. Berlin, Heidelberg: Springer.

Goffman, Erving (1961). Asylums. Essays on the Social Situation of Mental Patients and Other Inmates. New York: Doubleday & Company. [dt 1981. Asyle. Über die Situation psychiatrischer Patienten und anderer Insassen. Frankfurt / M.: 4. Aufl.]

Goltermann, Svenja (2011). Die Gesellschaft der Überlebenden. Deutsche Kriegsheimkehrer und ihre Gewalterfahrungen im Zweiten Weltkrieg. München: Pantheon.

Gordon, Thomas (1970). Die Familienkonferenz. Die Lösung von Konflikten zwischen Eltern und Kind. Heyne Verlag.

Gottfredson, Michael R. / Hirschi, Travis (1990). A General Theory of Crime. Stanford, CA: Stanford University Press.

Graham, Hannah / White, Rob (2014). Innovative Justice. London & New York: Routledge.

Green, Bonnie L. / Miranda, Jeanne / Daroowalla, Anahita / Siddique, Junid (2005). Trauma Exposure, Mental Health Functioning, and Program Needs for Women in Jail. In: Crime & Delinquency 51, S. 133-151.

Gregor, Angelika (1998). Täter-Opfer-Ausgleich im Jugendgerichtsverfahren unter besonderer Berücksichtigung weiblicher Opfer. Hamburg: Verlag Soziale Theorie und Praxis.

Groenhuijsen, Marc / Winkel, Frans W. (1991). The „Focusing on Victims-Program" as a new Substitute Penal Sanction for Youthful Offenders. Paper submitted to the 7th International Symposium on Victimology, Rio de Janeiro.

Grunwald, Klaus / Thiersch, Hans (Hrsg.) (2004). Praxis lebensweltorientierter Sozialer Arbeit. Handlungszugänge und Methoden in unterschiedlichen Arbeitsfeldern. Weinheim: Juventa.

Gussak, David (2008). The effects of art therapy on male, female inmates: Advancing the research base, The Arts in Psychotherapy, doi:10.1016/j.aip.2008.10.002

Gustafson, David L. (2004). Is Restorative Justice Taking Too Few, or Too Many Risks? In: Zehr, Howard / Toews, Barb (Eds.). Critical Issues in Restorative Justice. Monsey, N.J. [u. a.]: Criminal Justice Press. S. 303-313.

Habermas, Jürgen (1981). Theorie des kommunikativen Handelns. 2 Bände. Frankfurt/M.: Suhrkamp.

Habermas, Jürgen / Luhmann, Niklas (1971). *Theorie der Gesellschaft oder Sozialtechnologie – Was leistet die Systemforschung? Frankfurt/M.: Suhrkamp.*

Hagemann, Otmar (1991). Coping and Mediation. Implications of a Research Study on Victims of Assault and Burglary. In: Günter Kaiser / Helmut Kury / Hans-Jörg Albrecht (Eds.), *Victims and Criminal Justice* (S. 655-673). Freiburg i.Br.: Max-Planck-Institut.

Hagemann, Otmar (1993). *Wohnungseinbrüche und Gewalttaten: Wie bewältigen Opfer ihre Verletzungen?* Pfaffenweiler: Centaurus.

Hagemann, Otmar (1997). Review of the 9th International World Symposium on Victimology „Caring for Victims". In: Victimologist, vol. 1, 2.

Hagemann, Otmar (2002). „Gemeinschaftskonferenzen" als Konfliktregelungsinstrument – eine Weiterentwicklung des TOA? *TOA-Infodienst* Nr. 17, S.

Hagemann, Otmar (2003a). Restorative Justice in Prisons? In: Lode Walgrave (Ed.), Repositioning Restorative Justice (S. 221-236). Collumpton: Willan Publishing.

Hagemann, Otmar (2003b). Introspektion und Empathie in der Arbeit mit Strafgefangenen. In: Kumbruck, C., Schulze, H. & Dick, M. (Eds.). Arbeit – Alltag – Psychologie. Über den Bootsrand geschaut (S. 299-313). Heidelberg: Asanger & Kröning.

Hagemann, Otmar (2004). *Die Abwesenheit der „Opfer“ in der Arbeit mit den „Tätern“ im Strafvollzug.* In: Rehn, Gerhard / Nanninga, Regina / Thiel, Andreas (Hrsg.). Freiheit und Unfreiheit. Arbeit mit Straftätern innerhalb und außerhalb des Justizvollzuges. Herbolzheim: Centaurus. S. 397-421.

Hagemann, Otmar (2007). Gemeinschaftskonferenzen in Elmshorn. *TOA-Infodienst* Nr. 33, 44-45.

Hagemann, Otmar (2008). Erster Zwischenbericht über Gemeinschaftskonferenzen in Elmshorn. Norderstedt: Manuskript. 45 S. www.fh-kiel.de/fileadmin:data/sug/pdf-Dokument/Hagemann/Zwischenbericht_GMK.pdf. Zugegriffen am 1. November 2015

Hagemann, Otmar (2009). „Gemeinschaftskonferenzen“ in Elmshorn – The First German Family Group Conferencing Project in Criminal Matters. In O. Hagemann, P. Schäfer & S. Schmidt (Hrsg.), *Victimology, Victim Assistance and Criminal Justice. Perspectives Shared by International Experts at the Inter-University Centre of Dubrovnik* (S. 233- 243) Mönchengladbach: Fachhochschule Niederrhein Verlag.

Hagemann, Otmar (2010a). “Conferencing” als prototypische Methode eines neuen Paradigmas der Sozialen Arbeit. In: *Standpunkt: sozial* Heft 2/2010. S. 129-135.

Hagemann, Otmar (2010b). „Conferencing“: Ein Ansatz zur Aufarbeitung von Straftaten und Opfererlebnissen in erweiterten sozialen Kontexten. *Praxis der Rechtspsychologie 20,* 306-324.

Hagemann, Otmar (2011). Restorative Justice: Konzept, Ideen und Hindernisse. In: Lummer, Ricarda / Hagemann, Otmar / Tein, Jo (Eds) (2011). Restorative Justice – A European and Schleswig-Holsteinian Perspective. Restorative Justice – Aus der europäischen und Schleswig-Holsteinischen Perspektive. Kiel: SH Verband für Soziale Strafrechtspflege. S.151-178.

Hagemann, Otmar (2012). Restorative Justice as Common Ground for Two Variants of Conferencing in Germany. In René Clarijs / Thijs Malmberg (Hrsg.), *The Quiet Revolution. Aggrandising people power by Family Group Conferences* (S. 131-142) Amsterdam: SWP Publishers.

Hagemann, Otmar (2014a). Restorative Justice in der Praxis: Täter-Opfer-Ausgleich und Gemeinschaftskonferenzen. In: Borchardt, U., Dörfler-Dierken, A. & Spitzer, H. (Hrsg.). *Friedensbildung. Das Hamburger Interdisziplinäre Modell.* (S. 287-305) Göttingen: V & R unipress.

Hagemann, Otmar (2014b). Conferencing as a Means of Restorative Justice – the Police Perspective. In: Kersten, Joachim; Burchard, Ansgar & Decker, Catharina (Eds.). *Policing minority communities: Restorative justice approaches and its embeddedness in Austria, Hungary and Germany.* (S. 109-129) Münster: Deutsche Hochschule der Polizei – Hochschulverlag.

Hagemann, Otmar (2014c). Restorative Justice – der Weg zu Heilung und sozialem Frieden. In: Evangelische Stimmen. Forum für kirchliche Zeitfragen in Norddeutschland. Heft 4 (April), S. 40-45.

Hagemann, Otmar (2014d). Exploring and Understanding Victim Empathy. In: Schäfer, Peter & Weitekamp, Elmar (Eds.). Establishing Victimology. Festschrift for Prof. Dr. Gerd Ferdinand Kirchhoff. 30th Anniversary of Dubrovnik Victimology Course. Mönchengladbach: Hochschule Niederrhein. S. 223-248.

Hagemann, Otmar (2016). Gemeinschaftskonferenzen und andere Restorative Conferencing-Verfahren. In: Ochmann, Nadine / Schmidt-Semisch, Henning / Temme, Gaby (Hrsg.). Healthy Justice. Überlegungen zu einem gesundheitsförderlichen Rechtswesen. Wiesbaden: Springer VS (S. 235-265).

Hagemann, Otmar (2017). Restorative Justice at post-sentencing level – a delayed way to social peace? In: De La Cuesta, José Luis / Subijana, Iñak i/ Soleto, Helena / Varona, Gema / Porres, Izaskun (Eds.). Justicia Restaurativa y Terapéutica. Hacia Innovadores Modelos de Justicia.Valencia: tirant lo blanche. S. 275-304.

Hagemann, Otmar (2018). Commentary on the Council of Europe Recommendation (2018) 8. *Revista de Victimología / Journal of Victimology*, 8, 154-176.

Hagemann, Otmar (2019). Late start, but on the way to a leading position? Comments from a German neighbour. In: The International Journal of Restorative Justice, Vol. 2 (1), pp. 134-141.

Hagemann, Otmar (2020a). Restorative Justice und Resozialisierung – Abgrenzung und Gemeinsamkeiten. In: Bernd Maelicke / Christopher Wein (Hrsg.). Resozialisierung und Systemischer Wandel (151-179). Baden-Baden: Nomos.

Hagemann, Otmar (2020b). Restorative Gefängnisse. In: Drenkhahn, Kirstin; Geng, Bernd; Grzywa-Holten, Joanna; Harrendorf, Stefan; Morgenstern, Christine und Pruin, Ineke (Hrsg.). Kriminologie und Kriminalpolitik im Dienste der Menschenwürde. Festschrift für Frieder Dünkel zum 70. Geburtstag. Mönchengladbach: Forum Verlag Godesberg. (S. 817-833).

Hagemann, Otmar / Röthig, Franziska (2000). *Befragung über das Zusammenleben und Kriminalität in drei Hamburger Stadtteilen.* Krim-Info, 23, S.6-7.

Hagemann, Otmar / Robertz, Frank (2000). *Prevention of Victimization by Working with Serious Offenders.* Paper presented at the 10th International Symposium on Victimology. 6.-11.8.2000 in Montréal. (www.aqpv.ca/diffusion/textes/defgh_t/Hagemann_Robertz.pdf)

Hagemann, Otmar / Lummer, Ricarda (2012). Restorative Justice – auch das Unübersetzbare braucht klare Begriffe. In TOA-Infodienst 45, S. 28-35.

Hagemann, Otmar / Lummer, Ricarda / Nahrwold, Mario (2012). *Improving knowledge and practice of Restorative Justice. Scientific Report.* Kiel: University of Applied Sciences. www.rjustice.eu.

Hagemann, Otmar / Magiera, Kim (2023). Restorative Justice und Wiedergutmachung: was ähnlich klingt, ist nicht dasselbe. In: Bartsch, Tillmann Johannes / Hoven, Elisa / Limperg, Bettina / Maelicke, Bernd / Merckle, Tobias (Hrsg.). Resozialisierung, Opferschutz, Wiedergutmachung. Grundlagen und Rahmenbedingungen. Baden-Baden: Nomos.

Hairston, Creasie Finney (1988). Family ties during imprisonment: Do they influence future criminal activity? Federal Probation, 52(1), 48-51.

Hairston, Creasie Finney (1991). Mothers in jail: Parent-child separation and jail visitation. AFFILIA, 6(2), 9-27.

Hall, Julia (1993). Final Report: The Victim-Offender Reconciliation program, The State Correctional institution at Graterford Pa, May-December 1992. Akron Pa. MCC Office on

Crime and Justice. The Mennonite Central Committee has a website at www.mcc.org/index.html

Hallam, Mary (2015). Victim Initiated Restorative Justice. Restoring the Balance. Final Report of the UK Pilot Project – June 2015. Oxford: Thames Valley Partnership. (MS 65 pages)

Halmø, Inge (2008). Resocialisering med familiebehandling i utraditionelle og hidtil uprøvede rammer. Afrapportering over erfaringerne med implementering af Familiebehandling i Kriminalforsorgen. Lyngby: Kriminalforsorgens Pension Engelsborg.

Halsey, Mark / de Vel-Palumbo, Melissa (2020). Generations Through Prison. Experiences of Intergenerational Incarceration. London & New York: Routledge.

Han, Byung-Chul (2011). Die Müdigkeitsgesellschaft. 5. Aufl. Berlin: Matthes & Seitz.

Hanak, Gerhard / Stehr, Johannes / Steinert, Heinz (1989). Ärgernisse und Lebenskatastrophen. Über den alltäglichen Umgang mit Kriminalität. Bielefeld: AJZ.

Hannon, Ginger / Martin, Don / Martin, Maggie (1984). Incarceration in the family: Adjustments to change. Family Therapy, 11, 253-260.

Hare, Robert D. (2003). The Psychopathy Checklist – Revised, 2nd Edition. Toronto: Multi-Health Systems.

Harris, M. Kay (1987). Moving into the new millennium: toward a feminist vision of justice. In: Prison Journal, Vol. 67 (2), S. 27-38.

Harris, M. Kay (2008). Transformative Justice: the transformation of restorative justice. In: Sullivan, D. & Tifft, L. (Eds.). The Handbook of Restorative Justice. A Global Perspective, London/New York, Routledge. S. 555-565.

Hartmann, Arthur / Haas, Marie / Steengrafe, Felix / Geyer, Judith / Steudel, Tim / Kurucay, P. (2012). Prison Mediation in Germany. In: Barabás, Tünde / Fellegi, Borbála / Windt, Szandra (Eds.). Responsibility-Taking, Relationship-Building and Restoration in Prisons. Mediation and Restorative Justice in Prison Settings. Budapest: P-T Mühely. S. 205-261.

Hartmann, Arthur (2013). Täter-Opfer-Ausgleich – aktuelle Perspektiven. In: Dölling, Dieter; Jehle, Jörg-Martin (Hrsg.). Täter – Taten – Opfer. Grundlagenfragen und aktuelle Probleme der Kriminalität und ihrer Kontrolle. Mönchengladbach: Forum Verlag Godesberg. S.252-268.

Hartmann, Arthur / Haas, Marie / Eikens, Anke / Kerner, Hans-Jürgen (2014). Täter-Opfer-Ausgleich in Deutschland. Auswertung der bundesweiten Täter-Opfer-Ausgleichs-Statistik für die Jahrgänge 2011 und 2012. Berlin: Bundesministerium der Justiz und für Verbraucherschutz.

Hartmann, Arthur / Schmidt, Marie / Ede, Katja / Kerner, Hans-Jürgen (2016). Täter-Opfer-Ausgleich in Deutschland. Auswertung der bundesweiten Täter-Opfer-Ausgleich-Statistik für die Jahrgänge 2013 und 2014. Bericht für das Bundesministerium der Justiz und für Verbraucherschutz. Berlin: Bundesministerium der Justiz und für Verbraucherschutz. https://www.bmjv.de/SharedDocs/Downloads/DE/PDF/Berichte/TOA_in_Deutschland_2013_2014.pdf?__blob=publicationFile&v=1

Hartmann, Ute I. (1998). Staatsanwaltschaft und Täter-Opfer-Ausgleich: eine empirische Analyse zu Anspruch und Wirklichkeit. Baden-Baden: Nomos-Verl.-Ges.

Harvard Medical School. (2014). Women and Depression. Retrieved from http://www.health.harvard.edu/newsweek/Women_and_depression.htm on May 28, 2014.

Haverkamp, Rita (2015). Die Opferperspektive in der Kriminalprävention (Teil 1). Begriffsverständnis, Opfererfassung und Opfergefährdung. In: forum kriminalprävention 4/2015, S. 45-50.

Hayes, Hennessey / Daly, Kathleen (2003). "Youth Justice Conferencing and Reoffending", Justice Quarterly, 20, (4), S. 725-764 https://www.griffith.edu.au/__data/assets/pdf_file/0016/50254/kdpaper17.pdf (21.11.2015).

Hayes, Hennessey / Daly, Kathleen (2004). "Conferencing and Re-offending in Queensland." *Australian and New Zealand Journal of Criminology*, 37(2): 167-191.

Haynes, John M. / Bastine, Reiner / Link, Gabriele / Mecke, Axel (2002). Scheidung ohne Verlierer. Familienmediation in der Praxis. vollständig überarb. und aktual. Ausgabe München: Kösel.

Hedderman, Carol / Gunby, Clare / Shelton, Nicola (2011). What women want: the importance of qualitative approaches in evaluating work with women offenders. In: Criminology and Criminal Justice (February 2011) vol. 11, no. 1, S.: 3-19.

Hedtke, Kristina A. / Ruggiero, Kenneth J. / Fitzgerald, Monica M. / Zinzow, Heidi M. / Saunders, Benjamin E./ Resnick, Heidi S. / Kilpatrick, Dean G. (2008). A longitudinal investigation of interpersonal violence in relation to mental health and substance use. Journal of Consulting and Clinical Psychology, 76(4), 633-647.

Heinz, Wolfgang (2008). Das strafrechtliche Sanktionensystem und die Sanktionierungspraxis in Deutschland 1882-2006. http://www.uni-konstanz.de/rtf/kis/Sanktionierungspraxis-in-Deutschland-Stand-2006.pdf (Zugriff am 19.07.2008)

Heinz, Wolfgang (2003). Konstanzer Inventar. www.uni-kostanz.de/rtf/kis/ sanks01d.htm (Zugriff am 19.07.2008)

Helfgott, Jacqueline / Lovell, Madeline L. / Lawrence, Charles F. (1998). Citizens, Victims and Offenders Restoring Justice: A Final Report. Available from the Department of Sociology and Criminal Justice, University of Seattle, USA.

Henkel, Inga (2015). Family Group Conferencing: Restorative Justice in der praktischen Anwendung. Eine empirische Studie zu den Conferencing-Verfahren bei Child Youth and Family in Neuseeland. Kiel: FH (Bachelorarbeit)

Henriques, Zelma Weston / Manatu-Rupert, Norma (2001). Living on the outside: African American women before, during, and after imprisonment. Prison Journal, 81(1), 6-19.

Herman, Susan (2004). Is Restorative Justice Possible without a Parallel System for Victims? In: Zehr, Howard / Toews, Barb (Eds.). Critical issues in restorative justice. Monsey, N.J. [u. a.]: Criminal Justice Press. S. 75-83.

Herman, Susan (2010). Parallel Justice for Victims of Crime. Washington: National Center for Victims of Crime.

Herriger, Norbert (Hrsg.) (2010). Empowerment in der Sozialen Arbeit. Eine Einführung. 4. Aufl. Stuttgart: Kohlhammer.

Hilbert, Christian / Bandow, Yasemin / Kubisch-Piesk, Kerstin / Schlizio-Jahnke, Heike (2011). Familienrat in der Praxis – ein Leitfaden. Lambertus + Berlin: Eigenverlag des Deutschen Vereins für öffentliche und private Fürsorge e.V.

Hills, Holly / Siegfried, Christine / Ickowitz, Alan (2004). Effective prison mental health services: Guidelines to expand and improve treatment. Retrieved from http://nicic.gov/Library/ 018604.

Hirsch, Andrew von / Roberts, Julian/ Bottoms, Anthony E. / Roach, Kent & Schiff, Mara (eds.) (2003). Restorative Justice and Criminal Justice: Competing or reconcilable paradigms? Oxford & Portland: Hart.

Hirschel, David / Buzawa, Eve / Pattavina, April / Faggiani, Don (2008). Domestic violence and mandatory arrest laws: To what extent do they influence police arrest decisions? In: *Journal of Criminal Law & Criminology*, *98*(1), 255-298.

Hirschi, Travis (1969). Causes of Delinquency. Berkeley: Univ. of California Press.

Hitzel-Cassagnes, Tanja / Martinsen, Franziska (2014). Recht auf Wiedergutmachung. Geschlechtergerechtigkeit und die Bewältigung historischen Unrechts. Opladen u. a.: Barbara Budrich.

Hockerts, Hans Günter (2013). Wiedergutmachung in Deutschland 1945-1990. Ein Überblick. In: Aus Politik und Zeitgeschichte (APuZ), Wiedergutmachung und Gerechtigkeit, 63. Jg., 25-26, S. 15-22.

Hockerts, Günter / Moisel, Claudia / Winstel, Tobias (Hrsg.) (2006). *Grenzen der Wiedergutmachung. Die Entschädigung für NS-Verfolgte in West- und Osteuropa 1945-2000.* Göttingen: Wallstein Verlag.

Hofer, Hanns von (2002). Die Ersatzfreiheitsstrafe in Schweden. In: Baechtold, Andrea / Senn, Ariane (Hrsg.). Brennpunkt Strafvollzug. Regards sur la prison. Bern: Stàmpfli Verlag AG.

Hogan, Robert (1969). Development of an empathy scale. Journal of Consulting and Clinical Psychology, 33, 307-316.

Holley, Philip D. / Brewster, Dennis (1996). The women at Eddie Warrior Correctional Center. Journal of the Oklahoma Criminal Justice Research Consortium, 3, 107-114.

Holliday, Stephanie Brooks / Heilbrun, Kirk / Fretz, Ralph (2012). Examining improvements in criminogenic needs: The risk reduction potential of a structured re-entry program. Behavioral Science and Law, 30, 431-447.

Holst, Bettina (2004). Herstellung von Chancengleichheit von Ma¨nnern und Frauen auf dem Arbeitsmarkt: EU-Querschnittsthema Gender Mainstreaming auch in MABiS.NeT. In: MABiS.NeT Report Juni/2004, S. 2-3.

Home Office (1997). Her Majesty's Chief Inspector of Prisons. Women in Prison: A Thematic Review. London: Home Office. Retrieved from: http://www.justice.gov.uk/downloads/publications/inspectorate-reports/hmipris/thematic-reports-and-research-publications/woman_in_prison-1996-rps.pdf on August 16, 2014.

Honneth, Axel (1998). Kampf um Anerkennung. Zur moralischen Grammatik sozialer Konflikte. Durch ein Nachwort erweiterte Ausgabe. Frankfurt a. M.: Suhrkamp.

Hooker, David Anderson (2016). *The Little Book of Transformative Community Conferencing*: A Hopeful, Practical Approach to Dialogue (Justice and Peacebuilding). Intercourse: *Good Books.*

Hopf, Christel (1978). Die Pseudo-Exploration – Überlegungen zur Technik qualitativer Interviews in der Sozialforschung. In: Zeitschrift für Soziologie, 7, Heft 2, S. 97-115.

Hopkins, Belinda (2002). Restorative Justice in Schools. In: Support for Learning, Vol. 17 No.3, S. 144-149.

Hopkins, Belinda (2011). The Restorative Classroom. Using Restorative Approaches to Foster Effective Learning. London: Routledge.

Hoyle, Carolyn (2012). Victims, the criminal process, and restorative justice. In: Maguire, M. / R. Morgan / R. Reiner (Eds) (2012). The Oxford Handbook of Criminology. 5th Ed. Oxford: University Press. Pp. 398-425.

Hudson, Gavin (o.J.). REMEDI Restorative Justice and Mediation Initiatives. Victim Awareness Training For Adult Offenders – A Model of Practice. http://www.remediuk.org/GAVIN %20VIC %20AWARE %20WS %20(FINAL).ppt Zugriff 9.7.2012)

Hügli, Anton / Lübcke, Poul (Hrsg.) (2000). Philosophie-Lexikon. 2. Aufl. Reinbek: Rowohlt.

Hülsmann, Anna (2008). Empathiefähigkeit schizophrener Patienten. Diplomarbeit Wien. URL: http://othes.univie.ac.at/2505/1/2008-11-06_0304338.pdf (Zugriff 10.9.2022)

Hüther, Gerald (2003). Die Auswirkungen traumatischer Erfahrungen im Kindesalter auf die Hirnentwicklung. Das allgemeine Entwicklungsprinzip. In: Brisch, Karl Heinz & Hellbrügge, Theodor (Hrsg.). Bindung und Trauma. Risiken und Schutzfaktoren für die Entwicklung von Kindern. Stuttgart: Klett Cotta. S. 94-104.

Hulsman, Louk H.C. (1986). Critical Criminology and the Concept of Crime. In: Contemporary Crisis, 10, S. 63-80.

Husserl, Edmund (1977). Grundprobleme der Phänomenologie 1910/11. Den Haag: Martinus Nijhoff.

Håkansson, Jakob (2003). Exploring the phenomenon of empathy. Stockholm Univ.: Dissertation.

ICD 10 International Statistical Classification ofDiseases and Related Health Problems, classification by World Health Organization (WHO). http://apps.who.int/classifications/icd 1 0/browse/2008/en#.

ICPS International Centre for Prison Studies (2002a). *Restorative Prison Project.* London (www.kcl.ac.uk/depstra/rel/icps/restorative_prison.html)

ICPS International Centre for Prison Studies ICPS (2002b). *„We don't waste prisoners' time and we don't waste bicycles" The impact of restorative work in prisons.* London.

Illich, Ivan (1984). Schulen helfen nicht: über das mythenbildende Ritual der Industriegesellschaft. Reinbek: Rowohlt.

IDoC Illinois Department of Corrections (2014). Women and Family Services. Retrieved from: http://www2.illinois.gov/idoc/programs/Pages/WomenFamilyServices.aspx on August 4, 2014.

Jackson, Lisa F. (2001). Meeting with a killer. One Family's Journey. (Film, 47 Min.) herunterzuladen von YouTube oder The Institute for Restorative Justice and Restorative Dialogue.

Jäger, Herbert (1989). Makrokriminalität. Studien zur Kriminologie kollektiver Gewalt. Frankfurt/Main: Suhrkamp.

James, Doris J. / Glaze, Lauren E. (2006). Mental health problems of prison and jail inmates (NCJ Report 213600). Retrieved from http://bjs.ojp.usdoj.gov/content/pub/pdf/mhppji.pdf on August 4, 2014.

Janoff-Bulman, Ronnie (1992). Shattered assumptions. New York: Free Press.

Jehle, Jörg-Martin (2005). Criminal Justice in Germany. Fourth Edition. Ed. by the Federal Ministry of Justice.

Jelínek, Martin / Matoušková, Andrea (2015). In the name of the victim: Victim perspective in criminal proceedings with focus on post – sentence level. In: Ljetopis Socijalnog Rada, 22 (1), 139-154.

Joas, Hans (2015). Die Sakralität der Person. Eine neue Genealogie der Menschenrechte. Taschenbuchausgabe. Berlin: Suhrkamp.

Joas, Hans / Knöbl, Wolfgang (2011). Sozialtheorie. Zwanzig einführende Vorlesungen. Aktualisierte, mit einem neuen Vorwort versehene Aufl. Frankfurt/Main & Berlin: Suhrkamp.

Jodlauk, Jasmin (2014). Täter-Opfer-Ausgleich oder Jugendstrafe? Alternativen im Jugendgerichtsverfahren. Hamburg: Bachelor + Master Publishing.

Joël, Antje (2020). Prügel. Eine ganz gewöhnliche Geschichte häuslicher Gewalt. Hamburg: Rowohlt.

Johnson, Lee Michael (2008). A place for art in prison: Art as a tool for rehabilitation and management. The Southwest Journal of Criminal Justice, 5(2), 100-120.

Johnstone, Gerry / van Ness, Daniel W. (Eds.) (2007). Handbook of Restorative Justice. Cullompton: Willan.

Jolliffe, Darrick / Farrington, David P. (2004). Empathy and offending: A systematic review and meta-analysis. Aggression and Violent Behavior, 9, 441-476.

Jones, Adele D. / Wainaina-Woźna, Agnieszka E. (2013). Children of Prisoners. Interventions and mitigations to strengthen mental health. Huddersfield: University of Huddersfield. (= Abschlussbericht)

Joseph, Janice (2009). Black Victims of Intimate Femicide in the United States.In: Hagemann, Otmar / Schäfer, Peter / Schmidt, Stephanie (Eds.). Victimology, Victim Assistance and Criminal Justice. Perspectives Shared by International Experts at the Inter-University Centre of Dubrovnik. Mönchengladbach: Fachhochschule Niederrhein Verlag. S.135-151.

Kampusch, Natascha [mit Gronemeier, Heike] (2016). 10 Jahre Freiheit. Berlin: List-Verlag.

Karp, David R. (2013). The Little Book of Restorative Justice for Colleges and Universities. Repairing Harm and Rebuilding Trust in Response to Student Misconduct. Intercourse: Good Books.

Katounas, Jackie / McElrea Fred (2002). Restorative Justice in New Zealand Prisons. Prison Service Journal, No. 140, 16-18.

Kauffman, Kelsey (2001). Mothers in Prison. *Corrections Today.* 62-65.

Kay, Judith W. (2007). Murder Victims's families for reconciliation. Story-telling for healing, as witness, and in public policy. In: Sullivan, Dennis/Tifft, Larry (Eds.). Handbook of Restorative Justice. A Global Perspective, London/New York: Routledge. S.230-245.

Kazura, Kerry (2001). Family programming for incarcerated parents: a needs assessment among inmates. *Journal of Offender Rehabilitation,* 32(4), 67-83.

Keckeisen, Wolfgang (1974). Die gesellschaftliche Definition abweichenden Verhaltens. Perspektiven und Grenzen des labeling approach. München: Juventa.

Keim, Wiebke (2008). Vermessene Disziplin. Zum konterhegemonialen Potential afrikanischer und lateinamerikanischer Soziologien. Bielefeld: transcript.

Kelek, Necla (2005). Die fremde Braut. Ein Bericht aus dem Innern des türkischen Lebens in Deutschland. Köln: Kiepenheuer & Witsch.

Kerner, Hans-Jürgen (2013a). „Wiedergutmachen" und „Wiederherstellen". Zur Stellung des Täter-Opfer-Ausgleichs in Deutschland im übergreifenden Feld von Mediation und Restorative Justice. In: Dethloff, Nina / Hess, Burkhard / Kals, Elisabeth / Ittner, Heidi / Ennuschat, Jörg / Kerner, Hans-Jürgen / Roth, Herbert. Freiwilligkeit, Zwang und Gerechtigkeit im Kontext der Mediation. Europäische und deutsche Perspektiven. Frankfurt/M.: Metzner Verlag. S. 87-108.

Kerner, Hans-Jürgen (2013b). Establishing new minimum standards on the rights, support and protection of victims of crime (Directive 2012/29/EU): a promising step also for the further development of restorative justice initiatives and institutions in Europe. In: *Restorative Justice: An International Journal,* 1(3), 430-437.

Kidde, Jon / Alfred, Rita (2011). Restorative Justice: A Working Guide for Our schools. Alameda County Health Care Services. San Leandro, CA.

Kieper, Marianne (1980). Lebenswelten „verwahrloster" Mädchen: autobiographische Berichte und ihre Interpretation. München: Juventa.

Kilchling, Michael (2014). Entwicklungsperspektiven für den Täter-Opfer-Ausgleich nach der neuen EU-Opferrechtsrichtlinie: Recht auf TOA? In: *TOA-Magazin.* Heft 2. S. 36-39.

Kilchling, Michael (2017). Täter-Opfer-Ausgleich im Strafvollzug. Wissenschaftliche Begleitung des Modellprojekts Täter-Opfer-Ausgleich im baden-württembergischen Justizvollzug. Berlin: Duncker & Humblot.

Kilchling, Michael (2023). Die Entwicklung der Restorative Justice aus der internationalen Perspektive. In: Bartsch, Tillmann Johannes / Hoven, Elisa / Limperg, Bettina / Maelicke, Bernd / Merckle, Tobias (Hrsg.). Resozialisierung, Opferschutz, Wiedergutmachung. Grundlagen und Rahmenbedingungen. Baden-Baden: Nomos.

Kleinhans, Elke (2013). Täter-Opfer-Ausgleich in der Haftanstalt. Ein Erfahrungsbericht aus dem Landgerichtsbezirk Oldenburg. In: TOA-Magazin, Nr. 1, S. 59-62.

Kleining, Gerhard (1988). Wie ist kritische Sozialforschung möglich? In: A. Deichsel / B. Thuns (Hrsg.), Formen und Möglichkeiten des Sozialen (S. 235-252) Hamburg: Verlag Weltarchiv.

Kleining, Gerhard (1995). Qualitativ-heuristische Sozialforschung. Schriften zur Theorie und Praxis, zweite Auflage. Hamburg: Fechner.

Klukkert, Astrid (2001). *Integrative Konfliktregelungen durch „Gemeinschaftskonferenzen" für den Hamburger Stadtteil Lurup.* Hamburg: Universität. www.steg-hh.de/pdf/Pilotprojekt.pdf

Knežević, Mladen (2015). Pilot Project Results: Croatia. In: Lummer, R.; Hagemann, O. & Reis, Sónia (Eds.). Restorative Justice at post-sentencing level in Europe. Kiel: SH Verband für Soziale Strafrechtspflege. S. 90-96.

Kohlberg, Lawrence (1974). Zur kognitiven Entwicklung des Kindes. Drei Aufsätze. Frankfurt / Main: Suhrkamp.

Kohlberg, Lawrence (1996). Die Psychologie der Moralentwicklung. Frankfurt/Main: Suhrkamp.

Kohut, Heinz (1959). "Introspection, empathy, and psychoanalysis," *The Journal of the American Psychoanalytic Association* 7: 459-83.

Korth, Jürgen (1976). Vertrauensvollzug – ein neues Strafvollzugskonzept: theoretisch hergeleitet und in einer Untersuchung der offenen Strafanstalt Saxerriet (Schweiz) veranschaulicht. Göttingen: Schwartz.

Koop, Gerd (2018). Eine Justizvollzugsanstalt als lernende Organisation. In: Maelicke, Bernd / Suhling, Stefan (Hrsg.). Das Gefängnis auf dem Prüfstand. Zustand und Zukunft des Strafvollzugs. Wiesbaden: Springer. (S. 457-478)

Krappmann, Lothar (1988). Soziologische Dimensionen der Identität. Strukturelle Bedingungen für die Teilnahme an Interaktionsprozessen. 7. Auflage. Stuttgart.

Kreuzer, Arthur (1994). Kriminologische Dunkelfeldforschung, in: Neue Zeitschrift für Strafrecht, 14, Hefte 1 und 4, S. 10-15 und S. 164-167.

Krokowski, Heike / Leifeld, Marcus (2020). Die Akten der Wiedergutmachungsverfahren. Arbeitskreis Provenienzforschung e.V.

Kronauer, Martin (2010). Exklusion. Die Gefährdung des Sozialen im hochentwickelten Kapitalismus. 2., akt. und erweit. Aufl. Frankfurt a.M. & New York: Campus.

Krucsay, Brita (2007). Bedürfnisse männlicher und weiblicher Strafgefangener vor und nach der Entlassung. Bericht zur Fragebogenerhebung im Rahmen des Projekts „Schritt für Schritt". Wien (Manuskript).

Kürzinger, Josef (1978). Private Strafanzeige und polizeiliche Reaktion. Berlin: Duncker & Humblot.

Kuhn, Thomas S. (1967). Die Struktur wissenschaftlicher Revolutionen. Frankfurt/Main: Suhrkamp.

Kunz, Karl-Ludwig (1997). Über Zusammenhänge und Distanzen zwischen Kriminologie und Kriminalpolitik. Monatsschrift für Kriminologie und Strafrechtsreform, 80 (3) S. 165-182.

Kurnaz, Murat (2007). Fünf Jahre meines Lebens. Berlin: Rowohlt Verlag.

Kymlicka, Will (1995). Multi-Cultural Citizenship. A Liberal Theory of Minority Rights. London: Oxford Univ. Press.

Lagasnerie, Geoffroy de (2017). Verurteilen. Der strafende Staat und die Soziologie. Berlin: Suhrkamp.

Landreville, Pierre (1989). Kriminalität und Machtmissbrauch. In: Monatsschrift für Kriminologie und Strafrechtsreform, 72, S. 423-436.

Landeskriminalamt Nordrhein-Westfalen (2006). Das Anzeigeverhalten von Kriminalitätsopfern. Einflussfaktoren pro und contra Strafanzeige. 2006. Düsseldorf: LKA.

Lang, Angelika (2022). APAC – erfolgreiches Reintegrationsmodell. In: Seehaus e. V. (Hrsg.). Alternative Strafvollzugsmodelle. 10 Jahre Strafvollzug in freien Formen in Sachsen – Rückblick und Ausblick. Köln: DBH – Fachverband für Soziale Arbeit, Strafrecht und Kriminalpolitik e.V. (S. 127-151).

Langner, Volker https://www.jakus.org/nachbarschaftszirkel.html 24.11.2018

Langner, Volker (2017). Von der Magie des Kreises und der wundersamen Wirkung des Geschichtenerzählens – Nachbarschaftszirkel in Berlin-Neukölln. In: NDV, H5, S. 228-232.

LaPoint, Velma / Pickett, Marilyn O. / Harris, Beverly F. (1985). Enforced family separation: A descriptive analysis of some experiences of black imprisoned mothers. In Margaret B. Spencer / Geraldine K. Brookins / Walter R. Allen (Eds.), *Beginnings: The Social and Affective Development of Black Children.* Pp. 239-255. Hillsdale, NJ: Lawrence Erlbaum, Associates.

Larsson, Liv (2011). Wut, Schuld und Scham. Drei Seiten der gleichen Medaille. Paderborn: Junfermann.

Larsson, Liv (2012). Scham und Mediation. In: Weckert, Al (Hrsg.). Gewaltfreie Kommunikation in der Mediation. Lösungen finden durch empathische Präsenz. Stuttgart: Concadora Verl. S. 63-72.

Launay, Gilles (1985). Bringing Victims and Offenders Together: a Comparison of Two Models. *Howard Journal of Criminal Justice, 24*, 3, 200-212.

Lauterbach, Oliver / Hosser, Daniela (2007). Assessing Empathy in Prisoners – A Shortened Version of the Interpersonal Reactivity Index. In: Swiss Journal of Psychology 66 (2), 91-101.

Lautmann, Rüdiger (1973). Justiz – die stille Gewalt. Frankfurt/Main: Athenäum.

Lauwaert, Katrien (2013). Restorative Justice at pre- and post-sentence stage: common and different features. Presentation at the conference "Restorative Justice at post-sentencing level Supporting and protecting victims" Barcelona, 18 June 2013.

Laxminarayan, Malini (2014). Accessibility and Initiation of Restorative Justice. Leuven: EFRJ.

Lazarsfeld, Paul F. (1968). Am Puls der Gesellschaft. Wien u.a.: Europa-Verlag.

Lazarus, Richard S. / Folkman, Susan (1984). Stress, Appraisal, and Coping. New York: Springer.

Lerner, Melvin J. (1980). The Belief in a Just World. *A fundamental delusion* New York: Plenum.

Lewin, Kurt (1951). Problems of Research in Social Psychology. Ed. by Dorwin Cartwright. Field theory in social science; selected theoretical papers. New York: Harper & Row (1951: 169).

Lewis, Ted / Stauffer, Carl (Eds.) (2021). Listening to the Movement: Essays on New Growth and New Challenges in Restorative Justice. Eugene: Cascade Books.

Liebmann, Marian (Ed.) (1989). Art Therapy in Practice. London und Philadelphia: Jessica Kingsley Publisher.

Liebmann, Marian (Ed.) (1994). Art Therapy with Offenders. London und Philadelphia: Jessica Kingsley Publisher.

Liebmann, Marian (Ed.) (1996). Arts Approaches to Conflict. London und Philadelphia: Jessica Kingsley Publisher.

Liebmann, Marian (2007). Restorative Justice. How it works. London und Philadelphia: Jessica Kingsley Publishers.

Liebmann, Marian (Ed.) (2008). Art Therapy and Anger. London und Philadelphia: Jessica Kingsley Publisher.

Liebmann, Marian (2013). Restorative Justice in Prisons. Promising Practices in the UK. Präsentation im Rahmen der *International Conference Restorative Justice at Post-Sentencing Level. Supporting and Protecting Victims. Barcelona 18-19 June 2013*

Liebmann, Marian (2018). *Von Restorative Justice zu 'Restorative Cities'.* In: TOA-Magazin 3, S. 39-42.

Liebmann, Marian / Braithwaite, Stephanie (1999). Restorative Justice in Custodial Settings. Report for the Restorative Justice Working Group in Northern Ireland. *www.restorativejustice.org.uk/* ... [Zugriff: Ende 2001].

Lipps, Theodor (1903). Einfühlung, innere Nachahmung und Organempfindung. In: Archiv für die gesamte Psychologie. S. 185-204. Abgerufen am 10. 12 2015 von The virtual Laboratory. Max-Planck-Institute for the History of Science: http://vlp.mpiwgberlin.mpg.de/references?id=lit39703&page=p0185

Lipps, Theodor (1907). Das Wissen von fremden Ichen. In: Theodor Lipps (Hrsg.). Psychologische Untersuchungen (Bd.1, S. 695-722). Leipzig: Engelmann.

Liszt, Franz von (1970) (1875-1891). Strafrechtliche Aufsätze und Vorträge. Erster Band. Berlin: de Gruyter (Nachdr.).

Llewellyn, Jennifer (2009). Truth commissions and restorative justice. In: Johnstone, Gerry / van Ness, Daniel W. (Ed.). Handbook of Restorative Justice, 2. Reprint. Cullompton: Willan Publishing, 351-371.

Llewellyn, Jennifer (2020). Webinar: The 2020 TIJRJ Annual Lecture by Jennifer Llewellyn – YouTube

Llewellyn, Jennifer / Howse, Robert (2001). Restorative Justice – A Conceptual Frame work. Prepared for the Law Commission of Canada. http://dalspace.library.dal.ca/

bitstream/handle/10222/10287/Howse_Llewellyn %20Research %20Restorative %20Justice %20Framework %20EN.pdf?sequence=1 (27.10.2022).

Llewellyn, Jennifer / Llewellyn, Kristina (2020). A restorative approach is key for a new normal after COVID-19. https://policyoptions.irpp.org/magazines/june-2020/a-restorative-approach-is-key-for-a-new-normal-after-covid-19/ (27.10.2022).

Lombroso, Cesare (1887 und 1890). Der Verbrecher in anthropologischer, ärztlicher und juristischer Beziehung. Hamburg. 2 Bände. (1876 ital.)

Luhmann, Niklas (2015). Soziale Systeme. Grundriss einer allgemeinen Theorie. 16. Aufl. Frankfurt a.M.: Suhrkamp.

Lummer, Ricarda (2015). Schleswig-Holstein Pilot Project. In: Lummer, R.; Hagemann, O. & Reis, S. (Eds.). Restorative Justice at post-sentencing level in Europe. Kiel: SH Verband für Soziale Strafrechtspflege. S. 74-81

Lummer, Ricarda / Hagemann, Otmar (2015). Victim empathy within prison walls: experiences from pilot projects in Schleswig-Holstein. In: In: Ljetopis Socijalnog Rada, 22 (1), 37-60.

Lummer, Ricarda / Hagemann, Otmar / Tein, Jo (Eds) (2011). Restorative Justice – A European and Schleswig-Holsteinian Perspective. Restorative Justice – Aus der europäischen und Schleswig-Holsteinischen Perspektive. Kiel: SH Verband für Soziale Strafrechtspflege.

Lummer, Ricarda / Nahrwold, Mario / Süß, Björn (Eds.) (2012). Restorative Justice – A Victim Perspective and Issues of Co-operation. Kiel: SH Verband für Soziale Strafrechtspflege.

Lutz, Tilman (2002). Restorative Justice – Visionäre Alternative oder Version des Alten? Münster [u. a.] Lit-Verlag.

Lutz, Ronald (2008). Perspektiven der Sozialen Arbeit. In: Aus Politik und Zeitgeschehen, Nr. 12/13, S. 3-10.

Lynch, James P. / Sabol, William J. (2001). Prisoner reentry in perspective. Crime Policy Report, vol. 3. Washington, D.C.: Urban Institute Press.

Lynch, Shannon M. / Fritch, April / Heath, Nicole M. (2012). Looking beneath the surface: The nature of incarcerated women's experiences of interpersonal violence, treatment needs, and mental health. Feminist Criminology, 7, 381-400.

Maaz, Hans-Joachim (2014). Die narzisstische Gesellschaft. Ein Psychogramm. München: dtv. 3. Aufl. 2015.

Mace, Anne (2000). Restorative principles in the prison setting. A vision for the future. ICPS: London

Mackay, Robert / Bosnjak, Marko / Deklerck, Johan / Pelikan, Christa / van Stokkom, Bas / Wright, Martin (Hrsg.) (2007). Images of restorative justice theory. Frankfurt am Main: Verlag f. Polizeiwiss.

MacRae, Allan (2012). Restorative Justice with Youth in the Community in New Zealand. In: Lummer, R., Nahrwold, M. & Süß, B. (Eds.). Restorative Justice – A Victim Perspective and Issues of Co-operation. Kiel: SH Verband für Soziale Strafrechtspflege. S. 202-224.

MacRae, Allan / Zehr, Howard (2004). The little Book of Family Group Conferences – New Zealand Style. Intercourse: Good Books.

Maelicke, Bernd (2015). Das Knast-Dilemma: Wegsperren oder resozialisieren? Eine Streitschrift. München: C. Bertelsmann Verlag.

Magiera, Kim (2021). Die Bearbeitung sozialer Ungerechtigkeit im TOA. Selbstverständlichkeit oder Überfrachtung? In: TOA-Magazin 2/21, S. 10-14.

Magiera, Kim / Lis, Florian / Vergin, Gabi (2020). Beteiligung der Gemeinschaft im Täter-Opfer-Ausgleich – Chancen und Herausforderungen. In: Zeitschrift für Soziale Strafrechtspflege, Nr. 53, S. 25-40.

Malempré, H. / Hodiaumont, F. (2001). 'Restorative Justice in Prison: Concepts of Victims and Reparation' Paper presented at the 5th International Conference organised by the International Network for Research on Restorative Justice for Juveniles. Leuven.

Mallory, Jason (1999). Sexual Assault in Prison: The Numbers are far from funny. The Touchstone, Vol. IX, No.5, Nov./Dec.

Malzahn, Rehzi (2022). Restorative Justice. Eine radikale Vision. Stuttgart: Schmetterling Verlag.

Mansel, Jürgen / Hurrelmann, Klaus (1998). Aggressives und delinquentes Verhalten Jugendlicher im Zeitvergleich. Befunde der 'Dunkelfeldforschungen' aus den Jahren 1988, 1990 und 1996. Kölner Zeitschrift für Soziologie und Sozialpsychologie, 50 (1), 78-109.

Marcuse, Herbert (1967). Der eindimensionale Mensch. Studien zur Ideologie der fortgeschrittenen Industriegesellschaft. Neuwied & Berlin: Luchterhand.

Mariën, Karolien (2010). Restorative justice in Belgian prisons. In: Melinda Gyökos / Krisztina Lanyi (Eds.). European best practices of restorative justice in criminal Procedure. Budapest: Ministry of Justice and Law Enforcement, Republic of Hungary. S. 225-229.

Marks, Erich / Meyer, Klaus / Schreckling, Jürgen / Wandrey, Michael (Hrsg.) (1993). Wiedergutmachung und Strafrechtspraxis. Bonn: Forum Verlag.

Marshall, Margaret (2005). A Consideration of the Sycamore Tree Programme and Survey Results from the Perspective of a Restorative Justice Practitioner. A Report prepared for Prison Fellowship New Zealand.

Marshall, Tony F. (1996). The evolution of restorative justice in Britain. *European Journal on Criminal Policy and Research,* 4(4): 21-43.

Martin, Jonathan / Kautt, Paula / Gelsthorpe, Loraine (2009). What works for women? A comparison of community-based general offending programme completion. British Journal of Criminology, 49, 879-899.

Martin, Mary (1997). Connected mothers: A follow-up study of incarcerated women and their children. *Women & Criminal Justice*, 8(4), 1-23.

Maruna, Shadd (2006). Making Good. How Ex-Convicts Reform and Rebuild Their Lives. Washington, DC: American Psychological Association.

Marx, Karl (1848). Manifest der kommunistischen Partei. London: Bildungsgesellschaft für Arbeiter.

Maslow, Abraham H. (1943). *A Theory of Human Motivation.* In *Psychological Review*, 1943, Vol. 50 #4, Seite 370-396); *A Theory of Human Motivation* – online Ausgabe bei der York University.

Mason, Anthony (2000). Restorative Justice: Courts and Civil Society. In: Strang, Heather / Braithwaite, John (Eds.), Restorative Justice. Philosophy to practice, Aldershot: Ashgate, S. 1-9.

Mathiesen, Thomas (1974). The Politics of Abolition. London: Robertson.

Mathiesen, Thomas (1979). Überwindet die Mauern! Neuwied / Darmstadt: Luchterhand.

Mathiesen, Thomas (1989). Gefängnislogik – über alte und neue Rechtfertigungsversuche. Bielefeld: AJZ.

Mathiesen, Thomas (1990). Prison on Trial. A Critical Assessment. London: Sage.

Matt, Eduard (2002). Verantwortung und (Fehl-) Verhalten. Für eine restorative justice. Münster: Lit.

Matt, Eduard (2014). Übergangsmanagement und der Ausstieg aus Straffälligkeit. Wiedereingliederung als gemeinschaftliche Aufgabe. Herbolzheim: Centaurus.

Maturana, Humberto R. / Varela, Francisco J. (1991). Der Baum der Erkenntnis. Die biologischen Wurzeln des menschlichen Erkennens. 3. Aufl. Bern & München: Goldmann.

Matza, David (1969). Becoming Deviant. Englewood Cliffs: Prentice Hall.

Matza, David (1973). Abweichendes Verhalten. Untersuchungen zur Genese abweichender Identität. Heidelberg: Quelle & Meyer.

Maudsley, Henry (1993). Responsibility in Mental Disease. London: Routledge, Reprint von 1874.

Maxwell, Gabrielle / Morris, Allison (1993). Families, Victims and Culture: Youth Justice in New Zealand. Wellington: Social Policy Agency and Institute of Criminology, Victoria Univ. of Wellington. msd.govt.nz/documents/about-msd-and-our-work/publications-resources/archive/1993-family-victims-and-culture.pdf.

Maxwell, Gabrielle / Morris, Allison (2001). Family Group Conferences and Reoffending. In: Morris, A. / Maxwell, G. (Eds.). Restorative Justice for Juveniles. Conferencing, Mediation & Circles, Oxford and Portland: Hart, S. 243-263.

Maxwell, Gabrielle / Liu, James H. (Eds) (2007). Restorative Justice and Practices in New Zealand: Towards a Restorative Society. Wellington: Institute of Policy Studies. 2010 bei Eugene: Wipf & Stock.

McCold, Paul (2001). Primary restorative practices. In: Morris, Allison / Maxwell, Gabrielle (Eds.). Restorative Justice for Juveniles. Conferencing, Mediation and Circles. Oxford: Hart. S. 41-58.

McCold, Paul / Wachtel, Benjamin (1998). Restorative Policing Experiment. The Bethlehem Pennsylvania Police Familiy Conferencing Project. Pipersville, PA: Community Service Foundation.

McCold, Paul / Wachtel, Ted (2002). Restorative Justice Theory Validation. In: Weitekamp, Elmar G.M. / Kerner, Hans-Jürgen (Eds.) (2002). Restorative Justice. Theoretical Foundations. Collumpton: Willan. S. 110-140.

McCold, Paul / Wachtel, Ted (2003). In Pursuit of Paradigm: A Theory of Restorative Justice, Restorative Practices; in: EForum 2003, 1-3; abrufbar unter: www.iirp.org/pdf/paradigm.pdf [Stand: 17.08.2009].

McDaniels-Wilson, Cathy / Belknap, Joanne (2008). The extensive sexual violation and sexual abuse histories of incarcerated women. Violence Against Women, 14(10), 1090-1127.

McElrea, Fred (2007). Restorative Justice for Adult Offenders: Practice in New Zealand Today. In: Maxwell, Gabrielle M.; Liu, James H. (Hrsg.): Restorative Justice and Practices in New Zealand. Towards a Restorative Society. Eugene: Wipf and Stock, S. 95-110.

McEvoy, Kieran / Mika, Harry (2002). Restorative Justice and the Critique of Informalism in Northern Ireland. British Journal of Criminology, 42, S. 534-562.

McEvoy, Kieran / Eriksson, Anna (2007). Restorative Justice in transition. Ownership, leadership and ‚bottom-up' human rights. In: Sullivan, Dennis / Tifft, Larry (Eds.). Handbook of Restorative Justice. A Global Perspective, London/New York: Routledge. S. 321-335.

McGlynn, Clare / Westmarland, Nicole / Godden, Nikki (2012). 'I just wanted him to hear me': Sexual violence and the possibilities of restorative justice. Journal of Law and Society, 39 (2), S. 213-240.

McGowan, Brenda / Blumenthal, Karen (1978). *Why Punish the Children? A Study of the Children of Women Prisoners.* Hackensack, NJ: National Council on Crime and Delinquency.

McNaughton-Smith, Peter (1975). Der zweite Code. Auf dem Weg zu einer (oder hinweg von einer) empirisch begründeten Theorie über Verbrechen und Kriminalität. In: Lüderssen, Klaus / Sack, Fritz (Hrsg.). Seminar: Abweichendes Verhalten II. Die gesellschaftliche Reaktion auf Kriminalität, Band 1. Frankfurt/M.: Suhrkamp 1975. S. 197-212.

McNeill, Fergus (2006). A desistance paradigm for offender management. In: Criminology and Criminal Justice, 6, S. 39-62.

McPeek, S. / Tse, S. (1988). Bureau of prisons parenting programs: Use, costs, and benefits. Washington, D.C.: Federal Office of Research and Evaluation.

Mead, George Herbert (1934). Mind, Self and Society, hrsg. von C.W. Morris. Chicago: University Of Chicago Press. [dt 1968 Geist, Identität und Gesellschaft aus der Sicht des Sozialbehaviorismus. Frankfurt am Main: Suhrkamp.]

Meadows, Donella H. / Meadows, Dennis L. / Randers, Jørgen (1972). Die Grenzen des Wachstums. Bericht des Club of Rome zur Lage der Menschheit. Stuttgart: DVA.

Mehrabian, Albert (o.J.). The Balanced Emotional Empathy Test (BEES) and Optional Software. http://www.kaaj.com/psych/scales/emp.html (6.1.2014)

Mehrabian, Albert (1996). Manual for the Balanced Emotional Empathy Scale (BEES).

Mehrabian, Albert / Epstein, N. (1972). A measure of emotional empathy. Journal of Personality, 40, 4, 525-543.

Meier, Bernd-Dieter (2014). Schadenwiedergutmachung als Nebenstrafe. In: Neubacher, Frank / Kubink, Michael (Hrsg.). Kriminologie – Jugendkriminalrecht – Strafvollzug. Gedächtnisschrift für Michael Walter (S. 743-758). Berlin: Duncker & Humblot.

Mendelsohn, Benjamin (1956). Une nouvelle branche de la science bio-psycho-sociale – la victimologie. In: Revue Internationale de Criminologie et de Police Technique, 10, S. 95-109.

Mendelsohn, Benjamin (1976). Victimology and Contemporary Society's Trends. In: Victimology: An International Journal 1 (1), S. 8-28.

Merriam, Beth (1998). To find a voice: Art therapy in a women's prison. Women & Therapy 21(1), 157-171.

Merton, Robert K. (1957). Social Theory and Social Structure. Glencoe, New York.

Messerschmidt, James W. (1993). Masculinities and crime. Lanham, MD, USA: Rowman and Littlefield.

Mika, Harry / Achilles, Mary / Halbert, Ellen / Stutzman, Lorraine / Zehr, Howard (o.J). Taking Victims and Their Advocates Seriously: *A Listening Project. http://www.restorativejustice.org/10fulltext/mika (10.10.2016)*

Miller, Darcy / Trapani, C. / Fejes-Mendoza, K. / Eggleston, C. / Dwiggins, D. (1995). Adolescent female offenders: Unique considerations. Adolescence, 30, 429-435.

Miller, Susan L. (2011). After the crime. The power of restorative justice Dialogues between victims and violent offenders. New York & London: New York University Press.

Miller, Walter B. (1979). Die Kultur der Unterschicht als ein Entstehungsmilieu für Bandendelinquenz. In: Sack, Fritz & René König (Hrsg.). Kriminalsoziologie. 3.Aufl. S. 339-359. Wiesbaden: Akadem. Verlagsgesellschaft.

Mills, C. Wright (2016). Soziologische Phantasie. Wiesbaden: Springer VS.

Ministerial Advisory Committee on a Maori Perspective for the Department of Social Welfare (1988). Puao-te-Ata-tu [Day Break]. Wellington: Department of Social Welfare.

Misik, Robert (2015). Was Linke denken. Ideen von Marx über Gramsci zu Adorno, Habermas, Foucault & Co. Wien: Picus.

Mitscherlich, Margarete (1999). Der irrationale Umgang der Gesellschaft mit ihren Opfern. Frauen und Minderheiten als Opfer krimineller Gewalt. In: Baurmann, Michael C. / Schädler, Wolfram (1999). Das Opfer nach der Straftat – seine Erwartungen und Perspektiven. Redakt. Korr. Nachdruck von 1991. Wiesbaden: BKA. S. 211-223.

Mohanty, Chandra Talpade (2003). Feminism without borders: Decolonizing theory, practicing solidarity. Durham, NC/London: Duke University Press.

Mohanty, Chandra Talpade (2013). Transnational feminist crossings: On neoliberalism and radical critique. Signs, 38, 967-991.

Molbech, Annette & Enghoff, Tina (2014). Das Familienhaus Engelsborg. Verantwortung für die Kinder Inhaftierter. Hrsg. von der Bundesarbeitsgemeinschaft Straffälligenhilfe (BAG-S) e.V., Chance e.V. Münster & Der Paritätische Landesverband NRW e.V. Münster: Eigenverlag. (De domtes born – En historie om familiehuset Pension Engelsborg. Red. Kirsten Neimann, Rikke Betak & Inge Halmö, 2009)

Molcho, Samy (1994). Körpersprache. Sonderausgabe. München.

Moloney, K. P. / van den Bergh, Brenda J. / Møller, Lars F. (2009). Women in prison: The central issues of gender characteristics and trauma history. Public Health, 123(6), 426-430.

Moore, David B. / O'Connell, Terry A. (1994). Family Conferencing in Wagga Wagga. A Communitarian Model of Justice. (Including 7 case studies). In: Alder, Christine / Wundersitz, Joy (eds.). Family Conferencing and Juvenile Justice. Canberra: Australian Institute of Criminology. Pp. 45-86.

Morris, Allison (2001). Restorative Justice for Adult Offenders: The New Zealand Experience. Paper presented at the 5th International Conference on Restorative Justice. Leuven, Sept.2001.

Morris, Allison (2002). Critiquing the Critics: A Brief Response to Critics of Restorative Justice. British Journal of Criminology, 42, S. 596-615.

Morris, Allison (2003). Shame, Guilt and Remorse: Experiences from Family Group Conferences in New Zealand. In: Weijers, I. / Duff, A. (eds.), Punishing Juveniles. Oxford & Portland, S. 157-178.

Morris, Allison / Maxwell, Gabrielle (1998). 'Restorative Justice in New Zealand: Family Group Conferences as a Case Study', Western Criminology Review 1:1.

Morris, Allison / Young, Warren (2000). Reforming Criminal Justice: The Potential of Restorative Justice. In: Strang, Heather / Braithwaite, John (Eds.). Restorative Justice. Philosophy to Practice. Burlington: Ashgate Publishing, S. 11-31.

Morris, Allison / Maxwell, Gabrielle (eds.) (2001). Restorative Justice for Juveniles. Conferencing, Mediation and Circles. Oxford & Portland: Hart Publishing.

Morris, Ruth (1994). *A Practical Path to Transformative Justice*, Toronto: Rittenhouse.

Morton, Joann B. / Williams, Deborah M. (1998). Incarcerated women struggle to maintain meaningful relationships with children. *Corrections Today*, 60(7), 98-104.

Muhl, Johanna / Willms, Christoph (2019). Restorative Justice: Konfliktbearbeitung unter Einbeziehung der Gemeinschaft. In: BewHi, Jg. 66, Heft 2, S. 159-169.

Mullen, Carol A. (1999). Reaching inside out: Arts-based educational programming for incarcerated women. Studies in Art Education 40(2), 143-161.

Mulloy, Rachel / Smiley, W. Carson / Mawson, Diana L. (1999). The Impact of Empathy Training on Offender Treatment. In: Forum on Corrections Research, 11, 1, S. 15-18.

Murray, Joseph (2005). The effects of imprisonment on families and children of prisoners, in: Liebling, A. and Maruna S. (eds), *The effects of imprisonment*, Cullompton, Devon: Willan, pp 442-462.

Murray, Joseph / Farrington, David P. (2008) 'The effects of parental imprisonment on children'. In M. Tonry (Ed.), Crime and justice: A review of research (Vol. 37, pp. 133-206). Chicago: University of Chicago Press.

Muylkens, Leen / Smeets, Katrien (2008). Beyond the offender: Group counselling for victims of crime. In: European Forum for Restorative Justice, Newsletter, Volume 9, Issue 2, pp 3-4.

M&A [Michael and Associates Ltd] Research (2013). CRIME-PICS II Manual (authors: professors Frude, Honess and Maguire)

Naffine, Ngaire (1996). Feminism and criminology. Philadelphia, PA, USA: Temple University Press.

Nagel, Mechthild (2018). Ubuntu, Gender and Spirituality: Transformative Justice Considerations. In: Kalagatos Revista de Filosofia, 15, 2, S. 56-70.

Neitzel, Sönke / Welzer, Harald (2011). Soldaten. Protokolle vom Kämpfen, Töten und Sterben. 5. Aufl. Frankfurt a.M.: Fischer Verlag.

Netzig, Lutz / Trenczek, Thomas (1996). Restorative justice as participation: Theory, law, experience and research. In: Galaway, Burt / Hudson, Joe (Eds.), *Restorative justice: International perspectives* (S. 241-260). New York: Criminal Justice Press.

Newell, Tim (2001). Restorative Justice in Prisons. Paper submitted to an International Conference on Restorative and Community Justice: Inspiring the Future. 28.-31.3.2001 in Winchester, England.

Newell, Tim (2002). Restorative Practice in Preparing Prisoners for Resettlement, Integration and Return to Their Communities. In: Restorative Justice in Prisons. Resource Book and Report. Arising out of a conference held in Friends House, London on Monday 11th February 2002 and a project of work in three prisons -Bristol, Norwich and Winchester S. 81-83.

Newell, Tim (2003). Building Restorative Prisons. *Restorative Practices E-Forum*, June 20 https://www.iirp.edu/images/pdf/newell.pdf (Zugriff 6.12.2022)

Newell, Tim (o.J.). Responding to the Crisis – Belgium establishes restorative prisons. (www.kcl.ac.uk/depstra/rel/icps/restorative_prison_paper4.doc).

Newman, Oscar (1972). Defensible Space. People and Design in the Violent City. London: Architectual Press.

Nikolic-Ristanovic, Vesna / Copic, Sanja / Petrovic, Nikola / Saciri, Bejan (2018). Reimagining security and justice in post-conflict societies through restorative lenses. In: Pali, Brunilda / Aertsen, Ivo (Eds.). Restoring Justice and Security in Intercultural Europe. (S. 110-125) London: Routledge.

Norrie, Alan (2022). Restoration, abolition and the loving prison: Jimmy Boyle and the Barlinnie Special Unit. In: The Howard Journal of Crime and Justice, 61, S. 103-116.

Nuhn-Naber, Carmen / Rehder, Ulrich / Wischka, Bernd (2002). Behandlung von Sexualstraftätern mit kognitiv-behavioralen Methoden: Möglichkeiten und Grenzen. *Monatsschrift für Kriminalpolitik und Strafrechtsreform, 85,* 4, S. 271-281.

Nussbaum, Martha C. (1999). Gerechtigkeit oder Das gute Leben. Frankfurt am Main: Suhrkamp.

Nussbaum, Martha C. (2017). Zorn und Vergebung: Plädoyer für eine Kultur der Gelassenheit [Anger and Forgiveness 2016, übers. v. Axel Walter]. Darmstadt: WBG.

Ochmann, Nadine / Schmidt-Semisch, Henning / Temme, Gaby (Hrsg.) (2016). Healthy Justice. Überlegungen zu einem gesundheitsförderlichen Rechtswesen. Wiesbaden: Springer VS.

O'Connell, Terry / Wachtel, Benjamin / Wachtel, Ted (1999). Conferencing Handbook: The New Real Justice Training Manual. Pipersville, PA: Pipers' Press.

Olalde, Alberto José (2014). Restorative Encounters in Terrorist Victimization in Spain: Theoretical Reflections and Practical Insights from Social Work. *Oñati Socio-legal Series* [online], 4 (3), 404-426. Available from: http://ssrn.com/abstract=2362472

O'Mahony, David / Doak, Jonathan (2013). Criminal Justice and Restorative Justice. Theory, Law and Practice. Hart – ebook.

O'Neill, Jean (2011). The Inspire Women's Project: Managing Women Offenders Within the Community. *Irish Probation Journal*, 8, 93-108.

Ortner, Helmut (2009). Der Hinrichter: Roland Freisler - Mörder im Dienste Hitlers. Neuausgabe [1993]. Frankfurt / M.: Nomen.

Ortner, Helmut (Hrsg.) (2019). Exit. Warum wir weniger Religion brauchen. Eine Abrechnung. Frankfurt / M.: Nomen Verlag.

Ostendorf, Heribert (2018). Kriminalität und Strafrecht. Informationen zur politischen Bildung 306, hrsg. von der Bundeszentrale für politische Bildung. Überarbeitete Neuauflage Bonn.

Ottomeyer, Klaus (2011). Die Behandlung der Opfer: Über unseren Umgang mit dem Trauma der Flüchtlinge und Verfolgten. Stuttgart: Klett-Cotta.

Pali, Brunilda / Canning, Victoria (2022). Challenging co-optive criminalisation: Feminist-centred decarceration strategies for interpersonal and sexualised violence. In: Wilson, Amanda & Carvalho, Henrique (Eds.). Rethinking the restorative dimension of criminal justice. In: The Howard Journal of Crime and Justice, 61, 68-86.

Pali, Brunilda (2019). A conversation with Kris Vanspauwen https://www.restorotopias.com/2019/02/20/a-conversation-with-kris-vanspauwen/ (Zugriff 17.11.2022).

Parker, Christine (2004). 'Restorative justice in business regulation? The Australian Competition and Consumer Commission's use of enforceable undertakings.' *The Modern Law Review* 67: 209-46.

Parmentier, Stephan (2001). The South African Truth and Reconciliation Commission. Towards Restorative Justice in the Field of Human Rights. In: Ezzat Fattah / Stephan Parmentier (Eds.). Victim policies and criminal justice on the road to restorative justice. Essays in honour of Tony Peters. Leuven: Leuven University Press. S. 401-428.

Parsons, Talcott (1996). Das System moderner Gesellschaften. 4. Aufl. – Weinheim [u. a.]: Juventa-Verl.

Pascual Rodríguez, Esther (Ed.) (2013). Los ojos del otro: encuentros restaurativos entre víctimas y ex miembros de ETA. Sal Terrae.

Patrizi, Patrizia & Biffi, Emanuela (2019). Restorative justice as a living reality: new EFRJ Working Group on Restorative Cities. *Newsletter of the European Forum for Restorative Justice* 20(1):16-19.

Paulus, Christoph (2012). Ist die Bildung eines Empathiescores in der deutschen Fassung des IRI sinnvoll? URL:http://scidok.sulb.uni-saarland.de/volltexte/2012/4889/

Pavlich, George (2022). Commandment, commencement and restorative justice. In: The Howard Journal of Crime and Justice, 61, 1, S. 9-22.

Pelikan, Christa (Hrsg.) (1999). Mediationsverfahren. Horizonte, Grenzen, Innensichten. Jahrbuch für Rechts- und Kriminalsoziologie. Baden-Baden.

Pelikan, Christa (2019). Restorative Justice – was es ist und was es sein kann. In: Bundesarbeitsgemeinschaft für Straffälligenhilfe e.V. (Hrsg.). Informationsdienst Straffälligenhilfe, 27. Jg., Heft 3, S. 10-13+32

Pelikan, Christa / Kremmel, Kathrin (2018). *"Zum Problem des staatlichen Gewaltmonopols".* In: TOA-Magazin, 3, S. 12-15.

Pemberton, Antony (2011). Al Qaeda and vicarious victims. Victimological insights into global terrorism. In: Letschert, Rianne / van Dijk, Jan (Eds.). The new focus of victimhood. Globalization, transnational crimes and victim rights. Dordrecht: Springer. S. 233-252.

Pemberton, Antony (2014). Terrorism, Forgiveness and Restorative Justice. *Oñati Socio-legal Series* [online], 4 (3), 369-389. Available from: http://ssrn.com/abstract=2467107 (Zugriff 17.11.2022).

Pepinsky, Hal (2008). Empathy and restoration. in: Sullivan, Dennis / Tifft, Larry (Eds.). Handbook of Restorative Justice. A Global Perspective, London & New York: Routledge, 188-197.

Pepinsky, Hal (2018). The Role of Peacemaking in Penal Abolition. In: Social Justice Bd. 45, 4, S. 57-78

Pepinsky, Hal / Quinney, Richard (Eds.) (1991). Criminology as Peacemaking. Bloomington: Indiana University Press.

Peters, Dorothee (1973). Richter im Dienst der Macht: zur gesellschaftlichen Verteilung der Kriminalität. Stuttgart: Enke.

Pettit, Philip (2015). Gerechte Freiheit. Ein moralischer Kompass für eine komplexe Welt. Berlin: Suhrkamp. (Original 2014 Just Freedom. A Moral Compass for a complex world. New York: Norton & Co.)

Piaget, Jean (1986). Das moralische Urteil beim Kinde. München: Deutscher Taschenbuch Verlag.

Pointer, Lindsey / McGoey, Kathleen / Farrar, Haley (2020). The Little Book of Restorative Teaching Tools: Games, Activities, and Simulations for Understanding Restorative Justice Practices (Justice and Peacebuilding). Intercourse: Good Books.

Pollock, Joycelyn M. (2002). Parenting programs in women's prisons. *Women & Criminal Justice,* 14(1), 131-154.

Pongs, Armin (1999 + 2000). In welcher Gesellschaft leben wir eigentlich? Gesellschaftskonzepte im Vergleich. (Bd. 1 1999; Bd. 2 2000). München: Dilemma-Verlag.

Popitz, Heinrich (1968). Über die Präventivwirkung des Nichtwissens. Dunkelziffer, Norm und Strafe, Tübingen: Mohr.

Pösö, Tarja / Enroos, Rosi / Vierula, Tarja (2010). Children Residing in Prison with Their Parents. *Prison Journal*, 90, 516-533.

Pranis, Kay (2000). Restorative Justice. Empathy Development in Youth Through Restorative Practices. In: Public Service Psychology, Vol. 25, 2 (5 S.)

Pranis, Kay (2005). The little book of Circle Processes. A New/Old Approach to Peacemaking. Intercourse: Good Books.

Pranis, Kay (2007). Restorative values. In: G. Johnstone / D. Van Ness (Eds.). Handbook of restorative justice. Cullompton, Devon: Willan Publishing, S. 59-74.

Pranis, Kay / Stuart, Barry / Wedge, Mark (2003). Peacemaking Circles: From Crime to Community. St. Paul: Living Justice Press.

Prejean, Sister Helen (1993) (Film 1995). *Dead Man Walking: An Eyewitness Account of the Death Penalty in the United States.* New York: Vintage Books.

Preston, Stephanie D. / Hofelich, Alicia J. (2012). The many faces of empathy: Parsing empathic phenomena through a proximate, dynamic-systems view of representing the other in the self. In: Emotion Review vol. 4, no. 1, pp 24-33 http://emr.sagepub.com/content/4/1/24.refs (25.1.2014)

Prison Fellowship International (2014). Sycamore Tree Project. http://www.pfi.org/cjr/stp (25.1.2014)

Prison Reform Trust (2011). Reforming Women's Justice. Final report of the Women's Justice Taskforce. London: Prison Reform Trust.

Prison Reform Trust (2013). Bromley briefings prison factfile. London, Prison Reform Trust.

Proksch, Roland (2011). Stichwort Mediation im Fachlexikon der Sozialen Arbeit, 7. Aufl., S. 580 f.

The Quaker Council for European Affairs (QCEA) (2007). Women in Prison. A review of the conditions in member states of the Council of Europe. Brussels: The Quaker Council for European Affairs.

Quaker Council for European Affairs (2014). Women in prison. Retrieved November 2, 2014, from http://www.qcea.org/work/human-rights/women-in-prison/.

Quételet, Adolphe (1984). Research on the Propensity to Crime of Different Ages. Cincinnatti: Anderson. [Orig. 1833 Recherches sur le penchant au crime aux différens âges.]

Quinney, Richard (1991). The Way of Peace. On Crime, Suffering and Service. In: Pepinsky, Hal / Quinney, Richard (Eds.). Criminology as Peacemaking. Bloomington: Indiana University Press. (S.3-13).

Radosh, Polly F. (2008). Reflections on Women's Crime and Mothers in Prison: A Peacemaking Approach. In: Wozniak, John F. / Braswell, Michael C. / Vogel, Ronald E. / Blevins, Kristie R. (Eds.). Transformative Justice. Critical and Peacemaking Themes Influenced by Richard Quinney, Plymouth, Lexington Books. (191-206).

Ramsbrock, Annelie (2020). Geschlossene Gesellschaft. Das Gefängnis als Sozialversuch – eine bundesdeutsche Geschichte. S. Fischer.

Rapoport, Anatol (1973). Kataklysmische und strategische Konfliktmodelle. In: Walter L. Bühl (Hrsg.). Konflikt und Konfliktstrategie. Ansätze zu einer soziologischen Konflikttheorie. München: Nymphenburger Verl. 2. Aufl. S. 264-291.

Rawls, John (1998). Politischer Liberalismus. Frankfurt/Main: Suhrkamp.

Reddemann, Luise (2012) [2001]. Imagination als heilsame Kraft. Zur Behandlung von Traumafolgen mit ressourcenorientierten Verfahren. 16. Aufl. Stuttgart: Klett-Cotta.

Rehn, Gerhard (2000). Kommentierung zu §§ 9 und 123ff StVollzG. In: Johannes Feest (Hrsg.): *Kommentar zum Strafvollzugsgesetz (AK-StVollzG),* 4. Aufl. Neuwied und Darmstadt: Luchterhand.

Rehn, Gerhard / Wischka, Bernd / Lösel, Friedrich / Walter, Michael (Hrsg.) (2001). Behandlung „gefährlicher Straftäter“. Grundlagen, Konzepte, Ergebnisse. Herbolzheim: Centaurus.

Restorative Justice Council RJC (2017). Improving Victim Take-up of Restorative Justice. A Restorative Justice Council research report. https://restorativejustice.org.uk/sites/default/files/resources/files/RJC_TakeUpReport_web.pdf. Accessed at 3rd August 2019

Rifkin, Jeremy (2010). The Empathic Civilisation (film). http://www.youtube.com/watch?v=l7AWnfFRc7g). (24.1.2014)

Rizzolatti, Giacomo / Sinigaglia, Corrado (2008). *Empathie und Spiegelneurone – die biologische Basis des Mitgefühls.* Frankfurt: Suhrkamp (Mirrors in the Brain: How our Minds Share Actions and Emotions. Oxford: University Press.)

Robbins, Cynthia A. / Martin, Steven S. / Surratt, Hilary L. (2009). Substance Abuse Treatment, Anticipated Maternal Roles, and Reentry Success of Drug-Involved Women Prisoners. *Crime & Delinquency*, 55, 388-411.

Robert, Luc / Peters, Tony (2003). How restortive justice is able to transcend the prison walls: a discussion of the “restorative detention” project. In: Weitekamp Elmar G.M. / Kerner Hans-Jürgen (Eds.). Restorative Justice in Context: International Practice and Directions. Cullompton: Willan Publishing. S. 95-122.

Robertson, Oliver (2011). Collateral Convicts: Children of incarcerated parents: Recommendations and good practice from the UN Committee on the Rights of the Child Day of General Discussion 2011. Geneva: Quaker United Nations Office.

Rodda, Jeanna / Dawn Beichner (2017). Identifying programming needs of women detainees in a jail environment, Journal of Offender Rehabilitation, 56:6, 373-393.

Rössner, Dieter / R. Wulf (1984). Opferbezogene Strafrechtspflege. Leitgedanken und Handlungsvorschläge für Praxis und Gesetzgebung; Bonn-Bad Godesberg: Deutsche Bewährungshilfe e.V., 142 S.

Rogers, Carl D. (1975). “Empathic: An Unappreciated Way of Being,” In: The Counseling Psychologist, 5: 2-10.

Rogers, Carl D. (1989). Entwicklung der Persönlichkeit. 7. Aufl. Stuttgart: Klett-Cotta.

Rogers, Carl D. (2012). Die klientenzentrierte Gesprächspsychotherapie. (Englisch: Client-Centered Therapy 1951). 19. Aufl. Frankfurt am Main: Fischer Verlag.

Rosenberg, Marshall (2001). Gewaltfreie Kommunikation. Eine Sprache des Lebens. [Gestalten Sie Ihr Leben, Ihre Beziehungen und Ihre Welt in Übereinstimmung mit Ihren Werten. 11. Aufl. 2013] Paderborn: Junfermann. [2003: Non-violent communication: A language of life. Encinitas: Puddle Dancer Press].

Rossner, Meredith (2008). Healing victims and offenders and reducing crime: A critical assessment of restorative justice practice and theory. *Sociology Compass,* 2(6): 1734-1749.

Rossner Meredith (2013). Just Emotions. Rituals of Restorative Justice. Oxford: University Press.

Rothe, Dawn L. (2009). State Criminality. The Crime of All Crimes. Plymouth: Lexington Books.

Rückert, Sabine (2007). Unrecht im Namen des Volkes. Ein Justizirrtum und seine Folgen. Hamburg: Hoffmann & Campe.

Ruhnke, Lennart (2013). Pädophilie und Prävention pädosexueller Handlungen in Schleswig-Holstein. Bachelorarbeit. Kiel: Fachhochschule.

Sack, Fritz (1968). Neue Perspektiven in der Kriminologie. In: Sack, Fritz / König, René (Hrsg.). Kriminalsoziologie. Frankfurt/M.: Akadem. Verlagsgesellschaft S. 431-476.

Sack, Fritz (1978). Probleme der Kriminalsoziologie. In: Handbuch der empirischen Sozialforschung, 2. völlig neubearb. Auflage, Band 12, hrsg. von R. König. Stuttgart: Enke. S. 192-492.

Sack, Fritz (1985). Selektivität, Selektion und Selektionsmechanismen. In: Kaiser, G. / Kerner, H.-J. / Sack, F. / Schellhoss, H. (Hrsg.) Kleines Kriminologisches Wörterbuch, 2. Aufl., Heidelberg: Müller. S. 387-395.

Salas, Jo (2002). Playback theatre: A frame for healing. In: David R. Johnson & Renée Emunah (Eds.), Current approaches in drama therapy (S. 288-302). Springfield, IL USA: Charles C. Thomas.

Salines, Georges / Amimour, Azdyne (2020). *We Still Have Words. A Story of Hope and Friendship in the Shadow of the Bataclan Attacks.* London u. a.: Scribner.

Santos, Artur (2015). Pilot Project Results: Portugal. In: Lummer, R. / Hagemann, O. / Reis, S. (Eds.). Restorative Justice at post-sentencing level in Europe. Kiel: SH Verband für Soziale Strafrechtspflege. S. 97-105.

Saward, Jill (with Green, Wendy) (1995[1990]). Rape. My Story. London et al.: Bloomsbury Publishing PLC [1995 bei Pan Books]

Saywood, Jenny (2019). Whanganui: respectful relationships at the heart of our city – a story from New Zealand. In: The International Journal of Restorative Justice. Issue 2. DOI 10.5553/IJRJ/258908912019002002012

Schaber, Peter (2011). Menschenrechte und Grundbedürfnisse. In: *Jahrbuch für Recht und Ethik / Annual Review of Law and Ethics,* Vol. 19, Themenschwerpunkt: Politische Ethik / Political Ethics, S. 163-176. https://www.jstor.org/stable/43593866 16.12.2018

Scheerer, Sebastian (1985). Kriminalität der Mächtigen. In: Kaiser, G. / Kerner, H.-J. / Sack, F. / Schellhoss, H. (Hrsg.) Kleines Kriminologisches Wörterbuch, 2. Aufl., Heidelberg: Müller. S. 211-215.

Scheler, Max (1913). Zur Phänomenologie und Theorie der Sympathiegefühle und von Liebe und Haß. Halle: Niemeyer

Scherr, Albert (1999). Die Konstruktion von Fremdheit in sozialen Prozessen. Überlegungen zur Kritik und Weiterentwicklung interkultureller Pädagogik. In: Kiesel, D. / Messerschmidt, A./ Scherr, A. (Hrsg.). Die Erfindung der Fremdheit. Frankfurt a. M.: Brandes & Apsel (S. 49-65).

Schlechter, Hansjörg (2015). Social Network Conferences – Conferencing with juvenile offenders in the Austrian Probation Service. In: Ljetopis Socijalnog Rada, 22 (1), 123-138.

Schneider, Nina (2016). Transitional Justice: Historische Aufarbeitung und Geschichtsschreibung. In: Handbuch Transitional Justice. Wiesbaden: Springer. DOI 10.1007/978-3-658-02994-4_6-2

Schrader, Claire (2012). Ritual theatre: The power of dramatic ritual in personal development groups and clinical practice. London/Philadelphia: Jessica Kingsley.

Schrey, Heinz-Horst / Walz, Hans Hermann / Whitehouse, Walter A. (1955). The Biblical Doctrine of Justice and Law. London: SCM Press.

Schütz, Alfred / Luckmann, Thomas (1979). Strukturen der Lebenswelt, Bd. 1 und 2. Frankfurt.

Schulz, Winfried (1976). Die Konstruktion von Realität in den Nachrichtenmedien. Freiburg u. a.: Alber.

Schumann, Karl F. (1979). Vorwort zu Mathiesen Überwindet die Mauern! Neuwied / Darmstadt: Luchterhand.

Schwartz, Jennifer / Steffensmeier, Darrell (2008). The nature of offending: Patterns and explanation. In R.T. Zaplin (ed) (pp. 43-75).

Schwind, Hans-Dieter (2008). Kriminologie. Eine praxisorientierte Einführung mit Beispielen. 18. Aufl. Heidelberg u.a.: Kriminalistik-Verlag.

Scott, David (2018). Against Imprisonment. An Anthology of Abolitionist Essays. Waterside Press.

Scroggins, J. / Malley, S. (2010). Reentry and the (Unmet) Needs of Women. *Journal of Offender Rehabilitation*, 49, 146-163.

Seale, Bobby (1971). Wir fordern Freiheit. Der Kampf der Black Panther. Frankfurt/M.: Fischer.

Sennett, Richard (2004). Respekt im Zeitalter der Ungleichheit. Berlin: Berlin-Verlag.

Serkei, Ben (1997). Focus on Victims: A Victim-oriented Crime-Prevention Project Aimed at Offenders. Paper submitted to the 9th International Symposium on Victimology. Amsterdam.

Sessar, Klaus (1989). Strafbedürfnis und Konfliktregelung. Zur Akzeptanz der Wiedergutmachung im und statt Strafrecht. In: Erich Marks / Dieter Rössner (Hrsg.): Täter-Opfer-Ausgleich. Vom zwischenmenschlichen Weg zur Wiederherstellung des Rechtsfriedens. Bonn: Forum Verlag Godesberg GmbH, S. 42-56.

Sessar, Klaus (1997). Zu einer Kriminologie ohne Täter. Oder auch: Die kriminogene Tat. Monatsschrift für Kriminologie und Strafrechtsreform, 80, 1, S. 1-24.

Sessar, Klaus (1999). Punitive Attitudes of the Public: Reality and Myth. In: Bazemore, Gordon / Walgrave, Lode (Eds.), Restorative Juvenile Justice: Repairing the Harm of Youth Crime. Monsey, N.Y.: Criminal Justice Press, S. 287-304.

Sessar, Klaus (2001). Funktionalität des Verbrechens: Verzwickte Gedanken zu einem verzwickten Thema. In: Gutsche, G., Thiel, K. (Hrsg.), Gesellschaft und Kriminalität im Wandel. Zur Funktionalität des Verbrechens. Bad Godesberg: Forum. S. 16-32.

Shapland, Joanna (2012). Comparing Conferencing and Mediation: Some Evaluation Results Internationally. In: Zinsstag, Estelle / Vanfraechem, Inge (Eds.). Conferencing and Restorative Justice. International Practices and Perspectives. Oxford: University Press. (S. 47- 64).

Shapland, Joanna / Willmore, Jon / Duff, Peter (1985). Victims in the criminal justice system. Aldershot: Gower.

Shapland, Joanna / Atkinson, A. / Atkinson, H. / Dignan, J. / Edwards, L. / Hibbert, J. / Howes, M. / Johnstone, J. / Robinson, G. / A. Sorsby (2008). Does Restorative justice Affect Reconviction? The Fourth Report from the Evaluation of Three Schemes. London: Ministry of Justice. Series 10/08.

Shapland, Joanna / Aertsen, Ivo / Doherty, Kelvin / Teunkens, Marlies / Vanfraechem, Inge / Van Pageé, René / Zinsstag, Estelle (2011). Conferencing: A way forward restorative justice – a practical guide. Leuven: European Forum for Restorative Justice.

Shapland, Joanna / Robinson, Gwen / Sorsby, Angela (2011). Restorative Justice in Practice. Evaluating what works for victims and offenders. London & New York: Routledge.

Shaw, Clifford R. / McKay, Henry D. (1969). Juvenile Delinquency and Urban Areas. A Study of Rates of Delinquency in Relation to Differential Characteristics of Local Communities in American Cities. 2. Aufl. Chicago / London.

Shearing, Clifford (1997). Gewalt und die neue Kunst des Regierens und Herrschens. Privatisierung und ihre Implikationen. In: Trotha, Trutz von (Hrsg.), Soziologie der Gewalt. Opladen: Westdt. Verlag (S. 263-278) (Sonderheft der Kölner Zeitschrift für Soziologie und Sozialpsychologie, 37) Original: Violence and the Changing Face of Governance: Privatization and its Implications.

Sherman, Lawrence / Strang, Heather (2007). Restorative Justice. The evidence. London: The Smith Institute.

Siegert, Hubertus (2014). Beyond Punishment. Film

Siemens, Anne (2007). Für die RAF war er das System, für mich der Vater. Die andere Geschichte des deutschen Terrorismus. 2. Aufl. München & Zürich: Piper.

Simmel, Georg (1908a). Der Streit = Kap. IV, in: ders. Soziologie. Untersuchungen über die Formen der Vergesellschaftung. Berlin: Duncker & Humblot Verlag 1908. S. 186-255.

Simmel, Georg (1908b). Exkurs über den Fremden, in: ders. *Soziologie. Untersuchungen über die Formen der Vergesellschaftung* (S. 509-512) Berlin: Duncker & Humblot Verlag.

Simon, R. (1975). Women and crime. Lexington, MA, USA: D.C. Heath.

Skelton, Ann (2005). The Influence of the Theory and Practice of Restorative Justice in South Africa with Special Reference to Child Justice (LLD Thesis University of Pretoria).

Skelton, Ann (2013). *Civilising civil justice.* In: David J. Cornwell / John Blad / Martin Wright, (eds.). Civilising criminal justice: An international restorative justice agenda for penal reform. S. 171-186. Hook: Waterside Press.

Smaus, Gerlinda (2020). Ich bin ich. Beiträge zur feministischen Kriminologie, hrsg. von Feest, Johannes / Pali, Brunilda (Eds.). Wiesbaden: Springer.

Smith, Dorothy E. (1979). K ist geisteskrank. Die Anatomie eines Tatsachenberichts. In: Weingarten, Elmar / Sack, Fritz / Schenkein, Jim (Hrsg.), Ethnomethodologie. Beiträge zu einer Soziologie des Alltagshandelns. Frankfurt/Main: suhrkamp, 2. Aufl. S. 368-415.

Snell, Tracey L. / Morton, Danielle C. (1994). *Survey of State Prison Inmates, 1991: Women in Prison.* Washington, DC: Bureau of Justice Statistics.

Snyder, Zoann / Carlo, Teresa / Coats Mullins, Megan M. (2001). Parenting from prison: An examination of a children's visitation program at a women's correctional facility. Marriage and Family Review, 32, 33-61.

Sommer, O. (2002). *„Konfliktregelung durch Gemeinschaftskonferenzen in Hamburg-Lurup“* TOA-Infodienst, Nr. 16, S. 42.

Sourdin, Tania (2007). Australian National Mediator Standards. Commentary on Approval Standards. http://www.bond.edu.au/prod_ext/groups/public/@pub-law-gen/documents/genericwebdocument/bd3_006505.pdf. Zugegriffen: 1. August 2012)

Spiegel, Hiltrud von (2018). Methodisches Handeln in der Sozialen Arbeit. 6. durchgesehene Auflage. München: Ernst Reinhardt Verlag.

Spreng, R. Nathan / McKinnon, Margaret / Mar, Raymond A. / Levine, Brian (2009). The Toronto Empathy Questionnaire: Scale Development and initial validation of a factor-analytic solution to multiple empathy measures. In: Journal of Personality Assessment, 91, 62-71.

Staab, Joachim Friedrich (1990). Nachrichtenwert-Theorie. Formale Struktur und empirischer Gehalt. Freiburg & München: Alber.

Stacey, Sari (2012). Restorative Justice – A Victim's Perspective. In: Lummer, Ricarda / Nahrwold, Mario / Süß, Björn (Eds.): Restorative Justice – A Victim Perspective and Issues of Co-operation. Kiel, S. 129-133.

Staub-Bernasconi, Silvia (2017). Soziale Arbeit. Dienstleistung oder Menschenrechtsprofession? Zum Selbstverständnis Sozialer Arbeit in Deutschland mit einem Seitenblick auf die internationale Diskussionslandschaft. In: Lob-Hüdepohl, Andreas/Lesch, Walter (Hrsg.). Ethik Sozialer Arbeit – Ein Handbuch: Einführung in die Ethik der Sozialen Arbeit Stuttgart: UTB/Schöningh (S. 20-54).

Staub-Bernasconi, Silvia (2018). Soziale Arbeit als Handlungswissenschaft. Auf dem Weg zu kritischer Professionalität. 2., vollst. überarbeitete und erweiterte Auflage. Stuttgart: UTB.

Stauffer, Carl (2021). Epilogue: Restorative Justice – A Movement in the Making. In: Lewis, Ted / Stauffer, Carl (Eds.). Listening to the Movement: Essays on New Growth and New Challenges in Restorative Justice. Eugene: Cascade Books. S. 164-168.

Steffensmeier, Darrell J. (1983). Organization properties and sex-segregation in the underworld: Building a sociological theory of sex differences in crime. Social Forces, 61(4), 1010-1032.

Steinert, Heinz (1995). Soziale Ausschließung – das richtige Thema zur richtigen Zeit. In: Kriminologisches Journal, 27, S. 82-88

Stöver, Heino / Thane, Katja (2011). Towards a Continuum of Care in the EU Criminal Justice System. A survey of prisoners' needs in four countries (Estonia, Hungary, Lithuania, Poland). Oldenburg: BIS-Verlag der Carl von Ossietzky Universität.

Strang, Heather (2002). Repair or Revenge: Victims and Restorative Justice. Oxford: Clarendon Press.

Strang, Heather (2012). Conferencing and Victims. In: Zinsstag, Estelle / Vanfraechem, Inge (Eds.). Conferencing and Restorative Justice. International Practices and Perspectives. Oxford: University Press. (S. 83-98).

Strang, Heather (2013). Victims and Restorative Justice: What do we know from international research evidence? Presentation at the Conference 'Restoring the Balance', St Catherine's College, Oxford 28 November 2013. http://www.thamesvalleypartnership.org.uk/wp-content/uploads/Dr-Heather-Strang-University-of-Cambridge.pdf (accessed at 29.11.2020)

Strang Heather / Sherman Lawrence W / Mayo-Wilson Evan / Woods Daniel / Barak, Ariel (2013). Restorative Justice Conferencing (RJC) Using Face-to-Face Meetings of Offenders and Victims: Effects on Offender Recidivism and Victim Satisfaction. A Systematic Review. Campbell Systematic Reviews 2013:12. DOI: 10.4073/csr.2013.12

Straub, Ute (2011). Mehr als Partizipation: Ownership! Family Group Conference im Kontext des internationalen Diskurses zu Conferencing, Restaurative und Indigenized Social Work. In: *Sozial Extra* 35, Nr. 3, 6-9. DOI 10.1007/s12054-011-0181-1 Springer VS Verlag.

Straub, Ute (2012). Sharing Circles: FGC in the context of Indigenized Social Work. In René Clarijs / Thijs Malmberg (Hrsg.), *The Quiet Revolution. Aggrandising people power by Family Group Conferences* (S. 43-53) Amsterdam: SWP Publishers.

Strobl, Rainer (1998). Soziale Folgen der Opfererfahrungen ethnischer Minderheiten. Effekte von Interpretationsmustern, Bewertungen, Reaktionsformen und Erfahrungen mit Polizei und Justiz, dargestellt am Beispiel türkischer Männer und Frauen in Deutschland. Baden-Baden: Nomos.

Stueber, Karsten (2013). Empathy. *First published Mon Mar 31, 2008; substantive revision Thu Feb 14, 2013 in:* http://plato.stanford.edu/entries/empathy/

Stutzman Amstutz, Lorraine (2004). What is the Relationship between Victim Service Organizations and Restorative Justice? In: Zehr, Howard / Toews, Barb (Eds.). Critical issues in restorative justice. Monsey, N.J. [u. a.]: Criminal Justice Press. S. 85-93

Stutzman Amstutz, Lorraine (2009). The Little Book of Victim Offender Conferencing. Bringing Victims and Offenders Together in Dialogue. Intercourse: Good Books.

Stutzman Amstutz, Lorraine / Mullet, Judy H. (2005). *The Little Book of Restorative Discipline for Schools.* New York: Good Books.

Suhling, Stefan / Schott, Tillmann (2001). Ansatzpunkte zur Erklärung der gestiegenen Gefangenenzahlen in Deutschland. In: Bereswill, M. & Greve, W. (Hrsg.), Forschungsthema Strafvollzug. Baden-Baden. S. 25-83.

Sullivan, Dennis / Tifft, Larry (Ed.) (2008). Handbook of Restorative Justice. A Global Perspective. London & New York, Routledge.

Sutherland, Edwin H. (1979). Theorie der differentiellen Assoziation. In: Sack, Fritz & René König (Hrsg.). Kriminalsoziologie. 3.Aufl. S. 395-399. Wiesbaden: Akadem. Verlagsgesellschaft.

Sykes, Gresham M. (1958). The Society of Captives. A Study of Maximum Security Prison. Princeton: University Press.

Sykes, Gresham M. / Matza, David (1957). Techniques of Neutralization: A Theory of Delinquency. In: American Sociological Review 22, S. 664-670.

Symonds, Martin (2010). The ‚Second Injury‘ to Victims. In: American Journal of Psychoanalysis, Mar;70(1):34-41. doi: 10.1057/ajp.2009.38.

Taglieber, Walter (2008). Berlin-Brandenburger Anti-Mobbing-Fibel. 4. überarbeitete Auflage, hrsg. vom Landesinstitut für Schule und Medien Berlin-Brandenburg (LISUM).

Tarde, Gabriel (2015). Masse und Meinung. Konstanz: University Press.

Tein, Jo (2022). Die Empfehlungen des Europarats zur Restorative Justice und das Gesetz zur ambulanten Resozialisierung und zum Opferschutz in Schleswig-Holstein (ResOG SH) – Definition und Vereinheitlichung von Wiedergutmachungsdiensten auf Landesebene, in: TOA-Magazin 2/22, S. 14-18.

Temme, Gaby (2008). Restorative Justice – ein Gegenmodell im Sinne des Abolitionismus. In: Kriminologisches Journal 40, 2. S. 83-96.

Temme, Gaby (2010). Braucht unsere Gesellschaft Strafe? Welche Alternativen gibt es im Vergleich zum deutschen Strafvollzugssystem? In: Puschke, Jens (Hrsg.). Strafvollzug in Deutschland. Strukturelle Defizite, Reformbedarf und Alternativen. Berlin: BWV Berliner Wissenschafts-Verlag. (S. 37-61).

Temme, Gaby (2017). *Transformative Justice.* In: TOA-Magazin 02/17, S. 25-28.

Tengeler, Sabine (2003). Besser Streiten. Gemeinschaftskonferenzen als win:win-Stadtteilmediation. Hamburg.

Terpstra, June (2013). Research Report on Restorative and Transformative Justice. (unpublished, Zugriff 10.8.2022)

The Sentencing Project. (2012). Incarcerated Women Factsheet. Retrieved from http://www.sentencingproject.org/doc/publications/cc_Incarcerated_Women_Factsheet_Sep24sp.pdf on December 16, 2013.

Thiel, Andreas / Fuchs, Andreas (2004). Das Sex-Offender Treatment Programme (SOTP) im Hamburger Strafvollzug. In: Rehn, Gerhard / Nanninga, Regina / Thiel, Andreas (Hrsg.): Freiheit und Unfreiheit. Arbeit mit Straftätern innerhalb und außerhalb des Justizvollzugs. Herbolzheim: Centaurus. S. 307-323.

Thiersch, Hans (2002). *Lebensweltorientierte Soziale Arbeit. Aufgaben der Praxis im sozialen Wandel.* 5. Auflage. Weinheim & München: Juventa.

Thompson, David (2001). Towards Restoration – Victim Awareness Programmes for Adult Offenders in South Australia. Paper presented at the Restoration for Victims of Crime: Contemporary Challenges Conference. 9.+10.9.1999 in Melbourne. https://citeseerx.ist.psu.edu/viewdoc/download?doi=10.1.1.586.7581&rep=rep1&type=pdf (14.9.2022)

Thompson, Mandy (2016). An overview of the 'Building Bridges Conference: Supporting Victims of Crime through Restorative Dialogue,' 19th and 20th November 2015, Rome. *Newsletter of the European Forum for Restorative Justice* 17(1): 9-10.

Thoß, Isabel / Weitekamp, Elmar G.M. (2012). Friedenszirkel, ein wiederentdecktes Verfahren zur Konfliktbewältigung. In: Lummer, Ricarda / Nahrwold, Mario / Süß, Björn (Eds.): Restorative Justice – A Victim Perspective and Issues of Co-operation. Kiel: Landesverband für soziale Strafrechtspflege, S. 88-116.

Thunberg, Greta (2019). Ich will, dass ihr in Panik geratet! Meine Reden zum Klimaschutz. Frankfurt a.M.: S. Fischer.

Titchener, Edward B. (1909). Lectures on the Experimental Psychology of Thought-Processes. New York: Macmillan.

Toch, Hans (1996). Living in Prison: The Ecology of Survival. Rev. ed., 2nd print. Washington, D.C.: APA.

Tönnies, Ferdinand (2005). Gemeinschaft und Gesellschaft. Darmstadt. [Abhandlung des Communismus und des Socialismus als empirischer Culturformen. 1887 Leipzig: Fues]

Törzs, Edit (2011). Restorative Justice und Täter-Opfer Ausgleich in Ungarn. In: Lummer, R. / Hagemann, O. / Tein, J. (eds) (2011). Restorative Justice – A European and Schleswig-Holsteinian Perspective. Restorative Justice – Aus der europäischen und Schleswig-Holsteinischen Perspektive. Kiel: SH Verband für Soziale Strafrechtspflege. S.214-222.

Toews, Barb (2002). Listening to prisoners raises issues about prison-based restorative justice. *VOMA corrections, Summer 2002, No. 11*, 1+6.

Toews, Barb (2006). The little book of Restorative Justice for People in Prison. Rebuilding the Web of Relationships. Intercourse: Good Books.

Toews, Barb (2016). This backyard is my serenity place: learning from incarcerated women about the architecture and design of restorative justice. In: Restorative Justice: An International Journal Volume 4, Issue 2. S. 214-236.

Toews, Barb / Katounas, Jackie (2004). "Have Offender Needs and Perspectives Been Adequately Incorporated into Restorative Justice?" In: Zehr, H. / Toews, B. (Eds.). Critical issues in restorative justice. Monsey, N.J. [u. a.]: Criminal Justice Press. S. 107-118

Tolstoi, Leo (1979). Auferstehung. Band 11 der Gesammelten Werke in zwanzig Bänden, hrsg. von E. Dieckmann / G. Dedek. Berlin. 3. Aufl.

Treatment Alternatives for Safe Communities (TASC) (2013). News & Views: Women's Prison Program Fosters Family Unity, Community Reentry. Retrieved from: http://www2.tasc.org/program/moms-and-babies-program on August 4, 2014.

Trimikliniotis, Nicos / Demetriou, Corina (2012). Displacement in cyprus. consequences of civil and military strife. Report. Oslo: Peace Research Institute Oslo (PRIO).

Trimikliniotis, Nicos (2013). Sociology of reconciliation: Learning from comparing violent conflicts and reconciliation processes. In: *Current Sociology* 61 (2): 244-264.

Trotha, Claudia / Trotha, Trutz von (1997). Übersetzung von Clifford Shearing „*Gewalt und die neue Kunst des Regierens und Herrschens*“ in Soziologie der Gewalt. Sonderheft 37 der KZfSS, S.263-278.

Tügel, Hanne / Heilemann, Michael (Hrsg.) (1987). Frauen verändern Vergewaltiger. Frankfurt/M.: Fischer.

Tullis, Paul (2013). Can Forgiveness Play a Role in Criminal Justice? http://www.nytimes. corn/20 13/0 1 /06/magazine/ can-forgiveness-play-a -roJe-in-criminal -j ustice.html?pagewanted=all&_r=1& (25.1.2014).

Tutu, Desmond (2001). Keine Zukunft ohne Versöhnung. Düsseldorf. [*No Future Without Forgiveness.* New York: Doubleday. 1999]

Umbreit, Mark S. (2000). The Restorative Justice and Mediation Collection: Executive Summary. OVC-Bulletin, Juli 2000, hrsg. vom US Department of Justice.

Umbreit, Mark S. (2001). The Handbook of Victim Offender Mediation. An Essential Guide to Practice and Research. San Fransisco: Wiley.

Umbreit, Mark S. / Vos, Betty (2000). Homicide Survivors Meet the Offender Prior to Execution. Restorative Justice Through Dialogue. In: Homicide Studies, 4, S. 63-87.

Umbreit, Mark S. / Vos, Betty / Coates, Robert B. / Brown, K. (2003a). Facing Violence: The Path of Restorative Justice Dialogue. Monsey: Criminal Justice Press.

Umbreit, Mark S. / Bradshaw, William / Coates, Robert B. (2003b). Victims of severe violence in dialogue with the offender: key pinciples practices, outcomes and implications. In: Weitekamp Elmar G.M. / Kerner Hans-Jürgen (Eds.). Restorative Justice in Context: International Practice and Directions. Cullompton: Willan Publishing. S. 123-144.

Umbreit, Mark S. / Armour, Marilyn Peterson (2010). Restorative Justice Dialogues: An Essential Guide for Research and Practice. New York: Springer.

UK Victims' Commissioner (2016). *A question of Quality: A review of Restorative Justice Part 1 – Service Providers + Part 2 – Victims.* Accessed from http://victimscommissioner.org.uk/wp-content/uploads/2014/10/A-question-of-quality_RJ-review-part-1-service-providers.pdf Accessed 1.10.2017

UNODC (2006). Handbook on Restorative justice programmes. New York: United Nations, Office on Drugs and Crime, Vienna

UNODC (2012). Global Report. Proportion of offenders convicted of all crimes who are women, select countries, 2006-2009. Vienna: United Nations Office on Drugs and Crime.

UNODC (2014). Statistics on criminal justice. Total persons brought into contact with the police and/or criminal justice system, select countries, 2003-2012. Retrieved from http://www.unodc.org/unodc/en/data-and-analysis/statistics/crime.html on June 30, 2014.

UNODC (2020). Handbook on Restorative Justice Programmes. Second Edition. Vienna: United Nations – Office on Drugs and Crime.

Van Camp, Tinneke (2014). Victims of Violence and Restorative Practices. Finding a Voice. London & New York: Routledge.

Van Camp, Tinneke / Wemmers, Jo-Anne (2013). Victim satisfaction with restorative justice: More than simply procedural justice. *International Review of Victimology*, 19(2): 117-143.

Van Dijk, Jan (2020). Victim Labeling Theory: A Reappraisal. In: Joseph, Janice / Jergenson, Stacie (Eds.). An International Perspective on Contemporary Developments in Victimology. A Festschrift in Honor of Marc Groenhuijsen. Springer. S. 73-90.

Van Droogenbroeck, Bram (2010). *Victim offender mediation in severe crimes in Belgium: "What victims need and offenders can offer".* In: Melinda Gyökös / Krisztina Lanyi (Eds.).

European best practices of restorative justice in criminal Procedure. Budapest: Ministry of Justice and Law Enforcement, Republic of Hungary. S. 230-235.

Vanfraechem, Inge (2007). Community, society and state in restorative justice: an exploration. In: Robert Mackay / Marko Bosnjak / Johan Deklerck / Christa Pelikan / Bas van Stokkom / Martin Wright (Hrsg.). Images of restorative justice theory. Frankfurt am Main: Verl. für Polizeiwiss., p. 73-91.

Vanfraechem, Inge / Walgrave, Lode (2005). Conferencing Serious Juvenile Delinquents in Belgium. http://www.justicereparatrice.org/mount/www.restorativejustice.org/editions/2005/March/belgium (16.3.2016)

Vanfraechem, Inge / Aertsen, Ivo (Eds.) (2018). Action Research in Criminal Justice. Restorative Justice Approaches in Intercultural Settings. London & New York: Routledge.

Van Garsse, Leo (2006). Mediation in a detention context: moralisation or participation? In: Congrés Penitenciari international: La funció social de la política penitenciària. Barcelona. S. 49-64.

Van Garsse, Leo (2015). Restorative justice in prisons. »Do not enter without precautions« In: Ljetopis socijalnog rada, 22 (1), 15-35.

Van Ness, Daniel (1990). Restorative Justice. In: Burt Galaway / Hudson, Joe (eds.), Criminal Justice, Restitution, and Reconciliation. Monsey, N.Y.: Criminal Justice Press. S. 7-14.

Van Ness, Daniel W. (2007). Prison and Restorative Justice, in: Johnstone, Gerry / Van Ness, Daniel W. (Eds). *Handbook of Restorative Justice.* Cullompton: Willan. S. 312- 324.

Van Ness, Daniel W. / Heetderks Strong, K. (2002). *Restoring Justice: An Introduction to Restorative Justice.* Cincinnati, OH: Anderson.

Van Ness, Daniel W. / Heetderks Strong, K. (2006). *Restoring Justice: An Introduction to Restorative Justice (3rd edition).* Cincinnati, OH: Anderson.

Van Wormer, Katherine S. / Walker, Lorenn (Eds.) (2013). Restorative Justice Today: Practical Applications. Thousand Oaks u. a.: Sage.

Varona, Gema (2014). ETA Terrorism Victims' Experiences with restorative encounters in Spain. In: Vanfraechem, Inge / Pemberton, Antony / Ndahinda, Felix Mukwiza (Eds). Justice for Victims. Perspectives on Rights, Transition and Reconciliation. London & New York: Routledge. S. 322-354.

Varona, Gema / de la Cuesta, José Luis / Echeburúa, Enrique (2016). Victims of Terrorism in the Basque Country: Paradoxes of Their Expectations and Demands in the End of ETA. In: Revista de Victimología / Journal of Victimology, 3, S. 65-84.

Veiel, Andreas (2001). Black Box BRD (film). Buch 2004. Frankfurt/M.: Fischer.

Vera Institute of Justice (2004). In M. Bobbitt / M. Nelson (Eds.), The front line: Building programs that recognize families' role in reentry (Issues in brief, September). New York, NY: The Urban Institute 2001.

Verstraete, A. / Verhoeven. H. / Vandeurzen, I. (2000). Introducing Restorative Justice in Belgian Prisons. Paper presented at the 10th International Symposium on Victimology. 6.-11.8.2000 in Montréal. (www.aqpv.ca/diffusion/textes/stuvwxyz_t/Verstraete_Verhoeven_Van.pdf)

Villmow, Bernhard / Stephan, Egon (1983). Jugendkriminalität in einer Gemeinde. Eine Analyse erfragter Delinquenz und Viktimisierung sowie amtlicher Registrierung. Freiburg: Max-Planck-Institut.

Vitale, Alex (2017). The End of Policing. London & New York: Verso Books.

Vogt, Melanie / Vogt, Victor (2015). Gerichtliche Mediation in Strafvollzugssachen (GMS). Konsensuale Konfliktbearbeitung im gerichtlichen Verfahren – eine Alternative? In: Neue Kriminalpolitik, 27, S. 81-96.

Vogt, Victor / Vogt, Melanie (2013). Das Opfer im Fokus – Projektideen für opferbezogene Vollzugsgestaltung im Rahmen von Täter-Opfer-Ausgleich (TOA) und Restorative Justice im Berliner Strafvollzug, in *TOA-Magazin* – Nr. 1. S. 44-45.

Wachtel, Joshua (2012). World's First "Restorative City": Hull, UK, Improves Outcomes of All Interventions with Young People, Saves Resources. http://restorativeworks.net/2012/01/restorative-city-hull-uk-takes-restorative-practices-to-the-private-sector/_25.11.2014

Wachtel, Ted (2003). Restorative justice in everyday life: Beyond the formal ritual. *Reclaiming Children and Youth*, 12 (2), S. 83-87.

Wachtel, Ted / Miller, Stacey (2013). Creating Healthy Residential Communities in Higher Education Through the Use of Restorative Practices. In: van Wormer, Katherine S. / Walker, Lorenn (Eds.). Restorative Justice Today: Practical Applications. Thousand Oaks u. a.: Sage. S. 93-99.

Wacquant, Loic (2000). Elend hinter Gittern. Konstanz: UVK, Univ.-Verlag.

Wager, Nadia Marie / Wager, Angel Rhain (2015). Victims Perspective: Victim Perspectives on Post-Sentencing Restorative Justice in cases of Serious Crimes. In: Lummer, R. / Hagemann, O. / Reis, S. (Eds.). Restorative Justice at Post-Sentencing Level in Europe. Kiel: SH Verband für soziale Strafrechtspflege. S. 35-45.

Wager, Nadia M. / O'Keeffe, Ciaran / Bates, Andrew / Emerson, Geoff (2015). Restorative justice and recidivism: Investigating the impact of victim-preference for level of engagement. In: Ljetopis Socijalnog Rada, 22 (1), 61-80.

Walgrave, Lode (1995). Restorative Justice for Juveniles: Just a Technique or a Fully-fledged Alternative? In: Howard Journal of Criminal Justice, 34, S. 228-249.

Walgrave, L. (2000). 'How pure can a maximalist approach to restorative justice remain? Or can a purist model of restorative justice become maximalist?', *Contemporary Justice Review* 3(4), 415–32.

Walgrave, Lode (2001). On Restoration and Punishment: Favourable Similarities and Fortunate Differences. In: Morris, Allison / Maxwell, Gabrielle (Eds.). Restorative Justice for Juveniles. Conferencing, Mediation & Circles, Oxford and Portland: Hart, S. 17-37.

Walgrave, Lode (2008). Restorative Justice, Self-interest and Responsible Citizenship. Cullompton: Willan.

Walgrave, Lode (2009). Victims in Restorative Justice. In: Hagemann, O. / Schäfer, P. / Schmidt, S. (Eds.). Victimology, Victim Assistance and Criminal Justice. Perspectives Shared by International Experts at the Inter-University Centre of Dubrovnik. Mönchengladbach: Fachhochschule Niederrhein Verlag. S. 79-87.

Walgrave, Lode (2011). Restorative Justice in Belgien. In: Lummer, R. / Hagemann, O. / Tein, J. (eds). Restorative Justice – A European and Schleswig-Holsteinian Perspective. Restorative Justice – Aus der europäischen und Schleswig-Holsteinischen Perspektive. Kiel: SH Verband für Soziale Strafrechtspflege. S. 223-234.

Walker, Lorenn (2010). Huikahi Restorative Circles: Group Process for Self-Directed Reentry Planning and Family Healing. In: European Journal of Probation, Vol. 2, No. 2, 2010, pp 76-95. *http://www.ejprob.ro/uploads_ro/713/Huikahi_Restaurative_Circle.pdf (23.6.2015)*

Walker, Lorenn / Greening, Rebecca (2013). Huikahi Restorative Circles: A Public Health Approach for Reentry Planning. In: Van Wormer, Kathleen / Walker, Lorenn (Eds.). Restorative Justice today. Practical applications. Thousand Oaks u. a.: Sage. S. 173-183.

Waller, Irvin (1984). Assistance to Victims of Burglary. In: Tim Hope / Ron Clarke. (Eds.). Coping with Residential Burglary: Research Implications for Policy. Boston: Kluwer-Nijhoff. S. 233-248.

Waller, Irvin (2008). Less Law more Order. The Truth about Reducing Crime. Ontario: Manor House Publishing Inc.

Waller, Irvin (2011). Rights for Victims of Crime. Rebalancing Justice. Plymouth: Rowman & Littlefield Publishers Inc.

Wallis, Pete (2014). Understanding Restorative Justice. How Empathy can close the gap created by crime. Bristol: Policy Press.

Wallis, Pete (with Aldington, Claire & Liebmann, Marian) (2010). What have I done? A victim empathy programme for young people. London u. a.: Jessica Kingsley Publishers.

Walmsley, Roy (2002). World Prison Population List (third edition) (London: Home Office).

Walmsley, Roy (2012). *World Female Imprisonment List (2nd edition).* London: International Centre for Prison Studies.

Walmsley, Roy (2014). *World Prison Population List (11th edition).* London: International Centre for Prison Studies.

Walter, Joachim (2003). Aktuelle Entwicklungen und Herausforderungen im deutschen Jugendstrafvollzug. Neue Kriminalpolitik, 15, Heft 1, 10-14.

Walter, Michael = Der Justizvollzugsbeauftragte des Landes NRW (2013). Tätigkeitsbericht des Justizvollzugsbeauftragten des Landes NRW 2012. Köln.

Walz, Hans Hermann / Schrey, Heinz-Horst (1955). Gerechtigkeit in biblischer Sicht. Zürich & Frankfurt / M.: Gotthelf Verlag.

Watzke, Ed (1997). Äquilibristischer Tanz zwischen Welten. Godesberg: Forum Verlag. 4. Aufl. 2011.

Weckert, Al (2012). Der Tanz auf dem Vulkan. Gewaltfreie Kommunikation & Neurobiologie in Konfliktsituationen. Das Training mit dem "Roten Tuch". Paderborn: Junfermann.

Weckert, Al (2012). Gold in schmutziger Verpackung. Keine Angst vor starken Emotionen! In: Weckert, Al (Hrsg.). Gewaltfreie Kommunikation in der Mediation. Lösungen finden durch empathische Präsenz. Stuttgart: Concadora Verl. S. 7-25.

Weckert, Al / Mergel, Andrea (2013) Empathiefähigkeit trainieren: Methodenkoffer Empathie. http://www.empathie.com/seminare/methodenkoffer-empathie-empathiefaehigkeit/ (18.7.2013)

Weitekamp, Elmar G.M. (1999). The History of Restorative Justice. In: Bazemore, Gordon / Walgrave, Lode (Eds.). Restorative Juvenile Justice: Repairing the Harm of Youth Crime. S. 75-102. NY: Criminal Justice Press.

Weitekamp, E.G.M. (2000). Research on Victim-Offender Mediation. Findings and Needs for the Future. In: European Forum for Victim-Offender Mediation and Restorative Justice (Ed.). Victim-Offender Mediation in Europe. Making Restorative Justice Work. (S. 99-121) Leuven: Leuven University Press.

Wemmers, Jo-Anne M. (1996). Victims in the criminal justice system. Amsterdam & New York: WODC-Ministery of Justice.

Wemmers, Jo-Anne M. (2017). Victimology: A Canadian Perspective. University of Toronto Press.

Wemmers, Jo-Anne M. / Cyr, Katie (2005). Can mediation be therapeutic for crime victims? An evaluation of victims' experiences in mediation with young offenders. Canadian Journal of Criminology and Criminal Justice, 47 (3), 527-544.

Wemmers, Jo-Anne M. / Cyr, Katie (2016). Gender and Victims' Expectations Regarding Their Role in the Criminal Justice System: Towards Victim-Centred Prosecutorial Policies. In: Kury, Helmut / Redo, Sławomir / Shea, Evelyn (Eds.). Women and Children as Victims and Offenders: Background, Prevention, Reintegration: Suggestions for Succeeding Generations. Vol. 2. New York: Springer. S. 233-248.

Wemmers, Jo-Anne M. / Van Camp, Tinneke (2011). *The offer of restorative justice to victims of violent crimes: should it be protective or proactive?* CiCC, Université de Montréal, Accessed on 10.12.2020 at https://depot.erudit.org/id/003511dd

Wexler, David / Pérez Muñiz, Manual (2017). La importancia del "viñedo" de la Justicia Terapéutica va más allá de la Justicia Prosesal. **In:** De La Cuesta, José Luis / Subijana, Iñaki / Soleto, Helena / Varona, Gema / Porres, Izaskun (Eds.). Justicia Restaurativa y Terapéutica. Hacia Innovadores Modelos de Justicia.Valencia: tirant lo blanche. S. 195-199.

White, Gale D. (2012). Gender-Responsive Programs in U.S. Prisons: Implications for Change. *Social Work in Public Health*, 27, 283-300.

WHO (World Health Organisation-Europe) (2001). Health in Prisons Project. HIV in Prisons: A reader with particular relevance to the newly independent states.

WHO (World Health Organisation-Europe) (2014). Gender and women's mental health. Retrieved from http://www.who.int/mental_health/prevention/genderwomen/en/ on June 26, 2014

WHO / UNODC (World Health Organization / United Nations Office on Drugs and Crime) (2009). Projektbericht. Gesundheit von Frauen im Strafvollzug. Beseitigung von Ungleichheiten zwischen den Geschlechtern im Strafvollzug. Kopenhagen WHO_UNDOC_2009.pdf http://www.euro.who.int/__data/assets/pdf_file/0005/76514/E92347G.pdf (8.8.2014)

Why-me? (2015). Barriers and Solutions to RJ delivery in England and Wales. http://www.why-me.org/wp-content/uploads/2015/11/Why-me-Restorative-Justice-Full-Barrier-and-Solutions-report-October-2015.pdf. (Zugriff 8.12.2022)

Wigzell, Alexandra / Hough, Mike (2015). The NOMS Capacity Building Programme. A study of the quality of participant and implementation experiences, London: Institute for Criminal Policy Research. Birkbeck University of London.

Wilson, Janet M. (2013). Agency through collective creation and performance: Empowering incarcerated women on and off stage. Making Connections, 14(1), 1-15.

Wilson, Dereck / Campbell, Hugh (2018). Security and Justice in transition. Restorative justice and the politics of hope in Northern Ireland. In: Pali, Brunilda / Aetsen, I. (Eds.). Restoring Justice and Security in Intercultural Europe. (126-143) London: Routledge.

Winter, Frank (2003). Mediation in sozial belasteten Quartieren – Konzept und Praxis der „Sozialen Mediation" am Beispiel der Hansestadt Bremen. *unsere jugend – Die Zeitschrift für Studium und Praxis der Sozialpädagogik (UJ)* Heft 2, 72-80.

Wirth, Wolfgang (2010). Übergangsmanagement aus dem Strafvollzug: Fokus „Arbeitsmarktintegration". In: DVJJ Landesgruppe Baden-Württemberg Jahrestagung 2010: Jugendliche Gewaltdelinquenz. Stuttgart. S. 77-96.

Wischka, Bernd (2001). Neue Perspektiven für die Behandlung von Sexualstraftätern. *Report Psychologie, 26,* 9, 528-532.

Wischka, Bernd (2004). Kognitiv-behaviorale Therapie für Sexualstraftäter im Kontext der Lebenswelt von Vollzugsanstalten. In: Rehn, Gerhard / Nanninga, Regina / Thiel, Andreas (Hrsg.). Freiheit und Unfreiheit. Arbeit mit Straftätern innerhalb und außerhalb des Justizvollzugs. Herbolzheim: Centaurus-Verl. S. 283-306.

Wischka, Bernd / Rehder, Ulrich / Specht, Friedrich / Foppe, Elisabeth / Willems, Ralf (Hrsg.) (2005). Sozialtherapie im Justizvollzug. Aktuelle Konzepte, Erfahrungen und Kooperationsmodelle. Lingen: Kriminalpädagogischer Verlag.

Wischka, Bernd / Specht, Friedrich (2001). Integrative Sozialtherapie – Mindestanforderungen, Indikation und Wirkfaktoren. In: Gerhard Rehn / Bernd Wischka / Friedrich Lösel / Michael Walter (Hrsg.): *Behandlung „gefährlicher Straftäter". Grundlagen, Konzepte, Ergebnisse.* (S. 249-263). Herbolzheim: Centaurus.

Wittgenstein, Ludwig (1922). Tractatus Logico-Philosophicus. With an Introduction by Bertrand Russell. London: Kegan Paul, Trench, Trubner & Co.

WODC (Ed.) (2006). European Sourcebook of Crime and Criminal Justice Statistics – 2006. 3rd Edition. Den Haag: Eigenverlag.

WODC (2010). European sourcebook of crime and criminal justice statistics – 2006 (4th ed.). Den Haag: Wetenschapelijk Onderzoek en Documentie Centrum.

Wolfers, Melanie (2013). Die Kraft des Vergebens. Wie wir Kränkungen überwinden und neu lebendig werden. Freiburg u. a.: Herder Verlag.

Wolfgang, Marvin (1958). Patterns in Criminal Homicide. Philadelphia: Univ. Press.

Wolfgang, Marvin / Figlio, Robert / Sellin, Torstein (1972). Delinquency in a Birth Cohort. Chicago: Chicago University Press.

Woolf, Peter (2009). The Damage Done. London: Bantam Press.

Woolford, Andrew / Nelund, Amanda (2020). The Politics of Restorative Justice. A Critical Introduction. 2nd Ed. Boulder: Lynne Rienner Pub.

Workman, Kim (2007). Resolving Conflict and Restoring Relationships: Experiments in Community Justice within a New Zealand Faith-Based Prison. In: Maxwell, Gabrielle / Liu, James H. (Eds). Restorative Justice and Practices in New Zealand: Towards a Restorative Society. Wellington: IPS. S. 139-161.

Weltbank (World Bank Organization) (2014). The surprising rates of depression among MENA's women. Retrieved from http://blogs.worldbank.org/arabvoices/surprising-rates-depression-amongmena %E2 %80%99 s-women on June 10, 2014.

Woynar, Ines (2000). Das Risiko von Gefährlichkeitsprognosen: methodische und paradigmatische Probleme der Diagnose- und Prognosestellung bei psychisch gestörten Straffälligen nach Langzeitunterbringung (Diss.). Pfaffenweiler/ Herbolzheim: Centaurus.

Wozniak, John F. / Braswell, Michael C. / Vogel, Ronald E. / Blevins, Kristie R. (Eds.) (2008). Transformative Justice. Critical and Peacemaking Themes Influenced by Richard Quinney. Plymouth: Lexington Books.

Wright, Emily / Van Voorhis, Patricia / Salisbury, Emily / Bauman, Ashley (2012). Gender-responsive lessons learned and policy implications for women in prison: A review. Criminal Justice and Behavior, 39, 1612-1632.

Wright, Martin (1999).

Wright, Martin (2008). Restoring Respect for Justice. A Symposium. Second Edition [1999]. Hampshire: Waterside Press.

Wright, Martin (2010). Towards a Restorative Society: a problem-solving response to harm. London: Make Justice Work.

Wright, Martin (2015). Better criminal law or better than criminal law? What restorative justice offers to victims and offenders. Paper for Building Bridges Project Conference, Rome, 19-20 November 2015.

Wright, Martin / Foucault, Orlane (2005). Community Involvement in Restorative Justice. In: Connections – A publication of Victim Offender Mediation Association, No. 19, pp 1-16.

Yantzi, Mark D. (1985). Das Täter-Opfer-Ausgleichsprojekt (VORP) in Kitchener (Ontario), Kanada. In: Janssen, Helmut / Kerner, Hans-Jürgen (Hrsg.). Verbrechensopfer, Sozialarbeit und Justiz. Das Opfer im Spannungsfeld der Handlungs- und Interessenkonflikte. Bonn: DBH Schriftenreihe. S. 329-343.

Yantzi, Mark D. (1998). Sexual Offending and Restoration. Waterloo: Herald Press.

Zehr, Howard (1985). Retributive Justice- Restorative Justice. Elkjarrt.

Zehr, Howard (1990). Changing Lenses: a new focus for crime and justice. Scottsdale, PA: Herald Press.

Zehr, Howard (2002). The little Book of Restorative Justice. Intercourse: Good Books.

Zehr, Howard (2010). Fairsöhnt. Restaurative Gerechtigkeit. Wie Opfer und Täter heil werden können. Schwarzenfeld: Neufeld Verlag.

Zehr, Howard (2011). Blog www.emu.edu/now/restorative-justice/page/4/ 7.5.2022

Zehr, Howard / Mika, Harry (1998). Fundamental Principles of Restorative Justice. In: The Contemporary Justice Review, 1 (1), pp. 47-55. [dt in Fairsöhnt]

Zehr, Howard / Baliga, Sujatha (2013). Webinar on a Florida murder case. 2013, Jan. 30, 4:30-6 p.m. (EST).

Ziegler, Aviva / Cameron, Dee (1998). Facing the Demons (Film).

Ziemer, Jonna (2009). Fallkonferenzen aus Anlass von Ermittlungsverfahren gegen jugendliche und heranwachsende Mehrfach- und Intensivtäter. In: Zeitschrift für soziale Strafrechtspflege, 18. Jg, Nr. 46, S. 25-28.

Zinsstag, Estelle / Teunkens, Marlies / Pali, Brunilda (2011). *Conferencing: A way forward for restorative justice in Europe.* Leuven: European Forum for Restorative Justice.

Zinsstag, Estelle / Vanfraechem, Inge (Ed.) (2012). Conferencing and Restorative Justice. International Practices and Perspectives. Oxford: University Press.

Zinsstag, Estelle / Chapman, Tim (2012). Conferencing in Northern Ireland. Implementing Restorative Justice at the Core of the Criminal Justice System. In: Zinsstag, Estelle / Vanfraechem, Inge (Ed.). Conferencing and Restorative Justice. International Practices and Perspectives. Oxford: University Press. (S. 173-188).

Zurhold, Heike / Moskalewicz, Jacek / Sanclemente, Cristina / Schmied, Gabriele / Shewan, David / Verthein, Uwe (2011). What affects reintegration of female drug users after prison release? Results of a European follow-up study. Journal of Offender Rehabilitation, 50(2), 49-65.

GLOSSAR

Abolitionismus:

Der Begriff leitet sich ab von „abolish" (abschaffen) und steht historisch vor allem für die Abschaffung der Sklaverei (inkl. Ächtung der Folter, vgl. Joas 2015), dann der Strafbarkeit der Prostitution. Später ging es um die Abschaffung der Todesstrafe bzw. seit den 1970er Jahren um die Abschaffung von Gefängnissen oder des Strafrechts generell (vgl. Scott 2018). Aktuell wird vor allem nach rassistischen Morden in den USA auch die Abschaffung der Polizei als repressive Institution gefordert (vgl. Vitale 2017).

Der Abolitionismus bildet also als (kriminal)politische Bewegung ein Projekt der Gegen-Hegemonie, eine Alternative zur strafenden Gesellschaft. Obwohl die Sklaverei offiziell als abgeschafft gilt und auch die Todesstrafe z. B. in Mitgliedsländern des Europarates geächtet ist, sind weitere Erfolge begrenzt. Temme (2008) weist auf Gemeinsamkeiten zwischen dem Abolitionismus und der Restorative Justice hin. Vielleicht kann RJ in der „puristischen" Variante (vgl. McCold 2000) als angewandter Abolitionismus gewertet werden oder wir fügen den existierenden Abolitionismen einen restorativen Abolitionismus hinzu.

Circles:

Ein Circle bildet eine methodische Herangehensweise, ein von indigenen Kulturen des nordamerikanischen Raumes (zuweilen „Indianer" genannt) übernommenes lebensweltliches Verfahren für die Aufarbeitung von Konflikten und Problemlagen sowohl im strafrechtlichen Kontext als auch in anderen Bereichen. Im deutschsprachigen Raum verwischen sich die Grenzen gegenüber dem Conferencing (wie auch bei den „Huikahi Restorative Circles" zur Entlassung von Strafgefangenen auf Hawaii), wenn von „Kreisverfahren" die Rede ist. Thoß & Weitekamp (2012), Ehret (2013), Ammar (2014) und Fiedeler (2016) beschreiben Praxisprojekte, die bisher wenig verbreitet sind. Typischerweise beinhalten Circles anders als das Conferencing keine private Auszeit, in der die Lebensweltakteur:innen ohne die Vertreter:innen „des Systems" einen Plan entwickeln.

Conferencing:

Conferencing bezeichnet eine methodische Herangehensweise, ein von indigenen Kulturen des pazifischen Raumes übernommenes lebensweltliches Verfahren („Hui") für die Aufarbeitung von Konflikten und Problemlagen sowohl im strafrechtlichen Kontext als auch in anderen Bereichen. Durch die häufige deutsche Übersetzung mit Konferenz oder Rat ergeben sich manchmal Missverständnisse bzgl. ähnlich klingender, aber eher expert:innenorientierter systemischer Verfahren wie Fall- oder Hilfeplankonferenzen oder auch lebensweltlicher Familienkonferenzen nach Gordon (1970) oder Dreikurs et al. (2003), die sich unabhängig von RJ entwickelt haben und mit eigenen Zielsetzungen ausgestaltet sind. Im deutschen Sprachraum geht es um sog.

Gemeinschaftskonferenzen, Sozialnetzkonferenzen, Familienräte oder Wiedergutmachungskonferenzen, bei denen die Beteiligten typischerweise in einem Kreis, also gleichberechtigt, sitzen und gemeinsam konstruktiv einen Plan entwickeln, der das Anlassproblem möglichst nachhaltig bearbeitet.

Demokratisierung sozialer Kontrolle:

In Verbindung mit Conferencing-Verfahren nutzt Braithwaite (1994) dieses Konzept, um auszudrücken, dass nicht mehr autoritär der Staat (vertreten durch Gerichte), sondern im Rahmen von Ownership und Empowerment jene, die von einem Problem am meisten betroffen sind, als Ergebnis dialogischer Aufarbeitung darüber entscheiden, wie damit umzugehen ist. Vorsicht ist aus zwei Gründen geboten. Laut Braithwaite (2022: 39) finden inzwischen quantitativ die meisten Täter-Opfer-Ausgleiche in der VR China statt, allerdings ohne dass die Prinzipien der RJ dabei immer berücksichtigt werden! Auch in „westlichen" Demokratien entstehen inzwischen mehrheitsfähige antistaatliche Bewegungen, die partikular ausgerichtet sind und Rechte anderer oder das Allgemeinwohl geringschätzen (vgl. Amdinger & Nachtwey 2022).

Dominion/Selbstbestimmung:

Dominion wird im Rahmen einer republikanischen Konzeption für Freiheit im Sinne von Selbstbestimmung / Autonomie benutzt. Damit ist ein Prinzip des Zusammenlebens gemeint, dass auch als „goldene Regel" bekannt ist; d. h. die Freiheit des eigenen Handelns findet ihre Grenzen dann, wenn dadurch die Freiheit anderer eingeschränkt wird. Kant formuliert mit dem kategorischen Imperativ die Handlungsmaxime, nach der das betreffende Handeln als Maßstab eines allgemeinen Gesetzes dienen könne. Kymlicka (1995) weist auf Bedingungen der Anerkennung und Teilhabe hin, die erfüllt sein müssen, um Freiheit überhaupt wahrnehmen zu können.

Embodiment:

Der Begriff „Embodiment" umfasst unterbewusste und unbewusste körperliche Ausdrucksweisen geistiger Prozesse. Barsalou et al. (2002: 43) verstehen darunter, „dass Körperzustände wie Körperhaltungen, Armbewegungen und Gesichtsausdrücke in der sozialen Interaktion entstehen und eine zentrale Rolle in der sozialen Informationsverarbeitung spielen" (vgl. die Theorie der Spiegelneuronen). Nach Fuchs & Schlimme (2009: 570) haben Neurowissenschaftler eine „enge Verbindung zwischen Gehirnstrukturen, Ganzkörperfunktionen und Aspekten des Geistes wie Bewusstsein, Kognition, Emotion und Selbstwahrnehmung hervorgehoben" und damit zur Empathie, insbesondere zur affektiven Komponente der emotionalen Ansteckung.

Empathie:

Anfang des 20. Jahrhunderts wurde Empathie als „psychologisches Resonanzphänomen" verstanden, ein Auslösen innerer Prozesse zum Verständnis von Objekten und anderen Menschen durch „innere

Nachahmung". Nachahmung sei hierbei ein mentaler Prozess, der die gleichen inneren Reaktionen hervorrufe wie der physische Prozess. Dieselben Hirnregionen sind betroffen, wenn Menschen oder Tiere Schmerzen oder andere Impulse empfinden oder andere beobachten, die solchen Gefühlen ausgesetzt sind. Rizzolatti & Sinigaglia (2008) nutzen hierfür den Begriff der Spiegelneuronen. Scheler (1913) sprach von der „stellvertretenden gemeinsamen Nutzung eines Affekts". Empathie sollte nicht mit Mitleid, Anteilnahme oder Mitgefühl verwechselt werden (vgl. Bregman 2022: 421 f.). Empathie ist keine Persönlichkeitseigenschaft, sondern entwickelt sich dynamisch in Prozessen; gestörte oder behinderte neuronale Aktivitäten können diese Prozesse blockieren.

Empowerment:

Sowohl Einzelpersonen – insbesondere Geschädigte und Verantwortliche (die teilweise aus Frustration aufgrund eigener Benachteiligung oder Machtlosigkeit gehandelt haben) – als auch Gemeinschaften werden gestärkt, ggf. (wieder) handlungsfähig. Sie erhalten aufgrund des Ownership-Prinzips der RJ Gestaltungsmacht über ihr Schicksal (zurück) durch Neu- oder Umgestalten der Beziehungsdynamiken. In Viktimologie und Sozialer Arbeit wird das Empowerment als notwendige problem- und emotionsorientierte Dimension der Heilungsarbeit betont (vgl. Herriger 2010). Nach Bolivar (2017: 34) geht Empowerment über Partizipation hinaus, hinterfragt den Status Quo, aktuelle Machtverhältnisse und intersektionale Benachteiligungen „von unten". Newell (2003) sieht das Restorative-Prison-Konzept nicht primär als Werkzeug zur Rückfallvermeidung an, sondern als Mittel des Empowerments für Gefangene, das jene in die Lage versetzt, selbst Verantwortung zu übernehmen und Wiedergutmachung anzustreben.

Freiwilligkeit:

Freiwilligkeit als Grundprinzip der RJ ist faktisch gar nicht so einfach festzustellen. Wie freiwillig ist die Teilnahme an einem RJ-Verfahren für eine beschuldigte Person, wenn andernfalls ein Strafverfahren droht? In Bezug auf Geschädigte mag der soziale Druck, einer Bitte um Entschuldigung verbunden mit dem Bemühen um Wiedergutmachung zu entsprechen, etwas geringer sein, ist aber als (Mit)Verantwortung für den sozialen Frieden dennoch vorhanden. In Notlagen und Krisensituationen sind Menschen möglicherweise ohne Unterstützung gar nicht handlungsfähig. Freiwilligkeit im Kontext von RJ bedeutet also die Zurückweisung von Zwang und Bevormundung, muss aber in Rechnung stellen, dass Bedürftige über Vorteile und Risiken gut informiert werden und in die Lage versetzt, Angebote wahr- und anzunehmen oder zurückzuweisen.

Gemeinschaft (community):

Muhl & Willms (2019) betrachten die Bedeutung von Gemeinschaft – eine besondere Gruppe von Menschen, die vielfältig informell verbunden sind (Partner:innen, Eltern und Kinder, Freund:innen, Verwandte und andere Nahestehende, aber auch kleine Gemeinden) – im RJ-Kontext. Gemeinschaft beschreibt nach Tönnies (2005) eine auf längere Dauer angelegte Form der (Ver)bindung bzw. des Zusammenlebens, die als besonders eng, vertraut, auf unterschiedliche Lebensbereiche (und Rollen) bezogen, als ursprünglich und dem Menschen wesensgemäß angesehen wird. Er grenzt den Modus des gemeinschaftlichen Zusammenwirkens vom gesellschaftlichen ab, der durch vertragliche Beziehungen und Rechtsansprüche geregelt ist. aus normativen, emotionalen und habitualen Motiven heraus unterstützen wir unsere Gemeinschaft und erwarten von ihr Unterstützung und Zuwendung. Ähnlichkeiten zwischen dem Begriffspaar Gemeinschaft vs. Gesellschaft einerseits und Lebenswelt vs. System andererseits verweisen auf die Notwendigkeit eines Brückenbaus zwischen verschiedenen Modi des Lebens (vgl. Burns & Früchtel 2012). Im Sinne des → Kommunitarismus und der republikanischen Theorie erfüllt Gemeinschaftsbildung eine wichtige integrative soziale Funktion und beugt einem Nebeneinander von „Ichlingen" vor (vgl. dazu auch das → Ubuntu-Verständnis).

Gerechtigkeit:

Vordergründig die deutsche Übersetzung des Begriffs „Justice" (der grundsätzlich auch mit „Recht" übersetzt werden könnte, was dann jedoch RJ auf Fragen des Rechtssystems verkürzen würde). Nach Llewellyn und Howse (2001) stellt die Etablierung sozialer Gerechtigkeit in Beziehungen ein zentrales Anliegen der RJ dar. Sie schlagen vor, diese Theorie in „relationale Gerechtigkeit", „transformative Gerechtigkeit" oder „gemeinschaftliche opferorientierte Gerechtigkeit" umzubenennen. RJ als Gerechtigkeitstheorie mit dem Ziel des sozialen Friedens muss sich auf den weiten und unscharfen, gleichzeitig philosophischen und lebensweltlichen Begriff der Gerechtigkeit als Tugend und menschliches Bedürfnis (Gerechtigkeitsempfinden) beziehen. Häufig fällt es leichter, Ungerechtigkeit (z. B. soziale Ungleichheit) als Konfliktquelle und Ursache von Opferwerdungen zu bestimmen. Ungerechtigkeit gefährdet den → sozialen Frieden.

Hauptbeteiligte:

Der Begriff bezieht sich auf konkrete Verfahren der RJ, im strafrechtlichen Kontext also auf „Opfer" und „Täter:innen", im Kontext familiärer Unterstützung oder Kindeswohlgefährdung auf die Familie und deren Kind(er) und generell auf die direkt Betroffenen eines Konflikts oder einer Problemlage. Dabei handelt es sich um → Lebensweltakteur:innen. Zusätzlich sind einige Professionelle, z. B. → Vermittler:innen, aber ggf. auch Mitarbeiter:innen von Jugendämtern,

Polizei, Justiz oder eines anderen Anwendungsgebiets (z. B. Schule, Arbeitsleben, kommunale Verwaltung) in RJ-Verfahren einbezogen, wobei das Prinzip der → Ownership den Hauptbeteiligten besondere Befugnisse einräumt, z. B. darüber zu entscheiden, wer an dem Verfahren teilnehmen soll und eingeladen wird oder auch einen Plan zur Lösung des Konfliktes / Problems zu entwickeln.

Hegemonie und Gegen-Hegemonie:

Die Begriffe „Hegemonie" und „Gegen-Hegemonie" (auch Kontrahegemonie) gehen auf die Gesellschaftstheorie von Antonio Gramsci zurück, der zwischen Führenden, also den Ton Angebenden und Normen Bestimmenden, und Geführten, also eher passiv-machtlosen Bürger:innen einer Gesellschaft unterscheidet. RJ ist eine gegen-hegemoniale Strömung, die sich gewissermaßen subversiv entwickelt, vielleicht reifen muss, weil die hegemonialen Kräfte durch Macht, Strafen, Beherrschen, Bekämpfen, Sich-durchsetzen in einem Wettbewerb gekennzeichnet sind. Beispielsweise erklärt Connells (1996) Theorie der hegemonialen Männlichkeit einerseits patriarchale Herrschaftsstrukturen und eine daraus resultierende patriarchale Dividende, die nur Männern zukommt und andererseits, inwiefern Beherrschte an der Aufrechterhaltung dieser Struktur mitwirken.

Heilung:

Dieser Begriff bildet ursprünglich die Bedeutung von „restorativ". Er wird aktuell im Kontext individueller Gesundheit und Krankheit verwendet und beschreibt Prozess und Ergebnis eines positiven Verlaufs. Dabei ist „gesund" der Normalzustand, von dem es im Laufe des Lebens immer wieder kleinere oder größere Abweichungen gibt, die als Erkrankung gesellschaftlich anerkannt sind, Betroffene von ihren üblichen Pflichten entbinden und ihnen einen Anspruch auf medizinische Behandlung zuerkennen. Nach Durkheims (1968) Anomietheorie können ganze Gesellschaften in einen pathologischen Zustand geraten, „erkranken". Nicht zuletzt Bewegungen wie „Fridays for Future" und „Black Lives Matter" knüpfen an eine derartige Begriffsverwendung an. RJ heilt; das bezieht sie sich sowohl auf geschädigte Individuen als auch auf ganze Gesellschaften (neben Umweltschäden/Klimawandel stellen kriegerische Auseinandersetzungen und strukturelle Ungerechtigkeiten bspw. im nach-kolonialen Wirtschaftssystem Anlässe dar). Auch auf der Mesoebene können Problemlagen mit Heilungsbedarf auftreten (bspw. Staudammbruch in Brasilien, „Dieselskandal", Korruption).

herrschaftsfreier Diskurs:

Konflikte und Interessengegensätze sind normal und bilden die alltägliche Realität gesellschaftlichen Zusammenlebens (vgl. Scott 2018; Hanak et al. 1989; Simmel 1908a). Eine Aufarbeitung bzw. Verständigung erfolgt in kommunikativen Prozessen (vgl. Habermas 1981). Allerdings überlagern

Machtverhältnisse ggf. diese Kommunikation, so dass nicht das bessere bzw. moralisch richtige Argument, sondern die größere Macht über den Ausgang entscheidet. Deshalb ist es in demokratischen, rechtsstaatlichen Gesellschaften zielführend, wenn Herrschaftsverhältnisse im Diskurs um Wahrheit neutralisiert oder zumindest ausbalanciert werden können. Schon eine hervorgehobene Sitzposition (z. B. von Richter:innen im Gerichtssaal), das Tragen einer Uniform oder eine mit Autorität (z. B. durch einen Expert:innenstatus) ausgestattete Rolle können Beteiligte einschüchtern. Eine kreisförmige Anordnung mit gleichem Rederecht für alle kann schwächere oder vulnerable Beteiligte dagegen stärken.

Kommunitarismus:

Der Kommunitarismus betont das Gemeinschaftsdenken in Abgrenzung zur liberalen Orientierung an gleichen Rechten, Freiheiten und Chancen einzelner Individuen (vgl. Honneth 1995; Etzioni 1998). Gemeinschaft kann dabei sowohl auf quasi-natürlichen Verbindungen (z. B. ethnische, sprachliche oder anderweitig bestimmte Zugehörigkeit oder Verwandtschaft) beruhen als auch auf gemeinsamen Interessen oder nur örtlicher Nähe (Nachbarschaft). Individuen gewinnen ihre Identität durch ihre Gemeinschaften, die Braithwaite (1989) vor allem in eher schwachen Staaten der angelsächsischen Länder und Japan stärker verbreitet sieht als in Europa. Ein berühmtes John F. Kennedy-Zitat bringt es auf den Punkt: nicht zu fragen, was der Staat anbietet, sondern zu bedenken, was man selbst beitragen kann. Als Gegenpol gelten „Wohlfahrtsstaaten", die ihren Bürger:innen viel Verantwortung abnehmen, sie aber auch paternalistisch bevormunden.

Konflikt

Mit dem Begriff Konflikt sollen Sachverhalte neutral bezeichnet werden, die auch als Auseinandersetzung, Interessengegensatz, Streit, Straftat, Opferwerdung oder problematische Situation angesehen werden. Hanak et al. (1989) unterscheiden zwischen sichtbaren manifesten und (noch) latenten Konflikten. Um soziale Konflikte auszutragen ist immer mindestens ein:e Konfliktpartner:in nötig. Ein Konflikt kann einseitig sein, z. B. ein Wohnungseinbruch. Konflikte sind normal (vgl. Simmel 1908a). Christie (1977) betont bei der eigenverantwortlichen Konfliktbearbeitung sowohl für die einzelnen Beteiligten als auch für das Zusammenleben die Chancen für persönliches Wachstum, Stärkung von Beziehungen und Zusammenhalt; Bonacker (o.J.) sieht darin eine notwendige Grundlage der Zivilgesellschaft.

Lebenswelt und Lebensweltakteur:innen:

Auf Husserl (1977) zurückgehender Begriff, der den nicht hinterfragten Alltag, die „Normalität" des privaten Lebens bezeichnet. Er wird von Habermas (1981) im Kontext von Kolonialisierungsprozessen dem Begriff System entgegengesetzt, in dem eine vor allem durch Expert:innen bestimmte andere

Rationalität herrscht. In der Lebenswelt verfügen die Menschen auf der Grundlage ihres Alltagsverständnisses, das subjektiven Überzeugungen oder traditionellen Überlieferungen folgt, über eine gewisse Handlungsautonomie, die von den sich historisch ausdifferenzierten Systemen (z. B. Rechts-, Wirtschafts-, Bildungs- oder Gesundheitssystem) mehr und mehr eingeschränkt wird. Christie (1977) geht bzgl. der Akteur:innen des Rechtssystems sogar von der Enteignung von Konflikten aus, weil die → Hauptakteur:innen an der Bearbeitung kaum beteiligt werden, aber mit dem Ergebnis des systemischen Prozesses leben müssen (besonders eindringlich bei Offizialdelikten wie Vergewaltigung, die vollständig der Kontrolle der Lebensweltakteur:innen entzogen sind). Lebensweltakteur:innen sind in Bezug auf die zu bearbeitenden Konflikte / Problemlagen gewöhnliche Menschen ohne Expertenstatus, Laien, nicht Professionelle. RJ ist lebensweltorientiert, weil sie sich in Sprache und Vorgehen offen und flexibel an den Bedürfnissen und Wünschen beteiligter Lebensweltakteur:innen orientiert, weniger an systemischen Vorgaben wie etwa der Strafprozessordnung oder wirtschaftlicher Effizienz.

Mediation / mediative Verfahren:

In Anlehnung an Proksch (2011) und Sourdin (2007) wird Mediation als Vermittlungsmethode zwischen zwei oder mehr Konfliktparteien verstanden (nicht wie im angelsächsischen Sprachraum nur als individualisiertes Verfahren mit drei bis fünf Beteiligten). Alle Verfahren, die sich der Mediationsmethode mit einer oder mehreren Vermittlerperson(en) ohne Entscheidungsmacht bedienen, also auch → Circles und → Conferences, gelten als mediative Verfahren. Vermittler:innen sind meist professionell ausgebildet und werden als Mediator:innen, Konfliktregler:innen oder facilitator bezeichnet, manchmal auch als Schlichter:innen, Koordinator:innen oder convenor. Sie sind für einen konstruktiven Prozess zuständig; das Ergebnis ist Sache der Konfliktbeteiligten.

Net-widening:

Der Begriff Netzerweiterung entstammt einem Diskurs in der Kriminologie, der alle strafrechtlichen Innovationen darauf untersucht, ob sie das bestehende staatliche formelle Netz sozialer Kontrolle ausweiten (vgl. S. Cohen 1979; 1985). T. Lutz (2002) verdächtigt die RJ, anstatt das bestehende Strafrechtssystem zu ersetzen, es auszuweiten, indem bisher nicht verfolgte bagatellhafte Vergehen von erstmals auffällig gewordenen oder jugendlichen Personen in dieses ergänzende System geleitet werden. Dort entfalten sie dann stigmatisierende Wirkungen wie die herkömmlichen punitiven Lösungen. „Soziale Kontrolle" sollte allerdings komplexer gesehen werden. RJ lehnt die Ausweitung des staatlich autoritär repressiven Kontrollsystems ab, sieht demokratische soziale Kontrolle in der Lebenswelt durch Gleichgestellte, insbesondere nahestehende Personen wie Freund:innen, Verwandte, Nachbar:innen oder andere Mitglieder von Gemeinschaften jedoch als positiv an, wenn dabei die Bedürfnisse aller berücksichtigt werden. So ist partnerschaftliche Gewalt von Männern gegenüber Frauen oder elterliches Versagen in der Erziehung von Kindern gerade durch fehlende soziale Kontrolle der dafür Verantwortlichen begünstigt. D. h. eine soziale Kontrolle durch Gleichberechtigte, die inhaltlich in (herrschaftsfreien) Diskursen immer wieder hinterfragt wird, schützt gerade die verletztlicheren Mitglieder von Gemeinschaften.

Ownership:

Der Begriff geht auf Christie (1977) zurück, der → Lebensweltakteur:innen davor warnt, sich ihre Konflikte von Professionellen des Strafrechtssystems stehlen zu lassen. Das Konzept ist mit der Orientierung an der Lebenswelt Betroffener und deren → „Empowerment" eng verbunden. Sie sind mit Macht über die Gestaltung ihres eigenen Lebens (inkl. ihrer sozialen Beziehungen) auszustatten und entscheiden im Rahmen der Menschenrechte und der Achtung anderer Menschen über die Konfliktaufarbeitung und ggf. -lösung. Ownership geht also deutlich über Partizipation hinaus, die Betroffene zwar anhört und beteiligt, aber letztlich aus Systemperspektive entscheidet (vgl. RJ-Continuum von Kidde & Alfred 2011). McEvoy & Eriksson (2007) stellen zurecht den Bezug zu einem „bottom-up-Ansatz" (von unten) her.

Parteilichkeit:

Soziale Bewegungen, wie die historischen Arbeiter-, Studenten-, Frauen- und Bürgerrechtsbewegungen haben sich stets parteilich für bestimmte soziale Gruppen in der Gesellschaft eingesetzt. Letztlich ist die Soziale Arbeit als Institution bzw. Funktionssystem aus der konkreten Unterstützung benachteiligter bzw. unterdrückter Gesellschaftsmitglieder entstanden. Auch in der Soziologie (vgl. die kritische Theorie) und in der Viktimologie (vgl. Elias 1996) werden parteiliche Selbstverständnisse vertreten. Parteilichkeit für eine Gruppe bedeutet gleichzeitig eine Positionierung gegen eine andere. Die Arbeit mit und für „Täter:innen" (bspw. in der Bewährungshilfe) gerät so in einen Widerspruch zur Arbeit mit und für Opfer (bspw. in der Opferhilfe generell oder in Frauenhäusern). Diese Positionen, die getrennt nur unzureichend abschließend bearbeitet werden können, wurden von Hagemann & Magiera (2023) als These und Antithese in einem dialektischen Modell gesehen und die Perspektiven durch die allparteiliche RJ als Synthese wieder zusammenführt. R. Lutz (2008) sieht ebenfalls ein Ende parteilicher Sozialer Arbeit, aber weil diese zur Dienstleistung mutiert, die von allen Interessierten in Anspruch genommen werden kann. Die Freiwilligkeit bildet das Gemeinsame dieser Ansätze.

Partizipation:

verweist auf die Einbeziehung von Lebensweltakteur:innen in demokratische Prozesse und kann sowohl Teilnahme als auch Teilhabe bedeuten. Thiersch (2002), der als Begründer der lebensweltorientierten Sozialen Arbeit gilt, drückt damit eine Emanzipation gegenüber Expert:innen aus, die vorher allein durch ihre Fachlichkeit Problemlösungen erreichten und entsprechende Vorgaben machten. In Form von Beteiligung werden Lebensweltakteur:innen im allgemeinen, Kinder und Jugendliche oder Menschen mit Behinderung im besonderen in Lösungsfindungen einbezogen. Teilhabe drückt dabei eine stärkere Mitwirkung aus und geht in Richtung → Ownership.

proaktiv vs. protektiv

beschreibt die von Wemmers & van Camp (2011) erforschten gegensätzlichen Strategien vieler Opferhilfe- und RJ-Einrichtungen, mit ihrer Klientel umzugehen. Opfer bevorzugen einen proaktiven statt eines schützenden („protektiven") Ansatzes, d. h. sie wollen selbst auf der Grundlage angemessener Informationen entscheiden, ob sie einen restorativen Dialog mit „ihrer:m" Täter:in führen wollen oder nicht, und lehnen es ab, dass Fachleute die Entscheidung für sie treffen. Das Konzept „Schutz" kann in diesem Zusammenhang leicht zu Paternalismus führen, weil Professionelle aufgrund ihrer Expertise annehmen, derartige Entscheidungen sachgerechter treffen zu können als die möglicherweise traumatisierten Betroffenen.

Punitivität:

In der Punivität drückt sich der Wunsch zu strafen aus; zuweilen ist gar von einem „Strafbedürfnis" die Rede. Der Kriminologe David Garland (2001) sah bereits in den 1990er Jahren international eine „punitive Wende", d. h. den zunehmenden Einsatz von Strafe, um gesellschaftliche Konflikte und Ungerechtigkeiten zu bearbeiten. Forschungen bspw. von Sessar (1992) und Gelb (2006) kamen im Hinblick auf Einstellungen konkret betroffener Menschen zu anderen Ergebnissen. Kury (2012) kritisiert vor allem, dass Bestrafung weder Lösung noch Sicherheit bringt, sondern eher zusätzliche Probleme aufwirft. Adriaenssen & Aertsen (2015) gehen auf Probleme der Punitivitätsmessung ein und sehen ebenfalls Chancen für friedliche Konfliktbearbeitungen.

Rechtsfriede(n):

bezieht sich auf das positive Recht eines Staates, das ggf. durch Fehlverhalten Einzelner oder systematisches abweichendes Verhalten – auch von Organisationen – verletzt worden ist. Im zutreffenden Fall besteht dann gegen schuldige Personen – in manchen Ländern auch gegen Organisationen – ein staatlicher Strafanspruch zur (Wieder)Herstellung des Rechtsfriedens, indem Verantwortliche in einem rechtsstaatlichen Verfahren verurteilt oder auch vom Vorwurf freigesprochen werden. Im Zweifelsfall muss die höchste Instanz entscheiden. Damit ist durch das Rechtssystem der Rechtsfriede hergestellt (vgl. Kerner 2013).

Restoration:

Eingedeutschter Begriff, der sich von Restauration / Restaurierung als Wiederherstellung eines früheren Zustandes dadurch unterscheidet, dass die wahren Bedürfnisse Beteiligter im Einklang mit Menschenrechten zum Tragen kommen. Der Begriff beschreibt gleichzeitig den angestrebten Prozess und das Ergebnis eines RJ-Verfahrens. Bolivar (2010) expliziert die Bedeutung von Restoration für „Opfer", „Täter:innen" und → Gemeinschaften. Am nächsten kommt dem der deutsche Begriff → „Heilung" (vgl. Walz & Schrey 1955: „Heilende Gerechtigkeit"). In Anlehnung an Pelikan (1999) habe ich in älteren Schriften die Übersetzung als „Wiederherstellende Gerechtigkeit" verwendet. Vertreter:innen einer → „Transformative Justice" weisen dies als unkritisch und blind gegenüber struktureller Gewalt zurück. In deutschen Übersetzungen internationaler Dokumente findet sich der Begriff → „Wiedergutmachung" bzw. es ist von „Wiedergutmachungsverfahren" die Rede. Wiedergutmachung ist jedoch nicht immer möglich oder günstigenfalls Teil eines restorativen Prozesses (vgl. Hagemann & Magiera 2023). Wiedergutmachung unterschlägt das auf zukünftige gerechte Verhältnisse gerichtete Veränderungspotential der RJ (z. B. bei „häuslicher" und anti-queerer Gewalt oder in anti-kolonialistischen und anti-rassistischen RJ-Verfahren, vgl. Davis 2021).

restorativ(e):

Eingedeutschtes Adjektiv zum Begriff → Restoration, das in zusammengesetzten Begriffen wie „Restorative Approach", → „Restorative City", „Restorative Practice" oder → „Restorative Society" auf den Einfluss der Restorative Justice-Theorie hinweisen soll.

Restorative City & Restorative Society:

eher Ziel oder Vision als umgesetzte Realität (vgl. Wright 2010), aber einige Städte im Vereinigten Königreich (mit dem Vorreiter Hull), Italien, Neuseeland, Belgien und den Niederlanden haben sich auf den Weg gemacht, ihr Leben so weit wie möglich nach restorativen Prinzipien zu gestalten und sich als „Restorative City" bezeichnet. Liebmann (2018) spricht von einer restorativen Stadt, wenn sich alle öffentlichen Organisationen und Institutionen dazu verpflichten, Konflikte restorativ und nicht strafend anzugehen. Das wünschenswerte Ziel der Restorative Society beschreibt ein Organisationsprinzip der Reaktionen auf Konflikte in der Gesellschaft. Die restorative Gesellschaft „verbindet die separaten, aber verwandten Entwicklungen im Bereich der RJ und der opferorientierten Praktiken, die in einer wachsenden Zahl von Politikbereichen zu beobachten sind", zu einer guten Gesellschaft. In dieser Gesellschaft „gibt es ein echtes Bestreben, in den vielen und unterschiedlichen Bereichen menschlichen Bemühens positive

Beziehungen und solide soziale Strukturen wiederherzustellen oder wiederaufzubauen, wann immer solche Beziehungen oder Strukturen in irgendeiner Weise geschädigt oder beschädigt wurden ..." (Boston 2007: 321).

Sozialer Friede(n)/Sozialfriede:

Im öffentlichen Diskurs bezieht sich „sozialer Friede" meistens auf die Störung alltäglicher Routinen wie Streiks und Tarifauseinandersetzungen zwischen Arbeitnehmern und Arbeitgebern, auf Migrationsströme oder offene verbreitete Armut. Auch Benachteiligung sozialer Gruppen auf dem Arbeits- oder Wohnungsmarkt, steigende Energiepreise und ein ungerechtes Bildungssystem gelten als Herausforderungen für den sozialen Frieden in der Gesellschaft. Gemeint ist der Friede als gerechter oder akzeptabler Zustand des Sozialen (zwischen Menschen bzw. Organisationen inkl. sozialer Gruppen). Dieser Friede ermöglicht ein sicheres Leben. Im Kontext von RJ wird der Begriff noch in einer anderen Bedeutung, nämlich als Alternativbegriff zum „Rechtsfrieden" verstanden, und zwar in dem Verhältnis, wie sich ein sozialer Konflikt zu einem Rechtskonflikt darstellt. Sozialer Frieden geht über den Rechtsfrieden hinaus, klärt nicht nur Rechtsstreitigkeiten, sondern versetzt die Beteiligten in die Lage, mit dem Geschehen abschließen zu können und (wieder) in Frieden miteinander zu leben. RJ zielt primär auf den inter-individuellen und sozialen Frieden in Alltag und Gesellschaft, der auf subjektiv empfundener Gerechtigkeit basiert (vgl. Hagemann 2017; Kerner 2013).

Strafe:

In diesem Kontext ist Strafe als staatliche Übelszufügung definiert (vgl. Ostendorf 2018). Die elterliche Aufforderung, sein Zimmer aufzuräumen oder das Fernsehverbot gelten also nicht als Strafen. Auch die Ersetzung eines angerichteten Schadens oder die an eine geschädigte Person gerichtete Bitte um Entschuldigung sind keine Strafe, so schwer es auch fallen möge. Ramsbrock (2020) spricht im Kontext von Freiheits- und Geldstrafen vom „unblutigen Strafen", das die meisten modernen Gesellschaften kennzeichnet und den Empfehlungen der UNO und des Europarates entspricht. „Braucht unsere Gesellschaft Strafe?" Temme (2010) Lagasnerie (2017) hinterfragt, warum wir das Strafen für normal halten, selbst wenn es eigentlich nur weitere Probleme mit sich bringt und schon lange bekannt ist, dass Verhaltensänderungen eher über positives Feedback erreicht werden. „Puristische" Vertreter:innen der RJ wie Llewellyn (2009) oder McCold (2001) wenden sich gegen Strafen; die „maximalistische" Position toleriert Strafen, solange am Ende ein positives Ergebnis herauskommt (Walgrave 2000).

System:

Der Begriff „System" ist in Deutschland vor allem durch das Werk Luhmanns (2015) populär geworden, kann aber bereits aus der strukturfunktionalistischen Soziologie Parsons' und aus der Biologie Maturana & Varelas (1991) hergeleitet werden. Grundgedanke ist, dass ein System in einer Umwelt existiert. Systeme streben nach dieser Theorie zu einem Gleichgewichtszustand, sind dann optimal an ihre Umweltbedingungen angepasst und reproduzieren sich („Autopoesis"). Systemen, die aus dem Gleichgewicht geraten, droht die Zerstörung, wie wir es aktuell in vielen natürlichen Umwelten beobachten (z. B. Regenwälder, Gletscher, Biotope). Parsons hat auch Familien, Betriebe oder ganze Gesellschaften als Systeme betrachtet und bspw. bei Alleinerziehenden darauf hingewiesen, dass bestimmte Funktionen nicht erfüllt werden können. Bei Habermas (1981) steht „System" für einen rationalen Modus des Sozialen, der der Lebenswelt entgegensetzt wird. Systeme breiten sich aus, durchdringen die Lebenswelt bzw. kolonialisieren diese sogar wie fremde Mächte. Nach Christie (1977) stiehlt das Strafrechtssystem den Lebensweltakteur:innen ihre Konflikte.

Transformation:

Als Gerechtigkeitstheorie zielt RJ sowohl auf individuell als auch strukturell notwendige Veränderungen und strebt nicht bloß ein Zurück zum Zustand vor einem Konflikt an (vgl. Zehr 2011). Llewellyn und Howse (2001) stellen fest, dass „Restorative Justice sich grundsätzlich mit der Wiederherstellung sozialer Beziehungen befasst, mit der Herstellung oder Wiederherstellung sozialer Gleichheit in Beziehungen" (2001: 2). Daher bezieht sich die Heilung / Wiederherstellung nicht notwendigerweise auf den Status, der vor dem Fehlverhalten bestand (2001: 18). Sie schlagen daher vor, RJ in „relationale Gerechtigkeit", „transformative Gerechtigkeit" oder „gemeinschaftliche opferorientierte Gerechtigkeit" umzubenennen.

Transformative Justice:

Wird von manchen (z. B. Nagel 2018) als bessere Alternative zu RJ verwendet, weil der RJ eine (unkritische) Wiederherstellung ungerechter Strukturen vorgeworfen wird. Diverse RJ-Propagist:innen sehen RJ aber erst als gegeben an, wenn sie nicht bloß etwas in einen vor einem kritischen Ereignis bestehenden Zustand zurückführt, sondern Heilung und gerechtere Verhältnisse anstrebt und entsprechende Änderungen auf den Weg bringt. Wozniak et al. (2008) fassen unter dem Titel verschiedene Ansätze zur Friedensstiftung zusammen. Der Begriff wurde offenbar von Ruth Morris (1994) geprägt und ist in Berlin im Rahmen sog. Awareness-Arbeit der „queeren Szene" (vgl. Brazzell 2019) verbreitet, im wissenschaftlichen Schrifttum jedoch weniger als RJ.

Transitional Justice:

Diese Bezeichnung wird für den Übergang von einem Rechtssystem in ein anderes, häufig nach gesellschaftlichen Umbrüchen (z. B. in den ehemaligen Ostblock-Staaten nach 1989) oder nach politischen Systemwechseln (z. B. Südafrika, Argentinien, Timor-Leste) verwendet. Im Gegensatz zu Restorative

Justice oder Transformative Justice ist der Begriff damit eher formal und kann auf inhaltlich sehr unterschiedliche Konzepte verweisen (vgl. Nikolic-Ristanovic et al. 2018).

Vergebung:

Vergebung seitens geschädigter Personen oder der gesamten Gemeinschaft gegenüber Täter:innen kann ein Ergebnis von RJ sein und zur Restoration des:der Täters:Täterin beitragen. Für gläubige Personen monotheistischer Religionen kann dieser Aspekt noch wichtiger sein als für andere Beteiligte und der weltlichen Ebene quasi eine transzendente beiordnen (vgl. Wolfers 2013). Für die Praxis der RJ ist dieser Aspekt aber nicht notwendig; auch ohne Vergebung können produktive kommunikative Prozesse stattfinden und nachhaltige Ergebnisse erzielt werden. Gerade die indigene Wurzel der RJ ist unabhängig von Religionen (wobei manche die häufig praktizierte Anrufung der Ahnen oder der Natur als funktionales Äquivalent einschätzen mögen).

Versöhnung/Aussöhnung/(re)conciliation:

Versöhnung kann auf der Beziehungsebene ein Ergebnis von RJ sein und zu → sozialem Frieden führen. Sie ist genausowenig wie → Vergebung ein erforderliches Element oder Ergebnis von RJ-Verfahrensweisen, auch wenn es viele Beteiligte zur Teilnahme motiviert oder von ihnen angestrebt wird. Eine Einigung und ein Plan können bereits ausreichend sein, damit die Beteiligten mit dem Geschehen abschließen können bzw. ein Problem als bewältigt gelten kann. In der Victim-Offender-Reconciliation-Program (VORP) genannten Verfahrensweise der 1970er Jahre, einem Vorläufer der Victim-Offender-Mediation (VOM) wurde die Versöhnung – vielleicht aus christlichen Motiven – noch stark betont. Heute spielt der Begriff u. a. im sog. Versöhnungsprozess auf Zypern eine Rolle (vgl. Trimikliniotis 2013).

Wiedergutmachung:

Füge ich durch mein Handeln einem anderen Menschen Schaden zu, dann entsteht dadurch die Verantwortung, Abhilfe zu schaffen. Viele Menschen schließen deshalb Haftpflichtversicherungen ab. Aber nicht jedes Leid lässt sich wiedergutmachen bspw. zerstörtes Leben, lang andauernde Traumata (vgl. Hagemann & Magiera 2023; von Dewitz 2023; Kilchling 2023). Wiedergutmachung beschreibt also einen Teil des Begriffs → Restoration im Sinne von Heilung und ist keine Übersetzung von RJ. Für nicht wiedergutzumachende Schädigungen können Verantwortliche die Betroffenen oder deren Angehörige um Entschuldigung oder Vergebung bitten. Sie können auch durch besonderes soziales Engagement für Dritte zeigen, dass sie die Verantwortung übernehmen und ihr Handeln bereuen. Der Historiker Hockerts (2013: 15 f.) schreibt: „Der Begriff Wiedergutmachung wird kritisch diskutiert, da die Verluste und Traumatisierungen der Opfer des Nationalsozialismus mit geldwerten Entschädigungen nicht ‚wieder gut zu machen' sind". Auch geraubte Kunst, Land oder die Versklavung von Vorfahren lassen sich im Grunde nicht wiedergutmachen.

Zeugnisverweigerungsrecht und Verschwiegenheit:

RJ-Verfahren sollen vertraulich durchgeführt werden, damit sich Betroffene öffnen können und nicht jede Äußerung daraufhin sorgfältig abwägen müssen, ob sich dadurch ihre rechtliche Position verschlechtern könnte. Das gilt für alle Beteiligte; auch → Mediator:innen bzw. „faciliators“ sind zur Verschwiegenheit verpflichtet. Die Empfehlungen des Europarats CM Rec 2018/8 erkennen dies ausdrücklich an. Allerdings sollen „faciliators“ den Behörden offenbaren, wenn konkrete Straftaten bekannt werden – seien es Racheakte der Geschädigten oder neue Straftaten der Verantwortlichen (wohl auch aus dem Kreis der Unterstützer:innen). Insgesamt kann niemand aus dem Kreis der Beteilgten – außer Verwandte oder selbst Beschuldigte – ein Zeugnisverweigerungsrecht im Falle einer gerichtlichen Vorladung in Anspruch nehmen. Weil dadurch die Verschwiegenheitspflicht „ausgehöhlt“ wird, gibt es Forderungen, betroffene RJ-Vermittler:innen bzw. „faciliators“ (und auch andere Teilnehmende) mit Anwält:innen, Drogenberater:innen oder Seelsorger:innen gleichzustellen, um die Vertraulichkeit besser abzusichern.

SACHINDEX

NAMENSINDEX